21世纪中国电视文化建构

SHI JI

ZHONGGUO DIANSHI WENHUA JIANGOU

欧阳宏生 著

责任编辑:徐　凯
责任校对:王　冰　夏　宇　许　奕
封面设计:墨创文化
责任印制:李　平

图书在版编目(CIP)数据

21 世纪中国电视文化建构 / 欧阳宏生著. —成都:
四川大学出版社，2011.6
ISBN 978-7-5614-5346-9

Ⅰ.①2…　Ⅱ.①欧…　Ⅲ.①电视文化-研究-中国-21 世纪　Ⅳ.①G229.2

中国版本图书馆 CIP 数据核字（2011）第 125718 号

书名　21 **世纪中国电视文化建构**

著　　者　欧阳宏生
出　　版　四川大学出版社
地　　址　成都市一环路南一段 24 号 (610065)
发　　行　四川大学出版社
书　　号　ISBN 978-7-5614-5346-9
印　　刷　郫县犀浦印刷厂
成品尺寸　185 mm×260 mm
印　　张　24.25
字　　数　562 千字
版　　次　2011 年 6 月第 1 版
印　　次　2011 年 6 月第 1 次印刷
定　　价　48.00 元

版权所有◆侵权必究

◆读者邮购本书,请与本社发行科联系。电 话:85408408/85401670/85408023　邮政编码:610065
◆本社图书如有印装质量问题,请寄回出版社调换。
◆网址:www.scupress.com.cn

十年学术之旅

“逝者如斯夫!”转眼间，我在大学的讲坛上已站了十年。

这十年，也是人类进入21世纪的第一个十年。在此期间，我们的国家经历了不少灾难和考验，也实现了更多的光荣和梦想。从“非典”、金融危机、汶川地震到奥运、世博、载人宇宙飞船，我深切地感悟到生命的渺小与伟大，祖国的繁荣昌盛与个人的幸福荣誉休戚相关。十年里，经历了世事的沧桑变幻，阅过阴晴圆缺的风景，我庆幸自己能够较早地沉淀下来，踏踏实实做学问，平平淡淡做人。虽然在经历了业界多年的努力积淀后，我实现了从业界到学界的转型，然而不变的却是执著于对中国电视实践最前沿的密切关注，始终保有旺盛的理论热情。在教学、科研、人才培养、学科建设等方面作出了自己应有的努力和贡献，也得到了学界同仁广泛的认可。十个春秋，随我而行，这是我真正实现自己学术夙愿的珍贵时光，也是我人生中感到最充实、最有意义，科研成果最丰富的美好十年。这一切都源自我对学术的挚爱、坚持不懈的努力和对生活的感恩与执著。

一

记得十年前那个初夏——2001年5月4日，我被作为特殊人才引进调入四川大学，正式成为一名大学教授。翌年，被批准成为“文艺与传媒”专业的博士生导师。曾记得，十年前的我是作为一名传媒人，先后在地方、中央电视媒体从事新闻采编、管理与研究工作。回首而望，20世纪50年代初，我出生在一个知识分子家庭，父亲是新中国成立前的大学毕业生，由于家庭出身之故，历次运动都处在风口浪尖上。“天行健，君子以自强不息”，现实境遇使我较早地开始了人生跋涉，用笔寻找人生之寄托，到70年代末已有较为丰富的写作实践经验。由于我生性恬淡，心境平和，一直对学术珍藏着一份默默的情怀，80年代初开始了自己的理论研究生涯。当时正是新闻学学科形成的重要阶段，在“任何学科都是在同其他学科的融合中发展起来的”这一理念指导下，我将社会学、艺术学、心理学、系统科学等人文社会自然科学用于新闻研究，几年时间发表了40多篇论文，被学界认为为这些研究开了先河，拓宽了我国新闻传播研究的路子。90年代中后期，我承担了国家“九五”重点课题“有中国特色的社会主义电视理论”，并担任这一课题成果《中国电视论纲》的总撰稿。该著作建构起一套具有中国特色的社会主义电视理论，对以后我国电视事业的发展起到了重要作用。2000年我出版的《电视批评论》为电视批评学的形成奠定了基础。在进入高校工作前，我已先后出版《新闻学论集》、《新闻写作学概论》、《新闻评论》等五部著作，成为业界中著述较丰富者。这些成果为我进入高校学术领域奠定了坚实的基础，也为我向着学术生涯的成功转型做好了重要的准备。

“百年大计，教育为本。”在高校十年，我深感做好“传道授业”本职工作之重要。在教学中，我努力做到广、深、新、精，突出研究性，注意研究生与本科生课程的区别和连贯。针对不同层次的教学对象采取多样化的教学方法，我给本科生开设了广播电视导论，给硕士研究生开设电视专题研究、广播电视理论研究，从2002年起给博士研究生开设电视文化研究、广播影视文艺研究、广播电视新闻研究以及传媒研究方法研究。我特别强调理论对实践的指导作用，要求学生学以致用，努力培养他们成为适应现代社会需要的全媒体人才。多年来，我一直将这种人才培养理念贯彻实践于我的教学活动中，特别是在对研究生的培养教育中。教师的教学态度与课堂氛围的营造及教学质量的高低息息相关，教师的本职工作应是先搞好教学才能言及其他。很难相信，一个教学态度消极的老师能成为一个好的老师。因科研、会议或其他各种事务性甚至个人私事而耽误正常的教学工作的老师，是不称职的。我把教学工作看得十分神圣，不允许自己因各种或公或私的理由而懈怠教学工作。自站上讲坛起，我几乎从未缺课或迟到过。我习惯于早早地来到教室，整理教案，调整思绪，检查上课所需的各种教学设备，为正式授课做好一切准备。有时也会在上课前在教室里走一走，和先到的学生交流一下学习状况，了解他们新的学习需求，以便在上课时给予适当的讲解。“欲正人，先正己；欲立人，先立己”，教师为人师表，只有先端正自己的态度，才能要求学生有良好的学风。

“十年树木，百年树人。”教师不仅应该教书还要育人，把教书与育人结合起来，才能使学生在德、智、体诸方面得到全面的发展。这些年来，我先后招收了13名本科创新班学员，24名硕士生，56名博士生，接收了十几名博士生班学员和访问学者。“因材施教”是我培养各种不同层次广播电视专业人员的基本原则。对本科创新班学生，主要以培养他们研究问题的兴趣为重点；对硕士生，主要培养他们研究广播电视理论与从事实践的能力；对博士生，则注意培养他们扎实的传媒基本理论、广播电视基础、专业理论，对广播电视理论与实践发展的重大问题及历史和现实中难点、热点问题的认识能力、分析能力，培养他们独立研究的能力。宋人张载曾说：“学贵心悟，守旧无功。”学问讲究“论必据迹”，培养学生的创新精神尤其重要。

在目前关于博士生“工业化批量生产”与“精英化培养”的讨论中，我对博士生的培养自然不敢懈怠。学生一开始入门就注意对他们进行培养的目标性，并根据不同学生的学习背景、基础及专业素质、研究能力、潜质等，制定出切实可行的培养计划，其中对课程必修、选修、必读书目、参加学术活动、举行报告会、主题演讲、论文发表、学术规范等都作出明确要求。我经常强调做学问和做人的真诚态度及视野胸襟，要求他们把目光放远一点、视野放开阔一点、学术认真一点、研究勤苦一点。告诫他们，学术研究需要坚定的毅力和决心，有了自己的学术立场和研究视角，就不要轻易放弃，或许就会有更新的发现。提高创新能力，重要的是学会独立思考，具有问题意识和质疑精神，不能人云亦云，要善于用一种与众不同的视角去观察和思考传媒中的难点、热点问题，要养成对学术问题进行求证的自觉性。一个对学术缺乏新鲜感和好奇心的人是不适合攻读博士学位的。对于现实中存在的商业化炒作、盲目追求学术时尚等现象，我提醒他们应保持清醒的头脑、平静的心态，不浮躁、不追风，学会“自省”、“明辨”并“笃行”。

我一直坚持人才培养的高标准、严要求，重视创新和研究能力的提高，重视学术氛围的形成。多年来，经过不懈努力，我积累了较为丰富的广播电视人才培养经验，因而报考这一专业的博士生人数也日益增加。记得2003年报考我的博士考生只有20多人，到2005年以后，几乎每年都有40多位考生选择广播电视这一专业。考生多了，自然也有一些专业素质较高的考生考入。每每记起身负重托，倍感人才培养责任之重大。那种一学期学生都见不上导师几次面的情况确实严重损害了导师的形象，因而必须加强责任心，平时多引导。导师要了解他们每一阶段学习的重点、难点，对学习上的困难要及时解决并定期检查督促，多给他们创造学习机会和条件，鼓励他们多出成果。坚信“授人以鱼，不如授人以渔”的古训，最大限度地发挥学生的主观能动性，让他们在每次的发言讨论中，在对每一问题的研究中碰撞出自由的学术火花。针对每个学生不同的特点、个性和潜力进行培养，才能使他们“人尽其才，才尽其用”。这些年的实践证明，他们在校的研究成果及博士学位论文均得到了学界的好评，几乎每次博士生奖学金评奖中都有一等奖获得者，一次性博士论文通过率达到100%。这些为他们今后的就业打下了良好基础，使之能在许多博士工作岗位的竞争中获得较强的核心竞争力。多年来，我看重他们的点滴进步：一次成功的演讲，一篇学术论文的发表，一部著作的出版，一项科研项目的完成，或评上更高级别的职称，或走上更高层的管理工作岗位等，我都为之兴奋，并认为这是对我最好的奖励。学生带给我的快乐，是这十年里很重要的收获。每一届学生都会为我带来新的惊喜，他们的激情和朝气也常激励我前行。在与他们的讨论中，我常常得到意外的收获。经过三年的师生磨砺，联结了我们亦师亦友的情感纽带。已经毕业的学生仍会不定时地和我联系，汇报他们的收获，交流在工作中遇到的新问题、新情况，我也会以朋友的身份给他们一些建议和帮助。这种亦师亦友的关系是我一直以来坚持并推崇的。有些学生毕业后仍回来参加我组织的各种横、纵向课题。由于每年报考我的硕士、博士研究生人数都很多，招收名额有限，我不得不经常忍痛割爱分出去一些优秀的学生给其他导师。这其中先后有十几位同学虽然没有由我亲自带，但他们经常和我交流学习、生活上的心得体会，亦建立起了深厚的师生情谊。

尤其让我难以忘怀的是，各届学生之间在生活和学习上的相互照顾和真诚交流。特别是在上一届与下一届学生之间，有效传承了“欧阳门”一贯团结奋进的学术传统，努力做到在学术研究和生活娱乐方面彼此平衡，和睦融洽。由此形成了一个情感交流、学术碰撞和共同提高的宝贵平台，无形中形成了独特的风格——尊师重谊，崇尚学术，互相帮助，共同进步。“欧阳门”团队也在这种传统氛围的感染下在各方面取得了进步。时间已走过十年，在我的近百名学生中，尚有80%的学生与我保持经常性的联系，且常回“欧阳门”看看。这让作为老师的我感到莫大的安慰。

作为一名当代传媒学者，必须具备扎实的基础和专业知识，不断更新知识结构，关注学术前沿，努力提高科研水平，开拓创新。这也是一个导师不断保持鲜活而旺盛的学术生命力的重要基础。唯其如此，才能使自己的学生感受到学术的希望。十年间，我先后主持了“电视传播与社会主义核心价值的实现”、“中国电视50年发展研究”等十几项国家重点、一般及省部级课题，发表论文130多篇，出版六部著作，主编两部国家重点教材，有四项社科成果获国家级奖励、六项社科成果获省人民政府奖励。

多年来，我把教学作为科研的基础，把科研作为教学的需求。坚持两手抓，相得益彰。一些同学常常问我如何做好学问，我觉得要研究一个事物、一个现象，没有对对象的激情和热爱是很难做出成绩的。激情和热爱是一个人研究的动力和源泉。我是20世纪90年代初进入广播电视理论这一领域进行开拓和探索的，建立现代化、科学化的中国广播电视理论体系是我多年孜孜以求的，这也是时代、学科发展的需求。多年来，一系列关于中国特色广播电视理论建设工程的完成，关于电视批评学、电视文化学、纪录片、电视艺术学等理论的建构与完善，使我对中国广播电视的历史与现实有了更为深入的把握。每每完成一个阶段性的工作，都有如一位探险者完成一次艰难的跋涉，其间充满了痛苦与欣慰。广播电视传播中的现实问题，是我这些年的重要关注点；新闻传播中的种种理念和现象，节目创新创优，品牌建设，频道专业化，收视率，电视娱乐化，媒介融合，传媒产业经营、集团化、产业化等也是我的研究对象。对于每一个研究对象，我都抱着热情与执著，从理论高度把握其规律性，力求对当时的广播电视发展有所启迪。

我始终认为把人生最后的事业点放在学术研究领域是明智的选择，何况有四川大学这个“全国著名、西部第一”的平台。其实，在人生的重大转型时，有好朋友曾提醒我高校“名利场”的复杂性、公共资源分配不公及人多粥少等。对此我有充分的思想准备，因而进入高校后尽量远离这个“场”，少了许多烦恼，乐在我自己的学术环境中。“非淡泊无以明志，非宁静无以致远”，做学问需要一种淡泊名利的心态，一种对个人能力的理性判断和对学问知识的真正追求。2005 年、2008 年，先后有两位“211”大学的领导来校诚恳地邀请我出任该校传媒学院院长或特聘院长，并表示给予较高报酬，我婉拒了他们。一则我似乎已厌倦了行政工作，二则我已经满足了这种从容的学术生活。在学术追求这条道路上，多年来我就是这种心态，这种选择。

二

学科建设是一所大学的生命线。近些年，我最重要的一项工作就是如何利用学校公共资源以外的学术资源为四川大学新闻传播学科建设服务，围绕学科建设从具体的事情做起。回忆起来颇感欣慰。学科建设对于学校发展具有至关重要的作用，它是学校工作最重要的环节。四川大学新闻传播学科建设始于 20 世纪 80 年代初，有较好的发展条件，特别是一些平时默默无闻而建树颇丰，以至平时很少人提起的学者为四川大学新闻传播学科的可持续发展奠定了十分重要的基础。

我与四川大学相伴十年，也与 21 世纪中国电视事业的发展相随。这十年，我先后 200 多次应邀到学术团体、媒体、高校或相关政府机构等从事考察、讲学活动。“学术就是实践的智慧”，这些工作使我开阔了眼界。理论与实践的融合，使我对高校新闻传播学科建设有了更新的认识，对广播电视现实状况有了深刻的了解。此间我还多次应邀在国家层面的学术论坛上演讲，更使我深切感受到作为一个学者的荣耀、尊严和责任。2001 年 12 月，经广电总局党组批准，我被授予“全国首届‘十佳’广播电视理论工作者”称号。首届“十佳”里，高校学者还有中国传媒大学的赵玉明先生。当我从广电总局领导手中接过荣誉证书时，心里除了感激之情外，分明还有一种责任。这以后，我担任了广电总局中国广播电视协会学术委员、中国高校影视学会副会长、中国传媒经济与管理研究会副会长、中国电视艺术家协会电视研发委员会副会长、中国电视纪录片研究会副理事长、中国广播电视协会西部学术基地主任等国家级学术职务。先后 40 多次担任中国广播电视新闻奖、中国广播影视大奖评委，中国新闻奖、长江韬奋奖评委，国际金熊猫纪录片奖评委，中国广播电视论文奖、论著奖评委，“全国‘十佳百优’广播电视理论工作者”评委等。担任了《中国广播电视学刊》、《新闻与传播》（人大复印资料）等学术期刊编委，还担任了中央电视台客座研究员，多家省级卫视顾问。参加这些工作给学校、给我和我的学生带来了学术资源和学术平台，不仅使我能够时时感到中国广播电视发展的每一步，了解我国广播电视发展中出现的一些新问题，而且使我们的研究始终处于广播电视理论研究的前沿。这些条件和机会，使我能够较早进入国家层面的学术研究平台，也为我给四川大学新闻传播学科建设尽绵薄之力创造了条件。

学术影响力是衡量一所大学能否成为研究型大学的重要指标。为此，我确立了“以实实在在的学术业绩，打造学术品牌”的工作方针，确定了“进一步扩大新闻传播学科在全国的影响力，提升在全国学术地位”的具体工作方针和目标。十年来，我们利用四川大学新闻传播研究所、中国广播电视协会西部学术基地的学术平台，先后举办了15次全国性学术论坛。它们是“中国西部广播电视发展高端论坛”（2001年11月，四川大学），“中国东西部传媒经济发展高级论坛”（2002年6月，上海大学），“后现代语境下中国影视传播发展战略研讨会”（2003年5月，上海），“中国西部纪录片高级论坛”（2004年4月，四川大学），“邓小平与中国电视”（2004年7月，广安），和央视合作的在四川大学组织的“CCTV大学生谈电视”（2004年9月），“中国省级卫视发展战略论坛”（2005年1月，沈阳），“中国制片人高级论坛”（2005年4月，乐山），“世界传媒经济发展论坛”（2005年5月，广州），“中国东西部第二届电视传媒经营高级论坛”（2005年11月，贵阳），“首届中国电视批评高端论坛”（2006年12月，四川大学），“首届中国电视传媒研究博士生论坛”（2008年10月，四川大学），“中国传媒经济三十年峰会”（2008年，重庆），“中国西部广播电视理论创新暨西部广播电视理论工作会”（2010年4月，四川大学），“中国首届企业传播高端论坛”（2011年1月，北京）等。这些论坛均由四川大学新闻传播研究所或中国广播电视协会西部学术基地主持，并由所里的人员作主要演讲。这些论坛的召开进一步扩大了四川大学传媒学科在全国的影响力。

新闻传播研究要坚持理论与实践相结合的方针，应加强同媒体的合作。十年来，我们通过与电视传播管理机构、行业组织和实践单位开展深度合作，除了获得一定科研经费外，更重要的是使我们的研究更加有的放矢。2001年11月，经广电总局和中国广播电视协会批准，我国第一个区域性广播电视学术机构——广电总局中国广播电视学会西部学术研究中心在四川大学成立。研究中心的成立对于推动四川大学广播电视学科建设起到了积极作用。尔后，“东部”、“北方”、“南方”三个研究基地相继成立。十年来，我们的工作得到了广电总局、中央文献研究室、中国广播电视协会的支持帮助，先后同清华大学、北京大学、中国传媒大学、浙江大学等相关机构建立了友好学术合作关系，同中央电视台、辽宁电视台、贵州电视台、云南省广播电视局、陕西电视台、重庆电视台等20多家媒体及政府机构开展横向合作，其内容包括媒体经营与改革、频道栏目定位、节目改版、新节目研发、节目论证、节目评审、品牌战略等内容。在这些合作中，我们以专业精神和高品质的研发素质体现了四川大学广播电视学科的品牌价值。在与这些媒体的合作中还建立了若干实习基地，这为我校的学生就业带来一定的便利，至今一些在中央媒体就业并担任一定职务的专业人员，当年就是通过这样的渠道找到工作的。为纪念邓小平诞辰100周年，在广电总局和中央文献研究室支持下，2002年我们同中共四川省委宣传部合作，拍摄了大型文献纪录片《邓小平与四川》，2004年，该片获中国广播影视大奖。这些合作对于提升新闻传播学科在全国同专业中的地位起到了重要作用。

经过多年的努力，我们精心打造的四川大学新闻传播研究所及中国广播电视协会西部学术研究基地已成为具有全国性学术影响的平台。利用这一阵地，我们聘请了十几位知名专家学者担任广播电视学科客座教授，先后邀请30多位媒体和学界专家到校进行学术讲座，我们还通过各种渠道先后为160人次师生外出考察、参加全国学术会议提供方便，解决相关经费。这些工作为拓宽大家的学术视野，多出成果奠定了基础，创造了条件。这个学术平台不仅给我们带来了丰富的学术资源，也促使学术成果在更大范围得到传播。学科建设过程也就是成果积累的过程，据不完全统计，十年来，以四川大学新闻传播研究所名义发表的论文有500多篇，其中CSSCI近200篇。这些论文的发表对提升学科地位起到了积极作用，体现了四川大学新闻传播的研究实力和在该专业领域的话语地位。多年来，我们还受中央电视台和广电总局的委托，对每年中国电视理论研究和每年中国电视事业的发展进行全面梳理，共发布了40多份关于传媒调查的年度报告。这些报告都发表在相关权威学术期刊上。从发展学科的角度出发，2002年起，由我主编的“21世纪广播电视系列丛书”先后出版14部著作，其中有两部被确定为国家“十一五”规划教材。其间，广电总局原常务副部长刘习良，中国广播电视协会、中央电视台的领导也数次来所里考察工作，并座谈四川大学广播电视学科发展战略，给我们的学科建设提供了宝贵的意见和建议。

走到今天，四川大学在我国广播电视研究领域已经拥有了自己的话语中心和影响场域。其研究团队就是在这种集中精力搞教学、踏踏实实做学问的精神鞭策下逐渐发展壮大起来的。不断结合广播电视传播实践，使我们在电视批评、纪录片、电视文化、电视艺术的研究方面有了独到的见解和创新性。对于如何处理好电视研究与业界的关系这个问题，需要把握好分寸。既要保持业务联系，适当介入一些电视传播实践，又要保持学者的独立性，不迎合不图解，有创见有创意。多年的理论与实践，论证了其真理性。

今天，我已走过21世纪第十个春秋，带着喜悦，挥洒汗水，我见证了四川大学新闻传播学科的发展变化，从“文艺与传媒”专业博士招生，到2006年新闻学博士点的批准，再到2011年新闻传播学一级学科博士点的获得，一步步走来，作为这一学科的建设者，我倍感欣慰。四川大学新闻传播学科的发展首先得益于跨学科的优势，同国内其他新闻传播博士生培养比较，这些特点也是优势。这些年，我们不断探索，结合国内外高端人才培养的经验，从学校学科特点出发，基本走出了一条适合自身学科发展的博士生人才培养的路子。如何保持四川大学广播电视理论研究的可持续发展，如何巩固和加强其同国内业界学界的合作、进一步提升在全国专业领域的地位和影响，如何使四川大学新闻传播学科迈上一个新的台阶，这一切都是学术同仁面临的共同任务和责任。

所有这些都离不开四川大学这个学术平台，离不开学术同行和业界的关心和支持。四川大学地处西部，同北京等发达地区的大学比较起来，没有学术资源的优势，但她已有110多年的历史积淀，人文底蕴深厚，特别是在人文社科领域拥有自己的学术优势和特色。这些都为一个学术研究团队的形成和发展提供了非常好的条件。我记得自己刚到川大的时候，广电总局的一个老领导就对我说，四川大学人文历史厚重，是一个做学问的地方，以后会有更多机会和条件进入国家传媒话语层面。诚如这位老领导所言，也正是有这样的保证和支持，我们才能硕果累累。多年来，我们也正是这样一步一步走过来的。

在本文即将结束时，感谢当年引导我走向学术道路的我的老师刘界国先生、董味甘先生、李保均先生、丁家骥先生、林枫先生、闵凡路先生。这些年来，我一直牢记老师的谆谆教诲，不敢懈怠。师恩难忘，这些同我的生命意义一样重要的教诲，我将永远铭记在心。感谢多年来关心和帮助四川大学广播电视学科发展的各位领导、专家学者，他们是广电总局原副部长刘习良，中国国际广播电台台长张振华，中央电视台台长杨伟光，中国广播电视协会秘书长江欧利、王敬松、张聪及学术部主任张君昌、评奖办主任赵德全、学刊编辑部主任陈富清，中国电视艺术家协会秘书长王锋，中央电视台副总编章壮沂、赵立凡及研究室主任王甫、社教中心主任冯存礼、童宁，央视国际网站主任刘连喜，《现代传播》主编胡智锋，辽宁电视台台长李刚、副台长黄惟诚，贵州电视台台长李新民、白方芹，甘肃电视台台长刘炘，云南省广电局总编杨宏，重庆电视台台长李晓枫，陕西电视台台长王广群，四川广播电视台台长陈华，《现代传播》主编胡智锋，中国传媒大学影视研究所所长张凤铸教授，传媒经济研究所所长周鸿铎教授，浙江大学传播研究所所长邵培仁教授等，还有许多传媒领导及学界朋友，在此一并致谢。正是因为他们的支持，才使四川大学广播电视学科走出了一条自己的发展道路，并得以可持续发展。

十年学术激情，恰如这个美丽的初夏，点燃生命的智慧，留下不灭的记忆。一如丁香花岁岁簇拥着美丽长青的四川大学，十年光阴，十年耕耘，似那洁白的花瓣，香飘四溢。我的心绪亦如这花瓣，摇落枯叶换来一树葱茏；朝朝暮暮在眼前，化作春泥更护花。

十年春华秋实，十年心意相逢；南来北去似飞鸿，此生可待为圆梦。仰望苍茫的天空，为生命的意义而不断探索，这的确是一个让人愉悦的过程。

欧阳宏生

2011 年 5 月 4 日教坛十周年

于川大花园寓所

目　录

第一编　电视本体与电视文化的探索

第二编　电视批评的开拓与现代化建构

第三编　电视理论研究与学科建设

第四编　电视纪录片的多重阐述

第五编 节目个案研究与理论阐释

第六编 对话、交流与学术碰撞

第一编

电视本体与电视文化的探索

论中国广播电视的社会主义特色

我国广播电视作为社会主义新闻事业的组成部分，既具有广播电视传播的普遍属性，又具有中国特色社会主义性质的特殊属性。它是建立在社会主义公有制基础上的大众传播媒介。在事业建设和传播活动中，我国广播电视坚持中国共产党的领导，以为人民服务、为社会主义服务为宗旨，以社会效益为最高准则。全国广播电视是一个统一的传播网络，具有较强的系统优势。中国广播电视事业的这些个性特征是区别于其他国家广播电视的显著标志，是具有中国特色的社会主义广播电视。本章将结合西方广播电视特征加以比较，使我们正确认识中国广播电视的社会主义特色。

社会主义公有制的大众传播媒介

中国广播电视是由各级政府主办的建立在社会主义公有制基础上的大众电子传播媒介。

（一）中国广播电视的社会主义性质

中华人民共和国是工人阶级领导的、以工农联盟为基础的人民民主专政的社会主义国家。工人阶级是国家的领导阶级，农民是工人阶级可靠的同盟军，工农联盟是人民民主专政的基础，广大人民群众都是国家的主人。党的十一届三中全会以后，我党制定了适合我国社会主义发展道路的思想路线、政治路线、组织路线和一系列的方针、政策，逐步摸索出了一条有中国特色的社会主义道路。其核心就是坚持把马克思主义同中国实际相结合，坚持一条实事求是的基本路线。这种同中国实际相结合的马克思主义，使中国的社会主义成为切合中国实际的有中国特色的社会主义。

广播电视作为一种大众传播媒介，是信息传播的重要载体。在一定的社会中，它们所传播的具体内容与其所在的社会环境息息相关，受到社会因素的制约和影响，受着所在国家政府和政党的管制。广播电视媒介往往被一定的政党和社会集团所掌握和运用，为一定的社会利益和目的服务，并表现出一定的政治属性。中国是一个社会主义国家，广播电视是中国共产党领导下的社会主义新闻事业的重要组成部分。中国广播电视媒介是党、政府和人民的耳目喉舌，是党和政府与人民群众联系的桥梁。

我国广播电视事业的公有制特色建立在社会主义公有制的经济基础上。物质生产活动是人类最基本的活动，它是一切社会活动的基础。物质决定意识，社会的政治、法律、哲学、宗教、文化等上层建筑领域的活动都是在物质的基础上产生，并受其制约的。广播电视媒介以节目的形式传播着一定的思想、文化和价值观念，对人们的思想和行为潜移默化地产生着巨大的影响。作为我国社会主义事业组成部分的广播电视是一定的社会经济基础通过现代电子技术手段的反映，属于上层建筑意识形态的范畴。在阶级社会中，任何超阶级的意识形态都是不存在的。一定的社会形态下，广播电视必然隶属于一定的阶级和社会制度，它不仅要受经济制度的制约，同时也要符合社会政治制度的规范。不同经济基础上的广播电视事业有其自身特点。

中国是社会主义国家，其广播电视事业是建立在以社会主义生产资料公有制为主体的经济基础上的，代表着最广大的劳动人民的利益。

（二）中国广播电视的公有制特色

我国广播电视传媒属于国家所有。对此国家早有规定："广播电台、电视台只能由广播电视部门开办，不能由其他部门、其他系统办，也不能'民办'，更不能同外资合办。"①

正如社会主义社会的发展不存在统一的固定模式那样。除了各级广播电视部门主管的广播电台、电视台外，一些国有大中型企业、部分机关、团体以及城乡社区为解决信号覆盖或进行本地、本单位信息交流及服务而开办的有线广播或有线电视台站，不一定都是全民所有制，也不一定是国家或各级政权直接开办的，但它们作为集体所有制性质，仍然属于社会主义的公有制范畴。这些广播电视台站都要接受上级或地方同级政府组织的领导，遵守广播电视部门代表国家制定的宣传纪律和各项规章，是广播电视主体事业的延伸和补充。2001 年 8 月 20 日中央办公厅、国务院办公厅转发了中宣部、广播电视总局、新闻出版总署《关于新闻出版广播影视业改革的若干意见》（17 号文件），肯定了国有大中型企业的合法投资地位，即允许国有大中型企业参与非内容性的传媒经营活动。这进一步肯定了以公有制为主体的多种所有制形式。

我国将广播电视事业的发展纳入国民经济发展计划。中国广播电视事业由国家主办，属于国家所有，并且纳入国家国民经济发展计划，这是同西方国家迥然不同的。

新中国建立之后，广播事业建设及以后开创的电视事业建设都被纳入国民经济计划，按照全国统一的事业建设方针实行计划管理。20 世纪 50 年代至 90 年代，全国广播电视事业的建设方针曾进行过几次比较大的调整，在我国广播电视发展史上产生了深刻的影响。第一次政策调整是在全国解放时期。当时国家把主要精力用于医治战争创伤，尽快恢复遭受严重破坏的国民经济上，人民广播事业基础薄弱。根据实际情况，国家采取"先中央后地方，先对国外后对国内，集中力量建设中央电台（包括对外广播）"的事业建设方针。第二次政策调整是在我国对手工业和资本主义工商业的社会主义改造已经基本完成之后。由于贯彻执行第一个五年计划，国家经济状况开始有了初步好转。党中央提出了"发展农村有线广播，加强对国外广播，尽快创办电视"、"中央和地方并举"的方针。第三次政策调整是在 1983 年。地方实行计划、财政体制"分灶吃饭"和财务包干，地方自主权扩大，另外，"四级"办电视的体制大大激发了地方政府办广播电视的积极性。进入 21 世纪，国家又为广播影视制定了 2001 年至 2010 年的总体目标和主要任务。分别从技术上扩大广播电视的覆盖率，从整体实力上整合各级广播电视机构，形成一批国内国际有竞争力、影响力的广播影视集团。事实证明，中国广播电视事业自新中国建立以来一直是国民经济的一部分，其发展一直是受到国家重视和支持的，是国民经济发展计划的一个重要组成部分。

（三）中国广播电视体制具有自身优越性

我国广播电视体制是以邓小平理论为指导，建设有中国特色的社会主义的广播电视事业体制。在几十年的发展过程中逐步形成了一些具有鲜明特色的结构方式。从总体上看，由于广播电视事业过去实行中央、省、市、县四级办台，依照我国行政区域的构成特点，全国广播电视事业分层次建设，形成金字塔形网络结构。从个体看，每一级电台、电视台直接从属于该级党委、政府，成为该级党委、政府的宣传工作机构，必须无条件服从其宣传意志。

在社会主义市场经济中，我国广播电视的公有制优越性得到充分体现。尽管广播电视传媒之间以及同其他传媒之间必然存在某种程度的业务竞争，但它们在根本利益上是一致的，都是为了更好地满足人民群众物质文化生活的需要。在我国一元化领导和分层次管理的广播电视体制下，各级电台、电视台作为舆论宣传喉舌，必须保持舆论宣传的一致性。其经营行为上虽有竞争，但这种关系是建立在根本利益一致的基础上的，更多地体现为取长补短、平等互利。即使在小范围内发生局部利益冲突，也能通过各级党委、政府的行政手段进行有效调控。这样，我国广播电视事业才能整体上处于协调健康发展的格局之中。

中国广播电视的国家管理体制为社会主义广播电视的发展创造了有利条件，这也是我国广播电视事业在很短的时间内就得到快速发展的原因之一。可以相信，在这种优越的环境下，我国广播电视将在满足广大人民群众日益增长的物质文化需求中做出更大贡献。

坚持中国共产党的领导

我国的广播电视是中国共产党领导下的舆论宣传工具。坚持党对广播电视的领导，其意义在于更好地发挥党、政府和人民的喉舌作用。因而，我国广播电视在自身的传播活动中要把党的基本理论作为基本准则，坚持政治家办台，坚持党对广播电视事业建设与发展的统一调控。

（一）坚持党的领导是我国广播电视的鲜明特色

中国广播电视坚持无产阶级政党的领导，这是我国广播电视在社会主义现代化建设中努力发挥作用的根本保证。

毛泽东指出："领导我们事业的核心力量是中国共产党，指导我们思想的理论基础是马克思列宁主义。"[②] 中国共产党是中国各族人民利益的忠实代表，是社会主义建设的领导力量。中国广播电视事业是在中国共产党领导下创办的，必须在政治上、思想上、组织上全面接受党的领导。

马克思主义认为，在人民民主专政的结构体系中，有各种群众组织、党派、经济组织、文化组织、军队和国家机关，在这其中工人阶级政党是领导的核心力量。是坚决维护和加强党对我国广播电视工作的领导，还是削弱破坏以至取消这种领导，这是舆论领域中两种根本对立的观点。我国宪法确立了中国共产党在国家政治生活中的地位以及党在社会主义事业中的领导作用。邓小平在谈到思想战线的工作时指出，必须"坚持四项基本原则，坚持党的领导"[③]。

西方广播电视传媒与各国政府间是相对独立又相互依赖的关系。从西方特定的历史背景出发，西方学者先后提出了自由主义报刊理论和社会责任论。这两大主导性理论决定了西方的新闻体制，规定了西方新闻媒介与政府的关系，指导了西方新闻媒介的运行方法。自由主义报刊理论的核心是政府不得干预新闻媒介，而新闻媒介却有监督政府的权利，新闻媒介成为行政、立法、司法以外的国家第四权力；社会责任论一方面要求政府约束新闻自由的行为，另一方面又要求保证新闻媒介对政府的舆论监督。在资本主义社会中，广播电视事业是建立在资本主义私有制基础上的。利润至上的原则支配着广播电视的运作，资本取代政府控制了广播电视媒介。媒介、公众和政府三者之间总是存在这样那样的矛盾。这些矛盾所揭示的是资本主义社会里资本的私人占有和生产社会性的矛盾，在广播电视事业中就表现为媒介的拥有者与受众利益、社会利益三者之间不可调和的矛盾，而其根源正是广播电视的私人占有制。

中国广播电视坚持无产阶级政党的领导，其本质和显著特征就是使广播电视充分发挥党、政府和人民的喉舌的作用。

从根本上讲，广播电视与党、政府和人民的利益是完全一致的。作为喉舌，它体现中国共产党的阶级意志和政治主张。坚定不移地坚持党对广播电视事业的领导，是这项事业党性原则的重要标志。中国广播电视公开承认自己是党和政府的舆论工具，公开声明自己是党和政府的喉舌，十分强调要旗帜鲜明地站在党和政府的立场上，同党的路线保持完全一致，自觉服从党的领导和人民监督，对社会实行正确的舆论导向。

（二）坚持党对广播电视事业的领导

坚持党的领导必须坚持正确的舆论导向。中国共产党对广播电视事业的领导的表现是多方面的。电子传媒因其传播技术的先进性，对社会的影响很大，其舆论导向正确与否事关重大。坚持党的领导，首先要坚持正确的舆论导向，自觉地同党中央保持一致。中国是社会主义大国，是从“一穷二白”的基础上发展起来的。虽然新中国成立以来，特别是20世纪90年代以来，社会发展取得了巨大成就，但仍然是发展中国家。底子薄、人口多，经济和文化的发展依然和发达国家有很大的差距。社会主义初级阶段的客观情况又表明我国社会制度的巩固和发展还有待完善，社会主义制度的优越性也还远没有充分发挥出来。社会机制本身在某些方面还显得比较脆弱：一方面，在对外开放中，西方资本主义的思想文化会随之侵入我国；另一方面，几千年的封建思想文化的影响还将存在。不管是政治制度建设还是经济发展都需要一个好的环境，改革开放和现代化建设必须有一个安定团结的政治局面，这也是人民的根本利益所在。因此，中国的最高利益就是稳定。主导舆论的方向正确与否关系到我国安定团结的大局，而广播电视对于主导舆论能够产生重要影响，因此，党对它的领导首先就体现在坚持正确的舆论导向上。

把握正确的舆论导向，简言之，就是做好两方面的工作：一是要及时、全面地宣传中央的新的政策、法律，如前几年税收改革、金融改革、住房改革、大中型企业改革、公务员制度改革等政策的贯彻执行，广播电视就起到了十分重要的作用；二是所有的言论注意正确的舆论导向，要符合中央的方针、政策的要求，符合中华人民共和国宪法和法律，符合社会主义道德规范。

党的基本理论是中国广播电视传播活动的基本准则。党的领导是搞好广播电视工作的根本保证。党的基本理论是科学的马克思主义理论。解放思想、实事求是是中国共产

党基本理论的核心和实质。中国广播电视正是遵循这样一条思想路线，才使自身得到长足发展。党的基本理论是中国广播电视传播活动的基本准则。为了适应现代化建设的需要，我国广播电视从这一准则出发，不断进行改革，通过改革来不断发展自己，最终目的是强化其党性原则，更好地发挥喉舌作用，使之成为党和政府有力的舆论工具。坚持党的领导，促进广播电视改革，对此任何时候都不能怀疑。舆论界那种企图弱化党对广播电视工作的领导是十分错误的。那种认为党曾犯过错误，广播电视工作也跟着犯错误，借口摆脱党对广播电视工作的领导是根本违背人民群众意愿的。邓小平指出："党的领导当然不会没有错误，而党如何才能密切联系群众，实施正确的和有效的领导，也还是一个必须认真考虑和努力解决的问题，但这决不能成为削弱和取消党的领导的理由。"④我国广播电视事业只有加强党的领导，才能使广播电视真正成为党的喉舌和舆论工具。

（三）加强从业人员队伍建设，坚持"政治家办台"的方针

中国共产党对广播电视领导的根本要求是要使这一现代化传播工具紧紧地掌握在忠于党的人手里。党的领导主要是政治领导、思想领导。我国实行的是党的一元化领导下的机关报、国家通讯社与国家电台、电视台体制，所有权与经营权合一，台长由党和政府任命，全体员工都要对党与政府负责。这种体制对于执行党的思想路线方针能起到积极作用，便于集中较多的人力和财力办大事，营造强有力的舆论环境。西方广播电视大部分实行所有权与经营权分离，并进而实行编辑独立与经营独立的方针。那是为了更好地获取最大经济效益，是为了维护本集团的利益。而我们党是通过制定方针政策来领导社会主义建设的，党的政治思想路线和方针政策必须依靠各级党组织贯彻执行，二者高度统一不可分割。正确的思想政治领导，要靠党的组织来实施。党对广播电视事业提出的一系列方针政策能否贯彻好，领导权掌握在谁的手里就十分重要了，"文化大革命"中这方面的教训是深刻的。江泽民指出："新闻事业能不能办好，关键在有没有一支高素质的新闻队伍。"⑤这说明了广播电视这一现代化传播工具掌握在谁的手里，关系到广播电视事业的兴衰成败。加强党对这一事业的领导，坚持"政治家办台"的方针，要培养和选拔那些真正坚持马克思列宁主义、毛泽东思想，坚持建设有中国特色社会主义理论，原则性强、思想觉悟高、能按电视传播规律办事的优秀干部来充实和加强广播电视队伍的领导力量。推荐优秀党员担任电台、电视台领导职务，由他们在广播电视传播中贯彻执行党的路线方针政策，这是加强党对广播电视工作领导的重要手段。

坚持和改善党对广播电视工作的领导，做到积极性、创造性和组织纪律性的统一，这是社会主义广播电视加强党的领导的目标。通过坚持和改善党对广播电视工作的领导，充分调动广大广播电视工作者在广播电视传播活动中的积极性和创造性，同时用党的宣传纪律约束自己更好地遵循广播电视发展规律，实现二者的有机统一。

（四）完善有中国特色的广播电视管理体制

坚持党的领导还表现在我国广播电视事业管理体制上。由于我国广播电视以社会主义公有制为基础，它的管理一直被纳入国有事业的管理范畴，其管理体制一直是国家行政管理体制的一部分。在管理体系上，我国有着统一的、分级管理的广播电视事业管理体系，各级政府广播电视管理部门直接管理所属的广播电台、电视台及本行政区的广播电视机构。其管理方式几十年来基本上实行"条块结合"的双重领导。即从中央到省级

以下广播电视机构之间实行直接的纵向对口的领导，而各省（自治区、直辖市）政府以及省以下各级政府对所属的广播电视机构实行直接领导。这样，从权力上保证了党对广播电视事业的领导。在业务上，我国历来坚持党抓宣传的管理原则。各级党委和党委宣传部对同级所属及下属各级广播电台、电视台的宣传工作进行直接领导和具体管理，包括以下具体内容：传达贯彻党的宣传意图和宣传方针；根据一个时期党的中心工作任务，指导广播电视宣传计划的制订和实施；监督检查宣传方针的贯彻和宣传活动的组织情况；组织协调重大宣传活动；审查重大宣传节目；管理宣传机构的重大人事变更等。各级党委宣传部将对广播电视宣传的领导和管理作为日常工作的主要内容之一。

（五）坚持党对广播电视事业建设和发展的统一调控

坚持党的领导还表现在党对广播电视事业建设和发展的统一调控上。由中共中央及宣传部通过一系列文件，各种由党中央颁布的决议和决定，中央领导人的讲话与指示，都强调要加强党对广播电视的领导，加强对广播电视实施统一调控。这些文件、决议、决定、讲话、指示，成为指导广播电视运作的主要依据和指导方针。西方国家则通过专门的新闻法、出版法、广播电视法、新闻记者法，以及关于新闻的其他立法实施对广播电视的调控。西方电子传媒完全置于资本主义市场经济体制之下，以市场规律为杠杆进行调节。西方进入资本主义法制社会已有二百年之久，已经形成了一整套与资本主义制度相适应的法律法规。我国则刚刚建立社会主义市场经济体制，从党的十一届三中全会之后才开始走上依法治国的道路，诸多法规尚不完备，就更需要加强党对广播电视事业的领导。我国广播电视传播活动属于精神文明建设的一部分，我们的广播电视机构在运作过程中只有坚持党的领导，才能保证传播活动方向的正确性，才能保证社会主义精神文明建设的健康发展。

坚持无产阶级政党的领导是我国广播电视发展的一个重大原则问题。必须在政治上、思想上、组织上全面接受党的领导，这是中国广播电视沿着一条健康发展道路前进的根本保证，也是区别于其他国家广播电视发展的中国特色。这一特色体现了中国广播电视的社会主义发展方向。

坚持以为人民服务、为社会主义服务为宗旨

为人民服务、为社会主义服务，是中国广播电视事业的根本宗旨。我国宪法第22条明文规定：“国家发展为人民服务、为社会主义服务的文学艺术事业，新闻广播电视事业、出版发行事业、图书馆、博物馆、文化馆和其他文化事业，开展群众性的文化活动。”遵照宪法规定，我国广播电视以为人民服务、为社会主义服务为自己的根本宗旨。毛泽东同志指出：“努力办好广播，为全国人民和全世界人民服务。”人民群众是广播电视的真正主人，中国广播电视把为人民服务、为社会主义服务贯穿于整个传播活动的始终。西方国家传播媒介标榜自己为公众利益服务，但这一切都必须在保证自身利益的前提下。认识西方媒介的实质，对于我们坚持为人民服务、为社会主义服务具有重要意义。

（一）强调为人民服务，为社会主义服务的一致性

从根本上讲，为人民服务、为社会主义服务，二者是统一的。走社会主义道路，建

设社会主义现代化，是中国人民的利益所在，也是全国各族人民共同奋斗的方向。为社会主义服务是为了促进社会主义现代化进程，极大地满足广大人民群众日益增长的物质文化需求，归根结底，也是为人民服务。广播电视有着强大的宣传教育功能，担负着团结和动员广大人民群众建设社会主义国家的历史使命。因此，要理直气壮地宣传只有社会主义才能救中国，宣传党在社会主义时期的基本路线；理直气壮地教育人民坚定不移地走社会主义道路，积极参加社会主义民主政治和社会主义精神文明建设。中国广播电视把为人民服务包融于自己的各个工作环节，真诚地把广大人民群众作为服务对象，一切从人民利益出发，体现出人民群众作为历史创造者的应有地位，使之成为广播电视的主人。在服务中努力表现人民群众的意愿，努力反映他们在政治生活、经济生活和文化生活中所表现出的聪明才智，以及他们所从事的社会主义事业的愿望和要求，劳动人民真正成了广播电视的主人。

西方国家广播电视为了掩盖自己的本质，也标榜他们是为社会公众服务的公共事业。然而在获取最大经济利益的根本导向下，人民大众在广播电视上的地位和发言权无法得到根本性保障。正如列宁指出的，资产阶级言论自由不过是资本家的自由，不过是金钱的力量收买舆论、压倒舆论的自由。事实也正是如此，无产阶级和其他劳动人民不是广播电视的主人。广播电视传播只是掌握在很少一部分人手中，为垄断资产阶级和统治集团利益服务。

（二）强调社会主义建设与人民群众自身需求的一致性

在社会主义中国，广播电视的出发点是兼顾两方面的需要：党和政府发展社会主义的需要与广大人民群众自身发展的需要，既要对党负责，又要对人民负责。对党的政治主张进行宣传，传达政府的对内对外政策，报道社会主义革命和建设的业绩与经验，抨击各种损害国家和人民利益的思想与行为，对当代国际重大事件进行报道与评论；对人民则最大限度地满足他们日益增长的需要，从内容到形式办出自己的特色，使人民感到可信、可亲，真正成为人民的益友和知音。为人民服务也是受众意识的一个体现，我国广播电视重视反映群众的要求、意见和呼声，注意回答广大群众最关心的各种热点、难点和疑点问题，通过报道达到保护人民群众的切身利益的目的。为人民服务，是群众观点的体现，一方面是反映群众的呼声，另一方面是讲老百姓自己的事情。我国广播电视在自身传播活动中注意贴近生活、贴近实际、贴近群众。现在的节目能够以更生动的方式宣传党的方针、政策，改变了过去居高临下的方式，代之以亲切、庄重、自然、流畅的风格。简言之，为人民服务，为社会主义服务也就是满足社会主义建设的需要和人民群众的需要，就是做好政府和老百姓的信息桥梁。为此，要找到政府和老百姓的共同利益所在，把人民的意见和政府的解决办法联系起来，反映问题，促进问题的解决。需要指出的是，尽管西方也重视受众需求，但他们常常忽略了受众是个复杂的集合体，他们的偏好、他们的要求不都是合理的、正确的，在满足受众的各种合理要求的同时，广播电视媒介更应担负起把受众引导到正确方向的使命。

（三）为人民服务，满足受众需要

我国各级电台、电视台有着不同民族、不同年龄、不同职业、不同爱好、不同性别、不同文化水平的非常广泛的观（听）众。在社会主义初级阶段，我国广播电视节目的目的是要最大限度地发挥社会主义精神文明建设的作用，发挥舆论导向作用，鼓舞全国各族人民在党的领导下，以饱满的热情和坚强的信念投入到中国的现代化建设事业中去。因此，广播电视节目在以正面报道为主的前提下进行舆论监督；在突出主旋律的条件下，发掘多样化的节目内容和形式；在弘扬各民族优秀文化的同时吸收外来文化；在保证党和政府的主体地位的同时，开辟多种频率，多个专业频道。各级电台、电视台以广大人民群众为服务对象，不断改进工作，提高服务质量，合理设置和努力办好各类节目；采用最能使人理解和接受的方法，充分宣传党和国家的路线、方针、政策和中心任务；满腔热情地报道人民群众一切积极的创造性的活动，反映人民群众的愿望；向人民群众提供一切有益的知识、丰富多彩的艺术享受和各种周到的服务。坚持对党负责和对人民负责的一致性，加强对受众服务工作，使电台、电视台真正成为党和政府联系群众的桥梁，在实施精品战略的过程中，把满足广大人民群众的精神文化生活需求贯穿于广播电视传播活动始终。

统一的传播网络，较强的系统优势

社会主义广播电视的管理和领导体制的优越性，使我国广播电视成为一个统一网络，宣传上形成全国一盘棋，保持了系统优势的发挥。

（一）统一的传播网络

中国广播电视事业的发展被纳入国家统一管理规划，各级电台、电视台都有自己特定的覆盖面以及与之相适应的受众群，这些覆盖面和受众群分工合作、主次结合，形成了全国统一的传播网络。长期实行的计划经济使我国在经济、文化和社会发展各方面都具有高度的计划性、统一性和一元化的特点。1956 年以来，我国历经 3 年经济困难、3 年经济调整以及 10 年“文化大革命”。几起几伏，20 多年里，“中央和地方并举”的事业建设方针一直没有改变。1983 年起我国实行“四级办”方针，广播电视事业迅速发展起来。几年时间里，全国就形成了上下纵横结合、多种技术手段并用的多层次的节目传送和覆盖网。经过长期的建设，以微波干线和通讯卫星为传送手段的实行四级混合覆盖的全国广播电视网已基本形成。全国广播电视事业形成了一定的规模，并建立了全国统一的广播电视宣传网。国家规定，广播电视事业建设与发展以保证国家电台、电视台的覆盖为原则，与中央和省级广播电视覆盖网同步发展，网络建设与发展以中央、省级为发展重点。全国广播电视事业建立和形成了一个遍及全国城乡、深入千家万户的信息传播网络，成为国家信息基础建设的三大支柱网之一。一方面，形成了以中央和省级电台、电视台覆盖为主体，市、县广播电视为补充的统一的舆论宣传和信息传播网络；另一方面，各级电台、电视台按照专业职能进行合理的纵向分工，从而共同组成以宣传为主体，多种社会职能相结合的综合服务网络。网络媒体崛起后，先进的传播手段为全国统一的传播网络提供了强大的技术支持。1994 年海南等 20 多家电台与中央人民广播电台实行新闻信息计算机联网，1995 年联网电台增加到 70 多家。1999 年底中央人民广播电台新闻中心已同全国 100 多家电台建立了固定的供稿关系。中央人民广播电台与地方电台的联系不断向纵深发展，在主要依靠省级电台的基础上又把联系的触角延伸到地方电台，建起了一个“以省台为骨干支撑、以地市台为补充”的新闻传播网络。

我国广播电视的这种全国统一的传播网络在西方广播电视事业中是极其少见的。西

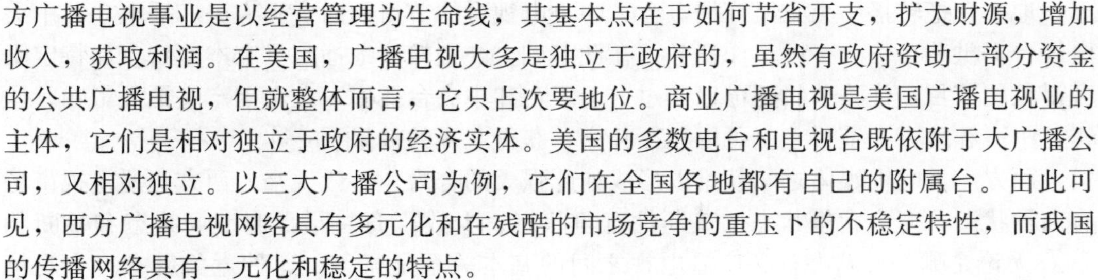

方广播电视事业是以经营管理为生命线，其基本点在于如何节省开支，扩大财源，增加收入，获取利润。在美国，广播电视大多是独立于政府的，虽然有政府资助一部分资金的公共广播电视，但就整体而言，它只占次要地位。商业广播电视是美国广播电视业的主体，它们是相对独立于政府的经济实体。美国的多数电台和电视台既依附于大广播公司，又相对独立。以三大广播公司为例，它们在全国各地都有自己的附属台。由此可见，西方广播电视网络具有多元化和在残酷的市场竞争的重压下的不稳定特性，而我国的传播网络具有一元化和稳定的特点。

（二）强大的系统合力

我国广播电视事业发展已形成自己鲜明的特点，全国广播电视系统是一个完整统一的宣传网络。在这个网络系统中，各级广播电视传媒代表着各级党和政府，在统一的政治标准的基础上相互协作、彼此支持，既有分工、又有合作，形成了强大的系统合力。

第一，中央级台和地方台的通力合作。随着经济的繁荣和社会的不断进步，我国广播电视事业飞速发展，从中央到地方，各级党委和政府都有自己的广播电视传播媒介。全国广播电视节目套数大大增加，同时节目需求量也在不断增大，然而单凭各台自身的制作能力，无论是中央台或是地方台都很难维持，而依靠全系统力量，把全系统和全社会的制作力量都调动起来，形成系统合力，则具有强大的优势。充分发挥系统强大合力的优势，这是中国特色社会主义广播电视事业发展的一个显著特点。

在发挥系统优势的过程中，中央级台注重“汇全社会之精华”的意识，放开视野，把社会上的节目制作纳入自己的计划，出好点子，抓好选题，做好组织工作，在这方面积累了丰富的经验。在电视领域，以中央电视台《新闻联播》为代表的不少新闻节目，就是全国各级电视台协作、优势发挥的具体体现。《新闻联播》中55%的新闻都是由地方电视传媒提供的。在广播领域，各台注重加强横向联合，在这方面较早做了有益探索的是《祖国各地》，它的前身是中央电台1959年开办的《省、直辖市、自治区广播电台编排的节目》。每月由全国28个省、直辖市、自治区，以及中央电台对台湾广播部轮流编排，及时反映各地的中心工作、建设成就、先进经验、新人物、新风貌等。“文化大革命”期间曾停办，1983年11月1日该节目正式恢复播出。除了全国29个省、直辖市、自治区电台和中央电台台播部参加编排外，还增加了重庆市电台，节目名称改为《各地人民广播电台编排的节目》。1985年起，武汉、大连、沈阳、哈尔滨、广州、西安等计划单列市电台也参加编排少量节目。1987年元旦，改名为《在祖国各地》。节目成员又增加了一些具有一定实力并迫切要求参加节目播出的地市级电台，播出节目的电台数目达到近60家。

第二，中央级台与地方台的合理分工。为了使系统优势得到更好的发挥，在工作关系上，中央级台积极主动地为地方台提供服务。办一些地方台难以办的实事，定期给地方传媒通报宣传报道思想，召开全国性广播电视系统会议，通报情况、交流经验，举行全国节目展播，组织各类评奖和业务研讨活动，举办各类型培训班、研修班等。在节目制作与播出上，中央和省级广播电视媒体侧重于发挥政治优势，突出作为传达政令、行政指挥、重大新闻信息传播和传播优秀文化的主要阵地；市、县广播电视侧重于体现地域特色，主要在传播党的新闻和经济信息、社会教育和服务以及大众文化娱乐等方面发挥作用。全国性节目主要由中央人民广播电台、中央电视台办，地方性的节目由地方台办，地方台把转播中央人民广播电台、中央电视台的节目和向中央人民广播电台、中央电视台提供节目作为一项工作任务。在此基础上，则较多地播出具有本地特点和特定服务对象的节目，优秀节目还可以通过送上级台和中央台播出，在全国产生更大影响。这样，中央和地方在节目上就可以相互补充，获得双赢的效果。

西方广播电视媒体之间就难以形成如此强大的合力。一般说来，西方广播电视市场有四种状态：完全竞争状态、垄断性竞争状态、少数厂商共同影响市场状态和垄断状态。[6]无论是哪一种状态，各广播电视之间的基本关系是竞争。这种竞争带有一方吃掉另一方的性质，是“生与死的斗争”，失败的一方不是破产就是被另一方吞并。按照美国反托拉斯法的规定，任何公司不能在同一城市或地区同时拥有报纸、电台和电视台，同一城市或地区因此有多种大众传媒。这种情况虽然保证了多种不同声音的存在，但它加剧了各广播电视媒介之间竞争的激烈程度。《1996年联邦电信法》实施以来，美国政府又放宽了对传播业，特别是电子传播业，包括电信、广播电视等的控制，打破了对广播电视业占据市场份额以及广播电视业与其他产业融合的种种限制。媒介市场上的竞争、兼并、融合等日益增加。包括广播电视业在内的传统媒介也调整战略，集中优势、联合兼并，市场稳步扩大；新兴媒体如互联网络、有线电视等也迅速膨胀，从传统媒体市场中瓜分了相当的领地，广播电视业的竞争日益激烈。美国广播电视媒介主要面临两方面竞争：一是来自其他媒介的竞争；二是来自广播电视业内的竞争。其业内竞争主要表现为广播、电视、有线电视各自市场及相互之间的竞争。《1996年联邦电信法》取消了电视台全国拥有附属台数量的限制。各电视台纷纷扩大自己的势力范围，购买和联合各地电视台。广播电视业中拥有相当实力的公司纷纷购买和兼并中小公司，势力日益集中。诞生于20世纪50年代的有线电视发展很快。1998年8月，美国有线电视黄金时间的收视率超过了传统的三大广播公司。连续5周，有线电视黄金时间收视率达到25.8%，而三大广播公司和福克斯公司的收视率平均为24.9%。

（三）无可比拟的舆论强势

中国广播电视的舆论优势是无可比拟的。各级电台、电视台的节目播出有一个统一的政治标准。广播电视节目有两个标准：一是政治标准，二是艺术标准。艺术标准因各级电视台水平高低不可强求一致，可政治标准是统一的。中央和地方电视传播规模不一样，但性质一样，主要标准包括：一是各级电视台都要宣传党的路线、方针和政策，同党中央保持一致；二是坚持正面宣传为主的方针，宣传上要有利于团结、稳定、鼓劲；三是坚持文艺为人民服务、为社会主义服务的方针，文艺节目要健康文明，坚持政治标准第一，艺术标准第二；四是统一按广播电影电视部规定，严格控制海外播出比例。中国广播电视媒介在节目播出中统一政治标准，在重大事实传播上统一口径。中央人民广播电台的《新闻和报纸摘要》节目，中央电视台的《新闻联播》节目，各地方台都要完整地转播，以保证中央政令畅通，把中央的声音直接传播给广大人民群众。在此前提下，从中央到地方，各广播电视媒体通力合作，形成了无可比拟的舆论强势。

（四）集约化经营优势

进入新世纪，我国广播电视业从分散经营向集约化发展过渡，从重点突破向整体推进过渡。广播影视2001年至2010年总体目标包括，到2005年，省级以上广播电视台基本实现采、编、播数字化，全国广播电视系统基本实现网络化，广播、电视人口覆盖率分别达到95%、96%以上，有线电视用户1.5亿。主要任务包括有线电视国家干线网在已开通20个省的基础上，加快开通其余各省，实现全国联网，成为事业发展新的增长点。建立以中央节目平台为主，各省节目平台为辅，开展全国性广播影视交互业务服务。国家“十五”计划提出要推进广播电视等领域的信息化进程，大力发展高速宽带信息网，重点建设宽带接入网，促进电信、电视、计算机三网融合。广播电视集团相继成立。资源整合有政策支撑，整合后的广播电视集团无疑更加有利于进行资源优化重组，突出系统优势。

这种统一宣传网络的形成和系统优势的发挥是由于我国广播电视坚持走一条有中国特色的社会主义道路，是从我国经济、文化、思想、政治建设需要出发的。这一特点随着我国广播电视事业的发展显得越来越突出，它丰富了各级电视台的屏幕，提高了编导水平，使地方台的优秀节目在更广泛的范围内传播，提高了经济效益和社会效益，进一步推动了我国广播电视事业的发展。

以社会效益为最高准则

我国是社会主义国家，它所从事的一切活动必须以党和人民的利益为重。这一根本原则决定了中国广播电视节目和传播中的一切活动必须以社会效益为最高准则。能不能把握这一点，从根本上讲就是能否用马克思主义的立场、观点和方法正确反映客观世界。

（一）以正面宣传为主的报道原则

现实生活纷繁复杂，每时每刻无不涌现大量新事物，哪些能反映社会生活的本质，哪些是表面现象，哪些属于主流，哪些属于支流？只有用辩证唯物主义和历史唯物主义的观点进行分析鉴别，并形成科学的认识，才能真实地反映客观实际。以社会效益为最高准则，要坚持反映现实生活中的真实性原则，坚持实事求是的思想路线。江泽民指出：“新闻真实性，就是要在新闻工作中坚持党的一切从实际出发、实事求是的思想路线。”⑦改革开放和现代化建设，推动了我国两个文明建设的发展。这就要求广播电视传媒从各方面努力揭示这样一个基本事实，要坚持以团结、稳定、鼓劲和正面宣传为主，要热情宣传人民群众在社会主义建设中的新成就、新创造、新经验。区别对待社会生活中的阴暗面，对于妄图颠覆党和国家的敌对势力，要旗帜鲜明地予以揭露打击；人民内部的缺点和错误，要诚恳批评帮助；对党和政府工作的缺点错误，批评应该有利于改进工作，是善意的。坚持正面宣传为主的方针，对社会负责，对群众负责，坚持做到有利于发展社会主义生产力，有利于坚持四项基本原则和坚持改革开放，有利于维护社会稳定，有利于提高整个中华民族思想道德素质和科学文化素质。

以正面宣传为主是我国广播电视长期以来形成的独特风格，各广播电视媒介在编排节目时应认真、谨慎、端庄、朴素，更多地注重文化底蕴与品位。这是建设有中国特色社会主义理论用于广播电视的正确实践，也是研究社会主义电视理论要突出的“中国特色”。

（二）坚持弘扬主旋律的方针

在我国，以社会效益为最高准则是丰富电视荧屏的指导方针。广播电视已经发展成为内涵丰富外延广阔的社会文化形态。弘扬主旋律，提倡多样化，突出中国自身民族的科学的大众的文化特色，全面提高广播电视艺术水平，是中国广播电视在自身发展中以社会效益为最高准则的另一个体现。江泽民指出："文艺是民族精神的火炬，是人民奋进的号角。"[8]广播电视文艺具有广泛的群众性，对人民群众的思想有着重要影响。我国广播电视坚持文艺"两为"方向，"双百"方针，热情讴歌英雄时代，反映波澜壮阔的现实生活，生动地表现人民群众改造自然、改造社会的伟大实践和丰富的精神世界，不断提高节目的质量和品位，保持高尚、健康、生动、优美的格调。因此，中国广播电视的突出特色就是不容许渲染暴力、色情和内容粗劣、庸俗的节目播出。在已经生效的有关新闻传媒的行政法规中，对于传媒应该恪守的职业操守和必须承担的社会责任，诸如传媒包括广播电视在内的申请条件、禁播内容、政治规范、惩罚条款，规定得十分详尽，具体可行。

坚持弘扬主旋律方针，就是在我国的广播电视传播活动中，注意弘扬时代精神、民族精神；弘扬爱国主义、集体主义精神；宣传社会主义思想，提倡有利于改革开放和现代化建设的思想与精神；提倡民族团结、社会进步、人民幸福的思想和精神；提倡用诚实守信，用劳动争取美好生活。弘扬主旋律，进一步巩固安定团结的局面，维护改革开放的成果，有助于培养"四有"新人，可以净化社会风气，抵制享乐主义、拜金主义和极端个人主义，引导人们特别是青年人树立共产主义人生观和价值观。我国的广播电视已深入千家万户，音乐、曲艺、歌舞、戏剧等艺术形式都可以通过广播电视这个媒介与广大受众见面。特别是叙事性艺术作品，在受众中影响很大。一个主旋律的广播剧、电视剧，可以产生震撼人心的艺术效果。因而在广播电视传播中，能否坚持弘扬主旋律的方针，关系到能否真正做到用优秀的作品鼓舞人，关系到能否保持社会稳定和发展的大事。

（三）维护职业道德，发挥社会效益

我国广播电视工作者的职业道德是基于广播电视工作的特点而形成的行为规范。广播电视工作者职业道德的核心就是要忠于事实、忠于真理，全心全意为人民服务，这是党性原则在广播电视实践中的具体体现。要求广播电视工作者要有敬业精神、协作精神、艰苦奋斗精神、精益求精的精神。在工作中要遵纪守法、廉洁奉公、见义勇为等。由于广播电视工作者的责任和使命感，在传播活动中，褒奖什么、鞭挞什么，都会受到广大人民群众的关注。对社会反映强烈的现象，广播电视工作者要主持公道，要敢于替人民伸张正义；对事关重大而又敏感的新闻事件，应严守新闻纪律，切不可盲目追求一时火爆，应该坚持以社会效益为第一性的出发点。

维护职业道德，不搞以权谋私，不以节目谋取个人利益。在社会主义市场经济建设中，广播电视作为第三产业，要开展自己的经营活动。经营中，要以社会效益为重，而一部分媒介在重视经营的摸索中，又走到另一个错误的极端，矫枉过正，让记者、编辑拉广告，搞有偿新闻，模糊了编采与经营的界限，这是与以社会效益为最高准则相背离的。虽然广播电视同时要发展自身事业，进行经营活动，如播出广告等，但我国的广播电视不是一种纯粹的商业经营活动，而是利用经营所得，更好地为社会主义物质文明和精神文明建设提供服务。因此，广播电视广告要为维护社会主义制度、维护民族尊严服务，必须依照广告法规，要有利于社会主义精神文明建设。在服从社会主义市场经济需

要的同时，坚持把社会效益放在首位。广播电视传播中一切经济效益的创造必须以实现社会效益和保持自身独立的喉舌地位为前提，不允许因创造经济效益而违反广播电视工作者的职业道德。

以社会效益为最高准则就是要以正面报道为主，要坚持正确的舆论导向，保持健康、向上的良好状态。这一准则应该渗透到我国广播电视传播的方方面面。

注释

①1988 年 10 月《全国广播电视厅局长会议纪要》，载《中国广播电视年鉴》，中国广播电视出版社，1989 年版。

②毛泽东：《中华人民共和国第一次全国代表大会会议开幕时的讲话》，载《人民日报》，1954 年 9 月 16 日。

③《邓小平文选》第 2 卷，人民出版社，1993 年版，第 358 页。

④《邓小平文选》第 2 卷，人民出版社，1993 年版，第 170 页。

⑤江泽民：《江泽民同志视察人民日报时的讲话》，载《人民日报》，1996 年 9 月 28 日。

⑥李良荣：《西方新闻事业概论》，复旦大学出版社，2001 年版，第 248 页。

⑦中共中央文献研究室：《十三大以来重要文献选编》，人民出版社，1991 年版，第 775 页。

⑧江泽民：《在中国文联第六次全国代表大会中国作协第五次全国代表大会上的讲话》，载《人民日报》，1996 年 12 月 17 日。

（此为国家“九五”重点课题成果之一，部分内容曾载《光明日报》1997 年 9 月 10 日理论版）

邓小平理论与中国电视新闻传播

邓小平理论作为改革开放和社会主义现代化建设的指导思想，对中国电视事业的发展起到了理论指导作用。邓小平同志对新闻媒体的一系列指示，对电视新闻传播也有相当重要的指导意义。在邓小平理论指导下，中国电视新闻传播突破了许多条条框框的限制，在诸多方面取得了巨大的进步：现场直播的常态使用，新闻播报样式的多元化发展，新闻服务性的进一步增强，真实性与时效性得到了空前的重视，新闻舆论监督也开展得有声有色，尤其是中央电视台新闻频道的开播集中体现了中国电视新闻传播质的突破和飞跃。

关于新闻真实性

真实是新闻的生命，也是电视媒体的立身之本。但是，新闻的真实性传统以前曾遭受过严重的破坏。新闻失实，编造事实，“假、大、空”泛滥成灾。报喜不报忧的恶劣倾向和爱吹捧不喜批评的庸俗作风，影响了新闻事业的健康发展。

拿事实说话是邓小平所要求的最基本的新闻宣传方法。“追求表面文章、不讲实际效果、实际速度、实际成本的形式主义必须制止。说空话、说大话、说假话的恶习必须杜绝。”[①] 1985 年邓小平在回顾农村改革初期人们的担心时说：“我们不能拿空话而是要拿事实来解除他们的这个忧虑……我们的报刊、电台和所有的宣传工作都要注意这个问题。”[②]电视新闻宣传要做到真实性原则，首先是这个事实必须是新的事实。邓小平说：“要根据新的丰富的事实作出新的有说服力的论证。这样才能教育全国人民。”[③]其次是这个事实必须是真实的。邓小平说：“各级领导定要经常据实讲解，告诉大家客观的情况以及党和政府所作的努力。”[④]最后是电视新闻的事实应该全面，不能以偏概全，只见树木不见森林。

新闻工作是以报道新的事实为特征的。在邓小平理论的指导下，我国新闻事业尊重和运用新闻规律，用改革开放的伟大实践、伟大成就以及对不断出现的新问题、新创造的客观真实的反映，有力地推动了社会主义现代化建设事业的发展，也把新闻改革一步步推向前进。邓小平在南方讲话中唯一一次谈到电视媒体，是批评形式主义的。他说：“现在有一个问题，就是形式主义多。电视一打开，净是会议。会议多，文章也太长，而且内容重复，新的语言并不很多。重复的话要讲，但要精简。形式主义也是官僚主义。要腾出时间来多办实事。多做少说。”[⑤]以胡锦涛为总书记的新一届中央领导集体一上任，对电视媒体的第一个要求是改革会议报道，减少领导人出镜的时间和次数。这显然是对邓小平这一思想的继承和发展，对影响巨大的《新闻联播》提出了新的要求。通过 20 多年的发展，《新闻联播》早已成为中国电视第一品牌栏目，权威性很高，社会影响力很大，是党和政府向广大人民传播重要信息的一个主渠道。但是人民群众对《新闻联播》中大量的会议报道是有意见的。《新闻联播》该遵照党中央的指示，认真研究，改变不符合人民需要的会议报道方式，增强传播效果。改革开放以来，我们的电视新闻传播取得了巨大的进步，但是人民群众对电视新闻报道在真实性、时效性、广泛性等方面还是有更高的要求。

关于新闻宣传的内容与形式

邓小平对于新闻宣传的内容和形式有自己独特的看法，主要是突出强调实用性和群众性。在谈到西南区党委的机关报《新华日报》时，他说："作为地方报纸，新华社总社的广播稿不一定全用，要适当选择、改编、压缩、提炼。要考虑对象，能不能看那么多，看了懂不懂。有的小报就比大报办得更结合实际，更切合群众需要，更通俗活泼。当然，需要办大报的地方（大城市）必须办大报，但不是都要办大报。""领导同志和办报的同志精力要放在当地新闻上，要大量刊登本区人民的工作和生活情况。"⑥结合当前工作的中心任务，密切联系实际，在新闻宣传的质和量上面做到完美结合，是邓小平对新闻宣传内容上的要求。当前，电视新闻传播中出现了一些新的可喜变化，以《南京零距离》为代表的城市新闻改革取得了很好的效果，达到了群众满意、广告商看好、电视台赢利的三赢局面。城市新闻传播的变革成功正是在邓小平讲的反映"本区人民的工作和生活情况"上着力的。这也给现在"上星"电视台的新闻节目盲目追求全国化甚至全球化的趋势一些启示。

邓小平还指出："切不可过分夸张自己的成就，切不可把我们的事情说得太美满了。说得太美满，看得太简单，这一点反映到了我们的宣传工作上，就是把我们的国家描绘得如何漂亮，好像现在什么困难也没有了，剩下的就是享福了。"⑦在看到中央电视台开办的《经济信息联播》之后，邓小平委托秘书打电话给中央电视台说，《经济信息联播》专门谈经济，开办得及时。《经济信息联播》的时间虽不长，只有 30 分钟，但每期的内容丰富，节奏明快，信息量大，对我国经济发展，对社会主义市场经济的发育，将会起到积极的作用。他还说，播音员的播音速度太快，能否适当慢一点，以利于收看。⑧这一番话中，既有宏观的指示，又有微观的看法，特别提到电视新闻播报形式上的节奏、播音速度等问题。邓小平既是作为一个国家领导人，更是作为一个普通电视观众在看电视的。这对于我们确立受众中心地位，转变观念，切实以为人民服务的思想搞好电视新闻都有深刻的意义。现在，党中央提出新闻宣传要实现"三贴近"：贴近实际、贴近生活、贴近群众。这些要求从本质上来说和邓小平的前述思想是一致的。这也是党中央新一届领导集体"立党为公、执政为民"和"权为民所用、利为民所谋、情为民所系"施政理念在新闻传播领域的具体化。在这些思想的指引下，电视新闻节目出现了积极变化，打破了长期以来形成的固定模式，节目办得越来越好，越来越切合老百姓的需求。

在典型宣传上，邓小平提出："我们在宣传上不要只讲一种办法，要求各地都照着去做。宣传好的典型时，一定要讲清楚他们是在什么条件下，怎样根据自己的情况搞起来的，不能把他们说得什么都不好，什么问题都解决错误了，更不能把他们说得什么都好，什么问题都解决了，更不能要求别的地方不顾自己的条件生搬硬套。”“我们的宣传，要防止在群众中造成各种不符合实际的印象。”[9]这对以前新闻媒介长期以深化的方式塑造典型是一种强力反拨。这种典型的塑造方式不顾历史条件和人作为一个活生生的个体具有的差异性，在一种先验的框架下，运用一种模式化的手段报道不同的人。这不但造成典型人物和广大人民群众间的距离，导致典型意义在很大程度上的削弱，同时对典型人物本身也是一种不负责任和伤害。在坚持以正面宣传为主的方针时，典型塑造是必要的。对典型人物的宣传，我们应该在深刻体会邓小平这些论述的基础上，既要反映他们的工作业绩和高尚的情操，更要注意用生动感人的细节，表现他们彼时彼地的心态和想法，让先进人物的荧屏形象有血有肉，情理皆具，使人看了觉得可亲可信。这几年，电视对孔繁森、徐洪刚、李素丽、任长霞等人的报道就是成功的例子。

关于新闻舆论监督

邓小平对于新闻舆论监督有十分明确的论述。1957 年他在西安干部会上作报告时说：“党要受监督，党员也要受监督，八大强调了这个问题。毛主席最近特别强调要有一套章程，就是为了监督。毛主席说：“要唱对台戏，唱对台戏比单干好。”我们党是执政党，威信很高。我们大量的干部居于领导地位。在中国来说，谁有资格犯大错误？就是中国共产党。犯了错误影响也最大。因此，我们党应该特别警惕。”[10]邓小平也十分重视报纸开展的监督批评。他说：“开展批评与自我批评，《新华日报》最近做得好一些。过去报喜不报忧，现在也报忧了，这就可以医治自满和麻痹。报纸最有力量的是批评与自我批评。”“报纸搞批评，要抓住典型，有头有尾，向积极方向诱导，有时候还要有意识地做好坏对比。这样的批评与自我批评才有力量，才说明是为了改进工作，而不是消极的。”他还说：“批评与自我批评要大大发扬，我们还很不够。领导上，党委和政府，要全力支持通讯员写批评稿，现在敢说话的人太少，要鼓励说话。对有些与事实不符的批评，必要时也要做提醒和说明。”[11]邓小平对舆论监督的论述很全面。新时期电视舆论监督正是在这样的思想指导下开展起来的。电视新闻舆论监督的典型代表，中央电视台《焦点访谈》自 1994 年开播到今天已经十年了。十年来，《焦点访谈》播出了 3500 多期节目，走出了一条具有中国特色的舆论监督之路。《焦点访谈》之后，各地方电视台曾一度开办了近 60 个类似的舆论监督栏目。从实践来看，电视媒体舆论监督的力度愈来愈大，范围越来越广，效果也越来越好。这种建设性的批评有利于改进工作，解决问题，增进团结，维护稳定，显示了党、政府和人民克服消极现象的决心和力量。同时，中国电视也在实行舆论监督的过程中，根据邓小平的这些论述，探索出了进行新闻舆论监督的几项原则：群众关心、领导重视、普遍存在。实践证明，这几项原则是切合实际的，是符合中国国情的舆论监督所必须遵循的。

今天，我们面对的是一个开放的信息世界。电视媒体增强舆论监督的自觉性和力度，对于改进党的领导和保证社会沿着健康的道路前进具有的作用是难以估量的。

在中国迈向民主法制的现代化进程中，电视应以舆论监督的力气担负起对于时代和人民的责任。党和国家领导人也对新闻舆论监督有着很高的期许。《焦点访谈》曾得到共和国三任总理的题词和赠言。

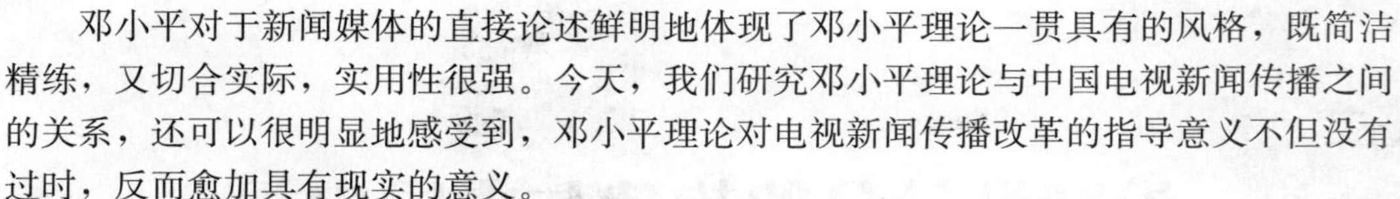

邓小平对于新闻媒体的直接论述鲜明地体现了邓小平理论一贯具有的风格，既简洁精练，又切合实际，实用性很强。今天，我们研究邓小平理论与中国电视新闻传播之间的关系，还可以很明显地感受到，邓小平理论对电视新闻传播改革的指导意义不但没有过时，反而愈加具有现实的意义。

注释

①③⑨《邓小平文选》第二卷，人民出版社，1994 年版，第 99～100 页、第 180 页、第 316～317 页、第 366 页。

②④⑤《邓小平文选》第三卷，人民出版社，1993 年版，第 111 页、第 144 页、第 381～382 页。

⑤⑥⑩⑪《邓小平文选》第一卷，人民出版社，1994 年版，第 146 页、第 262 页、第 270 页、第 149～150 页。

⑧《中国广播电视年鉴》(1997 年)，第 297 页。

（载《中国电视》2008 年第 5 期）

论和谐社会的构建与中国电视

和谐社会是人类社会追求的目标。党的十六届四中全会把构建社会主义和谐社会作为我党执政的一个重要思想和战略任务。认真学习和深刻领会这一思想，对于加快中国电视事业的发展，增强舆论影响力，满足人民群众日益增长的精神文化需求，从而构建社会主义和谐社会具有十分重要的意义。

一

在社会主义民主政治与市场经济条件下，和谐社会是一个民主与善治的社会、秩序与法制的社会、公平与正义的社会、宽容与友善的社会、诚信与信任的社会。建设社会主义和谐社会，需要全社会的共同努力，中国电视作为现代化的大众传播媒介，其特殊的性质、功能和影响力，决定了在社会主义和谐社会中的地位和作用。

新闻传播、社会教育、文化娱乐、信息服务是电视的四大基本功能，这些功能是电视对构建和谐社会发生作用的基础和前提，能够满足社会和个人的多种需要。首先，电视的新闻传播功能是其最基本、最重要的功能，大量信息的迅速传递，可以最大限度地满足新形势下受众对信息需求的不断增长；其次，电视是我国实施社会教育最重要的手段之一，它借助电子媒介，提供文化教养，向社会成员传授维系社会发展所需的社会规范和知识，帮助社会成员认知各种问题，形成人与自然、人与人、人与社会之间和谐相处的局面；再次，电视所具有的文化娱乐功能可以满足广大人民群众不断增长的精神文化需求，提高人们的审美水平，满足受众的娱乐休闲需求，调节社会成员的精神和心理状态；最后，电视的信息服务功能可以为社会的各个阶层、各个群体解决各种实际问题提供方便，对社会成员的心理和生产生活需要有着直接的影响。从上述功能来看，电视作为一种重要的现代化大众传媒，具有其他媒体不可取代的社会地位，对形成以人为主体的社会和谐发展状态起着不可估量的推动作用。

中国电视事业经过40多年的发展，不仅在规模上实现了跨越式的发展，对信息传递的迅捷程度和对经济社会生活的影响力也与日俱增。有资料表明，我国大约有4亿台使用中的电视机，电视观众达13亿，根据对全国五大城市（北京、上海、重庆、哈尔滨、西安）的调查，通过杂志了解相关信息的占被调查总数的7.2%，通过广播了解相关信息的占17.1%，通过报纸了解相关信息的占81%，而通过电视了解相关信息的受众达到100%。从这组数据可以看出，中国电视在影响国家政治经济生活、引导社会舆论方面居于何等重要的地位。它既可使上情下达，也可令民情民意直达中央，让上下之间对社会状况的认知达成共识，是社会的“传声筒”；同时也是舆论监督的重要阵地，

是社会的“监视器”。构建和谐社会的条条举措，都离不开电视媒体的宣传、沟通、释疑解惑。中国电视的发展是构建社会主义和谐社会的重要内容，同时中国电视也是构建和谐社会的重要传播媒介。

二

把中国电视做强做大，努力实现电视事业和产业更快、更大的发展，是构建和谐社会的一个重要基础条件。舆论引导水平的提升，人民群众精神文化需求的满足，国家文化安全的维护，都必须以一定程度的物质基础作为支撑。现今电视产业的发展还要面对国内外其他媒体的强劲冲击，一个缺乏实力、竞争力的中国电视媒体，是无法与实力雄厚的境外媒体相抗衡的。要把中国电视做强做大，必须进一步加快电视行业体制改革，解放和发展电视生产力，实现电视产业和电视事业的跨越式发展，不断增强中国特色电视文化的吸引力、竞争力、影响力，为广大观众提供更多更好的电视产品和服务，这样才能掌握主动权，为构建社会主义和谐社会创造良好的舆论氛围。

2004 年对中国电视产业的发展具有特别重要的意义，一场前所未有的变革已经开始。长久以来，“事业”与“产业”定位不明是阻碍中国电视发展的一大障碍，但广电总局在《关于促进广播影视产业发展的意见》中，已经明确指出：“区别广播影视公益性事业与经营性产业……广播电视要把允许经营的资产、资源和业务从目前的事业体制中分离出来，面向市场进行企业转制和重组，与事业部分分别管理，分别运营。”应当说，这样的定位为电视的产业发展奠定了明确的基调。广电总局新闻发言人也对未来广电行业发展的蓝图作了宏观的描述：公益性事业由政府主导，经营性产业由市场主导，同时加强政府监管，从而形成公共服务体系、市场运作体系并驾齐驱，政府监管体系调控引导的局面。虽然从构想到现实还有一段距离，但是至少从理论上厘清了此前一直困扰中国电视发展的事企不分、管办不分的痼疾。只有沿着正确的方向走下去，进一步壮大自身实力，中国电视才可能在世界上清晰地发出自己的声音，从而为和谐社会的构建添砖加瓦。

构建和谐社会还有一项重要的工作——国家的文化安全问题。在新形势下，国外一些敌对势力利用先进的技术手段和国际互联网等新兴媒体，千方百计对我国实施文化渗透，甚至极力曲解、丑化我国的民族传统文化，力图削弱我国主流舆论的影响力，消解中华民族的凝聚力。这给我国的文化安全带来了非常严重的现实威胁。党的十六届四中全会针对这样的情况明确指出，要“始终把国家主权和安全放在第一位，坚决维护国家安全”，文化安全得以与政治安全、经济安全和信息安全一道，被列为国家“四大安全”之一。

在这种态势下，为捍卫国家在基本价值观念、文化传统和文化体制上的选择权，在精神文化财富、文化资源上的拥有权，在意识形态和文化发展上的主导权，在文化立法、文化管理和文化传播上的独立自主权，必须通过壮大自身实力，把我国的新闻传播媒体特别是电视媒体做强做大，构筑起一道维护国家文化安全的坚固防线，为和谐社会的建立营造良好的舆论氛围。

三

在加快改革开放步伐的进程中，中国电视能否借助自身作为现代化大众传媒的优势，为和谐社会的构建提供强有力的舆论支持，是特别值得重视的一个问题。所谓舆论影响力，就是指媒体通过信息选择、处理、提供及分析、判断、见识等手段，影响新闻舆论的倾向、力度及构成，进而影响社会舆论场、群体舆论场，特别是人们的口头舆论场，从而实现影响人们的认识和行为的功能。党中央一再强调："舆论导向正确是党和人民之福，舆论导向错误是党和人民之祸。"电视是党、政府和人民的喉舌，是我国重要的舆论阵地之一，从中央电视台到各级地方电视台，一定要认真肩负起自己的职责，既把握好正确的舆论导向，进一步提高引导社会舆论的能力，同时切实搞好舆论监督，为党和国家建言献策，从而使社会系统中的各个部分、各种要素处于一种相互协调的状态，在加强党的执政能力的建设与和谐社会的构建进程中发挥应有的作用。

（一）切实推进新闻报道改革，正确引导社会舆论走向

在刚刚过去的一年中，我们可以看到中国电视人在开拓新闻报道话语空间、增强电视媒体的舆论影响力方面所作的诸多努力。2004年1月，当禽流感疫情在国内刚刚确诊的当天，中央电视台《新闻联播》栏目便对此作了及时的报道，谣言止于智者，同样止于公开，两年前"非典"疫情出现时电视媒体的"失声"现象没有再次发生。在一年多来的电视屏幕上我们还可以看到很多由政府信息公开所带来的令人欣慰的变化：包头空难、中国人质在阿富汗被绑架、西安宝马彩票案……及至今年3月初的"苏丹红"事件等。这些以往通常难以被观众知晓的"负面报道"如今获得了一定的话语空间，观众也借由媒体及时、详尽的报道了解了党和政府处理诸多社会问题的信心和能力。还有2004年各地电视台再次掀起的民生新闻热潮，这些民生新闻栏目之所以受到观众的关注和喜爱，就是因为它的内容是从最广大的老百姓需求出发的，同时又采取了老百姓喜闻乐见的形式来播报，在更加深入和贴近的层次上体现了舆论引导的作用，从而获得了良好的传播效果。这都在一定程度上反映出中国电视舆论引导水平的提升，更为经济发展、政治稳定、社会进步、人民安居乐业的和谐社会的构建作出了贡献。

（二）散点成面，整合资源，以频道建设提升舆论影响力

如果将各级电视台的各个栏目比作媒体进行舆论引导和宣传的点，频道的建设无疑是将这些分散的着力点形成合力，将节目、人力、物力等资源进行合理有效的整合，以达到更好的传播效果。2004年12月28日，中央电视台社会与法频道开播，广电总局在关于开办此频道的通知中明确指出了其意义和目的，是"为贯彻落实依法治国、以德治国的治国方略，提高全民法治意识和法律水平，维护社会稳定，建设和谐社会"。和谐社会是民主与法治的社会，把依法治国落到实处，帮助人们学会在法律的框架下协调各种社会关系，提高公民的法律意识和权利意识，努力实现社会生活各个环节的井然有序，是构建和谐社会的意图之一。从这个角度来看，社会与法频道的出现，无疑生逢其时。

（三）维护社会公平，积极开展舆论监督

社会公平就是社会的政治利益、经济利益和其他利益在全社会成员中的合理分配，

它意味着权利的平等、分配的合理、机会的均等和司法的公正。维护社会公正，积极开展舆论监督是社会发展的客观要求，是社会主义民主政治建设的重要组成部分，也是新闻宣传工作的重要职责之一。2004 年 2 月 17 日，新华社授权发布的《中国共产党党内监督条例》专门对“舆论监督”作出了阐述：“在党的领导下，新闻媒体要按照有关规定和程序，通过内部反映或公开报道，发挥舆论监督的作用。党的各级组织和党员领导干部应当重视和支持舆论监督，听取意见，推动和改进工作。”这个条例以法规的形式在执政党内部将新闻媒体行使舆论监督职责的权力确立下来，可谓意义深远。

在这个基础上，电视媒体要着眼大局，以事实为依据，端正目的，理顺情绪，搞好舆论监督工作，为维护社会公平与正义作出自己的贡献。比如中央电视台的《焦点访谈》、《新闻调查》、《今日说法》等名牌栏目，在开拓舆论监督话语空间、促进社会公平目标的实现等方面都做了有益尝试，帮忙而不添乱，“到位”而不“越位”。这样的舆论监督搞好了，对化解社会矛盾、维护安定团结的政治局面是大有裨益的。

四

中国电视是一种独特的当代文化形态，在传播文化的同时，自身也成为一道独特的文化景观。满足我国广大人民群众不断增长的精神文化需求，丰富广大人民群众的文化生活，构建和谐社会，是中国电视责无旁贷的责任。

近年来，随着各种媒体的发展，特别是国际互联网的迅速普及、手机短信的流行，人们获得信息、享受娱乐生活的渠道比以往更加丰富，电视传播面临着前所未有的挑战。但是，现今电视仍然是我国的第一媒体，看电视仍然是老百姓在业余时间最经常的活动，这说明电视在广大群众的精神生活中占有重要的地位。

在电视的新闻、社教、文娱和服务四大类节目形态中，以电视剧和电视综艺节目为代表的电视文娱类节目至今仍然受到观众的喜爱，收视率也最高，为丰富广大人民群众的业余文化生活，建设社会主义精神文明作出了重要的贡献。在去年广电总局以政策调控的方式将涉案剧调整出黄金时段之后，我们看到电视剧生态并未出现大的失衡，普通百姓剧、都市生活剧、军事革命剧、改革剧、传奇剧等众多题材有效地填补了涉案剧退出后的空缺，从《康定情歌》、《历史的天空》到《圣水湖畔》，丰富多彩的剧目仍然牢牢地将观众锁定在电视机前。电视综艺娱乐节目在前些年盲目跟风的热潮退去之后，现在也进入了理性发展的阶段，既保持了一定的文化品格，不媚俗、流俗，同时重视与观众的互动，积极培养受众的参与感、亲近感，这体现了对“平民电视”、“大众电视”的理念回归，其对和谐、轻松、愉快社会气氛的营造功不可没。

在电视频道和节目数量日渐增多的今天，中国电视必须绷紧为广大观众提供更多高质量的、好看的节目这根弦。为什么要特别强调这个问题？举个简单的例子就可以说明。春节是中华民族最为重要、最能体现安定祥和气氛的传统节日，从 1983 年起中央电视台开始举办春节联欢晚会，到现在已经整整过去了 22 年的时间，而 20 多年中这台晚会竟然在大多数国人心目中具有了跟“春节”本身同等重要的意味，电视的巨大影响力可见一斑。但是观众对春节联欢晚会的批评声也年年不断，这一方面说明了观众对电视的关注与喜爱，因而期望甚为殷切；另一方面也说明我们电视工作者的努力还不够，必须时刻求新求变以适应观众不断提高的欣赏水平。在2005年的春节联欢晚会中，由中国残疾人艺术团表演的《千手观音》就是一个具有高超艺术水准和独特个性魅力的节目，推出后好评如潮，全社会都为残疾演员在舞蹈中体现出的热爱生命、执著向上的精神和完美的艺术表现力所感动，这就充分说明了电视在满足人民群众精神需求、构建和谐社会中的作用。

面对改革开放、全面建设小康社会的新形势，中国电视要按照贴近实际、贴近生活、贴近群众的工作原则，抓住受众的新特点，发挥创造力，弘扬主旋律，既借鉴外来的经验，又根据我国具体的国情，创作出更多有生命力、影响力的优秀电视节目，才能在满足人民群众日益增长的精神文化需求、构建和谐社会的进程中发挥应有的作用。

（载《电视研究》2004年纪念邓小平诞辰100周年专集）

论中国电视的先进文化方向

先进文化和意识形态是先进的社会生产力的反映和体现。那么，什么是先进文化呢？先进文化是代表社会发展的前进方向的文化，是与落后的、与历史潮流相悖的文化相对而言的一个范畴。衡量文化先进与否的根本标准就是看它是否能促进生产力的发展和社会的进步。

中国电视要体现自己的先进文化方向，在具体的传播活动中就应以唯物主义路线为指引，把坚持正确的舆论导向放在首位；在电视创作中实现历史观点与美学观点的辩证统一，弘扬社会主义主旋律；在以电视精品树品牌的同时，提倡电视内容和表现形式的多样化，充分体现中国电视全心全意为人民服务、为社会主义服务的宗旨，繁荣社会主义电视事业。

坚持正确的舆论导向、坚持一切从实际出发的唯物主义路线是中国电视先进文化特性的首要要求

中国电视的社会主义性质决定了它是反映人民群众呼声的舆论工具，代表着最广大人民群众的利益，具有先进文化的根本特征。坚持正确的舆论导向，是其特征的首要要求。在资讯业已相当发达的今天，电视以其直观、迅速、形象、便捷等优势处于传媒界的绝对优势地位，直接影响着社会的方方面面。在当今复杂多变的国际格局下，处于民族复兴、社会主义建设中的中国必然会因各种问题与其他国家、地区产生各式各样的关系，在这种情况下，为切实保障全国人民的根本利益，中国电视就应坚持其先进文化方向，把科学社会主义理论与实践的基本成果运用到实际工作中，与时俱进，以科学的、发展的眼光，积极主动地配合党和政府在各个时期的中心工作，营造一个积极向上的舆论氛围，团结全国各族人民，为发展社会主义的先进生产力提供精神动力支持，为建设社会主义强国而共同努力。

坚持正确的舆论导向的一项重要工作就是要处理好正面报道与负面报道的关系。中国电视应遵循以正面报道为主的方针，激发人民热爱生活、创造生活的热情，给人以信心、目标，着力表现生活中充满生命力的人和事，歌颂伟大的社会主义建设事业，反映我国气势磅礴的改革开放和人民群众艰苦创业的精神。

中国电视的先进文化方向反映在具体实践上，就是代表人民群众的根本利益、代表社会先进生产力的发展方向，电视工作者应深刻地认识到这一点，在具体实践中，用正确的、科学的、发展的社会主义思想，进行正确舆论导向，使之指导具体实践工作，为社会主义的发展保驾护航。只有这样才能赢得更多人民的理解和支持，顺利实现我们民

族复兴的历史任务。

先进文化方向要求在电视传播活动中必须坚持“二为”方向、“双百”方针

“为人民服务、为社会主义服务”是社会主义文化艺术事业发展的正确方向，简称为“二为”方向，是中国电视事业的根本宗旨。

为人民服务是中国电视先进文化方向的具体体现之一。代表社会发展方向的先进文化可以促进社会生产力的发展和社会进步，是广大群众在进行社会主义建设中的先进性在意识形态和上层建筑领域内的反映，因此，一旦这样的文化在最广泛、最有影响力的大众传播媒介——电视上进行传播，势必会引起大家的广泛关注和热烈欢迎。这种先进的文化不仅可以表现为现实态的先进文化形式，即反映现实生活中时代精神和时代潮流的作品或形式，也可以表现为历时态的先进文化形式，即可以超越历史局限性，而具有民族精神、国家意志，甚至具有现实时代性的文化或形式。

中国电视的先进文化方向还体现在为社会主义服务上。“二为方向”是统一的，社会主义是中国人民自己经过长期艰苦的探索选择出来的最有前途的道路。坚持正确的舆论导向，大力宣传只有社会主义才能救中国的道理，宣扬社会主义建设所取得的突出成就，宣传党在社会主义时期的基本路线，歌颂真、善、美，动员广大人民群众坚定不移地走社会主义道路，最终目的就是为全国人民谋利，满足了广大群众日益增长的物质、文化需求。为此，具有先进文化特性的中国电视充分发挥了自己的传播优势，动员广大人民群众积极投身到社会主义物质文明和精神文明建设中，为现代化建设创造良好的舆论环境。

江泽民总书记在一次宣传部长会议上指出：“弘扬主旋律，就是要在建设有中国特色社会主义的理论和党的基本路线指导下，大力倡导一切有利于发扬爱国主义、集体主义、社会主义的思想和精神，大力倡导一切有利于改革开放和现代化建设的思想和精神，大力倡导一切有利于民族团结、社会进步、人民幸福的思想和精神，大力倡导一切用诚实劳动争取美好生活的思想和精神。”“四个倡导”集中而又鲜明地提出了现阶段我国的新闻事业，包括电视事业的主旋律内容。

弘扬主旋律的根本的立足点在于继承发扬中华民族文明史上优秀的传统文化，创造发挥中国社会主义现代化建设中先进的现代文化，并通过电视荧屏表现其丰富的文化底蕴、典型的民族艺术形式，形成中国特色电视艺术的基本内涵。

弘扬主旋律，提倡多样化，需要贯彻“百花齐放、百家争鸣”的方针。只要能够使人们得到教育和启发，得到娱乐和美的享受的作品，都应当在电视中得到反映。

“双百”方针，具体地说，就是在文艺创作上，允许不同风格、不同流派、不同题材、不同手法的作品同时存在，自由发展；在学术理论上，提倡不同学派、不同观点互相争鸣，自由讨论。此方针是毛泽东提出来的。1951 年，毛泽东为中国戏曲研究院题词“百花齐放，推陈出新”；1953 年，他就中国历史研究问题提出了“百家争鸣”的主张；1956 年 4 月 18 日，毛泽东在中共中央政治局扩大会议上说：“‘百花齐放、百家争鸣’，我看这应该成为我们的方针。艺术问题上百花齐放，学术问题上百家争鸣。”从

此，它成为促进我国艺术发展和科学进步，繁荣社会主义文化的一项基本方针。

中国电视的先进文化方向要求中国电视在自身的传播活动中要坚持“双百方针”。中国历史悠久、地域辽阔、人口众多，人们的生活习俗、文化传统和艺术爱好都不尽相同。广大电视观众的精神信息需求是分层的，不同地域、不同性格、不同文化背景的人在不同的环境、不同的阶段，有不同的信息、娱乐需求，这种情况在社会主义改革开放政策大力实施，社会生产力高度发达，大众传媒事业蓬勃发展的今天尤其如此。

坚持“双百”方针是为了电视发展健康有序。充分尊重电视发展的规律，根据观众的不同文化需求设置不同类型的节目，有意识地用高雅、主流的电视文化去影响观众，才能取得平衡、快速发展的成果，才有利于社会主义文化艺术事业的繁荣健康发展。

中国电视的先进文化方向要求在电视创作中，必须坚持唯物史观和美学观点的统一

中国电视在创作活动中要牢牢把握住科学的唯物史观，把社会存在放在首位，认识到社会主义生产方式对自身传播活动的重要性和决定性。有着五千年文明史的伟大的祖国正经历着有中国特色的社会主义初级发展阶段，在这一阶段，我国的社会生产力获得了空前解放，已经取得了比自身任何发展阶段都更快速、更有效、更巨大的成绩，人民也过上了比以前任何发展阶段都更富足、更自由、更快乐的生活。但是相对于世界发达国家更先进的生产力，我们还有相当大的差距。面对这些差距，我们应乐观地看到，走上社会主义道路的古老中国有着相当巨大的发展空间和发展潜力。这是中国电视创作的现实基础。

中国电视在传播活动中还应坚持美学观点。首先是电视传播的多样性审美特质。电视是一门以科学为发展基础，集各类艺术为一体的综合艺术样式，具有多种艺术综合性的美学特质。内容、形式、风格的审美多样性使电视成为一种观众相当广泛的传播媒介。

电视创作活动还应遵循的是电视艺术的参与性审美特征。电视的传播特性之一是参与性，作为信息传播的媒介与载体，电视往往采用传播者与观众面对面直接交流的方式，以增强传播功能。电视传播者往往努力追求与观众的情感交流，将观众引入电视节目，产生参与感。这是由电视观众的特殊审美心理所决定的。现代传播理论的进步之一就在于不再把传播者作为传播中的重点和中心，而是充分注重观众的感觉和心理。在电视传播活动中，充分注意观众的参与性的中国电视节目和电视剧创作均取得了相当的成功。

在电视创作中，历史观点和美学观点是统一的、不可分割的，美学观点是对电视工作者的基本要求，但这种审美能力的实施是建立在历史唯物主义基础之上的，同样，对历史的观点的运用也不能忽略对象的美学意义。恩格斯所提出的“美学观点与历史观点”也是电视传播活动的标准，只有在中国电视先进文化的指导下，把对人民群众的思想感情和对社会主义本质与规律的认识，融入到自己的世界观、价值观、审美观和艺术感觉之中，才能创作出思想性和艺术性高度统一的作品。

中国电视的先进文化方向要求在自身传播活动中，以精品树权威，打造品牌，提高整个电视节目的质量

电视精品指的是那些“思想精深、艺术精湛、制作精良”、具有广泛影响和持久生命力的电视作品。健康进步的人文意识，新颖和谐的表现形式，完美精致的制作质量是电视精品的三个基本标准，其中以包括思想标准在内的人文标准最为重要。集中体现时代精神的电视精品对其他电视节目的创作有着不可估量的示范和引导作用。

中央电视台于1997年创办了《精品赏析》栏目，是电视工作者自觉对照精品节目的创作规律进行理论探讨的集中体现之一，其目的就在于通过对优秀的电视节目进行评价和分析，引导更多电视创作者进行积极效法。

在树精品的基础上，中国电视还应进一步树立品牌、提高栏目和频道质量。打造电视品牌栏目，必须赋予它浓郁的文化品质和人文精神，只有蕴涵浓郁的文化品质和人文精神的电视栏目，才具备竞争力。“品牌”是观众选择收看、忠诚收看电视节目与电视频道的重要依据，也是电视精品节目的一个延伸。对于某一电视台或专业频道来说，品牌就是媒体竞争力的象征。栏目的品牌是电视同类节目之间相互区别的重要标志。品牌追求的最高层面是个性化品牌，只有这样才能与其他的同质化栏目区别开来。通过确立个性化品牌，电视栏目的定位也就比较固定，不同需求的观众在收看此类节目时就能产生“非它不取”的迷恋。

在内容定位的前提下，外在的形象包装也是必不可少的。将栏目的标识、宣传语、片头片尾、主持人形象、演播室装饰、声画造型、音乐、节奏、色彩、色调、字形等等进行一系列的规定和定位，使之与栏目内容相融合，以更加凸显品牌栏目的个性特色。

在栏目品牌化的基础上，频道的品牌化才能确定下来。频道的品牌化需要的是多种有特色栏目的多样和统一，频道包装风格上的多样和统一以及自我宣传上的多样和统一，形成自己的特色和主打产品。

当然，品牌栏目和频道是精品节目一贯坚持的结果，二者是互相制约、互相影响着发展的，前者是基础，后者是结果。中国电视作为社会主义国家意识形态的一个重要组成部分，应当把先进文化方向作为自己努力的发展方向。应当注意的是，上述要点并不是互相孤立，互无关联的，而是一个相互依存、相互作用的系统，只有把它们当成一个互动的、彼此联系的系统，中国电视才可能真正坚持先进文化方向，为社会主义现代化建设做出更大贡献。

（载《当代电视》2010年第11期）

认知与认同：中国电视的文化身份

电视是人类社会物质文明和精神文明发展到一定阶段的产物。经过几十年的发展，它以其强大的社会影响力，给当代人类文明带来了壮丽而璀璨的文化景观，日益影响着人们的思维方式、言行举止。随着电视影响力的日益增强，越发显示出对电视文化研究的重要性和必要性。正确并全面地认识电视的文化身份，对于塑造电视的文化品格，加强节目质量的提高，建设社会主义先进文化都具有十分重要的现实意义。

电视文化身份的认知与建构

电视作为现代文明的记录者和见证者，自诞生之日起便进入了人类现代文化的复杂系统。电视文化既是电视学一个十分重要的研究领域，又是文化学研究的重要内容。无论从电视科技文化的发展，还是从电视内容生产与传播对人类社会的影响来看，电视都构成了人类社会文化身份的重要组成部分，维系着人类社会多样性的文化样态。特别是电视行业的多重属性得以厘清、电视事业空前繁荣、电视频道和节目丰富多彩、受众市场不断细分，日益建构起电视从业人员自身以及受众的文化身份，促进电视从业人员和社会群体的身份认同。正是在这种背景之下，如何理解和把握“电视文化”又成为许多电视研究学者不懈努力、深入探讨的重要话题。

西方学者曾对电视文化做过不同的解释。人类学家玛·米德从文化人类学角度，认为电视文化是一种文化人类学意义上的文化现实，他关注电视对新型文化的创造。大众传播学者更倾向于把电视文化看成是一种新型的公共传播方式。施拉姆认为：“电子传播技术为发展中国家提供了潜在的信息渠道，这些渠道可以通向多得难以置信的受众；可以冲破图书馆的栅栏，向平民百姓传播信息；可以通过示范表演来教授复杂的技巧；可以在演讲时几乎得到面对面的传播效果。”

从广义上讲，电视文化应该包括物质、制度和精神三个层面的内容。因此，要正确认识电视的文化身份，其逻辑起点应该放在电视物质文化、电视制度文化和电视精神文化这三个基础层面上。

电视物质文化是指实施电视文化建设的硬件。电视作为科学技术发展的产物，无疑体现了先进的科学技术水平。电视传播改变了人们对外界信息的接收方式，并改变着这个世界。而这一切，都依赖于高科技和新技术的发展，依赖于大量的电视基础设施的建设，依赖于节目制作，依赖于卫星通讯等等。电视传播离不开电视硬件设施。即使办一个县级电视台，也需要投入几百万元的资金打造电视台的硬件设施。物质是基础，电子科技作为一种物质文化，为电视的产生、发展和繁荣奠定了物质基础。电视物质文化在电视文化身份的构建中居于核心地位，它规定着电视行业“作为物的存在性”。电视物质文化主要从技术革新与推广、技术标准的实施与规制以及电视技术对其他技术（如网络技术、通信技术等）的利用和渗透等方面影响并构建着电视的文化身份。

电视制度文化是指支撑和维系电视文化运作的相关制度。电视机构的建立，电视的有序、健康发展，电视节目的生产制作，电视的经营运转，人力资源的合理配置等，都需要一定的制度作保障。电视制度文化在整个电视文化中起到环境检测的功能和作用，也是区分世界不同国家电视行业差异的重要参照体系之一。

电视制度文化决定了电视文化身份的价值取向、行为导向甚至是存在样态，它规定着电视行业“存在及发展的价值观、利益观”。电视制度文化主要从电视法制建设、行业自律和从业人员道德标准等方面影响并构建着电视的文化身份。

电视节目产品的接受与消费大多是一种精神层面上的接受与消费。电视精神文化不仅包括电视传播的大量信息，而且涵盖了电视观众通过电视节目产生的精神动能以及由此产生的社会效益。电视精神文化直接体现在各类电视节目形态里，与其相关的电视创作理念、电视现象、电视影响力、观众及创作者等都是以电视节目为中心而产生的。如何体现节目的文化品格，往往是创作者孜孜以求的。电视的功能，如社会舆论功能、交流对话功能、消费娱乐功能、艺术审美功能、生活信息服务功能等都与电视节目直接相关，都与电视精神文化直接相关。

电视精神文化决定了电视文化身份体现物的形式（即产品形式），并且影响着受众对电视节目产品的接受与消费。它规定着电视行业“存在及发展的价值观、利益观”。电视精神文化主要从电视内容生产、节目消费接受以及电视传媒的市场规模和效应等方面影响并构建着电视的文化身份。

电视物质文化、电视制度文化、电视精神文化构成了寓自然科学、人文社会科学于一体的电视文化。正因如此，电视的文化景观才显得如此复杂而丰富。因此，电视文化可以看成是电视传播所产生的一切社会效应的总和。在观照电视技术进步和传播手段的革新的同时，牢牢抓住人文学科的研究视角和综合优势，紧紧围绕电视传播的内容这个核心，包括电视文化理念与电视文化形态，电视文化环境和电视文化责任，电视文化消费与电视文化接受，电视文化审美与电视文化批评等内容，对电视文化展开全方位的研究与审视，并且在此基础之上，正确认识电视的文化身份，树立起适合社会发展需要的电视文化身份意识，在我国电视行业改革步伐日益加快的今天，对于进一步促进电视文化的健康发展、更好地利用电视传媒对整个社会进行有效整合，都将产生深远影响。

电视文化的多元化及其身份认同

作为电视节目文本形态上的电视文化实际上是具有高度的开放性和综合性的。它以自身特有的魅力，用丰富的内容、活泼的形式反映广阔的社会生活，并由此而广泛介入社会生活，进而影响和改变着社会生活的方方面面。电视传播功能的拓展日益凸显出电视文化的多元性。从电视传播内容的社会呈现的角度综合考察起来，电视文化的多元化大致可以细分为电视主流文化、电视大众文化、电视精英文化、电视消费文化四种主要的存在样态。这四种不同的电视文化样态又以其自身的独特魅力模塑着电视行业、从业人员、受众群体的多元身份，增进他们之间的身份认同感。

电视主流文化及其身份认同。主流文化是由特定历史时期占主导地位的生产方式所决定的、处于社会统治地位的思想文化。当代中国的主流文化，就是中国共产党领导下的社会主义文化。它始终同社会主义经济制度、政治制度结合在一起，紧紧围绕建设富强、民主、文明的社会主义现代化国家这一根本任务，一以贯之地执行以经济建设为中心，坚持改革开放，坚持为人民服务、为社会主义服务的基本原则。又因为主流文化必须以维护国家与社会中心意识形态的权威地位为己任，所以它必须以深厚的民族文化为基础，对整个社会价值观和价值体系进行略具强制性的规范和约定。因此，任何一个国家都以法律法规的形式对主流文化进行支持。它强调社会的基本道德准则和善恶标准，注重自上而下对受众的引导和教育，是实现电视媒体政治属性的关键所在。

传播主流文化，确立整个电视文化的基本价值取向，不断增强电视行业、从业人员、受众群体对中国特色社会主义文化的认同感和体验性。当前，我国处于社会转型期，社会风险系数加大。加之全球一体化的步伐日益加快，国外各种思潮纷纷涌入，对中国社会各个层面都造成了广泛影响。充分发挥电视作为大众传媒覆盖面广、影响力大、影响方式及时有效的诸多优势，促进电视行业、从业人员、受众群体对主流文化的认同，是广大电视理论工作者和从业人员不能忽视的重大命题。

电视大众文化及其身份认同。如果从大众文化的角度讨论电视文化，就应将“大众”这一概念从与社会某一特定群体的凝固性关系中释放出来。如果说大众是对当代社会的不确定的多数人的概称的话，那么大众文化则可被视为当代社会中多数人所喜欢的并在其生活中表现出来的文化形式。不过，需要指出的是，此处的“多数人”只能是一种泛指，可以包括任何阶级、阶层、社会角色和各种知识背景的人。如果我们刻意地强调精英阶层与大众阶层之间简单的二元对立，是违背历史潮流的。毕竟，多元的另一方面便是相互融合。电视便在这一时代需要中，以不可或缺的文化态势发挥着社会作用——沟通意见、传播文化。所以，如果从文化层面解析电视大众文化，就应该有通俗化和多样化两层含义。也就是说，电视节目首先应当具有合乎大众审美需求的内容与形式，其次是借此把过去为少数人享有的文化变成为众多的人所享有的文化。

在当代社会，电视对大众文化身份的构建，促进大众社会群体的文化认同具有十分重要的现实意义。众所周知，大众文化是直接满足最广大人民群众精神生活需要的活性通道。它所体现的思想意识、价值观念很容易直接作用于广大人民群众的精神世界，并影响其社会行为的方方面面。在这个意义上，我们甚至可以说，大众文化就是塑造社会大众灵魂的文化。首先，以电视文化为主的大众文化推进了文化的世俗化进程；其次，电视大众文化所表现的生活方式和特点，有利于老百姓结合自己的实际解放思想；再次，电视大众文化还以其特定的媒介实践对人的感官需要和消费欲望作出合理的肯定。在文化多元时代，正是以电视为主的大众文化极大地推进了文化的世俗化进程，从而又以其特定的实践形式对人的感官需要作出一种合理的肯定，使“大众”得以从历史性的“无我”状态中解脱出来，自觉而自由地去感受个性的自由与价值。当然，我们在积极引导电视大众文化身份意识的同时，也要防止大众文化堕落变质为庸俗文化。努力构建起一个积极健康的电视大众文化观念，使广大电视受众在良性发展的大众文化气氛中维系大众社会的身份认同。

电视精英文化及其身份认同。如果说主流文化是电视作为社会媒体的政治实现，那精英文化便是其社会道德的实现和社会良心的守望。由于精英实际上是社会所需的各类文化知识的传播、应用和生产者，所以精英文化本质上便是一种自觉的文化，它承担着教化大众、提升社会价值的功能；它为全社会确立了一种普世的信念，并负责向全社会提供高尚的精神文化产品、向民众传递社会理想和理性精神、确立价值尺度和审美标准。出于对社会使命感和对社会价值理想的关照，精英们一般都与社会世俗生活保持一定的距离，进而主张伦理的严肃性、创造性、个性风格、历史意识等社会内在规范，故其具有生生不息的精神超越力。

正是由于精英文化是提高民族文化水准和唤起社会良知的重任承担者，电视构建起精英文化身份、促进精英群体的文化认同，要着眼于依托电视的社会影响力，促使电视精英文化成为社会优质文化的再生器，强势影响力的制造者的推动力，促进整个电视文化品位的提升。另外，还要将一批各行各业的精英们团结在电视的周围，让更多的社会精英参与电视内容的生产与解读、建构多元化的电视话语，实现电视精英文化与主流文化、大众文化、消费文化等之间的互动与融合。

电视消费文化及其身份认同。电视文化依附于电视的事实本身便显示了这一文化形态对物质消费的强烈依赖。而且，由于电视大众文化在为了商业利润而制作各种文本的同时也在其文本中毫不掩饰地展现对物欲的诉求，于是，电视消费文化诞生并日益壮大。在当下的大众媒介中，电视是一种视听相结合的媒介，故其拥有强烈的现场感和视像冲击力。所以尽管作为社会消费文化之一的电视消费文化在种类上是各式各样的，但其实际上消费的都是影像化了的文化产品，是或多或少都与艺术性相关的产品文化，影响着消费社会和消费文化的存在样态。

电视构建起消费文化身份，促进消费社会群体的文化认同，是大众传媒与消费文化的积极共谋，是消费意识渗透文化空间的必然结果。按波德里亚的观点，电视就是世界。电视通过源源不断生产出的各种符号，持续刺激着人们的物质欲望，使人们体验各种消费主义的快感。因为电视在担任消费引导者并不断地提出新的消费概念和消费模式的同时，还以其经过精心设计的诱导或隐喻的方式来发掘消费者的消费欲望，吸引着具有某种共同消费特征的某一类受众群体，完成了一个消费群体的识别，建构起一个消费共同体，进而有意无意地推动社会消费文化的发展。

通过以上梳理，我们对电视文化及其在构建群体身份，促进群体身份认同方面的积极作用有了更为清晰的认识。还要说明的是，我们应该立足系统论的视角，把电视文化当做一个整体看待，然后才可能对之作出相应的分类或分析。也就是说，电视文化的多元化绝对不是其中的主流文化、大众文化、精英文化和消费文化的简单相加，而是其相互渗透、相互影响的整合和建构的多元。只有在多元化基础上形成整合性的文化，才可能拥有相对独立的本质特征。因此，电视文化及其在构建群体身份，促进群体身份认同方面所发挥的作用也不是一个简单的线性结构，而是在多元互渗、双向建构的基础上，形成的一种复杂多变的社会景观。

放眼未来，中国电视文化应该是一种多元的、丰富的现代文化，这是一种真正意义上的大众文化，它不仅是那些数量上占优势的大众的文化，而且也是那些在数量上并不占多数的“大”众中的若干“小”众的文化；它不仅要满足人们宣泄、松弛、好奇的娱

乐性需要，也要满足人们认识世界、参与世界、变革现实的创造性需要；它不仅要适应受众已经形成的主流电视观看经验和文化接受习惯，而且也要提供新鲜、生动、前卫和边缘的文化经验以促进人们文化接受水平和能力的不断提高。它应该是一种话语多元的文化，一种阶层与阶层、主流与边缘、民族与民族、国际与本土等多方面相互补充、相互参照的并存、互动的文化。它承认所有人的文化权利，它尊重人们所有的精神需求。也只有这样，电视文化才能更好地发挥其社会功能，在社会整合步伐日益加快但社会阶层日益细分的现代社会中不断构建电视自身以及社会群体的文化身份，促进社会群体之间的身份认同，在日趋激烈的媒介竞争中赢得更大的发展空间和社会舞台。

注释

①［美］威尔伯·施拉姆：《大众传播媒介与社会发展》，金燕宁等译，华夏出版社，1990 年版，第 96 页。

②欧阳宏生：《电视文化学》，四川大学出版社，2006 年版，第 6 页。

（载《国际新闻界》2007 年第 7 期）

社会核心价值建构中电视的责任担当

电视是当今世界大众传播媒介中覆盖最为广泛，影响最大、最为深远的媒体。在建构社会核心价值过程中，电视凭借其媒介优势，对于核心价值观的传播和引领担当着重大的责任，同时由于内外环境的变化，在这一过程中也面临着巨大的挑战。电视在建构社会核心价值的过程中，既是核心价值观的主导传播者，也是多元价值观的整合者，同时还能促进核心价值理念在受众心里的内化，并发挥维持和强化作用。

电视在建构社会核心价值中的担当

电视在建构社会核心价值过程中的，既是核心价值观的主导传播者，也是多元价值观的整合者，同时还能促进核心价值理念在受众心里的内化，并发挥维持和强化作用。

（一）主导传播核心价值观

在今天大众传媒时代，电视已经深刻地改变了我们的社会和生活。由于其主导的大众传媒地位，电视在传播社会核心价值观层面具有明显的主导作用。美国媒介文化研究学者凯尔纳曾指出："当今，电视是文化象征的主要表现者。电视上的图像既是主观规范的又是客观描述性的。它不仅用图画展示社会上的新鲜事，而且还引导人们怎样去适应社会秩序。此外，它还表明如果不适应就会受苦挨罚。相同图像反反复复地再现产生了这样一个电视世界：传统就是准则，遵从是硬性规定。"[①]电视节目中塑造的价值观的理想范式，哪怕并不完全现实，也可以为受众提供一些新的有价值的思维框架。

根据班杜拉的社会学习理论，人们的许多价值观念及其相应的社会行为均可以通过对他人的观察而习得。"个体的态度、价值观和行为是通过（至少在一定程度上）观察学习发展而来的。调查研究显示，单纯地观察其他人就可以有效地使儿童或成人行为的方方面面发生变化。"[②]而视听兼备、形象直观、受众广泛的电视就成为人们社会学习最主要的"教科书"，成为人们价值观及行为的主导影响因素。美国媒介社会学者塔奇曼认为，媒介担负着"传承社会遗产"的功能，而社会价值观，特别是传统价值观是"社会遗产"的重要部分。虽然媒体很多时候没有明确的目的，但无形中也起到了传授价值观的作用，尤其是电视。因此，电视应该当仁不让地成为社会核心价值观的主导传播者。

（二）整合多元价值观

电视对各种社会现象和价值观念的呈现都是多声部的，其视点也是多维的，因为每个利益团体都有自己的电视收视趋向，而电视也就和社会上由各种原因形成的收视团体个别地发生亲密关系。电视可以说是一个社会各种文化现象的大合唱，是主旋律和多元化的统一：各种价值观代表着各种不同的群体，这正像巴赫金所讲的复调，“有着众多的各自独立而不相融合的声音和意识，由具有充分价值的不同声音组成真正的复调”[③]，即使是非主流的价值观，也得以合法存在和表达，它们并不是主流价值观的单纯复制。但是，电视对这些多元的价值观并非仅仅是自然主义的反映和传播，而可以大有作为，因为“电视以其特有的方式规定了我们的世界。霍尔在阐述倾向性解读或倾向性含义时概括了这一观点。事件的处理可能有几种方法，但是电视偏向某一种。而且，这种倾向性的解读与电视、其他媒体以及整个社会上表现出的强大有力的且占主导地位的世界观并行不悖”[④]。通过这种多元价值观的汇聚，电视能发挥其整合功能，成为事实上的社会共识和精神纽带的重要缔造者。

在中国，由于改革开放后30多年的快速发展，人们的思想观念相对于计划经济年代有了质的改变，价值观念呈现了多元化和开放性的特点。对于一个活跃的发展的社会而言，价值观念的多元和开放是必需的，也是必然的。如何使多元的价值观在社会主义的大方向和总目标上得到统一，是构建社会主义核心价值必须首先解决的问题。电视作为影响力最大的大众传播媒介，应该发挥自己独特的优势，为多元价值观的整合、为和谐文化的建设和发展做出自己的贡献。

（三）促进核心价值观的内化

作为最具影响力的传播媒介，电视对受众的态度和信念的影响力非常强大。电视在信息的传播流通中，会进行多重把关，对将要传播的信息进行筛选、加工，对某些内容加以过滤，对某些内容加以强化，从而形成自己的倾向；同时，它还能将大众的意志和呼声汇聚起来，客观反映社会舆论，实现舆论引导和劝服功能。相较于其他媒介，电视在实现劝服上的优势在于它能通过图像，将信息加以形象化的渲染，具有高度的可信性，更容易潜移默化地影响全体社会成员的信念和态度，使社会逐渐形成对主导价值观的认同，从而起到塑造和影响舆论的作用。心理学家尼斯贝特和罗斯研究提出，人们在带有视觉显著性的信息面前，经常被劝服。[⑤]习惯于报道可见的东西，使得电视与其他媒体相比，内在地成为更加感性化的媒体，它常常能绕过人们大脑的思考而直指人的内心。这种强大的作用已经受到高度重视。最典型的便是美国的总统大选中竞选双方都将电视视为劝服选民，争取选票的有力工具，并利用电视文化的普及性和亲近性大肆宣传，攻击对方阵营，美化自身形象。当然，要成功地内化社会核心价值观就必须充分发挥电视的优势，避免其劣势。因为教条、呆板、僵化的方式已经不符合现代社会的受众心理，因此也很难被接受。价值观的引领和传播必须符合电视规律，充分发挥电视的媒介优势，以丰富多彩的方式来体现社会核心价值观，这样才会使核心价值观的内化更加有效。

（四）维持与强化核心价值观

电视对受众的影响，特别是价值观念这种抽象的思想态度的影响，并非即时和短暂的，而往往是持久而深远的，甚至贯穿人的一生。个人的价值观一旦确立，就会形成一定的价值取向和行为定势，具有相对的稳定性，不易改变。但就群体和整个社会而言，由于人员的更替和环境的变化，群体或社会的价值观念又是不断变化着的。美国政治传播学者艾英戈和金德通过实验研究发现，电视对受众的影响不仅仅是即刻的，而且也是持久的，虽然并非一成不变。[⑥]由此可见，电视在社会核心价值观的持续与强化过程中也可以发挥重要作用。

电视在建构社会核心价值中的现实境遇

电视在建构社会核心价值过程中担负着传播和引领的重要使命，然而，在经济体制和社会结构深刻变革、利益格局不断调整、思想观念迅速变化的新形势下，电视传播和引领社会核心价值观的现实境遇并不乐观：社会价值观日益复杂和多元；媒体产业化进程不断推进，泛娱乐化浪潮不断冲击电视，电视媒体内外环境的变化导致部分电视从业人员职业道德滑坡，严重损害电视的公信力。

（一）社会价值观日益多元化

当代社会人们的价值取向呈现出多元化、多维化、立体化的趋势。价值观多元化，既有积极意义，也有消极影响。如何处理好多元化社会价值观的差异和冲突，进行恰当的取舍、平衡和协调是电视在传播和引领社会核心价值观过程中所面临的严峻挑战。不同主体之间、新旧传统之间的价值观念冲突以及由此引发的迷惘与困惑、怀疑与失落、混乱与冲突，应该如何面对？是视而不见，还是如实反映？而作为对受众日常生活影响力最大的电视，如果对社会中新出现的各种不同价值观念视而不见，脱离社会生活变迁的真实语境，将是苍白无力的，在价值观念方面不可能有任何正面的影响；同时，如果电视对各种社会价值观是完全被动地、自然主义式地反映，将会给社会核心价值的建构带来更大的危害。因此，电视媒体在面对多元化的价值观时，应该有所作为，既尊重差异、包容多样，同时又高扬主旋律，倡导核心价值，有力抵制各种错误和腐朽思想的影响。

（二）泛娱乐化冲击

随着媒体商业化的加剧，娱乐化浪潮席卷全球电视媒体。美国著名媒介研究学者尼尔·波兹曼深刻地指出，“娱乐是电视上所有话语的超意识形态。”⑦娱乐本身也是价值观的培育和引导的重要方式。但是，目前娱乐不断泛化，又凸显出另一个极端的危险：娱乐性过度，人为制造笑料、噱头、恶搞，连新闻、社教类节目也掺进娱乐元素，甚至用打情骂俏、大话性感、卖弄色相的情节和画面来取悦观众。这种泛娱乐化现象，给广大观众特别是青少年带来了很大的负面影响，对社会核心价值观的建构极为有害。有人为这种泛娱乐化做法辩解，认为观众就是“上帝”，满足观众兴趣就没有错。这种消极被动地迎合少数观众欣赏情趣的做法，实质上就是媚俗。对有些观众不太健康的欣赏情趣，电视负有正面引导、逐步提高的责任。比如，倡导弘扬主旋律、格调高雅、积极向上的“绿色”节目。如果以低俗内容去迎合低级趣味，将会造成恶性循环，观众欣赏水平和审美情趣会越来越低下。要正确看待收视率，不能片面追求收视率，更不能让它主宰一切；要靠提高节目质量和创新节目形式，以思想性、艺术性、观赏性俱佳的优秀作品吸引人，不能靠低俗的节目迎合少数人的低级趣味，这样才有利于社会核心价值的建构。

（三）部分电视人职业道德滑坡

随着内外环境的变化，现在的电视从业人员中有些意志薄弱者受到社会不良风气的影响，职业道德滑坡，对电视的公信力造成了极大的损害，影响着电视在社会核心价值建构中传播和引领功能的发挥及其效果。这其中最有代表性的就是虚假新闻和有偿新闻，是新闻界几大公害中影响最坏的。2008 年的“纸馅包子”事件，给我们巨大的警示。部分电视人职业道德滑坡，除了他们自身职业道德和操守的缺失外，也有其社会原因：传媒竞争激烈，在电视台内部，宣传性、公益性事业部门和经营性产业部门职能交叉混同，以及电视行业自律规范不够具体，可操作性低，难以落实，缺乏执行和监督的机制等。电视从业人员职业道德滑坡伤害的首先是受众，但最终失去尊严的是媒体，是电视的公信力。而电视公信力是它传播和引领社会核心价值观、建构社会核心价值的基础和保障。

电视媒体正确面对社会价值观多元分化、抵制泛娱乐化的冲击和强化从业人员职业道德，是建构社会核心价值的基本前提。

注释

①④ ［英］尼古拉斯·阿伯克龙比：《电视与社会》，张永喜译，南京大学出版社，2002 年版，第 35～36 页。

② ［美］洛厄里、德弗勒：《大众传播效果研究的里程碑》（第三版），刘海龙等译，中国人民大学出版社，2004 年版，第 293 页。

③ ［苏］巴赫金：《陀思妥耶夫斯基诗学问题》，白春仁等译，生活·读书·新知三联书店，1988 年版，第 29 页。

⑤⑥ ［美］艾英戈、金德：《至关重要的新闻》，刘海龙译，新华出版社，2004 年版，第 50 页、第 36～37 页。

⑦ ［美］尼尔·波兹曼：《娱乐至死》，章艳译，广西师范大学出版社，2004 年版，第 114 页。

（载《中国广播电视学刊》2010 年 5 期）

传播先进文化是中国电视的重要责任

中国电视是党、政府和人民的喉舌，是中国共产党领导下的新闻事业的一个重要组成部分。中国电视的这一根本性质决定了它传播的主要内容直接或间接地反映党和国家的政治立场、政治主张和政治观点，决定了它在传播过程中要以我国主流意识即党的科学的思想体系为核心。这一基本原则是我们认识中国电视与先进文化关系的重要基础。

什么是文化与先进文化？狭义的文化指精神活动、精神产品，是客观存在的反映，属于上层建筑的范畴。先进文化就是代表社会发展的前进方向的文化，它是与落后的、与历史潮流相悖的文化相对而言的。能否促进生产力发展和社会进步，是衡量文化先进与否的根本标准。先进文化包括历史态的先进文化和现实态的先进文化。历史态的先进文化是在历史发展过程中流传下来的曾经在不同历史时期中产生过重大影响、推动了社会发展的文化。就我国而言，至少包括富有古老华夏民族底蕴的优秀传统文化和近当代重大变革过程中孕育的新文化。前者如唐宋明清等各朝代的古典文化，后者如五四时期风起云涌的新文化、社会主义革命和建设过程中形成的党的科学的思想文化。现实态的先进文化是符合并推动现时代发展潮流的各种文化，包括主流文化、有创新精神的精英文化和反映大众主导思想的大众文化。

在社会主义国家，人民群众是历史的创造者，也是文化的主体，为人民群众的根本利益服务，不断满足人民群众日益增长的物质文化生活需要是社会主义国家先进文化的本质特征。中国共产党代表广大人民群众的根本利益，全心全意为人民服务，把发展生产力作为一项根本任务，代表着中国的前进方向。中国的先进文化就是与马列主义、毛泽东思想和邓小平理论一脉相承并以它为核心反映当代世界和中国的发展变化对党和国家工作的新要求的文化。在我国，现实态的先进文化和历史态的先进文化合二为一形成社会的主旋律。党的科学的思想体系即是这一主旋律的核心。弘扬主旋律，提倡多样化，坚持“双百”方针既是评判中国电视节目的重要标准，也是中国文化发展的重要指导方针。

中国电视事业的发展和先进文化的发展都与党的事业息息相关，把我们时代中高品质的文化和精神用大众能够理解与接受的方式记录和传承下来，这是中国电视的重要责任。这一责任体现在传播实践中，首先在于它是中国共产党的先进思想文化的重要宣传阵地。其次，这一责任还在于中国电视要充分发挥媒介优势，促进中国文化健康发展。目前，中国的文化生长状况总体上是在党的“三个代表”的旗帜下，与时俱进，蓬勃健康地发展。全国上星电视台已有40多家，各电视台都在竭尽全力提高自己的文化品位，争取更高的收视率。中国电视在传播实践中努力创造先进电视文化，推出了不少高水准的电视艺术作品，特别是电视纪录片、电视剧等。电视纪录片是众多电视作品中的佼佼者，有不少作品在国际上产生积极影响，如《八廓南街16号》、《神鹿呀，我们的神鹿》等。阳光卫视还特设优秀纪录片系列栏目，连续播出国内各电视台制作的优秀纪录片。而国内电视剧生产也逐步市场化，不少电视剧进入了国外电视剧市场。这些优秀的电视作品代表了中国电视文化的主流意识受到国内外观众的欢迎。

然而也有不少令人忧虑的情况。20世纪90年代以后，商业文化对严肃文化、高雅文化产生了巨大的冲击。大量快节奏、崇时尚、重消遣、充满大众色彩的一致性的电视节目充斥荧屏。它们使观众的理性思考被感性宣泄所替代，对人们的观念和生活方式产生了很大的影响。在这种商业文化的笼罩下，人们的文化品位如同大工业下的复制品一样，千人一面，文化趋同取代了高品位和个性化。当代电视节目水平在不断提高，但随着电视水平的提高，观众的欣赏水平也在不断提高，他们对电视节目提出了更高的要求。中国电视实际水平与观众的期待之间总是存在一定的差距。就中国的电视纪录片和电视剧而言，学者和普通观众当中普遍存在抱怨之声。进入新世纪以来，纪录片创作进入危机状态。纪录片的题材、风格都出现了狭窄的症候，观众面对电视屏幕逐渐对一味的原生态记录感到兴味索然。有学者呼吁，我们的纪录片不能继续只是单纯记录，不能继续走纪录片平面化之路了！电视剧中皇族戏盛行，电视屏幕几乎被清宫戏笼罩。而这些历史剧存在不少问题，如基本史实的错误、对帝王私生活的过度美化、宫廷内尔虞我诈的过分渲染等。现代剧中“滥情风”盛行，动辄豪华奢靡、灯红酒绿、争风吃醋或者是婚外情。不少人急切呼吁，不要再吹“大辫子风”！不要再刮“滥情风”！人们迫切需要高品位的文化节目以提高自身文化品位。

除此之外，西方文化、海外文化通过电视的传播也对观众产生了很大的影响。青年一代以观看好莱坞大片为时尚。韩国的青春偶像剧曾掀起一股“韩流”，我国台湾地区的电视剧也在青年中产生了很大的影响。

中国加入WTO以后，全球文化交流逐渐加强，而我国公民文化素质参差不齐，对各类文化的辨别力还有待提高，西方文化对我们的影响更加不容忽视。因此，中国电视应当提高节目品位，弘扬民族精神和传统优秀文化，增强民族独创性，保护人民大众文化生态的健康。

努力创造中国先进电视文化，首先要树立中国电视先进文化理念，进一步强化精品意识。精品是电视节目繁荣的重要标志。精品是电视台提高收视率的关键所在。电视精品既是人民大众之需也是国家和时代发展之需。

就当代而言，大众文化、精英文化、外来文化共存。它们各有精华，汇聚一堂，可谓时代文化的精髓。江泽民同志曾经谈到，我们为什么不能出现一些长篇的、经典性的不朽作品，像苏联的《战争与和平》、《安娜·卡列尼娜》，中国的《红楼梦》、《三国演义》？这样的传世之作在电视领域正是反映中国传统优秀文化的电视作品。这些作品之所以成其为精品，正是因为有正确的价值观念作为它们的灵魂，它们代表的是国家和最大多数人民的意志，弘扬了文化的主旋律。电视工作者应以严肃认真、精益求精的态度进行创作。在实践中首先要实施品牌战略，树立品牌形象，培养人们的收视习惯。

其次，电视品牌应弘扬高尚的道德情操。先进思想文化建设是社会主义现代化建设的重要内容。在品牌建设中，培育人们的职业道德顺应了时代的潮流。

最后，电视品牌应弘扬伟大的民族精神。中华民族数千年的悠久文化孕育了中国人奋发向上、百折不挠的民族精神。这种民族精神正是数千年来中国人民奋斗不息的精神支柱。蕴含这些民族精神的电视作品最能激发人们的热情，使他们产生共鸣。因此，电视品牌应该弘扬这些民族精神，并且随着时代的发展注入新的时代品格。树立电视品牌可以从三层理念入手，即节目品牌理念、频道个性建设理念和媒体品牌化理念。

树立电视品牌的第一步是树立节目品牌。这是微观理念，也是基础理念。前几年风行一时的各类节目几乎每一类节目都与某一具体节目名称联系起来。说起综艺节目，人们会想到央视的春节晚会、《正大综艺》；说起谈话节目，人们会想起《实话实说》；说起益智节目，人们会想起《幸运52》、《开心辞典》；说起娱乐节目，人们会想起《快乐大本营》。如此等等，不一而足。节目的品牌效应可见一斑。好的节目品牌正如好的商品，会令观众乐此不疲，形成稳定的收视习惯。如果每个电视台能够从这一基本的品牌建设抓起，频道品牌、媒体品牌则会应运而生。三者之间能够产生联动效应。

进一步树立电视品牌，则要将媒体内部各频道建设个性化，实施频道品牌战略。频道专业化是频道建设个性化的一个方向，也正是回应了分众化趋势之需。随着现代社会发展的加速，社会分工日益细密。受众基于各自相对专业化和相对固定的工作、生活领域，拥有不同的信息需求和观赏偏好，建立相应的专业化频道成为频道发展的必然需求。不同的频道拥有不同的定位，针对不同的目标观众。这些各具特色的频道也如琳琅满目的商品，必须具有与众不同的特色和水准才能在竞争中获胜。因此，针对不同的目标观众，制定不同的频道定位与制作计划，塑造良好的频道形象，成为频道竞争的重要策略。例如某省级卫星台拥有新闻频道、综合频道、财经频道、体育频道等众多专业频道。但最受欢迎的是其新闻频道，甚至这一频道成了该台的形象代表，提起某台人们马上想到其新闻频道；反之亦然。

在前两者的基础上媒体品牌化会水到渠成。电视拥有大量观众注意力资源，但并不是每一媒体都能够拥有大量的注意力资源。为了吸引观众的注意力，各电视台通过各种渠道提高整体水平，进行媒体品牌建设。在全国当前众多的电视台中，特别是40多个上星频道，理论上讲其覆盖面积相似，为全国可接收卫星电视节目的地区。但只有少数电视台真正拥有了大量的注意力资源。观众在收看节目的过程中往往厚此薄彼，只看自己认为是高水平媒体的节目。中央电视台因其覆盖面更广、节目制作能力和水平更高而成为高水准电视台的象征。其他如江苏电视台、湖南电视台、上海卫视等也较受观众欣赏。不少节目制作水平低下，缺乏个性的电视台则一直受到冷落，甚至失去了观众的注意。媒体品牌战略核心有二：一是提高自身制作能力，二是大胆创新，摸索出一条适合本台本地实情、独具特色的个性化道路。品牌从某种意义上讲就是一种特定的标识，令人见到有关图像自然而然地联想到某种特定的内涵。

中国电视以传播先进文化为己任，在精品意识的指导下，实施品牌战略必定能创造出一种有着深厚文化根基、面向世界和未来的先进的中国电视文化。

（载《中国广播电视学刊》2001年第12期）

电视文化：一种大众的消费文化

电视文化是一种多元的文化形态，它居于时代的前沿，适时反映当代大众文化。电视在我们当代社会的文化建构过程中发挥着重要作用，围绕电视传播所形成的文化作为大众文化和媒介文化的重要分支，与当前所盛行的消费文化有着密不可分的关系。随着社会生产力水平的提高和文化心理的转变，商品经济的发展和消费观念、消费心理的嬗变成为当代文化的重要特征，消费在一定程度上已经成为社会生活的主导，对于社会生活的方方面面都有强大的渗透性。消费文化是当代社会中出现的一种独特的大众文化现象，与商品经济、信息技术以及大众传媒的发展有着密不可分的关系，因而也具有极大的包容性。这是因为消费文化是对消费现象在文化向度上的折射，它在一定意义上反映了支撑着人的消费行为的消费理念在当代社会中的嬗变，而在这一嬗变过程中电视媒体起到了举足轻重的作用。从某种意义上说，电视文化就是作为一种消费文化影响着社会生活的方方面面。本文就从电视文化的本质属性、电视文化的构成以及电视文化与消费文化之间的关系来论述电视文化的消费文化属性。

多元的电视文化与无所不在的消费文化

"文化"是一个争议颇多的概念，一般而言，广义的"文化"是指关于自然世界和人文世界的存在方式和全部符号体系，狭义的文化则是以不同对象来区分的子符号体系。但是无论在哪一种视野之下，电视文化都是其中重要的组成部分。人类学家泰勒在《原始文化》一书的"关于文化的科学"一章中，将"文化"定义为："复合整体，包括知识、信仰、艺术、道德、法律、习俗以及作为一个社会成员的人所习得的其他一切能力和习惯。"在这里，他将文化解释为社会发展过程中人类创造物的总称，包括物质技术、社会规范和观念精神。[①]也就是说，将"文化"理解为人类社会历史实践过程中所创造的物质财富和精神财富的总和。

所谓电视文化，指的是由电视建构而成的一种文化形态，这种文化形态由电视节目、电视节目形态、电视理念、电视现象、电视影响力、电视受众、电视创作者等要素构成，它是人们通过电视传播所产生的精神价值和物质价值的总和。电视文化是一种多元的文化，是一种具有极大的包容性的文化形态，这主要表现在它在本质上属于大众文化，但同时又兼具精英文化、通俗文化、主流文化和边缘文化的属性。也就是说，传统文化、现实文化和理想文化都包含于电视文化的范围之内。而在构成上，电视文化也具有多层次和多元要素的特点，它由电视物质文化、电视精神文化和电视制度文化共同构建而成，并且还与当代文化有着密不可分的关系。[②]正是电视文化的多元和复杂性决定了在分析电视文化与其他文化类别的关系时，我们很难简单地将电视文化清晰而完整地划归于某一文化领域，而需要多角度、多层面地对这一呈现出“全能”状态的文化进行剖析，在电视文化与其他文化相互影响、相互作用的动态过程中分析它们之间的关系。

消费文化作为文化的一种类型，同样可以理解为一种因预期而生成的共同信念或规范。[③]尽管消费文化的提出和研究起源于经济学领域，但是它同时也是一个关乎社会学、心理学、传播学和伦理学等学科领域的复杂问题，与社会生活的方方面面都有关系，是社会发展中的横断课题。消费主要是指人为满足自身需要而消耗各种消费资料和服务的过程，它是社会再生产的重要环节，是人们的经济活动和社会生活的重要领域。在当代社会，消费的概念和行为逐渐突破其原有的界定，呈现出一种泛化的趋势，不仅文化和精神消费的比重逐渐提升，而且符号消费也渐成趋势，消费的边界正在模糊，消费不仅反映一种经济关系，也是一种文化现象，它无处不在。可以说，在今天这个时代，“在难以找到其他具有永久持续性的象征的情况下，物质商品成了‘体现内在价值的有形象征’”，“消费品开始成为一种标示物，一种语言，它可以确定一个人的社会地位，并以具有象征意义的方式把人与民族文化联系起来”。[④]在宏观的视野下，社会消费理念、消费规范、消费方式等各种消费现象都包含于消费文化的概念之中，且消费文化是同社会经济形态相对应的，不同的社会经济形态从客观上要求有一定的消费文化与之相对应。从这个意义上说，广义的消费文化可以被理解为一定范围内的人群围绕消费行为所创造的物质和精神财富的集合，以及渗透到消费行为中和随之而形成的习惯、传统和观念。

马克思主义消费文化学认为，由于人们的物质和精神生活条件的差异，所以才会形成不同类型和样态的消费文化，因而在人们的物质和精神生活中，才会有不同的消费文化观念与传统。这些消费文化观念与传统是贯穿在消费的发生、发展全过程的。因此，消费中有文化，文化中包含着消费，文化通过消费表现出来，并实现其自身；消费通过文化而得以完善提高。消费文化虽具有相对稳定性，但却不是一成不变的，而是随着生产和消费本身的提高不断发展，日趋合理完善。

正是电视文化的多元属性和消费文化对社会生活极强的渗透性决定了二者之间存在着相互交叉、互相影响的关系。

从本质看，电视文化与消费文化共同具有大众文化属性

电视文化从本质上讲是一种大众文化，不仅其传播对象是大众，大众化节目是电视内容的主体，而且电视文化现象必须依托于大众而呈现。消费文化也是一种大众文化，它由大众的消费行为而生成。二者在本质上的同源性是电视文化与消费文化之间密切关系的生成基础。

尽管关于大众文化的研究近年来成为学术界的热点，然而大众文化的概念界定却一直是一个颇有争议的问题。西方马克思主义法兰克福学派和英美理论家杰姆逊、费斯克等都曾对大众文化进行过相关研究，不同时代随着大众概念本身和大众所处的生活环境的变化而变化，是一个与精英文化、高雅艺术相对应的概念，它以文化主体的大众性、文化介质的当代性和文化产品的可复制性等为基本特征。当代大众文化离不开以下几方面重要特征：首先，大众文化的兴起主要以当代都市为背景，与当代大工业密切相关；

其次，它以全球化的现代传媒（特别是电子传媒）为介质大批量生产与传播；再次，它是一种消费性质的文化形态，往往采取时尚方式运作，是一种当代文化。因而有学者提出，它是现代工业和市场经济充分发展的产物，是当代大众广泛参与、人类历史上规模最大的文化事件。

大众文化是现代工业社会的必然结果，文化产品的生产和消费逐步纳入市场经济的轨道是大众文化产生的直接原因，电视作为当代最为强势的大众传播媒介，对于当代大众文化的形成功不可没，电视文化与大众文化之间有着密不可分的关系。电视的出现和相关技术的发展，以及电视传播所共同形成的合力是大众文化形成和发展的重要推动力量，而电视文化传播本身也是大众文化的构成部分。这具体表现在电视文化传播对象、传播内容的定位，以及传播的影响范围等方面。其一，作为电视文化的构成要素之一的电视观众主体是大众，而电视创作者的创作素材也主要来自大众的实际生活。电视在其产生之初就被划归到了“杂耍”的行列，它拥有广泛的传播对象，以贴近生活、求真、求善为目标，电视文化的来源和接收者都是大众，其本质属性就是一种大众文化。其二，电视节目形态以大众的审美要求和鉴赏能力为基准，而电视理念也建构于对于大众生活的了解和把握基础之上。即便是高雅艺术，通过电视荧屏的再现，也能够轻而易举地走进寻常百姓家。正是电视荧屏这个广阔的大舞台，使得许多普通大众能够有机会接触到以往可望而不可即的信息、知识和艺术。我们当前所强调的电视传播“三贴近”原则，实际上也是电视节目大众化要求的必然结果。而随着社会经济、文化的发展，电视观众的精神文化需求日益多样化，当前电视频道专业化、传播对象细分化的趋势为电视传播大众化的实现提供了可能。电视文化正在与时俱进地紧随时代步伐履行着它“大众传媒”的职责。其三，电视文化中所包含的电视现象必须依托大众而呈现，而电视影响力也主要是作用于大众，这是由电视的传播特性和角色定位所决定的。当一部电视剧，或者一则电视广告所传达的生活理念或消费习惯广为流传时，真正实践这种流行文化的往往主要是大众，因而我们可以说电视文化的深层次影响对象和行为主体都是大众，它是一种植根于大众心理的文化现象。

消费文化作为一定范围内的人群围绕消费行为所创造的物质和精神财富的集合，以及随之而形成的习惯、传统和观念，在本质上也是一种当代大众文化，它是一种独特的大众文化现象。当代大众文化是当代经济方式的必然产物，被誉为“第三代生产力”的电子智能生产力的出现让文化与经济建立了崭新的关系，进而才产生了当代大众文化。结合当今的社会现实，我们所说的大众文化的主体是一种处于消费时代或准消费时代的，由消费意识形态来筹划、引导，采取时尚化方式运作的当代文化消费形态，也就是说，大众文化中包含着消费文化，消费文化、传媒文化等多种文化形式一同建构了当代的大众文化。社会消费的物质基础、消费理念和心理在影响大众文化的同时也在促成自身的改变，消费文化与大众文化之间是相生相伴而又相互融合、相互包容的关系。消费文化既是大众文化产生的基础，又是大众文化发展的结果，二者在社会经济、大众消费习惯和社会价值观念的流变中共同发展。消费文化的大众文化属性主要表现在：消费文化在行为主体和文化传播方式等方面都符合大众文化的基本特征。

正是基于电视文化、大众文化和消费文化的关系，我们可以为电视文化是一种消费文化的论断找到理论上的逻辑前提。

从结构要素看，电视文化是一种消费文化

电视文化是一种内容宽泛的泛文化形态，由围绕电视传播活动所形成的电视生产（设备生产和传播内容生产）、电视传播、电视内容交易流通和电视消费等行为共同建构而成，它从结构上讲分为电视物质文化、电视精神文化和电视制度文化。其中，电视物质文化指的是实施电视文化建设当中所必需的硬件；电视制度文化指支撑与维系电视文化运作的相关制度；而电视精神文化则不仅包括电视节目传播的知识、内容，而且涵盖了电视观众通过电视收视而产生的精神动能，以及由之创造的社会效益。这每一种文化形态都与消费文化有着密切的关系，基本上都可以纳入消费文化的范畴，正是电视文化的丰富构成决定了电视文化是一种消费文化。

首先，电视物质文化作为电视文化的基础，是消费文化中最直接的构成部分，其基本特征决定了它是社会物质流通与消费过程中的一个重要环节，因为在广义的消费文化概念中不仅包含文化、精神的消费，而且也包括围绕物质消费所呈现的价值观念和行为方式，以及随之形成的文化形态。尤其随着电视内容生产、信号传输和存储技术的发展，电视器材以及与之相关的设备的更新速度加快，电视物质文化是消费文化中物质消费环节的组成部分之一，在一定程度上促进了社会物质生产的流通，并在这一过程中形成其自身的文化形态。

其次，电视制度文化是电视文化机制得以运转的保证。虽然我们国家电视媒体的双重属性决定了电视制度文化中最为基本和核心的部分是对电视传媒的喉舌功能的实现，但是我们也不能忽略市场经济条件下电视制度文化的经济功能。当今的传媒运作方式和传媒经济正在经历剧烈的变迁和发展，电视的运营方式本身正朝着产业化方向发展，电视文化产品成为商品，直接参与社会产品的流通是大势所趋。随着电视行业自身的发展，电视内容的生产过程将越来越依赖于市场经济中无形的杠杆作用，围绕电视产品的生产、流通和消费形成了一个逐渐臻于完善的产业链，而这个产业链运转的基本法则就来源于电视制度文化。从这个意义上说，电视制度文化当中携带有消费文化的要素，并且随着传媒体制改革步伐的加快，这一比重还会逐渐加大。

再次，电视精神文化的丰富内涵决定了它是一种与当代文化和大众文化有着密切关联的文化形态——其一，电视节目所传播的信息内容很大程度上取材、或者针对于社会生活，而社会生活本身就与大众文化具有一定交叉性，并成为当代文化的源泉；其二，电视观众因电视收视而产生的精神动能，以及由之而创造的社会效益是大众文化和当代文化的重要组成部分，而大众文化与当代文化在当前呈现出的一个重要特征就是消费文化特征。今天，虽然我们不能说中国已经进入了消费社会，但是却不能否认当代消费文化的迹象和特征正在我们的社会里出现，尤其在经济较为发达的城市和地区已经开始形成了具有了当代性的消费文化。当代消费文化的重要特征就是商品的消费价值的衡量尺度发生了巨大变化，消费者逐渐从单纯的物和使用价值的消费逐渐转向对于符号和附加价值的消费，商品的消费价值不再主要以其使用价值为衡量尺度，而是以时尚为主要评价标准，也就是说，消费已不再是一件纯粹满足生理需要的东西，实际上，它已成为具有社会意义的文化的组成部分。因而，从经济学和社会学的维度看，电视精神文化当中

不仅蕴含着消费文化，影响着当代消费文化的形成和发展，并且其自身就正在形成电视消费文化。

从生成和传播过程及其社会影响来看，电视文化是一种消费文化

随着商品经济的发展，消费行为在社会中逐渐占据了重要甚至主导的地位，对于社会生活的方方面面都产生着重要的影响，这对电视传播来说，既意味着一种新的文化场域和语境的产生，也意味着新的时代责任的赋予。不仅电视传播的内容和传播行为本身推动着作为时代特征的消费行为和消费习惯的变迁，而且在这一过程当中电视文化也在悄然生长着，当代社会语境下的电视传播本身就融合着消费文化的诸多要素。

电视文化包括电视内容的生产与传播、电视文化的消费，以及传、受双方互动所形成的文化效应。电视文化的形成绝非一朝一夕的事情，而是电视创作、电视产品的流通与交易，以及电视消费等诸多环节在一定时间和空间范围内综合作用的结果。

首先，从宏观上看，传媒产业运作本身就是一种经济行为，电视节目作为电视文化产品已经成为商品，它的交易、流通和消费过程本身就是消费文化的组成部分。传媒的舆论引导者和经济创收者的双重身份决定了电视在实际运作当中既要是担负道义、传播文化的社会公器，又要是锱铢必较的经济组织，而经济利益的驱动决定了电视传媒的运作在一定程度上受制于市场。传统的电视行业与其他大众传媒一样主要依赖广告来赢利，在这样一种运营模式下，电视文化产品是间接的商品，通过吸引消费者的注意力和扩大频道的影响力来间接地参与商品流通。随着电视行业的发展和变革，电视文化产品的商品属性正在逐渐增强，尤其随着电视制播分离趋势的加快和近几年来数字付费频道的出现，电视文化产品更是从市场经济帷幕的背后走到了前台，由间接的商品转变为一种直接的商品。围绕电视产品的消费行为本身，也正在形成相应的消费文化。

其次，在电视传播链条的起点——电视内容创作阶段，当代消费文化背景是一切创作的基础和源泉，是电视产品生产的原料和土壤。随着社会经济的发展，商品生产在数量和质量上的急速提升让非物质形态的商品在消费中占据了越来越重要的位置。人们的消费行为发生了从“物”的商品消费向对符合概念、意义消费转向的趋势，符号体系和视觉形象的生产对控制和操纵消费时尚发生着越来越重要的作用，流行时尚不仅反映在服装等物质形态的商品上，而且更多地表现在个性化的生活方式和生活风格上。在这样一种背景下，电视，作为视觉传播最为强大的工具，责无旁贷地承担起展现和引领消费趋势的责任。于是，随着电视创作的市场导向，大量有关商品、消费和时尚的信息直接或间接地呈现于荧屏之上，传递着新的消费观念和生活方式，而且这种信息和文化的传播往往呈现出一定的超前性和浓缩性，而并非真实生活景象的简单描摹。其中最直观的莫过于电视广告的创作，它往往借助电视媒体所特有的传播优势任意割裂、转换、组接时空并结合“意义赋予”等手法的运用，将渐变的消费文化轻而易举地“共时”化，表现为一种转瞬之间唾手可得的突变。于是，耳濡目染的消费者不由得加快了追赶时尚和潮流的步伐，进而形成新的消费现象和文化。此外，在电视剧、娱乐综艺节目等节目形态的创作中，消费文化的踪影也总是无处不在，消费文化的价值观念总是随着人的出场而出场，随着生活场景的展现而展现。《幸运 52》、《开心辞典》等节目形式的出现就是

典型的例子。

再次，从电视产品的流通和消费过程看，电视传播本身就是在建立一个消费的平台——以精神文化消费为主的平台上，不仅电视文化产品的流通和交易已经成为文化产业中的一道风景线，而且现代社会的电视观众更大程度上是以消费者的身份在进行着电视节目的收看。随着电视行业自身的发展和社会环境的变迁，电视媒体不再是单纯的宣传工具，而逐渐具有了经济实体的性质。与此同时，电视节目资源买方市场的形成和电视行业单一资源补偿机制的打破也促成了电视消费文化的形成与发展，尤其是数字付费频道的出现更是使电视观众由间接的消费者变成了直接的消费者。随着媒介技术的发展和电视机构的增多，电视节目形态和内容提供方式、传播渠道也逐渐多样化、丰富化，昔日那种电视节目导致千家万户准点守候在电视机旁的景象已经成为历史，取而代之的是电视观众手拿遥控器在诸多选择间摇摆不定，电视传播中的稀缺资源已经毫无疑问地由传播方转移到了接收方。

如果说围绕电视文化产品的消费所形成的是电视消费文化的本体的话，那么电视文化传播的社会影响——通过电视文化的传播，在电视观众心理上所产生的精神动能，以及由此而形成的消费心理和消费行为的改变则是电视消费文化的外围和延伸。电视文化传播将现实和历史有机结合、联系，是一种跨越时间和空间的传播，不仅传统的历史文化遗产在电视文化中得以呈现，而且电视文化还在反映着社会现实的同时引领着时代的潮流。它通过刺激、创造需求，提供消费平台，扩充并丰富了消费的形式和内涵，对于社会消费有极大的促进作用，其自身就是一种消费文化。同时，电视为大众消费文化提供意义建构的空间，它既是传播者传达信息、表达态度和观点的舞台，又是接受者建构自我意义空间的虚拟时空，在传播与解读之间丰富着当代消费文化的内涵和外延。电视传媒在消费文化的变迁中充当了一种强大的整合力量，它通过符号的生产与组接潜移默化地影响着消费行为的主体——被电视文化所包围的大众，在表现消费文化变迁的同时又在为这一过程起着推波助澜的作用，并不断形成新的消费文化。

综上所述，在消费文化语境中蓬勃发展的电视文化自身就是一种消费文化，电视文化作为一种消费文化参与着社会价值观念的建构，这是由电视文化的本质属性和多元性特点决定的，不仅表现在电视文化产品凭借逐渐强化的商品属性参与商品流通，成为直接的消费现象，形成独有的电视消费文化，电视文化产业成为社会经济的发展中重要的力量，通过与社会生活各个领域的交叉作用间接影响消费文化的社会背景；而且更为重要的是电视文化所传播的内容在电视观众心理上所产生的强大精神动能，促使电视观众消费心理和价值观念的改变，促成消费潮流的形成，深刻改变着社会消费走向。社会消费观念和消费心理作为消费文化的重要组成部分，其实质上是基于特定的社会信息在一定范围内的传播而形成，而当代电视作为大众传媒中的强势者，是社会信息传播的主要渠道，它与消费文化一样在社会生活中无处不在，尤其视听双通道的传播属性和视觉传播优势决定电视对于传达商品信息有着无可比拟的强大效力。

也正是基于这样的原因，电视消费文化对于社会价值观念和消费行为有着强大的渗透力和影响力，这就要求电视文化传播者在实际的工作中注重电视文化传播的社会效益，坚决抵制将极力追求炫耀性、奢侈性消费，追求无节制的物质享受和消遣的“消费主义”与社会主义消费文化相混淆的错误观念，“树立精品意识，实施精品战略”，在履

行电视传播社会舆论的前提下合理传播有关商品信息和相关内容，通过高质量、高品位的电视文化产品的流通提升消费者的素质和精神消费力，以引导社会消费行为和价值观念健康发展。

注释

①［英］爱德华·泰勒：《原始文化：神话、哲学、宗教、语言、艺术和习俗发展之研究》，广西师范大学出版社，2005年版。

②欧阳宏生：《电视文化学》，四川大学出版社，2006年版。

③邓向阳：《消费文化的生成与演进——兼论现代媒介传播的社会规范性》，载《当代传播》，2003年第1期。

④［美］米切尔·舒德森：《广告，艰难的说服——广告对美国社会影响的不确定性》，陈安全译，华夏出版社，2003年版。

［载《西南民族大学学报》（社科版）2007年第3期］

混合与重构：媒介文化的“球土化”

自20世纪六七十年代出现“全球的”、“全球性”等用语，至80年代“全球化”概念正式形成，再至当前对全球化悖论式的内在逻辑的体认（即国际化与本土化乃是全球化的一币之两面），人们对全球化的理解、把握不断走向深入，其中一个重要表现就是“球土化”观念的提出。这一观念在经济、政治、文化乃至日常生活领域都带来了新的实践和回应，很多学科都已开始将其引入自己的研究领域。对于正在构建本土文化与融入全球化之间寻找张力空间的中国传媒来说，球土化观念无疑提供了一个新的思维和实践框架，对于中国媒体实现理论创新和制度创新大有裨益。

球土化的三种面相

当代文化社会学家、美国匹兹堡大学教授罗兰·罗伯逊（Roland Robertson）于20世纪90年代中期提出了一个新的观念：球土化（glocalization）。这一理念融合了全球化（globalization）与本土化（localition）两个极端，用以强调二者的相反相成和互动发展。

“glocalization”这一名词在华语学术界并没有形成统一的翻译，笔者所见就有“全球地方化”、“球土化”、“全球地域化”、“全球在地化”、“全球本土化”等琳琅数种。具体译法的不同虽是一个形式问题，但它从深层反映出此词还没有从一般性的名词术语过渡到严格意义上既具有描述功能又具有规范功能的学术概念，进而说明围绕着球土化，我国学术界并没有形成统一、明确的认识和评价，其理论还有待进一步探索和建构。

无论是作为一种客观存在的现象，或一种观念，还是作为一种发展趋势，球土化都具有复杂性和矛盾性的特征，对它的理解涉及多种因素和众多学科，很难用一句话来概括它所涵盖的全部内容。在此，德国社会学家贝克区分“全球性”、“全球化”、“全球主义”的做法很有启发意义，我们就从区分球土化的不同面相入手去理解它丰富的内涵和外延。

从事实层面来看，球土化是客观存在的现象。

一般来说，全球化是指世界各个部分之间的相互联系和相互依赖日益密切、相互渗透与融合不断加强和全球一致性因素不断增长的过程和发展趋势。但是，这并不是一个单一的同质化的过程，而是一个充满内在矛盾的过程。在资本、信息、权力和财富日益集中的同时，其分散化的趋势也有增无减。例如当今世界，信息高度集中于西方发达传媒手中，但各国人民对信息共享的程度也越来越高，信息垄断日益不可能。在各民族和各文明体系在生活、生产方式和价值观念上趋同化的同时，特殊化和多样化也日益凸显。身处全球化的时代，我们却发现四周各种形式的民族主义再度抬头，回归传统的呼声日益高涨。媒介

正以新的方式运作，一方面提供给民众以全球共享的交流空间，另一方面正以复苏地方性文化的怀旧情愫，来满足当地的、本民族的或某一社会群体的需求。

球土化就是指这种巨大的两重性过程，在这一过程中，全球化在世界各地以多元的形式出现在不同的社会文化语境中。

从理论层面来看，球土化是新的全球化理论视域。

哲学上的二律悖反揭示了人类的认识活动深入发展后所必然面对的一种冲突情景。全球化研究的深入表现就在于球土化——这一全球化过程中包含的二律悖反被揭示出来：当代的本土实际上就是一种"全球化了"的本土，反之，全球化一旦落实到某个民族国家或地区，它也就成了一种"本土化了"的全球。也就是说，在全球化过程中，最封闭的民族也不可能没有全球化的痕迹；反之，即使是开放程度最高的国家，也不可能没有民族的烙印。

这种充满辩证法的观念有助于我们深刻地理解全球化过程中出现的冲突、融合，确立对待全球化的正确态度。罗伯逊指出，即使不以球土化来代替全球化，也应该从这一视角考虑全球化。

从实践层面来看，球土化是解决全球与本土冲突的策略。

长期以来，全球与本土的冲突是全球化实践中最为紧张而又难以摆脱的问题。全球化很可能变化成改头换面的西方中心主义，而本土化经常是狭隘的民族中心主义的体现。球土化试图选择两极之间的立场，以一种非对抗的同时又是非妥协的姿态解决问题。这一策略不仅被跨国公司青睐，也为民族国家运用。它们试图在全球化与本土化之间寻找某种可伸缩与谈判的张力空间。其中最有影响的主张可以概括为一句话：思考全球化，行动本地化。

以上我们从不同角度阐释了"球土化"在不同语境下的不同含义。正确认识球土化这一观念是我们分析媒介文化"球土化"现象的重要基础。

媒介文化的"球土化"现象

从 20 世纪 80 年代开始，政治、经济和技术领域的变化相互作用，最终使一个全球化的媒介市场逐渐形成并迅速发展。所谓媒介全球化，一方面是指信息的全球流动突破了民族国家的地理疆界，我们正亲眼目睹着视听产品的"非领土化"和跨国传送系统的精心运作。新技术所能提供的服务和观念可以将世界上最遥远的地区也引入国际媒介社会。另一方面是指媒介资本在世界范围内的扩张。迪士尼（Disney）、美国在线－时代华纳（AOL－TimeWarner）、索尼（Sony）、新闻集团（News Corperation）、维亚康姆（Vi－acom）和贝塔斯曼（Bertelsmann）等全球性的媒介帝国相继出现且统治疆域日益扩大。这些媒介寡头的经营目标都在全球市场，它们在利润和竞争原理的驱动下，力图将自己的产品提供给最大数量的消费者。"视听地理正在逐步脱离民族文化的象征性空间范围，而在国际消费者文化这一普世化的原则下加以重新调整。"① 在此基础上，受经济和企业需求驱动的全球媒介文化应运而生，它们对各国的本土媒介文化产生了巨大的影响，二者在持续地相互冲突、抗拒与融合的过程中重组着。

长期以来，各本土媒介文化普遍服务于政治和社会利益，塑造国家集体生活，成为民族文化认同的中心。但是当新的全球媒介文化无视种族、语言、文化实体，从商业需求和消费趋向出发，在全球范围内竞逐市场时，本土媒介文化被卷入了全球网络中做着“不规则、不均衡以及不等速”的运动，全球与地方、西方与东方、传统与现代，已不能截然二分，既有的价值观念还在，但是它们已经被结构进一个完全不同的序列里。这一过程是不能单纯地以全球化或本土化来涵盖的，我们将这一现象称为媒介文化的球土化。下面我们就从媒介的属性出发，从两个不同的维度来考察这种媒介的球土化现象。

（一）商业性文化传播中的同质联结与异质分立

当今世界，全球文化商品和传媒文本出现了明显的趋同现象和标准化。20世纪80年代后，伴随着世界范围内的市场经济浪潮，全球很多国家的传媒业走上了产业化道路，市场规则和消费者口味主导的大众文化渐渐成为全球媒介文化主流；而跨国媒介公司携其雄厚的资本、规模经济以及强大的传播技巧，对本土大众文化的游戏规则、内容形式甚至价值观念都产生了重大影响，这使全世界的媒介市场日趋标准化和同质化。一个典型的例子就是世界范围的电视出现了某种程度的互文本现象，最突出的表现形式就是欧美成功的节目形态在不同国家的电视屏幕上被复制。比如世界上许多国家都有本土版的《谁会成为百万富翁》。在我国，欧美国家一批版式输入后形成的益智与娱乐节目已成为一种引人关注的文化现象，《玫瑰之约》、《快乐大本营》、《开心辞典》、《幸运52》、《实话实说》等当红的电视节目几乎都是引进西方电视节目形态的产物，它们的母本可以是一个全球通用的模式，从制作程式到表现元素都高度类型化。但是另一方面，虽然资本主义消费性的大众文化正在促进对各本土媒介的工具性联结与标准化控制，但各国的大众文化却极不相同，其多元差异甚至随着它的发展日益扩大。一般而言，大众市场较之精英市场与地方的感情隶属关系强大得多。许多西方的电视节目非常热门，以其“国际化”和“现代化”的力量受到精英人群的欢迎，却不能有效渗入大众市场。真正具有竞争力的节目是那些能有效适应本土文化环境和需求的节目。这就造成了各地方的大众文化在内容、形式、风格上都深深地带有每一个民族文化的特殊烙印。就是行销全球的文化商品，人们也是以不同的地方文化体验去与同一的标准化商品相互影响，并使其产生新的意义。

（二）价值认同构筑上的横向扩散和纵向延续

在全球化背景下，媒介作为意识形态场域，已成为一个全球价值观和民族认同观角力的场域。传统上的民族认同感“为居于一个特定地方的人们所共有，包括了感情和价值观，这是就某种连续感、共同的记忆和共同的命运感而言的”[②]。媒介通过对独特的民族风景、传说与环境、历史与现实的表现重新加以创作，传达出独特的民族历史感和命运感，促成了人民对民族国家的认同。然而，在现今全球化及后现代消费的时代，在资本主义的商品逻辑推动下，跨国传播集团建立起庞大的全球信息传播体系和影视娱乐体系，无偏见地吸收各本土文化中一切有市场价值的东西，如西方的科学文化、亚洲的历史、非洲的艺术表现形式等，再以后现代主义无节制的复制、模拟和戏仿、增殖的方式对这些来自世界的文化素材加以拼贴，继而跨越国界在世界市场上推广这些包含着多元文化价值的信息。受到这种全球横向扩散的文化价值影响，民族文化边界日益模糊并不断被改写，地方的文化意义处于持续变动和重构之中。但是我们也同时注意到，在欧洲杯足球赛、指环王系列电影、伊拉克战争报道、英国王室新闻以及来自跨国公司的各种消费品广告等一系列域外媒介图景之外，各本土媒介文化对地方性定位的日益强调，突出表现就是各国新闻日益走向本地叙事。在我国，《南京零距离》被各地电视台争相复制也表现出媒介以接近性争取受众的取向，地缘、血缘和传统制定出人们优先关注的议事日程。对于扎根于日常生活实践的人们来说，全球拼贴式的文化在很大程度上是作为舶来品和娱乐品被消费的，倘若要使全球文化真正在道德和价值意义上被本土人们接受和参与，它必须与本土的价值观结合进行叙述，才能使相对遥远的事件和问题找到本土的意义关注点。跨国传媒纷纷奉行的本土化策略对此是一个很好的说明。由此可见，在全球文化的冲击下，地方在物质文化、行为和制度文化层面受到了极大的影响，但属于文化深层结构的精神传统仍然保持着强大的力量，它们顽强地保持着自己的历史延续性。当外来文化的价值因子不断冲击、改写本土的文化边界，促成其重新建构时，本土文化的深层结构仍作为文化基因和遗传内码而存在着，并使新质文化与“他者文化”的边界再度得到肯定，民族认同在解构、建构中保持着其特异性和纵向的延续性。

以上我们从文化产业和意识形态两个维度对传媒文化的球土化现象作了简单的描述，可以看出全球媒介文化正在对地方媒介文化产生巨大的影响，迫使其进行转型以适应文化变迁。同时本土文化并不是被动地顺应，而是经过一系列阐释、变异，调动自身的文化资源以辩证的方式对文化进口施加影响。这是一个双向进行的动态的过程，这一混合过程伴随着的不是本土媒介文化的开放和消亡，而是重构。

媒介球土化思维：特殊的辩证法天平

在全球化语境中，中西之争、古今之争、体用之争的传统的二元对立的思维方式已经丧失了应答和解释当代文化问题的效力。如前所述，“球土化”思维的要点是：当代的本土实际上就是一种“全球化了的”本土；反之，全球化一旦落实到某个民族国家或地区，它也就成了一种“本土化了”的全球。这一研究方法最强有力的一点即在于提出了一个思想框架，它保留了全球化综合与变异同时并存的进程，同时允许我们以联动的、发展的思维方式去处理问题的复杂性。将其引入媒介意识中，将会使媒介走出多年来备受困扰的一些理论误区，为其制度创新和理论创新提供思想武器和方法论。

（一）它克服了文化实体化的思维方式

球土化思维肯定了媒介文化转型中的两个前置性条件。其一，在全球联结的时代，不存在本真性的本土文化。“或许从来就不存在本地人，不存在囿于自己所属那片天地的人们，不存在与更广阔的天地接触却仍保持自己纯洁性的群体。”[③]事实上，每种文化都不断地从外来文化因素中吸取资源，并有机地将其融入自己的内部使其自然化。其二，不存在没有本土化参与的全球化。全球文化永远都在吸收和重新塑造着所有的本土文化，其特征是“结构松散、变化多端，对文化起源和归属感相对来说持漠视态度”[④]。

这两个前提使我们对媒介文化的嬗变和转型持一个更为清醒的态度，有助于我们消除某些认识误区。在当前的跨文化传播中，本土文化与外来文化大多被理解为某种纯洁的、根深蒂固的、范围明确的实体，开放文化和固守文化只是在对立的两极上强调了文化的实体性而已，而全球化的过程所带来的本土媒介文化的自我否定和重新结构的可能性，被这种实体化的思维方式遮蔽殆尽。

（二）它矫正了文化简化论的思维定势

中西合璧说在相当长的时间里是我们国家对跨文化传播交流的一个基本态度，以此出发要求融合国际与本土的优点。这种想法相对来说过于简单化，使我们无法处理文化互动之中的复杂性、多义性和暂时性。媒介单纯萃取一个文化的优点是几乎不可能的，因为文化的一种因素总是和它的整个系统语境相联系而不可分割的。

球土化思维坚持把简化论拉回到现实的复杂性上来，肯定了传媒文化混合是一种动态的、有机的重构过程。在文化传播、混合中包含着方方面面的矛盾、各式各样的反抗与抵制的力量，而在这种冲突之中达到的重构决不是不同文化的物理混合，而是一个化学反应，外来和本土的文化因素同时成为新质文化的有机构成。

（三）它弥补了本土化的思维缺陷

在中西文化百年的冲突史上，我们摆脱不了的一个思维框架是体用说。它预先肯定了文化交流以某一方文化为基础，在此基础上对另一方文化进行同化，在这种包容里，母文化基本上保持着其结构的稳定性。中国文化在几千年的文明史上一直都是以中学为体、西学为用的同化方式把握、整合外来文化的。目前最为流行的文化本土化意识实际就是中学为体、西学为用的变体。但是在当今时代，作为发展中国家的中国，传统文化同化外来文化的力量日渐式微。在西方强势文化面前，仍然坚持以同化为目的的文化本土化，希望将西方文化改造成为中国文化，这是一种不现实的想法，其实质是文化防守而不是文化建设。在实践中，文化本土化模式的可行性也不强，它没有给中西文化巨大的差异和冲突准备余地，以至于往往因为其体用不可调和而导致引进失败。

球土化思维把被本土化模式一直遮蔽着的文化冲突和文化差异问题推到前台。它肯定：在全球联结和互相影响加强的情况下，媒介改变外来文化的同时就意味着改变自身的文化，也就是说，“本土文化异化外来文化的过程不可避免地包含着外来文化异化本土文化的过程”[5]。传媒文化混合的过程是一个自我更新和重构的过程，而不是一个修补和增删的过程。

随着全球化的发展，文化之间的借用和给予使各本土文化实践和文化形式发生了复杂嬗变，使其进入了一个更为复杂的文化空间中。媒介球土化思维将有助于媒介在这一复杂的过程中保持冷静和清醒的头脑，以更务实更灵活的方式来应对文化转型的挑战。

球土化实践：现状与忧虑

在目前的传媒市场上，媒介的球土化实践主要由跨国公司身体力行。在我国，尽管球土化已是一个客观事实，但是媒介还没有有意识地把球土化作为策略提出，更谈不上形成一个行之有效的模式。而在媒介不自觉的球土化实践中，又潜藏着很多令人忧虑的问题。

（一）球土化策略：中西两种价值向度

由于媒介产品的突出特点就是这些产品和孕育了它们的文化之间存在密切关系，这就使跨国传媒在地方市场的成功与否在很大程度上受制于本土文化消费情形。无论是CNN的新闻、迪士尼的动画，还是维亚康姆集团的MTV，这些跨国界的文化产品在全球推广之初都曾遭到巨大的失败，它们汲取的教训就是采取球土化策略，全球战略依地方条件而调整。维亚康姆的全球化经营策略是："全球化经营，本土化落实"，迪士尼则提出"全球化思维，本地化行动"的口号。具体地说，就是全球化的经营目标、经营理念与本土化的形式风格结合在一起，其目的是以迎合中国文化习惯的方式最大限度地实现其获取中国市场份额。"当散发着中国本土文化气息的发达国家的商品被中国人心平气和地接受时，发达国家的文化观念也同时被植入了中国文化的土壤，并且它的茂盛必然导致中国传统文化的缺氧。"[6]在这种价值向度中，球土化策略既突出本土特征又突出全球的普泛价值，以典型的西方文化内涵、高度现代化的形式与伪本土文化构成了征服全球的真实的谎言。

全球化语境下，当今我国媒介流行的观念是文化本土化。一方面希望通过对外来文化的本土化刺激本土文化的发展，另一方面又希望相对保护本土文化的权益。有学者对这种"化西"策略持怀疑态度，认为这种主张"要么不知不觉成为以文化本土化为市场倾销策略者的同谋，主动为西方的媒介文化裁剪合体的中国嫁衣；要么自觉地成为中国传统文化的守门员，以防守意识改造西方文化……两种行为，前者无疑成为西方强势文化在中国的开路先锋，把中国的民族文化混合在西方文化中消费掉；后者则在维护中国传统文化的表象下，建构起一道视野屏障，使中国很难明了中国在世界文化中的确切位置……说到底，这种媒介活动中的文化本土化只是经济全球化过程中民族文化的消费意识和文化的防守意识，而非建设意识"[7]。

那么，在我国媒介中以一种球土化策略来取代文化本土化，应是当务之急。这种球土化在价值向度上将全然不同于跨国传媒集团实施的球土化策略。但是在具体做法上不妨向其学习。在这里，最重要的学习是：把球土化思维落实进具体的策略中，而不是简单地等同于"放眼全球、立足本国"之类的口号。作为一种策略，球土化要求在实证和定量的基础上，把大的问题分层、分度地研究和运作。麦当劳的球土化运作就是把品牌分为若干模块，并将它们称为"不可或缺模块"（不管身处全球哪个地方都必须恪守的规则）和"可选择模块"（允许根据实际情况灵活变通的操作方法）。这样既保证了品牌核心部分的稳定性，同时又促进了产品在外围的兼容性。实际上，跨国传媒也是采用这样的方法在全球拓展市场的。中国传媒在建构自身文化时，亦可参考这种做法，把问题细分化，清楚地分辨出文化需求和触发这些需求的刺激因素所达到的全球化或本土化程度如何，进而将各种因素按照不可或缺和可选择进行调适并加以重构，既保持自身的主体性又保证文化的创造弹性。这是一项极其艰苦的工作，但也将是一项务实的、有成效的推动民族文化复兴的道路。

（二）球土化实践中的忧虑

在全球与本土的互相混合、重构中，新的"杂交"文化的出现和发展是一个不以人的意志为转移的客观事实。同时笔者认为，辩证的球土化思维将会为媒介文化在全球文化的冲击下的建构、更新发挥积极的作用。但这并不意味着球土化是以一种非常温和的方式进行着、对保持文化差异很敏感，而且彻底从主导中解脱出来了。当然不是这么一回事。实际上，全球化是一个不均衡的进程，其中总是既有输家，又有赢家。否则，学者们对文化殖民的忧虑就无从谈起了。

"在全球与本土相互影响的关系作用下，权力机构仍被再生产。"[8]我们必须思考，在此种文化杂交中，是否全世界的每一文化皆有参与混合过程的同等机会与同等比例，在不同的文化杂交体中，各种文化成分的比重是否相同。显然，答案是否定的。当前在传媒文化“球土化”实践中，最为突出的不外乎西方化威胁问题。

“在一个现代性开始占压倒优势和高度相互依赖的世界上，完全拒绝现代化和西方化几乎是不可能的。”[⑨]不仅如此，现代性和全球性价值体系已被构筑成世界的普泛价值，包括一整套民主法治、自由平等、理性效率等现代性观念和与国际接轨、向世界开放的全球意识，用以促进经济发展和文化转型。在各发展中国家，大众传媒理所当然地被利用来作为提供全球公共生存空间的力量以及创造现代生活、创造现代人、发展现代化的工具，媒介被要求以现代性和全球性的视野来为人民提供各种话语、形象和解释框架，设置文化议事日程。但是由于全球化和西方化都是发源于西方并由西方所主导的，各本土媒介的全球感和现代感总是不自觉地面向西方，这就促进了西方文化在各国的传播和流行。另一方面，西方传媒巨头趁机大量输出文化产品，全球五十家媒体娱乐公司占据了世界上95%的传媒产业市场，90%以上的新闻由西方国家垄断，美国控制了全球75%的电视节目生产和制作。它们携其资本实力和产业优势，在与各发展中国家传媒的交流中占据着强势输出的地位。

西方文化作为强势文化在新构文化中所占的比重势必很大，这就造成了传媒球土化中的两大忧虑：一是形成了重构文化之多元性，造成了复杂的多元认同。霍尔曾提出：人们在与多义的、具有流动本质的社会文化结构互动之中，将产生一种内在矛盾的、朝不同方向拉扯的认同观。原有的一种（固定的）身份已经裂变为（可以建构的）多重身份和多种文化认同。这在相当程度上不利于形成社会同一性，也会让人们失去“在家”的归属感，引发社会文化焦虑。二是形成了本土文化的断裂，从而使重构文化中创造之成分大于传承之成分。任何一种新的文化都不可能离开传统文化凭空产生，在球土化过程中，传统和历史在挑战与应战中不断得到扬弃，但是承袭与割断的部分，很可能比例失调，相当部分文化遗产将因不能适应全球化和现代化而得不到传承，这势必会威胁到文化生态和文化实践的多样性和丰富性。

面对这种情况，民族国家的政府应该承担起把关者的重任，对文化的流动予以适当的调节，在加快适应全球文化变迁、促进本土文化的创新中，保护本国文化的优秀遗产。

注释

①③［英］戴维·莫利、凯利·罗宾斯：《认同的空间——全球媒介、电子世界景观与文化边界》，司艳译，南京大学出版社，2001年版，第15页、9页。

②④［英］约翰·汤姆林森：《全球化与文化》，郭英剑译，南京大学出版社，2001年版，第146页、215页。

⑤⑥⑦高鑫、贾秀清：《经济全球化、文化本土化与发展中国家的媒介意识》，载《现代传播》，2003年第1、2期。

⑧李天铎：《想象空间与认同并裂：媒介全球化的后果?》，第二届中国影视高层论坛论文集。

⑨［美］塞缪尔·亨廷顿：《文明的冲突与世界秩序的重建》，周琪译，新华出版社，2002年版，第64页。

（载《现代传播》2005年第2期）

“美国信念”的电视传播及启示

美国是一个多元文化并存的“大熔炉”，虽然存在种族纷争、政党分歧和价值碰撞等系列矛盾，却仍保持了社会的持续发展，并成为当今世界唯一的超级大国。一个社会的进步是政治、经济和文化等各方面协调发展的结果，“仅仅依靠某个社会领域（无论是政治领域、经济领域或是文化领域）的进步是不足以推动社会全面走向现代化的，或者说，这样做只能把社会推向歧路”[①]。和美国物质文明同样引人注目的，是美式价值观的巨大影响力。当前，我国正处于现代化转型的关键时期，直面的核心问题之一就是重构社会的精神基础。美国是一个多民族、多种族的大国，其面对的社会矛盾的复杂性和我们有相似之处，同时，美国又是一个电视业相当发达的国家，分析它们以电视文化产品确立和维护价值观方面的经验，有助于我们在提升社会主义核心价值体系的电视传播效果上拓展思路。

“美国信念”的美式传播

美国人在种族、宗教和文化等方面存在显著的多样性，但是也有主导其社会方向的主流价值观，这就是由托马斯·杰弗逊提出并经过很多人阐释的“美国信念”，它是“这个伟大的种族各异的国家的结构所赖以构成的水泥”[②]。“美国信念”源自三大思想资源——新教伦理、启蒙思想和美国建国中形成的边疆精神，其核心是平等、自由和个人奋斗。自18世纪后期以来，“美国信念”总体上始终保持稳定，并得到美国人的广泛认同。在美国的发展进程中，自由主义和保守主义两大思潮此消彼长，但双方都不会否认“美国信念”，这就是美国社会成功的深层根源。被誉为一般系统论之父的贝塔朗菲对此的总结最为精辟：“作为最后一着，起决定作用的，总是价值体系、观念体系和思想体系……如果生活的目的、指导的观念或生命的价值已经衰竭了，那么军事机器，包括最先进的超级炸弹也挽救不了我们。这是由历史变迁中得出的几个稳妥可靠的结论之一。”[③]

在塑造和传播“美国信念”方面，美国采取了宗教维系、法律规范、教育推动等多种方式来培养公民的认同感，其中，大众传媒尤其是电视的作用非常显著。美国是世界上电视业最为发达的国家，有线电视、卫星电视把分散的大众连接到一个一性的传播体系中。虽然由于大量低俗电视产品的冲击使电视面对到底“使人民充实还是使人民堕落”[④]的质疑，但总体而言，美国电视在稳定社会的文化认同方面的确发挥了巨大的影响。没有大众传媒的整合，美国这样一个移民国家要稳定发展并取得今天这样的国际地位是难以想象的。

美国电视媒体在价值观传播方面的特色之处在于，它主要是以一种内置的、暗示的方式进行，但范围广泛、目标坚定、方式灵活。以下将从新闻、体育和电视剧三种常见的电视节目传播来分析“美国信念”的传播。其中，新闻和体育属于真实型节目，电视剧属于虚构型节目。

（一）《60分钟》：揭丑背后的价值维护

一期新闻节目可能并不具有代表性，但一个持续播出40年的知名栏目更容易折射美国电视传播与意识形态的关联性。以调查性报道见长的《60分钟》致力于揭示对受众有重要意义的两种真相：被权力和利益遮蔽的真相、被道德观念和认识水平所遮蔽的真相。该节目一直以报道社会犯罪、官员腐败、公司黑幕等负面社会问题为主要目标，其中，以穷人和伤残人士为对象的医疗补助制度的黑幕、无辜黑人青年锒铛入狱、克林顿与莱温斯基的暧昧关系等节目引发了极大的社会反响。在报道形式上，《60分钟》多采用讲故事的方法，以生动的细节切入，用情节化的叙事铺陈。

《60分钟》创下了至今无人打破的连续23个年度进入尼尔森收视率前10的记录，同时也是美国获奖最多的电视节目。一个以揭丑著称的节目为什么还得到美国社会的广泛肯定？这里有个值得我们关注的认识角度问题：肯定正面的事物是对价值体系的维护，否定反面的事物又何尝不是呢？在西方的学术视野中，和谐并不等于没有矛盾没有冲突，而是力求把矛盾冲突的危害减少到最低程度。传媒可以通过揭露偏离社会准则的行为来强化规范，这就是拉扎斯菲尔德和默顿提出的大众传播的重要功能之一——重申社会准则。《60分钟》要揭丑，但它涉及的矛盾和冲突既不冲击“美国信念”，也非指向社会体系本身。这种一定限度内的揭丑发挥的是调节矛盾的“减压”作用，实际上正是为了约束美国这条大船不偏离其正确航向——美国主流价值观。同时，揭丑报道因比正面宣讲更富戏剧化，易于引起公众的关注，可以使影响力得到拓展。

美国著名社会学家甘斯在对美国大众传媒进行细致的考察后总结说，在美国，新闻中包含的价值观很少直截了当地表现出来，而必须通过长时间的观察，经过推理才能使人明白。甘斯把这些称作持久价值观，并将其归纳为民族中心主义、利他的民主、负责任的资本主义、个人主义等8种。《60分钟》的揭丑报道和其他新闻报道一样，也内置着这些美国持久价值观。在长期的传媒接触中，它们对受众现实观的影响显而易见。从这个角度上讲，《60分钟》其实是典型的美式“主旋律”作品。

（二）乔丹神话：美国信念的英雄激励

在美国历史相当长的时期内，“美国信念”始终伴随着一种窘境：其平等和自由等核心价值与黑人受到歧视的现实存在冲突。1964年的民权法和1965年颁布的选举权法在消除歧视方面有一定成效，但此后美国社会却又遭遇另一种窘境：对包括黑人在内的少数种族优先照顾被认为是一种新的不平等。反对这种新歧视的声音到20世纪80年代越发响亮。在这样的背景下，一个天才、努力、成功而有良好道德观的黑人更能充分阐释美国价值观，也更容易为主流社会和少数种族接受。媒体对超级篮球明星迈克尔·乔丹的“神话”塑造可视为体育运动与意识形态融合的典范。

乔丹“神话”的主体是他的惊人球技和辉煌成就。擅长表现动感、悬念感和刺激性的电视对此做了最为充分的展示：他气势如虹的空中大灌篮、让人眼花缭乱的底线断球、决胜关头的神奇一投……媒体常用来形容他的词有：无所不能、伟大和奇迹般的等。在乔丹的整个职业生涯里，“乔丹”这一品牌在商业、娱乐和体育领域创造的各种

收入高达近百亿。乔丹“神话”的核心是具体可感的“美国信念”。在电视和其他各种媒体里，乔丹都是以健康向上的形象出现的。他的很多名言出现在新闻报道里，如“我可以接受失败，但无法接受放弃”、“一步一步来才能成功，这是成功的唯一途径”、“靠天分能胜一时，团队精神与智慧才能赢得最后胜利”。1989 年，NBA 拍摄了一部名为《迈克尔·乔丹：与我一起飞翔》的纪录片，把他塑造为篮球技巧、职业道德和美国价值观的典型代表。佳得乐、耐克、麦当劳和可口可乐等大公司则在广告中把乔丹作为吸引消费者的成功和有抱负的偶像。

以乔丹作为政治社会化榜样的明星化策略被现实证明非常成功。在电视、广播、电影、网络和报刊等的合力塑造下，乔丹成为“美国信念”的最佳阐释，“他体现了勤奋工作、激烈竞争、强烈进取心和为成功而奋斗的美国价值观。作为一位黑人超级明星，他向普通大众传递了一种文化想象——任何人可以通过个人奋斗和激烈竞争，超越种族和阶级的界限，沿着社会地位的阶梯拾级而上，最终像乔丹那样登上最高点”[⑤]。在美国《男人》、《传记》等媒体 2003 年联合评出的美国十大文化偶像中，乔丹位居第六，和约翰·肯尼迪、马丁·路德·金等一起，成为美国文化的代表。他被给予了这样的评语：成为迈克尔·乔丹式的人物，是所有美国人的梦想。

（三）《越狱》：美国风格的寓言故事

电视剧在价值观的传播中地位显著，毕竟，大部分观众的大部分时间都在看电视剧，而且，电视剧“也包含着说服性的信息……它们宣传并强调某种价值、个性、生活方式和行为模式，暗中隔离和排除其他的价值、生活方式和行为模式”[⑥]，由于它是虚构型节目，观众较少心理设防，这就使得它获得了独特的力量。近年来，无论欧洲还是亚洲都采取了种种手段来抵制美国影视节目，因为伴随它们来的不仅是影视的危机，也是“文明的危机”。换个角度，不难看出美国影视作品中对美式价值观的包装确实成功。下面以电视剧《越狱》为例。

2006 年 8 月开始推出的《越狱》在美国内外都造成了很大的轰动。《越狱》讲了这样一个故事：迈克尔是个受过良好教育的建筑设计师，他哥哥林肯因政府高层的一个阴谋而背上黑锅，被判处死刑并将很快执行。迈克尔在没有其他选择的情况下设法入狱，按事先设计好的越狱计划救出哥哥并还其清白。扑朔迷离的政治阴谋、险象环生的逃亡之路交织出一个紧张刺激的娱乐故事。按一般的解读，越狱是对现存秩序的冲击，传达的是负面意义，但《越狱》设定了这样一种框架来提示议题：

第一，林肯是无辜入狱的，迈克尔也是在尝试其他方式无果的情况下才被迫实施越狱计划的。由于剧中的监狱是黑暗和不公正的缩影，越狱就不再是通常意义上对规范的挑衅而是对正义的维护。第二，政治阴谋源自个人动机而非政府行为。美式民主强调对权力的制约，但《独立宣言》也明确表示，“为了慎重起见，成立多年的政府，是不应当由于轻微和短暂的原因而予以变更的”。对作为负面形象出场，为非作歹的总统、联邦探员和狱警等淋漓尽致的揭露并不损及美国体制的优越性。第三，在全剧的批判式结构中，司法制度“程序正义”得以彰显，智慧、责任、勇气、亲情等美国主流价值也在角色塑造和情节冲突中被强调并得到确认。

这样一来，越狱就获得了正面的意义，《越狱》则成了一个反抗黑暗追求自由正义的寓言，它在戏剧化渲染中暗示：正因为以自由、平等为核心的“美国信念”深入人心，政治人物或政府可以是变换的、暂存的，但抽象意义上的“美国”却是长久的、恒定的。

“美国信念”的中式启示

通过以上对“美国信念”在美国电视节目中传播实践的分析，我们可以获得以下启示。

（一）观念层面：价值观的体系性

对价值观有清晰的把握是电视媒体更好地推动价值观从抽象的规范向人们实际的行为转化的前提。价值观是人们关于社会关系的是非判断，是一个价值认同体系，其中反映最基本的、需要长期稳定的社会关系的就是核心价值观。美国电视传播呈现出明显的价值多元性，但正如阿特休尔所说，它们“对根本目标和价值发出挑战的情况极其罕见”[⑦]。多元的非核心价值观能增进社会活力，而统一的核心价值观能阻止社会分裂，处理好两者关系是传媒正向影响力发挥的前提。

在核心价值观的传播中，还应把握更细的层次划分，即核心价值观的同心圆体系。[⑧]现代社会由七类最基本的社会关系构成：个人与他人、个人与自然、个人与群体、群体与社会、人民与政府、人民与民族国家以及民族国家与国际体系。对应这七大基本关系的是非判断共同构成了一个七层的同心圆体系，由内至外分别为：道德观、自然观、群体观、社会观、政治观、民族观和国际观。它们与人们生活的距离由内而外逐层加大，其普适性和牢固性则逐层降低。这一体系对电视传播的启示在于：首先，核心价值观不等同于政治观，政治观是核心价值体系的一个层次而不是全部。以为西方传媒较少直接涉及意识形态就意味着不存在核心价值观是一种误读，以为传媒口口声声讲政治就是在推动我国核心价值建设也是一种误读。对核心价值观体系认识越全面，电视传播的运作空间越大。其次，价值体系的崩溃往往始于最外层，而外层价值观距离人们的现实生活较远，是个人经验难以涉及的领域，传媒应在此有所作为。

（二）主体层面：媒介的双重整合

价值观的认同是一个长期的社会化过程，如果从不同渠道获得的信息是矛盾的，人们将难以建立共识。电视传播应注意两个层次的整合：

电视与其他社会化媒介的整合。电视和其他大众传媒、家庭、学校以及政权组织等在社会化的对象、方式和内容上虽各有侧重，但在具体操作中应避免信息内容和流量的冲突，以营造一致的意见气候，使承载核心价值观的信息成为“优势”舆论。

电视媒体内部价值取向上的整合。在传媒竞争激烈的今天，电视媒体的内容、风格当然也可以多种多样，但不同的定位、不同的节目形态只意味着在传播功能发挥上有所侧重，而不能成为在核心价值观上相互冲突的理由。电视传播整合在既定的价值体系之内，才可能获得某种一致的价值导向。

（三）操作层面：传播的有效性

一是传播对象的选择。一个文化的力量取决于该文化所覆盖的人口的数量或比重，以及这些人口的重要性，即他们所拥有的绝对的和相对的经济和政治实力。[⑨]核心价值观要成为社会主流价值观，就需要赢得关键的人群。在我国，30年的改革开放使社会阶层发生了结构性的改变，传媒面对的关键人群中因此增加了诸如经理人员阶层和产业工人阶层中的农民工等新阶层，而他们都是缺乏本阶层共同意识的“无意识”阶层。社会认同的前提是自我身份认同，新阶层不明白“我是谁”，自然无法准确定位自己与他人、与社会等社会关系。电视媒体应着力于帮助他们在社会体系中及时定位，在形成多样的阶层价值观的同时内化一致的主流社会价值观。

二是传播方式的选择。核心价值观的社会化有明示和暗示两种方式，作为感性媒体的电视更适合后者。暗示的方式是将价值观内置于电视节目的叙事之内，不以理性的说教而是以文化娱乐等非政治手段发挥作用，这就极大地开拓了电视传播的可作为空间：新闻类、社教类、文艺类和信息服务类等节目形态都可以借助这种“软包装、硬内核”的方式灵活参与到核心价值的传播中来。

电视传播中还应注意三类语言的差异。理想语言是关于理想社会的设计蓝图，它表达了人民要以何种方式去达到何种目标的雄心；现实语言也在描述一个世界，但这个世界与理想世界完全相反。要对他们进行调和，就产生了偶像语言，它通过宣称理想与现实在某种基础上的一致，来为理想和现实的不一致作辩护，并为之提供合理的根据。[⑩]在电视传播中，过多使用理想语言将凸显理想和现实的鸿沟。过多使用现实语言则易使媒体偏重消极的内容，因此，最适于价值观传播的是偶像语言。

三是传播符号的选择。抽象的核心价值观借助一些具体的符号更容易被社会传承。在美国的各类电视节目中，星条旗、自由女神像、费城独立厅的独立钟等出现的频率非常高，不仅在美国人心中，甚至在其他国家人们的心中也成为“美国信念”的生动代言者。此外，历史的和现实中的各类社会榜样也是适于电视传播的政治符号，比如飞人乔丹。

注释

①曹卫东、张广海等：《文化与文明》，广西师范大学出版社，2005年版，第68页。

②［美］塞缪尔·亨廷顿：《我们是谁》，程克雄译，新华出版社，2005年版，第33页。

③［奥］路德维希·冯·贝塔朗菲：《人的系统观》，张志伟等译，华夏出版社，1989年版，第17页。

④江宁康：《美国当代文化阐释》，辽宁教育出版社，2005年版，第106页。

⑤［美］道格拉斯·凯尔纳：《媒体奇观——当代美国社会文化透视》，史安斌译，清华大学出版社，2003年版，第85页。

⑥［美］塞伦·麦克莱：《传媒社会学》，曾静平译，中国传媒大学出版社，2005年版，第98页。

⑦［美］赫伯特·阿特休尔：《权力的媒介》，黄煜、裘伯康译，华夏出版社，1990年版，第292页。

⑧潘维：《中国问题：核心价值观的迷失》，http：www.teen.cn，2008年1月8日。

⑨康晓光：《文化民族主义论纲》，http：postn318.com，2006年5月1日。

⑩参见张昆：《大众媒介的政治社会化功能》，武汉大学出版社，2003年版，第375～377页。

（载《国际新闻界》2008年第11期）

论电视文化多元化的建构

作为当代传媒文化的重要组成部分，电视文化既受时代之社会文化的影响，同时也深受电视媒体自身特点的影响。毕竟，电视得以成为一种文化，关键在于节目和收看节目的人。这即是说，从节目层面看，电视文化实际上是由电视媒体派生出来的文化，其文化的特征必然是媒介性的；从受众层面看，电视文化与社会生活的各个层面构成了复杂的网络关系，其文化的特征必然是综合性的；从节目与受众共在的角度看，电视文化必然是动态的、发展的。由电视所带来的和引起的文化，已经是并将继续是时代文化不可或缺的重要构成部分。缘于此，则我们对电视文化的系列探讨实际上就是在探讨电视文化是否具有独特的文化适时性以及如何确立这种适时性。

一

从人类传媒的演进历史来看，电视是人类之口语传播的螺旋回归。在文字诞生之前，人类沉浸在口语传播之中，是文字及其书写在时间和空间两个维度延伸了口语传播的能力——但同时也消解了口语传播的形象与快感；电视的出现和兴盛使沉默已久的口语传播迅速“复辟”——但口语的传播快感消灭了文字的理性韵味。于是，千百年来供人们用心去体悟的文字便化为散落在时间之河中的语音流动。这也就意味着，电视不同于报纸，因其呈现的是图像，故其选择的是人的眼睛；而报纸呈现的是文字，所以它选择的是人的大脑。如此一来，电视图像便失去了报纸文字所特有的严密逻辑和深邃的内涵，不过它却因此获得了文字所具有的形象生动的优越性。

正是因为如此，电视便成为一种便捷的仿真媒介。只要打开电视，我们就能通过影像感知和接受世界。而电视正是通过这种高度视像化的电视节目向我们传递社会价值和社会风尚，并以此来影响并改变我们的态度和行为。有鉴于此，我们才说：电视文化的出现，实际上标志着多维的思维方式的出现。与之相应，我们便应该避免袭用以文字阅读为信息传播之主体手段的那个时代的单一思维方式来理解和对待我们的电视文化。

很显然，在电视被“大众”化而为大众媒介之一种以后，我们的文化形态便从以读写为主的时代进入以视听为主的时代了。于是，在人类文化活动中风光了千百年的书写从此黯然失色。不仅如此，电视还在很大程度上动摇了以文字和书写为活动基础而建立起来的文化观念，强烈冲击着文字和印刷术发明以来便形成并坚挺了几千年的局限于少数所谓的精英的文字文化。于是，电视在使报纸、杂志、广播退出媒体世界的中心位置并沦落为边缘媒体的同时也历史性地成为核心媒体；于是，文化再不单单是少数文化贵族垄断的高级文化诸如博物馆、图书馆和艺术展览馆里陈列的东西，也不单单是大学体制生活中的知识形式，而是我们人的全部生活方式。

历时地看，人与电视的关系如今已远远超出了人与人之间的关系，更进一步，还将影响到人与自然、人与自我的关系的建立。而且，电视在组织受众的文化生活，切近人伦日用实际，打发公众闲暇的过程中自然而又俨然地成为一种共享性的文化。我们无法想象没有电视之前人类的生活，我们也无法想象离开电视以后我们将会如何生活。不仅如此，电视还有力地促进了制度生活之外的公共领域的发展，发展了占支配性地位的意识形态之外的共享的价值系统，进而成为公众日常生活的一部分。

可以说，正是电视特有的技术魅力，打破了千百年来文化形态固有的边界，启动了一场浩大而又深刻的文化整合运动。但任何文化形态都不可能百分之百地无衰减无变异地通过电视而抵达受众，即电视不是一个无机通道，而是一个有机通道。在这一通道中，所有的文化形态都将获得重构，进而成为电视文化的本体组织中有机的一员。正是基于这些，所以笔者认为，作为一种以视像为主要呈现方式的媒介文化的电视文化，应当以其立足于视像的多元性作为电视文化之文化适时性的根本。

整个人类文明的演进历程告诉我们，任何一个向前的时代和社会都应该是多元的，任何一种向上的文化也必然是多元的，否则就是没落的社会、倒退的文化。“在人类社会文化生活中，电视是以全能文化形态，在实现对传统文化纵向聚合和对现代其他文化横向综合的过程中，多维度地体现出其所具有的边缘性文化本质和全球性文化趋向的一种文化类型。”[①]的确，在人类社会文化生活中，电视是以多维度的方式体现其多元性的一种文化类型。它不能像任何一种文化形态，边界较为清晰地归属某一文化区域，但它自身大于人类自然力量的技术整合力，又使它在文化的任何一个区域得以兼跨。于是，政治文化、经济文化、艺术文化等任何一种文化形态，都有机会在电视文化的原野上肆意驰骋。这也就是说，电视其实是各种文化同台竞技的“公共领域”。

不过，由于文化本身所具有的异质性，使得通过电视接受这些文化的人也是异质性的。需要强调的是，此处的“人”是泛指性的而非确指性的，他们由具有不同年龄、性别、种族、地位等可能引起质的差异的变量的零散化的个人组成。他们是“大众”，他们所接受的文化首先的和主要的是大众化的文化。从受众层面解析，大众化就是多数化，就是抓住大众普遍的趣味和要求，调和众口。

必须强调的是，在大众日趋分裂为小众的今天，满足尽可能多的大众需求的媒介经营原则已不适用，多元化也因此成为应对小众的最佳策略，进而成为能与大多数观众建立信任感的捷径。不过，需警惕的是，盲目的多元化将导致社会必要原则和立场的缺失。因为多元化在用于文化建设的同时，也可能成为文化破坏的护身口辞。有鉴于此，电视文化之多元性的建构问题便不容忽视。

多元性乃是人类文化与生俱来的本性，在任何一个时代，思想的多样性、个性的多样性、风格的多样性、精神的多样性都始终是人类社会繁荣、健康、发展的文化基础，这是地球人之于文化的普遍共识。有识于此，则笔者认为多元化既是电视文化实现其文化适时性的关键，同时也是当下与未来电视文化真正能与时俱进的根本。

二

如果我们把所有通过电视传播的节目视为一个文本，则文本形态上的电视文化实际上是有着高度的开放性和综合性的。它以自身特有的魅力，用丰富的内容、活泼的形式反映广阔的社会生活，并通过此而广泛介入社会生活，进而影响和改变着社会生活的方方面面。正因为如此，电视文化内部的分类和归并才很难做到标准统一，所以笔者主张最好用以多元解多元的方式对待电视文化内部的分类和归并。也就是说，我们可以在把电视文化视为一种社会文本的基础上，本着文本和内容的多重关系来完成对电视文化的分类和归并，以有助于我们对电视文化的深入解读。在笔者看来，这一分类和归并的结果便是以下四类——主流文化、精英文化、大众文化、消费文化。

从文化的社会影响力上说，主流文化其实就是由特定历史时期占主导地位的生产方式所决定的、处于社会统治地位的思想文化。当代中国的主流文化，就是中国共产党领导下的社会主义文化。由于它产生并形成于改革开放和社会主义市场经济的历史进程中，所以它始终同社会主义经济制度、政治制度结合在一起，紧紧围绕建设富强民主文明的社会主义现代化国家这一根本任务，一以贯之地执行以经济建设为中心，坚持改革开放、坚持为人民服务、为社会主义服务的基本原则。又由于主流文化必须以维护国家与社会中心意识形态权威地位为己任，所以它必须以深厚的民族文化为基础，对整个社会价值观和价值体系进行略具强制性的规范和约定。正是因为这样，所以任何一个国家都以法律法规的形式对主导文化进行支持。它强调电视的喉舌作用，倡导社会的基本道德准则和善恶标准，注重从上而下对受众的引导和教育，是实现电视媒体之政治属性的关键所在。如《长征》、《延安颂》、《任长霞》等电视连续剧，在注重特定时代背景之宏大叙事的同时，还注重把宣传主题和思想内涵融入具体的故事、情节与细节之中，通过塑造艺术上"这一个"达到弘扬国家主流意识形态的目的。

如果说主流文化是电视作为社会媒体的政治实现，那么精英文化便是其社会道德实现和社会良心守望。由于精英实际上是社会所需的各类文化知识的传播、应用和生产者，所以精英文化本质上便是一种自觉的文化，它承担着教化大众、导范社会价值的功能；为全社会确立了一种普世的信念，并负责向全社会提供高尚的精神文化产品、向民众传递社会理想和理性精神、确立价值尺度和审美标准。出于对社会的使命感和对社会价值理想的观照，精英们一般都与社会世俗生活保持一定的距离，进而主张伦理的严肃性、创造性、个性风格、历史意识和言外之意等社会内在规范，故其具有生生不息的精神超越力。正是由于精英文化乃是提高民族文化水准和唤起社会良知的重任承担者，所以依托电视之社会影响力的电视精英文化自然成为社会优质文化的再生器、强势影响力的制造者。同时，由精英们参与的内容解读与话语建构更是提升电视文化品质的关键。在这一点上，CCTV－10之《百家讲坛》尤为典型。

在这里，无论是易中天先生说的汉史、阎崇年先生说的清史，还是纪连海先生说的和珅，都能真正满足受众"建构时代常识，享受智慧人生"的知识需求。毕竟，作为当代先进文化积极的传播者，电视精英文化在很大程度上折射着媒体的社会道德取向和社会人文追求。再比如CCTV－2之《对话》栏目，开播以来取得了很好的成效，有了两个零的突破：一是中央电视台二套节目在晚十一点后收视率基本为零的突破；二是广告收入在这个时段为零的突破。它的成功主要在于定位的准确，即它的精英情结。参与者都是一些"知识群体"，从互联网成功运作人士到石油巨子，从联想老总柳传志到经济学家吴敬琏；受众也是受过良好教育，具有专业素质的群体，他们关注社会经济发展并且本身就活跃在社会经济各领域，这使得《对话》从形式到内容都体现了精英的追求。不过，需要强调的是，由于社会的急剧发展和分化，传统意义上的精英正在被改变，作为一个社会阶层的精英在构成上也因此日趋复杂。"精英"正在"大众"化。

如果从大众文化的角度讨论电视文化，就应将"大众"概念从社会某一特定群体的凝固性关系中释放出来。如果说大众是对当代社会的不确定的多数人的概称的话，那么大众文化则可视为当代社会之多数人所喜欢的并在其生活中表现出来的文化形式。不过，需要指出的是，此处的"多数人"只能是一种泛指，可以包括任何阶级、阶层、社会角色和各种知识背景的人，谁都可能在其中。如果我们刻意地强调精英阶层与大众阶层的对立就是违背历史潮流。毕竟，多元的另一面便是相互融合。电视，便在这一时代需要中，以不可或缺的文化态势发挥社会作用——沟通意见、撒播文化。所以，有关电视大众文化，如果从文化层面解析，就应该有通俗化和多样化两个含义，也就是说，电视节目首先应当具有合乎大众审美需求的内容与形式，其次是借此把过去为少数人享用的文化变成了为数众多的人所享有的文化。

当代社会，大众文化是直接满足最广大人民群众精神生活需要的活性通道。它所体现的思想意识、价值观念很容易直接作用于广大人民群众的精神世界，并影响着其社会行为的方方面面。在这个意义上，我们甚至可以说，大众文化就是塑造社会大众的灵魂的文化。首先，以电视文化为主的大众文化推进了文化的世俗化进程；其次，电视之大众文化所表现的生活方式和特点，有利于老百姓结合自己的实际解放思想；再次，电视之大众文化还以其特定的媒介实践对人的感官需要和消费欲望作了合理的肯定。正是在这一意义上我们可以说，在文化多元时代，正是以电视为主的大众文化极大地推进了文化的世俗化进程。从而又以其特定的实践形式对人的感官需要作了一种合理肯定，使"大众"得以从历史性的"无我"状态中解脱出来，自觉而自由地去感受个性和个体的自由与价值。

此外，与精英文化不同的是，大众文化具有以贴近世俗生活的内容及其通俗化的表现形式为前提的普遍的可接受性。这就决定了大众文化无论是题材还是表现手法都不可避免地带有一定程度的世俗化倾向。在这一点上，CCTV－1新近播出的《都市外乡人》便是一个明例。作为一部地道的农村题材剧，该剧描写一名乡村医生进城，从打工到后来事业有成的故事，结尾一定也是事业、爱情双丰收的大团圆。从整体上看，这本是一个俗套的奋斗故事，但因其内容和形式都照顾了大众性，所以其收视率照样不低。必须强调的是，由于大众文化是一种典型的带有明显的功利目的的商业文化，便难免使其生产者和传播者因片面追求商业利润而淡化甚至是不顾自身的道德责任和社会良心，从而使大众文化堕落变质为庸俗文化。所以，我们有必要强调，在电视文化的大众化建设中，保持大众文化的健康与可持续发展非常必要。

作为一种文本存在，电视文化在具有文化性的同时还具有显著的商业性和消费性。电视文化依托于电视的前提性事实本身便显示了这一文化形态对物质消费的强烈依赖。

而且，由于电视大众文化在为了商业利润而制作各种文本的同时也在其文本中毫不掩饰地展现对物欲的诉求，于是，电视之消费文化诞生并壮大。

正如消费社会学的研究者所说：“消费主义往往是一个贬义词，指的是一种价值观念和生活方式，它煽动人们的消费激情，刺激人们的购买欲望。与之相较，消费文化则是一中性词，指的是表达某种意义或价值系统的符号系统，这种符号既可以是消费品，也可是消费品的选择、使用或消费方式，还可以是传统的消费习俗。我们可以说‘消费主义’是一种消费文化，但不能反过来说消费文化也是消费主义。”②迈克·费瑟斯通也说：“消费文化使用的是形象、记号和符号商品，它们体现了梦想、欲望和离奇的幻想；它暗示着在自恋式地让自我而不是他人感到满足时，表现的是那份罗曼蒂克式的纯真和情感实现。”③

的确，在当下的大众媒介中，电视是一种视觉与听觉相结合的媒介，故其拥有强烈的现场感和视觉冲击力。所以尽管作为社会消费文化之一种的电视消费文化在种类上是各式各样的，但其实际上消费的都是影像化了的文化产品。特别是电视广告、音乐电视以及通过电视播报的时装表演等。

当今社会，大众传媒与消费文化正在走向共谋。按鲍德里亚的观点，电视就是世界。电视通过源源不断生产出的各种符号，持续刺激着人们的物质欲望，使人们体验各种消费主义的快感。因为电视在担任消费引导者并不断地提出新的消费概念和消费模式的同时，还以其经过精心设计的诱导或隐喻的方式来发掘消费者的消费欲望，进而有意无意地推动社会消费文化的发展。一部《大长今》，不仅让韩剧爱好者饱享了视觉盛宴，而且带动了相关的饮食、旅游、彩铃等各方面的消费，以至于成了某种不可忽略的文化现象。

特别要指出的是，我们应该立足系统论的视角，把电视文化当做一个整体看待，然后才可能对之作出相应的分类或分析。也就是说，电视文化的多元化绝对不是其中的主流文化、精英文化、大众文化和消费文化的简单相加，而是其相互渗透、相互影响的整合和建构的多元。只有在多元化基础上形成整合性的文化，才可能拥有其相对独立的本质特征。进一步说，只有经过整合和建构的电视文化才是一个社会的电视文化走出国门、走向世界的电视文化，才是永远具有适时性的电视文化。

三

当代科技的发展引起当代社会主导传媒形式的变化，而主导传媒形式的变化则引起了原有艺术格局的全面变化。从世界范围来看，信息技术、传播技术、自动化技术和激光技术等高科技的发展，使文化领域掀起了新科技革命的旋风，从而导致新兴文化形态的崛起和传统文化形态的更新。从另一个视角来看，文化传播随着大众传媒从纸媒质到电子媒质的变换，经历了一场深刻的媒体革命。广播、电影、电视、音像、多媒体网络艺术的相继产生，不仅创造了如媒体产业、电影产业、电视产业、音像产业、广告产业和艺术表演产业等崭新的文化产业，而且带来了传播媒体的更新发展，形成了专业化、现代化、全球化的大众传媒全新格局。如果认为文化媒体革命仅仅只是传播方式变革，无疑是贬低了这次革命的重大意义。因为它同时带来了文化本体意义上的革命，实现了

纸质媒体文化向电子媒体文化的变革，广播文化、电视文化、电影文化、音像文化乃至网络文化向昔日一统天下的图书印刷文化发出挑战，视觉文化成为新兴的主流文化形式。于是，文化间的对话也因此而显得空前重要。

没有对话，就没有共同性，也就没有交流的基础；没有竞争，多种范式多种话语就没有了张力关系或张力结构；没有张力，也就没有创新的动力。没有创新的动力，实际上也就没有了创新。只有基于地位和身份的平等的对话，解构特权话语、消解权威才是可能的。也只有这样，我们才能进入一个平等、多元、对话的交流时代；也只有这样，电视文化才能真正地贴近现实的真实、贴近生活、贴近百姓。

其实，在这个多元化已不可阻挡的时代，任何所谓的文化霸权都不能将其对立阶级和边缘阶层的文化进行彻底的压制和消灭，而是将其整合在现有的社会文化秩序之中，为其提供必要的生存空间。不过，因为所有文化都具有的颠覆性和反抗性演变成了一种“意见”，并且这种“意见”只能在既定社会秩序及其话语框架下进行表述，所以任何一个阶级的文化呼声至此也不过是作为社会流行的诸多意见之一种。

就整个社会精神生产的方式选择而言，我们的电视文化主要还是走的商业化的道路，故其必然要考虑大众的理解力、倾向性和趣味等，而制作与传播有少数化倾向的文化产品只能退居其次。换言之，大众文化必须为大众生产。因为整个文化系统都是依赖大众而生存的，故从大众立场出发乃是大众文化的根基。

不过，当代大众是个极为含混的概念，既包括传统意义上的工人阶级，也包括新兴的中产阶级等利益群体。若按职业、趣味等划分则更为复杂。在这种基础上建立起来的文化形式，无论其风格、主题，还是意识形态表述，都趋于多元化。正因为大众及其大众文化的繁杂和无所不包，所以站在大众的立场分析，电视文化必然应当拥有开放性、民主性和多元化等特有的文化适时性。

我们认为，对电视文化的多元化不能简单理解，因为它内部充斥着各种各样的意识形态活动。作为公共空间，它是不同意识形态汇集、交流、沟通、共享、对立、争夺、冲突及互为利用的公共场域；但同时，大众文化又是各种意识形态被柔化、被消解、被迫走向感官愉悦的场域。

在这样一个场域中，知识精英理应对大众文化保持一种文化上的清醒和理性上的批判精神，才可能构建起知识精英与大众文化系统的正常关系——批判关系；而批判本身就是一种介入，是导向健康发展的重要推力。某种意义上说，较长时期以来大众文化为低俗、粗陋之产品所充斥，精英的缺场当为其重要的原因。大众文化发展太快但其内部并没有产生与其规模相适应的理论力量，生产者在既无“他律”也无“自律”的情况下，有一定“恶俗”趣味的出现其实是其商业化的逻辑发展之必然。

一般认为，在后现代文化框架下，文化间的界线已越来越模糊。如史蒂文·康纳所言：“一种令人不安的流动性开始影响传统上作为大学独占领地的高雅文化与通俗文化的分界线。诸如电视、电影和摇滚乐这样的通俗文化形式开始自称具有高雅文化的某些严肃性，而高雅文化也相应采纳了某些通俗艺术的形式和特征。”④显然，后现代主义艺术实际上是在走向与大众文化平等共处，或是相结合的道路。正如F. 詹明信所指出的：“后现代主义……特别是一些主要边界和分野的消失，最值得注意的是传统的高雅文化和所谓的大众或通俗文化之间的区别的消弭。……以致高雅艺术与商业形式之间的界限似乎越来越难以划清。”⑤

着眼未来，中国电视文化应该是一种多元的紧贴时代的文化，这是一种真正意义上的大众文化，它不仅是那些数量上占优势的大众的文化，而且也是那些在数量上并不占多数的“大”众中的若干“小”众的文化；它不仅要满足人们宣泄、松弛、好奇的娱乐性需要，也要满足人们认识现实、参与现实、变革现实的创造性需要；它不仅要适应受众已经形成的观看经验和文化接受习惯，而且也要提供新鲜、生动的前卫和边缘的文化经验以促进人们文化接受水平和能力的不断提高。它应该是一种话语多元的文化，一种阶层与阶层、主流与边缘、民族与民族、国际与本土乃至中央台和地方台等多方面相互补充、相互参照的并存和互动的文化，它承认所有人的文化权利，它尊重人们所有的精神需求。只有这样，电视文化才能真正成为主导把关——社会主义意识形态把关、主流担纲——大众文化担纲、多方对话、和谐共进的活力永恒的大众自己的文化；也只有这样，电视文化的适时性和多元性才能做到真正的两位一体，永不相悖。

注释

①高鑫、贾秀清：《电视文化身份的多维度审视》，载《现代传播》，2000 年第 4 期。

②王宁：《消费社会学》，社会科学文献出版社，2001 年版，第 145 页。

③[英]迈克·费瑟斯通：《消费文化与后现代主义》，刘精明译，南京译林出版社，2000 年版，第 39 页。

④[英]史蒂文·康纳：《后现代主义文化》，严忠志译，商务印书馆，2002 年版，第 23 页。

⑤[澳]约翰·多克：《后现代主义与大众文化》，吴淞江等译，辽宁教育出版社，2001 年版，第 2 页。

（载《现代传播》2006 年第 4 期）

第二编

电视批评的开拓与现代化建构

中国电视批评的四个阶段

几十年来，中国的电视批评伴随着电视实践和电视理论的发展经历了四个阶段，即萌芽阶段、起步阶段、发展阶段、自觉阶段。电视批评每一个时期的进步都是同这一时期的社会文化背景与历史条件紧密相关的。同时，每一个进步都为下一时期的进步留下经验与教训，并推进着中国电视理论的建设。

电视批评的萌芽阶段

20世纪50年代末期到70年代后期是中国电视批评的萌芽时期。1958年5月1日晚上7时，一幅以中央广播大楼为背景，映衬着“北京电视台”台名的画面展现在电视屏幕上，新华社电讯：“中华人民共和国第一座电视台——北京电视台已在5月1日开始试验广播。”这天晚上播出的节目有先进生产者和农业社主任的谈话，新闻纪录影片《到农村去》、科教片《电视》以及诗朗诵和舞蹈。第一次节目播出后，没有引起人们对节目的更多评论，大家都沉浸在播出成功的喜悦中。同年9月2日转为正式播出后，每周播出4次，每次2～3小时。电视台每次坚持开播前会和播后会，对播出的节目进行分析、评论。

当时党中央提出：“电视台应根据自己的特点，担负起宣传政治、传播知识和充实群众文化生活的任务。尽可能反映当前国家和人民政治生活中的重大事件，报道社会主义的成就，宣传科学技术知识以及介绍各种优秀剧目和艺术影片，并为少年儿童准备一定数量的节目。”①这是当时的电视台的工作方针，也是评价电视节目的指导思想。播出一年后，中央广播事业局编委会讨论北京电视台的工作，认为“一年来，电视台已摸索到一些电视宣传经验，但节目花色不多，内容单调，编、导、演、摄、播、装饰工作粗糙，思想水平和艺术水平低，经常出错”②。1961年8月3日，当时的北京电视台播出了《笑的晚会》，内容全都是相声，播出后收到了100多封来信，对这个节目进行评价，表示支持，并希望以后再办。1962年1月20日，举办第二次《笑的晚会》，同样受到观众的欢迎。1962年国庆节前夕，举办了第三次《笑的晚会》，这次晚会引起了一定的争议，晚会改变了以往国庆晚会的习惯做法，标新立异，着重表演，减少说唱。这次节目播出后，一位署名为“对你们的节目表示愤怒的一位观众”来信说：“国庆前夕《笑的晚会》中，大部分节目是多年来在机关、团体内部举办的小型晚会上司空见惯的、不登大雅之堂的非艺术性的、迫不得已在朋友面前要要活宝，以博得谅解的一笑，想不到居然在国庆前夕，在参加庆典的外宾如云的中华人民共和国首都的电视节目中播出，简直难以想象。这纯粹是以廉价的方式向小市民趣味讨好。”③这封来信反映了一些观众对电视节目相当郑重的看法。这个时期，观众来信成为电视批评的一种最直观的形式。

此时，一些带有对电视节目研究和探讨性质的文章在刊物上发表，使处于萌芽状态的电视批评在更大范围内产生影响。1955年10月创刊的全国性理论刊物《广播业务》到1964年底，共出版85期，先后发表了研究广播电视理论的业务文章和有关材料1456篇，其中有261篇是研究电视的文章。如《足球和足球比赛中的实况转播》[4]、《电视广播宣传中的几种方式方法》[5]、《电视报道的人物选择和刻画》[6]、《电视经济新闻的出路》[7]、《电视新闻不能表现过去怎么办?》[8]、《电视剧可否采用象征性的背景》[9]、《试评诗朗诵〈海誓〉的电视播出》[10]、《电视节目〈告别山城〉观后》[11]等。

也有一些著名文化人参与了此时的电视批评。1959年反映青年参加建设人民大会堂等首都十大建筑的电视剧《新的一代》在工程竣工时播出，著名剧作家田汉在《人民日报》上著文称"电视剧是文艺战线的轻骑兵"[12]。这一期间，裴玉章、康荫、许欢子、李子先等一批广播电视人针对当时的电视实践，写出了不少评介文章，可以说，他们是中国电视批评的奠基人。

总的看来，萌芽阶段的电视批评还比较稚嫩，这有多方面原因。其一，电视影响太小。真正能看到电视的只是少数人，社会影响不大，因而也没有引起理论批评界的重视。其二，电视还没有形成自己独立的艺术特征，因而对文艺批评的借鉴也无从谈起。其三，电视尚未出现典范节目。没有产生震撼人心达到较高审美层次能引起社会强烈反响的作品，因而这一时期也就没有给理论界提供更为典型的对象。加之1966年爆发"文化大革命"，电视台一度中断播出，恢复播出后也就是为"文化大革命"服务，电视批评工作也就几乎中断。

电视批评的起步阶段

20世纪70年代末期到80年代中期是中国电视批评的起步时期。20世纪70年代末，中国开始实行改革开放，电视事业得到了快速发展。电视节目在内容形式、数量与质量等诸多方面都得到了很大的提高和发展。丰富的电视实践为电视批评提供了研究对象，中国电视批评开始步入起步阶段，其显著标志表现为以下几个方面。

(一) 刊物、批评文章大大增加

1978年以来，研究刊物逐渐增加，公开发行的有《北京广播学院学报》、《新闻广播电视研究》、广播电视部《广播电视战线》、电视艺术委员会《电视文艺》、天津《广播电视杂志》、浙江《大众电视》、湖北《电视月刊》、北京《电视文艺》、福建《中外电视》等。到1984年底，全国已有地方性广播电视研究刊物54种，还有相当一部分的新闻期刊也分别辟有电视专栏。中央电视台1984年8月开始筹划《电视业务》刊物，1985年初正式创刊。

这些刊物的涌现，为电视批评提供了发表阵地，使电视理论的研究成果有了载体。比如:《〈丝绸之路〉为中日友谊锦上添花》[13]、《电视新闻纪录片杂谈》[14]、《电视报道的可信性与权威性》[15]、《电视新闻要讲可视性》[16]、《论电视新闻的现场感》[17]、《一篇受欢迎的电视评论》[18]、《试论电视片创作中的情感问题》[19]、《浅议电视专题节目的解说词》[20]、《论童国平的电视片创作》[21]、《电视评论写作技巧》[22]、《论陈汉元的解说词创作》[23]、《用镜头说话》[24]等，一批具有一定理论水准的电视批评著述相继问世。这些刊物或就电视基础理论进行研究，或就新闻、社教、文艺、服务类节目进行探讨，表明人们对电视理性的思考进入了深层次领域，电视批评开始透露出理性的光影。如中央电视台1980年7月创办的第一个评论性专栏《观察与思考》的播出，引起理论批评界的关注，文章《电视作为一种审美文化》认为："《观察与思考》、《热门话题》，还有一些电视片，只要抓住了群众利益攸关的敏感话题，就惹人注目。这些片子的成功之处足以说明，社会学规律是怎样支配着观众对电视文化的需要，因此，电视节目的制作者应当自觉地运用这一规律，把最充分地发挥它的社会政治影响作为它的社会审美功能。"[25]这一时期的电视批评表现了中国电视丰富的实践，可供研究的对象多起来了，对扩大电视对观众的影响，推动电视文化的进一步发展，甚至对奠定中国电视基础理论都起到了十分重要的作用。

（二）各种研讨活动的开展

这一时期，我国电视各类研讨得到了全面展开。从中央到地方各级电视台、电视学术组织，积极组织各种选题开展学术研讨活动。特别是1983年召开的全国第11次广播电视工作会议，较为系统地总结了30多年广播电视工作的经验和教训，概括了广播电视的理论和任务，提出了一系列方针、政策和直到2000年的奋斗目标。这次会议提出了"以新闻改革为突破口，带动广播电视宣传的全面改革"。

这一时期，全国召开了一些有影响的电视研讨活动，如：

1981年2月，全国电视剧编导经验交流会在北京召开。这次会议对《凡人小事》等一批优秀电视剧的创作进行了讨论，提出了对观众加以引导的重要意义。

1981年4月，全国电视新闻工作座谈会在山东青岛召开，会议针对《新闻联播》等新闻节目进行了研讨。

1981年5月，全国电视"文化生活"专题座谈会在昆明举行，与会人员就文化生活节目的题材范围、表现形式等进行了研究。

1982年2月，全国电视台部分专题节目讨论会在广西阳朔召开，与会代表讨论了办好政治性专题性节目以及加强电视评论的重要意义。

1983年1月，全国电视剧导演艺术理论座谈会在北京召开，会议提出加强电视剧的研究和评价工作。

1983年8月，全国电视对外宣传工作会议在北京召开，会议就对外电视宣传节目提高思想性和针对性等进行了讨论。

1984年5月，全国电视文艺座谈会在北京召开，会议就如何办好电视文艺节目进行了讨论。

1984年12月，全国广播电视新闻改革座谈会在西安召开，会议围绕节目改革的内容等方面的问题进行了研讨。

1985年3月，全国电视农村宣传工作会议在北京召开，主要讨论如何搞好农村电视报道。

1985年10月，全国提高电视剧质量研讨会在北京举行，会议就电视新闻的基本规律、真实性等问题展开了研究。

此外还有一些具有一定影响的区域性电视研讨活动。这些活动都针对电视节目中所反映的问题进行研讨，每次研讨会后，都有一批理论性、学术性较强的电视批评文章问世，这对于推动电视批评的开展和电视理论建设都具有十分重要的作用。

（三）电视节目的评奖活动逐步开展起来

1981年，开始举行全国性的电视节目评奖活动。少儿节目从1992年起单独评选，命名为“金童奖”，由中国电视艺术委员会和中央电视台承办。电视剧“飞天奖”始于1981年；电视文艺“星光奖”始于1987年，1988年纳入政府奖范畴，由中国广播电视学会和中国电视艺术委员会组织。对外报道电视节目奖1992年作为国家级政府奖，由中央外宣办和原广播电视部合办。

每次电视评奖活动既是对节目的评价，也是一次认真的经验总结，更是一次理论的提升。评奖本身就是一次电视文化价值的判断评价和选择的过程。评奖以后，就会有一批针对电视节目评奖的评论文章问世。

在评奖过程中，大家从不同角度分析研究了作品所体现的思想性价值和艺术性价值，肯定作品成绩的一面，指出作品存在的问题。各类电视节目评奖活动的开展，促进了电视批评多种形式的发展。

这一时期，我国电视刊物增多，理论性文章不断问世，各种研讨活动和评奖活动纷纷开展起来。可以看出，电视界开始重视电视理论研究、电视批评的重要作用。

电视批评的发展阶段

20世纪80年代中期到90年代初期是中国电视批评的发展时期。随着我国改革开放和经济建设的快速发展，整个电视事业无论在深度还是广度上都得到了很有成效的发展。全国各省、地（市）级电视台纷纷建立，部分县（市）也建立了电视台，中央电视台到1986年时已开办了3套电视节目，丰富的电视实践急切需要电视理论、批评给予指导。电视实践的需要使电视批评得到了较好发展。其标志主要为：

（一）批评队伍扩大，学术交流活动增强

电视研究机构的建立，为电视批评的开展创造了良好的基础条件。为了适应电视事业的发展，1986年，中国广播电视学会成立，电视批评有了机构与组织的保障。各级电视媒体、电视教育部门都成立学会分支机构，因而由此派生出电视运行中各环节的分支机构，全国性电视评奖和学术研讨活动进入常规化状态。除在电视台系统有专门研究机构以外，中国社科院、中国人民大学、北京广播学院、复旦大学、四川大学等科研机构及院校也建立了相应的电视研究机构。各类电视研究机构的建立，团结了一大批有志于从事电视批评的理论工作者，使电视批评队伍迅速扩大。

电视批评队伍不仅有科研部门和各类高校中的研究人员，还有来自社会学、文化学、艺术学、心理学、教育学、语言学、文学等领域的众多专家学者；不仅有电视宣传的管理者，而且还有电视实践的从业人员。据有关方面统计，这一时期经常以报刊为载体，开展电视批评的专兼职批评家近百人，其他还有大量不固定对电视节目进行分析研究的人员。他们以各自的视角关注、审视、读解电视，取得一批电视批评的可喜成果。

电视批评者不仅包括职业批评家，还包括兼职批评家；不仅包括一般的观众，而且还包括一些特殊观众——一些党和国家领导人，他们关心中国电视事业的发展，重视电视在我国社会主义现代化建设中的重要作用。李铁映观看了中央电视台1992年奥运会转播的节目后，评价说："转播很成功，很精彩，前方后方都搞得不错。我从电视转播中了解了很多情况并及时与前方取得联系，如提醒获金牌的运动员在升国旗、奏国歌中注意表情等。《奥运沙龙》换了一些新面孔，很好，开始一段不太熟练，后来也就好了。奥运报道中的好经验可以运用到其他节目中去，如文艺、文化、体育、经济节目。"[26]《光明日报》还刊登陈俊生关于电视剧《一村之长》的评论文章，文章说："《一村之长》从3个方面给人留下了深刻印象。(1) 敢于反映现实，触及矛盾，解决矛盾；(2) 以充分事实说明，广大农村基层干部绝大多数是好的；(3) 艺术的趣味性和深刻的思想性紧密结合。希望电视台多放一些像《一村之长》这样的好电视剧，以推动农村工作。"[27]1992年中央电视台开办了《经济信息联播》，邓小平几乎是一天不漏地观看节目。他说："《经济信息联播》的时间虽不长，只有30分钟，但每期内容丰富，节奏明快，信息量大，对我国的经济发展、社会主义市场经济的发育，将会起到积极作用。"邓小平还说："播音员的播音速度太快，能否适当慢一点，以利于收看。"[28]

研究机构的建立、研究队伍的扩大，使电视批评的学术交流活动大大增加，电视批评的视野同原来比较更加开阔，更加深入，围绕电视新闻、社教、文艺、信息服务四类节目，召开了大量多种形式、不同范围的研讨会。每年由中央电视台有关部门牵头，召开全国地方台行业电视理论研讨会，如新闻类、社教类等。1987年3月在太原召开了"全国电视剧美学研讨会"。会议结合我国电视剧创作探讨了电视剧的美学特征、电视剧美学研究方法以及未来电视剧美学的走向，从而拓宽了我国电视剧理论的发展道路，促进了电视创作者走向理论的自觉意识。1988年11月中国电视艺术家协会筹备组织召开了"革命历史题材和当代人物传记电视剧研讨会"，会议评价和审视了近年来此类题材的创作情况，阮若琳针对创作中存在的问题指出："从观众反映来看，这方面的创作不够理想，抓得好的剧目比较少，艺术质量偏低的居多。"[29]1991年中央电视台《神州风采》100期研讨会，《地方台30分钟》研讨会、电视艺术片研讨会、首届中国电视节目展播评选、《望长城》研讨会、全国经济宣传工作座谈会等一系列研讨会，批评中坚持理论联系实际，及时总结电视传播中的经验，并将其又升华为科学理论来指导电视的传播。这些重要的学术交流活动，将电视批评大大往前推进了一步。

此间，全国围绕电视新闻的真实性、新闻纪录片创作、专题片创作等举行了大量的研讨活动。中国的专题片到了20世纪80年代末90年代初，其创作已经过迅速发展并迈向成熟期。80年代中后期，是电视专题的发展期。这一时期我国电视专题节目创作人员在与电视文艺、电视新闻和电视教育节目的竞争中努力寻求电视专题片的特点和规律，题材选择广泛，风格形式多样化。这一现象引起了电视批评家们的关注。他们举行各种批评活动寻求突破，并认为，系列专题片的崛起，侧重于对题材的文化内涵的开掘和透视，注重对时代重大课题的分析研究，充分利用电视的各种技术与艺术手段以提高专题片的信息量与表现力，获得了较大成就。通过实践—理论—实践这样一个不断批评，不断选择的过程，使电视专题迈向成熟阶段。

学术活动蓬勃开展，使平时在电视实践中遇到的问题得到了较好的处理，大大推动了电视批评的发展，据有关方面的不完全统计，1986年到1992年的7年时间，全国性的电视新闻、社教、文艺、电视剧等方面的研讨活动达110多次，另外，还有大量区域性以及各省、市举办的电视研讨会。这些活动的开展促进了电视批评质量的提高，使电视批评从发展进入正常轨道并开始走向自觉的阶段。

（二）批评的领域拓展，取得了一定的批评学术成果

批评领域是随着电视实践、电视节目的丰富而变化的。电视工作者努力探寻各种表现形式，使电视节目的品种类型大大增加，加之各种先进的制作技术的运用，给电视批评提供了更多的批评对象。

批评路子的拓宽，首先得益于电视形式的多样化。在新闻、社教、文艺、服务四大类节目形态中，几乎每一种形态都包括若干种形式，就以新闻类形态的节目而言，它就包括了消息类电视新闻、影像新闻、口播新闻、图片新闻、字幕新闻、现场报道、连续报道、系列报道、专题类电视新闻、杂志型电视新闻、新闻直播、专题新闻、专题报道、电视专访、电视新闻纪录片、电视新闻评论、评论员评论、论坛型评论、答问型言论、座谈型言论等。这对电视新闻的批评提出了更高的要求。社教、文艺、服务类节目也同新闻类节目一样，一种节目形态包含了若干种形式。

文艺类节目发展很快，这一时期出现了许多新的表现形式，包括电视小说、电视散文、电视诗、电视报告文学、电视风光艺术片、电视舞蹈艺术片、电视风情艺术片、电视音乐艺术片、电视专题艺术片、电视文献艺术片、电视民俗艺术片，电视小品、电视短剧、电视单本剧、电视连续剧、电视系列剧，电视综艺晚会、电视戏曲节目、音乐电视，等等。电视文艺形式的多样化为电视批评提供了发挥才能的舞台。

电视批评路子拓宽的一个重要标志是批评的理性思维有了加强。这一时期的电视批评开始从电视艺术的审美特征出发，研究和分析电视艺术表现出的语言和思维方式及创作风格。通过对这类作品的鉴赏、评价，人们在接受电视文化的消费时，在思想认识和艺术感受上有一个较高层次的起点。批评家把强烈的思维特征、浓重的文化意识和深刻的审美意识作为评判电视艺术作品是否成功的重要标准。这种现象表明电视批评朝深度方向发展，批评家在思考批评对象时头脑要变得复杂得多，不仅是简单地指出作品的优劣，而且还从哲学的、艺术审美的、历史文化的高度去解释某一现象，去评论某一主题。长篇室内电视连续剧《渴望》的出现，引起了批评家的关注，在这一电视剧播出的前后一段时间，全国各报纸杂志就编发了大量评价文章，据对当时公开出版的11家刊物的统计，在同一期号上就发表了18篇文章，就《渴望》产生的意义、创作风格、艺术表现力等进行分析研究。这种现象表明电视批评的批评方法已走向立体化，走向了更高层次。

拓宽批评路子，还表现为给一些在电视创作上取得成就的著名记者、编辑、艺术家召开个人创作研讨会。如1990年4月《当代电视》杂志社等单位联合举办的“胡连翠戏曲电视剧导演研讨会”，1991年6月中央电视台研究室主持召开的“黄一鹤电视艺术研讨会”，同年11月召开的“邓在军电视艺术研讨会”等。研究艺术家个人创作风格和艺术特色，是电视文艺批评走向成熟的标志，它推动了整个电视理论的建设。丰富的电视实践，促进了电视批评活动的开展。一批优秀的电视批评成果在电视界内外引起较大反响，不断地更新着电视文化观念，推动了电视的改革。

电视新闻在整个电视节目中占据着重要位置，较长一段时期里，新闻节目存在着官话套话多、不及时、冗长全面、浅而不深、题材表现程式化的弊病。此时，各电视新闻

类刊物发表了《关于深度报道与动态新闻》(夏之平)、《80年代我国电视新闻报道方式的改革》(吴杰)、《〈新闻联播〉析论》(张翔升)、《论电视评论》(冯建增、周江)、《着力表现电视新闻的思想深度》(马超曾)、《电视深度报道的节目形态》(叶子)、《现场新闻同期声刍议》(肖竹乔)等一系列文章。这些批评围绕电视新闻实践中出现的诸多"热点",强调电视新闻的重要地位,杜绝假大空报道,以保证电视新闻的真实性和党性原则;强调电视新闻的时效性,提倡多档滚动性播出;强调电视新闻的短平快特点,加强其针对性与深刻性,强调新闻报道内容与形式的变革,扩大报道内容,增加连续报道、系列报道和现场采访报道等。

电视社教专题在这一时期取得突破性的成就,在思想内涵的表达与艺术形式的创新等方面都达到了相当高度,对于电视社教专题的批评此时也十分活跃。如《试论电视纪录片纪实风格的新发展》(张俊德)、《电视纪录片及其社会作用初探》(徐炳才)、《电视专题界说》(陶皆良)、《电视专题节目刍议》(张建堂)、《从专题节目的发展看专题节目的界定》(秦素芬)、《电视专题片探微》(刘文俊)、《电视专题片刍议》(张家滨)、《专题节目的综合性》(张哲西)、《专题节目也是一种节目类型》(林杰谦)、《电视纪录片界定和创作》(任远)、《电视纪录片与电视专题片界说》(高鑫)、《电视纪录片特征辨析》(钟大年)、《从昨天到今天——谈纪录片的观念及中国电视纪录片的发展与走向》(路海波)等一大批有影响的电视批评,对于推动中国电视社教专题节目起了相当大的作用。

电视文艺是为广大观众喜闻乐见的电视节目样式。关于电视文艺的批评此时代表性的文字有《寻找与观众深层的心理对应》(彭加瑾)、《关于电视文艺的几点思考》(宋春霖)、《光、色与电视美学》(王若芳)、《论电视文艺的编排艺术》(欧泽纯)、《春节晚会与春节文化》(孟繁树)、《电视艺术中的几个美学问题》(曹利华)、《试论邓在军电视导演艺术风格》(范建国)、《音乐电视节目的选择》(陈志昂)等。

电视文艺批评中,电视剧批评是十分突出的。这首先表现在对电视剧的批评开始深入电视剧艺术构成的各个领域,诸如儿童电视剧、改革题材电视剧、革命历史题材电视剧、戏曲电视剧、室内电视剧、行业电视剧等。具体作品有《儿童电视剧漫谈》(徐家察)、《童心、美育、宏观目标——谈儿童电视剧创作中的三个问题》(蔡骧)、《儿童意识与审美创造》(徐宏)、《论表现儿童心态的三个语言特征》(邹嘉仁)、《如何提高革命历史题材电视剧创作水平和艺术质量》(阮若琳)、《怎样把辉煌的革命历史变为辉煌的艺术》(王愿坚)、《论戏曲电视剧》(孟繁树)、《在屏幕上再现戏曲艺术》(安葵)、《对"地域"特色的几点看法》(钟艺兵)、《地域特色电视剧与地域文化》(高鑫)、《〈渴望〉的轰动效益及其思考》(周金华)、《幽默对大家都宽容》(童道明)、《谈行业电视剧的进步意义》(陈慧娟)、《双重文化语境中的中国大众文艺》(陶东风)等。

这一时期电视批评成果集中体现在电视文化理论得到了迅速发展,出现了一批电视批评专著。比如中央电视台在此期间出版的著作有《屏前点评录》、《电视的采编与创作》、《话说电视节目主持人》、《电视剧论集》、《电视专题论集》、《电视声画论集》、《电视制作论集》、《电视经济宣传文选》、《屏前点评录》(第二集)、《黄一鹤的艺术道路》等。电视剧批评文集有《电视剧的探索》(徐宏)、《王云缦荧屏艺术文集》(王云缦、果青)、《"飞天"与"金鸡"的魅力》(仲呈祥)、《荧屏内外》(朱汉生)等。其他电视艺术理论著作有《电视文化学》(田本相)、《电视剧艺术论》(宋家玲)、《电视剧通论》

（壮春雨）、《电视剧美学》（路海波）、《电视剧导演创作与理论》（高洋、汤恒）等。中国广播电视学会每年还出版电视节目评奖中获奖作品评析的著作。

80年代中后期，电视片《河殇》的出现，在电视批评界引起了较大的反响，并诱发了关于《河殇》的争鸣。提出了怎样评价中国的传统文明，在电视片创作中，我们应该坚持什么样的政治观、历史观等问题。出版了《重评〈河殇〉》、《〈河殇〉的批判》等批评著作及文集。《河殇》的讨论，不仅涉及创作手法，还涉及创作理念、指导思想等一系列有关电视创作思想性、艺术性方面的问题，其讨论十分必要。通过争鸣，大家更明确了电视创作，特别是纪录片创作应该坚持历史唯物主义的创作态度，以弘扬中华优秀民族文化为已任的方针。有批评家认为，《河殇》的讨论是批评界思想的一次解放，通过这次讨论，批评家的批评意识的自觉性进一步得到加强。总览这个时期电视批评成果，有着鲜明的特征。首先是电视批评理论文章和专著大量增加。这说明电视作为一种独立的文化形态，正越来越多地引起理论界的重视。其次，涌现了大量的电视批评新观念。日益丰富的电视实践促进了电视批评的发展，许多新的观念涌现出来。再者，批评领域日益扩展。此期间电视批评领域不仅日益深入，而且其批评的范围和领域逐渐扩展，涉及电视文化的方方面面。这一时期电视批评的发展也正是中国电视理论全面建设阶段，电视批评的开展推动了整个电视理论的发展。

中国电视批评的自觉阶段

20世纪90年代初到现在是中国电视批评的自觉阶段。1992年，邓小平南方谈话以后，中国开始了新一轮改革开放，电视事业也开始腾飞，获得了前所未有的最好的发展时机。中国丰富的电视实践给电视批评提出了挑战，建立有中国特色的电视理论迫切需要大量的经验总结，迫切需要建立在电视实践基础上的电视批评。中国电视批评形式多样化、规模化，争鸣意识和创新意识增强，进入了自觉阶段。

（一）电视批评形式多样化、规模化是这时期中国电视批评的基本特点

相当长一段时间，电视批评手段是单一的，基本上都以文章的形式出现，开始时仅以报刊作为载体。尔后随着电视批评的发展，开始有了新的形式，以至到90年代末期，批评形式表现更加多样化。

论文仍是这一时期主要的批评形式。这些论文大都围绕各类电视节目、栏目展开鉴赏、评价、探讨、研究。批评的开展分两种形式：一是自发的，作者各就某一个节目、栏目展开批评；二是组织的，由组织者组织部分专兼职批评家或就某一电视热点问题、或某一节目、或某一栏目展开批评，以便对问题研究更加深入。以论文形式的电视批评或在各刊物上发表，或在研讨会上发言，总之，通过不同的载体传播出去。在此期间，全国诸如《中国广播电视学刊》、《现代传播》、《电视研究》、《中国电视》、《当代电视》等专业刊物已发展到40多家，一些科研院校办的刊物里也辟有电视批评方面的栏目，社会上各种报纸杂志也给予电视批评以极大的关注。各种传播媒介的发展，使以论文为主要形式的电视批评有了载体，进一步推动了电视批评的开展。每年全国各报纸杂志刊登的电视批评理论文章难以用数字来统计，据1999年的不完全统计，仅电视专业刊物一年发表的论文就达5000多篇。

随笔也是这一时期电视批评的一种形式。这种文体活泼、轻松、不拘一格，可读性强，具有文学特征。这类随笔刊发在各类报纸杂志上。电视随笔往往针对电视文化现象中某一方面的问题，切入点小，几句话说透，它并不对问题作详尽的分析和研究，没有大段大段的论述，但它以小见大。它对改进电视节目、净化荧屏起到了十分重要的作用。中央电视台研究室创办的《观感选辑》是一份以点评节目为特色的内部业务刊物，每周一期，专门收集、选登观众观看节目的感想，内容涉及各栏目各节目的立意、结构、编排以及画面、解说、音响、音乐、美术、字幕等创作上的得失，其评价有褒有贬，有商讨有建议。它为台内开展业务研究提供和积累了具体素材。办刊十年来，始终坚持"事实须准确，观点要鲜明，语言讲分寸"。这类文章力求言之有物，言之有理，短小精悍，针对性强，经常出现在各类传媒中。

观众来信、观众调查是电视媒体了解观众对电视意见的一种方式，也是观众开展电视批评的一种最简单的形式。尽管简单，但它却是办好节目的一个最好依据。目前各电视媒体都十分注意通过观众来信、观众调查等形式了解人们对电视节目的看法和意见，建立了相应机构来处理观众来信并实施新的管理办法，将来信进行综合分析处理，将新的情况反馈到编委会，然后分流到有关部门、有关栏目，将其作为改进节目的参考。从1994年到1998年，中央电视台连续5年对《春节联欢晚会》进行观众调查。在"香港回归"报道中，央视调查咨询中心进行了四次电话调查，为分析这次大规模的电视直播的传播效果提供了依据。各省市地方电视传媒也将观众来信、群众调查作为电视批评的一种基本形态。

运用对话评议形式进行批评，这是电视进入迅速发展阶段后的一项经常性工作。对栏目、节目定期进行评议。从中央到地方，各级宣传部门、各电视传媒机构，大多成立电视评议组，一般一周，或一个月，或一季度，或定期不定期地对全台节目、某一栏目、某一节目进行评议。参加评议的大多是经验丰富的老同志。如中央电视台1993年开始建立栏目评议制度，内容包括专家评议意见、收视率、一般观众意见、领导意见四个部分。专家评议组一般由台内离退休老同志组成，每季度评议一次，评议结果反馈给台编委和各节目部门，供改进节目参考。国家广播电影电视总局从1999年元月起，从局属各单位抽出部分专家学者，集中收看各台节目，每周定期进行评议。

以电视手段研究电视，这是一种新的尝试。中央电视台1997年创办了《精品赏析》栏目，每期节目都邀请国内外知名学者、专家、电视编导、剧组人员、观众等，对有较高价值和艺术特色的电视节目进行认真分析和探讨。在播放节目片断的同时，电视主创人员介绍自己的创作体会和艺术经验。这种以电视手段研究电视的批评形式可以把创作者、评论者、电视观众聚合在一起，面对面地讨论节目的创作问题。创作者可以直接听到批评家、观众对自己节目的评价，批评家也能听到创作者对自己批评的意见，观众则从节目的赏析中提高欣赏水平和审美能力。这种批评形式对主办这种节目的主创人员是一个从实践到理论的提高过程，对编导人员也是一个学习和交流的过程。这种手段是欣赏和评析的完美结合，能直观形象地揭示创作规律，对推出精品起到促进作用。

以专著形式开展电视批评，是电视理论建设、电视批评日益走向成熟的标志。它至少向社会昭示：电视有学，电视批评有学，电视理论建设已达到一个较高层次。以专著形式开展电视批评就其深度和高度上讲是其他批评形式不可比拟的。此一时期，我国电视批评学理论已开始形成，这同大量以专著形式开展批评是分不开的，诸如《电视艺术学》（高鑫）、《电视传播理论研究》（叶家铮）、《电视意识论》（刘炘）、《中国电视观念论》（胡智锋）、《电视声画艺术》（张凤铸）、《电视美的探寻》（胡智锋）、《世纪转折时期的中国影视文化》（尹鸿）、《中国电视史》（郭镇之）、《中国电视剧发展史》（吴素玲）、《电视新闻研究》（叶子）、《电视专题研究》（高晓虹）、《纪录片创作》（钟大年）、《电视画面语言》（朱羽君）、《电视新闻摄影》（任金洲）、《电视新闻写作》（张静滨）、《电视节目主持》（赵淑萍）、《影视构图艺术》（高廷智）、《电视文化学》（陈默）等一大批电视理论著作。这些著作相当部分属于基础理论研究，但是其中更多的涉及对电视节目的鉴赏和评价。中央电视台在台庆40周年推出的系列丛书中《中国电视论纲》、《电视新闻集》、《电视专题文集》、《电视文艺文集》和北京广播学院出版的《中国应用电视学》，对中国电视批评理论的建设都奠定了良好的基础。

以互联网形式研究电视使电视批评拓宽了视野，这种形式的运用是电视批评趋向现代化的重要标志。表面上看来，互联网只是为传统媒体提供了一种新的信息载体，似乎不会对内容的取舍有重大影响，事实上，互联网带来受众空间，面对的是全球受众，上网媒体所提供的内容有了更多更大的范围内的潜在用户。这样电视批评的内容即可在更大范围得到传播。

电视批评手段的多样化，是电视实践发展的需要，是电视理论建设的需要，是电视文化发展的必然。随着电视理论建设的加强和日趋成熟，还将会有更多的电视批评手段出现，特别是基础理论的发展，将会使电视批评更加科学化。

（二）争鸣意识和创新意识增强是中国电视批评进入自觉时期的重要标志

争鸣意识增强是20世纪90年代以来电视批评的一大特点。争鸣的重点围绕电视本质和电视创作两个方面进行。通过争鸣，大家的认识得以统一：中国电视是党和政府的喉舌，必须坚持正确的舆论导向，不断提高引导水平；要坚持为人民服务，为社会主义服务的方针；在报道中要坚持真实性原则，不搞假大空；坚持以正面宣传为主的方针，弘扬主旋律，提倡多样化；坚持电视节目的政治思想性、群众性、民族性、当代性、综合性，发挥电视新闻传播、社会教育、文化娱乐、信息服务的功能，满足广大人民群众日益增长的精神文化需求。通过争鸣，人们对电视文化的品位问题有了更新的认识，从理论上弄清楚了“大众文化”、“通俗文化”、“雅俗共赏文化”、“主流文化”、“精英文化”与电视的关系。

对纪实性的发现和追求是电视批评争鸣意识的重要表现。90年代初，纪录片《望长城》的成功获得观众赞美，其创新在批评界引起广泛注意和热烈的争鸣。当时，北京广播学院的师生认为，《望长城》具有现代纪录片的纪实品格，它质朴而深情地表现中国人，给人以内在的审美享受，它是真正意义上的纪录片。[30]也有批评家认为，“电视设备的先进性放纵了《望长城》的随意性”，长镜头的盲目性削减了《望长城》的整体信息含量。[31]《望长城》引起了人们对纪实作品的赞美，也引起了对某些写意式作品——如对《西藏的诱惑》的批评。《西藏的诱惑》以浓墨重彩，从自然、宗教、艺术、人与自然的关系等方面揭示出缕缕情思与一种境界，该片的文学美、哲理性受到电视批评家的高度赞扬。这个纪录片的成功说明“画面配解说”的纪录片已走出“初级阶段”。随着时间的推移，由对《望长城》所开启的纪实主义潮流的热烈赞美变成了更为冷静的探讨和追寻。

在电视创作方面，电视批评争鸣气氛表现得更加浓郁，新的电视观念表现得更为突出。电视新闻节目和电视专题节目的研究和探讨值得一提。电视新闻发展已有几十年历史了，怎样认识电视新闻的类型，是电视新闻实践经常碰到的问题。90 年代初，中国广播电视学会电视学研究委员会就开始对这一问题进行讨论，经过 3 年多的探讨与研究，终于对电视新闻的分类与界定有了统一的认识。20 多位专家学者结合大量电视新闻实践，阐述了电视新闻的分类与意义，列出了 70 多个关于电视新闻的词条。这一理论的总结从电视新闻实践中来，用于指导电视新闻传播。1992 年 11 月，中央电视台研究室牵头，开展了“专题节目”界定的争鸣，经过 3 年的讨论，参与研讨的专家学者结合我国专题片的发展历史和现状，对分类条目及定义逐条逐目地解析、丰富，使之更加准确化、规范化、科学化。界定中，大家集思广益，将各家意见综合起来，使分类涵盖尽量达到周全，以充分体现中国电视专题节目的精髓。专题界定条目不仅具备美学价值，更重要的是有实用价值，充分展示了中国电视专题特色，并对实践起指导借鉴的作用。整个界定过程既是一种批评过程，也是一种专题价值的文化选择过程。

90 年代，电视批评还对“纪实”与“真实”展开过大讨论，对电视新闻改革、电视纪录片、电视栏目改版、电视节目主持人、电视剧美学等也展开过讨论与争议。90 年代中前期，电视界围绕主流文化与市民文化的融合有过一些讨论。讨论的背景是：改革开放打破了旧的格局，改革的目的就是调整不合理的社会结构，打破那种单纯的政治挂帅的局面。市场经济的建立意味着政治活动与经济活动的分离。社会的主流由政治社会向市民社会进化，相应的市民阶层进入社会舞台。市民文化也从原来的大一统官方文化中分离出来，官方文化、主流意识形态也开始修正自己。在这样的态势下，市民文化在夹缝中求生，就必须在自己的游戏规则中同官方文化融合，使之既符合官方要求，又符合市民口味。这时，电视连续剧《渴望》的播出，成功地向社会昭示了这一观点。这部电视剧以传统的人伦情感迎合了市民的传统心理，也同官方的文化要求达成了默契。有关方面围绕着这一现实的主题，邀请十名相关的专家学者、剧组人员等进行讨论，争鸣中一种创新电视艺术观——电视剧的娱乐性出现了。此时，在电视剧领域出现了两种观念：一是电视剧艺术论。这种观念强调“艺术品格”，注重“审美”理念。二是电视剧通俗论。这种观念注重通俗性，倡导大众化，强调“娱乐”功能。这些电视剧理念的出现，孰是孰非，难以比较，难下结论。但它至少说明一点，电视批评的争鸣中新的观念不断出现，这无疑对繁荣荧屏大有益处。

电视综艺节目如何走向？这是 90 年代以来电视文艺界人士关心的话题。1996 年 11 月，中央电视台研究室组织开展了“春节联欢晚会与电视综艺节目特色及走向的论题研究”。此论题向北京、天津等城市发出 1000 份调查问卷，召开了全国部分电视台参加的研讨会。根据调查问卷统计数字，研究室组织撰写了课题报告，对《春节联欢晚会》的传播效果进行了统计学、社会学、心理学等多方位的科学分析，提示了电视综艺性节目朝民族化、娱乐化、大众化、品格化方向发展的趋势。这一论题的研究对如何办好电视综艺性节目起到了积极的作用，使关于电视综艺节目的批评理论得到一次大的提升。

电视批评争鸣意识和创新意识的增强，还有一个较为重要的因素就是研讨工作有人抓、有人管，电视研究队伍逐步发展壮大。除高等院校、科研院所进行的大量有规模、有水平、有组织的研讨外，有意识、有针对性地选准课题成了各电视台研究工作的首要任务，从1996年起，由中央电视台研究室牵头，每年举办一届理论研究工作研讨会。到1998年，全国有省级或省级以上电视台32家，已有15家电视台成立了电视理论研究机构，专门从事理论研究工作的人员有186名，其中有副高以上专业职称者105名，已有21家电视台有理论刊物，全国电视台系统初步形成一支力量较强的电视理论研究队伍。组织保证是90年代以后电视批评进入自觉阶段的重要保证。

注释

①《当代中国的广播电视》（下），中国社会科学出版社，1987年版。

②《中央电视台大事记》，人民出版社，1993年版，第7页。

③④《中央电视台简史》，北京出版社，1998年版，第53页。

⑤《广播业务》，1960年第3期。

⑥傅敢：《广播业务》，1961年第6期。

⑦裴玉章：《广播业务》，1962年第6期。

⑧李子选：《广播业务》，1964年第1期。

⑨木木：《广播业务》，1963年第12期。

⑩许欢子：《广播业务》，1962年第11、12期。

⑪许欢子：《广播业务》，1962年第7期。

⑫《当代中国的广播电视》中国社会科学出版社，1987年版，第80页。

⑬《北京广播学院学报》，1980年第2期。

⑭《北京广播学院学报》，1980年第2期。

⑮《新闻广播电视研究》，1982年第5期。

⑯《新闻战线》，1982年第8期。

⑰《新闻广播电视研究》，1983年第1期。

⑱《新闻战线》，1983年第5期。

⑲《北京广播学院学报》，1984年第1期。

⑳《新闻战线》，1984年第3期。

㉑《新闻广播电视研究》，1985年第1期。

㉒《广播电视战线》，1985年第1期。

㉓《北京广播学院学报》，1985年第1期。

㉔《新闻广播电视研究》，1985年第4期。

㉕《电视的采编与创作》，春风文艺出版社，1991年版，第116页。

㉖《中央电视台大事记》，人民出版社，1993年版，第372页。

㉗《中央电视台大事记》，人民出版社，1993年版，第397页。

㉘《中央电视台大事记》，人民出版社，1993年版，第391页。

㉙阮若琳：《如何提高革命历史题材电视剧创作水平和艺术质量》，载《电视艺术论坛》，1989年试刊号。

㉚㉛参见钟艺兵、黄望南主编：《中国电视艺术发展史》，浙江人民出版社，1994年版。

（载《现代传播》2002年第1期）

论中国电视批评的可持续发展

中国电视批评发展至今，虽然还存在许多不足和缺憾，但谁也不能否认的是，它在加强电视文化建设、促进电视节目创新、推动电视体制改革等方面作出了巨大的贡献，对中国电视理论的建设和中国电视实践的发展有着不可替代的重要作用。随着时代的进步与社会的发展，电视通过市场模式和新型技术的力量逐渐渗透到社会生活的各个层面，不仅承载着关于社会结构、社会变迁、社会矛盾的日常性表达，而且越来越多地代替以往的家庭、学校等传统机构，承担起对个人的社会教化和塑造社会集体意识的功能。因此，必须坚持中国电视批评的可持续发展，才能使电视批评在健康、有序的发展道路上不断完善自身，在中国电视事业的发展乃至中国社会主义文化的建设中发挥更积极的作用。

一

要坚持电视批评的可持续发展，必须从电视批评自身的发展态势入手，解析其中关键性的因素，才能使电视批评以更加清醒、自觉的姿态不断发展、完善自身。

首先，全球化的时代背景是电视批评必须关注的现实课题。全球化是当今世界不可阻挡的发展潮流。经济全球化使世界上不同地域、不同体制的国家之间的经济联系越来越密切。同时，伴随着文化与经济的日益“一体化”，文化交流已经逐渐成为一种文化输出。发达国家的强势文化通过传媒，尤其是电视对发展中国家的传统文化及社会生活形成了强烈的冲击。20 世纪 90 年代全球媒介体系的结构性特征就是集中与联系。在电视市场上，西方跨国传媒集团正在进行空前的全球扩张，形成了少数几个新的全球性文化企业，如新闻集团、迪士尼、美国在线—时代华纳、维亚康姆等。这些具有国际影响力的传媒公司追求的理想就是做到自由而不受阻碍地播放节目，即传播“无疆界的电视节目”，构建一个全球性的电视传播空间和市场。在我们生活的地球上空的卫星轨道上，有 46 颗境外卫星传载着两百多套境外中文节目随时准备落地中国。2002 年，珠江三角洲地区已经准许 31 个境外频道落地，这意味着越来越多境外制作的电视节目将进入中国观众的生活之中，与中国本土制作的电视节目共同争夺中国的电视市场。因此，电视传播在全球化背景下带来的文化冲突、文化霸权等问题已经成为中国电视发展必须面对的现实问题。

在全球化的背景下，西方发达国家等借助经济与技术的强势，对外输出自己的价值观和制度模式，大力推销富有吸引力的西方生活方式，对输入国家的文化主权造成了相当程度的侵蚀与危害。而另一方面，电视地缘化、区域化的概念也正在形成。目前，世界上已经形成和正在形成的电视地缘文化市场除实力最强大的美国市场之外，还包括西欧市场、阿拉伯市场、拉美市场和华人市场。这些区域并非单独由地理划分，而主要是由语言和文化所界定的。从这里也可以看出，尽管全球化是当今世界文化发展的主导力量，但文化本身所具有的传承性、区域性的特征是永远难以消除和超越的。因此，全球化与本土化这两种文化发展趋势既相互冲突又相互融合，呈现出错综复杂的竞争态势。全球性媒介企业在制作电视节目时，为争夺市场就必须致力于对输入国家的本土文化进行包装来推进其全球化战略。同时，输入国家的本地电视节目也必须注重吸收外来文化的有益因素发展自身的民族文化，以抵制文化帝国主义对本国文化的侵蚀。因此，抵制和限制西方文化、外来文化的侵略，保护自身民族文化，这不是个别现象，而是国际现象；不是某家电视台的个别行为，而是一种维护本民族文化的政府行为。这种对电视既发展又控制的趋势，从一个侧面反映出国际政治的时代特点。

电视批评与电视实践发展是息息相关的，它不仅要直面电视实践发展的现状与问题，还要站在世界发展的潮流与全球化大背景的高度上去把握和引导电视实践发展的未来走向。因此，电视批评必须将全球化的时代发展背景纳入研究视野，不仅仅是局限于对孤立的电视节目、电视现象做出分析、判断，更应该将目光投向全球化背景下中国电视传播中存在的问题及发展战略，从而探寻出加快电视自身发展以及更好地进行中国社会主义文化建设的新路子。

广泛吸收各种批评理论精华及新的研究成果，关注批评理论学术前沿。面对快速发展的电视实践，理论基础先天薄弱的电视批评要发挥积极的引导作用，就必须以兼容并蓄的开放态势，广泛吸收其他社会科学、自然科学的研究成果。比如，引入社会学、心理学、系统科学的相关理论以更好地分析电视作品和认识电视现象；积极借鉴西方批评理论的思想资源以及研究方法，开拓电视批评的新视野，如结构批评主义、消费文化批评、公共领域批评等，已经成为今天中国电视批评中屡见不鲜的理念及视角。应该注意的是，任何理论都不具有普遍性，必须依赖于一定的特殊生存土壤才能体现出正确性。简单地移植西方批评理论是不可取的，应该从西方批评理论中寻找灵感和启示，紧密结合中国电视实践，最终形成具有原创性的本土批评理论体系。电视批评还必须重视继承中国传统文化中批评理论的精华，中国几千年来积淀、传承下来的灿烂、辉煌的传统文化是我们极其宝贵的思想文化资源，传统文化与现代富于革命性内涵的新文化相互交融将产生出新的具有民族特色的批评理论。

二

在广泛吸收各种批评理论成果的同时，电视批评还应该积极地关注批评理论学术前沿，如近期出现的继后殖民批评、女性主义批评之后兴起的生态批评。生态批评是20世纪90年代中期在美国形成进而扩展到世界许多国家的一种新的批评潮流，已经成为当代文化批评中的热点。

生态批评主要涉及两个方面：一是对反映人与自然环境生态问题的文本的批评研究，也就是倡导以一种人与自然和谐共处的批评视角去引导人们的思想观念。二是以生命的、系统的生态学观点观照文化建构的过程及生存状态，即努力建构各种文化观念多

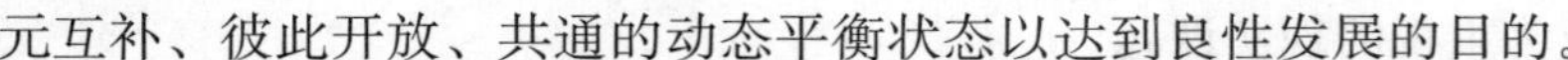

元互补、彼此开放、共通的动态平衡状态以达到良性发展的目的。

国内生态批评也大致分成了两种：一种是老一辈的理论家、批评家将生态学的思路引入文化研究方面，强调人和自然的协调、和谐。如厦门大学教授王诺先生所著的《欧美生态文学》和刘炘的专著《生态电视论》。二是一批年轻的博士，如山东师范大学的刘蓓博士强调的是生态文化批评的基本构成在西方的发展态势，而北京大学中文系的王茜博士和北京广播学院（现为中国传媒大学）的张文娟博士则分别提出文学生态批评论和电视艺术批评论。这些论述具有相当强烈的学术前沿意识和理论勇气，尤其是对中国文学、电视意识中的一些文化现象的个案分析，显示出年轻一代批评家的精神风采和深远的目光。张文娟的博士论文《电视文艺生态批评论》长达18万字，较为全面、系统地论述了生态学的概念、界定和溯源，生态学的批评类型、批评方法、批评个案以及电视文艺生态批评学的构架和前瞻性的展望，这是批评理论上的一大进步。

生态批评与电视文化的发展有着内在的联系。电视的高速发展使电视作为人的生存方式之一与自然生态产生了严重的冲突，导致了生态失衡。从20世纪七八十年代起，西方就针对电视对人们造成的麻醉精神、封闭自我等消极作用兴起了一波又一波的“反电视运动”。例如，美国的“一周拒绝电视运动”等，意在警示电视对人们身心健康的不利影响。因此，电视生态批评除了在传播内容上要关注电视作为媒介应宣传生态主义的观念外，还应关注电视文化自身精神向度的建设问题。严谨而敏锐的电视批评作为电视传播的及时反馈，对建构电视话语体系和电视文化健康发展的精神生态起着重要作用。刘炘在其所著的《生态电视论》中提出了“生态电视”的概念和构建“生态电视”的设想。他认为，电视不仅是自然生态的反映者、社会生态的参与者以及精神生态的塑造者，并且电视本身也是一个生态系统，是社会生态中重要的子系统。引入生态学的观念和理念对电视的意义还在于，使电视人关注电视文化的能量与电视文化接受者、接受环境之间如何才能达到最佳作用状态，从而重构人的最佳精神生态系统，最终达到人与自然、社会高度和谐的理想状态。①

电视与网络是现代工业文明带来的媒体平台，严格意义上说是西方技术传入中国的结果。黄新生在论及发展中国家在电子媒介方面对发达国家的依附时认为，对发达国家所创建的电子媒介制度以及不断更新换代的媒介科技设备的依赖，使发展中国家同时也接纳了发达国家媒介运营中的商业意识以及节目制作的专业规范及表演标准，无形中有利于发达国家推销其媒介产品及输出文化价值。当今生态批评中的一个重要发展倾向就是发掘并引入古代东方文明的精神资源与生态智慧，呈现出吸收东方文化精神以后的东西方文化整合的人与自然和谐的崭新面貌，使其与过去纯西方理论的批评话语相比，更具有包容性、整合性和可持续发展性，更易于产生能正确描述人类基本思想互补性和彼此话语沟通性的新的批评方法。

尽管生态批评在中国只是刚刚起步，并且无论从学理上还是实践上都还有很大的欠缺，学界对此也存在不少争议，但生态批评对电视批评在思想观念及研究视角上的影响和补益毋庸置疑。并且，生态批评的主导思想与我国现阶段建设“和谐社会”的发展目标也是一致的，党的十六大明确把“可持续发展能力不断增强，生态环境得到改善，资源利用率显著提高，促进人与自然的和谐，推动整个社会走上生产发展、生活富裕、生态良好的文明发展道路”作为全面建设小康社会的一项重要目标，可见生态文明建设已经成为我国党和政府极为重视的现实课题。

综上所述，电视生态批评不仅是世界学术研究的前沿，也是中国学者借此与西方平等对话的良机，更是东西方文化整合的发展趋势。坚持中国电视批评的可持续发展，应该将生态批评的思维方式、价值观念结合中国传统文化的精髓，融入电视批评之中，使电视批评在更为广阔的视域之中关注人类自身的生存环境，探索文化与自然之间和谐发展的道路。

手段与形式的现代化是电视批评发展的必然趋势。电视是一种综合性很强的传播媒介与艺术形式，既综合了报纸、杂志、广播等媒介的传播优势，又综合了戏剧、电影、音乐、舞蹈、摄影等艺术精华。电视批评担负着对电视进行评析、鉴赏、判断以繁荣创作的任务，单一的、传统的批评手段显然是不够的。随着时代的发展，电视批评的手段与形式早已从单一的、传统的文字批评阶段进入了多样化、现代化批评阶段，极大地丰富了电视批评的自身形态。

例如，中央电视台1992年元月开办的《精品赏析》栏目就是以电视手段研究电视的。它通过生动、直观的画面展示，主持人的解释，嘉宾的分析，主创人员的介绍，使人们能够深入了解电视节目的创作意图、思想内涵以及创作者的心路历程，从而有利于引导观众的收视行为，提高观众的审美鉴赏能力。

又如，央视国际网站创办的《电视批判》栏目，以网络这种现代化手段进行电视批评，使电视批评呈现出空前开放和充满活力的新面貌。网络媒体是当今最现代的、开放的、全球化的媒体传播方式和话语交流平台，受众可以借助网络，在交互式的传播过程中讨论电视节目、电视理论、电视现象等。同时，电视媒体也可以利用电子邮件、聊天室、电子论坛等各种手段加强与受众的联系，直接听取受众对电视节目的评析和看法，形成传统媒体与新兴媒体结合的立体传播新格局，使电视每日单向传播出去的信息与效果得到及时和有效的反馈。通过这些手段尽可能多地吸纳和整合全社会的受众反映及观点，无疑极大地丰富和充实了通过电视荧屏反映出的中国电视文化，并且对电视文化的建构和完善发挥着极为重要的作用。

电视本身是高科技发展的产物，现代传播技术的日新月异推动着电视事业的发展。电视批评也应该积极地利用现代化的技术条件，在手段和形式上不断创新，以充满时代气息和创新活力的面貌呈现在人们面前。

三

要坚持电视批评的可持续发展，除了要加强电视批评自身的建设之外，还必须努力完善电视批评的外部条件。电视批评的生存与发展必然受到来自外部条件的影响和制约，只有积极创造良好的外部条件才能有效地保障电视批评的可持续发展。

首先，要营造相对宽松的电视批评氛围。电视批评的实施是一个公开传播并发挥一定社会作用的过程，必然与自身所处的社会大环境及各种制约因素密切相关。只有当社会舆论有利于电视批评时，电视批评才能以公开的方式表达出来并发挥应有的作用；如果电视控制者钳制批评，电视批评只能以隐秘的、扭曲的形式表达，或付之以过激的表达方式。因此，创造更为开放的舆论环境以及“百花齐放，百家争鸣”的学术氛围，对

今天电视批评的发展是至关重要的。电视批评的核心是建立一种“诚信”的批评原则，其本质是通过电视批评推动中国电视文化的发展，在提高电视节目质量、提升电视节目文化品位乃至重建电视文化价值观方面发挥切实、有效的作用。为此，不仅需要有政治、文化方面相对宽松的社会环境和批评氛围，还需要电视从业者具备正确对待电视批评的良好心理意识。

时下电视批评尤其是电视剧批评中廉价吹捧的不良风气，应该说不全是批评者的责任，还与受批评者有无虚心纳谏的雅量有关。从某种意义上说，被批评者的胸襟常常在无形之中制约着批评的开展。一些批评文章习惯于以对作品题材所蕴含思想性的肯定代替对作品思想性表现的分析，往往以“题材新颖”、“艺术独特”等笼统的赞誉之词代替深入的剖析和真知灼见，形成大同小异、大捧小批、圆滑空洞的批评套路。这样的电视批评已经蜕变为一种炒作手段和低级逢迎的产物，丧失了电视批评应有的诚信、独立的品格。电视从业者应该真正认识到电视批评与电视实践之间良性互动、相互补益的关系，不仅要具备虚心倾听不同意见的胸襟，而且还要广开言路，主动倡导专家、学者以及广大受众发出各自真诚的批评声音，这样才能使电视批评更大程度地发挥自身作用。

建立专门的批评机构和健全的批评机制。电视批评的发展离不开组织和机制上的保障。从 20 世纪 80 年代中期开始，为了适应电视事业的发展，不仅各电视台及许多科研院所建立了相应的电视研究机构，如中央电视台 1993 年成立了研究室，为中央电视台节目的改进发挥了突出的作用。而且，电视媒体还普遍建立了电视栏目评议制度，并通过创办电视批评刊物及开办电视批评网站等措施，为社会各界人士对电视进行批评提供更为多样化的渠道，应该说电视批评在机构和体制上获得了一定程度的保障。

然而，与极其丰富而影响广泛的电视实践相比，电视批评还处于比较匮乏和捉襟见肘的境地，这也反映出电视批评的环境资源还存在严重的不足。实际上，电视批评从机构到载体还往往依附于电视研究或媒介研究等领域，专门的电视批评团体及电视批评载体并不多见，迄今为止没有一家以“电视批评”为名的报纸或期刊，职业的批评家和专业批评人员数量也极为有限。央视国际网站于 2002 年创办了《电视批判》网上栏目，金元浦教授认为，“中央电视台有了这么多栏目，但是真正反思电视自身，尤其是文本自身的一些思考性栏目还没有见到，《电视批判》是第一个”[②]。CCTV. com 的负责人刘连喜则认为，《电视批判》开办的最初两年只是《电视批判》的初级阶段，只是一个开始，或者说只是提出了电视需要文化和需要理性思考这样一个命题，接下来要做的事情还很多。[③]可以看出，电视批评专门机构的建立及专业研究的开展还远未达到与电视批评本身地位及重要意义相适应的地步，因此必须加强这方面的工作，使电视批评获得更快、更好的发展。

健全的批评机制对电视批评也是必不可少的，这种机制包括批评激励机制、批评监督机制、批评运行机制等等。电视批评本身应该有一系列较为完善的机制来保障电视批评的正常开展和不断进步。现有的电视批评中的一些弊端，如“骂评”和“捧评”等混乱无序的现象在很大程度上与缺乏相应的对电视批评的监督机制有关。建立健全的电视批评机制，应努力将电视批评的方法和立场等落实到规范化的机制之中，这样做无疑能够更好地引导和促进电视批评实践的健康发展。

四

要加强电视批评的社会参与。电视传播有着其他传媒所不及的极为庞大的受众市场。在电视消费方面，可以说看电视在很长一段时间内都将是我国最大多数人口的基本文化生活方式及主要信息来源。对于老年群体而言，电视是他们最主要的休闲娱乐方式；对于青少年群体而言，电视更是传递时尚信息和娱乐资讯的重要源头。这些主要的电视消费群体由于缺乏相应的媒介素养教育，对电视传播往往缺乏必要的辨别力和免疫力，就更加迫切需要以理性思考为本的电视批评加以引导。然而，应该看到即使在网络上开展电视批评，它的直接对话伙伴也并不是一般的公众，而是公众中的文化大众，即一大批受过高等教育的文化人。这是因为普通公众很难对具有一定学理性的电视批评感兴趣。当然，电视批评可以通过大众文化间接地渗透到广大普通公众中去，进而逐渐吸收普通公众的参与。

但是，理想的包括电视批评在内的媒介批评实践应该是向所有人开放的公共领域，在其发展初期，知识精英起到了启蒙和主导的作用，而当代的文化研究、文化批评致力于呼吁和实践一种大众批评，力图把所谓的精英批判和大众批判沟通起来，使原先作为文化贵族思想运动的媒介批评开始向着一种社会大众参与的文化实践转变。

现有的电视批评尤其是专业期刊上的电视批评中，主要表现出来自理论学者和来自从业人员的两种声音，这反映了精英分子办平民节目的普遍指向，但也在某种程度上折射出电视批评社会参与程度的欠缺。“多年以来，电视台一直号称开放办台，也就是社会办台，但是这种行为在很大程度上依然停留在经济和政治层面上。因为办电视台需要大量资金投入，单靠中央政府的拨款是很难实现的。又因为要把中央的声音传播到各个地方，所以有了四级办台。从文化角度看，真正意义上的社会办台需要广泛的社会参与。这种参与不只是经济方面的，也不只是社会有关部门联系制作电视节目，它首先应该是社会意见的参与，体现着相对平衡的社会舆论。”④

然而，电视批评中学术批评的专业主义发展使人们必须在某一学科或领域接受系统的训练，掌握一整套理论体系及话语规范才能对其研究的内容有一定的发言权，进行专业的电视批评。这显然对非专业人士参与电视批评设置了相当的障碍，从而损害了电视批评应有的开放性和包容性。由于大众传媒商业化程度的加深，“大众传媒中的文艺批评也在日趋私人化。对文化作品的批评和评论逐渐变成媒介商品营销链条的一部分，从独立的、不计利益的评论蜕化为为了推广产品、扩大市场而进行的‘形象宣传’。批评的内容也从对意义及其效应的批判性关注转为对幕后新闻、明星轶事、奇观场景媚俗式的追逐。公众也从积极参与、文化批判的公民转变成为被动接收、文化消费的受众”⑤。

电视批评作为对电视传播内容、电视传播机构及电视传播接收的一种评判和解读，实质上是一种对社会生活的批评和重构的参与活动。电视批评应该成为一个影响范围和参与群体逐步扩大的社会文化实践领域。因此，加强电视批评的社会参与，通过多种方式吸纳和引导更多的各界学者、各阶层人士以及普通大众的积极参与，才能使电视批评始终保持充沛的活力和可持续发展的良好势头。

注释

①常姚：《生态电视：抉择使命——与〈生态电视论〉作者刘炘对话》，载《电视研究》，2005 年第 1 期，第 16 页。

②③《电视批判》栏目专稿：《我们需要什么样的电视批评?》，央视网站，2004 年 7 月 4 日。

④刘宏、王锦松：《电视批评增加社会参与》，央视网站，2003 年 5 月 23 日。

⑤吴靖、云国强：《媒介批评的重构》，载《现代传播》，2005 年第 2 期，第 14 页。

（载《今传媒》2006 年第 5 期）

电视批评：影响比较研究

在各国电视文化相互依赖与联系日益紧密的当代社会，比较电视研究方法越来越受到人们的关注，已成为推动中国电视文化发展的一个重要手段。电视批评中的比较方法理论正是在吸收大量比较电视文化的经验基础上形成发展的。本文将就电视批评中影响比较研究的实践意义和对影响者、被影响者的比较研究展开讨论。

影响比较研究的实践意义

比较电视的研究方法是电视批评中一种较有特点的方法体系。它主要针对不同国别、不同语种的电视节目进行比较，从而发现和总结各民族与国家电视的价值和特色，丰富和完善人们对世界与人类电视发展、进步的认识和理解。

比较方法中，“影响比较”具有较大影响，特别是起源于欧洲法国学派的“影响研究”方法，对电视批评是十分有意义的。影响研究的具体内容，有从接受影响的方面出发的关于“借代”、“模仿”、“改编”等问题的研究，有从给予影响方面的关于“命运”、“声誉”、“影响”等问题的研究，有传播影响关于“翻译”，起媒介作用的个人、文化社团和沙龙、出版物等问题的研究。从认识论根源上讲，影响研究是实证主义、唯科学的，方法是历史的、考据的，十分强调对历史脉络和事实联系的探索而排除美学的评价。从方法上，影响比较研究方法始终都是坚持从实证主义和唯科学主义的立场出发，用历史的考据方法探讨电视文化间的影响和事实的联系。这种方法虽然存在一定的局限性，但是当我们将这种方法同其他方法结合起来时，可得出富有价值的成果。

影响比较研究方法就是事物之间相互联系的考察方法。什么叫影响？对别人的思想或行动起作用，一种事物对另一种事物发生了作用，引起了后者的反应或反响。一旦产生了影响，就表明两者有了相互联系。

影响是电视文化交往中较为普遍的现象，它主要体现了电视作品之间、电视创作者之间的风格、倾向、艺术趣味等相互吸引、相互交流、相互作用、相互促进，成为电视创作者与电视作品发展变化的一个十分重要的因素。比如美国的“脱口秀”节目对中国电视节目的影响，中国电视人对这种谈话类节目进行改造利用，走出自己的节目路子。电视新闻主播的方式在国外由来已久，渐渐地，中国一些电视台也采取了新闻主播的方式。新闻主播这一角色最早由美国哥伦比亚广播公司（CBS）的资深记者沃尔特·克朗凯特担当，之后有丹·拉瑟、柯蒂斯、大卫·布林克、菲利丝·乔治，以及近来备受瞩目的凤凰卫视《时事直通车》的吴小莉等。国外新闻主播的成功经验对中国电视新闻节目产生了影响，中国电视人呼唤新闻主播，并在一些电视台的实践中取得成功。这便是一种影响，一个实际存在的中国电视新闻与国外电视新闻的联系。影响比较方法就是要考虑这种联系，研究影响发生的原因、条件以及变化过程。它要探讨为什么中国新闻节目会发生这种影响，国外新闻传媒怎样影响中国电视新闻传媒，影响以后中国电视新闻又产生了哪些质的变化；反之，中国电视节目也同样对其他国家的电视节目产生影响。总之，要解释外国电视新闻同中国电视新闻产生联系的原因、经过和结果。所以影响比较研究的方法关注的是各国电视间的事实联系和相互作用。

由此出发，电视影响比较中的两个基本要素就是研究的主要对象，即影响者、被影响者。影响者是怎样影响被影响者，被影响者又是怎样受影响者影响的，这便构成了影响的基本流程。所谓的影响比较方法就是通过这两者的关系寻找规律性的内容。从起点出发，可以分析影响者的特点和影响的内容与方式，如前面所谈到的克朗凯特的新闻主播特点是什么，有哪些内容和形式对其他国家的新闻节目产生影响，是怎样影响的；同时，也可以从终点出发，研究被影响者的特点、性质和影响的结果，如中国电视新闻是怎样创造性吸收、消化、发展国外新闻主播的影响，中国新闻主播中有哪些独特的面貌与精神等。这些都是沟通影响与联系产生的直接作用。还可以从影响路线出发，研究影响的畅通和受阻情况，也可以从微观出发研究影响发生发展的一些具体环节和关键部位。总之，围绕二者的关系可以进行多方面的比较研究，可以形成一整套丰富多彩的方法体系。

对影响者的比较研究

对影响者的比较研究是从影响的起点出发，研究别国电视的创作者、电视作品、电视文化思潮等，影响比较研究往往都是从影响者的比较研究开始的。

电视流派对他国发生影响的情况，这是影响动力的探索。一个电视创作者及其作品自身价值如何，在他国会受到怎样的理解和对待等，都针对影响路线的起点。就以电视中的暴力和色情对社会影响为例，随着电视的普及，对电视暴力的谴责之声此起彼落，不少国家也纷纷向电视暴力亮起红灯，但一些新的纪实性节目却频频出现残酷场面，大量反映自然灾害、汽车追逐、犯罪、警匪枪战、动物袭击人的镜头散布于电视之中。《北京青年报》1998 年 5 月 20 日报道了发生在美国电视界的一幕。报道说，5 月 1 日，美国一名男子在洛杉矶高速公路上自杀，洛杉矶几家电视台现场直播了这名男子自杀的全过程。电视台的漠然和此种抢新闻的方式在美国社会掀起轩然大波。愤怒的观众指责电视台毫无人道地播出此类人间悲剧，相关网址上的读者留言板写满了斥责电视台不去做劝说工作而为了追求所谓的高收视率，不顾正常的伦理道德的做法。发生在美国电视界的这一幕，为别国媒介所关注，也为中国传媒所注意。在电视生动形象、现场同步播出与电视新闻工作者职业道德和自律意识之间，后者显得苍白无力而令人心寒。显然，这类“影响者”身上发生的现象，不得不使人产生“让美国免于电视侵扰”的感慨。后来从美国扩展到英国、加拿大、丹麦、澳大利亚、新西兰等国，“让美国免于电视侵扰”组织的执行长蓝巴姆说：“举凡失眠、沮丧、过胖、文盲、过度消费等现代文明病，罪魁祸首都是电视!”[①]

这是“影响者”具体的“负”面影响的事例。对“影响者”的研究，涉及许多复杂的情况，由于创作者的作品、电视流派对国外的影响异常复杂。有的是“正”影响，起到推动作用；有的是“负”影响，起到阻碍作用。有时电视创作者的作品在国外所受到的待遇与评价同它的实际价值是不相符合的。因此，我们一方面要全面把握创作者、作品的实际价值和作用，同时也要将这种价值和作用视为一个变量的动力因素，突出地分析与研究实际价值的增长和减弱，力求在变化中发现一些规律性的东西。也就是说，在比较电视批评方法中，要把影响者的作用看成是一个过程，在其他国家有一个渐进的被认识被理解的阶段，只有在这个阶段的背景下，才能发现或全面总结出较为科学的经验。

对“影响者”的研究，不仅是探求宏观电视整体的规律，而且也可以在作品价值、风格、技巧等细小的微观上做文章。如有的电视作品，由于本国文化环境和条件的限制，有时往往难以全面透彻地认识它，而从别国对它的评价和另外一种文化条件下的审美感应中，常常被觉察出一种独特的光彩。澳大利亚电视剧《金色小提琴》通过一个普通农民家庭命运的变迁，深刻而生动地回答了剧中提出的那些社会问题：金钱能给人带来幸福吗？主人公沃尔特是一个贫苦农民，他全家人一起种地养猪，过着清苦的农家生活，突然一天他们意外继承了一笔巨额遗产，于是一夜间变成了富翁。然而金钱并没有给沃尔特带来幸福，短短几个月的贵族生活，使一个原本勤劳、和睦、凝聚力很强的家庭变得七零八落。是什么原因导致这场噩梦呢？剧中显示，沃尔特一家知识、文化、修养的欠缺表现出他们精神的低能，这同他们的财富相比，形成强烈的反差。这部电视剧在澳大利亚播放时，并没有引起多大反响，因为该电视剧中所表现出的主题同现实的澳大利亚有差异性。然而这部电视剧在中国播出后，引起观众的关注，也引起了批评家的注意。批评家从“影响者”的角度对作品进行分析研究，认为：“这部外国电视剧所宣扬的观点和我们生活相对照，尽管存在一定片面性和局限性，如作品过分强调了知识、文化、修养，而忽略了人们对理想的追求，作品中一定程度上美化了贵族。但作品立意是好的，我们要从沃尔特一家惨痛的经历中吸取教训：人们在经济上富有的同时，必须考虑自己的知识、文化、修养的欠缺，并尽快弥补这一不足，从而使人们的精神生活和物质生活相匹配。”“使人思想境界更加充实，更加开阔，使人的知识、文化、修养，特别是人的理想追求更符合社会主义的现代文明。”②

当然这种比较影响的研究是对中国观众而言，从别国观众的反映去探索影响者的“影响”作用是必要的。然而，从一些国外电视创作者，即影响者对中国电视创作的影响方面去考察影响者则更有意义。在20世纪50年代后期意大利刮起一阵新现实主义电影之风，大量采用“完整反映生活”的长镜头则是构成新风格的鲜明特色。《罗马，不设防的城市》、《游击队》、《偷自行车的人》、《擦鞋童》等代表作思想内容贴近生活、贴近群众，揭露社会问题，反映人民疾苦，有其积极作用。中国观众十分熟悉这些作品。法国影评家安德烈·巴赞以“新现实主义的电影”为论题进行了热情而又详尽的评论。意大利新派电影和巴赞理论，都成为世界电影史的重要话题。在中国，在客观风格纪录片方兴未艾的今天，巴赞的理论也成了热门话题。巴赞的理论何以在30年后成了“纪实主义”？它究竟是“纪实主义”，还是客观风格？近几年，这种纪录片上的创作思想和风格，对中国纪录片创作的影响可谓不小。新的纪录风格在中国兴起，创作上出现的某些偏颇和诸多通病，应该说与巴赞理论的影响不无关系。比如，一段时期，中国纪录片热衷于“悲情题材”，满足于罗列事件过程、堆砌生活现象，思想含糊，把创作引向肤浅化、简单化。加强对“影响者”的研究，可以使之更加清楚地认识巴赞“纪实”理论的局限性和片面性。通过研究，可以发现这种影响误导了中国电视纪录片的发展。一段时间，巴西、墨西哥的电视剧在中国颇有市场，受到人们的欢迎，人们从《女奴》、《卞卡》、《诽谤》中看到了电视剧的发展潜力。这类电视剧为什么会受到观众欢迎？恐怕与它主要通过对白反映故事情节的发展有关。它们的场景很少，转换更少，但对白却很多，都是几十集的长剧，都是通过对话传播故事。这些电视剧对中国电视剧创作者有较大影响，《渴望》、《编辑部的故事》等室内电视剧也正是受到以对白反映故事情节的电视剧影响而发展起来的。从影响者的角度看，艺术审美与技巧上的联系，是各民族各国之间电视影响的普遍现象。一种电视对另外一种电视的形态风格起到作用，就标志着这种电视的艺术高度和独特的价值，其中一定蕴藏着和接触到某些人类电视艺术发展进步的规律性。

需要注意的是，对“影响者”的研究必须根据批评的目的和对象，确定或选择比较的基点。一是立足创作者作品本身价值的探讨，从它们在别国的影响，立足于更广阔的背景认识它们的价值所在；二是从本国电视特点和发展规律，从国外作品在本国所受到的理解、评价上，发现本国电视的特点；三是立足于世界各民族电视相互关系或某些艺术规律的研究，从“影响者”同国外电视的接触、影响方式、艺术上的作用与刺激反应中，发现某些世界电视交往和艺术融合规律。当然也有应该产生影响作用但没有产生的情况。批评家为一些本应进入电视交往和艺术融合中的影响者没有发生影响而感到遗憾。比如，正是电视声像并传而不仅是“以画面为主”的特点，使其作为学术领域的通用传达工具十分有效。20世纪80年代中期，美国未来学家托夫勒的《第三次浪潮》被拍摄成电视片，新鲜生动的影像信息配合着作者简洁深刻的论述，向观众传达了许多从未有过的感受，使人看到了电视传达能力的另一种体现。其实，早在20世纪60年代末、70年代初，英国广播公司（BBC）在布洛诺夫斯基的主持下，摄制了学术性专题片《人之上升》，以人类科学思想的历史发展进程为线索，系统描述了人类文明进化的一个层面。这些电视现象的出现，这些电视影响者的出现，引起了批评家的关注，“托夫勒的《第三次浪潮》、布洛诺夫斯基的《人之上升》、米·弗里德曼的《自由选择》、麦基的《思想家》等学术性电视专题节目的出现，正表明一种电视文化创造力的成熟和对电视文化传达能力的深入认识与把握。由此引以自省的是：中国电视迄今还没有成熟到能够像做学术课题一样做电视专题，正像它还没有成熟到能够做形式感很纯粹的电视艺术片一样。”③这是一件令人遗憾的事情。这也许还没有真正引起中国电视人的注意。这一缺憾是批评家在对“影响者”的研究中感受到的。“影响者”的影响力应该影响到中国电视，应该对中国电视产生积极的影响。批评家将其提出，目的是引起人们的关注，使影响者发挥积极的影响作用。

对被影响者的比较研究

对被影响者的分析研究是影响比较方法的重要内容。这是从终点开始，对创作者、创作流派接受外国电视影响情况的研究，力求从被影响者的创作里发现和分析一些外来因素的作用，更为深刻而全面地评价创作者作品的价值，从而总结出借鉴、吸引别国电视的经验与规律。

影响是一种创造性的刺激，是创作者在创作过程中有意或无意地借助国外电视因素进行自己独特的创作的结果，它决不是指电视创作者对国外电视的模仿与剽窃。正如中国电视新闻实行主持人主持，实行新闻主播是同克朗凯特新闻主持有关；但这种关系所产生的影响不是模仿，而是有自己的主持风格与特点，但也不能不说是受其影响的结果，中国新闻主播将其发展成为一种更高的艺术境界。

对被影响者的分析研究，不能局限于某些相似性，正是因为影响是一种潜在的整体渗透和诱发，创作者同外来影响的关系就十分复杂微妙。我们平时所发现的事物间的联系往往是一种表象，其艺术价值和精神上的联系深深地埋在隐蔽处。因而，批评家需要一种具有穿透力的目光，从现象到本质，从发展的事物间的联系出发，深入地进行艺术与审美的探索，从中获得对于被影响者的内在的本质的把握。从方法论讲，这是一种深度的比较，是一种由表及里、由浅入深、由简单到复杂的精神活动过程。

在我国电视影响比较方法中，较多地注意被影响者的事实研究，他们把中心点放在创作者同外国电视的一般关系上，如电视创作者与国外电视创作者的关系以及技巧上。批评家注意的是，通过作品与某些观点的相似性来体现创作追求、艺术风格和审美趣味的某种渗透和吸引，是被影响者独创性地改造和发展别国电视特点和经验的创作过程。中央电视台的《实话实说》节目模仿美国的"脱口秀"（谈话节目），这种形式被普遍地运用于电视的娱乐和新闻节目中。批评家还从这类节目的研究中发现："多年前，日本有学者提出'电视是给人听的'，日本学者试图以'听'在接受中的比重来区分电视与电影的不同。这一提法当时由于缺乏解释而不能被中国人接受。而且更重要的是，中国电视观众已经从过去的'贪婪'地盯着电视画面而进入依靠手中遥控器'搜索'电视画面的时代，可以开始像听广播那样'听'电视了。这些都是'脱口秀'可以兴起的条件与基础。相对'报人电视'我们可以把这一类谈话节目称之为'口语电视'（当然也可以叫做'谈话人电视'、'主持人电视'、'艺人电视'等，以出像是哪一类人而定）。"④批评家还认为："中央电视台《实话实说》节目是'脱口秀'在中国的成功尝试。它的成功不仅在于西方电视节目在我国移植，还在于该节目主持人崔永元个性与风格不能被仿效。"⑤被影响者不是对影响者的简单模仿与移植，而是独创性地改造和发展别国电视特点和经验的创造过程。

就这一点讲，被影响者由于自己艺术修养和素质的不同，被影响的状况也就不同。有的被影响者艺术修养良好，能将外来影响融会贯通，纳于胸中，化为己有；有的则消化不了，中间有生硬隔膜，将影响者和被影响者分裂开来；有的被影响者甚至走上机械套用的歧途。20世纪90年代后期，湖南电视台的《快乐大本营》、《玫瑰之约》在全国火爆起来，可是，业内人士都了解，《快乐大本营》、《玫瑰之约》的创意是在港台电视的影响下形成的，只是湖南电视台在借鉴的基础上有自己的指导思想。中央电视台的《城市之间》是受法国电视娱乐节目《城市之间》的影响。一段时期，因为电视节目"克隆"现象严重，一批伪大众、伪娱乐节目一哄而上，大量炮制。

这些不同的吸收影响的方法、能力和效果，正是批评家在电视批评中关注的重点。他们从中可以发现各个创作者作品的价值、水平，也总结和概括出具有指导意义的经验教训。

电视批评的被影响比较研究，由于更重视艺术领域的特点，因而常常在题材处理、原型、艺术风格、技巧等艺术创造的范围内展开研究和比较。其重点在于要从电视艺术的特殊规律出发。一个电视创作者直接吸收或借用别国电视人的创作风格时，倘若这种接受没有变成和进入他自身的创作领域，只是一种外在的套用和模仿，那么对电视批评而言，这仅是有史料或学术考证价值，终不能成为最理想的研究对象。

被影响比较研究，从其形态上讲可以分为个别影响和综合影响两个方面。个别影响是指创作者受到某一种别国电视创作者和作品的影响；综合影响是指创作者、作品受众受别国电视创作者、作品影响。从方法的角度上看，个别影响更多的是考察个别作品和创作者关系时经常出现；综合影响则涉及不同国别不同民族电视之间的交叉、融合等复杂现象。比较而言，综合影响要难一些；一般来说，综合影响要普遍一些。优秀的电视创作者都善于博采众长，从各国各类电视作品中成功地获得充分的营养。就电视批评而言，综合影响的方法，关键在于电视创作者在自身创作中出现质的飞跃，这种飞跃是综合影响的产物，不是本国电视理论与实践能够解释的。

以上我们从电视影响过程角度出发分析了影响比较方法。在电视批评中，影响者和被影响者都不是分离的，他们都是一个有机的统一体。无论是对其起点，还是对其终点的考察，都要兼顾影响者与被影响者，只是有的批评家所选取的侧面和角度不同而已。值得注意的是，由于民族狭隘主义思想的影响，一些批评家使用影响比较方法时，往往只注重寻找各种历史事实，排斥电视的比较，狭隘的思想方法变得保守和僵化。当我们运用比较电视的方法时，必须立足于世界电视发展状态的广阔视野，立足于电视的特点，这样才能使电视批评对问题的分析更为深刻、更加透彻。这对于我们认识电视文化发展的差异性，对于共同促进世界电视文化的进步等具有十分积极的意义。

目前，影响比较研究方法在我国电视批评实践中还不是那么丰富，还存在许多局限性，还需要反复实践，在理论上进一步充实完善，努力创造自己的独特的理论体系。

注释

①《海外文摘》，1998年第8期，第39页。

②张子扬主编：《电视人手记》，作家出版社，1998年版，第295页。

③崔文华：《全能语言的文化时代》，北京师范大学出版社，1998年版，第33页。

④⑤《电视研究》，1997年第11期，第55页。

（载《现代传播》2003年第3期）

对中国电视批评的批评

一

电视批评是以电视节目欣赏为基础，以各种具体的电视节目以及同节目相关的电视现象、电视思潮、电视受众、电视创作者等为对象的研究活动。其主要任务是对电视节目进行分析、判断和评价，指明作品在内容和形式方面的思想和艺术价值。电视批评对于观众的观赏活动有着重要的引导作用。电视批评对于电视创作具有促进和引导作用，它在观众与创作者之间搭起一座认识的桥梁。电视批评随着电视实践的不断丰富而发展。电视节目一产生便开始有了电视批评，电视批评发展到现在经历了萌芽、起步、发展、自觉四个阶段。从这一发展过程可以看出电视批评对电视节目乃至整个电视事业的推动作用。目前，我国电视批评的形式更加多样化和规模化，除了传统意义的论文、随笔、专著等形式以外，以电视手段开展电视批评，以互联网作为媒介进行电视批评，已表现出电视批评的日益现代化。手段多样化是电视实践发展的必然。电视批评争鸣意识和创新意识的增强是20世纪90年代电视批评的一大特点，特别是电视基础理论的加强，使电视批评更加具有科学意义。电视理论研究、学术活动的规模化使电视批评有了良好的基础，并较好地解决了电视实践中亟待解决的问题。电视批评开始慢慢成熟起来。批评领域扩大，手段增强，为电视理论研究提供了实践依据，能动地指导中国电视实践。学术意识和创新意识在电视批评中得到增强，并直面中国电视创作，开始出现了一批有一定影响的电视批评家。

但是也应该看到，同日益繁荣的荧屏相比，电视批评还显得底气不足，墨守成规的批评意识、批评方法使其作用没有发挥到应该发挥的地步。更有甚者，在各种利益交织、各种矛盾突出、物欲横流的情况下，当前电视批评有时也会被人歪曲和收买。如此这般，电视批评的客观公正性、真实性就大打折扣了，其结果是电视批评的声誉受到破坏，批评的道德被亵渎，批评的说服力被大大削弱。所有这些都同批评的科学化、批评理论的建设有关，因此，加强电视批评评论的研究就显得十分重要。

二

马克思主义经典作家十分注重批评的科学态度。马克思指出："理论只要说服人，就能掌握群众；而理论只要彻底，就能说服人。"经典作家的批评文章绝不会为了某种个人私利而去出卖自己的灵魂。

马克思主义经典作家的批评态度是值得现实电视批评家学习的，是进行科学、客观、公正的电视批评的指导。马克思主义经典作家十分注重对新的思想资源的不断开发和利用，他们的批评洋溢着时代的气息，其成果得到社会的广泛承认。显然，现实电视批评表现出的浅薄和无力、非学理性、抽象空泛等现象是需要新的思想资源的开发的。或许有人认为，市场经济的发展和市民社会的兴起很可能会对电视批评活动的建设起到制约性的影响，就是说，电视批评的话语不能不考虑到社会经济结构的要求。其实也是在这个意义上，应该把电视批评话语的建设看成是21世纪初话语资源权利的再分配。而广大受众对批评话语的新要求，却正好表明我们的受众正走向成熟。这种日益强大的社会力量也正是人们思想解放的结果，它为我们的电视批评提出了更高要求。因此，加强电视批评的新秩序建设已是当务之急。这种新秩序的建设需要批评家理智的思考、认真的研究。在秩序建设过程中，要注意吸收其他社会科学，尤其是其他批评理论的成果。比如，怎样从社会学、结构主义、心理学、比较主义、系统科学等找出同电视相关的东西，以更好地分析电视作品，认识电视现象？马克思主义理论对大众文化的批判在当代中国批评领域有什么影响，怎样进一步发展它，怎样将其运用到中国电视批评领域中来？目前电视节目复杂的消费现象会不会从根本上动摇电视批评中的审美至上论？怎样认识中国传统文化中的批评理论，哪些是属于应该继承的，哪些是属于应该批判地吸收的，哪些是属于应该抛弃的？在新的世纪，在电视实践已经提出越来越多新问题的时候，我们的批评做了哪些事呢，又能做哪些事呢？等等，可以提出许多新问题来进行反思。通过这样一场电视批评的思想革命，才可能打破电视批评的旧秩序，以利于电视批评的可持续发展。

三

电视批评将更加趋于科学化。科学化是批评意识与方法的科学化，现代化是指批评手段与形式的现代化。科学化和现代化都存在于批评实践的发展中。批评是一种实践性很强的学科，尽管我们一再提倡批评要赋予学理性，甚至将探索的触角伸入哲学与思想领域，但归根结底是为电视实践服务的。学理性、哲学与思想的力量使其对问题的探索进入到一种批评的深层次领域。批评的探索总是一种现实的探索，它需要理性思考，需要借助荧屏形象发表自己的观点，但始终离不开电视创作实践。

批评意识与方法科学化是为了使电视批评更加富有科学意义，这是批评家追求的一个目标。这个目标永无止境，因而也促进了电视批评观念的不断更新，加强了同电视实践的联系。随着电视批评主体意识的加强，人们越来越意识到，电视批评不该完全跟随在电视创作的后面，亦步亦趋，依赖于电视创作的存在。但作为因电视创作而产生的电视批评，二者之间毕竟存在亲密的伙伴关系，共存共荣，共创荧屏新天地。这种同步意义表现为电视批评因受电视创作的刺激而加快了自身建设的步伐。今后，这种电视批评的主体意识将进一步得到强化，电视创作不断以新的追求来冲破电视常规，不断融入新的审美感觉与审美趣味，并以此来更新以往传统的凝固的审美标准。

从这个意义上讲，今后的电视批评将以更积极务实而有效的实践精神，在吸收各种批评理论精华的基础上，以形成自己鲜明独特的民族批评风格。电视批评应该建立在电视创作实践的基础上，把富有特色的电视实践，提炼、加工、选择、升华为自己富有创新意义的电视批评理论。只有以这种务实的精神，才能解决电视创作实践中面临的许多新的现实问题。电视批评有了这种务实精神，并在此基础上，注意吸收西方各种批评流派中有用的东西，同时，还将继承我国传统文化中的批评理论。应该看到，中国几千年积淀、传承下来的灿烂、辉煌的传统文化，与现代富于革命性内涵的新文化交融中的批评理论，是具有民族特色的弥足珍贵的精神食粮。

手段和形式的现代化是电视批评发展的必然趋向，这同电视创作实践密不可分，同新的批评理念和方法紧密相连。手段和形式现代化的一个重要趋向就是电视批评已不再是单一的片面文字的批评，它已从传统的批评手段开始转向现代化的批评手段，其形式呈多样化态势。

电视批评手段和形式的现代化也将进一步促进电视批评意识与方法的科学化。社会意识、个人意识与审美意识在当代电视批评中都各自有着生活的依据，共同成为不可忽视的批评内容。这种现实生活的依据从另外一方面也证明，当代生活对电视的发展趋向起到规定和制约作用，电视批评的实践也终归是一种现实生活的实践。一个优秀的电视批评家应该重视他同当代政治、经济、文化生活的同步性，这样无论面对如何复杂的电视现象，他都能够超越批评对象所表现出的当代意识，这是电视批评发展趋向的具体体现。尤其是随着批评形式的现代化，这种当代意识将愈加浓烈。

（载《电视研究》2001 年第 9 期）

坚持中国电视批评的正确方向

坚持为人民服务、为社会主义服务的方向，坚持“百花齐放”、“百家争鸣”的方针，这是中国电视文化取得繁荣的重要前提。几十年来，中国电视批评在这一思想路线的指引下，对各种具体的电视节目以及同节目相关的电视现象、电视思潮、电视受众、电视创作者等进行分析、研究和评价，对电视创作产生了强大的推动作用，使之取得了突飞猛进的发展。

电视批评必须坚持“二为”方向

中国电视批评必须坚持为人民服务、为社会主义服务的方向，并将其作为判断电视作品思想价值和艺术价值的重要标准。

我国电视事业是党领导下的社会主义的人民电视事业，是我国上层建筑和意识形态的重要组成部分。党代表人民群众的根本利益，是领导人民进行社会主义建设的核心力量，其唯一宗旨是全心全意为人民服务。作为党和政府的喉舌，我国电视业也要以为人民服务为宗旨。我国宪法第22条明文规定：“国家发展为人民服务、为社会主义服务的文学艺术事业、新闻广播电视事业、出版发行事业、图书馆、博物馆、文化馆和其他文化事业，开展群众性的文化活动。”遵照宪法规定，我国电视必须以为人民服务、为社会主义服务作为自己的根本宗旨。毛泽东同志指出：“努力办好广播，为全国人民和全世界人民服务。”人民群众是电视的主人，中国电视批评的任务就是促使中国电视始终把为人民服务、为社会主义服务贯穿于整个电视传播活动之中。

从根本上讲，为人民服务、为社会主义服务，二者是统一的。走社会主义道路，建设社会主义现代化，是中国人民的利益所在，也是全国各族人民共同奋斗的方向。为社会主义服务是为了促进社会主义现代化进程，极大地满足广大人民群众日益增长的物质、文化需求，归根结底，也是为人民服务。我国电视应该把为人民服务融于自己的各个工作环节中，真诚地以人民群众作为服务对象，一切从人民利益出发，体现出人民群众作为历史创造者的应有地位，使之成为电视屏幕的主人。在服务中努力表现人民群众的意愿，努力反映他们的政治生活、经济生活和文化生活中表现出来的聪明才智，以及他们从事社会主义事业的愿望和要求，使之真正成为电视的主人。我国电视有着不同民族、不同年龄、不同职业、不同爱好、不同性别、不同文化水平的十分广泛的观众。电视批评正是以此为批评的重要依据和准则，对各种具体的电视节目进行分析和评价。坚持以广大人民群众为服务对象，不断改进工作，提高服务质量，合理设置和努力办好各类节目，采用最能使人理解和接受的方法，传播好党和国家的路线、方针、政策和中心任务，满腔热情地报道人民群众一切积极性的创造活动，反映人民群众的愿望，向人民群众提供一切有益的科学知识，丰富多彩的艺术享受和各种周到的服务，使我国电视真正成为党和政府联系群众的桥梁，把为人民服务、为社会主义服务落在实处。反之，批评家则给予及时的批判。

60年前，毛泽东同志《在延安文艺座谈会上的讲话》指出："人民生活中本来存在着文学艺术原料的矿藏，这是自然形态的东西，是粗糙的东西，但也是最生动、最丰富、最基本的东西，在这一点上说，它们使一切文学艺术相形见绌，它们是一切文学艺术的取之不尽、用之不竭的唯一的源泉。"中国电视的源泉是广大人民群众的现实生活，它所关注的焦点和服务的对象也正是广大人民群众。电视批评的一个根本原则就是电视作品是否为人民服务。

科学的电视批评倡导以人民群众为主体的题材选择，倡导正确的艺术创作方向，使电视创作沿着健康的道路前进。比如以中央电视台《生活空间》为代表的一批纪实类电视作品，使普通人成为报道的对象，芸芸众生的喜怒哀乐成了观众的新视点。当这类节目出现时，批评家进行深入分析进而给予了充分的肯定，认为"这类纪实性作品显然是编导站在'人'的立场上对社会、历史和人生作出的发人深省的展示和启示"。一时间，"讲述老百姓自己的故事"的节目在各级电视台纷纷登场。这类节目的出现，不仅在我国电视史上具有首创意义，对中国电视节目的改革也具有巨大的推动作用。正如有的批评家指出的那样，如果说20世纪80年代中国电视新闻传播中人的主体地位得到确立，那么90年代中国电视体现出更为深刻的人文精神，人类生存的意义更多地在电视上得到体现，普通人的命运备受关注。这种现象的出现，使人们更多地关注发生在自己身边的事。更多的批评家也注意到观众对新闻的关注已从严肃的政治转向生动的人物报道。批评家从电视节目的人民大众性方面去评析了这种现象。"讲述老百姓的故事"成为中国现代化的重要标志。电视传播必须同人民群众保持最广泛、最深刻的联系，及时、准确、形象地反映社会生活，确立人民群众在电视传播中的主体地位，这是衡量中国电视的一个重要标准。所有的电视节目只有被观众收看了、接受了，它们的社会作用和艺术价值才能体现出来，人民拥护不拥护，赞成不赞成，高兴不高兴，答应不答应，就成为衡量电视节目优劣的第一标准。

电视批评要弘扬主旋律，提倡多样化

为人民服务、为社会主义服务是我们的电视和电视批评的根本性问题，即中国电视为谁服务的问题。弘扬主旋律，提倡多样化，坚持"双百"方针则解决了如何服务的问题。早在60年前，毛泽东同志就强调这两个问题，认为文艺是为人民大众服务的，要力求大众化，在此基础上，还要追求高品位，做到二者的统一。这一思想是我们批评电视节目的重要武器。

电视批评中，坚持弘扬主旋律是社会进步的内在要求。社会主义现代化建设时期，弘扬主旋律，就是大力提倡一切有利于发扬爱国主义、集体主义、社会主义的思想和精神；大力提倡有利于民族团结、社会进步、人民幸福的思想和精神；大力提倡用诚实劳动争取美好生活的思想和精神。相反，一切格调低下、宣扬色情暴力的东西当然是与主

旋律背道而驰的。

在现阶段，弘扬主旋律就是要反映人民生活的本质，反映中国各族人民在中国共产党领导下建设有中国特色的社会主义的伟大事业，反映改革开放和现代化建设的伟大实践，反映中华民族全面振兴的伟大时代精神。处在世纪更迭时期的中国电视，电视作品的形式日益多样化，新节目、新思潮层出不穷。观众不一定都熟悉每一种新形式，不一定都理解每一种新思潮。

在诸多电视节目里，内容健康向上的占绝大多数，但也有格调不高、艺术低下、甚至黄色的“精神污染”。电视剧等艺术形式在观众中影响颇大，而加入WTO之后，美国等西方国家的电视剧会越来越多地进入中国电视剧市场。这些作品良莠不齐，即使在一些优秀作品里也可能带有某些消极因素。电视批评有责任帮助广大人民群众正确地对待这些问题，特别是要正确对待那些在形式上具有一定吸引力，但在思想内容上又有错误的电视作品。因此，是否坚持弘扬主旋律，是否能真正做到以优秀的作品鼓舞人，涉及社会的稳定与发展。电视批评为人民服务正是要尽可能地防止和减少负面效应，同时又要不断地发现和提倡有积极意义的新节目、新思潮，尽量发挥有益的作用，帮助人们提高自己的鉴别能力和欣赏水平。

弘扬主旋律，有助于巩固安定团结的政治局面、维护改革开放的成果，有助于“四有”新人的培养，净化社会风气，抵制享乐主义、拜金主义和极端个人主义的影响，引导人们树立正确的人生观和价值观。

电视批评中坚持弘扬主旋律这一评判标准将大大有利于电视艺术的繁荣。20世纪90年代以来，我国主旋律电视剧创作成为一种重要的电视现象。首先表现在革命历史题材，特别是重大革命历史题材的电视剧作品的数量和规模都得到发展。其次是弘扬中国优秀传统文化的古典题材和近代历史题材大量增加。再次是一批以英雄人物为创作题材的电视剧作品应运而生，他们将人生置于艰难困境中，叙述那种任劳任怨、兢兢业业的价值观念，将其作为当代社会政治和道德来颂扬。我国一些电视批评家都十分注重以这方面的选题作为评析对象。主旋律和伦理化是20世纪90年代以来中国影视创作的两个支点，一方面，“主旋律”形成了影视文化的基本格局，另一方面，伦理化规定了影视文化的基本趋势。前者是一种视野的确立，后者是一种视角的选择，它们共同构成了一种意识形态引导力量。

弘扬主旋律，坚持中国电视文化的民族走向，这是评判电视作品的一个重要的标准。博大精深的东方文明，五千年中华民族的灿烂历史，是建设中国特色社会主义电视文化的根基。毛泽东指出：“我们这个民族有数千年历史，有它的特点，有它的许多珍贵品质。对于这些，我们还是小学生。今天的中国是历史的中国的一个发展，我们是马克思主义的历史主义者，我们不应当割断历史。从孔夫子到孙中山，我们应给以总结，继承这一份珍贵遗产。”中国是人类文明发祥最早的地方，弘扬中华文化精神，中华民族优秀的文化传统和杰出人物代表成了中国电视取之不尽、用之不竭的精神财富。这些中华民族文化精华都对炎黄子孙产生过积极作用，应该继承和发扬。电视批评中，鼓励用荧屏表现丰富的文化底蕴和典型的民族艺术形式，反映伟大时代的思想内容，这是中国特色电视艺术的基本内涵。在这种思想的指导下，我国电视剧创作不断地走向成熟。《红楼梦》、《西游记》、《三国演义》、《水浒传》、《雍正王朝》、《康熙帝国》等电视剧，从形式到内容都凝聚着为中华文化所珍视的审美传统和艺术精神，不仅受到观众的青睐，而且备受批评家们的关注。在批评家们和创作者们自身的不断反思中，这些电视剧逐渐达到了对民族叙事文化传统认识和借鉴的新境界和新高度。

正如毛泽东在《在延安文艺座谈会上的讲话》中指出的那样，文艺工作应该是“下里巴人”和“阳春白雪”的统一。电视批评在坚持大力弘扬主旋律的观点的同时，应该重视多样化。弘扬主旋律，提倡多样化是辩证统一的关系，彼此之间具有同样重要的意义，这是电视创作中不可忽略的重要理念。电视作品要努力采用老百姓喜闻乐见的艺术形式，表现丰富多彩的社会现实。在保证健康有益的前提下，在电视批评中，应该鼓励电视节目在风格、题材、形态、理念等方面的多样化，以更好地适应社会各种不同层次观众的需要。20世纪90年代以来，我国电视荧屏日益繁荣，频道、节目形式增多，这同我国电视批评家积极提倡多样化不无关系。每当一种新的节目形式出现，只要是健康有序的，都会得到热情的扶持。诸如谈话式节目的出现、综艺性节目的兴起、主持人节目的日益成熟、现场报道的精彩纷呈，都得到了批评家的积极关注。提倡多样化，要办好一大批大众化的雅俗共赏的电视节目，同时根据不同观众的需要，办好多层次的不同电视节目，鼓励高雅艺术的创作，用高雅文化去引导、影响电视观众。这正是对毛泽东《在延安文艺座谈会上的讲话》精神的继承和发扬。毛泽东提出文艺要在向大众普及的基础上提高，二者不能截然分开。我们当前的电视批评不能完全根据接受者的数量来判断电视作品的优劣。如果没有高雅文化的发展，就永远没有文化的发展进步。因此在大众文化的时代，应该鼓励和支持那些具有思维个性和艺术个性的电视节目，尽管这些节目可能还缺乏更为广泛的大众性和通俗性，但是他们却可能因其思想上的独特性和形式上的前卫性促进电视文化的发展。随着人们文化素质、欣赏水平的提高，对高雅艺术欣赏的人也会越来越多。因此，电视批评中提倡多样化，就是主张根据观众的不同文化层次设置各种不同类型的节目，并且有意识地用高雅的电视文化去影响、引导他们，这样通过不懈的努力，使整个电视观众的文化层次、欣赏水平得到提高。

在改革开放不断深入的新世纪，我们重温毛泽东同志《在延安文艺座谈会上的讲话》这篇光辉著作，对进一步搞好电视批评具有重要的指导意义。我们应该继续坚持电视批评为人民服务、为社会主义服务的正确方向，坚持“双百”方针，弘扬主旋律，提倡多样化，不断地推动中国电视事业健康成长。

（载《当代电视》2002年第5期）

建立中国电视批评的新秩序

电视批评推动和促进了电视文化的繁荣和发展。正确地认识和分析中国电视批评的历史和现状，对于坚持中国电视批评的可持续发展，建立科学的中国电视批评的新秩序具有十分重要的意义。

中国电视批评的现状描述

电视批评是以电视节目欣赏为基础，以各种具体的电视节目以及同节目相关的电视现象、电视思潮、电视受众、电视创作等为对象的研究活动。其主要任务是对电视节目进行分析、判断和评价，指明节目在内容和形式方面的思想和艺术价值。电视批评对于观众的观赏活动有着重要的引导作用，表现在增强观众对电视作品及其相关现象的读解认识能力及提高观众的审美趣味，提升审美层次方面。电视批评对于电视创作具有促进和引导作用，它在观众与创作者之间搭起一座认识的桥梁。

电视批评随着电视实践的不断丰富而发展。电视节目一产生便开始有了电视批评，发展到现在电视批评经历了萌芽、起步、发展、自觉四个阶段。从这一发展过程可以看出电视批评对电视节目，乃至整个电视事业的推动作用。目前我国电视批评的形式更加多样化和规模化，除了传统意义的论文、随笔、观众来信、对话体评论、专著等形式以外，以电视手段开展电视批评，以互联网作为媒介进行电视批评，已表现出电视批评的日益现代化。手段多样化是电视批评发展的必然。电视批评争鸣意识和创新意识的增强是新世纪初电视批评的一大特点，特别是电视基础理论的加强，使电视批评更加具有科学意义。电视理论研究、学术活动的规模化使电视批评有了良好的基础，并较好地解决了电视实践中亟待解决的问题。电视批评开始慢慢成熟起来，批评领域扩大，手段增强，为电视理论研究提供了实践依据，能动地指导中国电视实践。学术意识和创新意识在电视批评中得到增强，并直面中国电视创作，开始出现了一批有一定影响的电视批评家。

但也应该看到，同日益繁荣的荧屏相比，电视批评还处于滞后状态。一些社会因素干扰着电视批评的正常开展。由于种种原因，我们一些电视批评的思想根源在哲学层面的组织上还是庸俗唯物论和本质真实论，在意识层面的认识上还是阶级论、人性论以及人道主义的混杂，在方法层面上则更多的是社会主义现实主义的典型论和性格论，在艺术审美的趣味层面则更多的是古典主义和浪漫主义。所有这些便成了电视批评的中国现实的主要话语，在我国电视批评中处于主导地位。即便是电视创作瞬息万变，电视批评也只能显示出它的无能。墨守成规的批评意识、批评方法使其没有发挥出应该发挥的作用。这些问题的症结在于我们的一些电视批评家观念陈旧，缺乏创新意识，没有认真分析和认识中国电视文化繁荣和发展的现状，因而在他们的批评文章中，既缺乏开阔的批评胸襟，又不能提出尖锐的一针见血的意见性信息，缺乏理论支撑。更有甚者，当前由于在各种利益交织、各种矛盾突出、物欲横流的情况下，电视批评也常常被人收买。当观众看完一部电视剧，或一部专题片，或一台晚会，再对照我们的电视批评文章时，不禁令人疑惑，这些文字是怎么被炮制出来的?! 可能谁也不会否认，一些批评者常常廉价地出卖自己，为制片商、为编导捧之能事。这些文章总是好话说尽，与作品的真实价值相去甚远。有一种情况，也是值得警惕的。一些批评文章求全责备，作品所表现的主题明明是东，批评者却说你缺西；作品的风格明明是南，批评者又说你缺少北。这种批评文章貌似公正，而实际带有很大的片面性和主观性。还有一种情况，这些批评者或者缺少起码的文学知识、历史知识，或者缺乏一种责任感。对背景不作任何分析，就对批评对象任加贬低。如此这般，电视批评的客观公正性、真实性就大打折扣了，其结果是电视批评的声誉受到破坏，批评的道德感被亵渎，批评的说服力大大削弱。所有这些都同批评的科学化、批评理论的建设有关，因此，加强电视批评评论的研究就显得尤为重要。

实现中国电视批评的可持续发展

加强中国电视批评理论建设是当务之急。这种建设需要批评家理智的思考，认真的研究，需要一种科学的批评立场。

首先是要注重对新的思想资源进行不断的开发和利用。这才能使电视批评洋溢着时代的气息，成果得到社会的广泛认可。显然，现实电视批评表现出的浅薄和无力、非学理性、抽象、空泛等滥竽充数的现象是需要新的思想资源的开发的。或许有人认为，市场经济的发展和市民社会的兴起很可能会对新批评活动的建设起到约束性的作用，即是说电视批评的话语不能不考虑到社会经济结构的要求。其实也是在这个意义上，应该把新的批评话语的建设看成是 21 世纪初话语资源权利的再分配。而广大受众对批评话语的新要求，却正好表明我们的受众正走向成熟。这种日益强大的社会力量也正是人们思想解放的结果，它为我们电视批评提出了更高要求。因此，从这个意义上讲，电视批评中，我们要注意吸收其他社会科学，尤其是其他批评理论的成果。比如怎样从社会学、结构主义、心理学、比较主义、系统科学等找出同电视相关的东西，以更好地分析电视作品，认识电视现象；西方马克思主义理论对大众文化的批判在当代中国批评领域有什么影响，怎样进一步发展它，怎样将其运用到中国电视批评领域中来；目前电视节目复杂的消费现象会不会从根本上动摇电视批评中的审美至上论；怎样认识中国传统文化的批评理论，哪些是属于应该继承的，哪些是属于应该批判的吸收的，哪些是属于应该摒弃的；在新的世纪，在电视实践已经提出越来越多新问题的时候，我们的批评做了哪些事呢，又能做哪些事呢。如此等等，都可以提出新问题来进行反思。

电视批评将更加趋于科学化。在此基础上，电视批评要不断吸收其他社会科学、自然科学的研究成果，特别是一些西方批评理论，不断开发思想资源，通过这样一场电视批评的革命，才可以建立起科学的电视批评新秩序，实现可持续发展。

其次，实现批评意识、批评方法的科学化和现代化。

科学化是批评意识与方法的科学化，现代化是批评手段与形式的现代化。科学化与现代化都存在于批评实践的发展中。批评是一种实践性很强的学科，尽管我们一再提倡批评要赋予学理性，甚至将探索的触角深入哲学与思想领域，但归根结底其使命是为电视实践服务的。学理性、哲学与思想的力量使其对问题的探索进入一种批评的深层次领域。批评的探索总是一种现实的探索，它需要理性思考，借助荧屏形象发表自己的观点，但始终离不开电视创作实践。批评意识与方法科学化是为了使电视批评更加富有科学意义，这是批评家追求的一个目标。这个目标无穷尽，因而也促进了电视批评观念的不断更新，加强了同电视实体的联系。随着电视批评主体意识的加强，人们越来越意识到，电视批评不该完全跟随在电视创作的后面，亦步亦趋，依赖于电视创作而存在。不管这种依赖性是以教师爷面目出现，还是以食客的姿态出现，人们总是厌恶的。但作为电视创作而产生的电视批评，二者之间毕竟存在亲密的伙伴关系，共存共荣、共创银屏新天地。这种同步意义表现为电视批评因受电视创作的刺激而加快了自身建设的步伐。今后，这种电视批评的主体意识将进一步得到强化，电视创作不断以新的追求来冲破电视常规，不断融入新的审美感觉与审美趣味，并以此来更新以往传统的凝固的审美标准。

从这个意义上讲，今后的电视批评将以更积极务实而有效的实践精神，在吸收各种理论精华的基础上，以形成鲜明独特的民族批评风格。电视批评应该建立在电视创作实践的基础上，从富有特色的电视实践中，提炼、加工、选择、升华为自己富有创新意义的电视批评理论。只有以这种务实的精神，才能解决电视创作实践中面临的许多新的现实问题。有了这种务实精神，并在此基础上，坚持电视批评中的对立统一性，科学地处理好逻辑批评与实证批评、宏观批评与微观批评、历史批评与现实批评的结合。另外，注意吸收西方各种批评流派中有用的东西。辩证唯物主义和历史唯物主义的研究方法为电视批评提供了科学的批评观和方法论，这是我们求得“科学”与“事实”统一结论的正确途径。西方结构主义、存在主义、后现代主义、比较主义等批评理论对我国批评界很有影响，有的已进入电视批评领域，并取得良好的批评成果，这种借鉴与吸收还应该更进一步深入下去。同时，电视批评还将继承我国传统文化中的批评理论。应该看到，中国几千年积淀、传承下来的灿烂、辉煌的传统文化，与现代富于革命性内涵的新文化交融中的批评理论，是具有民族特色弥足珍贵的精神食粮。

手段和形式的现代化是电视批评发展的必然趋向，这同电视创作实践密不可分、同新的批评理论和方法紧密相连。手段和形式现代化的一个重要趋向就是电视批评已不再是单一片面的文字批评，已从传统批评手段转入现代化的批评手段，其形式呈多样化势态。在这项现代化的进程中，发挥电视特有的优势，以电视的手段研究电视受到人们的欢迎。

电视批评手段和形式的现代化也将进一步促进电视批评意识与方法的科学化。社会意识、个人意识与审美意识，在当代电视批评中都各自有着生活的依据，共同成为不可忽视的批评内容。这种现实生活的依据从另一方面也证明，当代生活对电视的发展趋向起到规定和制约作用，电视批评的实践也终归是一种现实生活的实践，一个优秀的电视批评家应该重视他同当代政治、经济、文化生活的同步性，这样无论面对如何复杂的电视现象，如何繁荣的电视荧屏，他都能够超越批评对象表现出批评的当代意识，这是电视批评发展趋向的具体体现，尤其是随着批评形式的现代化，这种当代意识将欲加浓烈。

（原文收于《冲突·和谐：全球化与亚洲影视——第二届中国影视高层论坛文集》）

论电视批评的功能与作用

在现代生活中，看电视已经成为我们日常生活中的一个重要组成部分。电视深入我们的家庭之中，以其丰富多彩的节目类型和通俗易懂的文化特色占据了我们多数闲暇时间。我们通过电视去了解大千世界和新事物，同时，电视也在潜移默化地影响和建构我们对社会生活及人际关系的基本观念。因此，对电视这种现代生活媒介进行价值判断、指陈得失的电视批评在电视事业的发展过程中就显得至关重要。电视是当今公认的第一热传媒，拥有其他大众传媒所不能及的优势和影响力，所以电视批评的重要性是不言而喻的。既然欣赏和观看电视在我们的日常生活有这样高的地位，因而就会对电视的内容展开形形色色的评价和议论。这些评价会有不同的看法和见解，普通观众对所看节目的评价往往是随感性的、即兴式的褒贬，这些只言片语的评论是出于对电视的直觉和个人的爱好，但一些专业人士出于谋求电视商业利润的考虑，以收视率、市场占有率等数据材料来评判电视传播内容的优劣，这实质是以经济目的来决定的商业经营行为。不管是观众的随兴式评价，还是市场的经营公司对电视的评论，都不是真正意义上的电视批评。随着中国电视事业的发展以及电视文化的多样性，建设有中国特色的电视批评理论体系势在必行。因此，本文将对建设有中国特色的电视批评理论体系的具体内容做出自己的探索与解答。

电视批评的功能与作用

电视批评是一种旨在进行价值判断的研究活动。从前面我们对电视批评类别的划分以及对电视批评多元性的阐释中已经看到，任何电视批评都必然从不同的批评姿态出发，选择特定的电视批评模式，以达到某方面的批评目的。因此，不同类别的电视批评本身已经暗含了各自不同的批评指向和主体意图，也就从不同侧面反映了电视批评的功能。根据前文对电视批评的类别划分以及电视批评的特性分析，从总体上看，我们认为电视批评主要具有三大功能，即督导匡正功能、艺术审美功能和文化建构功能，而每一功能又各自包括具体呈现出来的电视批评的作用。

电视批评的首要功能应该与电视本身的核心价值相对应，而对电视核心价值的认定就涉及对大众传媒的功能的理性认识。关于大众传播媒介的功能，西方的传播理论界已形成了许多理论成果。从拉斯韦尔和赖特提出的“四大功能”说、拉扎斯菲尔德和默顿提出的媒介负面功能说到“议程设置”理论与“两个环境”理论，纷纷从各个角度揭示了大众传播媒介的功能与作用。大众传媒无疑具备多方面的功能，从传媒与社会的关系而言，大众传媒的首要功能必然与最有利于社会良性发展、与社会紧密互动的方面相关联。

在西方国家，传媒对社会的这种守望功能被视为核心价值所在。普利策有一句流传甚广的名言："倘若一个国家是一条航行在大海上的船，新闻记者则是站在船头的瞭望者。他要顺一望无际的海面上观察一切，审视海上的不测风云和浅滩暗礁，及时发出警告。他不计自身成败荣辱，也不管老板的喜怒和经济上的盈亏，而是为信任他们的人们服务。"在传媒的各种功能中，这种守望功能强调了传媒所应承担的重大社会职责以及传媒从业人员必须具备的高度使命感和责任心，也使传媒业从根本上与其他领域中以追求经济利润最大化为目标的产业实体区分开来。我们强调传媒的守望功能的意义在于，使传媒最大限度地发挥其正面影响力，尽可能地克服其负面效应，这在当今传媒发展迅猛、经济效益可观的形势下，尤其具有重要的意义。在传媒市场竞争日益激烈的今天，不少人强调传媒的"注意力经济"，它与国外传媒界强调的"影响力经济"相比虽然只有两字之差，但含义却大相径庭。"注意力经济"注重的是一次性地吸引受众眼球，实质是一种短期的利益指向，所以一些哗众取宠之举和媚俗炒作现象大行其道；"影响力经济"则重视受众的信任与忠诚，着眼于持久性的长期效益，实质是追求传媒发挥守望功能而建立起来的良好声誉和权威公信力。电视是当今最有影响力的传媒，它具有信息沟通、教育舆论监督和休闲娱乐等多种功能。尽管由于电视本身的视听特性及当下的市场取向，其娱乐功能得到极大的张扬。但不可否认，如果仅仅寻求电视的娱乐消遣价值而忽视其作为传媒的守望功能，电视只能沦落为一种娱乐工具而非对人们现实生活有重大意义的社会公器，也无法发挥其潜在的为社会谋福利的巨大能量。因此，电视的核心价值应该是强调对社会现实的如实反映和良性引导的守望功能。

一是指出电视传播中的偏差行为

自从中央电视台《焦点访谈》节目开播引起强烈反响之后，深入社会现实进行舆论监督的电视节目开始增多并受到广大观众的好评。然而，另外一个问题浮现出来：电视传媒的舆论监督，上至政府官司员下至平民百姓，无不在其监督范围内，那么谁来监督电视传媒本身？这就需要电视批评发挥督导匡正的作用，及时指出电视传播中的偏差，帮助电视传媒更清醒地认识和定位自身，以免偏离"社会瞭望者"的角色轨道。

二是阐释电视传播的发展方向

电视批评要充分发挥其督导匡正的功能，就必然要在思维方式上侧重于批判性思维，更多地关注电视传播中的偏差和不足，以期及时发出警示。但愿电视批评不能"只破不立"，如果只着重在指其失误、揭其流弊的层面上，而忽略对其发展方向的思考，这样的批评价值是非常有限的。而且往往会使批评陷入一种自说自话的状态，难以为从事电视实践的人士所接受，也就不能真正实现电视批评介入和引导电视实践的终极目的。因此，阐释电视传播的发展方向也是电视批评的一个重要作用。

三是评点电视作品的优劣，引导观众的观赏活动

电视批评应对现有的电视作品作出正确的甄别，既要肯定和赞扬优秀的电视作品，又要无情鞭挞和驳斥那些格调低下、思想平庸的电视作品，从而对观众的观赏活动起引导作用。在一般情况下，观众对电视节目的欣赏是一种个人式的直接、感性的体验活动，带有极强的自发随意性。由于文化素质、兴趣爱好、职业及生活经历的不同，观众的审美水平也往往受到自身认识能力的局限，难以完全领会和把握电视作品的创作意

图，更难以充分感受电视作品潜在的思想和艺术价值。电视批评的任务之一就是要增强观众对电视作品的读解、认识能力，提高观众的欣赏水平。

四是搭起观众与创作者之间的桥梁

电视批评作为一个中介，在观众与创作者之间搭起了一座沟通的桥梁。从接受美学的观点来看，创作者所制作的电视作品只是一件半成品，它必须为观众所观看和接受才是最后完成的作品，观众的理解与反应关系着作品的实际传播效果，因此电视创作必须重视观众的接受情况。从传播学的观点来看，电视作品如果仅从创作者传播到观众，那就只是一种单向的信息传播，容易陷入盲目和片面之中，所以必须还有一个从观众传播到创作者反馈的环节，才能组成一个双向互动、良性循环的传播流程。电视批评在观众和创作者之间的沟通作用对于建构这一工作良性循环的传播流程有着极为重要的意义。电视批评不仅与观众对话，向观众解读阐释创作者的主观意图及艺术手法；也与创作者对话，向创作者反馈观众的接受状况和意见，使创作者及时了解到观众对自己作品的态度和看法，了解作品是否达到自己的预期效果。电视批评还将电视观众不同的心理倾向、观赏倾向、观赏需求等信息与反应不断传达给创作者，从而在创作者与观众、电视创作与收视市场供需双方之间进行有效的沟通和调控。

五是推动电视创作整合与发展

电视批评对电视创作还有着推动其整合与发展的重要作用。电视批评承担着推介新人新作、评优选优的任务。比如，最近几年北京广播学院（现为中国传媒大学）出版社每年都会将全国获奖电视作品的评析文章分类整理，以附带光碟的著作形式出版，这对于扩大优秀电视作品的影响、引导电视创作发展趋势都是非常有益的。又如，在我国电视纪录片创作中，孙曾田等一大批编导的作品在国际电视纪录片大赛上屡屡获奖，诸如《西藏的诱惑》、《最后的山神》等，他们既为观众奉献了优秀的电视节目，又为我国电视在国际上赢得荣誉。许多批评家纷纷撰文宣传这些优秀的创作者，既向观众大力推介他们的作品，又认真评析他们所取得的艺术成就，这不仅使这些编导和他们的作品广为观众认识和接受，而且也鼓舞和激励了电视创作者在创作事业上更加努力进取。

对普通观众而言，电视批评起到了引导观赏活动、提高审美水平的作用；而对创作者来说，电视批评则意味着一种在理性和实践上的提升。无论是赞扬作品的长处，还是指出它的不足，电视批评的分析只要是从作品实际出发，有真知灼见，是能够给电视创作者以思想和艺术上的启示和帮助的。别林斯基认为，进行批评——这就意味着要在局部现象中探寻和揭露现象所据以显现的普遍的理性法则，并断定局部现象与其理想典范之间的生动的、有机的相互关系的程度。电视批评就是不断地从个别的、具体的创作作品中总结经验，探索艺术创作的内在规律，并形成相应的理论，给其他创作者以有益的启示，推动电视创作有机整合的过程。并且，它通过倡导选择有积极意义的题材及正确的艺术创作方向，有力地推动了电视创作的健康发展。

六是文化选择的作用

电视批评不仅是一种研究活动，同时也是一种文化选择活动。电视文化的传承和积累不是任意的、无限制的和无规则的，必然有一个扬弃、淘汰、沉淀的过程。对电视节目以及相关现象进行评析这样一个活动实际上就是一个文化选择的过程。“电视文化选择，是在某一社会中电视媒体及电视人在一定环境下对两种或两种以上的电视文化及其价值取向、思维方式、运作模式、节目形态、制作技巧等方面进行取舍。”通过电视批评实现的电视文化选择，一方面是对不断变化着的社会需要的适应和对电视观众的满足，另一方面可以产生出新的电视文化结构。电视批评的文化选择作用具体表现在对电视节目价值取向的引导上，电视节目的评审标准上，电视节目播出内容的要求上以及相关政策法规的调整和制定上。

七是超越实践的作用

由于电视批评承担着现实、历史和美学的责任，它应该形成一种自觉的批评意识。批评家不能只停留在电视创作现实的一般水平上对现状作简单概括和静态分析，这种批评显然对创作产生的作用不大。因此，在电视创作实践的同时，电视批评还必须在一定程度上超越创作实践，对电视文化的建构和发展负责。在电视剧创作中，一些涉案题材的“公安戏”由于反映了现实中惊险曲折的大案、要案，受到人们的普遍关注，收视率不俗，成为电视台播放的重头戏。如果对这类电视剧的批评仅仅停留在如何塑造人物形象、把握艺术创造与现实之间的尺度等问题上，那么批评还只是局限于电视创作实践本身，而没有站在社会、文化的高度去深入分析电视实践与大众之间的相互作用。有批评家指出，这类电视剧由于收视率高，经济效益可观，往往都被安排在黄金时段播出，然而其负面影响是不容低估的。电视批评超越实践的作用还表现在它树立了一种典范，提供了一种精神导向。唯物辩证法认为，事物的运动与静止相反相成，是绝对运动和相对静止的统一。从静态的观点看，电视批评是对目前呈现相对稳定状态的某一种电视节目、电视现象来作批评；从动态的观点看，电视传播事业又是一个不断运动、变化和发展的开发系统。这就要求批评家不仅仅局限于当前的电视实践，而是坚持以动态的发展观来看待批评对象，并在批评过程中有意识地建立一种具有前瞻意义的理想化参照目标，致力于探寻批评对象在更为长远的未来的发展走向。

八是自我书写的作用

电视批评作为一种目标指向、实践指导性很强的活动，它的三大作用中，文化建构功能比起直接作用于电视实践、有明确针对性和即时效应的督导匡正功能和艺术审美功能，其影响往往是间接的、长期的和无形的显现，因而一直不太为人们所重视。而在文化建构功能中，与文化选择作用、超越作用相比，自我书写的作用由于其目标指向性和实践指导性色彩最为淡薄，长期以来更是被人们忽略。然而，正是因为自我书写在最大限度上疏离了电视批评的核心部分即强调目标性和实践性的倾向，转而突出作为批评主体的个人的书写行为，因而也就最大限度地彰显了批评家的主体地位和个性特征。电视批评不仅仅是一种针对批评对象的分析、评判活动，同时也是批评者与自身感悟的一种交流、辨识以及认知的活动，更是批评者向外界自我表达、自我书写的活动。在批评过程中，批评家必须努力把握自己对批评对象的认真体悟和独特感受，并且以自己的方式准确地表达出来，因此，电视批评必然投射出批评者自身的思想观念和强烈的个人气质。实际上，电视批评本身就是批评家的一种创造性活动，是批评家对自身文化内涵、思想品格及个性观念的一种书写行为。电视批评的自我书写作用不仅摆脱了电视批评常有的功利色彩，更凸显了批评者张扬自我的个体介入以及批评者以个性表达参与文化建构的过程。强调自我书写的作用，对突出批评家的才情与独特风格以及鼓励批评家在写作中更多地进行具有个性特色的创新都有着重要的意义。

建设电视批评学理论体系

中国电视已经走过了47年的发展历程，取得了举世瞩目的成就。电视传播实践的蓬勃发展呼唤着电视批评的不断成熟和深化，批评意识的增强和批评领域的拓宽以及批评手段的现代化和形态的多样性，共同展现出电视批评的广阔前景。而面对日益丰富的电视批评实践，我国的电视批评理论建设明显滞后。电视批评理论的贫乏和零散大大地影响和制约了电视批评实践的发展，现实中电视批评的种种尴尬现象和遗憾之处与电视批评理论建设的先天不足有着直接的因果关系。显然，现实电视批评表现出的浅薄和无力、非学理性现象以及广大受众对电视批评的迫切期待，对我们的电视批评提出了更高的要求。因此，建立具有中国特色的电视批评学已是当务之急。

（一）电视批评实践的发展

首先是电视批评研究文章的发表阵地更加广阔，传播载体更加多样。《中国广播电视学刊》、《现代传播》、《电视研究》、《中国电视》、《当代电视》等专业理论刊物的蓬勃发展和以《电视批判》栏目为代表的网络批评的兴起，为电视批评提供了空前广阔的阵地。此外，大众化报刊和电视本身也成了电视批评的重要载体，使电视批评的传播更为广泛。

其次是电视批评的数量大大增加。不仅专家、学者们对中国电视发展的研究、讨论形成了电视批评在理论界的热潮；而且由于电视文艺节目尤其是每年以成千上万集播放的电视剧拥有庞大的消费群体，使得报纸杂志上关于文艺节目和电视剧的批评文章大量涌现，呼应着人们关注的热点电视话题。尽管这些大量涌现的电视批评良莠不齐，既存在庸俗吹捧、批评娱乐化的时弊，也不乏论说肤浅、了无新意的缺陷，但电视批评的数量急剧增加本身已显示出电视批评潜在的巨大市场需求和广阔的发展前景。

最后，电视批评的质量得到较大提高。除了数量上大大增加外，电视批评的质量也得到较大提高，主要表现为自学的批评日渐增多，专业的批评日益发展，创造性批评开始出现。

（二）电视批评理论的发展需要

20世纪被认为是批评理论更新最快的世纪。在这一时期里，相继产生了以英加登为代表的现象学美学、海德格尔的后现代主义、法兰克福学派现代社会批判理论、以伽达默尔为代表的阐释美学、库士坦茨学派的接受美学等影响深远的文艺批评思潮，在文艺创作中也出现了印象主义、表现主义、超现实主义、意识流、荒诞派、魔幻现实主义等文艺思潮，它们逐渐汇成一股声势浩大的洪流，向传统思想的创作模式发起挑战，引起了创作领域的一场深刻的变革。由于西方批评思潮的影响，以及中国思想解放后文化理论成果的不断涌现，在20世纪80年代以后，中国的批评理论已有了较大的发展，基本代替了批评领域的现实主义或庸俗现实主义一统天下的旧有局面。特别是进入90年代以后，批评的空间大大拓宽，一些新的哲学、社会科学思维成果相继进入批评领域，形成了一个多元化的批评格局。2000年出版的《电视批评论》首次对中国电视批评进行了系统的理论研究，在中国电视批评理论建设历程中具有里程碑式的开拓意义，在很大程度上为电视批评学的建立搭起了一个实验性的基本理论框架。

建设电视批评理论体系的意义

在 20 世纪，西方电视理论取得了巨大成就，一批有影响的电视理论著作被翻译介绍到中国来，这对中国电视理论的建设具有重要意义。但是，这些理论毕竟是西方文化的产物，不能完全适应中国电视事业的发展。中国的电视文化是中国本土的产物，随着中国电视商业的发展壮大，建设有中国特色的电视批评学就日益显得重要。(1) 可以指导中国电视事业的发展。中国电视文化必须要用中国的理论，不能照搬外国理论来批判、指导中国的电视文化。(2) 可以与国外电视理论展开对话。当西方电视理论取得巨大成就时，我们的电视理论却一无所有，只有在 20 世纪 90 年代以后，中国才真正重视电视理论，因此建设有中国特色的电视理论就显得迫切，否则不能在国际舞台上有自己的地位。(3) 为广大中国受众提供理论指导。中国电视有广大的受众，但这些受众毕竟不是专业的批评家，建设有中国特色的电视批评学，可以给中国受众提供理论指导，提高他们对电视的欣赏与批评具有重要意义。(4) 丰富和完善中国广播电视学科的发展。中国的广播电视学科是一门新兴的学科，建设有中国特色的电视批评学，对丰富和完善这门学科具有重要的意义。

(载《云岭声屏》2007 年第 12 期)

论电视批评的性质和任务

在中国电视40多年来的发展历程中，电视批评作为一项重要的研究活动，在引导和推动电视节目发展中起到了十分重要的作用。但是，一些电视人往往轻视电视批评中所提出的已经被实践证明了的正确的观点，不去努力实践它。这表明电视批评对实践的指导作用还没有引起足够的重视。而对于一个电视批评者，如果只钻研理论，不去研究如何将理论运用于实践，那么他对理论的认识也将受到很大的限制。因而，重视养成对电视现状的关心，学会用科学的电视理论去分析研究电视的各种文化现象，对于电视批评家来说无疑是十分重要的。而正确地认识电视批评的性质和任务，是我们进行科学的电视批评的重要前提。

电视批评的性质

电视批评是以电视节目的欣赏为基础，以电视理论为指导，以各种具体的电视节目以及相关的电视现象、电视思潮、电视受众、电视创作者等为对象的一种科学研究活动。其主要任务是对电视节目进行分析判断和评价，指明作品的内容与形式方面的思想和艺术价值。

普希金认为，批评是揭示美和缺点的科学。当然，这种揭示应该不只是简单的断语，而应该是有理有据的，是在对电视作品充分研究的基础上做出的有说服力的论证和阐述。所以，批评家“进行批评——这就是意味着要在局部现象中探寻和揭露现象所据以显现的普遍的理性法则，并断定局部现象与其理想典范之间的生动的、有机的相互关系的程度”。判断和评价是由分析引出的结论，深刻的分析是做出判断的前提。因而，电视批评重点是分析，目标是对作品做出某种判断。

电视批评是一种科学研究活动，它必须遵循科学研究的一般原则和规律。但它又是一种较为特殊的科学研究。因为电视批评以电视节目为主要考察对象，批评家不仅需要逻辑能力，也同样需要形象思维能力。电视批评的全过程需融入不可或缺的艺术思维和美学意识。

电视批评从本质上讲属于思想与艺术的批评，因而它具有思想与艺术批评的共同属性。对这些属性的了解，有助于我们对电视批评做更进一步的理解与把握。

第一，电视批评是主观与客观的统一。有的批评家认为，对电视作品思想与艺术的评析，代表的是批评家本人的观点。有的批评家却认为，严肃的批评家所关心的不是自我表现，而是建立一个正确的标准，用这个标准来准确地观察事物。应该说，这两种观点都有其片面性。真正的电视批评应该是科学性与独创性的统一，应该表现为主客观的结合，应该是批评家的评判标准、学术修养、主观能动性与客观存在的电视作品的潜在意义、价值取向的融合而形成的判断。

第二，电视批评是科学与艺术的统一。电视批评主要是以电视作品为研究对象的一种创造性电视文化活动，具有科学特征。这种特征表现为批评家对电视作品的审美判断、美学评析要客观公正，要符合电视作品的实际。虽然电视批评有别于其他科学研究活动，但它也特别强调要详细地占有材料，要以科学的电视理论为指导，以电视发展史知识为参考，实事求是，避免主观随意性。因此，作为创造性的精神生产，电视批评要追求审美性与科学性的统一，以科学的分析与审美判断来影响电视观众的思想行为，这也是我们批评的目的。

第三，电视批评在思维方式上是形象思维与逻辑思维的统一。电视批评是以形象思维为基础，以逻辑思维为主的一种思维活动，是审美感受的理性升华。两种思维的运动时而分别进行，时而交叉进行。深刻认识电视批评中的思维特征，从而把握其独特的逻辑与方向，是我们开展批评的科学方法。电视批评需要艺术审美能力，但它不同于创作，虽然两种活动都是人类的心灵活动。艺术创作带有主观色彩，而电视批评虽然也带有主观意识，但这种主观意识必须同作品反映的思想、艺术状况相符合；艺术创作需要想像力，需要更多的形象思维，而电视批评则需要清醒的认识，需要更多的逻辑思维；艺术创作侧重于诉诸体现价值的原创力，而电视批评却主要诉诸体现电视节目意境的重创力。

电视批评需要哲学意识，但它不同于哲学研究。从某种意义上讲，哲学是抽象的，而电视批评对节目形态的批评是具体的；哲学是各种逻辑思维的总和，带有思辨色彩，而电视批评首先是由荧屏产生的直觉经验，其问题的结论往往是建立在这种经验基础上的；哲学是对于物质与精神、思维与存在的认识的总和，而电视批评主要关注的是人生态度，关注的是电视作品所产生的社会影响。

电视批评是一种文化选择，是一个现实的电视实践问题。它具体再现在电视媒体宏观政策法规的调整和制定上，电视节目的价值取向的引导上，电视节目播出内容的要求上，电视节目成品的审查播出上，以及节目评审标准、电视文化创新等方面。从选择的主客体关系上看，电视媒体及电视人是电视文化选择的主体，选择的客体是各类节目，经过主、客体双向的互动作用，来推动选择行为，即批评活动的完成。

电视批评研究的是作品，是对作品进行体验性赏析，从观众的角度完成作品的创作。要克服批评中的片面性，电视批评不仅要完成对社会生活的考察、对传递信息的考察，还要经历对作品的体验比较，同时将这一过程引入批评范围。这样，才会使电视批评获得更加全面、更为科学的结论。

电视批评的任务

电视批评对于电视观赏和创作，对于电视理论和电视史的研究有着十分重要的意义。应该承认，观众对节目的欣赏往往带有极强的自发性、随意性。他们在没有批评家引导的情况下，一样能够观赏电视作品，体验其思想艺术的内涵。但不可否认，在此情况下，电视作品无法最大限度地发挥其鼓舞人、教育人的作用，其思想艺术潜能往往不

能很好地凸显。因此，提高人们的思想文化素质，激发人们的美好理想，创造良好的精神文化氛围，促进社会的发展，所有这些，都离不开电视批评的帮助，离不开电视批评的引导。

这种引导作用首先表现在增强电视观众对电视作品及其有关电视现象的读解认知能力上。观众对电视作品以及有关电视现象的认知要受自身认知结构的限制。有人认为，电视批评不仅是一种文化选择，更是一种解释。这种解释可以帮助观众提高读解认知能力，使更多的观众能够全面领会和把握创作意图，提高其欣赏水平。电视批评对观众观赏的引导作用还表现在提高观众审美趣味，提升审美层次方面。面对观众的不同审美趣味和审美层次，电视批评要善于学会引导观众追求健康的艺术欣赏。一般的电视观众不可能像电视批评家那样对电视作品所揭示的问题有自觉的把握，也不可能具备系统的电视理论知识，更不可能去认真总结电视作品中的成功创作经验。此时，批评家针对性的引导，就能使观众得到实实在在的收获，从中不断提高自己的感悟能力。

电视批评对电视创作具有促进整合、推动发展的作用。电视批评对电视创作的重要作用是毋庸置疑的。正如契诃夫所说的：“没有好的批评家，许多有益于文明的东西和许多优美的艺术品就埋没了。”从电视批评发展来看，其理论也是在具体电视作品的分析研究中构建起来的。我国电视发展到今天，其舆论监督的理论应该说基本已趋于成熟。在发展过程中，中央电视台《观察与思考》栏目曾引起电视批评家的关注。他们认为，《观察与思考》的播出，使电视台由单纯的信息传播发展成为影响舆论的重要工具。这一节目冲破了电影模式的束缚，开始按电视新闻传播规律办电视节目，电视新闻开始走上自己的道路。同时，批评家也从中找到电视言论节目的规律，给其他电视创作者有益的启示。

科学的电视批评倡导具有积极意义的题材选择，倡导正确的艺术创作方式，使电视创作沿着健康的道路前进。比如，以中央电视台原《生活空间》为代表的一批纪实类电视作品，使普通人成为报道的对象，芸芸众生的喜怒哀乐成了观众的新视点。当这类节目出现时，批评家给予了充分的肯定和热情的关怀，认为“此类纪实性作品显然是编导站在人的立场上对社会、历史和人生作出的发人深省的展示和启示”。一时间，“讲述老百姓自己的故事”一类节目在各级电视台纷纷登场。这类节目的出现，不仅在我国电视史上具有首创意义，对中国电视节目的改革也具有巨大的推动作用。

电视批评对于电视创作还具有发现新人、推介新作品的作用。电视批评要向受众张扬与宣传那些电视创作中做出成绩的创作人员，向社会推介他们的作品，分析研究创作中取得的艺术成就。批评家是“伯乐”，应该慧眼识珠。比如，在我国电视纪录片创作中，一批编导屡屡在国际电视纪录片大赛中获奖，诸如《西藏的诱惑》、《最后的山神》等，批评家纷纷撰文，评析他们的作品，使受众对刘郎、孙曾田等一些编导有所了解，对他们的作品有了更深刻的印象。电视批评作为电视活动的重要内容，对电视创作的健康发展具有很关键的推动作用。电视批评同电视创作共存共荣，充分发挥电视批评对创作的指导作用，是创作成功的重要因素。

电视批评作为一个中介，将观众与创作者紧紧地联系在一起。它帮助电视观众认识、理解、感受电视作品，同时听取观众的意见，传达观众对作品的看法，指出创作者取得的成功和存在的问题。电视批评的任务不仅向观众推荐和解释作品，而且还要向创作者反馈观众的接受状况，使创作者及时了解观众对节目的态度和看法，了解节目所产生的效果和作用。电视批评使创作者与观众的联系更加紧密，也使创作者找到了正确的创作方向。

对普通观众来说，电视批评能起到解疑释惑、加深作品理解的作用，对创作者来说则是一种理论与实践的提升。批评家的批评是一种独特的思维活动，也是一种带有浓厚情感的认识活动。依据客观标准，批评家运用电视理论研究的最新成果，按照一定的思维方式、导向意识、哲学观点、美学理论以及对电视作品的理解程度，进行多种指向、多种层次、多种角度的分析、综合、升华，并在其中注入艺术感受、道德标准、思想情愫、审美理论等方面的因素，并通过语言文字媒介传达给受众。这样的批评，可以充分体现批评家的思想素质、文化水准和艺术修养。在批评中，批评家对作品分析得越深入，得出的判断就越正确，这样才能正确引导观众。这是批评家同创作者、普通观众的不同之处，也是批评家追求的境界，是电视批评作为一个中介，在创作者同观众之间搭起认识桥梁的直接作用。

同时，还应该看到，电视批评所承担的现实、历史和美学责任在促使自身走向更为广阔的艺术世界的同时，必须不断认识自己，完善自己。在对电视创作实践负责的同时，还必须在一定程度上超越创作实践，对电视文化的发展负责。电视批评应该具有自身特定的美学目标，形成一种自觉的批评意识。批评家不可能只徘徊在电视创作的现实中，停留在电视艺术现实的一般水平上，对现状作简单的概括和静态的分析。这种批评显然是不会有超越性的，也不可能对创作产生积极作用。只有深刻理解电视创作中各种社会的、自然的、艺术的因素，完整地把握创作者、作品、社会生活、自然环境、观众之间所构成的各种错综复杂的关系，才能对电视作品的思想性、艺术性有比较明确的定位。

电视批评对于电视理论研究有着十分重要的作用。电视批评被称为运动中的美学，电视批评的过程也是对电视美学的追求过程。对作品的分析研究不只是对作品作一般的介绍和交代，其所提出的观点，要力图对观众和创作者起到真正的指导作用。要达到这一目的，就要提高批评者自身的政治思想素质、专业知识和美学理论水平。电视理论很大程度上是通过电视批评来产生影响的，是以电视批评为基础的。电视理论新的观念的形成、新的概念和命题的提出无不是这样产生的。同样，电视批评也要不断用新的材料、新的思想、新的方法充实自己，使之不断发展完善，更加科学化。

今天的电视批评将为明天的电视史研究奠定事实基础，是电视史研究占有的宝贵资料。电视批评侧重于当前电视现象的研究，电视史则以过去的电视现象为研究对象。因而电视批评可以为电视史学工作者研究电视发展历史提供参照与帮助，他们可以从中探索出电视的发展规律。

（载《电视研究》2002 年第 7 期）

论电视文本的结构主义批评

电视结构主义批评方法是从电视的内部结构和形式入手，将电视现象作为一种独立的封闭的精神活动形式来予以研究的方法。通过对其内部各种因素运动、变化、组合、分离等问题的考察，来寻找电视发展的普遍规律，建立衡量评价电视创作和电视作品优劣高下的价值尺度，从而形成一整套建立在对电视内在因素分析把握基础上的批评方法体系。结构主义批评方法在批评领域影响较为广泛，在欧美文艺批评中较为盛行，在我国用于文艺批评也获得了较大成功。这种方法从语言学、叙事学、结构变化等不同角度具备了对电视作品的解读能力。尽管其方法注重形式，也具有其局限性，但它并不妨碍我们在电视文本解读中的使用，同样也可以获得较为理想的研究成果。

“二元对立”原理的运用

“二元对立”是结构主义广泛运用的基本概念之一。在形式与内容这对“二元对立”的关系上，“结构主义者倾向于把一切内容都看成形式，或者至少认为内容是使最后完成形式（作品本身）得已存在的一种技术手段”[①]。电视批评中，我们把电视作品分为内容和形式两方面，使之对立起来，未必是科学的方法。但是为了认识和分析上的方便，在缺乏更好的提法之前，还得运用这个概念，重要的是我们要明确它们之间的辩证关系，而不仅是在任何条件下总是谁决定谁的一面倒关系。

结构主义认为，任何结构都不是单一的，而是复合的。在结构整体中，可以找到两个对立的基本组合元素，二元构成结构内部各成分间的并列、对立、转化关系。二元之间的碰撞和张力构成整体结构的运动与变化，发挥着整体结构的功能。二元的两端作为结构的组合元素是静止的，其中需要一个中介环节，使之相互联系，相互影响和作用，从而具有运动变化的特征。索绪尔在他的语言学研究中，把语言分为社会的语言与个人语言。按其意思，没有对立面，任何因素的意义和功能都难以表现或说明。

电视批评中，“二元对立”原理主要用于对电视作品的分析，探索到电视作品的内结构基本模式。结构主义批评家强调：人的感觉是从差异中发展，“上”是由其对立面“下”而感受到的。[②]因此，电视语言（包括画面语言、有声语言、融合语言）表达感觉的结构基本是二元对立的。比如一些叙事性电视作品中叙述的内容、形式不管多么复杂，总是有基本的对立关系，或者是积极与消极，或者是爱情与背叛，或者是胜利与失败等。电视片《中国农民》是中国农村变革的镜子，它记述了小岗村农民冒着极大风险，“瞒着上面”，实行大包干的伟大事件。从这一点上，我们可以看出，小岗村之所以冒风险，之所以“瞒着上面”，实行大包干，是因为有人反对小岗村实行大包干，他们

"大包干"不是公开的。电视剧《今夜有暴风雨》中，有个段落的处理可以看出结构中的两种对立情绪，画面内是爱情萌发、青春似火的裴晓云坐在炕头遐想，还坐着一个同住的女知青郑亚茹，也想着心事，忽然画外传来踏雪而来吱吱嘎嘎的脚步声，声音由远而近，脚步是朝画内走来的。敏感的裴晓云听见熟悉的脚步声便思忖是曹铁强来了，郑亚茹也心领神会。两个少女关心窗外，从悉心谛听、少女间相互窥视，到探测、大失所望。曹铁强走到门前，掂量郑亚茹也肯定在屋里，多了郑亚茹，多尴尬，倒不如改天再来，于是脚步声又折回去了，怅然离去了。画面上声画分立是结构中的一对矛盾，加上种种心理矛盾，使这一情节包含了更为复杂而深邃的思想感情。运用"二元对立"的分析方法探索电视作品叙述的组合功能及其形态，是一种深层次分析的手段。这种手段在当代电视批评家中运用较为广泛。

实践证明，结构主义中的"二元对立"原理是具有科学性价值的。它可以深入到电视作品的内在结构中去，较为客观和细致地分析和把握电视作品内在元素的对立和运动发展，对电视作品复杂内部的把握和分析具有相当好的效果。下面我们用"二元对立"理论对电视连续剧《神禾塬》的成功进行分析研究，从中可以看出结构主义"二元对立"理论在电视批评中的科学价值。这部电视连续剧是以关中老农民宋思温的家庭为中心场景，以他的两个女婿尤大魁和冯炳南的"二元对立"为主线，以美莲和冷翠两个女性的爱情经历的变化为配景而设计叙述的。一方面，电视剧没有把人物设计为单纯的戏剧性的叙事因素，而是写出了当代关中农民形形色色的个性，写出了他们个性中所包含的中国农民文化的传统和所面临的现实处境的挑战，写出了他们在中国农村社会的急剧变革中所作出的不同抉择和遭遇的不同命运。剧中的宋思温务实、正直、讲究尊严，以家庭和土地为本位，因而当他的后代们开始放弃祖辈们传下来的生活方式和生活信念时，他一方面用他所坚持的那种诚实和和睦的做人道理影响着后人们，另一方面他对传统生活方式的眷念和他视野的狭隘、观念的保守也阻碍着青年一代农民的变革。在这部电视剧中，尤大魁和冯炳南的冲突构成了基本的叙事张力，同时也负载着创作者心中的人文理想。他们都是新一代"识时务"的农民，他们都没有传统所强加的心理负担，他们都具有巨大的创造潜力，但他们都选择了不同方式来完成他们的抱负和理想。前者把个人的利益与他们生存其中的整体利益联系在一起，得到了文化传统的支持和社会群体的接纳。这些都贯穿了一系列的环境和人物的"二元对立"，尤大魁和冯炳南"二元对立"的比较造成了强烈动人的艺术效果。通过作品人物与环境关系的分析而进入人物和主题的深层内容中，不被外在的艺术表象所迷惑，的确是很有意义的。

在一些叙事性的电视作品中，没有冲突，没有对立，没有较强的事件和情节就会缺乏戏剧性的事件和情节。由于没有张力和强度，因而不能激起观众的期待和兴奋。而冲突对立、较量则来自人物与人物之间的关系。所以，叙事性电视作品在设置安排人物的时候，都必须考虑到"二元对立"的叙事规则，现代叙事学理论把作品中的人物作为叙事要素分为三类：一类是主体，即"正面"人物；一类是反主体，即"负面"人物；还有一类是作品中的次要人物，承担"帮手"的功能。前两类的"正"、"负"并非好人坏人之区别，只是叙事中所起的作用不同。主体和反主体都在冲突之中，这种对立可能是有意的，可能是无意的，二者对立最终引起观众的关注。这三类人物使作品的"二元对立"更加复杂化，三类人物都有各自的对立面，正是通过这些表现出他们的性格，推动情节的发展。任何缺乏对立面的人物，都会排除在叙事主流之外。正是基于这些创作规律，创作者总是想方设法在作品中组织冲突，组织较量的事件和情节等。批评家也正是运用“二元对立”的理论，揭示了作品深层次的意义。

但是值得注意的是，“二元对立”原理也有一定的局限性。在所有电视节目形态里，并不是每一个节目都包含“二元对立”因素。有的新闻报道、纪录片或文艺节目，就是通过一个方面来反映社会生活，歌颂社会生活的美好，用一种感情来抒发构成电视艺术的整体内容。比如电视舞蹈艺术片《啊，太阳》主要由三首女声独唱，两首男声独唱，一首男女生对唱，一首童声表演唱，四段歌舞构成，在歌舞表演和解说词的叙述中，穿插了必要的生活场景：油塔、吊车、钻台、井架等，突出石油工人的手法精神，这些画面构成了统一的艺术整体，唱出了一首石油工人英雄业绩的颂歌。这里若是硬性套用“二元对立”理论，把作品分成二元因素来研究，势必会肢解和破坏作品的统一性和完整性，甚至可能得出荒唐结论。实际上，不是说任何电视作品都可分为二元因素，只有从具体的作品出发，正确使用“二元对立”理论，才能发挥其作用。

叙事学原理的分析方法

电视艺术是一种家庭消费艺术，它主要靠时间的延续、空间的扩展、信息的刺激、情节的曲折变化和人物的命运变迁来吸引观众。电视作品中相当一部分都具有叙事性。一条新闻、一个专题片、一部电视剧，都具有相对的故事完整性。反映社会、政治、经济变革的事实报道，讲述老百姓的故事，特别是剧中喜怒哀乐的情绪和悲欢离合的沉浮，让观众真正体验到人生沧桑的作品是特别受欢迎的。运用结构主义叙事方法分析研究电视作品，可以帮助人们进一步认识作品的复杂结构、体验个中真味。

结构主义叙事学理论是应该引起电视批评家重视的。法国的结构主义批评家罗兰·巴尔特等是叙事学理论的代表人物。叙事学理论是主要研究叙事性作品的专门理论。巴尔特借鉴语言学中分层次的方法，将叙事作品分为功能级、行为级和叙述级三个层次。功能级是作品中最小的叙述单位，它总会在作品叙事过程中发挥作用，担负着要么是叙述的核心，要么是补充叙述空间的缝隙，要么是暗示人物动作、性格等的作用。功能级是作品直接叙述的基础，是分析作品的首要对象。但功能级是通过行动级来完成的。第三个层次是叙述级，它在作品中是最高层次，它将作品的一切表达叙述出来，使受众亲临其境。叙述者不是创作者，而是作品的叙述符号，这些符号将功能级和行动级组织成作品。巴尔特把叙事作品看做是一个大的句子，一个复杂的语言符号系统。因此，在他看来，叙事作品的一切问题从根本上讲是语言问题。他认为，功能是一个基本的句子的功能，行为是人称叙述的体现，而叙述更是一个符号系统问题。这样就形成了一套以语言符号为中心的精细的分析体系。但这一理论从另一个角度显示出它的弊端，过于精细化、模式化无疑忽视了作品自身审美特性和人物形象、艺术氛围的魅力。

尽管如此，但巴尔特的叙事学理论对我们进行电视批评仍然具有积极的方法论意义。吸收巴尔特叙事学理论中的有用部分，对电视语言即画面语言、有声语言、融合语言进行分层次研究可以得出较好的效果。电视剧《今夜有暴风雨》中有一组裴晓云与小黄狗在雪原奔跑、追逐的画面构图：春天到了，连队里只剩下裴晓云一个知识青年，曹轶强留下了一只黄狗与她为伴。这里，我们将叙事看成一个语言符号系统，此时，屏幕上出现了三个高速镜头所构成的画面语言：雪原上小狗跑着；裴晓云高兴地追着；小狗越过了裴晓云。在这一组画面中，主体是女主人公裴晓云，陪体是黄色小狗；环境是白茫茫的大雪原，空白是那高远的天空。从叙事学理论讲，这是属于功能级的叙述。这幅绿、黄、红、白所组成的色彩绚丽的画面构图，形象地告诉人们：裴晓云在那特定的社会环境中，人性受到了扭曲和异化。只有回到大自然的怀抱里，其人性才得以复苏，才能重新表现出热情、奔放和充满活力的青春美。运用叙事学理论，有助于对电视中各种语言的分析，以得出正确的结论。

叙事学原理分析方法对长篇叙事性作品，诸如长篇纪录片、电视连续剧等批评具有较高的使用价值。长篇叙述性作品连续不断地讲述故事的方法关键在于如何“连续不断”上，这直接关系到电视作品的艺术魅力。在这类作品里，为了使观众始终处于一种兴奋、期待的状态，从而建立起与电视作品的积极联系，就必须延宕从始点到终点、从动情到高潮的过程，对于电视观众来说也就是延宕、拖迟的时间，在增加观众的期待程度的同时，增强最终的期待满足的强度，使观众始终处于前高潮的兴奋中，跟随电视作品的叙事进程不断运动。在整个运动中，延宕是一个关键点。叙事学原理认为，延宕是一个过程，在这一过程中，矛盾冲突迟迟得不到解决，人物关系迟迟不能确定，欲望客体的目的迟迟不能达到，因而观众的愿望迟迟不能满足，叙事的平衡也迟迟不能恢复。这样才能使观众不因为延宕而产生疲劳感和失望感。长篇电视作品由于篇幅长，往往都不止一个叙事高潮，而是多次地间断性高潮。目的刚刚被凑近，却又被推向远处；平衡刚刚恢复，却又重遭破坏。长篇电视作品一般都在这种恢复平衡、失去平衡、再恢复平衡；愿望满足、愿望落空、愿望再满足的交替运动中用一系列间断性小高潮推向最终大高潮的。这种累积性的延宕过程，在外在情节上是山重水复，而在内在逻辑上却又柳暗花明。这样不断“化夷为险”，使整个连续剧跌宕起伏，引人入胜。以叙事学理论来看，一部电视叙事作品就是一个大句子，一个复杂的信息符号系统。电视作品的叙事过程是靠功能级、行为级和叙事级三个层次来完成的。结合电视创作规律，我们可以看出，电视叙事平衡不是一个直线的匀速过程，它必须是一个曲线的积累过程，从而表现出电视作品复杂的语言系统来。

在电视作品创作中，要重视电视作品的叙事技巧，要合理处理“断”与“连”的关系。就是说，在上一集结束时，要注意埋好“伏笔”，打好“包袱”，处理好“且听下回分解”。连续剧《浣纱女的传说》第一集结尾处，是在吴国的宫殿里，吴王夫差为了占有西施，大施淫威，先将一使女抬出去喂虎，然后又将西施搂在怀里，再连续多次地推出猛虎的壁画，然后戛然而止，从而使观众为西施的命运担心。第二集结尾处，越王派范蠡去吴国，在吴王的宫殿里，当着吴王的面，将刻有要求盗取“姑苏城防图”的香榧子交给西施，吴王一定要索看香榧子，使该集在十分紧张的气氛中结束，观众又为西施的命运捏把汗，因此引起观众等待看下集的强烈兴趣。在处理电视作品“断”与“连”的关系时，一般采取两种方式来阻断叙事高潮的到来，延宕叙事的进程：一种是分集，每一集一般都有一个小高潮，但同时它又重新唤起观众新的期待，新的愿望，以保证故事叙述下去。分集实际上造成了对愿望满足的暂时阻滞，使观众燃起期待之火。另一种阻断方式则是多重叙事链交替。一般叙事性电视作品往往围绕主要人物和情节中轴线设置一些辅助性人物和情节，从而形成多重叙事链，使它们既独立又相互联系，共同推进叙事进程。这种方法可以延迟高潮的到来，造成观众的多重期待，增强叙事吸引力。

在电视批评中要遵循叙事学规律，认识创作上的叙事手段。不同的电视形态具有不同的叙事手法，就电视连续剧而言，一般采用表现手法，往往是以事件为“经”，以人物为“纬”，编织出绵延不断的故事。要使叙事过程做到叙事复杂生动而又不杂乱无章，首先要注意叙事方式。电视作品的叙述方式大体分为顺序、倒叙、插叙三种方式。顺序方式的画面语言按照事物发展的时空顺序依次进行叙述。具体来讲，就是依照事件本身的顺序，从开端、发展、高潮到结局。倒叙方式就是将事件的结局部分，或者事件发展中某个最突出的片断，提前到开端处首先加以表现，以期造成戏剧悬念，引起观众的浓厚兴趣，为整个事件的叙述造成波澜。插叙方式是指在顺序的正常进行中插入另一段画面语言，这新插入的一段只是一个片断，当插入的画面语言结束时，原来的叙述再继续进行下去。运用叙事学顺序原理，我们来分析一下电视连续剧《少帅传奇》。作品在叙述1928年张学良“东北易帜”这一重大历史事件时，就是按照时空顺序进行叙述的。开始——《皇姑风云》，反映张作霖被炸死在皇姑屯；发展——《生死之谜》，反映张作霖死讯封锁了30多个小时；再发展——《吊孝风波》，反映张学良顾全大局接待日本吊唁使团；高潮——《歧路徘徊》，反映杨宇廷阴谋篡位夺权；结局——《东北易帜》反映张学良在奉天举行换旗典礼。整个过程是依事件本身顺序进行叙述。倒叙的叙述方式也常运用。新闻报道中，相当一部分是在导语里就首先把结局或最重要的部分、最精彩的部分告诉观众。这种导语大都是由播音员或主持人先播讲出来。

电视批评中，叙事学手段还十分重视叙述的线索。叙事性电视作品在对故事情节进行表达时，还要特别注意叙述线索。叙事线索大体可分为三种类型：单线型、复线型和网状型。单线型，是指故事发展过程中只有一条占主要地位的线索，其中的矛盾冲突、人物关系、情节发展，都紧紧地围绕着这一条主线进行叙述。复线型，是指事情的发展过程中有两条平行的叙事线索，有时以一条为主，另一条为辅；有时一条为主线，另一条为反线，两条线索平行推进，互相呼应，彼此衬托，交错发展。网状型，是指叙事线索由多条情节线索编织成庞大的矛盾网，彼此交叉网状式叙述故事。这三种线索类型有着各自不同的功能和作用。

电视批评中叙事学原理的运用是在原结构主义叙事学理论中发展起来的，但到今天，批评家的实践有了很大的变化，已不是原结构主义叙事理论能够完全解释的。

电视结构功能的研究

任何电视作品的结构都具有一定的功能，功能的变化与结构有直接的关系。电视连续剧结构上框架大、线索多，它可以从更为广阔的社会领域反映人民群众的政治、经济、文化生活，可以表现社会生活的方方面面。

结构主义功能的研究在西方批评界里更多的是抽象与模式的趋向。研究中仅着重于一类题材结构功能的模式。这种研究是在异中求同，把丰富多彩的作品结构归纳为一些固定的模式。其间虽然确实发现了一些规律性的东西，但也不乏机械、生硬。如弗拉基米尔的《民间故事的结构形态》研究了100个俄国童话，便认为童话只能有31个功能；

另外还有美国的罗伯特·斯克尔斯德提出的七种小说模式等。西方结构主义批评主要在文学领域。这些事实说明了生硬和机械的模式化，很难全面地反映体裁再现生活的丰富性和多样化特点，也不可能反映文学形式的运动规律。对于这一点，我们在借鉴和认识西方结构主义功能的研究时要引起注意。

应该承认，结构主义中功能的研究方法具有相当大的潜力。在电视批评中如果我们不回避电视现象的丰富多彩，尊重电视创作的艺术规律，运用中注意克服和抛弃某些僵化和机械的认识，就可能会在某一种体裁的综合研究上有突破和发展。

对电视作品社会功能的选择是一个很有批评价值的角度。目的在于说明，一个时代社会生活的内容和精神特征对电视作品结构的功能是具有选择性的，社会的需要和观众的需要要排斥电视形式不利于自己的功能，而促进和发扬有益于自己的功能。电视事业的发展，电视文化的不断变化，电视形态的创新都同时代的政治、经济、文化发展是相辅相成的。中国电视开创初期，国家经济、文化建设正处于十分落后的状态。那时电视文化建设还没有起步，电视节目十分单一。有关资料表明，当时电视节目的形态也仅有20多种，而经过40多年发展，目前在外国电视屏幕上经常出现的电视节目形态就有100多种，而且还在不断衍生。随着历史的发展，一些电视节目形态的结构功能发生了相应的变化。以电视新闻而言，初创时期，电视新闻作为一般动态消息报道的居多，而现在各种新闻性节目为实现不同时期的社会功能，其电视新闻结构从简单到复杂，无论形式还是内容都发生了很大的飞跃。从一条信息的报道，到一个具有重要意义的新闻评论；从老百姓所关心的油盐酱醋到国家政治、经济、文化大事，无不包括在新闻报道的范围内。

“讲述老百姓自己的故事”的电视报道，是中国电视现代化功能的体现。以中央电视台的《焦点访谈》、《东方时空》、《新闻调查》等栏目为代表的电视深度报道，以其关注国计民生和人文关怀，表现了当代中国电视新闻功能的强化。这种功能具体体现在它准确地把握了社会主义初级阶段的基本国情，贴近了生活、贴近了群众。节目中那些“讲述老百姓自己的故事”的真实画面，都是电视传播扣人心弦、动人心魄、引人思考的起点，也许，这种从中国社会最常见、最普遍的小问题入手的报道没有“历史方位”、“辩证思考”等来得过瘾，但这种低位进入却包含了大智慧、大手笔、大思路，这实际上是电视的自我批判和屏幕的自我净化，堪称中国电视的一道风景。中国电视新闻的历史性变迁，必然同国家政治、经济、文化发展密切相关，电视新闻节目结构的复杂化，使其功能也发生了质的飞跃，这种飞跃是人民群众的需要、是人民群众的选择。随着社会历史的发展，各种结构功能都发生了相应的变化，一部分功能相应地萎缩和消失，必然引起结构上相应的丧失和变更，另一部分功能相应地发展和增强，也必然引起结构上相应的繁殖和丰满。因而，电视作品结构功能的消长，都是具有因果关系的形势变化的，这些变化中包含着丰富的艺术与生活的复杂关系，潜伏着许多引人深思的艺术经验和教训，这些都为电视批评家提供了批评的广阔天地。

较长时期以来，国外的电视批评家都习惯于从内容到形态的综合研究方法，也就是先看社会生活的变化是怎样给电视反映的内容提供新鲜素材的，再来看这些素材是怎样影响电视表现形态变化的。这种研究方法能够准确地把握各种电视文化现象总体运动的实质性背景，是具有一定优势的，但由于偏重于电视内容的分析研究，相对就忽略了艺术形态的考察，把电视艺术形态仅作为一种附庸于内容的因素进行分析。这样对电视形态的研究往往被一些纷繁的表面现象所困惑并流于表面化。电视批评面对十分活跃和不断变化的艺术形态的发展和更新常常表现得不知所措。而结构主义的功能研究方法则可以直接找到社会生活和电视艺术结构的对应关系，可以透过形态的表面直接找到社会审美意识的支配和催化作用，在艺术形态的分析上具有更直接的作用。这对于我们克服电视形态研究上的薄弱环节，更符合艺术规律地去评价各种电视创作现象，以缩短电视批评和创作实践的距离，是很有帮助的。

运用结构主义功能研究方法，可以透过形态的表面直接找到社会审美意识的支配和催化作用。一种形态结构的确定，包含了无数创作者的辛勤探索，凝集了无数的社会投入，是许多有效经验的结晶。电视节目形态作为社会普遍认可的意识形态，其使用可以使观众便于理解，从接触一个以一定形态展开的作品开始，使电视创作者同观众以形态共性为基础进行对话。如纪录片结构形态与电视剧结构形态显然不同，其对观赏心理准备与观赏心理要求也是很不同的。所以加强电视节目具体结构形态的研究是很有必要的。就以“电视小说”的结构功能研究为例，“电视小说”虽然也来源于小说，但是它是将原小说的本体形态——文学形态，转化为“电视小说”的特殊形态——屏幕形态而已。“电视小说”要忠实于原著，它不仅需要忠实原作的思想、结构、情节、风格，而且要求忠实于原著的语言表达方式。这是因为，“电视小说”的根本目的是要将观众带入文学的氛围，置于文学意境之中，从而感受到如读小说一样的文学审美趣味。从我们对“电视小说”结构功能的分析，可以发现社会审美意识不仅对电视形态的功能进行选择，还对电视作品的风格、创作方法、语言技巧乃至刻画手段等形式因素都有不同程度的影响，或者被淘汰，或者被扶植。

从电视批评实践中，可以发现，为什么 20 世纪 50 年代到 80 年代的电视新闻报道只对事件的发生发展作平面性的报道，为什么 90 年代更注重电视深度报道，因为这除了国家政治、经济、文化建设的发展以外，同人们的思想文化素质的提高，社会的进步是分不开的。这期间的联系包含着十分丰富的内容，值得我们去探索。任何电视节目形态，作为电视人艺术掌握世界的具体方式，都凝集着人类艰苦探索的智慧和心血，都会闪耀着时代的光彩，都同丰富多彩的社会生活发生着千丝万缕的联系，都值得任何有事业心的电视创作者去创造发展，也值得任何追求真理的批评家去研究探索，这也是批评家思想素质和艺术审美能力的集中表现。

应该看到，西方结构主义批评是“唯结构论”，他们不怀疑和否定结构本身是否合理，认为批评家就在现存的机构中分析它的关系和内容，这样致使结构主义的批评只成为对作品一般性的分析和介绍，而丧失了判断价值的功能。显然这点是应该引起注意的。要批判地利用西方结构主义批评方法，从更高的美学理想出发，不把结构看做是僵死的模式，只是通过对创作者思维结构的把握，进一步挖掘作品结构内部更丰富更深层的东西。批评家的批评要充满一种创造性的活力，在对电视作品的批评中影响创作者，并推动创作者追求更高的艺术境界。

注释

①［美］卡勒：《语言学与诗学》第358页，转引自：王春元，钱中文主编《文学理论方法论研究》，湖南文艺出版社，1987年版，第212页。

②［英］特伦斯·霍克斯：《结构主义与符号学》，瞿铁鹏译，上海译文出版社，1987年版，第58～59页。

③［法］巴尔特：《叙事作品结构分析导论》，见《美学文艺学方法论》，文化艺术出版社，1985年版，第536页。

［载《西南民族大学学报》（人文社科版）2005年第6期］

21 世纪以来中国电视批评内容研究

电视节目、电视理念和电视现象是电视批评的主要对象。由于电视节目在电视事业中的核心地位，电视节目批评一直是电视批评中最为活跃的种类。电视理念批评是在具体的节目和现象中探索具有普遍性的根本判断和看法，它既是对具体现象的批评，也是对于具有普适性理念的建构和解构。电视现象批评除了针对具体的电视事实和电视风潮，力图从中探析深层的种种问题外，更多的是通过对各种电视文化现象的分析，探讨电视的社会责任和价值规范。进入 21 世纪，电视批评的内容与电视实践的关系更加密切，进一步显示了其更为深入和宏观的学理价值。

电视节目批评

在 20 世纪 90 年代以前，电视节目批评主要是从电视制作者的角度出发，对具体的电视节目进行评析。从 20 世纪 90 开始，由于媒介环境和受众需求的变化，电视节目形态作为节目的“程序软件”的性质越来越被人们所认识。新世纪电视节目形态在不断发生新的变化，不同节目形态的元素相互交叉，互为文本，这为电视批评提供了新的批评对象。

（一）具体文本批评

电视文本批评包括电视文艺批评、电视新闻批评等传统批评中的主要组成部分，文本批评是电视批评的重要组成部分，电视批评也只有首先立足于具体的电视文本才能避免批评陷入空泛的议论。

2006 年，大型纪录片《再说长江》播出后引起了批评界的集体关注。有人认为该片是“一个有社会影响力、具有品牌价值的电视节目”[①]。有人认为其创作理念在于“以富有鲜活生命质感的‘人’为作品的出发点与终结点”[②]。也有人认为“《再说长江》那种‘正史’的立场，那种主旋律的基本定位，决定了它在历史记录中某些不得不有的选择和省略，某些不可避免的概念先验性的阐释”[③]。还有批评者认为“此片对人的个体生命意义、对个体的命运变化展现得尚嫌欠缺”[④]。整个批评的内容涉及文本的主题、内容、结构、技术、审美、社会影响等各个方面，是一次对电视具体文本的集中的、立体的、多角度的电视批评实践。

目前，纪录片和电视剧仍然是文本批评的主要对象，这些批评实践通过对电视剧主题的提炼、内容的解读、人物的剖析，在创作和收视之间架起了沟通的桥梁。

（二）节目形态批评

进入 21 世纪，新的节目形态不断生成，并且如一位业界人士所说：“当代中国热播的电视节目一般具有这样两个特征：人气旺盛且难以用教科书中的电视分类学分类。”[5]这说明在电视理论还滞后于电视实践的情况之下，正需要电视批评对实践进行总结、提炼，以进一步为理论提升做好准备。

对于江西电视台《传奇故事》栏目的批评就属于这种情况。有批评者认为其是吸收了情感节目元素的法制节目；还有批评者则认为其“是一档具有社会积极意义和广泛社会学、传播学综合认识价值的大众性新闻节目”[6]。还有的批评者认为：“《传奇故事》走的是从单一到复合之路，即把各种元素有机地综合起来，比如游戏的、资讯的、法制的……统一‘打包’，整合成符合大众需求的形式。说到底，名字并不重要，重要的在于它是否能满足观众的需求。”[7]这些批评针对节目形态不断变更生成的事实，指出其原因在于要有不同的节目形态回应不同收视习惯的观众的需求。

在这些以具体文本和节目形态为对象的批评实践中，电视批评的观照对象主要是其中的惯例、成规或者程式、模式，进而去发掘电视节目形态的内涵、功能，电视节目形态的制作和流变等。

电视理念批评

电视理念在电视批评中既是批评的工具又是批评的对象。在节目批评和现象批评中，批评者运用电视理念去剖析批评对象；在电视理念批评中，则常常表现为从具体的事件出发，去探索和分析具有普适性的理念。21世纪以来，电视理念批评在电视传播、电视文化和电视产业的视野下进行了积极的探寻。

（一）新闻本位理念批评

2002年1月，《南京零距离》的开播掀起民生新闻的热潮。众多民生新闻栏目的成功发生在新闻改革、省级卫视重新定位的背景之下，引发了批评界的关注，不少批评者认为这是一种电视理念的突破。“探讨《南京零距离》引发的是对电视新闻改革的思考，期望的是电视人真正解放思想，彻底摆脱传统、习惯思维的束缚。”[8]“该栏目的人气在南京地区持续走高，并在诸多效仿者的围追堵截下独领风骚，似乎在告诉人们它原本就体现为一个电视理念的高地。”[9]进而分析出这种理念的具体内涵，即“所体现的不过是电视新闻的本来面目，是电视新闻应有的素质”[10]、“电视新闻必须遵循新闻规律、回归新闻本质”[11]。

中国新闻理念从20世纪80年代的“信息传播理念”，到90年代的强调新闻信息的厚度和深度，再到批评界对民生新闻热的批评，则是回应了在“三贴近”原则下，在多元的社会价值判断的社会现实中，电视新闻如何回归新闻本位理念，回到自身运动的逻辑当中。

如果说民生新闻热体现为新闻话语权力的下移，2003年5月开播的中央电视台新闻频道以专业化频道形式配置新闻资源，则从另一个方向呼应了“新闻本位”理念。电视批评对新闻理念的变化进行了及时的描述、总结、解读，推动了这一理念在电视实践中的发展。

（二）受众中心理念批评

在2003年，以《1860新闻眼》为代表的新闻节目提出了“公共新闻”的概念。有

学者认为，这是中国电视新闻的第三次革命，因为“在传统的新闻学理念中，‘大众’强调的是受众无意识和被动接受意识，忽视了个体的主观能动性和参与性；而‘公共新闻’则将媒体与受众之间的关系定位为‘公众’，这是因为它更能强调媒体与受众之间的‘互动’和‘对话’意识，这意味着受众本位的回归”[12]。当然，催生“公共新闻”的社会原因是多方面的，但“受众中心”的理念无疑是其中的重要推动力量。

21世纪受众中心理念是在电视产业化的语境下确立的理念。它不同于20世纪80年代从政治民主的角度来看待观众地位；也与90年代从传播效果的角度出发的这一理念有所区别。今天更倾向于把观众看做是电视节目市场的“消费者”，其注意力将最终影响着节目乃至媒体的生存发展。

（三）电视文化多元化理念批评

与当前社会转型期文化多元化的现实相对应，电视文化大体可以划分为主流文化、精英文化和大众文化。从20世纪90年代开始，在中国电视文化生态中，大众文化话语逐渐确立了自己的主导位置，精英文化话语则逐渐式微。但从理念上来说，电视的大众文化理念并未在我国电视文化理念中占有绝对优势。

进入21世纪，大众文化话语类型的节目开始大量出现，“娱乐化”的风潮席卷了包括新闻、电视剧、纪录片、文艺节目在内的几乎所有节目类型。虽然仍然有一些批评者批判大众文化的商业化、工具性、平面性，但更多的批评者认为大众文化具有现实的娱乐性和消遣性，并且具有与市场经济的内在适应性。更重要的是，以电视为主要载体的大众文化突破了时空障碍，使文化不再是少数人的特权，而变为多数人的生活方式。

在论争之中，“电视文化多元化”的理念显现出来，“作为电视节目文本形态的电视文化实际上是有着高度的开放性和综合性的。它以自身特有的魅力，用丰富的内容、活泼的形式反映广阔的社会生活，并由此而广泛介入社会生活，进而影响和改变着社会生活的方方面面。正因为如此，电视文化表现出其文化的多元性来”[13]。

（四）电视产业理念批评

上海文广集团（SMG）进行了战略性调整，想要从地方性的广播电视播出机构逐步转变为一个面向全国、乃至海外华语世界的内容提供商和内容发行商，并从2005年开始取得了较为显著的效果。这实际上是经过栏目化和节目类型化之后的电视产业理念向社会化生产靠拢的结果。

中国电视事业在世纪之交经历了转轨，开始了产业化进程。在短短十年时间里，伴随着中国电视市场化实践的是相应的观念革新。与此相呼应，电视批评对产业理念的批评中始终有两个维度：经济维度和人文维度。前者的批评是服务性的，目的是使产业理念、市场理念能够在实践中发挥更大的作用，比如对于营销理念、品牌建设等的批评；后者的批评则是为了防止市场导向成为唯一的导向，质疑产业化进程中出现的过度商业化和工具理性。

电视批评一方面从电视实践中总结、树立新的电视理念；另一方面，电视批评还不断地对现存的理念进行更新和深化。在电视理念的发展进程中，电视批评发挥了不可替代的作用。

电视现象批评

电视现象批评所选择的对象往往都是具有典型意义的电视现象，因为只有这些现象才能够深刻反映转型时期的中国电视事业；只有将这些现象放入一个更为宏大的社会文化语境中，才能揭示出其历史和现实意义。

（一）对“收视率至上”现象的批评

早在2000年，就有学者对“收视率至上”的风气提出了批评。2005年批评界对这一现象又进行了若干“追问”，收视率的文化本质逐渐浮出水面。有的批评者认为，“就其最本质的意义而言，收视率是一种电视节目制作者用以向广告主介绍观众情况以便投放广告的商品，揭示了电视工业最本质的运作机制，是电视节目商品化最明显的表征。”[14]并进一步分析了其定量研究方法的缺陷是“这种价值判断缺位的定量研究方法所反映出来的数据也同样存在着探询受众偏好并加强之的商业目的，根本拒绝对这种偏好本身进行道德拷问和审美评价，遑论引导这种偏好更合于文化的目的”[15]。认为“唯收视率至上”“从事实上推动了电视庸俗化，消解了电视作为一种严肃的公共话语形式的存在”[16]。在这个问题上，来自业界的批评者大都认为它是使用科学手段来解决市场有效到达的问题，其基本宗旨是“在维护正确的舆论导向的前提下，要做到‘电视为观众服务，最大限度地满足观众需要’”，并认为“将收视率导向的本质视为商品化的论断是缺乏文化理由、实践理由和时代理由的”[17]。电视批评之间的这种碰撞说明了电视现象背后有种种因素，也可以有多种认识的路径和方法，这本身就构成了社会文化转型期的图景之一。

（二）对“红色经典”改编热的批评

在向消费社会的转型过程中，信息和形象的传播朝着文化消费转型。在此过程中，电视正在试图重建价值和象征体系，于是出现了对原有的经典符号的颠覆式的使用和重构。对“红色经典”文学作品的电视改编是其中的现象之一。对2004年以来形成的改编热潮，相当一部分来自文化研究学界的批评者认为：形式的改变源自价值观的变化，这些对意义的“去魅”的努力背后隐藏着商品化的逻辑。

在一些批评中不乏对政治意识形态和消费意识形态调解所做的努力，具有文化整合的意义。一方面，消费对原有价值的形塑已无法避免，那么寻求新的价值参照系就是必需的；另一方面，红色经典中的一些理想主义情愫与当代社会意识存在矛盾，但对相当一部分具有怀旧情结的观众又具有相当大的吸引力。

（三）对电视娱乐化、泛娱乐化现象的批评

2000年以来，娱乐性内容的电视节目所占的比重越来越大，娱乐元素几乎进入了每一种节目形态。特别是最近几年，娱乐化现象总是有新的发展，不断产生着若干子现象甚至泛娱乐化现象，并与其他文化现象结合在一起，成为电视批评无法绕过的文化景观。

对于娱乐化现象及其各个子现象，比如“戏说”现象、“新闻娱乐化”现象、“真人秀”现象，批评者从传播学、经济学、社会学、文艺学等视角进行了批评。许多批评者在“实然”的层面讨论了娱乐现象作为一个客观事实存在的合理性；但在“应然”层面，对其进行价值判断的声音却不尽相同。比如对于泛滥于电视荧屏的“戏说风”、“滥情风”等，许多批评者都进行了鲜明的批判。

在中国电视的快速发展时期，各种电视现象纷至沓来，急需电视批评认识其中所呈现出来的文化意义；另一方面，对电视现象的文化批评也正改变着电视批评的话语取向，使其从“内部批评”逐渐走向融合更多人文社会科学的“外部批评”。

从电视文本批评到文化批评，从电视系统内部批评到电视生存的外部环境，进入21世纪后电视批评对象日益扩展。这还意味着电视批评所关注的范围不限于电视本身，还有电视与整个社会各个方面的互动关系，和寻找在全球化的时代背景下中国电视的文化坐标，并探讨在新的形势下电视的自身规律和发展前景。电视批评对象的发展突破了传统电视批评局限于电视文化生产内部的固有领域，为批评实践提供了新的生长点，对电视批评的成熟和深化有着极其重要的意义。

注释

①张长明、胡智锋：《记录长江不辱使命——关于〈再说长江〉的对话》，载《现代传播》，2006年第4期。

②黄会林：《江与人的生命交响曲——〈再说长江〉之“再说”》，载《中国广播电视学刊》，2006年第9期。

③尹鸿：《流淌的记忆——评〈再说长江〉》，载《现代传播》，2006年第4期。

④郝瑛、解雯：《看不真切的长江人——浅析〈再说长江〉在人物刻画上的不足》，载《中国电视》，2006年第11期。

⑤⑥新智伟：《〈传奇故事〉与电视模式化运营》，载《中国广播电视学刊》，2006年第2期。

⑦胡智锋、顾亚奇：《〈传奇故事〉的成功之道》，载《中国广播电视学刊》，2006年第2期。

⑧李幸、景志刚：《打造中国电视新闻新模式——关于〈南京零距离〉的谈话》，载《现代传播》，2003年第2期。

⑨朱寿桐：《电视新闻的社会关怀——略说〈南京零距离〉的理论意义》，载《现代传播》，2003年第2期。

⑩章剑华：《“零距离”的电视新闻理念》，载《现代传播》，2003年第2期。

⑪⑫叶子：《反思传统回归本质——〈南京零距离〉成功的启示》，载《现代传播》，2003年第2期。

⑬欧阳宏生：《电视文化学》，四川大学出版社，2006年版，第6页。

⑭⑮时统宇、吕强：《收视率导向批判——本质的追问》，载《现代传播》，2006年第2期。

⑯尧风、钱践：《收视率再批判》，载《现代传播》，2006年第3期。

⑰盛伯：《关于收视率导向批判的批判——关于本质的追问》，载《现代传播》，2006年第4期。

（载《中国广播电视学刊》2001年第9期）

21世纪以来中国电视批评的若干思考

作为与中国电视同步发展的媒介现象，中国电视批评实践已经走过了50多年的发展历程，伴随着电视实践和电视理论的发展，它大体经历了萌芽、起步、发展、自觉四个阶段。[①]21世纪以来，中国广电行业发生了深刻的产业化转向，电视批评的社会语境向多元化方向发展，电视批评也呈现出前所未有的活跃气氛。市场化、产业化、娱乐化的价值取向以及政治性、商品性、人文性等各种理念综合作用于电视批评领域，集团化改革、制播分离、媒介融合、新兴传播手段等都将中国电视批评的理论和实践推向了一个空间驳杂的境地。但伴随着热闹喧嚣的电视批评表象而生的，是隐藏于电视批评规模化增长背后的诸多机制性难题。

批评主体大众化与大众化批评

20世纪90年代以前，电视批评的主体局限于电视业界从业者、少数学者和极少数电视观众。由于话语权的缺失，电视观众的意见仅能以观众来信的方式传达至电视工作者。电视从业者与学者除了内部交流外，与外界进行批评交流的机会和阵地很少。

进入新世纪以后，电视批评在互联网上找到了全新的交流传播阵地。网络改变了信息接受和交流的原有方式，为电视批评的发展和完善提供了新的平台，大量普通网民加入到批评队伍中来，他们借助网络平台自由地表达个人对电视媒介及电视现象的观点，同时把包括其家人、同事、朋友等在内的周围人群关于电视文化现象的各种观点通过网络传播出来，使电视批评接近全民参与状态，使电视批评主体呈现大众化趋势。

网络为电视批评主体大众化提供了重要工具。网络手段的运用使更多对电视文化感兴趣的普通观众有机会表达自己的见解，促成了媒体话语权的下放。电视批评与网络结合提高了电视批评的社会开放度，在相当程度上实现了电视批评话语权的再分配。电视批评因为网络的参与而得以从精英话语的垄断中彻底解放出来，大众话语在电视批评中找到了自己应有的位置。

新浪网上曾有一篇匿名的电视批评文章这样写道："时常和周围的人谈到国产剧的种种问题，大家共同的感受是：国产剧必须把自己的架子放下来，不要老是盯着宫廷、犯罪或什么时代的大主题，应该多去研究一下日常的人生和真实的人性。"网络使观众意见和民间声音获得了传播渠道，互联网上出现了越来越多的由网友自建的传媒批评博客，使电视批评逐渐分化为两大群体，即精英文化群体和大众文化群体。两种文化话语在电视批评领域中相互激荡和冲撞，呈现出前所未有的多样性和丰富性。电视批评不再执著于深奥的学理探讨，而是注重与当下的受众产生情感共鸣，与拥有全新成长背景、文化背景和艺术素养的青少年观众的审美趣味相契合。这在一定程度上也是网络酷评流行的一个重要原因。因此，当下电视批评的审美观、艺术价值观越来越重视大众趣味，不再只顾以精英的姿态进行批判、以权威的身份得出定论。

大众化批评在网络上的实现，使电视批评逐渐由学术性、专业性的狭小领域走向公共性和社会化的大舞台，对电视当下的传播热点的评论以及围绕这些热点所涉及的事件、人物和演员的报道、介绍和评析，都在大众化的电视批评的涉猎范围之内。

以普通观众为代表的大众批评的最大特点是感性、直观、率性；与之相反，以电视批评家和电视学者为代表的精英批评则表现出理性、客观、富有理论含量、观点具有思想穿透力等特征。

电视的网络批评是一个全新疆域的开拓，电视批评需要不同的平台，需要大众的广泛参与和社会的广泛关注，毫无疑问，网络为电视批评的大众化发挥了不可替代的作用。理想的电视批评应该是向所有人开放的公共领域，随着多种参与平台的搭建，不同身份、不同层次的批评主体借由各种平台进入批评领域，如今这一理想正在逐渐实现。

批评对象广泛化与批评取向的分化演进

传统的电视批评主要集中于电视节目领域，所侧重的主要是对电视节目优劣的评点和对观众欣赏趣味的引导。近年来，电视批评的批评空间日益扩展，从单一的节目批评延伸到对电视节目形态、电视理念、电视现象、电视人、媒介环境等一切与电视密切相关领域的批评。其中，电视理念批评、电视人批评是 21 世纪以来电视批评中的两个较受关注的对象。

（一）电视理念批评

电视理念是指在理论和实践的基础上形成的关于电视事业及其价值实现途径的较为固定的根本性判断与看法。近年来，电视理念批评中的两种趋势不容忽视。

第一，从受众接受角度观照批评对象。2000 年以前，由于长期受文学批评的影响，电视批评的视野较为狭窄，多偏重于一些较为宏大的主题，偏重于对电视文本中的主题和人物作艺术、审美方面的批评和思想道德层面的批评，极少从受众接受的角度选取批评对象，也极少结合电视媒介本身的传播特点对电视文化产品及其他要素进行批评。近十几年来，批评主体大众化的同时带来批评对象的日益丰富和广泛。大众化的批评主体多是站在受众的角度对电视媒介进行批评。同时，西方传播理论中受众中心论对我国新闻传播学界的影响也为电视批评从受众接受角度观照批评对象找到了理论基础。孙玉胜在《十年——从改变电视的语态开始》一书中谈创办《东方时空》时说："我们已经知道，我们不是命令别人看节目，而是请人看节目，请人看节目就要有好看的节目，所以直到今天，我还时常把专业而复杂的电视节目判断标准简化为（好看），还是（不好看）。"[②]所体现的正是从受众接受角度观照批评对象。

第二，重视体制批评及外部环境批评。过去，电视批评主要侧重于从节目制作流程的角度对电视作品、电视创作者和电视现象等进行评点和分析，这种批评的视角着重于解决电视系统内部的各种问题和不足，具有极强的针对性。然而，电视的运作制度决定了电视传播的价值取向、节目构成和赢利模式，是电视传播过程中表现出的一些普遍现象的深层原因，而且，电视制度的创新与中国电视在新形势下的改革与发展密切相关，对电视制度的批评更能切实有效地为中国电视实践发展服务。过去一些批评者却对电视体制结构和内部机制十分生疏，从而忽视了商业化、庸俗化的经济原因和体制弊端。

近年来，随着学者们对电视领域的深度了解和介入，电视批评者们逐渐将批评的矛头指向造成电视传播人文精神弱化的制度安排和体制原因，将电视批评的视野拓宽至研究电视与社会生活的各方面影响，探寻在复杂多变的外部形势下电视传播发展的内部规律及未来前景。北京师范大学艺术与传媒学院教授周星在《电视批评的困境与出路》一文中将当前电视批评的隐忧归结为政策的不当要求、经济的强悍诱惑、批评行规的失落。[③]这种对电视外部环境的批评不仅仅是对电视体制的探讨与思考，它还包括对电视生存发展的外部环境、外部条件的各种因素的研究，如政治因素、经济因素、文化因素、社会因素等，使电视批评的对象范围得到了极大的延展。

此外，从20世纪90年代以来，电视媒体由于受产业属性和社会属性的双重影响，电视现象日趋活跃，各种热潮此起彼伏。针对这些电视现象，批评界也进行了各类具体的、指向性明确的批评。如批评以《快乐大本营》为代表的娱乐化热潮，批评以《铁齿铜牙纪晓岚》、《还珠格格》为代表的历史戏说热，批评以《实话实说》为代表的谈话热，批评以《大长今》、《看了又看》为开端的“韩剧热”，批评以《山城棒棒军》、《外地媳妇本地郎》为代表的“方言电视剧热”，批评以《林海雪原》、《一江春水向东流》为代表的“红色经典改编热”，批评以《超级女声》、《加油！好男儿》为代表的真人秀热……张国良在《超女现象的传播学实证分析——上海受众调查报告》中对超女现象进行了学理性批评：“总之，可以肯定的是，越是女性（白领）、年轻人、高学历者、高收入者，越倾向于收看（超女）。”“有趣的是，这样一来，仅仅以大众消费VS精英文化的传统视角看待（超女）现象，其解释力就明显不足了。毋宁说，这是一种适应了精英化大众或大众化精英需求的混合文化、综合文化，或许可以说，它标志着一种中间路线的胜出。”

除了上述电视文化现象外，批评界对电视产业领域的凤凰卫视现象、湖南卫视现象、集团化现象、频道专业化现象、唯收视率至上现象等，以及电视传播领域的民生新闻现象、百家讲坛现象等电视现象也都进行了理性思考和严肃分析。

综观当前的电视现象批评，其目的可分为两种基本类型：一种指向电视本体建设，通过对电视现象的批评，寻找使电视事业进一步发展、兴盛的理念和策略；另一种则指向社会文化建设，通过诊断各种电视文化症候，直面自己的社会认识使命和价值规范责任。

（二）电视人批评

电视人是电视节目的创作者和传播者，包括记者、编辑、策划、播音员、节目主持人、制片人、导演、演员、技术人员及管理者。由于批评对象涉及具体的个人，对电视人的批评主要集中在网络上，它包括业务批评、职业道德批评和主持风格批评。

网络上的电视人批评表现出批评数量多、涉及面广、意见表达真实等特点。同时，由于网络平台上的发言是在隐匿真实身份的虚拟空间进行的，因此，针对电视人的网络批评感性色彩相对较重、主观性较强。例如，2006年8月，央视国际网络的《视说心语》论坛中有一组帖子对央视在语言尤其是字幕方面的错误进行了严肃批评。

此外，电视人自身在电视批评界的表现也十分活跃。他们一般都是社会知名人物，如中央电视台的崔永元、白岩松，凤凰卫视的刘春等。他们在电视批评领域的言论常常一石激起千层浪，引起大众对电视领域一些话题的深层次思考和讨论，成了电视批评大众化的助推力。

（三）批评取向的分化演进

21世纪以来中国电视批评呈现出的最大变化之一是产业批评的蓬勃兴起，与此同时，传统的电视艺术批评和20世纪90年代后迅速蔓延的文化批评也都构成了21世纪以来中国电视批评的重要路径取向。它们在延续中国电视批评传统的基础上，拓展和深化着自己的批评领域和理论触角，呈现出更加精细、复合的演进特征。

产业批评中较引人注目的是陆地从1997年到2007年，结合国外电视产业的运作经验和国内新媒体的发展状况，在大量实地调研及数据考查的基础上，撰写出版的《中国电视产业发展战略研究》（新华出版社，1999）、《中国电视产业的危机与转化》（中国人民大学出版社，2002）、《世界电视产业市场概论》（中国人民大学出版社，2003）、《解析中国民营电视》（复旦大学出版社，2005）、《中国电视产业启示录》（上海交通大学出版社，2007）等著作，系统梳理和探讨了中国电视转型发展中所面临的各种问题与可能的历史机遇。这一时期，较早介入传媒经济研究的周鸿铎先后出版了《传媒产业资本运营》（经济管理出版社，2003）、《传媒经济导论》（经济管理出版社，2003）、《媒介产业制度论》（北京广播学院出版社，2004）等著作，对包括电视在内的中国媒介资本运营进行了系统化研究。2006年，复旦大学出版社出版的谢耘耕的《传媒资本运营》一书，则第一次对包括电视在内的中国传媒资本运营的现状和未来提出了相对完整的阐释框架。

艺术批评一直是中国电视批评的传统路径之一。21世纪以来的艺术批评主要朝精细化的方向演进，批评视域随着电视艺术样式的丰富，涵盖了电视剧、电视动画片、电视纪录片、电视综艺节目，甚至电视广告等所有固定和不固定的对象。2008年，刘晔原出版的《电视艺术批评》（中国广播电视出版社）一书，首次将电视艺术批评作为专门的研究对象，从学科性质、发展历史、分类研究等多个维度，对中国电视艺术批评进行了全面的学理剖析和审视。

在文化批评跨学科的研究背景下，电视社会心理学、电视文化哲学、电视传播心理学、影视民俗学等新的次级学科开始出现并获得了广阔的发展空间。文化批评路径的开拓与进展使电视批评解除了捆绑在自己身上的本体论绳索，获得了向外延展的理论可能。

21世纪以来所呈现出的产业批评、艺术批评、文化批评三种批评路径的分野，是中国电视产业化进程与中国早期电视批评传统，以及西方电视批评理论大量引进三方联合作用的结果，这种演进结果为我们了解中国电视批评的当下发展形势与运作状态，提供了一个相对清晰的视角和维度。三种批评路径间的彼此融合和沟通互渗，是中国电视批评的一种常态。

批评手段多样化与媒介运用不足

除了传统的批评手段——学术期刊继续发挥重要作用外，21 世纪以来，电视批评手段在电视媒介和网络上广泛开展并表现出前所未有的活力。

（一）运用平面媒体进行电视批评

在报纸、期刊等平面媒体上进行批评是电视批评的传统手段，今天它也仍然是电视批评的重要形式之一。但通过平面媒体进行电视批评主要是以学术期刊为载体，例如《中国广播电视学刊》、《电视研究》、《现代传播》、《中国电视》、《当代电视》等。运用平面媒体进行电视批评的另一重要形式是出版专著。2000 年以来，电视批评界先后有《电视批评论》、《电视批评理论研究》、《中国电视文艺批评》、《中国电视纪录片批评》、《电视批评学》等多本专著出版，呈现出繁荣景象。

平面媒体进行电视批评的缺陷在于它仅是一种单向批评，批评者与批评对象以及批评者之间难以开展及时的交流和沟通。

（二）运用电视作为媒介进行电视批评

以 1997 年中央电视台创办《精品赏析》栏目为标志，电视批评实践开始走上电视荧屏。后来一些电视台陆续创办了《走进电视》、《影视俱乐部》等评介性电视栏目，它们着重对具体的电视文本进行讨论。还有部分谈话类电视栏目常常选择电视热点现象，如《电视知识分子》、《超级女声》现象等进行讨论，也是电视批评的一种具体实践。

以电视手段进行电视批评，使批评经过电视媒介传播至观众，在引起对批评对象的关注的同时，其本身也可能成为电视批评的对象，引起更多批评的声音。

（三）运用网络进行电视批评

2002 年，央视国际网站创建《电视批判》栏目，以“理性的思考，建设性的批判”为口号，在网络上专门为电视批评开辟了一块园地。此后，网络成为电视批评文本的新的内容载体和传播工具，使电视批评的阵地得到了空前扩大。以网络为载体开展电视批评的具体形式层出不穷，目前较为常见的是专门的批评论坛、博客、BBS、栏目信箱（观众信箱）等。这类由普通观众作出的电视批评尽管常常存在片面或肤浅的缺陷，但它具有真实大胆、率性自由的言论特点和快捷灵活的传播特性，这使其成为当前电视批评中令人瞩目的新生力量。

（四）批评手段的待开发领域

大众报刊是平面媒体的重要代表。然而，国内大众报刊还没有电视批评的个人专栏。偶有电视批评内容也是零星地发表在个别报刊上，数量和质量都还有待提升。这是电视批评的批评手段有待突破的领域。

尽管早在 1997 年中央电视台就首开先河，创办《精品赏析》栏目在电视上进行电视批评，其后，也陆续有《走进电视》、《影视俱乐部》等电视批评栏目问世，但统观全国各电视台，开办电视批评栏目的电视频道仍很少，没有充分利用自有阵地的优势。

事实上，在文化出版、科研教育部门和影视业界有一大批学识渊博、观念前卫、对电视批评领域保持强烈关注的专家，如果报纸和电视台能够充分挖掘这些资源，开辟更多的报纸个人专栏和电视批评专栏，将他们的电视评论观点更多地呈现出来，让他们从专家学者变为“名笔”、“名嘴”，走上版面，走向屏幕，借助报纸和电视的大众传播平台，对电视艺术和各种文化现象展开批评，电视批评就能更广泛地进入大众视域并向专业性、学理性方向拓展深度和广度。

进行电视批评的网站大体包括三类：一是以传媒专业网站、学术性网站和人民网、新华网等为代表的大型官方网站，二是以新浪、搜狐等为代表的商业门户网站，三是电视台网站。前两类网站建设力度很大，他们为电视批评设立了多个板块，结合当下电视文化现象设定话题、展开讨论，取得的成绩有目共睹。然而，电视台网站作为电视批评的特殊力量，其建设力度明显不够。电视台网站的论坛是电视人听取受众批评意见的重要平台，但有些电视台网站没有论坛，有的论坛根本点不开，也没有其他与网民交流、探讨电视文化的板块。

另外，一些电视台网站在开设了论坛等电视批评板块后，对其重视不够，疏于管理，使其处于自生自灭或混乱的状态。近年来，由于电视台主管领导对电视批评功能缺乏认识和重视不够，网站的批评内容基本处于“零更新”状态。多数网站在 2005 年、2006 年跟风开办了电视批评栏目，但栏目内容却少有更新，许多网站目前的电视批评内容更新时间仍然停留在 2005 年、2006 年。

网络手段本身对电视批评的影响是积极有效的，但如果对网络电视批评既不重视建设也不进行有效管理，那么，电视批评只会进入纯粹的自发、无序状态，这对电视批评的健康发展极为不利。

批评风格多元与多种风格的冲突共融

批评主体的扩大带来了批评风格的多元。专家学者、电视人、普通网民由于批评视角、批评立场的不同，批评风格和观点也就千差万别。在苗棣等著的《中美电视艺术比较》中，作者指出，电视批评分为两种：媒介性批评和学院式批评。作者认为，“所谓媒介性批评主要是指那些发表在发行量相对比较大的一些报章杂志上的批评文章，一般是由电视专栏作家撰写，有时也有读者来信之类，大体上能够反映出普通大众的观感。作者针对媒介产品、媒介行为（媒介的一切活动都可归结于此）、媒介现象（现象与行为的区别在于，现象具有普遍性、共同性、突出性，同时还有某种争议的意味）等进行简要的分析和评介，一般不会做深入、系统的学理性阐发，但往往也能起到切中要害、点击焦点的作用。而学术性较强的学院式电视艺术批评是指那些反映了专家、学者们的意见和观点的，通常只是出现在专业性刊物和专著中的文章。专家们的电视批评文章的学理性很强，对公众和电视业的影响不大。”④

事实上，在电视批评进入网络化时代的当下，电视批评在总体多元的背景下，主要表现为媒介式批评、学院式批评和网民式批评三种主体风格。

除《中美电视艺术比较》中提到的媒介式批评外，学院式批评表现出鲜明的专业风格，其最大特点是具有学理性和专业性。它以书面语为主，文采出众，文风稳健、大气。其论述的内容充满了学理性和专业性，不但有论点，还有论据，往往旁征博引，论证充分，具有说服力。除了在篇幅上大大超过一般的媒介性批评外，学院式批评还具备规范的论文格式，有着集中表明论述观点的题目、层次清楚的论述框架，这在形式上确立了学院式批评的理性整体感，与简要、感性的媒介性批评划清了界限。与媒介式批评、学院式批评相比，在电视批评文本中，网民式批评有着独特的样式和风格。首先，从篇幅上看，网民式批评篇幅短小；从语言上看，网民式批评多用口语，简洁明快，语言直率、犀利，往往冷嘲热讽甚至偏激，情绪化色彩浓厚但不乏真知灼见。有时因为急于表达，追求打字速度，以至于常常出现错别字或乱用标点符号的情况，有的句子甚至不太通顺。相对于媒介式批评和学院式批评的专业性，网民式批评有着深厚的"百姓味道"。其次，网民式批评常用独特的网络语言、符号表达民间智慧和民间立场。以网民为代表的网民式批评在发表电视批评言论时常常使用一些网络上特有的语言、符号或操作方式，便捷巧妙地表达自己的观点。有时，网民会使用一些直观的表情符号（如愤怒、脸红、斥责、流汗等）鲜明地表明自己的态度。[5]

网民式批评、媒介式批评和学院式批评共存于电视批评中并互相渗透、互相影响，使电视批评风格表现出多元化和个性化的特点。正是因为这一点，才保证了中国电视批评得以在姿态各异、取向各异的理论纷扰中保持持续向前的演进态势。

系统性批评理论的缺乏及话语危机

21世纪以来的中国电视批评在多个向度上获得了发展，但电视批评者一直缺乏批评理论建构的自主意识，对建构过程中源理论的舶来性听之任之，对电视批评主体理论的缺乏无动于衷。与电视批评早期尚能关注和研讨电视的本体特征与传播特点相比，21世纪以来仍能持续关注中国电视本体理论研究并发出自己批评声音的研究者越来越少，年轻的批评者热衷于创设新的理论以吸引更多目光，而不愿专注于基础理论的完善和挖掘。这种现象又反过来影响到21世纪以来中国电视批评理论的结构，使整个电视批评理论体系在缺乏根基的情况下繁衍，看似繁茂却主干单薄。

中国的电视批评理论先天基础薄弱，发展苍白单一，长期以来没有一套独立的批评话语，无论政治批评还是美学批评都是对来自电视批评以外的主流话语的阐释和演绎。因此批评思路受到限制，面对电视实践的飞速发展，墨守成规的批评意识、批评方法使电视批评没有发挥出应有的功效。

近20年来，国内批评家较注意引进西方现代电视批评理论，如法兰克福学派的媒介研究理论、葛兰西的文化霸权理论、伯明翰学派的文化研究等。然而，许多批评者断章取义地套用西方电视批判理论，没有能够将其内化为自身的修养和理论创造力，仅对西方批评理论进行了简单移植和概念翻新，这反映出中国电视批评者批评智慧的匮乏和原创性思想的贫瘠。

批评理论是一种权威的监视话语和判决话语。由于没有自身的批评理论和标准，中国电视批评还没有形成风气和学派，还处在电视人自说自话以及"社会群殴"的状态。由于没有自身的理论导致批评缺乏分量，对电视实践缺乏指导价值。

批评标准的建立，说起来容易，操作起来难。其原因主要在于电视的意识形态功能在中国被过分放大。它要求电视必须具有严格的政策指导，必须完成权力机构的阶段性政策要求。在这种语境下，带有纯学术价值的电视批评标准不适用。批评家很难有一个前后一致的评判标准，将自己的批评思想和理论观点贯彻到底，只能用新学到的西方批

评理论取代或否定先前使用的批评理论，以增加自己批评的分量。[⑥]在进行电视批评实践时，常用政治标准、艺术标准，或者文化标准、民族标准等多重标准来进行批评实践。这种多重标准的运用限制了批评的实质性进展。

中国的电视批评应以积极务实而有效的实践精神，在吸收各种批评理论精华的基础上，逐渐形成自己鲜明独特的民族批评风格。在电视创作实践的基础上，从富有特色的电视实践中，提炼、加工、选择、升华为自己富有创新意义的电视批评理论。只有以这种务实的精神，并在思想积淀的基础上，注意吸收西方各种批评流派中有用的东西，才能解决电视实践中面临的许多新的电视问题。

时代烙印下的批评生态与品格反思

由政治权力、经济结构、文化调节三种力量组成的社会力量由20世纪90年代的相互博弈、此消彼长模式，转为21世纪的相互扶持，彼此校正的“交互整合”演进形貌。[⑦]这一形势从整体氛围上决定了中国当代电视批评的发展走向和话语空间。同时，文化内部精英主义的沦陷、折中与坚守，消费主义的持续高涨与肆意泛滥，个人主义的爆发与极端成长，新媒体技术带来的传播革命和媒介融合取向等，构成了21世纪以来中国电视批评发展的理论背景与运作环境。

（一）批评者的价值重构与立场失守

“市场经济是一种经济结构，同时又是一套价值系统，甚至是一种意识形态，它以不动声色的解构性，对知识分子提出了挑战。”解构与后现代，经济理论与商业逻辑，它们从精神和实践的全维度上封闭包抄了批评者们的进径和退路。理性、权威、真理被消解，取而代之的是实用主义，以“有用与否”的价值判断，取代了正确性、真理性的终极追求。

一些电视工作者的价值观在流行趣味与商业利益、大众文化与市场经济的左右下受到强烈冲击，逐渐丧失了电视文化工作者应有的精神立场和良知，他们随波逐流于后现代的电视“狂欢”。电视批评家本应对各种现象进行批评，但他们却放弃了本应固守的自由、独立精神，思想文化立场，严谨、理性的批判精神和真诚的批评态度。他们常常被人收买，为钱说话，对批评对象进行吹捧，搅乱了电视批评的风气，对电视批评的声誉和品质起到了损毁作用。同时，这种为钱说话的立场也给电视批评带来浮躁和跟风心态，使一些随意性、感想性的批评在数量上急剧增多，使电视批评失去了应有的力度和思想的敏锐。

电视批评不仅要对电视文化负责，而且还应对受众负责，对民族文化的发展负责。批评的特点决定了批评家的批评不是一种私人化的批评。批评家应该以一种学理的、独立的、自由的精神来从事批评实践，来严肃评析电视，审视电视作品的审美价值，考察和辨析其在电视文化史上的位置。这样才能使批评实践得以不断开展和深入，才能取得有恒久价值的批评成果和思想见解。目前影视界盛行的策划宣传和首映式，常常是制作者或创作者邀请包括批评家在内的专家们对其进行宣传造势，批评者把未必优秀的作品鼓吹成优秀佳作，形成“捧评”之风，把本是平庸的作品捧为精品：好处捧得锦上添花，坏处则化腐朽为神奇。批评者丧失了电视批评应秉持的正气和骨气，沦落到向主办方献媚求欢的地步。在利益的诱惑下，批评家的道德责任与社会的世俗物质利益进行了交换。

（二）数字技术推动下的媒介生态演变

网络为电视批评带来的影响是革命性的，一方面网络拓宽了电视批评的阵地，大量普通民众加入到电视批评的队伍中，这导致思想的解放，理论的多元，多种批评模式互相竞争、对话，批评的个性化特色越来越凸显。另一方面，一大批网上论坛和影视批评网站的出现使电视批评的时效性、互动性、社会开放度明显增强。这两方面因素共同作用、相互影响，为电视批评带来蓬勃生机。

网络传播的及时性为电视提供了时效性强的受众反馈，使普通观众的电视批评在技术上已经能够及时地直接介入节目的传播甚至创作之中，对电视节目的创作和播出产生深刻的影响。美国著名电视剧《老友记》、《急诊室故事》等采用周末现场直播或连续录播的方式，制作者依靠观众的意见和倾向适时调整作品的情节走向，获得了极好的观众反应和经济收益。虽然，中国电视批评的互动性还没有得到充分利用，但随着时间的推移和网络变革的不断深入，电视批评的互动性无疑会给中国电视节目的创新带来前所未有的新思路。

（三）批评机制的建构与规范

电视批评要发挥作用必然与自身所处的社会大环境及各种制约因素密切相关。只有当社会舆论环境有利于电视批评时，电视批评才能以公开的方式表达出来并发挥应有的作用；如果电视操纵者钳制批评，电视批评只能以隐秘的、扭曲的形式表达，或付之于过激的表达方式。因此，电视批评的发展离不开组织和机制上的保障。真正的电视批评需要开放的媒介环境做保障，这种媒介环境来源于管理体制的开放。只有在开放的气候下，文化精英和普通大众才能共同参与电视重建，才能在电视业内部产生自净功能，为电视业的长足发展找到正确的方向。

健全的批评机制包括批评激励机制、批评监督机制、批评运行机制等。现有的电视批评中的一些弊端，如骂评、捧评等混乱无序的现象在很大程度上与缺乏相应的对电视批评的监督机制有关。因此，建立健全的批评机制，并将电视批评理论研究的一些成果如电视批评的标准、电视批评的生态平衡观、电视批评的方法和立场等落实到规范化的机制之中，是未来电视批评发展的一个客观要求。

另一方面，在互联网时代，每个人都可以在网上随意地进行电视评论，改变了电视批评的固有格局，实现了一定程度的民主。然而，随着网民数量的极度膨胀，缺乏理性、满足于语言宣泄的率性批评也日益泛滥。这种大众化带来的非专业人士的电视批评在网上随意传播，同时，许多电视从业人员也经常被卷入是非之争中。因此，健全的批评机制也包括规范新媒体的网络环境，净化网络语言空间等具体内涵。

总之，经过萌芽、起步、发展、自觉四个阶段的艰难跋涉，中国电视批评已经在理论体系的建构和拓展上形成了自己的初步规模，所欠缺的是品格上的提升和持续向前发展的动力。21世纪的中国电视批评应当是一个拥有生命精神的批评系统，它除了葆有批评者的批判性眼光和开放乐观的心态外，还蕴含着批评者的情感与智慧。无论在当下还是在未来，恪守批评中的独立意识与商谈伦理，都应该成为中国电视批评走向更加成熟和更加稳健所必须持守的品格和精神。

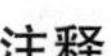

注释

①欧阳宏生：《中国电视批评的四个阶段》，载《现代传播》，2002 年第 1 期。

②孙玉胜：《十年——从改变电视的语态开始》，生活·读书·新知三联书店，2003 年版，第 48~49 页。

③周星：《视批评的困境与出路》，载《当代电视》，2007 年第 12 期。

④苗棣等：《中美电视艺术比较》，文化艺术出版社，2005 年版，第 294 页。

⑤谭玲：《网络文化与电视批评》，中国社会科学出版社，2009 年版，第 77 页。

⑥王岳川：《中国镜像：90 年代文化研究》，中央编译出版社，2001 年版，第 1 页。

⑦阎真：《为当代知识分子写心——〈沧浪之水〉写作随想》，载《文艺报》，2001 年 12 月 11 日。

（载《现代传播》2010 年第 8 期）

第三编

电视理论研究与学科建设

电视理论研究的多元化路径

——2002年中国电视理论研究年度报告

2002年是我国电视理论研究稳定发展的一年。这一年，在电视理论研究的学术百花园里春意盎然，老、中、青学者都发表了许多论文。北京广播学院、复旦大学、四川大学等高校都出版了一系列电视理论研究著作，全国召开了多次电视理论研讨会，中央电视台也进行了以电视手段研究电视的系列课题研究演示会。对电视理论的研究比以前更加深入，没有仅仅停留于现状的描述和争论，而是触及了更深层次，显得更有学术理性。但同时也存在理论研究还未突破的难点和被忽略的研究盲点。本文将根据这一年国内关于电视理论研究的主要学术刊物、学术研讨会、学术著作及央视专题研究演示会等对电视理论研究的状况予以解析。

一

2002年电视理论研究除较为具体的电视业务问题外，热点主要集中在频道专业化、电视管理、集团化、"真人秀"等节目形态、质量评估、西部电视等问题的研究上。

（一）频道专业化

电视频道专业化是基于受众市场细分理论和准确定位理论而提出的。我国电视台数量众多，开设了3000多个频道，但设置大同小异，同质化竞争日趋激烈，频道专业化无疑是其生存发展的必由之路。实践中这一新的动向吸引着理论界的注意。

1. 现状分析

专业频道是电视分众化传播发展到一定阶段的产物。学者们指出，目前我国的电视频道专业化只是一种"产品专业化"，还没有做到"市场专业化"，电视频道专业化只是将节目合并同类项。频道专业化的主要内容应包括频道资源、节目资源、人才资源的整合以及市场培育、管理体制改造等方面。许多因素都对频道专业化产生了掣肘，如节目来源、管理体制、营销策略、频道的规划设置等。我国农村人口数量巨大，而几乎所有的专业频道都是在城市争夺观众市场，有人呼吁设置农村频道并论证了可行性与必要性。

2. 专业化频道的包装与营销研究

中央电视台对频道的包装和专业频道的营销进行了课题研究演示会，认为频道营销，营销的是频道概念而不是频道内容。对专业频道或准专业频道（拥有几个专业栏目的频道）而言，频道包装很重要，识别系统已变成了一种营销手段。频道设置提倡另类思维，同时也认为专业频道不是万能药方，不要设立一些不切实际的专业频道，不能盲目追求和误解收视率，节目来源的主要部分应购买而不是自制。

3. 盈利模式与频道专业化

有观点认为，我国电视媒体只靠广告盈利，这种单一的盈利模式导致了一个悖论：要频道专业化就可能影响收视率并降低广告收入，而要增加广告收入就必须使节目大众化而提高收视率，结果就导致了专业频道不专业。而持不同意见者认为，广告“大众化”对立于频道专业化是一种误解，现代广告越来越具有“专业化”的特性，广告的“专业化”与频道专业化是可以实现互动的。专业化频道专到何种程度，是现实中电视媒体需要认真考虑的，但与广告没有必然联系，我国电视业的广告盈利模式必将长期存在。

（二）集团化研究

在世纪之交，我国的广播电视业处于经营管理的变革时期，更重要的是我国电视业面临着加入世贸组织的巨大机遇和严峻挑战。实行集团化改革成为广播电视产业的一个重大举措，因此受到了专家、学者的密切关注。

1. 廓清观念

有人指出广播电视集团要做大做强，主要是把市场份额做大，把频道做强；还有人认为中国电视体制的变革过程中，集团化浪潮只是一个过渡，认为应当加强本体生产性整合、推进子体性整合、注意整合的政策性调整等。

2. 实施中需要注意的问题

有些研究者分析了集团化中应当正确处理的各种关系。在“2002年中国电影电视发展高级论坛”上，陆莹等人认为搞好“集团化”，就要正确处理“集团化”与适度竞争的关系；要努力培育内容产业市场；要把握好影视媒体和节目制作公司之间的关系。刘春认为集团建构应考虑实力、资本运营和资源的优化配置；应尽快成立资本运营中心，募集社会资金，通过资本运作做强做大等。还有论者就广播电视集团的组织结构、机构设置及经营责任制进行了论述；对改革重组中可能造成的人才缺失问题进行了分析；对集团化趋势下县市级电视台的出路展开了探讨。

3. 总结实践经验

广播电视集团化研究更多的是对已经成立的广播电视集团的运作状况、经验教训进行总结和反思。例如，对无锡广播电视集团、江苏广播电视总台和江苏省广播电视集团有限公司、我国最大的国家级广播电视集团——中国广播电影电视集团运作经验与发展战略的总结和描述。

（三）节目形态研究

电视节目是电视业的核心，没有了节目，其他各个环节都将不复存在。因此对电视节目形态的关注一直是理论研究的热点之一。2002年节目形态研究集中在“真人秀”、益智娱乐类节目、谈话类节目等。下面择其要点概述。

1.“真人秀”节目

随着哥伦比亚广播公司（CBS）的《幸存者》在中央电视台《地球故事》栏目引进和播出，“真人秀”节目在我国逐渐兴起，虽还处于尝试阶段，但一些具有类似元素的本土“真人秀”电视节目的播出，预示着“真人秀”浪潮即将来临。中央电视台对“真人秀”节目的形态特征和本土化趋势进行了课题研究，对这种新型的电视节目的产生背

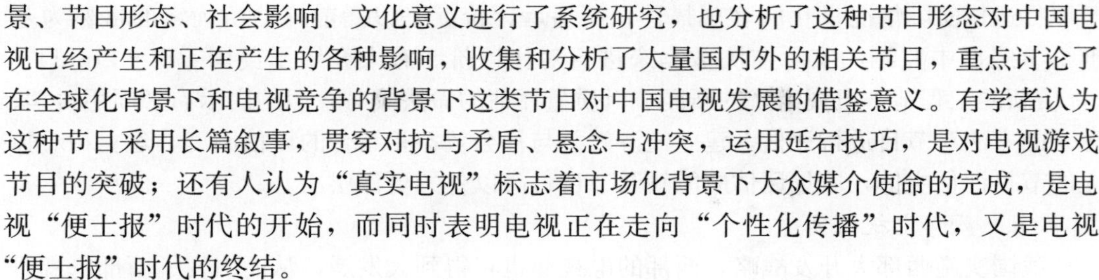

景、节目形态、社会影响、文化意义进行了系统研究，也分析了这种节目形态对中国电视已经产生和正在产生的各种影响，收集和分析了大量国内外的相关节目，重点讨论了在全球化背景下和电视竞争的背景下这类节目对中国电视发展的借鉴意义。有学者认为这种节目采用长篇叙事，贯穿对抗与矛盾、悬念与冲突，运用延宕技巧，是对电视游戏节目的突破；还有人认为“真实电视”标志着市场化背景下大众媒介使命的完成，是电视“便士报”时代的开始，而同时表明电视正在走向“个性化传播”时代，又是电视“便士报”时代的终结。

2. 益智娱乐类节目

除了对《开心辞典》、《幸运 52》等具体节目的研究外，有人专门分析了益智类节目中的戏剧冲突元素；有人对游戏竞技节目中音乐的运用进行了理论上的总结，对于更好地组织结构好游戏类节目具有借鉴意义；有人分析了电视游戏节目的后现代艺术特征，认为有些节目是受到后现代主义思潮影响的一种电视文化；有人撰文直陈目前娱乐节目的时弊：忘记本位功能，依赖明星效应，培育赌徒心理，热衷互相抄袭，提出牢牢把握娱乐节目的本位功能，提升文化品位，倡导创新。而益智类节目要实现可持续发展，应该突破形式束缚，寻找永恒的魅力，即关注人的生活，关注人的内心。

3. 谈话类节目

2002 年，谈话类节目仍旧是一个研究热点，且研究不断深入。研究者认为我国电视谈话节目已经走向了成熟，对节目的策划、主持人的能力要求与话语技巧、如何营造谈话场等有较多论述。有学者比较了中美电视谈话节目的人本思想，认为中国电视谈话类节目注重体现“集体中的个体”、道德自觉、理性控制，而美国电视谈话节目则以个体为本位，功利主义突出，常有非理性的发泄；有观点认为电视谈话节目需要段落感；还有人以北京电视台《国际双行线》栏目的“谭盾事件”为例，论述谈话节目中运用“冲突原则”时必须注意可控性、适度，以及符合道德、出于善意、坚守法律底线等原则。崔永元把《实话实说》的策划经验总结为把握大局、达成共识，做节目更要做人。技巧的运用与体现，特别是做节目更要做人这一点，揭示了谈话节目策划的某些真谛。此外，一些论者对《实话实说》、《对话》、《艺术人生》等具体谈话节目进行了分析。

（四）电视节目质量评估研究

电视节目生产就像其他生产一样，要注重质量。业界与学界都对质量评估给予了密切关注。

1. 现状研究

有学者认为，目前我们国内电视台运用的节目评价指标主要是收视率指标、满意度指标和专家评价指标。而存在的主要问题在于评价办法不成体系。评价指标数据的组织、收集、处理等环节还跟不上，在节目评价中指标还很不健全。八成以上的电视台仅仅依靠尚不规范的专家评议或收视率，造成评价失衡和失察。提出应把节目评价和节目管理结合起来，尽可能健全三项主要指标，做到科学调查、动态评估、及时赏罚。2002 年 12 月中国广播电视学会对社教节目评奖立项方案进行了更新。

2. 理论探索

有论者提出应将节目评估分为播前评估、播中监测和播后评价。播前评估主要是评估节目运营的可能性和目标，并进行量化；播中监测是整个评估过程的数据基础，是对于节目运作实际情况量化的客观描述；而播后评价就是以播前评估所确定的目标为基准，参照播中监测的实际监测数据来进行对比评价。有人介绍了美国 PEJ－LocalTV（优质新闻工程地方电视组）的新闻节目质量评估的做法及对我们的启示：必须用科学、客观的方法对节目进行评估，建立经济效益与社会效益相结合的评估制度，建立相对独立的节目评估主体，质量评估应能触及节目自身以外的更深层次。

（五）西部电视研究

我国实施西部大开发战略，西部的电视业也将得到大发展，从而引发了西部电视研究的热潮。

1. 关于研究方法

有论者提出，西部电视研究应当上升到“区域传播学”的高度，并对区域电视传播研究的学科背景、研究对象、基本内容、方法论原则进行了探讨和界定。

2. 央视西部频道研究

央视西部频道负责人之一童宁认为西部频道将是一道绚丽的风景线，办好西部频道要注意两“重”两“点”（重导向、重管理，人员少一点、经费少一点）。对央视西部频道的建设和发展，学者们讨论了它的定位（既是“西部之声”，又是“国家之声”），分析了它的优势（政策资源优势和频道专业化优势）及西部频道的人类学意义。

3. 关注西部电视业

有学者提出西部电视科学的发展方位；也有人提出注意编码的有效性，实现西部文化的电视化生存；还有人认为西部电视要努力发掘农村题材、开拓农村市场，与农村“对接定位”。西部的各种资源丰富，但电视业发展滞后，因此要注意根据西部受众的需求特征，开发本土注意力资源。

这一年电视理论研究的热点除了上述几点外，诸如省级公共频道、网络广播电视、科技传播、栏目个性化、主持人、电视批评、电视剧、电视新闻等的研究也比较多。曾有刊物提出将 2002 年作为中国电视批评年，但这一年发表、出版的相关论文、著作很少，在如何进行科学的电视批评方面，没有多大的研究成果。

二

2002 年电视理论研究的难点集中在广播电视集团化、电视节目质量评估、纪录片创作等几个问题上。

（一）集团化研究对实践没有产生理论应有的指导作用

广播电视集团化既是 2002 年理论研究的热点，又是一个难点。对于广播电视集团化的研究，基本上停留于对实践中已经成立的广播电视集团（总台）的一种现状描述，或满足于理论上的探讨，而没有紧扣实践，在理论上进行创新。目前的广播电视集团化还存在诸多问题，一是貌合神离，集团没有对所属的机构进行真正意义上的整合，集团化名不副实；二是集团化发展缓慢，在实践中迈不开步子，而在如何打破行业、地域等坚冰实现真正意义上的集团化方面，理论研究甚至远远滞后于实践，还需要大胆的理论创新，产生出对实践具有真正指导意义的理论。

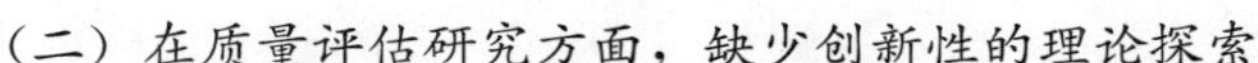

（二）在质量评估研究方面，缺少创新性的理论探索

我国的电视节目质量评估研究已经起步，但进展是极其缓慢的，基本上是对现状的归纳、评议和探讨，根本没有理论上的突破。2002 年 8 月，央视新闻评论部所建立的质量管理体系正式得到中国质量认证中心及国际认证联盟的确认，并获得世界范围内第一张 ISO9001：2000 版电视传媒专业认证证书。其他电视台、其他节目如何借鉴和推广，亟待理论界的探索。中央电视台也正将节目评估作为专题研究，我们也期待着更多的专家学者来关注电视节目的质量评估研究。

（三）纪录片研究方面没有新的进展

这一年对纪录片的研究，除了关注基础理论和探讨人物纪录片、历史考古纪录片、电视文献纪录片等的创作技巧、原则以及在中国纪录片 20 年论坛上对 20 年来创作、研究历史的回顾外，主要还在纪录片与现实生活的关系、目前面临的困境两个方面纠缠论争。

总的来说，我国的纪录片理论研究缺少深刻的洞察力和深邃的思想。在纪实性纪录片刚刚出现的时候，理论界曾经异常活跃。遗憾的是纪录片数量大增，而解读、疏导、廓清等都显得有些力不从心，表现出理论上的乏力和尴尬，而且理论研究也变得狭隘，缺少宽容态度和论理的精神。在市场化面前，理论研究也没有对纪录片创作实践起到风向标的指引作用。

三

综观这一年的电视理论研究，一些问题获得了极大的关注，一些问题遭遇了尴尬，同时还有些问题受到了冷落甚至忽略。下面笔者就 2002 年电视理论研究的一些盲点略举一二。

在西部电视研究方面，缺乏对西部欠发达地区电视业的关注，极少东部学者能站在西部的视角来关注西部电视业的发展。大家都集中于对西部较发达地区的电视业进行研究，而对西部经济比较落后地区的电视事业，特别是农村电视事业关注得相当少。应该说，这些地区经济的落后导致了电视事业的落后，但电视事业在经济社会发展上能够起到传播信息、更新观念、营造舆论氛围等重要作用。所以，要加快这些地方的发展，首先就要发展这些地区的新闻传播事业，特别是具有重大舆论影响力的电视，应为地区经济社会的发展鼓与呼。近年来，我国在新疆和西藏开展了“西新工程”，主要就是加强广播电视的覆盖和传输，取得了很大的成绩。但我们的电视理论研究对这些重大的动向和举措没有给予应有的理论关注和指导，不能不说是一种缺憾。另一方面，关注西部电视的学者基本上来自西部，而少量的东部学者也是从东部的视角来关注西部电视业的发展。我们期待着有更多的来自东部的专家学者能够站在西部的角度来审视和研究西部的电视发展。

在电视产业改革研究方面，对改革重组的规则研究探讨缺席。理论界基本上集中于个案研究、理论假设，对产业的改革重组没有多大现实意义。在社会不断法制化的进程中，电视业的改革重组也应该有自己的原则，以规则来约束和引导电视媒体的运作。这样既能改变目前的改革各自为政、花样百出的现状，又会给仍处于观望中的电视媒体一个可以展望的前景。

对电视传播艺术的研究还太少。电视媒体是影响力最大的媒体，因此电视也成为承担宣传的重点媒体。但是我们的电视理论研究对这种电视传播艺术研究不够重视。反观报业，其在这方面的研究就相当充分和深入。由于报纸和电视媒体之间毕竟有着重要的区别，宣传艺术上也应该各有特色，电视理论研究在这方面应该有所创新。

参考文献

[1] 2002年北京广播学院、复旦大学、四川大学等高校出版的电视理论著作。

[2]《电视研究》、《现代传播》、《中国广播电视学刊》、《西部电视》、《南方电视学刊》2002年全年期刊。

（载《电视研究》2003年第3期）

现实承担与积极深入的研究景观

——2003年中国电视理论研究年度报告

2003年是中国电视理论研究颇为丰收的一年。对相关学术期刊、学术著作、学术会议等的综合与分析表明，这一年电视理论界在重大媒介事件、电视媒体的生存发展问题等方面表现出积极、自觉的理论关注，电视文化与典型的节目类型以及区域传播、质量评估等都得到了进一步的理论研讨，本文将择其要者予以梳理和评价。

一

2003年中国的两大媒介事件，即伊拉克战争和非典型肺炎，对新闻传播学研究具有重大意义，电视理论界给予了最集中的关注。首先是伊拉克战争报道的研究。有学者通过量化分析，阐述这次滚动直播的特点和直播手段运用上的突破；主持人的角色与功能都发生了嬗变，已向新闻主播转化，风格上，人性与“台风”交融。这次报道体现了受众本位、市场化运作的新闻传播理念，体现了及时性、客观性的报道原则以及新闻职业理念的变化。其原因，一是政府为报道提供了宽松的环境，二是媒体间激烈竞争的推动。有研究者以凤凰卫视大批女记者参与伊战报道为引子对电视传媒进行了女性主义解读，分析了我国女性报道者角色的嬗变，并提出有必要防止战争报道中女性话语的异化，女性不应成为媒体的筹码，更不能成为战争的筹码。研究者认为这次报道体现出的客观与公正为央视赢得了声誉。有学者借此分析了美国媒体“嵌入式”随军报道的特点，美国的所谓新闻自由、战争与电视传媒的关系等。也有学者揭示了一些不足：在信息整合方面声源信号单一，对信息纵深度挖掘不够，观众的意见没有得到反映；直播形式应对新闻事实内容具有很大的表达弹性，央视单一的演播室形式则让人感到信息场缺少多元；电视综合表现手段的运用不够娴熟、主持人经验不足等。

其次是“非典”报道的研究。有学者认为这是中国电视媒体的首次“遭遇战”，是对我国媒体的一个巨大考验。这次报道所特具的生动鲜活、感召力和感染力，充分体现了我国电视媒体特别是央视的出色整合能力和从业人员高度的职业责任感。许多研究上升到了电视传播学的高度，认为快速及时是处理突发性新闻事件的重要原则，必须把握正确导向，切实贯彻“三贴近”的原则，根据突发事件本身具有连续性的特点，综合调动频道和节目资源，运用多样的报道方式，对新闻报道进行深度和广度的挖掘。还有学者就事件中信息透明化处理的传播效果、媒体舆论导向及对媒体将来发展的影响进行了分析和推测。当然，也有人对报道中的问题进行了反思：前期媒体话语缺失；除了宏大叙事外还应充满人文精神。认识到这些不足才能更加深刻地诠释这段历史对国内许多传媒自身发展的深远意义。

二

频道专业化从提出到实践，都吸引着众多研究者的视线。与上一年相比，2003 年的研究具有维度更多、更加深入细致的特点。有文章指出“两高一低”（同质化程度高；重播率高；频道专业化程度低）是专业频道存在的普遍现象，因此必须改变电视台的运作模式和赢利模式，要“分灶吃饭”、“分级收费”，有线无线分离，制播分离，编营分离。除了从总体上观照外，2003 年学界突出关注了个别专业频道，以期从实践的层面总结问题，提出对策。首先来看对央视新闻频道的研究。新闻频道开播前，学者们纷纷发表文章阐述开播新闻频道的意义，指出公信度应该成为新闻立台的根本。还有人从基本形态、传播特点和运作方式等方面介绍境外新闻频道的理念和运作，以资借鉴。新闻频道开播后，一些文章指出央视新闻频道形成了以民为本的观念和贴近实际、贴近生活、贴近群众的品格；形成了新的直播概念，即直播常规化、小型化；形成了品牌性的谈话节目；形成了三个第一的特点：第一时间、第一现场、第一需要。也有文章直陈新闻频道受到了四大约束，即体制性约束、观念性约束、业务性约束和人才约束；新闻频道关联性不足，自制节目不足，专题节目多，节目重播率高。也有文章提出了新闻频道的发展方向：要在新闻规律和宣传规律的结合点上形成自己的特点，既最大限度地满足群众的“知情权”，又要有正确的观点和立场，获得舆论平衡。

其次是对其他专业频道的研究。有不少文章分析研究了其他专业频道，可喜的是，对农研究兴起了一股热潮。学者们讨论了专业频道与“三农”的关系，明确提出频道专业化必须关注农村受众的需要，进而分析了发展对农专业频道的制约性因素和对策；专门考察了我国第一个对农专业频道——吉林农科频道；论述了西部电视台创建农村频道的必要性、可能性和基本原则。更多的文章则是从如何搞好对农报道的角度提出了不少有价值的建议。

三

广电集团化的研究进入到具体深入的层次中，其中集团资本运营和产业经营管理成为 2003 年学界探讨的热点。

对于资本运营，一些文章认为应该加快资本运作以推动广电集团化进程。其资本运营应区分为经营性资本和非经营性资本，而对处于转型时期的资本运营，政府行为的定位十分重要。有文章提出电视媒体当前筹资中存在的问题和筹资策略：前期利用风险基金投入；后期则要从直接和间接等多渠道融资，风险基金则逐步淡出。有文章分析了电视资本运营的制约因素和风险等，认为这些主要体现在体制层面、管理层面和国家政策层面，并提出当前资本运营适宜采取的模式：传媒重组，直接上市；企业并购，间接上市。有人专门分析了广电传媒资本运营的陷阱及其成因，并提出对策：调整、选择好经营主导模式，谨慎借“壳”上市，不盲目扩充资本，而是收缩战线，发展主营业务，经营好优质形象、搞好品牌建设。

对于产业经营管理，有人认为电视产业存在的问题是三个“单一”：产业类型结构单一，产业价值链条结构单一，产业赢利模式结构单一。因此电视业必须调整自己的生存战略，形成无线电视综合覆盖、有线电视专业服务、卫星电视细化市场的产业类型格局，培育和完善多样的产业价值链条，改变单靠广告的赢利模式，带动相关产业的发展。有文章提出广电传媒可以开展手机短信经营业务，扩大产业范围。对于经营管理，有文章从电视资源怎样经营、观众注意力资源如何开发、电视广告经营策略、电视节目的市场营销等四个方面论述了21世纪的电视经营之道。有人则从资源整合的角度研究了电视媒体面对新形势的对策。有文章提出广电集团应该强化五种经营思维：集约经营思维、大整合思维、市场评估思维、市场营销思维和制度创新思维。

四

节目形态在电视研究中处于核心地位。2003年学界对节目形态的关注集中于城市台新闻节目、谈话节目和纪录片研究上面。

第一，城市电视台新闻节目。学者们认为，江苏电视台的《南京零距离》在若干方面突破了长期以来僵化和固定的新闻形态，获得了经济效益和社会效益的双丰收，对中国电视新闻节目改革具有方向性意义。它最核心的理念就是与广大民众的社会生活紧密相连，倾注了真挚的社会关怀，实现了将人本思想和人道主义同全局观念的结合。在节目样态上，集合了社会新闻、生活资讯、投诉热线、现场调查等内容，运用直播作为常态播报方式，启用具有平民形象又略带反叛意味的主持人，强调主持人“播”与“评”结合。一些文章进一步研究了城市电视台新闻改革和竞争的问题。

第二，谈话节目。谈话节目一直受到学界的持续关注，2003年因报道抗击“非典”一炮走红的《面对面》使新闻人物访谈成为讨论的焦点。学者们认为《面对面》以“人”来解读新闻的理念、质疑式的主持风格和零距离访谈特色以及在主题设置、选题设计、对话机制等方面体现了新闻人物访谈的诸多本质性的要求。有人介绍了外国学者对如何成功主持“脱口秀”的见解，专题研究了社会名人与谈话节目之间的关系和问题，透视了谈话节目中贩卖隐私，使谈话节目异化的危险倾向。有人提出谈话节目中的现场观众实际上是“被观赏的观赏者”，我们应该经营好这一资源。也有文章探讨了谈话节目中主持人应具有换位思考的能力，要能进入对象的社会角色和心理角色去提问、回应和引导。此外，一些文章以《实话实说》、《对话》、《艺术人生》等名牌谈话节目为个案继续深入探讨，总体上体现出外部研究和内部研究相结合的宏阔视野。

第三，纪录片。对于纪录片的本体研究，有学者撰文论述了两个十分重要的理论问题：专题片与纪录片的区分及其意义；“真实”再现与纪录片的历史使命。有人从叙事学入手，分析了纪录片的各种讲述角色和同期声的叙事功能；有人分析了“探索”节目认知消费对纪录片发展模式的影响；还有人大胆提出历史人物片要进行个性化创作。有人阐述了文献纪录片中影视资料的运用和对原创性纪录片素材价值的认识与利用问题。有学者认为纪录片人文关怀存在一个悖论：个体的私人空间与媒体的公共空间存在矛盾。因为真实有时就意味着残酷，尤其当镜头对准弱势群体、边缘群体、亚文化群体时，就意味着在近距离透视下某种缺失的放大和个体尊严的动摇，关怀可能走向了自己的对立面——伤害，在不经意间制造了自身的悖论状态。

五

电视文化与电视艺术研究在电视理论中占有重要地位。2003年电视理论界对此的关注主要集中于电视传播艺术、电视剧、电视批评等方面。对于电视传播艺术，有学者对其理论体系进行了系统的研究，如电视传播艺术研究的分类、意义、“效率”提高、“品位”提升等。学者们认为“审美化生存”应是中国电视的生存策略和价值取向。当今电视作为艺术体现出一种广泛的大众的审美之约，当今电视文化应主张差异性与多元性的对话新理念，电视艺术策划要具有前瞻性、针对性并重视“留白”的艺术性。还有学者认为提高电视的文化品位和增加人文内涵的关键之一在于给知识分子提供更多的在电视上出镜的机会，使他们能够充分利用电视传播这一影响最大的公共空间，将学术话语变成电视话语；电视体制变革的归宿是电视文化的变革，必须重视文化因素对体制变革的重要作用，从而走出时下“体制万能说”的观念误区。

在电视剧方面，有学者指出，大众文化是一个被虚设的语境，大众并没有获得真正的话语权。“大众”是主流文化和精英文化争相亲和的对象，反映在电视剧领域，大众对作品的多元的合理的需求被它们按各自的意图曲解了。同时也有文章进行回应，强调了电视剧作为一种大众文化的格局已经基本形成。这些讨论对于深刻理解电视剧的文化定位具有十分重要的意义。有学者总结了新中国电视剧历史上的八次轰动效应，以此来管窥中国电视剧的成功之路和成功经验；有研究者认为国产电视剧重视类型而忽视流派，表现出文化上的偏移。还有研究者对在加入世贸组织的背景下中国电视剧的艺术现实与发展问题进行了思考，同时提出了四个需要注意的问题：大众收视要求的兼顾性，竞争与垄断对艺术创作的影响，多角度策略与价值宽容度，雅俗共赏的艺术传播。还有学者研究了电视剧对心理问题的关注，认为当代一些长篇电视剧以凝重的心灵拷问和精细的心理剖析征服受众，开启了电视剧关注与表现内心隐秘的“新纪元”，为当代电视剧所执著追求的人文关怀提供了无限广阔的空间，也为缤纷的荧屏增添了生动而悠长的精神意蕴；还有人对电视剧特殊的心理疗慰功能进行了深入分析。

关于电视批评，有学者对媒介批评的定义进行了探析，并提出了自己的定义：所谓媒介批评，是以传播学为基础，按照一定社会和阶级的利益与理想，根据一定的批评标准对大众传播媒介及其产品——大众文化所作的价值判断和理论鉴别活动。有学者提出了电视批评的影响比较研究，认为电视批评的自觉、专业及批评手段和形式的多样，标志着电视批评正在逐步走向深化与成熟。也有学者指出当前的电视批评的一些问题：有的批评策划意识太重，虽有一时轰动效应，但是很少留下一些建设性的东西。民间的网络批评比较活跃和敏锐，不应受到忽视。还有人指出，捧评的“红包儿派”和骂评的“板儿砖派”大行其道，极大地毁损了批评的声誉和品质。随意性、感想式批评在取得了量上的轰炸效应的同时也失却了应有的批评力度和思想的敏锐。学院派批评也存在理论上食洋不化、唯西是从、远离批评对象、对西方理论话语亦步亦趋、生搬硬套的不良现象。

2003年中国电视理论研究的特点可以归结为：一是对现实实践有了迅速、及时的理论策应和指导；二是对一些难点问题，如体制变革、集团化、产业化等的研究更加务实和深入，密切地关注并指导了运作实践的艰难发展；三是对电视理论研究的关注，有更多的来自电视业界，并体现出较高的理论素养的理论人才，展现出中国电视理论良好的研究格局正在形成。但是电视理论研究对一些基础问题如电视文化、电视传播学还缺少深刻的学理沉思和追问，而这些层面的研究对于构筑并夯实中国电视理论之塔的根基至关重要。

（载《电视研究》2004 年第 2 期）

文化自觉中的电视理论研究

——2004年中国电视理论研究年度报告

回顾2004年，我国电视研究具有鲜明的特色，对电视实践中出现的问题能够及时关注并展开了颇具前瞻性的研究。我们通过对这一年的重要学术刊物、学术著作以及学术会议等的分析，在该年度的电视理论研究中，择其荦荦大端者进行梳理和评述如下。

电视产业研究

广电总局提出2004年是“产业发展年”，电视理论界对电视产业给予了特别的重视，为电视产业发展提出了许多策略性思考，成为我国电视产业化理论研究的推动力量。

学者李岚运用“完全竞争的市场”概念解释传媒市场的政策法规的制定以及政府在市场宏观调控方面的干预因素，还从系统外部和内部即传媒的市场生存环境和竞争力两方面，对作为社会系统的媒介的影响和控制因素进行了具体分析。①王永连认为，电视跨区域经营的思路是突破地域“割据”，实现对外扩张、兼并联合以及应对竞争的需要，并对跨区域经营的空间难点以及省级卫视跨区域经营走向进行了深入分析，提出“经济圈”的跨区域经营思路。

有学者对电视产品市场的构建提出了自己的见解，认为要明晰电视产品市场的政策法规，建立电视产品超市，搭建市场交易平台；加强民营资本的整合；走出同质化的泥沼，培育强大的消费市场。还有人对电视节目市场营销进行了研究，对电视节目营销网的建立，电视节目的营销策划及电视节目的促销等展开了阐述。②一些学者对如何提高我国传媒核心竞争力、如何达到广电资源的最优化整合以及电视媒介品牌经营、电视广告市场等进行了分析研究。

有研究者认为，目前媒介产业发展研究面临一些新的课题，如如何实现产业发展目标的认同，如何建立“媒介产业化”的法制基础，如何选择媒介体制的变迁模式，如何完善公共领域的构建等。③

一些社会制作公司在2003年下半年获得了电视剧制作甲种许可证后，引发了理论界对民营公司开展电视制作的强烈关注。不少人认为，电视播出机构对节目的巨大需求与制播分离的实施是电视节目社会制作发展的前提，政策逐渐明晰，为电视社会制作提供了制度保障，而中国加入世贸组织后的电视改革以及数字电视的发展为电视社会制作提供了机遇。还有学者提出，由内而外是我国电视节目制作社会化的首要步骤，即在电视台内部分阶段、积极稳妥地推进制播分离改革。我国现阶段民营电视机构实际上是非

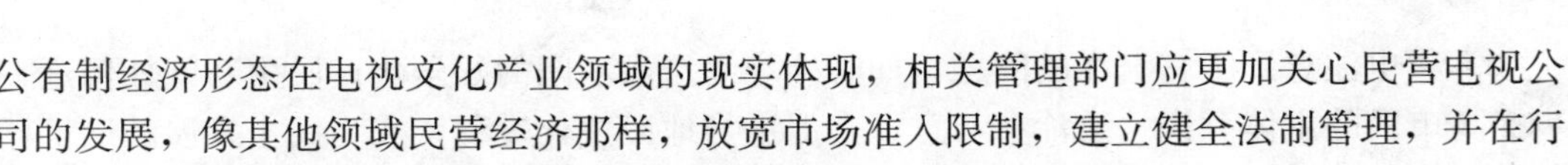

公有制经济形态在电视文化产业领域的现实体现，相关管理部门应更加关心民营电视公司的发展，像其他领域民营经济那样，放宽市场准入限制，建立健全法制管理，并在行业规范化方面加以引导，最大限度地实现资源配置的优化组合。④

随着电视产业的不断发展，人力资源的重要性越来越受到人们的重视。四川电视台的王潞明认为，实施电视人才战略，首先要树立人才是第一资源的观念和人才管理的观念，营造适宜人才成长的良好环境。上海文广集团的宗明分析了目前人力资源管理的问题，并结合上海文广集团的实际，提出应建立岗位体系，改革晋升机制；建立考评体系，实施退出机制；建立露酬体系，完善激励机制；建立培训体系，创新培育机制；建立招聘体系，健全引人机制。季新民结合贵州电视台的情况，提出西部电视人才战略应运用“赛马机制”，激励“永久型”人才；栽好“梧桐树”，留住人才；借助好项目，吸引“候鸟型”人才⑤。很多人认为建立市场经济规则下的人才激励机制是解决人才问题的治本之策，人才强台的关键在于用好人。

数字电视研究

广电总局也提出 2004 年为“数字发展年”，据此数字电视的发展及研究工作成了理论探讨的又一个焦点。

中央数字电视传媒有限公司总裁孙玉胜指出，“在中国，要办付费电视，一定要拿到一个全国性的执照。地域性的付费电视，运营将相当艰难。用户多、家庭多，是所有中国付费电视节目商共同的优势。但如果这个优势被省际的边界线切割以后，我们任何一个节目商都没有优势。因此我认为，付费电视应基于全国的市场层面来运作。”陈敏利则认为，“数字电视所拥有的技术特殊性，使它具有更多业务功能，促成了电视业盈利的新模式，即‘广告收入＋收视费＋增值服务收入’，从根本上变革了过去以广告为主的电视盈利模式。”王云飞等认为，“借鉴电信互联网运作模式，解决内容瓶颈；确定数字电视标准，降低成本和风险；整合网络资源，实现全国联通，是实现中国数字电视产业快速发展的战略选择。”⑥

有人认为，建立自己的蜂窝移动通信覆盖网，开展互动、移动式服务是时代对广播电视提出的要求，是广播电视走向信息时代的战略举措。吴信训分析了数字化环境下电视媒体的业务经营空间及对策，认为目前老百姓对数字电视的了解和向往力不够，数字电视收费难是瓶颈，并提出了一些相应的对策。“内容是核心，打造品牌，提升媒体与节目的价值是数字电视时代赢得受众的关键”成为众多学者的共识。还有一些学者分析了数字化电视服务销售观念，认为整体平移是有线数字电视发展的必由之路。

一些研究者对厦门、青岛、重庆、江西等地的数字电视发展经验与困难进行了推介、剖析，具有一定的借鉴意义。

电视节目研究

2003 年，民生新闻现象引起了学界的大讨论，2004 年的研究显然更加理性和深入。多数学者认为，民生新闻的本质特征应该是民生内容、平民视角、民主的价值取向。但一些学者也注意到了它潜在的问题，如必须警惕严肃新闻的娱乐化；民生新闻如何进一步提高市民的主体意识、政治参与意识，促进当地民主化进程，成为民主发展的助推器是一个值得探讨的课题；如果局限于在有限的视野内无视其他的现实存在时，媒介所构建的世界就是片面的⑦，等等。

2004 年 5 月 15 日，“频道时代的电视新闻传播暨 CCTV 新闻频道开播一周年研讨会”在北京召开，与会人员围绕央视新闻频道展开了广泛的研讨，对于进一步办好新闻频道提出了许多建设性意见。9 月 23 日至 24 日，广播电视新闻节目创新研讨会在北京举行，探讨了如何在节目内容、节目形式、节目运作等方面不断改革创新，努力使广播电视节目办出个性，办出特色，扩大广播电视新闻宣传阵地，使广播电视新闻宣传更好地发挥舆论导向的主力作用。还有学者对调查性报道、深度报道进行了多方面的研究。

有学者运用集体记忆理论，以历史题材的电视剧为研究对象，探讨历史剧如何立足当下而重塑人们的历史观形成集体记忆，以及戏说类历史剧对集体记忆的消解。尹鸿等对中国电视剧艺术传统进行了分析，认为电视剧的叙事艺术体现了家庭通俗艺术的基本传统，“以家庭故事为主要题材，以日常经验为主体内容，以生活化戏剧为叙事特征，以主流意识为价值观念”⑧。一些研究者分析了中国情景喜剧的生存境地、戏说剧体裁结构的特点。同时一些人还对影响较大的电视剧如《中国式离婚》进行了分析探讨。

在纪录片研究方面，有学者认为，影像记录的普及与泛化，纪录片概念的扩大及外延的拓展，在电视时代都是一种历史的必然，但它并没有走向消失乃至被“终结”。张雅欣认为，纪录片的“真实再现”是对于已经消失在镜头前的“真实”提供历史的“可能性”。肖平对于滥用影视手段，改变视角来表现事件；没有坚持告知与认可原则；采用扮演与搬演的手段，对事件及其现场进行“情景再现”等纪录片制作的“道德问题”进行了研究。刘效礼认为，纪录片“要说真话，讲实话，要拍出中国人的尊严，拍出中国纪录片人的尊严”。还有学者分析了图片资料在人物传记片中的运用，DV 纪录片和电视纪录片的比较分析等。2004 年 10 月，首届西部纪录片论坛的与会专家对不断崛起的西部纪录片进行了详尽深入的研讨，对于促进我国纪录片多样化发展具有重大意义。

央视少儿频道开播后，引发了理论界对少儿电视剧的研究热潮。2004 年 3 月，中共中央、国务院颁布《关于进一步加强和改进未成年人思想道德建设的若干意见》，广电总局决定实施“建设工程”、“净化工程”、“防护工程”和“督查工程”四项工程，使广播影视成为成年人的良师益友和精神园地，在全社会营造有利于未成年人健康成长的舆论环境和文化氛围，并发出通知，要求中央电视台要进一步办好少儿频道，省区、市和副省级城市电视台要创造条件逐步开设少儿频道。一些研究者对儿童电视节目如何做到与儿童心理需求对应、少儿电视节目如何吸引广告商并开发产业链进行了调查研究。还有一些学者介绍了国外少儿电视节目的实践与探索，分析了中国动画片如何实现复兴。2004 年 6 月 19 日，“未成年人青春期教育与电视传媒座谈会”在北京举行，会议形成了一些共识：家庭、学校、社会三个层面共同关注和参与，大众媒介尤其是电视媒体积极配合和引导，净化教育环境的同时净化我们自身，与孩子们一起成长。

截至 2003 年年底，我国各地电视台共开办了 2000 多套电视节目，但开办专业对农频道的只有吉林、山东两家，电视媒体对“三农”观照度的弱化、边缘化、分配比例失调，严重脱离了中国国情和党对宣传工作的需要。有研究者对农户收视农业节目进行了

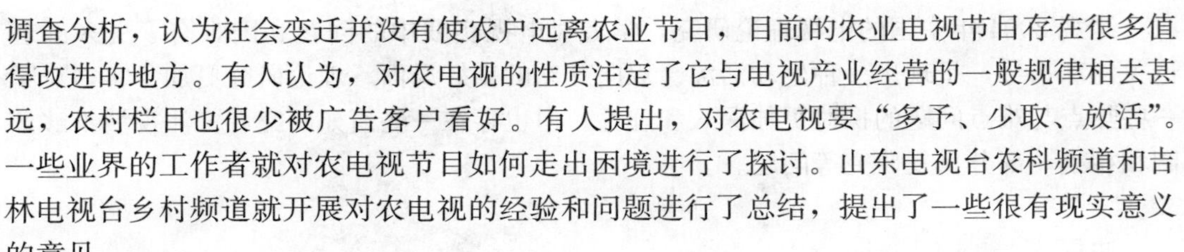

调查分析，认为社会变迁并没有使农户远离农业节目，目前的农业电视节目存在很多值得改进的地方。有人认为，对农电视的性质注定了它与电视产业经营的一般规律相去甚远，农村栏目也很少被广告客户看好。有人提出，对农电视要“多予、少取、放活”。一些业界的工作者就对农电视节目如何走出困境进行了探讨。山东电视台农科频道和吉林电视台乡村频道就开展对农电视的经验和问题进行了总结，提出了一些很有现实意义的意见。

品牌建设研究

创建和经营品牌已经成为电视媒体经营者的共识，电视品牌建设研究主要集中在品牌栏目和品牌频道上。

黄会林等对受众与中国影视品牌发展战略中的民族化问题进行了深入探究，认为在影视产品中贯穿民族精神的精髓，使其具有中国民族的传统特征，符合中国受众的传统审美心理，是影视品牌发展战略实现的关键。一些学者就如何打造品牌，包括定位、策划与包装等展开了研究。更多的人是对一些品牌栏目，如对中央电视台的《电影传奇》、《绝对挑战》等栏目进行深入分析。

在频道专业化发展不断推进的背景之下，一些特色化频道开始出现，人们对频道的研究也越来越多。在频道营销与包装方面，有人认为，我国电视频道品牌建设方面存在问题的根源，“在于实施第一代整体包装，它是‘生产观念’的产物——频道是生产节目的行政建制”⑨，认为频道包装要注意统一性、简洁、核心卖点和渐变与突变四大原则。

对于省级卫视，赵振宇认为，省级卫视面临挑战和竞争的选择，提出了差异化定位和跨区域经营的策略。张立伟认为，跨省联合是省级卫视战略突围的途径。湖南电视台欧阳常林认为，实现卫视跨越式发展的三大战略是品牌战略、营销战略、整合战略。还有学者认为，省级卫视发展需要构建频道的核心概念，凸显频道的整体特色；追求个性发展，为精品栏目提供空间，提升卫视的竞争力，如一些学者对“东方卫视现象”进行研究；邹晓利等人分析了安徽卫视如何锻造电视剧的核心竞争力。

基础理论及其他研究

石长顺等论述了电视叙事理论研究的意义、电视叙事理论的体系建构和研究策略。阎惠泉对电视时代的选举文化进行了研究，认为电视人选举具有明显的负面效应。高鑫等对高科技语境下的现代电视语言艺术进行了研究。丁海宴提出了电视艺术“生态综合”的观念。有学者整合了后现代主义思想家关于后现代主义与媒介文化具有代表性的言论，提炼出诸如拼贴、复制、解构、多元等后现代法则，尝试将这些后现代法则与电视新闻研究进行整合，并在实证研究的基础上陈其利弊并提出了建设性意见。

2004 年 5 月底，中国首届视觉文化传播国际研讨会在上海召开，与会代表围绕会议主题“全球化：可见的与不可见的——视觉文化的理论与实践”进行了全方位、多层次的研讨，在我国视觉文化研究上留下了特殊的意义和标记。

综观2004年中国的电视理论研究，学者对电视实践中的问题和困难有了更多的理论关注和指导，呈现出一种生动活泼、双向互动的良好局面。理论研究更加务实，对于一些热点与难点问题的探讨更加深入和理性。但也存在一些诸如研究者关注视域不够开阔和相当一部分重复研究等问题。

注释

①李岚：《传媒产业的理论视角：控制与影响因素分析》，载《现代传播》，2004年第5期。

②参见程欣、康力舞相关文章，载《电视研究》，2004年第11期。

③刘华宾：《媒介产业发展研究面临新课题》，载《电视研究》，2004年第4期。

④参见欧阳宏生、王甫、张阿利等文章，载《中国广播电视学刊》，2004年第2、5期。

⑤参见王潞明、宗明、李新民相关文章，载《电视研究》，2004年第5、6期。

⑥参见孙玉胜、王云飞、陈敏利相关文章，载《中国广播电视学刊》，2004年第9期。

⑦参见孟建、时统宇、李舒等文章，载《中国广播电视学刊》，2004年第6期。

⑧参见李立、王昕、尹鸿等相关文章，载《现代传播》，2004年第1、5期。

⑨参见罗军：《问题·根源·案例——品牌营销提升效益的实践与思考》，载《中国广播电视学刊》，2004年第2期。

（载《电视研究》2005年第2期）

市场化与娱乐化的学理审视

——2005年中国电视理论研究年度报告

2005年的中国电视理论研究呈现出深度化、学理化、实证化等特色。围绕一年来的热点、难点，中国电视学界和业界的理论研究人员继续推动着中国电视理论走向成熟。随着电视理论研究的深入，尤其是在一些学者的呼吁下，中国电视基础理论研究逐步得到学界重视，深层次解剖电视现象的文章和专著不断涌现，电视理论正从表面总结和单一现象评论向学理追问的方向迈进。前瞻和批判意识正日益成为电视理论工作的重要思想源泉，同时，电视理论研究对于电视实战的前端介入正逐步成为人们的共识。注重实证调研、崇尚科学客观的精神也蔚然成风。

由于在2004年底以及2005年初，广电总局等部门推出了一系列影响到广电业未来发展的重要政策，使得学界迅速将目光聚集于探寻产业经营发展新的方向，并提出新的产业模式。

（一）集团化研究

2004年12月21日至22日，在全国广播影视工作会议上，总局明确表示：今后不再批准组建事业性质的广电集团。针对2005年的中国广电集团化发展何去何从，业界和学界的反应不一。朱剑飞再次提出频道制问题，认为由集团（母）公司直接控制的省级广电传媒组织结构，势必以扁平化的频道制取代金字塔的中心制。

（二）产权问题研究

2005年1月1日，贵阳电视台和北京金天地影视文化公司、深圳泉来实业有限公司共同成立的贵州金天地广告节目有限公司正式开始运作。2004年12月29日，由国营的浙江广电集团和民营的浙江广厦集团分别出资51％和49％组成的浙江影视集团正式宣布成立，其核心资产包括浙江影视频道（ZTV－5）的经营权。

陆地认为以上事实传递的第一个信息意味着中国第一个股份制电视台经营模式的确立，第二个信息意味着中国第一个混合所有制影视集团的诞生。这说明了党和政府有关部门对电视台的功能有了更全面深入的认识，说明了当今媒介政策环境的宽松和社会的宽容，说明中国广播电视产业经营意识的增强、市场化和社会化程度的提高，说明了中国电视产业的产权正在从混沌走向清晰，说明了中国社会和媒介的进步。

（三）开放问题

2004年10月28日，广电总局和商务部共同签发了《中外合资、合作广播电视节目制作经营企业管理暂行规定》（第44号令）。2004年12月10日，国家发改委发布了新的《外商投资产业指导目录》，广播电视制作发行和电影制作首次列入该目录，电视产业的开放问题逐步被提上实质议程。电视文化研究倡导通过电视媒体构建先进文化形态，促进建设和谐社会是2005年电视文化领域的重要特点之一。另外，针对新闻娱乐化、电视节目低俗化风行的现象，批判意识和忧患精神也在电视文化批判领域扮演着重要角色。

（四）构建和谐社会与中国电视的关系

欧阳宏生、冯然认为中国电视是一种独特的当代文化形态，在传播文化的同时，自身也成为一道独特的文化景观。满足我国广大人民群众不断增长的精神文化需求、丰富广大人民群众的文化生活、构建和谐社会，是中国电视责无旁贷的责任。张君昌、吕鹏则强调广播电视应以自己的方式构建社会主义和谐社会，包括积极促进传统文化回归以及促进社会主义主流意识形态的形成。

（五）全球化与国家电视文化安全

张志君探讨了全球化与中国国家电视文化安全之间的显在和潜在的关系。论述了全球化对中国国家电视文化主权、中国本土电视文化产业、电视文化机构、电视文化生态环境等的影响。

（六）生态电视的理念

刘炘提出的生态电视概念就是用生态学的思想和理念审视、批评、重构人类电视文化系统。终极目标就是通过传播生态电视文化，运用电视传播的能量再造人们崭新的生态人格，使人产生与自然、社会高度和谐相处的能力。

由于没有明文的法律规定，使得电视形式的创意一直得不到有效保护，沈苹提出应当通过巧妙操作，利用现有的版权法给予电视节目形式以适当保护。对侵权行为的认定可以采用“实质性相似+接触”的原则。

（七）电视互动节目中的“三次售卖”

刘燕南、文卫华从受众权益角度提出，在互动节目中，在传统的媒介、受众、广告商三角关系中间，挤进了一个新的利益体——服务提供商。电视台一方面从广告商那里兑现观众的广告价值；另一方面，又与服务商一起分享观众参与的利润，这便是二次售卖到三次售卖的“进化”。但是。电视节目中的短信互动还处于一个比较模糊的地带，其中的权利和义务还没有相对明确的边界。对于受众参与和其他利益的认识和保护，有必要尽快地清晰和重视起来。

（八）电视娱乐节目的研究

在2005年的电视荧屏中，《超级女声》的成功掀起了对“超女”现象的研究热潮，一直延伸到对电视娱乐节目的再次追问。有学者认为《超级女声》的成功，无疑在中国开创了一个崭新的娱乐时代：大娱乐，即全民参与、全民娱乐、全民疯狂。甚至有学者认为在这个大众能够平等参与、平民化的娱乐互动平台中产生的是对传统文化的背离、反叛甚至颠覆的镜像反映，它承载的不仅是平民意识的觉醒，还有诸多人文精神的反映和群众心理的诉求。也有学者认为这种百姓原生态、纯娱乐性的节目，更能引发观众参与节目的热情，从而使电视节目制作水平、制作手段快速发展。

但是，更多的学者提出了对电视娱乐节目泛滥的批判。时统宇认为，把经济因素和商业逻辑视为调控电视节目内容与时段的首选，从而使“娱乐至死”的“20世纪的教训”之一，变成中国的本土现实。朱晓竣从娱乐节目与传统文化价值的冲突层面指出，近年来许多应该被人们所传承的文化精华，受到了电视娱乐节目的巨大挑战。

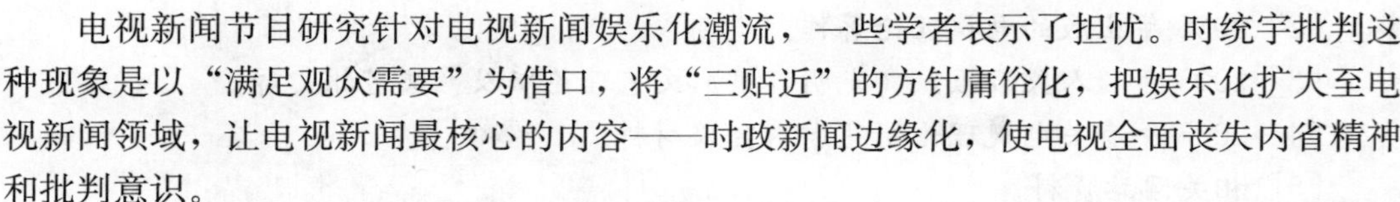

电视新闻节目研究针对电视新闻娱乐化潮流，一些学者表示了担忧。时统宇批判这种现象是以“满足观众需要”为借口，将“三贴近”的方针庸俗化，把娱乐化扩大至电视新闻领域，让电视新闻最核心的内容——时政新闻边缘化，使电视全面丧失内省精神和批判意识。

在电视体育新闻领域，戴进、黄奇玮研究了精确新闻报道在电视体育节目中的优势，并指出了实际操作中存在的问题。

（九）少儿节目与动漫话题仍是热点

2005 年学界继续了 2004 年关于少儿节目和频道研讨的热度，并且开始将研究引向深入。余培侠分析总结了中国少儿节目发展的三个历史机遇，并提出值得思考的问题。谭玲指出在我国少儿节目中呈现出明显的传播偏向，即城市化倾向严重，并且有扩大化的趋势。

在 2005 年 10 月全国未成年人电视节目研讨会上，张群力提出就目前而言，各地少儿频道还存在一些难以克服的问题，如缺乏经济支持、专业人士与资源供给不足。应尝试区域性少儿频道或上星频道，建立全国性或区域性少儿节目交易平台，加大重点少儿节目投入，有序地参与国际竞争。赵刚则对中国动画产业的发展瓶颈作出了深入的分析，提出中国动画在注重受众细分，为孩子们生产更多优秀作品的同时，向“全龄”段产品发展的时机已经到来。

路琳对中国和欧洲艺术动画片进行了比较，认为中国艺术动画片在曾经辉煌过后，陷入了创作低谷，在艺术性和思想性等方面表现出一些不足，单纯表现某种理念和情绪的艺术动画短片相对较少。

（十）电视剧与纪录片的市场化研究

王丹彦认为当前电视剧产业要进一步做强做大，需要着力解决三个方面的文化意识超越：一是超越习惯思维；二是超越市场思维；三是超越故事思维。

何苏六提出对于当前中国纪录片界来讲，市场化的目标并非单单就是一个“钱”字，而是一个整体的市场培育的问题。市场化是要从偶然的感性阶段走向理性成熟，从专业的小圈子走出来，进入大众媒介领域。

另外，在对农电视节目问题上，黄鸣刚认为，电视传播的信息无论在内容还是形式上，都与农村受众的现实信息需求有着明显的差距，有意无意地使他们成为媒体的“缺席者”和“失语者”。

通过对这一年的重要学术刊物、学术著作以及学术会议等的分析，可以看出，电视理论界在深刻反思中，逐渐强调理论对实践的指导、追问。但是，不难发现，在电视理论研究中，仍然有将电视评论等同于电视研究的风气，一些学术文章仍然停留在浅显、表面和跟风的层面。学理性差、功利性过强仍然是电视理论研究中不可忽视的弊病，值得我们深思。

参考文献

[1] 2005 年《现代传播》、《中国广播电视学刊》、《电视研究》、《当代电视》、《中国电视》、《新闻大学》、《国际新闻界》、《当代传播》、《声屏世界》、《视听界》、《西部电视》、《南方电视学刊》。

[2] 2005年出版的电视理论著作。
[3] 2005年《人民日报》、《光明日报》文艺理论版及《文艺报》等。
[4] 2005年有关电视理论研究学术会议材料。
[5] 相关网站资料。

（载《电视研究》2006年第2期）

在求实求新中不断探索

——2006年中国电视理论研究年度报告

2006年，中国电视理论研究发展趋于平缓，尽管亮点不多，但整个电视研究在求实求新中不断探索。研究的重点突出，特色鲜明，应用意识、创新意识增强。本文通过对国内具有代表性的主要电视理论研究刊物的文本分析，分别从电视产业经营、电视传播内容、电视理念及电视现象的研究三个部分进行论述，以期对2006年中国电视理论研究的发展有一个大致把握。

电视产业经营研究

“频道专业化”向“专业频道品牌化”过渡的发展战略以及独播剧的营销理念是2006年电视理论研究的一个亮点。此外，节目经营和广告营销、网络电视、电视购物等新媒体业务和动漫产业发展等也是产业经营研究的重要组成部分。

（一）“频道品牌化”发展战略

中央电视台提出由“频道专业化”到“专业频道品牌化”的新发展战略。2006年就这一战略的讨论更多的是关于省级电视台和城市电视台如何根据自身固有的地域优势、文化优势找到自身特色进行品牌化建设。张振华在《特色、品牌与量级的两个支点》中指出，在市场经济大环境下，省级卫视虽都可覆盖全国，但其资源毕竟有限，如一味地打“全国牌”，很难与央视竞争。他提出必须从“区域优势——广播电视区域特色的温床”和“区域文化——广播电视区域特色的优势资源”这两方面立足，闯出自身特色和频道品牌。

（二）独播剧经营

独播剧经营是2006年中国电视节目营销的重要内容之一。2005年央视提出独播剧概念，一旦被认定是精良的电视剧，相关频道就会花重金买断它的播出权，其他频道不得播出。湖南电视台播放《大长今》便采用了这一策略。对此，吴涛给予了充分的肯定，他在《2005：中国电视备忘录》中指出，在我们构建品牌的时候通常都要提到差异化，没有差异化怎么构建品牌呢？独播剧的策略就是寻求差异化。不过也有研究者对此提出了疑问：首先，独播剧剧目不好选择；其次，在还没有建立良好的节目评价体系前，如何才能保证收支的平衡；最后，观众是否能接受这种收看方式。

（三）节目经营和广告营销

2006年节目经营和广告营销受到了格外的关注。节目经营通过节目编排来促进有效收视率。胡智锋、周建新在《电视节目编排三论》中提出，电视节目的编排经历了三个阶段，目前正处于以产品为主导所进行的节目编排阶段。此时，广告应该以更加隐蔽、紧密的方式和节目编排在一起，以此来达到广告和节目的双赢。此外，“播出季”这一理念也应运而生，即根据观众在特定时期的特殊要求，如在春节、国庆、寒假期间进行的特殊编排。以“季”为单位，组织长篇电视剧、固定栏目的编排、播出以持续吸引受众的注意力，降低电视媒体的市场风险，实现电视节目编排效率的最大化。

（四）网络电视

就电视台经营格局问题，赵化勇指出，“十五”期间，中央电视台形成了以广告收入为主，经营收入为有效补充的收入结构，总收入保持平均12%的高速增长趋势。同时，我们更要面向国内外市场，开拓产业新领域，重点开发网络电视、电视购物等新媒体业务。

随着“三网合一”技术的不断完善，网络电视产业具有广阔的发展前景。但在实际运营时，广电和电信部门出于对自身利益的维护，难以在“融合”上达成共识并摩擦不断。上海文广集团全资子公司“百视通”网络电视因“不具备运营资格”，其在泉州的业务被“依法取缔”。之后浙江省广电局也发出一张类似的通告，对上海文广的IPTV业务喊停。陆地认为，网络技术和网络业务是不断发展的，融合永远是相对的，差异永远存在。“三网融合”只是一个美丽的过程，可以追求，可以推进，但永远不会实现，也不需要实现。

（五）动漫产业

为更好地促进中国动画产业的发展，广电总局下发《广电总局关于进一步规范电视动画片播出管理的通知》。通知规定从2006年9月1日起，每天17时至20时之间禁播境外动画片；国产动画片的播出数量不少于70%。对此，彭少健、王天德在《动画原创与产业链开发》一文中认为，关键是动漫作为一项产业，应当构建面向市场的、以衍生产品开发权益为直接目标并最终形成动漫再生产的良性产业链循环系统。

除此之外，本年度电视产业经营研究还涉及城市电视台跨区域经营、数字化整体转换等领域。但在研究中运用宏观视角的较多，采用微观和宏观视角相结合的很少，导致不少研究领域缺乏真正能够对实践起指导作用的理论。

电视传播内容研究

2006年，中国电视节目更趋向多样化，对这一领域的研究更深入学理层面。娱节目真人秀、民生新闻成为理论关注的重点。电视剧、纪录片研究则是这一年电视理论研究的热点。

（一）娱乐节目真人秀

电视节目是本年度电视理论研究的重点。“真人秀”节目在我国已经走过了将近六年的历程，作为一档源于国外的节目，其创意难免和国内电视观众的审美观念出现差异。因此，“真人秀”节目虽取得了较高节目收视率，但电视观众对于节目内容的不满也不鲜见，社会效益并不乐观。研究者的探讨不仅仅局限于对此的批判和忧思，更多的是从其产生的社会背景中寻找解决问题的办法。游洁在《关于“真人秀”语境的思考》中认为，可以基于我们的受众是否有娱乐化的心态，拓展参与者层面，从而找到更多切

入角度和恰当的演绎方式。

2006年，上海文广集团推出的两档选秀节目《加油！好男儿》和《舞林大会》颇受好评。时统宇分析其成功的原因认为，《加油！好男儿》在节目制作之初就明确了把握舆论导向的重要性，《舞林大会》抓住审美，抓住艺术，抓住高雅。海派娱乐节目提升了娱乐节目的文化品位，给了娱乐节目制作有益的启示。

（二）电视新闻民生

新闻依然是新闻节目研究的重点，大部分研究都是对2005年民生新闻研究话题的继续，主要是对民生新闻加以定义、提出发展中遇到的问题及解决问题的办法。其新意乏善可陈，且缺少真正有深度、学理层面的研究。针对目前的研究状况，侯迎忠在《电视民生新闻研究综述》中提出，应将民生新闻放在社会政治、经济、文化的总体背景下进行考量。

近年来，许多大型直播节目的增多也导致对直播节目的研究日益递增。2006年，学界对直播报道这种新闻传播方式给予了充分的肯定。刘桂林、陈万利在《直播报道：打造电视新闻新亮点》中提出，直播报道是国际电视新闻传播方式发展的方向和潮流。国内新闻节目应在适合的题材上调动一切可能的资源，充分利用这一报道形式，提高新闻宣传水平，以利于在收视率和传播效果上取得好成绩。

（三）电视剧

2006年，有关电视剧的研究是节目内容中的一个热点，其主要的特点表现在现实主义的回归。在题材方面，涉案剧、古装剧和情感剧曾经是中国电视剧的三大支柱。但是由于考虑到涉案剧对青少年的影响，广电总局发文将其撤出黄金时间档播出。之后广电总局又对古装剧进行了整治，将古装剧的数量也限制在一定范围之内。各地方卫视每晚黄金时间档最多只能播两集古装戏。当然这并不是说电视剧题材走向单一。正如欧阳宏生、毛凌滢、梁婷婷在《电视剧：题材多样》中对2005年电视剧题材的梳理中所表明的，题材多元化的背后是现实主义的高涨和电视剧创作更加贴近普通百姓生活，展现出平民视角的回归。不过也有一些作品仍存在脱离艺术和生活的真实，以及为了追求片面真实而出现语言庸俗化、表演虚假化等问题。

（四）纪录片

《故宫》、《再说长江》和《大国崛起》这三部纪录片在央视的热播并不能掩盖纪录片整体创作和市场的低迷。特别是伴随国外以Discovery频道为代表的大量制作精良的商业纪录片的涌入，本土纪录片空间被进一步挤压。面对越来越激烈的市场竞争，纪录片工作者不得不从精英化叙事的氛围中走出来，接受市场的考验。现在大部分纪录片栏目化后，往往更偏重于叙事的故事化，有人认为这种做法偏离了纪录片创作的本原。可正如许行明、马明国在《栏目化背景下纪录片关注视点的变化》一文中指出的，作为一种线性传播的电视作品，一旦节目的叙事松弛，在一定时间内激不起观众的兴奋点，那么握有遥控器的观众肯定会将这个节目从视线中调走。因而，电视纪录片应该将故事视点看得更加重要。

（五）对农节目

在过去几年的中国电视理论界，“对农节目”研究几乎就是一个空白点。直到2005年才把为农民提供广播影视服务作为广播电视工作的重中之重。2006年，在前期讨论的基础上，加强了针对性研究。《加强节目针对性，为农村电视观众服务——农村电视观众收视需求分析》一文结合抽样调查和央视—索福瑞数据对农村电视节目的收视需求进行探讨，得出了收视人数上升、节目数量与结构失衡、内容与需求失调、形式与接受能力失调的对农节目的收视现状。更多的文章则将关注的视点集中在对农节目的可持续发展上。可见，对农节目的理论关注在经历了 2005 年的起步期之后，呈现良性发展之势。

谈话节目沟通是谈话类节目的关键，2006 年有不少这方面的文章都分别从理论和实践操作层面涉及了这一问题。尽管角度不完全一致，侧重点也有所不同，不过研究者都认为：创造一个主持人与访谈者可以平等、流畅交流的平台是最为重要的。

从数据统计中可以发现，2006 年电视节目内容依然是理论研究的重点。虽然有相当一部分还是停留在对电视剧的观后感和节目的具体制作上，但其中不乏透过节目表面深入剖析节目现象、总结电视节目理论创作规律、对节目火爆背后的文化、生活背景等进行批判的反思之作。

电视理念及电视现象研究

2006 年，对电视理念、电视现象的研究是围绕着收视率、新闻节目过度娱乐化、节目泛故事化、低俗化这四个方面展开的。传播理论主要集中在受众研究的细化上。公共电视研究开始进入理论研究者的视野。

（一）收视率

由于我国电视台的盈利模式比较单一，决定了节目收视率的极端重要性，其直接后果导致了某些节目盲目迎合观众、趣味低下。因此，学界与业界分别对收视率问题提出不同看法。央视率先代表业界提出“绿色收视率”这一概念。央视希望通过实施文化名牌战略，整合文化资源和力量，扩大市场份额，增强广播影视的实力，从而提高宣传的影响力和舆论引导的实效，增强先进文化的凝聚力和吸引力。时统宇和吕强在《收视率导向批判——本质的追问》中则认为，收视率导向背后所隐藏的是电视节目乃至这个文化的商品化。盛伯骥就时、吕文章中提到的收视率本质和功能等方面的问题展开批判，在《关于收视率导向批判的批判——关于本质的追问的追问》一文中提出：质量化，收视率在媒体中举足轻重；理性化，当今媒体多元评价节目；商业化，收视率只是“马前卒”。从以上一些文章中不难看出，围绕着收视率本质的探讨，中国电视业界和学界根据各自的立场发出了不同的声音，争鸣意识十分明显。

（二）新闻娱乐化

2006 年新闻娱乐化的研究是对上一年同一话题研究的继续。大部分研究者都认为，新闻节目在目前社会语境下有必要在新闻主持形态、表达方式上作些必要的探索，但也不能矫枉过正。张建民、蒋新琴在《新闻过度娱乐化的迷失及其危害》一文中谈到，为了赢得受众而一味迁就和放纵，使新闻节目缺了应有的深度、广度和高度，由追求通俗最终走向了庸俗、低俗、恶俗。有识之士呼唤新闻媒体万万不应该忘记应负的社会责任，必须坚守应有的道德底线和职业操守。

（三）泛故事化

孙健在《电视故事化时代的现实困惑》中对泛故事化现象的缘由、现状和发展前景分别进行了研究。他认为，一方面，电视进入故事化时代主要是由于它的贴近性和易获得观众的认同，可它又是一把双刃剑，电视节目过于故事化后易导致媒介的权威感和公信力下降，节目也易琐碎化、同质化、低俗化。2006 年对于娱乐节目低俗化的探讨，主要集中于产生这种现象的电视产业大背景，认为当务之急是建立判断节目优劣的科学、合理的电视节目评估体系，而不是将“收视率”作为评判节目优劣的唯一标准。

多元化收视率毕竟只是受众观看节目的一个量化指标，批判它也不能真正解决电视现象背后的痼疾。欧阳宏生、唐英在《论电视文化多元化的建构》中，则从另一个层面谈到了如何构建良好的电视文化氛围。他们认为电视文化作为一种以视像为主要呈现方式的媒介文化，多元性是其最基本的特性。其多元的根由主要在于电视的公共领域性和当前社会阶层的复杂性。而建构其多元性的关键则在于建立和维护一种基于平等的对话机制。

（四）叙事学

2006 年不少文章借用叙事学研究方法来分析具体节目形态。蔡骥、欧阳菁在《电视新闻节目的叙事艺术》中以叙事理论为参照体系，探讨了电视新闻的叙事结构与叙事特性，并通过各种案例来展示央视及各省级电视台节目作为整体的叙事艺术。

（五）电视受众研究

我国电视的受众研究主要集中在量化研究上，张传玲在《电视受众质化研究的思考》一文中有所突破。该文从质化研究出发，通过选取观众代表参与由节目制作者和调研者共同进行的收视研讨，进而发现受众对节目真正的评估，而不是仅仅限于简单的收视率高低。

（六）公共电视

自 20 世纪 80 年代之后，我国媒体就具有了党和政府的喉舌及信息产业的双重身份。电视媒体在产业化冲击下，积弊日显。袁茜、项立新在《公共电视势在必行》中呼吁建立公共电视，打造一个普通群众表达心声的平台，让弱势群体与政府、弱势群体与社会不同利益阶层之间进行信息交流与反馈，以便在信息时代实现公共利益的最大化。

（七）用人理念

在电视台用人理念上，魏文彬在《广播电视媒体人事制度改革的方向、瓶颈与路径选择》一文中提出，“建立符合市场化价值观念的用人机制就是广电人事制度改革的方向。人才是最重要的要素；人才不是固化的，而是流动的，一切人事制度都要有利于人才的流动。”

从以上讨论可以看出，2006 年电视理论研究在研究方法、研究取向和研究关注点上都展现了一定的量和多样性。对外电视研究也开始有所涉猎。但我们仍应清醒地看到，不足之处还是不少。很大一部分理论文章对问题还仅限于应用性、技术性层面的探讨，缺乏理论深度和学理性的追问。

参考文献

[1] 2006 年《现代传播》、《中国广播电视学刊》、《电视研究》、《当代电视》、《中

国电视》等学术期刊。

[2] 2006年出版的有关电视理论著作。

[3] 2006年有关电视理论研究学术会议材料。

[4] 相关网站资料。

（载《电视研究》2007年第2期）

产业经营·电视批评·节目受众

——2007年中国电视理论研究年度报告

2007年的中国电视理论研究，在内容上有所创新，但主要仍围绕近几年来电视业界和理论界关心的热点问题，并把一些核心性问题的研究引向深入。实证性研究方法和跨学科研究已被广泛采用，促使理论研究成果呈现出繁荣和多样化。具有宏观视野及阶段性总结意义的学术著作、论文大量涌现，意味着中国电视理论研究正逐渐步入成熟期。笔者通过收集整理2007年出版的电视领域学术著作、国内学术期刊、报纸和网站中的相关学术文章、相关学术会议综述等，从电视产业经营管理、电视文化和电视批评、电视节目和受众研究三个方面，对2007年中国电视理论研究状况进行梳理和总结。

电视产业经营管理

中国电视产业经营研究在经历了前期的以宏观层面、政策层面为主的研究阶段后，研究的重心开始转向具体的媒介经营管理业务层面。对新兴媒体的研究，传递出传统电视媒体在新兴市场出现时的兴奋抑或紧张。民营电视机构研究的回暖，让人感到似乎它们的春天正在来临。

（一）产业发展战略

胡正荣在其新著《21世纪初我国大众传媒发展战略研究》中谈到我国电视产业要实现以跨区域、跨媒体、跨行业经营为主流的集团化发展并最终确保政治目标与经济目标的双重实现，必须进行产业结构与产业形态调整，改进产业组织和建立现代电视媒介制度。孟添、张恒龙则从产业融合的角度指出，产业融合将催生更多的新产品与新服务，促进新市场的开辟，塑造新的市场结构，促进资源合理配置，促进人力资本的发展，并最终促进广电业的发展。李晓枫在《中国电视传媒资源整合》一书中，剖析了中国电视传媒资源整合的一般规律、历史沿革及中外电视传媒资源整合现状，并在此基础上，较全面、系统、深入地对中国电视传媒资源整合的宏观、中观层面——电视业产业结构和产业布局问题，及微观层面——电视业产业组织问题进行了研究。通过两者的研究比较，作者提出了“一体多元”、“公益为本、经营为用”的理论主张。

（二）体制创新

刘成付在《中国广电传媒体制创新》一书中认为，我国广电体制改革要从三个方面寻求突破：一是要在我国广电产业体制构建上形成核心突破，尽力健全广电产业体制；二是要抓住数字电视契机进行包括传输、直播、经营、投资和管理等方面在内的体制改革；三是要在管理体制创新上形成突破。在微观管理创新层面，马志红、石易引入管理学的“扁平化管理机制”，再次阐明了频道制在管理主体明确、运行成本降低、传播效果增强、制作效率提高等方面的优势。

（三）经营战略

陈刚认为，我国电视媒体的经营战略从媒体发展早期阶段的孤岛扩张型，即以媒体自身为基础，通过扩张来获得更大的市场份额，正逐步转向陆地紧缩型，即区域整合的战略，这预示着中国电视媒体的发展进入了一个更理性、更成熟的阶段。

在融资问题上，孔令征谈到广电机构在公募融资中遇到的一系列问题，如风险与收益不匹配、财务状况不佳、公司治理问题突出等。他还提出在公募融资发展中应注意的问题：一是必须优化公司治理结构；二是要有正确的市场定位；三是要在适当的时机积极并购重组，实现规模效益。

（四）民营电视

对于民营电视机构的研究，在2007年有回暖的迹象。学者们的普遍看法是，它们正由边缘走向中心。张苏认为，民营电视节目制作机构的经营走向正慢慢清晰起来：和电视台的合作从简单到深入；在资金规模上，从小投入到大资本运作；从专业化起家到多元化迈进方面和境外强势媒体的合作不断深入。焦豫也认为，中国民营电视从暗流涌动到逐渐浮出水面，从承接电视节目制作业务到介入电视频道运营，逐渐形成有别于西方商业电视的中国民营电视产业。

（五）网络电视

王惟红认为，新媒体与传统媒体是共同演进、相互整合、互利共赢的关系，网络电视和传统电视的融合有着广阔的前景。李方勇也表示，受众品位、需求的提高也要求网络媒体与传统电视媒体融合。但是也有学者认为，网络视频建立了一种新的观看体验，迟早会影响电视制片人调整电视节目的内容和节奏。

（六）手机电视

手机已成为传播领域又一个生力军，手机电视在全球的发展也是有目共睹的。2007年学者们持续保持对该领域带有前瞻性的研究热情。雷霞结合手机电视在中国的发展特点，提出了发展策略，即转变观念、合作共赢，早立标准、抢占先机，革新技术、促进发展，量身定做、丰富内容。对于手机电视如何赢利，潘志良、韩福根提出建议：一是开通免费广告频道，播出趣味性强、情节性强的广告；二是通过收费频道和广告节目捆绑销售；三是以包月、包年的收费形式来收取一般节目收视费。

（七）动漫产业

国家“十一五”文化发展纲要将动漫产业确定为未来文化产业发展的九大重点领域之一，使动漫产业再次成为热门研究话题。赵晓兰总结了我国动漫产业发展存在的问题，包括旧观念的束缚，“教化”痕迹过重、娱乐性不足，制作成本高、直接回报低，产业链缺失、受众定位不准确等。陈少波则指出，制约我国动漫产业发展的瓶颈是人才培养问题，所以动漫游戏专业教育应从办学力量、办学规模、专业设置等多方面出台相应政策，使之获得可持续发展的动力。

（八）频道运营

徐浩然的《中国电视频道竞争力评价研究》一书，选择竞争力这一独特的切入点来

研究中国省级卫视乃至整个电视传媒领域，对省级卫视竞争力这一关乎省级卫视生存与发展的核心问题进行了全面、系统和深入的探索。周笑认为，目标受众是频道战略抉择的核心，但是中国绝大部分电视频道都没有真正确立目标受众的战略理念。罗自文认为，频道专业化过程具有阶段性，以及不同发展阶段的电视频道专业化要有不同的对策。

（九）品牌化研究

支庭荣、章于炎、肖斌合著的《电视与新媒体品牌经营》一书，对电视与新媒体品牌规划、品牌价值评估等电视与新媒体的品牌经营问题进行了较全面、深入的梳理、分析。童宁、董岩提出作为电视品牌化战略构架的“三连环”——品牌栏目、品牌集群、品牌频道是品牌媒体的三个不同层面，它们由木及林，由点到面，由局部到整体，共同构成了品牌媒体深刻、丰富的内涵。关于电视品牌的建立，李大成提出了“对立战略”，即在竞争者最大优势的对立面建立自己独特竞争优势的系统运营行为；而电视品牌最终成功的奥秘，在于三个方面：一是核心价值的精确定位，二是普通观众对核心价值的准确认知，三是核心价值得以持之以恒的坚持。

（十）管理规范

对于电视媒介的规范化管理问题，学者们从电视媒体成本控制机制、电视媒体品牌考量体系的构成要素、电视媒介活动项目管理、电视节目内容的版权管理、电视媒体人力资源管理的困境与对策、电视媒体对突发性事件的统筹管理、市场条件下电视节目资源的效能管理等多层次、多角度地展开了大量的研究和考察工作，为电视传媒管理科学化提供了宝贵的参考性建议。

电视文化与电视批评研究

强调电视媒体的社会责任，开展从业人员的自觉自律，成为2007年电视文化领域的核心命题。电视批评理论研究也是2007年的一个重要研究话题，一系列重要的文章为该学科的发展打下了坚实的基础。另外，电视公益传播研究的热潮，让人们看到了实现经济效益和社会效益有机结合的良方。

（一）电视媒体的社会责任

以“绿色收视率”和“构建和谐社会”为关键词的电视媒体社会责任研究，最近几年一直是学者关注的重点课题，2007年的相关研究较之以往更加具象化。董岩在论及电视媒体在和谐社会建设进程中的文化责任时认为，当前一些电视节目的“低俗”的背景是对经济效益和收视率的片面追逐，是“脱俗”的，出路是自律、监管和监督。王天德认为，提升广电传媒的生命个体素养的质量是构建和谐广电传媒的根本文化途径。孙宝国在介绍广播电视和谐节目元素与社会主义和谐舆论环境营造问题时，提出和谐元素包括：导向元素——体现时代性；主题元素——体现人文性；内容元素——强调健康性；形态元素——追求创造性；传播元素——增进透明性。

（二）电视文化自觉

胡智锋、孔令顺认为，中国电视应当在中国传统文化与当代文化的交融中，在中外文化的碰撞中，从时代文化发展的需求中，去自觉、理性、积极、主动地探求和确立自己的文化定位，更为自觉地扮演自己独特的文化角色。欧阳宏生认为，正确并全面认识电视文化身份，因势利导地发掘电视在多元社会中树立身份意识、塑造电视的文化品格，对加强节目质量，提高电视节目的文化品位，建设社会主义先进文化都具有十分重要的意义。

（三）电视批评理论研究

这一年间，对于电视批评理论的研究文章大量涌现。欧阳宏生认为，中国电视批评作为一门学科正在日趋成熟，虽然还存在许多不足和各种遗憾，但谁也否认不了它在促进电视创新、推动电视文化发展等各个方面作出了诸多贡献。陈笑春、欧阳宏生认为从电视批评到文化批评，从电视系统内部批评到对电视生存的外部环境批评，进入21世纪后电视批评对象日益扩展。

（四）电视公益传播

构建和谐社会的时代主题正有力地推动着公益事业的快速发展，“公益”正逐步成为电视媒体关注的焦点。王炎龙指出，电视媒体应走出“泛娱乐”的狭隘圈子，担当“公益媒体”的传播责任，这是电视媒体借助公益传播提升媒介形象的有效途径。粟平称电视工作者应勇于承担社会责任，制作和播出具有先进价值观的公益广告，发出时代最强音，正确引导人们的观念。

最近几年，女性主义媒介研究颇为引人注意，2007年在电视理论界相关的研究较多，而且呈现出具有阶段性总结的意味。姚鹭鹭通过对电视新闻、电视剧、电视广告中的女性形象分析，认为女性形象在电视媒体中被扭曲了，电视从业者应当转变观念，培养性别平等意识。

电视节目和受众研究

2007年电视节目的研究亮点不多，主要以延续2006年的话题为主，不过让人欣喜的是，实证研究在方法上愈发成熟。

（一）播出季

“播出季”作为西方的舶来品，最近两年被我国多家电视台高调采用并积极推广。对于该话题的探讨也比以往更深入、更加本土化。左瀚颖认为，我国“季播”策略尚不具规律性和规模性，对电视收视和广告市场的整体影响还比较小。徐立军、袁方在《电视播出季——频道编播创新前沿》一书中指出，我国电视“播出季”与美国的“播出季”存在质的差别，概念的含混、内容的贫乏、受众的随意，导致我国电视“播出季”的真正实现还有一段路要走。姚进认为真正的播出季，不仅仅是节目的“编播季”，同时也是“制作季”与“销售季”，这就需要电视媒体有较高的营销水平。

（二）电视选秀节目

在全国上下风起云涌的电视选秀浪潮推动下，2007年学术界继续对选秀节目保持高昂的研究热情，且表现出实证化、跨学科研究的倾向。中国传媒大学传播心理研究所研究小组的“流行娱乐节目收视心理研究——以‘超级女声’的实证分析为例”的研究，通过数据整理分析之后得出，喜欢看《超级女声》节目的受众在收视动机、替代性满足、社会比较以及忠诚度等方面存在差异，而在从众心理方面差异不大。黄顺铭等人

以“第三者效果假说”作为理论指导，以“大学生到底如何收看超级女声节目”作为研究问题，通过对两个城市的大学生的调查发现，大学生中不论是观众还是非观众均倾向于认为，别人受节目的影响大于自己所受的影响，即“第三者效果”占据了绝对的主导地位。另外，其他学者尝试跨学科研究的有：从现象学范式看“电视选秀”节目、关系营销在电视选秀中的应用、电视真人秀节目中的模糊美学规则等。

（三）对农电视节

对农电视节目的研究也是对以前研究热点的延续。黄辉认为，当前在对农电视节目的发展中，存在三个矛盾：收视标准和功能定位的矛盾、政策悬空与具体落实的矛盾、市场需求与编导意识的矛盾。林叶提出对农电视报道选题策划的新要求：用新眼光理解新农业、新农村和新农民；用电视媒体的新理念重新提炼对农报道选题；用多元化的大视野统筹整合对农题材。

（四）电视讲坛类节目

讲坛类节目持续被关注，跟央视《百家讲坛》的成功密不可分，2007 年研究该节目和此类型节目的学术文章还保持在较高的数量上。陈立强提出，不能以学术讲座的规则和标准去评价讲坛节目，学术讲座走向荧屏，表现出一种强烈的世俗关怀，同时其原有的学术生态结构受到重新解构，从而转型为一种电视媒介语态，表现出巨大的传播学意义上的差异。

（五）电视体育节目

随着 2008 年奥运会的临近，对于电视体育节目的研究也有升温的趋势。姜同仁、陶于指出，奥运会无疑给我国电视体育产业带来前所未有的发展机遇，为迎接挑战，应尽快完善电视产业市场体系，提高传播层次，加强专业人才培养。王晓东在我国电视体育观众特征及收视行为研究中发现，我国体育节目的收视呈周期性波动特征，体育节目观众以高学历、良好的职业身份、成熟的年龄为主要特征。

另外，前几年的理论研究热点——民生新闻，2007 年已有所降温。在电视剧领域，对于家庭伦理剧、红色经典的改编等问题，理论界关注得也比较多。

通过以上的梳理分析可以看出，2007 年中国电视理论研究在诸多领域都取得了长足的进步，理论联系实际的作风明显，理论界保持着对鲜活的电视实践充分的关注，同时，业界人士参与理论研究的热情高涨，提出很多有见地、有分量的观点。但是，值得注意的是，电视理论研究领域在单一问题上的重复建设现象严重，开拓崭新研究领域的能力不足，学理性差、理论和实践脱节的现象还都不同程度的存在。

（载《电视研究》2008 年第 3 期）

开拓视野　推动理论研究的多元创新

——2009年中国电视理论研究年度报告

全球化的进程与中国改革的深入使得国际国内形势日益复杂。为积极应对业已或可能出现的危机，抢占舆论引导的制高点，经受了2008年频发的重大突发事件洗礼的中国电视，带着光荣与梦想，以更加沉稳坚定的步伐重新出发。通过梳理2009年出版的国内核心期刊、部分电视著作和重要学术会议综述等相关论述，我们看到，2009年中国电视研究者不仅在科学总结中国电视50年来的发展史和理论史的基础上，更好地对当下实践进行了反思和剖析；还充分运用多学科交叉研究的方法，对电视理论研究的视域和深度进行了积极开掘，为构建更为开放成熟的电视理论体系、更好地指导和引领实践做出了有益的探索。

本文从2009年电视实践与研究的热点与重点问题出发，围绕其推动应用理论、基础理论、决策理论及史学理论研究的重要方面进行总结，以期梳理出2009年度中国电视理论研究的发展脉络。

应用理论研究：在争鸣中丰富

2008年频发的重大事件几乎主导了电视荧屏，也占据了学者的视线，使其他类型节目的研究相对减少。而在2009年，虽然对于重大危机事件的话题仍在继续和深化，但许多原有的节目类型和新的电视现象，也重新回到了研究者的视野。在对多种节目样态的争鸣中，2009年的电视应用理论研究的范围和深度都得到了较大的丰富与拓展。

（一）危机与引导

2008年频频发生的公共危机事件促使专家学者们从政府公关、议程设置、各方博弈等层面入手，力图摸清危机事件的传播规律，建立起科学合理的规制，从而使电视媒体在危机事件中更好地发挥自身的功能。

李颖分析了电视在介入危机的不同阶段所产生的不同作用，认为电视媒体具有舆论缓释功能，即电视媒体通过新闻报道及舆论引导向受众呈现事物积极的一面，给民众提供了一个排解、释放不满和怨愤的通道，是社会情绪的减压阀。张卫星指出，“电视办公”开创公共政策制定直面普通民众之先河，必将对中国公共政策的科学制定、政府的民主施政带来深远影响。丁露提出，作为以报道政府部门行政为主的政务节目，需运用多种电视手段减少和化解公共危机带来的损害。尤红认为，在开放的传媒生态环境下，电视媒体必须重新构建电视优势和舆论战略，内容主流化、新闻民生化、直播日常化是电视媒体提高舆论引导力的着力点。周莉指出，电视媒体要立足科学发展观，应用辩证

的思维，多维度立体挖掘舆论引导的价值体系，推动意识形态理念的有效到达。总之，置身于新型的媒介环境中，电视如何在危机报道中坚持舆论的正确引导是相关研究的核心问题。

（二）电视购物

电视购物既被作为广告来批判，又被作为节目来期待。随着2009年广电总局对电视购物行业管理规范的出台，电视购物的现状与未来引发了广泛的关注。朱新梅认为，我国电视购物产业处于培育期，具有巨大的发展空间，是我国电视产业新的增长点和重要的零售业态。应充分发掘电视品牌的公信力，推动我国电视产业结构的调整和转型。在学理探讨中，许多学者都提出对电视购物进行“去低俗化”改造，打造“绿色”内容和“健康”形式，开发适应新语境的新的节目样态。更有学者进一步指出，找准电视购物行业的规范是其复苏的突破口。曾静平认为，中国广播电视协会于2009年3月启动的《中国电视购物节目标准》，可望从电视购物最核心的元素进行突破，整治电视购物乱象，引领电视购物健康有序发展。

（三）民生新闻

《南京零距离》等老牌民生新闻节目的改版，使2009年理论界对民生新闻研究的热度回升。时统宇提出，所谓中国电视的第三次浪潮的民生新闻，其基本的动机和归宿都是为了争得市场，都是对投身所谓的“眼球”（注意力）经济的冲动。孟建提出，中国电视民生新闻必须建立起在公共意识上的“大民生”理念，将“民生”与“国计”联系起来，强调媒体在公共生活领域的导向和介入。刘习良将电视民生新闻的发展划分为反复酝酿、悄然兴起、蓬勃发展和深刻反思、稳步前进四个阶段，并提出电视民生新闻总的目标是提升民众的公民意识，促进民主政治建设及营造和谐社会。喻国明认为当代中国社会背景的转变，使得民生新闻的角色和地位发生了重要的转变，传统民生新闻因而存在较多的问题。

（四）对农传播

“三农”问题是党和国家工作的重中之重。南长森、郭小良、党苗苗通过开展以“西安新闻传媒产业对农发展互动性研究”为课题的实证调查，揭示了只有促使电视媒体在适当娱乐的同时完成好信息传递功能，才能充分体现并发挥电视媒体在农村现代化进程中的作用。针对对农专业电视频道的品牌化问题，杨光、郑树柏指出，丰富的内涵、特色的栏目、独特的编排、丰富的活动是当前对农专业电视频道品牌化的突围策略。项仲平、杜海琼指出，为有效解决对农电视节目存在的问题，需要采取加强管理与调控力度，细分受众类型，扣准“三农”问题，重视人才培养，强化经营意识等五个创新策略，确保对农电视节目的良性发展。

（五）电视娱乐

众多学者围绕电视娱乐节目的精神、形态及发展创新各抒己见。姚休认为，当下电视娱乐热的兴起与泛化，既是电视回归平民趋向使然，也是大众娱乐文化强力驱动的结果。电视娱乐精神的缺失正是导致目前电视娱乐节目“低俗化”问题的一个关键性因素。孙保国提出了由题材、叙事、娱乐、视听等元素构成的电视娱乐节目设计模板，将中国电视娱乐节目分为18种节目形态，并指出其具有的复制性、限定性、流动性三大特征。针对中国电视娱乐节目的发展方向问题，关华指出，应本着电视媒体舆论导向的社会责任和立身原则，杜绝低俗的娱乐、简单的娱乐，立足高层次的审美，走有益与有趣相结合的路线。

基础理论：在积淀中深化

电视基础理论是对电视内外部关系的本质观照。2009年的相关研究从电视的基本性质和功能出发，与人类学、社会学、语言学和艺术学等学科领域进行合理嫁接，深化了电视研究的学理性。

（一）电视与仪式

继气势恢弘的北京奥运会开幕式后，2009年又举行了庆祝新中国成立60周年的阅兵仪式，电视与仪式结合形成媒介奇观，引发了研究的热潮。王海洲认为在历次国庆阅兵中，电视逐渐成为最重要的传播方式。仪式性的操演实现了权力的生产和再生产，将国家信念、民族情感和社会文化汇聚成一种极具影响力的宏大政治秩序，为政治合法性的多重建构提供了广泛而高效的认同。胡劲涛通过对民生活动中媒介仪式与电视制播的分析，指出电视媒介在使仪式具有更加广泛的传播力的同时，其本身也充分利用仪式与传统文化的关联，使得媒介活动，特别是具有民生意义的媒介活动成为能够关联社会群体的仪式。

（二）受众研究

从受众本体研究到受众的主体构建、从单篇论文的分析到学术专著梳理，历经30多年的演变，受众研究仍是2009年电视理论研究的重点。石长顺、向培凤认为在电视传播活动中，受众主体性发挥的程度与传播效果之间有着复杂的关系。良好的体制和机制设计，会对人的主体性构建起着促进作用；反之，则会消解人的主体性。杨华通过对深圳卫视的个案分析，提出观众忠诚度管理是收视突围的新方略。唐弦与朱费伽指出，我国30年来受众研究是前承马克思主义报刊思想对读者调查研究的优良传统，后续传播学受众研究理论和方法，从学界到业界，从学理到实践，再由实践到新的理论层面。因此，受众研究应坚持“以人为本”，防止“以市为本”；进一步拓宽受众研究领域，并采用实证研究和文化批评等多元方法进行研究。

（三）电视话语与符号

话语和符号在2009年仍是电视理论学者剖析电视生产背后的权力运作的利器。张兵娟认为，中国当前的电视传媒语境中，存在“社会主义”、“民族主义”和“消费主义”三种现代性话语，支配或操纵着中国整个传媒的走向。吕木子指出，对于中国电视剧的民族理论话语建设，应有选择地将中国传统的文艺理论纳入电视剧理论批评的范围。代树兰在其专著《电视访谈话语研究》中提出，电视访谈作为一种职业话语类型，因其融“访”与“谈”为一体的特征和其带有表演性质的为观众而进行谈话的交际语境形成了其既有别于其他职业话语和日常谈话，又兼具职业话语和日常谈话特征的媒体话语结构。李曦珍、徐明明则借助三种镜像理论，揭示了电视广告镜像所传递的女性符号价值及其对女性的符号异化。

决策理论研究

在挑战中探寻波及全球的金融危机，众多研究者从经营决策维度对电视事业发展、电视应对策略、电视观众收视需求、地方电视发展等维度进行了深入的剖析，谋求更大的创新和发展。

（一）制播分离

作为电视经营改革的重点，“制播分离”是未来电视产业内外整合的发展框架，其理念内涵在2009年有了丰富和发展。胡智峰认为，中国电视需更多地思考多年累积起来的创新困境，寻求新的创新动力。在中国电视从电视大国迈向电视强国的征途上，“走出去”对于中国电视创新既是巨大挑战，又是绝佳的机遇。李岚指出，电视制播分离改革实质上是成本核算精细化、生产流程方式变革和利益再分配的问题。它会带动人才、物力都占优势的电视台实施内部机制上的真正改革。李小健从制作机构、播出机构和受众三方面论述了在电视媒介竞争的压力和对市场危机的预期下，大量电视台为了降低成本、规避风险，改革了原先电视台一家独大、包办一切的制作模式，选择了有利于分工细化、资源整合的制播分离模式。陆地认为，对电视行业来讲，制播分离意味着价值链、产业链的裂变和延伸；对社会来讲，制播分离则意味着电视资源和社会资源的一种社会交换和重新分配。

（二）区域整合

跨区域电视媒体资源整合策略是近年电视实践和理论研究的新热点。从地域上看，既有全国性的广电联盟，如中国电视新闻直播联盟；也有一个省或一个市所组成的联盟，如天津区县联盟广播；还有跨区域组成的广电联盟，如四省九市广电协作体。张振华认为，各种类型的广电联盟的建立是解放广电生产力自发的一种要求。针对一些省级卫视联盟“高调出场、低调谢幕”的状况，陆地提出无论何种联盟首先要解决的是市场主体再造的问题。而现阶段的联盟并没有真正的市场主体，无法掩盖竞争的缺憾，联盟的不长久也就是必然的。在市场规范方面，项天巨认为，共同利益是联盟的核心，协调一致是联盟的基础。但要求利益诉求不同的经济主体牺牲局部或眼前利益而考虑总体利益存在操作上的难度，必须建立科学的运作规则和真诚互信的合作关系。

（三）媒介融合

“三传统”（广播、电视、报纸）、“四新兴”（网站、数字电视、手机电视、移动电视）竞合发展的新型媒体格局已经形成，理论界对媒介融合下电视媒体发展的探讨，主要集中于电视媒体与其他媒介的资源整合、电视产业的创新路径等。董年初、熊艳红认为，传统电视应利用移动电视，创造出多样化的广告销售方式，这种按需订制的跨媒体广告媒介将为传统电视带来新的广告收入。卜希霆从中国当前全媒体竞合的数字化时代背景出发，探讨了通过建立全方位服务受众的全媒体需求的电视智能运营支撑系统，实现电视媒介对不同受众群体、不同价值需求的多维度精准营销策略。王明轩在其专著《即将消亡的电视》中指出，电视的消亡并不是视频的消亡，电视的本质含义是远程传输的视频，是单向的、广泛传播的视频节目，而新兴的视频传播将不仅是广泛的、远程的传输，更是双向的、点对点的、互动的视频节目。

（四）集团化策略

2009年理论界对电视集团化的研究主要集中于对地方广电媒体发展战略的探讨。周笑认为，在地方广电媒体的集团化改革进程中，上海广电媒体在整体上发展得并不平衡，在新媒体环境下，上海广电集团的战略发展空间仍可拓展。聂玫提出了湖南广电应通过纵向的产业链延展、横向的规模扩张，将湖南广电打造成一个既具有范围经济优势，又具有规模经济优势，核心竞争力突出的现代传媒集团。胡兴波基于南京广电集团化过程中政策制约的背景，指出行业重组、市场融合是必然的趋势。深圳广电在资源整合和集团化改革中不断创新，张春朗揭示了广告业、网络传输与服务业、内容产业、新技术新业务产业“四足鼎立”的产业结构，将是深圳广电的可持续发展之路。朱春阳分析了广电集团化发展的中国道路，指出创新机制的培育是广电产业竞争力提升的关键所在。

史学研究：在回眸中升华

2009年是电视史学理论研究的大年，诸多研究者对半个世纪以来的中国电视回眸凝望，对电视本体的发展史和电视研究的理论史进行了梳理。

（一）电视本体史

有关电视本身发展的史学著作可谓硕果累累。宋强、郭宏的专著《电视往事：中国电视剧五十年纪实》通过众多人物访谈和回顾，演绎了一部13亿国人50年精神生活的视觉简史。在类别史方面，岳森的著作《中国电视新闻节目发展史研究》采用新闻史学为主导的研究方法，试图改变以往惯常的研究模式，打破学科壁垒，开创了更为开阔、多元的学术视野。黄齐国在《中国电视军事宣传史研究窥探》一书中强调了电视军事宣传史是我国广播电视史和军事新闻史的重要组成部分及其在中国新闻史上的重要地位。一些地方广电部门也纷纷对当地的电视史进行总结。论文方面，陈素白等学者从电视广告的价值重塑和分化、推动消费模式变迁等层面入手，梳理了改革开放以来中国电视公益广告和商业广告30年的发展变化。还有许多学者分别从新中国60年广播电视发展政策演进、广电传媒60年强国路径与逻辑、20世纪90年代以来电视新闻场域的功能图景等多种角度，对电视发展的历史进行了重新梳理。

（二）电视理论史

针对电视理论研究的历程，欧阳宏生、李宜蓬在《中国电视理论研究的发展历程》中梳理了中国电视理论研究的起步、发展、深化和繁荣四个阶段，指出建立和完善中国电视理论体系，不仅是学科的需要，更是服务当下电视事业发展的重要保证。周小普、余敏总结了50年来电视理论研究的主要成果，包括：探讨“自己走路”的内涵，以信息概念、信息产业定位提升对媒介本质的认识，确立受众本位使认识找到落点，揭示了中国电视新闻理论发展的特点，一为实践引领，二为依外延式路径递进。陈富清、戚姚云等学者也纷纷以中国电视开播50年，或以改革开放以来为时间段，对我国广播电视理论研究作了历史回顾与现状分析，从而使业界和学界对我国广播电视理论研究取得的成绩和存在的问题有了更为准确的把握。

综上所述，2009年的中国电视理论研究在应用理论、基础理论、决策理论以及史学理论上都显示出了强劲的势头，各领域的专家学者从不同维度对电视理论研究给予了观照，源于实践而又高于实践的理论研究因此得以不断深化，引领着中国电视的发展。然而，电视理论研究中现象总结多于理论思考，描述分析多于指导提升，在创新上仍略显不足等问题仍然存在，期待着明年的新突破。

（载《电视研究》2010 年第 1 期）

2010年中国电视研究关键词解读

2010年，中国电视研究以现实问题为导向，对实践中出现的热点问题，做了多方面的理论分析和对策研究。本文结合今年电视行业中出现的热点现象，主要通过梳理本年度发表在国内新闻传播核心期刊上的论文、相关学术著作、重要学术会议精神以及相关网站的资料信息，对2010年度中国电视研究领域的热点问题，从四个方面九大关键词进行了总结归纳。

新闻传播理论：新闻改革，跨区域整合

作为中国电视“三驾马车”之一的电视新闻，在2010年新媒体环境中继续前行，报道内容向深广度拓展，新媒体报道主体争夺媒介话语权，对突发灾难事件和重大政经事件的直播能力提升，新闻政策转向推行党委新闻发言人制，电视媒介生态环境优化，新闻报道的国际影响力增强，电视媒体在传播内容、方式和效果上也发生了系列改变。梳理本年度中国电视研究的学术成果，笔者发现新闻传播理论方面的研究众多，主要体现在面对新媒体的挑战中，电视新闻改革和省级卫视的跨区域整合。

（一）新闻改革

新闻改革既是一个老话题，又是一个新话题，特别是在媒体格局发生巨变的情况下，新闻改革被不断赋予了新的时代内涵。2010年新年到来的前两天，央视改版成立的“中国网络电视台”（CNTV）和2010年初新华社联合电视兴建的“中国新华新闻电视网”（CNC），面向全球播出，不仅革新了新闻报道的主体，而且拓宽了新闻覆盖的受众面。同样引人注目的是，同年4月26日，央视英语频道（CCTV－9）改版成英语新闻频道（CCTV－NEWS），日播新闻时间由14个小时增至19个小时，面向全球华人播出，并在其专栏《世界观察》和《对话》中引入了国际化评论，标志着央视频道开始真正走向国际报道。在学界，本年度电视新闻改革主要体现在对电视从业者特别是新闻评论员素质的重新阐释，以及对“新闻立台”理念的不断深化上。其一，电视新闻评论。随着我国政治、经济、文化的国际化进程加快，对奥运、世博、重大灾难性事件等报道手段的娴熟，国际媒介生态环境的改变，电视新闻体制的不断完善和受众媒介素养的提高，对电视从业者的专业素养、职业道德，队伍建设等提出了更高的要求。本年度《今日观察》等电视评论节目获得了巨大的收视成功，对电视评论员素质的相关讨论更加深入，分微观和宏观两个方面。微观上，有论者认为电视新闻评论员应有效处理感性与理性的关系，以一种新的人文关怀视角看待问题。[①]有的分析了国内电视评论节目的发展现状和不足，提出评论员应采取个性化的贴近受众的叙事方式来塑造特色评论。[②]

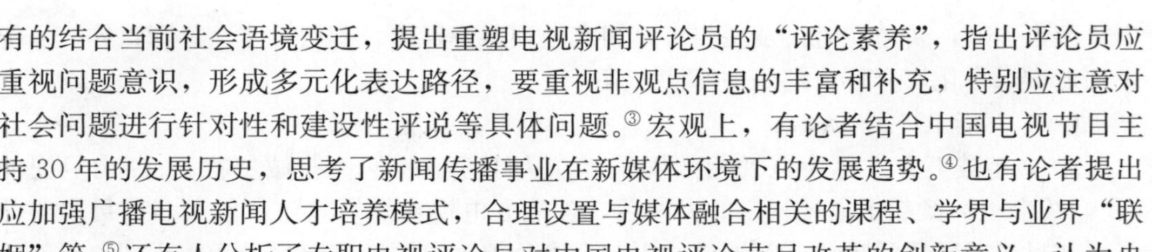

有的结合当前社会语境变迁，提出重塑电视新闻评论员的“评论素养”，指出评论员应重视问题意识，形成多元化表达路径，要重视非观点信息的丰富和补充，特别应注意对社会问题进行针对性和建设性评说等具体问题。[3]宏观上，有论者结合中国电视节目主持30年的发展历史，思考了新闻传播事业在新媒体环境下的发展趋势。[4]也有论者提出应加强广播电视新闻人才培养模式，合理设置与媒体融合相关的课程、学界与业界“联姻”等。[5]还有人分析了专职电视评论员对中国电视评论节目改革的创新意义，认为央视专职电视评论员上岗给中国电视评论领域注入了新鲜血液，也引发了业界和理论界的思考。[6]

其二，“新闻立台”。2009年，中央电视台以“新闻立台”理念进行改版，本年度“新闻立台”理念继续深化，有研究者结合具体个案，分析了新闻立台理念在各地方电视台的探索路径，也有研究者从“新闻立台”整体格局的视角考察了新闻改革的方向。如有论者从强化新闻意识、新闻引导、新闻价值三方面提出做活、做强、做实新闻立台。[7]有论者分析了“新闻立台”面临的泛娱乐化媒介生态困境，以及其过重的意识形态宣传色彩，提出积极走媒介融合之路，坚持媒体自律等对策。[8]还有论者对“新闻立台”新格局进行了分析，提出完善新格局以增强新闻传播能力建设。[9]

（二）跨区域整合

伴随着CMMB移动多媒体广播电视覆盖网络的扩大，CMMB与PC、手机、上网本等终端产业的广泛结合，手机电视、网络电视、移动电视在一些主要城市群体中已广为普及，传统的电视媒体已发生了翻天覆地的变化，人们通过各种手持或非手持电视接受终端大量获取信息，因此各卫视群纷纷通过跨区域合作来应对新媒体带来的各种挑战。本年度，湖南卫视与青海卫视、上海卫视与宁夏卫视在人力资源、技术条件、管理制度等多方面联手合作，形成了优势互补的联合阵线，标志着区域合作的深入开展。学界对电视媒体的跨区域合作的研究也持续升温，研究者们主要从省级媒体跨区域合作的原因、模式、体制、趋势等做了梳理分析，并提出了相应的解决对策。有论者总结出了广电传媒跨区域合作的几种模式：战略联盟式合作、项目式合作、资本层面的合作，提出了跨区域合作应注意解决的观念、体制、沟通协调方面的问题。[10]还有论者具体分析了贵甘模式是资源互补、联合图强；湘青模式是品牌输出、运营创新；沪宁模式是借壳上星，东西双赢。[11]还有论者认为目前电视媒体区域合作包括横向跨地区界限与纵向跨层级界限两种方式，认为电视媒体跨区域合作的探索将不断增多，要正确处理内外因素的平衡关系，寻求合作共赢的最佳突破口，建立良性互动的合作机制。[12]更有论者提出以深层次战略合作为依托，探索电视剧购播联盟、综艺娱乐整合传播以及跨区域广告联盟，将有效改变目前存在的各自为政、条块分割局面，以及由此形成的相当程度的简单重复、无序竞争状态，优化产业环境，提升资源利用效率。[13]学界对跨区域合作的研究不断深入，业界对推进合作的方向将更加明确。

媒介生态管理：娱乐化、反“三俗”，受众研究

电视领域的泛娱乐化现象，对媒介生态构成了极大的威胁，抵制泛娱乐化，反“三俗”，重视受众研究，成为今年电视行业研究的重点。2010年1月中共中央政治局常委

李长春也强调，要适应时代发展要求，切实做到善待媒体、善用媒体、善管媒体，从中央到地方，净化媒介环境都是一场持久战。

（一）娱乐化

2010年被不少人称为电视相亲娱乐年，从江苏卫视的《非诚勿扰》、湖南卫视的《我们约会吧》掀起了电视相亲的大潮后，各地方电视台纷纷效仿，但大多节目内容低俗，节目形式同质化现象非常严重，引起众多争议；电视新闻节目的泛娱乐现象仍然泛滥，新闻的真实性、严肃性遭到质疑。因此，学界从目前社会价值的多元化入手，对泛娱乐化现象进行了客观分析，既看到了相亲娱乐节目的创新和民主化特点，也对其节目造假、同质化的弊端进行了批评，更重要的是提出了解决的对策。有论者梳理了中国电视娱乐节目的演进路线与模式，指出电视娱乐节目存在盲目跟风，节目模式研发不足，同质化现象严重等问题，提出电视娱乐节目必须实施品牌化战略，包括差异化、群体化与创新策略。[14]也有论者指出当前娱乐节目的程式化现象，剖析了其普遍存在的“演艺+游戏+访谈”模式，认为娱乐节目应力求做到贴近生活，创新模式。[15]针对电视传播中的娱乐化倾向，有论者对新闻的客观、真实性，体育节目的商业化以及媒介事件的历史价值等提出新的认识角度和批评方法。[16]也有论者警告新闻节目的过度娱乐化会造成新闻价值的扭曲：时效性被虚化、重要性被弱化、显著性被歧化，趣味性被异化。[17]总之，学者们提出了娱乐要有尺度，要有文化和精神，要坚决抵制泛娱乐化。

（二）反“三俗”

针对泛娱乐化现象的不断蔓延，胡锦涛在今年中共中央政治局第二十二次集体学习时强调“要引导广大文化工作者和文化单位自觉践行社会主义核心价值体系，坚持社会主义先进文化前进方向，坚决抵制庸俗、低俗、媚俗之风”[18]，再次把反“三俗”提上议事日程。学界对此纷纷响应，对当前影视创作和传播价值取向媚俗化的原因和伦理价值进行了反思，归纳出媚俗及其陈腐内容的表现大致有媚洋、媚像、媚丑、媚脏、媚性、媚暴力、媚隐私等。[19]还有论者通过对“低俗”与“非低俗”的区分，提出对待低俗化现象要坚持宽容与自律的原则、严格的监管原则、追求精益的宗旨三方面并举。[20]也有论者指出在互联网的挑战下，电视传媒应该高度重视自己的社会责任，把握正确的导向，引领社会风尚，按照社会主义核心价值体系的要求，制作和播出积极、健康、向上、群众喜闻乐见的节目。[21]坚守娱乐节目的道德底线，强调中国电视传播的责任与担当，成为学者们的共识。

（三）受众研究

娱乐化的盛行与电视节目对受众的低层次迎合分不开，受众是影响媒介生态的一大重要因素。纵观本年度的诸多学术成果，都未能回避对受众的研究，受众的水平、素养不断提高，呼吁着高质量、高品位的雅俗共赏的电视作品的出现，也影响着电视体制等诸多方面的改革。有论者通过对少数民族受众群的分析，对广播电视的传播效果进行了研究；还有论者对老年受众群体进行了分析，提出了老年电视节目如何准确进行受众定位等问题。而更多研究者将注意力集中在受众的媒介素养上。有从受众观察的角度，考察当下电视相亲节目的传播力；有从受众的接受角度，提出了电视娱乐节目的审美追求和价值定位问题；也有从受众关注对象、受众接受心理、受众角色转变、受众与媒介的关系、受众定位、受众视野等几个方面，考察在新媒体语境中，受众对传媒内容生产、

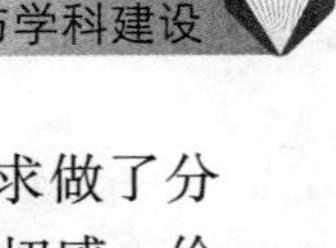

产业和格局带来的新影响。[22]还有研究者对中国电视角色嬗变和当前的收视需求做了分析，归纳出了中国电视受众需求的五大关键词：影响力·自豪感、注意力·亲切感、价值力·认同感、创新力·新鲜感、科技力·舒适感。[23]针对目前电视低级消费现象的现状，也有论者提出了“多视点冲击下学会单视角审视、娱乐化体验中应该美学性享受、品牌化时代下提倡品质性消费、国际化传播中重塑本土化人格等四种媒介信息时代的消费观培养策略”[24]。受众，成为本年度电视研究不能回避的关键词。

体制创新研究：三网融合，制播分离

本年度三网融合经过多年的预热，终于在今年由中央政府正式提出来，并分批试点投入实践；制播分离在十几年前就是广电行业的热门话题，但一直没真正实现，今年在三网融合的背景下，该话题再次引起热烈讨论。

（一）三网融合

2010 年 1 月 13 日，国务院总理温家宝主持召开国务院常务会议，决定加快推进电信网、广播电视网和互联网三网的融合。“三网融合”由此在政府的助推下成为 2010 年广播电视研究的关键词。该会议还明确了三网融合的具体时间表，采取分批试点和逐步推进的办法，确定了北京、上海等 12 个城市成为第一批试点城市，预计在 2013 年将实现三网融合的全面普及。多终端、多语言、多媒介、多手段的三网融合，由此在学界也引发了热烈的讨论。一方面，肯定了三网融合给广电产业带来的机遇，认为三网融合下广电具有内容管控、基础资源、人才与技术、节目生产与播出等方面的战略优势，其在三网融合中应发挥主导作用。[25]认为广电行业应从网络整合、内容产业与创新服务三者入手应对三网融合。[26]具体阐述了广电产业要深度挖掘内容资源，发展 4C 融合，做好广电品牌价值评估，寻求主动，还要提升创新意识，推进技术创新。[27]另一方面，则是对三网融合热表现出了冷思考，指出在学习国外三网融合的经验时，还要从我国的具体国情出发，走一条具有中国特色的三网融合之路，不能盲目照搬、机械复制别国经验。有论者通过对欧洲新媒体规制特征的比较，提出我国“三网融合”中对欧洲视听新媒体规制的借鉴，要在立法监管和传播伦理方面有所作为。[28]也有论者更深入指出“中国现实的国情，中国式的三网融合，不是单纯的市场、技术和利益的融合，也不是行政机构和事业单位的融合，而是在意识形态参与主导下的有中国特色的融合，是要构建一个以媒介为高地，以内容、网络和服务为骨干基础的崭新的媒·信产业，即媒介思维为主导的三网融合。因此不管是广电还是通信行业，在三网融合过程中，二者都应该符合并且围绕着媒介思维去融合，才能做大做强”[29]。目前存在对三网融合的简单化理解，广电行业存在产业规模和执行时间的劣势以及内耗严重现象，广电在三网融合中应与电信合作互赢推动广电体制改革。[30]

（二）制播分离

制播分离在 2010 年度再次成为学者关注的焦点话题，研究重点主要体现在转制和处理各方关系上。提出“广电媒体制播制度经历了自产自销的制播合一体制，制播一体，走向分化、一波三折的制播分离之路，整体制播分离试点起航四个时期，政府规制是制播制度调控的主导力量，放松规制是制播制度改革的基本走向。由于广电媒体不同于一般经济体的特殊属性，在推行制播改革中应充分考虑其潜在风险，以确保国家文化安全与广电产业的健康发展”[31]。当前制播分离改革最主要的是在转制上下工夫，而不是非要把制作和播出拆开，真正的分制改革，是电视台借助电视播出的节目资源通过企业的市场运作，使其效益最大化。[32]也有学者提出制播分离需处理好“路径依赖”与“制度创新”、“管理”与“规制”、“合久必分”与“分久必合”等十大关系。[33]制播分离将会带来媒介体制内外部的产业重组和事业改革，更多学者看到了改革中存在的严重弊端，分析了影视媒体事业单位转企改制中存在的问题，并预测了传媒业的制度创新和新技术运用将是必然趋势。

电视制作播出：自制剧，改编重拍热

2010年电视荧屏上出现了各卫视台自制剧争雄和四大名著荧屏混战的局面，改编重拍电视剧持续升温，理论界也对此现象作了多维解读。

（一）自制剧

2010年是自制剧大规模投入实践的实验年，各地方卫视掀起了一股自制剧风潮，同时辅之独播剧、定制剧作为两翼，形成了一个全独播的频道品牌战略竞争态势。湖南卫视坚持其年轻、励志、娱乐的频道定位，以8部青春偶像自制剧占据绝对优势；安徽卫视主打台湾青春偶像自制剧；江苏卫视频道定位于所有家庭观众，翻拍海岩的三部曲；浙江卫视选择翻拍韩剧，将目标受众锁定于青春女性；东方卫视翻拍的自制剧《杜拉拉升职记》等，将时尚进行到底。究其原因，在于自制剧有利于电视台介入电视剧的制作过程，使电视剧买方和卖方之间的利益诉求有效地得到统一，最大限度地利用了频道资源，在贴近频道品牌定位的同时，满足了目标观众群的收视需求；电视台拥有自制剧的永久版权，可多次播出，具有风险小的特点。有论者肯定了各大卫视自制剧在制作、购买、播出上更加突出了频道特色化、品牌化的优点，认为“自制剧既可保证观众的收视规模，又能保证长期维系观众的忠实度，打造电视台品牌，兼顾了电视剧和栏目的双重优势，从而有利于实现收视效果的最大化”[34]。但也有人注意到定制剧的主要题材为青春偶像剧，在题材上具有局限性，且广告的植入存在诸多隐患，是当前电视台对消费型文化的迎合。但总的来说，赞同的声音大，批评的声音小。此外，今年某洗发露广告植入的电视剧《无懈可击之美女如云》开独家定制剧先河，使很多观众在潜移默化中接受了该品牌的价值理念，取得了不错的效益，也引起了学界的关注。

（二）改编重拍热

中国电视荧屏经历了2009年的谍战剧浪潮后，进入了2010年的经典重拍时代，改编自小说和电影的电视剧大量涌现，并将延续至2011年。本年度新版《红楼梦》与新版《三国》引发的口水战，新《水浒》、新《西游记》的再次投拍，构成四大名著混战电视荧屏的现象，必然也引起了电视理论界对改编重拍剧的关注。学界围绕改编是否应该忠于原著的问题进行了讨论，有论者摈弃改编是否忠于原著的一贯标准，而提出适度改编的原则，要警惕“不加分析地把新与旧的时间范畴置换为美与丑的价值范畴。这是经典改编的误区，也是一切艺术活动应警惕的误区”[35]。针对影视剧改编国外电视剧的现象，有论者提出改编要注意本土化，注意二度创作和组建优秀创作团队。[36]一致的认识是，改编不是乱编，重拍不是胡拍，研究者们对改编重拍热衷精神价值的失落和审美趣味的低下问题提出了强烈的批评意见。

总之，盘点2010年中国电视研究的理论成果，学界对本年度出现的热点现象进行了分析、探讨和预测，并提出了相应的对策。我们相信，理论的繁荣必将推动实践的效能，学界和业界的联动机制将会更加成熟。

注释

①骆新：《电视新闻评论员如何选择话题与阐发观点》，载《电视研究》，2010年第8期。

②林非：《个性化风格彰显电视新闻评论的独特魅力》，载《中国广播电视学刊》，2010年第9期。

③周庆安：《构建多元语境下的电视"评论素养"》，载《电视研究》，2010年第8期。

④於春：《中国电视节目主持三十年发展史略》，载《现代传播》，2010年第8期。

⑤孙宜君、刘进：《媒体融合环境下广播电视新闻专业人才培养的思考》，载《现代传播》，2010年第11期。

⑥靖鸣，王尧：《央视专职电视评论员亮相引发中国电视评论新变局》，载《现代传播》，2010年第2期。

⑦林清波：《强化新闻三特点，坚持新闻立台》，载《中国广播电视学刊》，2010年第10期。

⑧曾兴：《试论"新闻立台"的现实环境和发展对策》，载《中国广播电视学刊》，2010年第8期。

⑨金彪：《新闻立台格局下的传播能力建设》，载《中国广播电视学刊》，2010年第8期。

⑩余晓曼：《广电传媒跨区域合作的探索与实践》，载《西南民族大学学报》（人文社科版），2010年第10期。

⑪李岚：《省级卫视联姻的模式、启示和趋势》，载《新闻战线》，2010年第8期。

⑫李江玲：《电视媒体跨区域合作的现状、趋势及发展对策》，载《中国广播电视学刊》，2010年第8期。

⑬李蓉：《关于建立省级卫视联播机制的思考》，载《中国广播电视学刊》，2010年第8期。

⑭刘真：《品牌时代电视娱乐节目格局浅析》，载《中国电视》，2010年第3期。

⑮冷淞：《演艺+游戏+访谈——对当前电视综艺娱乐节目程式化现象的分析》，载《当代电视》，2010年第3期。

⑯毕一鸣：《当下电视传播现象若干问题的思考》，载《现代传播》，2010年第7期。

⑰宋丽叶：《从电视新闻娱乐化看新闻价值的迷失》，载《当代电视》，2010年第8期。

⑱佚名：《胡锦涛：推动社会主义文化大发展大繁荣》，新华网，高层动态，

http：//news. xinhuanet. com/politics/2010－07/23/c _ 12367399 _ 3. htm。

⑲袁智忠：《当前影视创作和传播价值取向媚俗化的伦理反思》，载《现代传播》，2010年第4期。

⑳罗萍：《“低俗”与“非低俗”的启示》，载《中国广播电视学刊》，2010年第6期。

㉑张国祚：《把握电视导向，引领社会风尚》，载《电视研究》，2010年第7期。

㉒郭琳：《多屏时代的媒体受众》，载《电视研究》，2010年第8期。

㉓周建新：《中国电视受众角色嬗变及新时期电视受众收视需求分析》，载《现代传播》，2010年第6期。

㉔黎泽潮、董保堂：《信息时代公众媒介素养中消费观的培养观照》，载《现代传播》，2010年第2期。

㉕郭小平：《论三网融合下广播电视的主导优势》，载《现代视听》，2010年第9期。

㉖周艳：《三网融合背景下，广电如何应对?》，载《现代传播》，2010年第5期。

㉗曾静平：《从4C融合到4C营销》，载《中国广播电视学刊》，2010年第4期。

㉘郭小平：《欧洲视听媒体规制变革对我国“三网融合”的启示》，载《现代传播》，2010年第5期。

㉙黄升民：《三网融合：构建中国式“媒·信产业”新业态》，载《现代传播》，2010年第4期。

㉚韦聚彬：《关于三网融合的忧虑和期许》，载《当代电视》，2010年第3期。

㉛王玉琦、何梦婷：《我国广电媒体制播制度改革与政府规制》，载《现代传播》，2010年第8期。

㉜尹鸿：《“分离”或是“分制”?》，载《现代传播》，2010年第4期。

㉝张志君：《多重视阈下拷问制播分离改革》，载《现代传播》，2010年第3期。

㉞郑楠：《电视市场收视竞争新热点——自制电视剧》，载《电视研究》，2010年第6期。

㉟曹禧修：《影视剧重编的思维误区》，载《文艺争鸣》，2010年第1期。

㊱宁晶晶：《析改编、模仿类影视剧的现状及未来》，载《电视研究》，2010年第3期。

（载《电视研究》2011年第2期）

论中国特色社会主义电视理论体系的建立

有中国特色社会主义的电视理论，是研究在中国特色社会主义条件下电视传播活动及其规律的科学理论。这一理论以马克思主义新闻学为基础，以邓小平理论为指导，服务于中国社会主义建设。

形成这一理论体系的基础条件

中国特色社会主义电视理论的形成也正如有本之木，马克思主义新闻学是这一理论形成的基础，中国电视实践是这一理论形成的源泉。电视事业是我国新闻事业的重要组成部分。马克思主义新闻学是以辩证唯物主义和历史唯物主义为基本方法，研究新闻传播活动和新闻事业客观规律的科学理论。它是在总结概括无产阶级大众传播实践经验和批判地继承资产阶级新闻学基础上形成，并在实践中得到丰富和发展的。

中国电视发展历史不长，作为新闻事业的重要组成部分，其事业的性质、任务、功能、方针等同无产阶级新闻事业具有一致性。改革开放，特别是邓小平理论的确立，给电视事业发展带来勃勃生机，使中国电视有了明确的指导方针，走上一条有中国特色的社会主义道路。中国特色社会主义电视理论是在丰富的电视实践基础上形成的理论概括，其活的源泉是几十年来电视发展历史，是广大电视工作者丰富的实践。中国电视40年来得到空前大发展，由最初的几十台电视机发展到今天的3亿多台，人口覆盖率达到82%，四级办电视和电视节目四级混合覆盖，在中国形成了世界上最广泛完备的电视广播系统。中国电视工作者早年在极为艰难的困境中自力更生、艰苦奋斗，在全国各地建了电视台，开通了微波干线，形成了全国电视网，实现了从黑白向彩色的过渡，正以“无线传播”、“有线传播”和“卫星传播”等多种方式，每时每刻向人们传播大量的信息。

建立这一理论体系的基本原则

（一）政治性原则

这一原则来自马克思主义新闻学和邓小平理论。马克思主义新闻学是关于无产阶级新闻事业的科学理论，邓小平理论是中国无产阶级政党领导广大人民群众进行社会主义现代化建设的伟大理论，其政治性特征突出。中国电视事业在发展中具有鲜明的政治观点，是党、政府和人民的喉舌，有坚定的党性原则。在其传播活动中，她公开站在无产阶级人民大众立场上，站在中国共产党立场上，代表党和人民的利益和意志为广大人民群众服务。喉舌论和党性原则是中国电视根本的政治属性。在邓小平理论指导下，中国电视围绕党的基本路线，坚持正确的舆论导向，进行各种形式的爱国主义、集体主义和社会主义教育，用正确的思想、观念和情感引导观众树立共同理想和正确的世界观、人生观和价值观，积极参与两个文明建设。

（二）科学性原则

科学性原则为中国特色社会主义电视理论体系的建立提供了方法论意义的保证。具体表现为在这一理论体系的建立中要运用辩证唯物主义和历史唯物主义的科学方法，分析研究电视传播活动中的发展变化。运用对立统一观点来区分中国电视发展过程中的主要矛盾和次要矛盾，区分矛盾的主要方面和次要方面；运用经济基础和上层建筑、生产力和生产关系的矛盾运动方法来分析研究电视事业同其他事业的关系，分析研究电视传播活动的客观发展规律。

（三）综合性原则

电视传播活动是一个十分复杂的过程，涉及众多因素：传播的本质与传播的作用、传播内容与传播形式、传播的主体与传播的客体、传播的环境与传播的艺术等。中国特色电视理论是中国特色社会主义理论的重要组成部分，同马克思主义新闻学紧密相关，同邓小平的哲学、政治、经济、科技、教育、文艺等理论紧密相关。它是在吸收政治学、文艺学、历史学、人才学、心理学、信息学、系统论等优秀科研成果的基础上建立起来的。理论体系的建立和对其他社会科学成果的吸收，要根据邓小平理论的基本原理，对电视传播活动中的内在联系和外部特征进行分析研究，这样才能得出合乎科学的结论。

（四）实践性原则

建立有中国特色社会主义电视理论体系的目的是为了更好地知道中国电视实践，因而理论体系的建立要立足于实践性可操作原则。研究中要对电视实践普遍存在的亟待解决的问题进行有的放矢的剖析，总结出规律性的东西，形成同我国政治、经济、文化建设发展同步的理论。这一理论体系实践性原则的突出表现就是随着时间的推移和空间的转换，根据电视实践的发展不断扩展自己的理论领域，完善自己的理论体系。中国电视要适应改革开放和现代化建设的需要，就要不断调整自己，不断进行改革。

（五）前瞻性原则

现在我国正处在社会主义建设事业承先启后、继往开来的关键时期，电视传播在这一时期所肩负的使命十分艰巨，它对于全面促进社会主义市场经济体制的形成和实现经济增长方式两个根本性转变，加强精神文明建设，吸收和借鉴世界各国先进科学技术和有益的思想文化，迎接综合国力的挑战有着十分重要的作用。坚持前瞻性原则，制订中国电视发展战略，是社会发展的需要，对于保证我国电视事业的健康发展，坚持以马克思列宁主义、毛泽东思想和邓小平理论为指导，坚持党的基本路线，提高舆论水平，实施精品工程，更好地为两个文明建设服务有着重要的现实意义。

这一理论体系的基本内容

党的十一届三中全会以来，中国电视事业发展迅速，积累了经验，已走出了一条自

己的路。这就是：坚持解放思想、实事求是，投入到改革开放的伟大实践中，深深植根于民族优秀文化的沃土；立足国情，面向世界，着眼现实，开拓未来，建设有中国风格、中国气派、中国特色社会主义电视事业。

电视事业管理体制同国家政治、经济体制及电视事业建设方针有着密切的关系。中国电视是在中国共产党领导下的建立在社会主义公有制基础上的具有中国特色的新闻事业，具有明显的系统优势，在信息传播中以社会效益为最高准则。中国电视在事业发展中坚持“四级办电视、四级混合覆盖”，以中央和省级电视覆盖为主，加强管理力度，把电视事业发展纳入科学健康的轨道。中国电视节目坚持正确的舆论导向，高扬时代主旋律，弘扬民族精神和民族文化，坚持“以科学的理论武装人，以正确的舆论引导人，以高尚的精神塑造人，以优秀的作品鼓舞人”的方针。海外宣传的根本目的是为了在国际上树立和维护社会主义中国的良好形象。中国电视技术理论强调要依据“科技是第一生产力”的观点发展中国电视技术。中国电视的迅速发展是不断应用先进技术的结果，各种技术的不断更新和采用推动了电视事业的发展。

电视观众理论、电视队伍建设理论、电视理论建设和发展战略理论是中国特色社会主义电视理论体系的有机组成部分。电视观众理论认为，观众在电视传播中占有十分重要的地位和作用。一方面观众通过各种形式参与电视节目的采编制作，另一方面成功的电视传播应有观众的积极参与。只有根据观众的不同需求制定工作方针，才能保证中国电视同观众同呼吸共命运，才能最大限度地满足广大人民群众的精神文化需求。人才是党和国家兴旺发达的战略性问题，队伍建设理论认为，电视从业人员队伍的素质决定节目的质量。做好电视工作，繁荣荧屏，实施精品战略，深化电视改革，关键在于要建设一支政治强、业务精、纪律严、作风正的合格队伍。这一理论体系还特别强调自身理论建设，自身理论的建设是电视事业走向成熟的标志。中国电视理论应广泛地吸收各学科优秀成果，进一步加强基础理论研究，深化应用理论研究，重视决策理论研究，要培养一流的理论研究队伍。发展战略理论认为，发展战略要与国家经济增长和社会发展相适应，电视媒介作为第三产业，应当有机地协调在整个国民经济发展战略之中，适应经济基础的发展。同时战略发展要立足于建设电视强国，满足全国各族人民和世界人民对中华文化不断增长的需求。

（载《光明日报》1997 年 10 月 2 日）

论中国电视文化研究的多重视角

进入 21 世纪，我们即进入了一个瞬息万变的时代。在全球话语交流时代的 21 世纪，文化模式从工业文化转向信息文化，文化内容从区域化转向全球化，文化情态从离散时空转向同步时空，文化变迁从稳定状态转向变动状态，文化权力由垄断性的指令文化转向市场性的平等文化，文化层次从精英文化转向大众文化，等等。相应的，电视文化也同样处在这样一个多元复杂的时代语境中。当代中国的电视文化不仅处于复杂的国际政治、文化和经济环境中，而且处于复杂的多学科的纵横交错之中。由以往的一元文化向主流文化、精英文化、高雅文化、大众文化等多种文化形态杂糅并存的状态转变，由以往单一的文化艺术领域而横跨政治学、经济学、传播学、国际关系学等领域，成为一种跨越学科的文化形态。因此，从多个视角观照与描述中国电视文化，可以更为全面、客观、真实、准确地理解和把握当代中国电视文化的存在事实。①

从传播学的角度看电视文化

人类社会文明发展的进程中，电视的出现，开创了人类社会传播史上一个全新的时代。同时，这一新事物也成了人类文明进步的一个新动力。由电视传播技术决定的、以与客观事物运动发展的同步速度记录并传播，与客观事物运动发展着的形体与声音做同步录像的仿真符号系统，同时向外界做传播运动。这种先进的传播媒介，决定了电视传播有着比此前任向一种其他媒介传播都不曾有过的优越性。

较之于书籍报刊，电视的传播速度更快，内容更直观、具体（如直播节目）；与广播相比，电视的画面形象感更强；与电影相比，电视在新闻、信息的传播上更丰富直接，在文艺节目上更为多样化、家庭化。电视在现代人的生活中扮演着举足轻重的角色。电视最吸引人、最具广泛意义的是：它为人类的知识传播、文化交流提供了便捷有效的途径。它时时刻刻用自己独有的方式，向大众传播着信息，传播着知识，传播着信仰与价值观念，传播着娱乐与消遣，传播着艺术与审美，等等。

人类文明的进步创造了电视，反过来，电视传播又以其特有的方式、强有力的手段改变着社会，促进着人类文明的进一步提升。人类整体文明与电视传播之间的这种互动互进关系，构成了当今人们面临的一个崭新而又内涵丰富的文化哲学问题，期待我们去探讨、去研究。

电视文化不仅包括电视媒介自身所传播的信息内容、电视传播过程中传播者之间、传播者与传播组织及传播制度之间、传播者与接受者之间种种错综复杂的关系，还包括由于电视传播而带来的社会、民族、国家以及每个个人的价值观念、思维方式、信仰追求以及心理状态的深刻变革。因此，电视文化与电视传播有着密不可分的联系。电视文

化可以说是电视传播的结果。没有电视传播，就不可能带来电视文化。电视传播已成为电视文化的载体。

关于电视文化的研究，从传播学层面分析，其涉及电视传播的内容、节目形态、节目美学研究、电视文化传播的本质特征、内容与形式、内容及形式与效果等多种要素统一的角度，围绕电视文化传播当中的这些传播理论做探讨。电视文化传播的理论包括：电视文化传播的本质特征，电视文化传播的一般传播结构、传播形态，电视文化传播的理念等，以及当代中国电视文化传播中影响很大、效应很大的电视剧及电视纪录片问题等。从电视传播的全过程来考察电视文化与社会的关系，可为电视文化的理论研究开辟一条更切实有效的新路。正如高鑫先生所说，研究电视理论，首先要研究电视传播学，因为电视本身就是作为信息传播的媒介和载体而存在的。可以毫不夸张地说，所有的电视节目，统统鲜明地烙印着信息的印记。因此，抓住传播也就抓住了电视理论研究的根本。

从大众文化层面研究电视文化

文化研究用批判的观点创造有用的知识，用一种反思性的方式去深入自己的研究对象。在整个文化系统中，电视文化作为一种技术的出现与存在，其技术性能塑造了其身份的与众不同，明显地体现出对多元文化的综合与兼容，其身份呈现出多元文化的形态。

从大众文化的角度而言，电视文化一方面更多地体现着大众文化精神，同时也以大众文化的豁达，融精英文化与世俗文化、高雅文化与娱乐文化于一炉，从而呈现出一种全能文化的姿态。同时，电视文化表现出的商业性、消费性、大众娱乐性、通俗性（甚至媚俗性）、技术性、可复制性、程式化、无深度感等，又是大众文化所追求的基本目标，体现出电视文化与大众文化的一致性、同质性。电视正是通过电视节目中包含的大众文化，左右社会价值、引领社会风尚、影响生活态度和控制行为标准，进而深刻地改变大众的生活。大众文化已极为有效地成了日常生活化的电视节目的构造者和主要承载者。这已是无可否认的文化格局。

在对电视文化的研究中借鉴西方某些大众文化研究的已有成果，从而指导中国电视文化研究及实践已成为可能。如英国文化研究学派的威廉斯、霍尔、莫利及费斯克的电视研究一脉相承却又各具新意，共同造就了电视文化研究的繁荣局面，给中国电视文化研究提供了许多参考和借鉴。借法兰克福学派的文化工业批判理论，我们认识到电子传播作为新的生产力在给电视文化生产带来巨大促进作用的同时，也让我们认识到技术进步对人造成的新的控制，认识到其意识形态的操纵性、隐蔽性。后现代主义理论让我们对电视文化的世俗性、扁平性、游戏性、狂欢化获得了一种哲学上的认识高度。后殖民主义理论则令我们对电视文化、大众文化中的全球化和文化同质化倾向保持高度警惕。这些理论奠定了以大众文化的视角来审理电视文化的理论基础。

近几年，电视事业迅猛发展，对原有的社会文化格局产生了强烈的冲击，电视越来越成为群众满足精神文化寻求的主渠道。丰富多样的电视节目出现在屏幕上，电视文化呈多元化方向发展。但另一方面，电视文化中一些大众流行文化，如具有低级、庸俗、暴力等倾向的文化，对社会及受众产生了不小的负面影响。同时，由于电视节目制作周期短、投资少、观众多，有强大的利益驱动，因而那些寻找名利双收的投机者趋之若鹜。于是，在火爆的电视热中出现了不少胡编乱侃、粗制滥造的伪劣制品，影响了电视文化的整体形象。面对这些问题，电视文化研究的专家学者纷纷呼吁：媒体在追逐利益之时，决不能丧失社会责任感。特别是在加强未成年人思想道德建设方面，我们的媒介应加强媒介素养的提升。多一份责任，多一份关怀。

从艺术审美视角关注电视文化

电视作为一种以声像合一的手段进行传播的方式，兼容了文化与审美这两种最常见的形态及其功能发挥。它比以往各种传播媒介更迅捷地传达当代文化的演进和现代人的审美思潮、审美观。中国电视文化研究起步之际，更多的是沿用西方传统传播研究方法——效果研究，把电视视为艺术作品来加以研究。电视艺术是以视觉欣赏为主的，总体上带给人的是一种精神享受、一种娱乐消遣。古人讲“寓教于乐”，就“乐”而言，影视传媒走在前列。

而今，大众文化的冲击导致了电视文化的市场化、反艺术化，但并不能因此忽视电视文化的艺术特性。作为影像视听文化的电视文化，在深层次上更需要形象性、艺术性、审美性。同时，电视文化是一种综合的文化形态，需要借助各种艺术门类的长处来完善丰富自身。电视文化中影响最大的是电视剧。中国老百姓普遍接触电视就是从看电视剧开始的。音乐艺术是借助旋律节奏作用于听觉神经，造成空间虚幻感的时间艺术；绘画艺术是借助画面作用于视觉神经，造成时间想象的空间艺术；等等。电视把本来单方面满足于人的听觉艺术或视觉艺术转化为电视文化的视听艺术，创造出一种综合时空的威力。

可以说，审美娱乐文化的多元共存，是电视审美文化现代化的一个主要标志。近几年电视文化呈现出明显的后现代特征，电视审美文化也似乎向娱乐文化全面靠拢。在新的世纪，我们应坚持现代性的路线，积极发展电视理性，汲取后现代性的合理内核，最大限度地遏制与转化其消极面，全面推进中国电视文化的现代化。

从意识形态角度审视电视文化

意识形态批评滥觞于马克思主义的文化理论，主要探讨文化工业如何提供大众特定的社会立场。意识形态批评的基本假设是：文学、电影、电视等文化产品由一特定群体借助历史素材为其本身的群体利益所制作。就电视文化而言，电视文化具有精神生产的独特性。它是社会意识、社会心理、社会关系等精神方面的文明发展的成果，充分表现了人文关系的品格，具有突出的意识形态特征。

西方的电视、电视文化具有强烈的意识形态性，是意识形态的重要演示场。法国学者迪波在他的《奇观的社会》一书中指出，越南战争其实就是一场电视战争，是通过电视创造的影像构造的战争。海湾战争的描述让我们“看到”：人们通过美国 CNN 创造的影像了解这场战争。对世界各地的观众来说，这场战争虽然远在海湾，却“真实”地呈现在人们眼前。这里，美国变成了世界秩序的维护者，成了“善”的化身，伊拉克和萨达姆则成了“恶”的化身，变成了神话式的魔鬼。当我们在电视中看到美国飞机不停

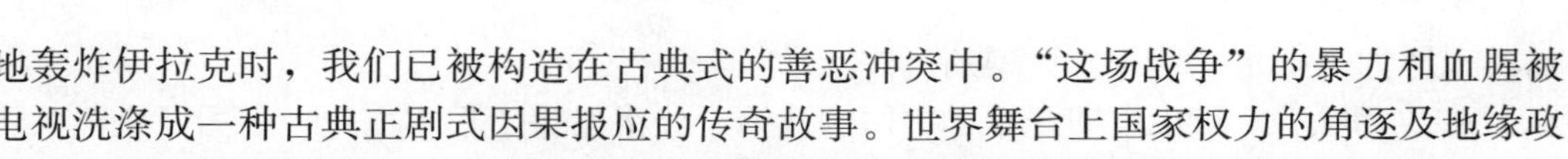

地轰炸伊拉克时，我们已被构造在古典式的善恶冲突中。“这场战争”的暴力和血腥被电视洗涤成一种古典正剧式因果报应的传奇故事。世界舞台上国家权力的角逐及地缘政治冲突变成了道德冲突。在这里，可以看到电视文化本身的意识形态性。

中国电视文化的意识形态性，同样通过形形色色的“传媒镜像”传达出来。如伊拉克战争，作为一个重大的世界性事件、一个文化符号、一个意义浓缩的“传媒镜像”，置身不同的意识形态背景，会通过这一“传媒镜像”来构筑不同的关于世界秩序、国家利益和民族身份认同的叙事话语。在这当中，中国传媒的报道大多强调作为“第三者”的客观立场。然而，这种“站在客观的立场上”的媒介形象，其实质是意识形态的话语权力的隐性延伸。通过传媒的刻意缝合、修补，高度意识形态化的话语特征仍旧清晰可见。最终，尽管它的每一个细节都是事实，但是一切都是“事先经过选择的”或“事后经过处理的”。这些事实堆砌而成的整体效果仍旧是意识形态一次成功的关于伊拉克战争的想象。中国的“申奥”、“入世”也是如此。它可以说是新中国繁荣富强的宣传象征，是中国在经济战场上对西方国家的胜利。这一叙事逻辑无疑是一种意识形态民族话语建构的延续和发展。

由此可见，电视的意识形态性在于：我们在电视中“看”世界，其实看到的并不是世界，而是世界的“形象”。电视的背后并不是一架中立、无所不在、有闻必录的摄像机，而是一个无形的文化机器。在运作每一个电视节目背后都有自身的意识形态，都是对个体的一次“询唤”过程。

目前，第三世界的电视业迅速发展。面对本土观众的口味，本土化的定位也逐步成熟。但它们往往无法在与第一世界传媒的对抗中开拓新的可能性，而是变为对第一世界传媒的“模仿”。它的制作方式和经营方法往往搬用西方业已成熟的模式，于是，它所制作的节目和传播的信息本身都无法突破西方意识形态的限制。它的美学趣味和价值观也不可避免地重复西方式的观念。这些问题导致电视文化关于世界的刻板模式及刻板的形象定位。它往往创造若干被彻底模式化的消费对象，在性别、种族、阶层及政治等方面传播意识形态的偏见。

通过上面的分析我们可以得出这样的结论：电视文化的意识形态是隐蔽的，但却关乎电视文化发展方向的根本性问题。意识形态研究立足于从主流文化和意识形态的属性、任务、要求出发，审视、评价、规范电视文化的发展。从意识形态角度审视中国电视文化，关注研究中国电视文化，这是电视文化研究的一个重要组成部分，也是中国电视文化研究的一个方向。如关于电视新闻理论，以前中国的电视新闻首先强调的是“党性”原则，后来发展到政治思想性与群众性、新闻性与纪实性等相结合的原则，显示出中国电视文化研究意识形态的理念已发生了较大的变化，体现着鲜明的时代特征。

从经济视角研究电视文化

电子传播媒介时代，文化与经济之间的边界开始消失，文化生产本身正在成为最强盛的经济产业之一。虽然文化、商品、经济利润、意识形态各个环节并非一脉相承，但是，人们不得不承认，文化与经济正在前所未有地交织为一体，共存共荣。文化对于物欲的抗拒意义正在缩减乃至丧失。如电视的影像生产产生了巨额利润，这无不暗示了电子传播媒介、文化生产与经济的共谋关系。电视传播媒介所传播的内容是一种“文化”，而其运作方式则是一种相当典型的经济活动。

从20世纪80年代中期开始，中国的政治、经济发生了根本变化，中国民众经久不衰的政治热情开始退潮，消费主义观念开始渗透到文化的创造和传播过程中。90年代，中国电视经历了第三次改革发展浪潮，其实质是，电视不再单纯是社会精神文化的消费性行业。作为一个重要的产业经济部门，电视还要为社会创造经济价值。在市场经济条件下，电视的运营发展既受作为意识形态工具的“显规则”的支配，又常常作为事实上的产业部门受到市场“潜规则”的制约。随着整个社会的市场化转型，中国的电视文化也经历着从宣教文化向娱乐文化的转型。当娱乐文化与文化工业相结合、文化生产与经济利润相一致的时候，“金钱乃是评判所有这些需要是否得到满足的一个公分母”[②]。娱乐节目渐渐因为其经济利益的诱惑在市场机制的操纵下而成为一种新的霸权文化。

随着文化市场化步伐的加快和市场化机制的逐步完善，我国的文化传播也已从计划体制下单纯的国家意识形态事业、公益事业转化为既具有国家意识形态事业性质、又具有市场化的文化产业性质的双重属性。文化产业在国民经济中的地位越来越重要，它已成为世界经济中的支柱产业之一，成为未来世界经济新的增长点。作为文化产业的排头兵，电视文化更不例外。为适应、完善市场体制而进行的电视传媒制作生产行业的结构重组和运行机制的改革，从经济学角度对电视文化进行研究越来越受到重视。

同时，把电视文化真正作为一种产业，重新组合和优化电视文化产业的资源配置，鼓励多元资本介入电视文化产业，以及电视文化产业的国际投资、跨国生产等，对于当代中国电视文化来说，还有待于进一步的研究和开发。这些新的未知领域的开拓，不仅会带来巨大的经济效益，而且有助于电视文化本身的发展。在这一点上，发达国家文化产业发展的经验的确值得我们借鉴。从经济文化的视角来研究电视文化，是向市场经济转型、经济文化全球化、跨国传播等新的历史语境对电视文化的要求。

从全球化视角解读电视文化

在全球经济一体化的大背景中，各民族文化融合与多元发展已是世界各国普遍关注的主题。特别是在经济全球化、文化及媒体传播全球化的大趋势下，我们的电视文化如何以开放的态度和宽容的心态来进行国际间的跨文化交流，将世界先进文化介绍给渴望了解世界的中国电视观众，超越以消费观念为主导的一元化的局限，建立中国电视媒体兼容并蓄的多元文化价值观，是需要我们思考的问题。

自1977年10月中央电视台国际部播出第一个引进节目《世界各地》起，中国电视开始面向世界，到如今每周播出的《正大综艺》、《环球》、《人与自然》等二十几个栏目，从科技、历史、环境、旅游、电影、音乐等方面，逐步扩展观众的视野，将世界文明与最新动态展现在亿万中国观众面前。它充分表明了中央电视台在跨文化交流领域中的不懈努力和不断加深的认知过程，体现了中国电视人的国际视野。然而，电视文化作为现代传播最重要、最有效力、覆盖面最广的文化形态，其意义远不止于大众文化的一般意义。全球化营造了电视跨国传播的总体文化氛围。电视跨国传播轻而易举地将各种不同文化、不同国家和地区的人连结在传媒系统中，并通过传播与接受，将不同的思想、价值、判断重新整合为同质化的模式和价值认同，使世界趋于模式化、同质化。在这种跨国传播和文化全球化交互作用的历史语境中，存在严重的不平等关系，即电视跨国传播中的文化"贸易逆差"现象。它极大地影响着国家形象的建构及在国际关系中的成败。特别是近年来，随着信息革命的推广，通讯卫星、光纤电缆、电子媒介、国际互联网等技术的应用，使得电视跨国传媒更可以轻而易举地进入每一个国家。

随着科学技术的发展，电视传播日益瞬间化和全球化，电视文化对国际和国内社会生活的影响愈来愈大，跨国传播中的国家形象在国际关系中因而具有了前所未有的重要性。电视文化在传播全球化的语境中担负着构建国家形象的使命，其建构的国家形象传播与国际关系密切相关，关涉构造和传播国家形象的根本问题。所以说，探讨跨国传播中国家文化安全战略模式科学化、合理化、艺术化的有效途径，以积极态度抵御外部文化侵略，构建国家文化安全战略，在某种意义上就是高度重视国家形象建构的问题。为此，中国电视文化必须树立高度的自觉意识，在全球意识中坚持本土独立性，在国际视野中坚持华夏文化策略。所谓中国电视文化的自觉，即是在传播全球化的大背景下，凭借现代传媒的优势，走出地域局限，以一种国际视野的高度，深刻地反省民族文化，建设有中国特色的电视文化，最终使民族电视文化得以在新的历史语境、文化氛围中，发扬民族文化中的精华，对民族文化建设、社会精神生活乃至国家形象、国际关系产生广泛而有效的积极影响。21 世纪的中国电视文化必须融合语言和文化差异所产生的不同文化视野，使之沟通并最终输出我们的电视文化。[③]

上述几种研究视角，只是电视文化研究几个不同的层面，并不能穷尽对电视文化研究的一切途径。如今，电视已经涉足非常广泛的领域，几乎正在把所有对象都置于它的传播领地。以电视形式播出的各类文本，具有全面丰富的文化内涵，同时也使得电视媒体具有特殊的产业或商业属性。因此，电视文化研究既要有内容分析又要有形式分析；既需从文化层面去分析，也需从艺术层面去把握；既要有意识形态的视角，又要有政治经济学的高度。要超越现象来考察本质，要面对那些纷繁复杂的表面现象，就不能停留在电视的表层结构，就要求研究者的思维方式进行根本改变，多用联系、对比、发展的眼光看问题，力求通过对表层结构的分析来到达深层结构。[④]而对于综合了各种文化艺术形态、跨越了众多学科领域的电视文化来说，还有待于从更广阔的视野去挖掘、开拓，从而更全面地把握认识电视文化。

注释

①隋岩：《电视文化的跨学科存在及其研究视角》，载《山西师范大学学报》（社会科学版），2002 年第 4 期。

②［美］汉娜·阿伦特：《公共领域和私人领域》，参见汪辉、陈燕谷译：《文化与公共性》，生活·读书·新知三联书店，1998 年版。

③隋岩：《跨国传播中的文化"贸易逆差"与中国电视文化的自觉》，载《国际关系学院学报》，2002 年第 3 期。

④张军华、王晓勇：《电视新闻叙事的视角转换与主题建构》，载《广西师范大学学报》（哲学社会科学版），2005 年第 3 期。

［载《广西师范大学学报》（哲学社会科学版）2007 年第 8 期］

论中国电视文化研究的发展历程

作为一种文化形态，电视文化伴随着电视的产生和发展逐步兴起形成。自从有了电视，就产生了电视文化，相应地电视文化研究便开始起步。20 世纪 50 年代以来，随着电视的普及和发展，由此产生并形成了丰富多样的电视文化。而电视文化研究就是以电视传播的内容为核心的研究对象，它包括电视文化理念、电视文化形态、电视文化环境、电视文化责任及电视文化消费和电视文化接受等。中国电视文化研究伴随着中国电视实践的发展而发展，随着电视文化理念、电视文化形态、电视文化现象等研究视野的拓宽，中国电视文化研究逐步走向深入。笔者试图从中国电视文化研究的发展脉络和电视文化研究状况来审视中国电视文化研究的历史与现状，从而清晰地了解中国电视文化研究的发展进程。与电视业的发展轨迹相仿，中国的电视文化研究也历经萌芽、中辍、起步、发展和繁荣等阶段，走出了一条由感性、自发向理性、自觉演进之路。

萌芽期（20 世纪 50 年代末至 60 年代中期）

中国的电视文化研究萌芽于 20 世纪 50 年代末至 60 年代中期，与当时的电视实践大体同步。1958 年 5 月 1 日晚上 7 时，中国第一座电视台——北京电视台开始试播。同年 9 月转为正式播出。该台当年 6 月 15 日播出第一部直播电视剧《一口菜饼子》，这是中国电视剧的发端。1961 年 8 月播出了相声专题节目《笑的晚会》引起了很大反响，收到了不少观众关于电视节目的来信与批评。1962 年该台又举办了两次《笑的晚会》，都获得观众的热烈反响，并且由此引起观众对这个节目的争议。这些观众来信对当时电视节目的发展具有重要的指导意义，标志着电视文化的研究开始萌芽。而且，该电视台每次在播出前后，都对播出的节目进行分析、评论，这些零星的对电视节目的分析研究，显示出电视文化研究的雏形。

这一时期，一些带有对电视节目进行研究和探讨的文章，使处于萌芽状态的电视文化研究在更大范围内产生影响。此时，相关学术刊物也开始出现。1955 年 10 月全国性理论刊物《广播业务》创刊，到 1964 年底，该刊共出版 85 期，先后发表了研究广播电视理论的业务文章和有关材料 1456 篇，其中有 261 篇是有关电视研究的文章，而关于电视文化研究主要体现在电视节目、电视栏目的研究上。从已经发表的文章可以看出，这类文章大多数停留在感性认识阶段的探讨，或仅仅停留在电视具体节目的探讨上，且主要集中在电视文艺类节目中，谈不上深度和广度，更不用说真正意义上的电视文化研究，缺乏具有普遍意义和学术价值的成果。在研究思路上，大多“沿着一般新闻理论和一般艺术理论的主要理论范畴、理论原则、理论观点来审视电视媒体”；在研究层次和

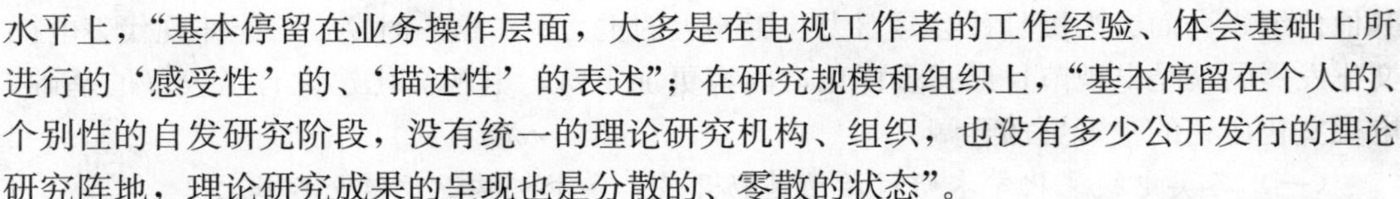

水平上，“基本停留在业务操作层面，大多是在电视工作者的工作经验、体会基础上所进行的‘感受性’的、‘描述性’的表述”；在研究规模和组织上，“基本停留在个人的、个别性的自发研究阶段，没有统一的理论研究机构、组织，也没有多少公开发行的理论研究阵地，理论研究成果的呈现也是分散的、零散的状态”。

原因有三：一是电视才刚刚进入人们的视野，并且真正能看到电视的还只是少数人，电视本身的社会影响力不大，还没有引起理论界的重视；二是当时电视还没有形成独立的电视文化，各类节目大多“以电影、舞台艺术为主，就电视剧而言，多是遵循‘戏剧美学’原理进行创作的，是屏幕上的戏剧”；三是专门的电视文化研究机构还未建立，可供交流、研讨的学术刊物也很少。

休眠期（20 世纪 60 年代中期到 70 年代后期）

1966 年 5 月，“文化大革命”爆发，党和国家遭到新中国成立以来最严重的挫折与损失。中国电视事业的发展也受到严重干扰。全国各地电视台曾一度中断播出，后来恢复播出后，整个电视也是为“文化大革命”服务的。

这一时期，作为“文化大革命”期间文化艺术事业之代表的“样板戏”，指导着整个文艺创作层面的思想观念，如“三突出”、“高大全”之类刻有鲜明“样板戏”印记的戏剧原则。由于受到这种观念的支配，文艺的本体功能与价值在很大程度上被置于次要的位置，而忽视了其千百年来作为普通民众最重要的精神文化娱乐的价值和其大众娱乐的形式。如当时新闻纪录片所强调的主要特征是：以国家重大政治事件、各条战线的先进典型为报道的主要内容，以颂扬独立自主、艰苦奋斗的精神为宣传的主要基调。受这种纪录片政论化政策的指引，多数电视纪录片都具有那个时代鲜明的教化色彩。这一方面确实给后人留下了很多极为宝贵的历史影像资料，另一方面，也造成了宣传意味过分浓重、题材面狭窄、表现形式单一等缺点。

这个时期，电视文艺节目主要是八个样板戏、被群众称为“老三战”的三部电影（即《地道战》、《地雷战》、《南征北战》）和毛泽东思想业余宣传队演出的文艺节目。当时主要的政治性节目是《电视新闻》、《电视讲话》等，其内容多为学习毛主席著作的体会。在这个特殊的历史时期，北京电视台也曾拍摄出一批带有那个时代印记的比较优秀的电视纪录片，如《兰考人民战斗的新篇章》、《三口大锅闹革命》等，但整个文化极度匮乏，只有配合重要政治活动的文艺演出，如大型音乐舞蹈《毛主席革命路线胜利万岁》、歌舞《毛泽东诗词组歌》、工农兵文艺节目《热烈欢呼全国山河一片红》等。

这一时期，电视文化研究工作几乎处于停滞状态。在《中国广播电视年鉴》上，从 1967 年到 1979 年，整个电视研究有一段长达 12 年的空白，既无公开的研究刊物出现，也没有任何篇目或文章入选，电视文化研究处于休眠状态。

起步期（20 世纪 70 年代末至 90 年代初期）

20 世纪 70 年代末开始的改革开放，给电视业带来了生机，亦为电视文化发展注入活力。电视文化作为一种新锐的文化存在形态，以惊人的速度大踏步前进，迅速超越于其他传统媒介而成为极具社会号召力与影响力的主力军。这一时期，最能体现代表电视文化发展的就是电视节目形式多样化，内容更加丰富，电视文化建设有了较好的基础，电视文化研究的视野更加开阔。

（一）各类电视文化学术研讨活动蓬勃开展，学术机构逐步健全和壮大

从20世纪80年代开始，针对电视、电视节目举行的各种电视研讨活动纷纷展开。如1981年2月，"全国电视剧编导经验交流会"在北京召开；同年5月，"全国电视文化生活专题座谈会"在昆明举行；1983年1月，"全国电视剧导演艺术理论座谈会"在北京召开；1985年10月，"全国提高电视剧质量研讨会"在北京举行；1987年3月，太原召开了"全国电视剧美学研讨会"。同时，中国广播电视学会于1986年成立，电视文化研究有了组织机构的保障。各级电视媒体也成立了许多分支机构。

到了20世纪90年代，这类学术研讨活动更加频繁丰富。1991年中央电视台的《神州风采》、《地方台30分钟》等栏目研讨会以及后来的电视艺术片研讨会、首届中国电视节目展播评选、《望长城》研讨会等研讨活动，大多是针对一些电视栏目或电视剧做具体的分析。特别是电视专题片的讨论，取得了很大成就。这些学术交流活动，对电视节目的发展、电视文化的传播、电视文化艺术的提高都有许多指导意义，体现了电视文化研究广度的极大拓展。

（二）电视节目的各种评奖活动蓬勃开展

1981年，全国性的电视节目评奖活动开始举行。"飞天奖"、"星光奖"等评奖活动相继举行，并产生了广泛的影响。这些奖项包括了各类电视节目，如电视新闻类、电视专题类、电视文艺类、电视剧等。1992年单独为少儿节目设立了"金童奖"。同年，还设立了对外报道电视节目奖，并作为国家级政府奖。这些评奖活动既是对电视节目的评价，更是对电视节目优劣的经验总结和理论的提升。"评奖本身就是一次电视文化价值的判断评介和选择的过程"。各类电视节目评奖活动的开展和许多探讨电视文化理论文章的纷纷问世，促进了电视文化研究多种形式的发展。

（三）电视文化研究的刊物与文章大量产生，理论研究阵地开始确立

从1979年开始，以电视研究为主要研究对象的理论刊物《北京广播学院学报》（后更名为《现代传播》）、《新闻广播电视研究》、《电视业务》（后更名为《电视研究》）、《中国广播电视学刊》等先后创刊，各地省市创办的理论研究刊物也纷纷出现。这些刊物的创立，为电视文化研究建立了理论阵地，形成了有力的载体。截至1986年底，在全国性公开出版的广播电视刊物上发表的文章有2000余篇，内容涉及理论、业务、历史、文艺和受众研究等各方面，这些文章或就电视基础理论进行研究，或就具体栏目进行探讨。关于电视文化研究的文章，仅电视文艺和电视剧类，就有近200篇，几乎是改革开放前的3倍，电视文化研究开始走向深入。特别是每次研讨会及评奖活动后，都有一批较强理论性、学术性的电视文化研究文章问世。不少文章如《电视新闻纪录片杂谈》、《电视报道的可信度与权威性》等，从电视文化的具体节目形态等方面进行探讨，表明对电视文化的研究思考已进入更深的层次。

与此同时，电视文化研究的专著也陆续出版。在电视节目方面，有中央电视台出版的《论说电视节目主持人》、《电视的采编与创作》等；在电视剧、电视文化艺术与审美等方面，有高鑫的《电视剧的探索》、徐宏的《电视剧审美特征探索》等多部著作。这

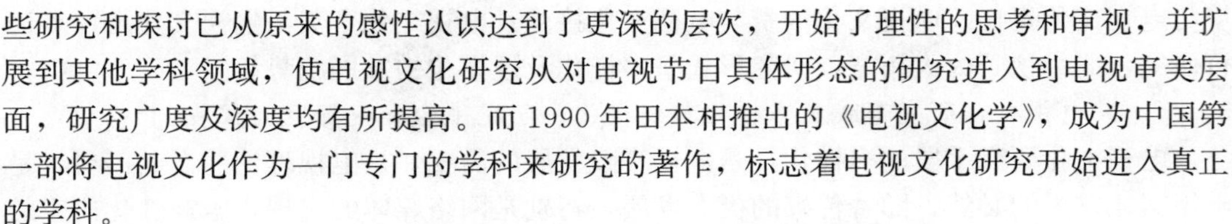

些研究和探讨已从原来的感性认识达到了更深的层次，开始了理性的思考和审视，并扩展到其他学科领域，使电视文化研究从对电视节目具体形态的研究进入到电视审美层面，研究广度及深度均有所提高。而1990年田本相推出的《电视文化学》，成为中国第一部将电视文化作为一门专门的学科来研究的著作，标志着电视文化研究开始进入真正的学科。

由此，电视文化作为一种独立的文化形态，开始得到人们的认可，显现出理性的光彩，越来越多地引起理论界的重视。

发展期（20世纪90年代初到20世纪末）

20世纪90年代，随着中国改革开放和经济建设的快速发展，电视事业更是取得了重大进步。丰富的电视实践急需电视理论的指导，理论研究进一步带动电视文化的发展。中国电视文化研究进入快速发展期。

（一）电视文化研究机构更加健全，学术交流活动活跃而丰富

20世纪90年代初，许多大学和科研单位的电视研究机构的成立，使电视文化研究队伍迅速扩大，扩展到许多学科部门及各类高校科研机构。有关电视文化的学术交流活动大大增加，围绕电视新闻、社教、文艺、信息服务四类节目，召开了如每年由中央电视台有关部门牵头的全国地方台行业电视理论研讨会等大量多种形式、不同范围的研讨会。这些重要的学术交流活动，一方面总结了电视文化传播中的经验，另一方面更有力地加深了对电视文化的研究，从而大大推动了电视文化的发展。

（二）电视文化研究领域的不断拓展，取得了可喜的成果

在这样的背景下，许多来自社会学、文化学、艺术学、心理学、教育学、文学等多种学科领域的专家、学者以各自的视角关注、审视、解读电视，取得了富有成效的成果，出现了杨河山、严峰、张讴、苗棣、范钟离、高鑫、欧阳宏生、胡智锋、陈龙、尹鸿、周星等一批电视文化研究专家，并有《电视文化》、《电视符号与电视文化》、《电视文化与电视传播》、《电视美的探寻》等大量专著问世。这个时期电视文化研究与批评的范围与领域日益扩展，涉及电视文化的各个方面，极大地推动着电视文化的繁荣与发展。电视文化作为一门真正意义上的学科进入电视研究领域，涌现了大量的电视文化研究新理念、新方法，特别是由前三个阶段从具体电视节目层面进入到电视审美层次、电视传播艺术层次的研究，研究领域更为深入，标志着电视文化研究已进入全面发展阶段和中国电视理论的全面建设阶段。

繁荣期（21世纪以来）

进入21世纪，中国电视业在新一轮的改革开放热潮中加快了追赶世界先进水平的步伐，进入了前所未有的黄金时期。与此同时，电视文化研究也进入一个新的、全面深入与繁荣的时期。围绕中国电视实践中出现的诸多电视文化现象和问题，围绕电视领域引入市场机制问题，深入研究电视进入市场后电视的人文精神与市场化的矛盾与对立，如何应对市场机制，围绕电视传播所产生的电视文化理念和电视文化形态、电视文化环

境与电视文化责任、电视文化消费与电视文化接受、电视文化审美与电视文化批评等进行研究，研究视野大大拓宽，研究形式呈多样化及规模化的发展趋势。

(一) 电视文化研究形式呈多样化与规模化，研究平台和视野大大扩展

电视文化研究手段的多样化，是电视实践发展的需要，是电视理论建设的需要，是电视文化发展的必然。随着传媒的极大发展，特别是网络媒体的出现，电视文化研究的形式出现了很大的变化，而且，研究者多角度、全方位地对电视文化进行了深入的探讨，使电视文化研究达到了前所未有的研究广度与深度，呈现出多样化及规模化的格局，促进了电视文化研究的科学化。特别要提及的是，网络电视栏目——《电视批判》自 2002 年 5 月创办以来，始终立足于对电视批评理论的本土化和民族化的理性思考，坚持以传播先进文化、繁荣电视创作为己任，密切关注中国电视发展现状，追踪中国电视发展焦点，努力打造电视人、专家学者与观众共同探讨电视文化、电视现象的网上互动平台，使之成为中国电视学者、电视思想家、电视观众和文化学者以及电视创造者交流对话的舞台和空间，同时也是电视文化学者进行电视文化研究的重要学术阵地。

(二) 学术争鸣意识和创新意识增强

健康、活跃的学术争鸣意识和勇于创新的理念是电视文化研究走向繁荣与成熟的标志。随着电视事业的飞速发展，电视文化研究更面临着许多新的课题。近几年来，中国电视文化研究围绕着对电视文化环境与责任的关注，跨国电视传播对民族传统文化的影响，电视媒介的性质、特征、功能、任务等问题的界定，民生新闻现象和韩剧现象的研究等电视文化的各种属性、各类热点问题展开研讨，论争和讨论非常活跃。通过论争和讨论，很多理论问题得到了清晰的界定，有了全新的理念，增强了创新意识。

如对电视新闻的研究。国家重点课题关于“《焦点访谈》现象”的研究使电视新闻研究进入到更深的层次；关于新闻及法律界共同关注的话题，包括诽谤指控、隐私权、肖像权、知识产权等在学术期刊和网站上都有深入的讨论。如电视理论界集中关注的 2003 年关于伊拉克战争与非典型性肺炎的报道。研究者通过量化分析，阐述电视滚动直播的特点和直播手段运用上的突破以及向新闻主播的转化。而民生新闻和新闻娱乐化也是新世纪以来电视文化研究关注的重点之一。理论界认为，电视民生新闻的出现对中国电视新闻改革具有方向性意义，其核心理念就是与广大人民群众的生活紧密相连，倾注真挚的人文关怀，从而实现人本思想和人道主义观念的全面结合。

在电视创作方面的研究也十分活跃。中央电视台研究室组织开展了“春节联欢晚会与电视综艺节目特色及走向的论题研究”。通过调查问卷和统计的方式，对春节联欢晚会的传播效果，进行了统计学、社会学、心理学等多方位的学科分析，揭示了电视综艺性节目朝民族化、娱乐化、大众化、品格化方向发展的趋势。

在大众文化方面，围绕主流文化与市民文化融合的讨论仍然没有定论。比如在电视剧领域出现了两种观念：一是电视剧艺术论，这种观念强调“艺术品格”，注重“审美”理念；二是电视剧通俗论，这种观念注重通俗性，倡导大众化，强调娱乐功能。

另外，近年来，围绕电视文化的产业化、市场机制下电视文化的发展及走向、电视与互联网，特别是关于青少年健康成长等重大课题，不少专家学者进行了深入的研究。大家普遍认为，如果片面地认同电视文化消费主义的商品身份，单纯追求经济利益，就必然会导致创作重心由精神品格的发现和建构滑向单纯的对世俗享乐的追求，从而使电

视文化走向虚无，失落应有的认识价值。

（三）电视文化理论研究学术成果丰硕，学科建设得以加强

20世纪90年代，“电视文化学”的概念被正式提出，但最终没有形成规模效应。直到20世纪末，电视文化学仍处于起步到发展的过渡阶段。进入2000年后，电视研究者对电视文化学的研究倾注了较大的热情，尤为可喜的是有许多复合型人才加盟，一些中青年学者从新视角和不同学科背景出发，在电视文化理念、电视节目形态、电视文化现象、电视文化环境和电视文化责任等方面提出了许多新的观点和见解，一批电视文化学研究专著大量出版，丛书也开始有组织地推出，电视文化学类的书籍也纷纷出现，从而推动了电视文化学的研究走向日程化、正规化。电视文化学的研究也进入了初具规模的发展阶段。如陈龙的《在媒介与大众之间——电视文化论》、陈默的《电视文化学》、欧阳宏生的《纪录片概论》、陈旭光的《当代中国影视文化研究》等。这些著作立足于中国电视实践，从学理的角度，或从总体宏观把握，或从某一专题入手，或从传播角度着眼，或从文化层面分析。从不同角度切入中国电视文化研究，为中国电视文化理论建设奠定了雄厚的基础。同时，这些著作一方面借助相关学科领域的理论成果，另一方面借鉴国外的有关电视文化理论研究成果，在电视文化理论研究中创造出了许多符合电视规律的新模式、新方法和新的概念范畴。比如将电视文化放在一个动态的时代文化背景和宏阔的多元学科背景中，运用多元的理论基础和批评方法，对电视文化的各个层面进行全方位的界定和分析，试图建立符合时代要求与电视文化本体要求的影视文化理论体系。许多著作已从以前的电视节目、电视栏目的简单介绍研究上升到从传播学、美学、文化学、社会学、心理学等多角度、全方位的研究，全面展示了中国电视文化研究的丰硕成果，填补了中国电视文化研究方面的许多不足与空白，对推动具有中国特色电视文化学理论的建立起到了重要的作用。

沿着中国电视文化的发展历程，从电视文化发展的脉络中，我们可以看到，经过几代电视文化研究者的不懈努力，电视文化的研究已走向全面深入阶段，电视文化的研究从感性认识逐步走向了理性的思辨，从电视实践的具体研究转向电视文化的理论探索，电视文化理论研究已形成了自身的体系且各具特色，研究队伍与学科建设都有了很大发展。

同时，研究的方法、视角正在走向多维、多元。如电视文化学研究中，宏观整体与微观个案、纵向梳理与横向比较、动态跟踪与静态分析、逻辑分析与实证研究等多元研究视角与思路的选择；再如电视文化的研究方法中，运用本文批评、作者批评、类型批评、叙事批评、精神分析、意识形态批评、经济技术视角等多元研究方法。理论的多元存在和发展，鲜明地体现了研究主体的理论自觉性与自主性的充分张扬。

从中国电视文化研究发展的几个时期可以看到，从一个概念、一种观念进而成为一门学科，电视文化学的研究正走向繁荣与自觉。

但是，目前电视文化研究无论是具体研究成果，还是学术影响，与中国电视实践的繁荣局面仍有很大差距。电视文化研究中模糊描述多，准确定位少；既定理论运用多，基本理论创新少，仍然面临“领域新、论题大、内涵少”的学术困境。比如大量研究著述停留在表面的感性描述上，介绍电视鉴赏以及审美知识等内容的很多，从学理的角度对电视做系统的、全面的、深入的研究的很少。而在借鉴吸收国外电视理论时，忽视了跨语境的理论移植原则，简单化地生硬拼凑，不能合理有效地阐释中国电视理论及现状的规律。系统地研究电视文化相关问题的著作，也没有充分的理论支撑，更缺少方法论的引导。具体说，主要还有四个方面的问题：一是学理不足，就事论事，缺乏学理性、权威性；二是研究方法陈旧与落后；三是模仿跟风、固步自封，交流借鉴不足；四是电视文化研究队伍建设仍然落后于形势的需要。

电视文化理论是电视作为一种文化形态的实践积累、总结升华，它具有权威性和操作性，同时又面临着不断的挑战。这就要求电视文化理论研究者要时时保持着鲜活的心理状态，面对崭新的文化形态，调整思维，选准基点，深入研究，加快电视文化的学理化进程，促使中国的电视文化学理研究灿然诞生于本民族的文化土壤之中。

参考文献

[1]胡智锋：《电视美学大纲》，北京广播学院出版社，2003年版。

[2]欧阳宏生：《电视批评论》，中国广播电视出版社，2000年版。

[3]谢明香：《中国电视文化研究的多重视角》，载《广西师范大学学报》（哲学社会科学版），2007年第4期。

[4]高金萍、孙利军：《西方电视研究的理论进路》，载《国外社会科学》，2008年第5期。

[5]卢剑锋：《“民族志”与少数民族广播电视研究初探》，载《今传媒》，2008年第7期。

[6]郑欣：《电视选秀节目研究综述》，载《湖南大众传媒职业技术学院学报》，2008年第2期。

[载《重庆大学学报》（社会科学版）2009年第11期]

论电视文化理论体系的建立和完善

电视作为现代社会主流大众传媒之一，在传递信息、记录历史、沟通文明等方面发挥着极其重要的社会功能。由于自身的强大社会影响，电视传媒自诞生之日起便进入了国内外文化研究领域众多学者的研究视野。“电视文化”也因自身独特的研究视角以及特殊的理论价值和实践意义，已经成为一门“显学”。但是，相对于电视理念理论、电视技术理论、电视节目理论、电视现象理论等电视理论而言，电视文化理论的研究尚显薄弱。在学界和业界，甚至还存在对电视文化的偏颇理解和单项认知。特别是着眼于新时期电视行业发展实践中所存在的重大问题展开电视文化研究的研究成果仍然比较缺乏。因此，科学认知电视文化的结构和属性，加强电视文化学科体系建设，并且观照新时期中国电视行业以及电视文化研究所面临的困厄和难点，在促进中国电视文化的健康发展，推动电视文化在实现社会主义核心价值观中多元功能的发挥等方面都具有十分重要的现实意义。

科学认知：电视文化的塔式结构和多元属性

西方学者曾对电视文化作过不同角度的阐释。人类学家玛·米德从文化人类学角度，认为电视文化是一种文化人类学意义上的文化现实。他关注电视对新型文化的创造，并且认为：“世界范围的快速航空旅行和全球的电视卫星转播使我们进入了一个共同体，地球上一个地方所发生的事情马上或同时就能够传到其他地方的人群那里。昨天村里每一位居民还与本国城市生活相隔绝，而今天，收音机和电视机为他们送来了世界各个城市的声音和画面。”

大众传播学者把电视文化看成是一种新型的公共传播方式。施拉姆认为：“电子传播技术为发展中国家提供了潜在的信息渠道，这些渠道可以通向多的难以置信的受众；可以冲破图书馆的栅栏，向平民百姓传播信息；可以通过示范表演来教授复杂的技巧；可以在演讲时几乎得到面对面的传播效果。”电视用来传播视听符号，雅各布森认为，电视文化“是人类社会中最社会化、最丰富和最贴切的符号系统，虽然是以视觉和听觉为基础的”。

西方关于电视文化的定义更多地着眼于一种描述，这同国内学者有很大的区别。据不完全统计，国内有关电视文化的定义达 30 多种，下面就几个有代表性的定义进行研究。

田本相先生是我国第一个系统研究电视文化的著名学者。他在 1990 年 5 月出版的《电视文化学》中认为：“电视文化，可以说是人类物质文明和精神文明发展到特定历史阶段的产物，是这两种文明物化现象的特写反映，它不但具有自身的物质结构系统、表现形态，而且具有它特有的产品，并且在社会生活中产生了广泛而巨大的作用。”这里，作者强调了电视文化的物质性、制度性、精神性，说明了电视文化有其特有的文化内涵。

苗棣、范钟离在1997年出版的《电视文化学》中认为，电视文化是“当代人类在电视传播的高度参与下所形成的新型的群体行为模式和生活方式”。这一定义注重从电视传播影响力的角度去研究电视文化。

崔文华在1998年出版的《全能语言的文化时代——电视文化研究》中认为，电视文化是“以作为大众文化工具的电视所做的社会信息生产与传播为起点，以公众日常化接收为社会影响方式，而逐步引发广泛社会效应的一种互动泛文化形态”。作者以“文化工具”作为出发点，引申出电视内部与外部影响的社会动力学模式，概括出电视所创生的文化系统的形态。

陈默在2001年出版的《电视文化学》中认为：“既然电视媒介是用来传播视听觉符号的，那么，我们就可以将电视传播符号内容称为电视文化。”这一定义认为，文化说到底就是生活方式的符号化。电视就是将人们生活中的信息加以编码，通过电子传输传播出去。《社科新辞典》认为：电视文化，是指人们导演电视、操纵电视、接受电视与电视节目的选择表现出的一种普遍的社会心理、观念与行为模式。

以上著者从不同角度阐述了“电视文化”的定义，大多能自圆其说，就某种层面上讲，都有其科学价值和客观意义。

值得注意的是，电视文化作为文化系统中的一个子系统，文化的金字塔式的构造同样适用于我们对电视文化的结构作解剖性的认识。所以广义地讲，电视文化应该包括物质、制度和精神三个层面的内容，即电视物质文化、电视制度文化和电视精神文化。

电视物质文化是指实施电视文化建设的硬件部分。电视传播依赖于高科技和新技术的发展，依赖于电视基础设施的建设和完善，依赖于节目制作，依赖于卫星通讯、电视接收装置等。物质是基础，电子科技作为一种物质文化，为电视的产生、发展和繁荣奠定了物质基础。

电视制度文化是指支撑和维系电视文化运作的相关制度。电视机构的建立、电视行业的良性运行都需要一定的制度作保障。电视制度文化决定了电视传播的价值取向、节目构成及赢利模式。电视精神文化是电视作为一种文化的最终目标。电视精神文化直接体现在各类电视节目形态里，同其相关的电视创作理念、电视现象、电视影响力、观众及创作者等都是以电视节目为中心而产生的。

电视物质文化、电视制度文化、电视精神文化构成了寓科学技术、人文科学技术于一体的电视文化。因此，电视文化可以看成是电视传播所产生的一切社会效应的总和。从人文学科的视角出发，电视文化研究以电视传播的内容为核心研究对象，包括电视文化理念与电视文化形态、电视文化环境和电视文化责任、电视文化消费与电视文化接受、电视文化审美与电视文化批评等内容。这一切，都是围绕电视传播而产生的系列文化现象。有了对电视文化的塔式结构的基本认知，我们就可以顺利导入对电视文化的多元属性的正确理解和全面把握。

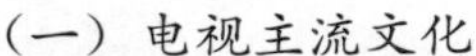

（一）电视主流文化

主流文化是由特定历史时期占主导地位的生产方式所决定的、处于社会统治地位的思想文化。当代中国的主流文化就是中国共产党领导下的社会主义文化。主流文化在电视文化中的首要作用是确定整个电视文化的基本价值取向。所以任何一个国家都以法律法规的形式对主流文化进行支持。它强调社会的基本道德准则和善恶标准，注重从上而下对受众的引导和教育，是实现电视媒体政治属性的关键所在。电视作为党的舆论宣传的重要工具，是实现党、国家和人民之间良好沟通关系的重要渠道。因此，强调电视主流文化的重要属性，是形成和完善中国特色社会主义电视文化的重要基础，也是凸显我国电视传媒在人们思想政治生活中发挥重要作用的重要保障。

（二）电视大众文化

当代社会，大众文化是直接满足最广大人民群众精神生活需要的活性通道。它所体现的思想意识、价值观念很容易直接作用于广大人民群众的精神世界，并影响其社会行为的方方面面。在这个意义上，我们甚至可以说，大众文化就是塑造社会大众灵魂的文化。正是以电视为主的大众文化极大地推进了文化的世俗化进程，从而又以其特定的实践形式对人的感官需要作了一种合理的肯定，使“大众”得以从历史性的“无我”状态中解脱出来，自觉而自由地去感受个性的自由与价值。

在肯定电视的大众文化属性的积极意义的同时，我们也要看到由于对电视大众文化的片面性强调和功利性利用，导致电视文化世俗化甚至媚俗化、庸俗化的不良倾向。因此，在电视文化的大众化建设中，保持大众文化的健康与可持续发展非常必要。

（三）电视精英文化

如果我们说主流文化是电视作为社会媒体的政治实现，那精英文化便是其社会道德的实现和社会良心的守望。精英文化本质上是一种自觉的文化，它承担着教化大众、提升社会价值的功能；它为全社会确立了一种普世的信念，并负责向全社会提供高尚的精神文化产品、向民众传递社会理想和理性精神、确立价值尺度和审美标准。正是由于精英文化是提高民族文化水准和唤起社会良知的重任承担者，所以依托电视的社会影响力的电视精英文化自然成为社会优质文化的再生器和强势影响力的制造者。

（四）电视消费文化

现代传媒与消费文化之间的共谋关系日益凸显。作为一种视觉与听觉相结合的大众媒介，电视传播拥有强烈的现场感和视像冲击力，成为消费文化输出的绝妙通道。电视通过其产出的各种符号，持续刺激着人们的物质欲望，使人们体验各种消费主义的快感。于是，消费文化和电视文化携手同行的步伐愈发合拍。随之而来的情况是，电视消费文化的社会影响不断壮大，甚至演绎为很多的电视作品都成为具有文化产业属性的电视文化产品。

理性建构：电视文化的学科体系的建设与优化

从电视文化实践的发展和电视文化理论建设两个方面来看，电视文化作为一门学科已经有了较为坚实的理论基础，建立并优化一套具有相对完整意义的电视文化学是当前电视文化理论建设中一项十分重要的学术工作。

(一) 电视文化的研究方法

迄今为止，我国已出版了一些关于电视文化的研究专著，但是由于各自研究的视角不同，就一门学科建设的相对完整性来讲，或多或少存在一些遗憾。随着电视文化实践的日益丰富和电视文化理论建设的日趋完善，这方面的研究成果越来越多，这使我们对建设具有中国特色的当代电视文化学充满了信心。

建设具有中国特色的电视文化学，应该立足于中国电视文化实践，在同西方电视文化的比较研究中吸取其精华为我所用。同时，中国电视文化研究必须坚持具有中国特色的电视文化方向，从中国现有的基本国情出发，致力于用先进的文化影响力推动中国构建社会主义和谐社会的进程。

建立具有中国特色的电视文化学，必须具有理论性、学术性、前瞻性、系统性和完整性。这是一门学科建设的基本要求。学科研究不仅要对电视文化和电视文化学的基本概念和基本理论作出系统的、全面的、科学的理论阐释，而且要对电视文化研究的发展历程作清晰的脉络梳理和较为全面的经验总结和理论升华，还要涵盖电视文化研究的各个领域。因此，要广泛借鉴其他学科，比如符号学、社会学、伦理学、传播学、节目学、经济学、文艺学、美学、批评学的研究成果，并且将这些方法进行适应性的改良和创造，使其能够适应电视文化领域研究的独特个性，使整个理论的认识升华到学术层面。

建立具有中国特色的电视文化学，必须运用科学的研究方法。电视文化研究方法关系着电视文化研究的科学性。逻辑研究和实证研究、宏观整体研究和微观个案研究、历史研究和比较研究是电视文化研究的基本方法。对电视文化这一研究对象，既需要对其文化的界定、研究的范围、文化传播规律进行大胆的理论假定，又需要对其传播影响力、传播效果等进行实证归纳。在研究中，孤立地运用某一种研究方法都可能陷入空泛，所以综合地运用各种研究方法，是电视文化学科理论研究寻求科学性的重要途径。

(二) 电视文化学的科学理论体系

建设一门完整的学科，首先要有明确的研究对象。从人文社会科学角度的研究来看，电视文化的基本定义和它所包括的内容决定了其学科属性和研究范围。

对电视文化学的研究应从电视文化的基本概念入手。“文化”与“电视文化”都是一个极其复杂的社会现象，只有对它们进行科学的界定，才能确定本学科的研究范围。对中国电视文化发展进行研究，目的是更好地理清我国电视文化研究的发展线索，总结几十年来我国电视文化研究的经验，以利于找好研究的角度，拓宽研究的视野。西方的电视文化研究早于中国，经过几十年的发展，已形成不同的研究流派。从葛兰西到阿尔都塞，再到法兰克福学派、英国文化研究派、北美经验学派、后现代、女性主义、后殖民等各种流派，都是十分宝贵的电视文化学术资源，对中国电视文化的研究具有十分重要的借鉴意义。

符号学是解读电视文化学的重要方法。通过符号学的解读，能够使我们更进一步明白符号在电视传播中的体现和意义，这对于电视、电视文化批评，以及对电视节目形态内容的研究都具有重要意义。通过符号学的解读，我们可以了解到电视文化有何功能；它是如何通过自己的方式对社会产生影响，对电视文化进行最终定位，并最大限度地实现其主体价值的。大力弘扬人文精神，已成为当代电视文化传播中不可回避的责任和义务。电视文化作为一门学科，系统研究电视传播中人文精神的影响，其意义重大。作为电视文化发展的外围空间，一方面政治、经济的发展状况决定着电视文化的发展方向和活跃程度，另一方面电视文化所表现的内容和形式都离不开政治、经济环境，这是由与生俱来的时代性与现实性决定的。在这个多媒体共生的社会里，任何一种传媒文化的研究都离不开对其他媒介的考察，只有通过与相邻的报刊、网络、广播的互相比较分析，才能认清电视文化的传播特质。要大力弘扬人文精神，就要守住电视文化研究领域所形成的良好的人文传统和建设性批判原则，观照电视行业的现实实践，促进电视行业健康发展。

电视文化作为一门学科，其研究对象是十分明确的。学科体系的建立是一门学科成熟的表现。这些年来，随着我国电视行业改革的不断深化，以及电视实践的深入发展，电视的社会效果日益受到广泛关注。电视文化研究有朝着深入化、系统化方向发展的良好势头。但是，当前我国电视文化研究领域仍然存在一些问题和不足，特别是针对电视行业实践领域呈现出的新的问题和突出难点，从电视文化的视角予以观照和研究的步伐较缓、成果较少且大多处于零散状态。电视文化理论体系的建设和完善必须观照当前我国电视实践的发展，及时总结电视实践领域所取得的成功经验，认真分析电视实践领域尚存的问题和潜在的威胁。真正发挥电视文化理论建设服务于电视实践的优势和作用。

现实观照：新时期中国电视文化研究面对的三大难题

在新的历史条件下，我国电视传媒行业的改革不断深化，加之当今中国社会处于深度转型的历史时期，更加开放的社会带来了各种思潮并存的现实状况，中国电视和受众在享受着文化选择的自由度不断加大的同时，也存在很多困惑。针对我国电视实践领域存在的突出问题，结合我国电视文化研究的现实状况，笔者认为当前中国电视文化研究领域应该特别注重加强对电视实践领域存在的三大重要现实问题作系统研究。

难题一：电视文化多元共生机制和整合途径。

前文笔者讨论了电视文化的多元属性。在这里我们还要强调电视文化的多元化绝对不是其中的主流文化、大众文化、精英文化和消费文化的简单相加。它们之间呈现彼此共生、相互渗透的关系。我们应该认识到，如何让电视多元文化的功能得到全面、充分、协调的发挥，形成并完善具有中国特色的电视文化多元共生机制，不断开拓电视文化和谐共生的整合途径成为摆在广大电视从业人员和电视文化研究人员面前的一项十分重要的现实任务。

电视文化多元共生机制的选择和优化反映出电视文化的共生单元之间相互作用的方式（或相互结合的形式）的选择和优化，它既反映出电视文化共生单元之间作用的方式，也涉及电视多元文化共生单元之间相互作用的强度。电视文化多元共生关系多种多样，共生程度也千差万别。从电视机构对电视文化选择的行为方式的角度去认识，可以分为寄生性共生关系的电视文化共生机制、偏利性共生关系的电视文化共生机制和互惠性共生关系的电视文化共生机制。从电视机构对电视文化的组织程度这个方面来看，也有点共生、间歇共生、连续共生和一体化共生等不同的电视文化共生模型。

电视频道是电视文化的依附载体，搭建一个电视文化多元共生的良性平台必须观照电视频道的建设和发展。结合我国电视频道专业化的行业实践，形成电视文化的共生机制就应该既要应用受众市场细分策略设置专业化频道，不断培育频道品牌；又要考虑到定位于不同受众市场、发挥不同文化功能的频道之间的平衡发展，不能造成频道在传播电视文化上形成盲区或偏颇性畸形发展的不良情势。为了促进电视文化共生单元的良性协调发展，真正实现电视文化之间的多元共生，不同的电视频道应当建立三大共生机制：文化选择与竞争参与机制、文化引导和整体调节机制以及文化融合与共生互助机制，以此促使众多频道和多元电视文化形成一个和谐互补、平衡发展的“生存共同体”。在当今中国所处的转型期社会，人们的观念变革日新月异、人们的文化选择日趋多元化，各种价值主张和文化思潮相互影响已是一个根本性的社会现实。这种深刻变革的社会环境必然会投射并影响到电视文化领域。形成并完善电视文化多元共生机制、创新和发展电视文化多元整合路径则事关我国电视文化多元发展、电视行业健康发展、全面进步的大局。

难题二：农村电视文化的建设和发展。

从20世纪末至今，我国政府花大气力推进广播电视“村村通”工程。到2006年6月底，全国各级政府共投入资金36.4亿元，共完成11.7万个已通电行政村“盲村”和10万个50户以上已通电自然村“盲村”的“村村通”建设，修复“返盲”行政村1.5万个，解决了近亿农民群众收听收看广播电视难的问题，极大地促进了新农村建设。但是，另外一个难题却又浮出水面，那就是对农频道和涉农节目非常缺乏，“电视进了村，节目不姓农”的状况十分普遍。综观我国目前的电视内容生产和播出安排，都市化倾向十分严重，而面向农村的电视节目普遍偏少，特别是面向农村的专题性节目更是少之又少。我国已登记注册的各类电视台有上千家，电视频道共有2262套，全年播出的节目总量超过1000万小时（广电总局2004年的统计数据）。截至2006年年末，全国对农专业频道只有8.5个。其中中央电视台第七套是将农村、军事合设为一个频道，省级电视台开办的农村专业频道有：吉林电视台的乡村频道、河北电视台的农民频道、山东电视台的农科频道、河南电视台的新农村频道和浙江电视台的公共·新农村频道；地市台开办农村专业频道的更少。即使是在央视七套，涉及“三农”（农村、农业和农民）的节目也仅仅占到1/3。在省级电视台中，只有大约十五六家开办了面向农村的专栏节目。而且，在为数最多的城市电视台当中，涉及“三农”的电视内容除了在主档新闻节目偶尔呈现以外，其他节目都很少涉及“三农”内容。对农频道资源以及对农节目的匮乏已经成为困扰我国电视农村文化建设的一大难题。

我们应该注意到这个现实：在中国广大农村地区，看电视是8亿多中国农民获取外部信息和文化娱乐的最主要方式之一，甚至是很多农民群众的唯一方式。因此，在新的历史时期，切实办好对农电视节目，积极探讨农村电视文化建设，充分发掘农村电视文化价值和社会影响力，让对农电视频道和涉农节目真正成为促进社会主义新农村建设的文化先锋，是一个亟待解决的又一现实难题。

难题三：中国电视跨文化传播和文化软实力的提升。

全球化背景给各个民族的文化发展带来了广泛的影响。在这样的背景下，电视文化何去何从，电视文化实现本土化的资源和路途何在？这些都是值得思考与解决的问题。电视行使着对电视文化进行阐释的职责，履行着文化选择和跨文化传播的功能，并且在

提升国家和地区文化软实力战略活动中扮演着重要的角色。20世纪末到本世纪初，我国电视传媒“走出去”工程虽然取得了长足进展；但是，就整体状况而言，我国电视传媒参与国际市场竞争的能力还十分薄弱。中国电视传媒在实施跨文化传播战略工程、提升中国文化软实力方面还有一段很长的路要走。特别是以前形成的对电视跨文化传播的片面认识和狭隘思想，严重桎梏了中国电视传媒参与国际竞争，成为扭转中国电视传媒跨文化传播不利局面的困厄和难点。

首先，将电视跨文化传播活动片面地理解为电视对外宣传。虽然利用电视传媒开展对外宣传工作是我国电视从业人员不可推卸的重要职责。但是，绝不能将电视跨文化传播活动片面地理解成电视对外宣传。跨文化传播传播涉及政治、经济、文化、教育、体育、休闲、日常生活等方方面面的信息向异域文明国家或区域的传播。而“宣传”一词在大多情况下隐喻着“政治宣传”。如果我们考虑到“宣传”一词在西方社会的交流语境中的“刻板成见”，我们就应该更加注重实施全面性的跨文化传播的重要意义。在西方社会，“宣传”（propaganda）一词隐喻着“操纵意见、政治灌输”等概念，是一个略带排斥性的贬义词。中国的电视传媒要想在国际上发出自己的声音，形成自己的竞争力，就应该改变对外形成的狭隘观念，积极实施电视跨文化工程，以此增进国家与国家、地区与地区之间的相互了解、彼此信任，促进中国和其他国家和地区人们之间的各种社会交往和真诚合作。

其次，秉持狭隘的“中国为主”的观点，片面强调“突出本土特色”而漠视“国际化传播要素”在电视跨文化传播活动中的重要性。电视在实施跨文化传播活动中，在突出本土特色、全面传播中国社会主义的伟大实践的同时，也应该认识到不同文化背景和区域文明的电视受众对电视文化产品的消费意义是一个自主解码的过程，他们会根据自身的固有经验、观点及立场对电视文本进行解读，认识到这一点对于电视文化的跨文化传播而言意义更为重大。这就要求我们在实施电视文化的跨文化传播活动过程中，要按照跨文化传播的规律办事，尊重电视落地国家和地区人民的文化传统和民族心理，遵照他们的收视习惯，即时捕捉并满足他们对信息的良性需求，更加自觉地综合运用跨文化传播原理，吸引更多国外观众收看并喜欢我们的节目，为中国的和平崛起和中华民族的伟大复兴争取国际支持和理解，创造一个有利的国际环境。

电视文化理论体系的建立和完善，必须站在建设社会主义先进文化、构建社会主义和谐社会的高度，充分认识到电视文化建设在促进我国电视事业甚至整个社会健康发展中的重要地位。电视文化理论体系的建立和完善，既要摒弃那种急功近利、蜻蜓点水式的肤浅研究，又要结合当前我国电视行业发展的现实状况，开辟能够指导当下电视行业实践发展的科学的、系统的理论体系。电视文化理论体系的建立和完善，既要全面总结我国电视文化研究和实践领域所取得的重要成果，又要深入思考当今中国电视实践和电视文化领域所面临的重大问题，提高电视文化理论建设促进电视实践发展的服务水平。从这个要求出发，我国电视文化理论体系建设，既有可贵的探索，取得了不少经验和成绩；也存在不少问题，还有待不断完善。可以说，建立并完善一套有中国特色的电视文化理论体系，既是一个十分重大的理论问题，也是一个极其重要的实践问题。

［载《西南民族大学学报》（人文社会科学版）2010年第3期］

中国电视理论研究的发展历程

50年来，中国电视理论伴随着中国电视的发展而不断进步。在这一过程中，它经历了起步阶段、发展阶段、深化阶段、繁荣阶段。本文将对电视理论的四个发展阶段做简要的历史梳理。

中国电视理论的起步阶段（1958—1977）

中国电视理论的起步用了20年的时间。1958年，中国开始办电视，在没有任何历史积累的条件下，中国电视进入了一条摸索的道路。与此同时，中国电视理论也开始起步，起步阶段的中国电视理论表现出四个方面的特点。

（一）研究思路沿袭新闻理论和艺术理论的途径

主要运用新闻理论和艺术理论的理论范畴、理论原则、理论观点来审视电视媒体。用新闻理论的基本观点来要求电视新闻，比如1960年第3期《广播业务》刊登的《电视广播宣传中的几种方式方法》、1960年第12期《广播业务》上刊登的《充分利用图片进行电视宣传》、1962年第6期《广播业务》上刊登的裴玉章的《电视经济新闻的出路》等；再者，用戏剧、电影理论来解构电视艺术，比如欧冠云的《电视剧是怎样的?》(《新民晚报》1958年10月11日第二版)、周峰的《漫谈“电视剧”》（《解放日报》1961年7月30日第四版）等都是从戏剧、电影理论本体来分析电视剧艺术的。

（二）研究层面基本停留在感性描述上

此间发表的电视研究文章大多是电视工作者的工作经验、体会等，今天看来这些文章还缺乏理论深度，仅停留在描述上。比如，1962年第7期《广播业务》上刊登的《电视节目〈告别山城〉观后》只有一千多字。尽管如此，1955年创刊的全国性理论刊物《广播业务》到1965年5期停刊时共出版了102期，其中发表研究电视的文章400多篇，总结起来也是不小的成果。这些文章尽管大多数属于经验感受之类，但它毕竟是人们认识电视的开始。

（三）研究对象集中在电视属性和业务操作方面

电视媒体属性大多是决策性研究，有的是通过文件等体现出来的，比如当时党中央提出，电视台应根据自己的特点，担负起宣传政治、传播知识和充实群众文化生活的任务。这是当时电视台的工作指导方针，是电视传媒的属性所在。根据党中央的要求，一些研究者论述了电视的属性和功能，比如：《抓住特点，创造性地运用电视广播——谈电视广播的宣传工作》(哈尔滨电视台，《广播业务》1960年第8期)、《举办业余高等教育的有效途径——介绍北京电视大学的成长》（北京电视大学办公室，《广播业务》

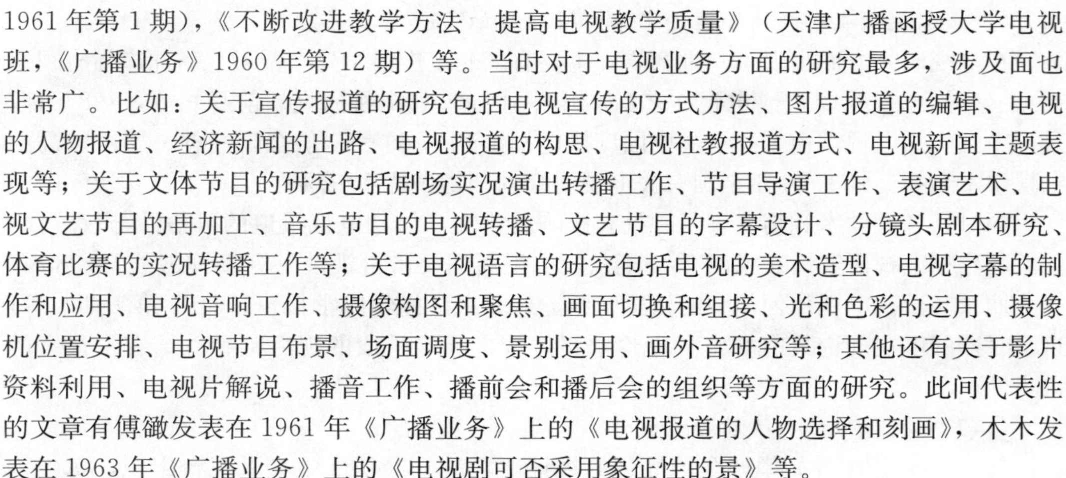

1961年第1期)，《不断改进教学方法　提高电视教学质量》（天津广播函授大学电视班，《广播业务》1960年第12期）等。当时对于电视业务方面的研究最多，涉及面也非常广。比如：关于宣传报道的研究包括电视宣传的方式方法、图片报道的编辑、电视的人物报道、经济新闻的出路、电视报道的构思、电视社教报道方式、电视新闻主题表现等；关于文体节目的研究包括剧场实况演出转播工作、节目导演工作、表演艺术、电视文艺节目的再加工、音乐节目的电视转播、文艺节目的字幕设计、分镜头剧本研究、体育比赛的实况转播工作等；关于电视语言的研究包括电视的美术造型、电视字幕的制作和应用、电视音响工作、摄像构图和聚焦、画面切换和组接、光和色彩的运用、摄像机位置安排、电视节目布景、场面调度、景别运用、画外音研究等；其他还有关于影片资料利用、电视片解说、播音工作、播前会和播后会的组织等方面的研究。此间代表性的文章有傅黻发表在1961年《广播业务》上的《电视报道的人物选择和刻画》，木木发表在1963年《广播业务》上的《电视剧可否采用象征性的景》等。

（四）研究处于个人自发状况，理论平台少

早期的电视研究基本停留在个人的自发状态，没有相应的组织机构，分散无序。此间，除中央广播事业局办的《广播业务》以外，基本没有广播电视方面的刊物，所发表的文章多为广播研究，也有少部分文章是研究电视的。另外，有部分文章发表在各报纸的副刊上，比如党委机关报副刊或晚报上。

值得一提的是，当时的研究者对国外电视发展和研究进行了介绍，其中既有译文，如苏联的奥·维索茨卡娅的《电视播音员》（《广播业务》1960年第7期）；又有对国外情况的介绍，如洪扬的《古巴的广播电视事业》（《广播业务》1963年第6期）。此间电视理论研究没有真正开展起来，原因是多方面的。当时电视没有造成多大影响。在1958年，全国也只有几十台电视机，后来电视机逐渐多起来，但真正看到电视节目的也只是少数。电视节目的社会影响不大，也没有引起理论界的关注。另外，当时电视还没有形成独立的文化，各类节目大多以电影、舞台艺术为主，就电视剧而言，遵循的是“戏剧美学”原则。这一时期，电视研究仅停留在经验总结、体会之类，缺乏具有普遍意义和学术价值的成果。中国电视理论就是这样一步步走过来，逐步发展起来的。

另外需要注意的是，1958年到1977年是中国电视理论研究的起步阶段，实际上后十年的“文化大革命”，中国电视理论研究几乎处于停滞状态。这一时期的研究工作和机构及刊载平台被取消，《广播业务》也停刊。原来的研究成果也被认为是“修正主义”而被加以批判和否定。广播电视作为党和政府的喉舌，被篡改为“全面专政的工具”，电视理论研究也就无法进行。

中国电视理论的发展阶段（1978—1991）

随着改革开放的进行，中国电视也开始进入全面改革时期。“四级办电视”的决策理论使中国电视事业迅速发展，电视节目从内容到形式、从播出数量到质量都得到了极大的改善与提高。日益丰富的电视实践召唤理论的介入与创新。这个时期电视理论研究的特点主要表现为以下几个方面。

（一）电视研究的刊物和理论文章大幅度增加

在电视研究方面出现了一批刊物，主要有《北京广播学院学报》、《新闻广播电视研究》、《广播电视战线》、《电视文艺》、《电视业务》（《电视研究》前身）等，1987 年 7 月，中国广播电视学会创办了《中国广播电视学刊》，这是一份全国性的、层次较高的电视学术刊物。到 1990 年全国有关电视研究的刊物多达 60 多种。

同时，各种学术刊物发表了一批有影响的论文，如《电视报道的可信性与权威性》（《新闻广播电视研究》1982 年第 5 期）、《电视新闻要讲可视性》（《新闻战线》1982 年第 8 期）、《试论电视片创作中的情感问题》（《北京广播学院学报》1984 年第 1 期）等，这个时期的电视理论具有一定的理论水平，较之起步阶段的观后感和总结有了很大的进步。

（二）电视节目评奖活动逐步展开

1981 年，我国开始举办全国性的电视评奖活动。最初由中央电视台组织，每年一届，1988 年转为由中国广播电视学会组织。为电视剧而设的“飞天奖”始于 1981 年，为电视文艺而设的“星光奖”始于 1987 年。电视节目评奖本身就是一种电视批评的形式，其既是对电视节目的评价，也是对电视节目创作的经验总结，更是一次理论的提升，评奖过程中产生的评论文章有力地推动了电视理论的发展。除了举办全国性的电视评奖活动以外，地方电视台也展开了电视节目评奖活动，这些评奖活动不仅促使了电视节目质量的提高，也使得更多电视创作者和电视研究者的理论水平得到提高，从而推动了电视理论向前发展。

（三）建立电视理论研究机构，开展各种学术活动。

随着中国电视事业的飞速发展，从事电视理论的队伍也在壮大。中央电视台 1983 年成立了研究室，中国电视艺术家协会于 1985 年成立，中国广播电视学会于 1986 年成立，各级电视管理部门和媒体也陆续成立研究机构，各级广播电视学术团体也纷纷建立起来。北京广播学院、中国人民大学、中国社会科学院、复旦大学、四川大学等高校和研究单位也建立了相应的电视研究机构，各种电视研究机构的建立使电视研究队伍壮大起来，促进了电视理论研究的发展。此间，电视理论研究围绕“四级办电视”理论、“以新闻改革为突破口”、“电视艺术片”、“电视文艺片”、“电视节目栏目化”、“电视剧创作”等一些理论问题，开展了一系列学术研究活动。“四级办电视”理论有力地推动了中国电视事业的迅猛发展；“以新闻改革为突破口，带动广播电视宣传的全面改革”推动了电视新闻改革的发展，并出现了一批相关的学术成果；“节目栏目化”的研究规范了中国电视节目的生产与传播，整体能力水平得到了提高。此间，一些全国性学术研讨会纷纷举办，比如 1986 年中央电视台召开的“电视新闻改革研讨会”，1987 年在太原召开的“全国电视剧美学研讨会”，1988 年中国电视艺术委员会举办的“革命历史题材电视剧研讨会”，1990 年《当代电视》举办的“胡连翠戏曲电视剧个人研讨会”，1991 年中央电视台举办的“黄一鹤电视艺术研讨会”等。1988 年中国广播电视学会年会就收到 80 余篇学术论文。1990 年中国广播电视学会先后举行了广播电视论文、论著评奖活动。这些活动的开展推动了电视理论研究的进一步发展。

（四）电视理论研究开始进入全面发展阶段

电视研究机构的成立、电视研究队伍的扩大，促进了我国电视理论的研究，并使相关人员开始重视电视学科建设，电视理论和研究受到普遍关注。加上改革开放的进行，中国电视也以开放的心态，引进西方传媒学术思想和先进理念。一些西方传播理论、文化研究理论开始引入中国。这些理论的引入，对当时中国电视理论研究起到了重要的作用。此间，1987 年出版的《当代中国的广播电视》（上、下）总结了半个多世纪以来中国广播电视的发展经验。1990 年出版的《中国广播电视学》是我国第一部全面系统论述广播电视的专著。此外还出版了《中国电视概述》、《中国电视史》等史论著作。一些人文学者还从不同角度切入电视研究，1990 年出版了我国第一部从文化学角度研究电视的著作——《电视文化学》。其他相关著作还有《电视传播艺术》、《电视剧探索》、《“飞天”与“金鸡”的魅力》、《电视剧艺术论》、《电视片艺术论》、《电视剧美学》等，为中国电视的进步奠定了重要的理论基础，推动了中国电视事业的繁荣发展。

从 1958 年到 20 世纪 90 年代初，中国电视理论研究经历了从起步到发展的阶段。左漠野、阎玉、何大中、杨寒白、赵水福、白谦诚、方亢、赵玉明、许欢子、韩泽、裴玉章、陆原、孙以森、壮春雨、陶学良、施旗等一大批电视理论工作者为中国电视理论建设作出了突出的理论贡献，他们中的一些人虽然已经作古，但他们的理论成果对当时的中国电视发展起到了重要作用，我们应该记住他们。

中国电视理论的深化阶段（1992—2000）

1992 年，邓小平发表南方讲话，理论研究环境大为改善，研究领域得以拓宽，电视理论研究指导思想更加明确。到 20 世纪末，我国电视理论研究跃上新的台阶，中国特色社会主义电视理论体系基本形成，较好地指导了中国电视事业的发展。

（一）首次全国广播电视理论研究工作会议召开，部署电视理论研究课题

1992 年 3 月，全国广播电视研究工作会议召开，专门讨论广播电视研究工作。会议探讨了改进研究方式——从个体、分散研究过渡到个体研究与群体研究并举的问题，并规划了 115 个研究课题，其中重点课题 22 个，电视类课题占 40%，内容涉及电视管理、电视宣传等方方面面。

（二）电视理论研究形式多样化、内容丰富化、成果规模化

这一时期电视理论刊物大大发展，刊载了大量有学术理论价值的理论成果，其他相关人文刊物也成了传播电视理论成果的学术平台。1997 年 1 月，中央电视台开办了“以电视手段研究电视”的栏目《精品赏析》，这标志着一种现代化电视研究形式的诞生。在此影响下，一批以电视手段研究电视的节目、栏目相继出现。

这一时期的电视研究思路拓宽，围绕当时电视实践中的热点，诸如“电视如何适应市场经济”、“电视的产业经营”、“电视深度报道”、“新闻真实性”、“纪实观念”、“舆论监督”、“电视专题”、“谈话节目”、“电视直播”、“纪录片”、“室内电视剧”、“受众理论”等一系列理论问题进行了深入研究。大量有学术价值的论著和论文得以出版、发表，这些理论成果创新意识、争鸣意识强，内容丰富，涉及电视的各个领域，如钟艺兵的《中国电视艺术发展史》、钟大年的《纪录片创作》、胡智锋的《电视美学探寻》、陈志昂的《中国电视艺术通史》、欧阳宏生的《电视批评论》等。此间，电视理论著作每年大约出版上百种，2000 年一年就出版相关著作 250 余部。这些著作的出版使中国电

视理论逐步走向学术化、理论化。

（三）研究格局形成，基础理论加强，电视作为一门学科基本形成

到了20世纪90年代，电视基础理论的研究得到业界和学界的重视，人们以丰富的电视实践和建立在大量实践基础上的理论来证明电视是一门学科。基础理论是电视理论研究的“原理”部分，主要研究电视本源的一般性和普遍性的规律，是联系和沟通其他学科理论的中介。此间，围绕中国电视的性质、任务、功能及特色，召开了大量研讨会，发表了大量有价值的学术论文，出版了一批理论著作。学者们认为，电视一方面作为党、政府和人民的喉舌，具有导向功能；另一方面作为现代化大众传播媒介，具有很强的娱乐功能和产业属性。这些理论的研究对后来中国电视的发展具有很强的指导作用。

在此期间，中国电视理论研究的突破还在于1998年国家“九五”重点社科课题——中国特色社会主义电视理论的研究。这一课题当时集中了全国十几位知名学者重点攻关，在吸取以往有关电视理论成果的基础上，更加明确了中国特色社会主义电视的特色、性质、任务、功能，围绕电视宣传、技术、管理、产业经营、受众、队伍建设等电视工作的方方面面，进行了深入的论述，建构了一整套具有中国特色的电视理论体系。体现这一课题的成果《中国电视论纲》出版后，引起学术界和业界的反响，并在人民大会堂隆重召开了首发式。该成果具有科学性、理论性、应用性、系统性、前瞻性特征，标志着电视作为一门学科基本成立。

（四）全国电视理论研究格局形成；不同载体，特色突出

从20世纪80年代起，电视研究逐步发展深化，基本形成了电视基础理论、电视应用理论、电视决策理论、电视史学的研究格局。其研究群体形成，科研院校中从事电视教育与电视研究的人员构成了电视基础理论研究群体；各媒体从业人员紧密结合实际，形成了电视应用理论研究群体；各电视管理部门、机构和研究院所的从业人员构成了电视决策研究群体；科研院校的人员构成了电视史学研究群体。经过20多年的发展，《现代传播》等成为电视基础理论研究的重要阵地，《电视研究》等成为电视应用理论研究的核心阵地，《中国电视》等成为电视剧研究的主要载体，《当代电视》等成为电视文艺研究的主要阵地。这几类研究群体和不同阵地在更为广阔的理论背景下相互交流、融合，形成合力，共同推进中国电视事业的发展。

中国电视理论的繁荣阶段（2001—现在）

进入21世纪以来，随着中国电视事业的发展，中国电视理论研究进入多热点、多难点的时期。实践呼唤理论，中国电视理论研究也进入繁荣发展时期，主要表现出以下几方面的特点。

（一）电视理论研究队伍扩大，主体身份多元化

随着我国教育和电视事业的发展，中国电视理论研究队伍大大壮大。目前我国有800多所院校办有电视专业，约有1万多名从事电视教育和研究的人员。全国业界包括各级电视台从事电视研究的人员也有近万名，再加上其他人文社会科学研究人员对电视研究的介入，总计有3万人左右。在这一研究队伍中，科研院校大多以基础理论研究和

史学研究为主，电视台研究人员大多以应用理论研究为主，从事管理的人员大多以决策理论研究为主。

（二）国家加大投入，各级各类电视研究课题大大增加

从1983年起，我国设立了国家社科基金研究项目。直到1990年，我国第一个广播电视方面的项目——由赵玉明教授主持的《中国广播电视通史》才列入国家规划项目。此后十年间，广播电视列入国家社科基金项目的总计仅17项。进入21世纪以来，国家及有关部门加强电视研究的立项工作，每年都有若干项关于电视研究的国家课题立项。广电总局每年都设立同电视实践紧密相关的课题，仅2008年，总局就设立部级课题近40项。教育部在影视理论方面也设立了十几项各类研究课题。这些国家层面的课题涉及电视理论研究的方方面面。另外，各省也同样有相应的电视课题研究。

（三）围绕事业发展，深化应用研究，重点特色突出

进入21世纪以来，围绕中国电视事业的发展，出现了许多迫切需要解决的问题，理论研究任重道远。针对电视发展中出现的种种热点、难点问题，在这一时期，我国电视研究围绕电视管理进行了电视体制改革的研究；围绕电视产业进行了电视产业化、集团化的研究；围绕电视技术的发展进行了电视数字化、网络化的研究；围绕电视经营进行了制播分离改革的研究；围绕电视的发展趋势进行了电视与新媒体关系、媒介融合的研究；围绕电视改革进行了频道专业化、品牌化的研究；围绕电视节目质量进行了节目评估的研究；围绕电视新闻改革进行了民生新闻的研究；围绕电视文化进行了电视平民化、娱乐化的研究。另外，对电视新闻、纪录片、电视剧、综艺节目的生产、管理、创作规律等都进行了深入的研究。这些热点问题研究取得了一个又一个突破性进展，解决了我国电视事业发展中的一系列问题。

（四）研究范围扩大，学术成果丰硕，学科建设更加成熟

进入21世纪以来，我国电视基础理论方面，在电视本质理论基础上，对有关电视与政治、经济、文化、社会、法律、道德、科技等方面进行了较为深入的研究，在电视传播学、电视美学、电视艺术学、电视文化学、电视批评学、电视语言学、电视心理学等方面也出现了大批成果；应用理论方面，围绕电视创作，对节目、栏目、新闻报道、专题片、纪录片、综艺节目、电视剧等创作规律进行了卓有成效的探索；决策理论方面，围绕电视战略规划、电视政策法规、电视传播制度等内容，取得了一系列有利于中国电视事业发展的成果。

2000年以后，我国电视类著作的出版数量呈上升趋势。据不完全统计，2007年我国出版的电视类著作大约在650部左右，发表相关学术论文8000篇左右。这些成果大多可以转化为生产力，推动中国电视事业的健康发展。

坚持中国电视理论研究的可持续发展

目前的中国是一个电视大国，到2025年，中国将成为电视强国。此间，电视理论研究任重道远，建立和完善中国电视理论体系，是电视事业发展的重要理论保障。我们要进一步加强基础理论研究，深化应用理论研究，强化决策理论研究，重视史学研究。我们要立足当代中国电视实践，抓住热点、难点问题，强化问题意识，不断提升学术品

格，坚持理论创新，服务于中国电视事业的发展。

（一）加强电视基础理论研究

电视基础理论的扎实与厚重，将影响到应用理论和决策理论的研究，进而影响到中国电视事业的发展。中国要建成电视强国，离不开电视基础理论的不断开发和利用。因而加强电视本质理论的研究、加强电视外部关系和内部关系的研究就显得十分重要。目前我国电视基础理论研究还应在学理性和应用性上下工夫，比如电视与文化、电视与法律、电视与经济、电视与道德以及电视与传播、电视与美学、电视与艺术学、电视与语言学等都需要在学理上加以深化。同时我们还应以开放的态度，合理地吸收西方电视基础理论中的有用部分，广泛借助相关学科的理论成果，提倡创造符合电视规律的新模式、新方法和新概念，创造出既有普适性又有合理性，逻辑上周延的研究范式、方法和新的理念。

（二）深化电视应用理论研究

电视应用理论的深入研究，可以使基础理论的研究拓宽视野，使决策理论的研究更加全面准确，更加符合电视传播实践。它主要对电视传播、电视运行中的各环节进行可操作性、有针对性的研究。我们要深化电视创作的研究，主要包括新闻报道、专题节目、纪录片、综艺节目、电视剧等类型的创作研究。同时还包括电视传播环节、电视构成要素的研究。根据目前我国电视应用理论研究的现状，我们还应该在电视节目创新上下工夫，要在电视传播的各个环节、要素的相互关系中去开拓研究视野，要在电视传播的动态生存环境中去开拓新的节目样式，以得到更多受众的欢迎。应用理论研究要关心电视实践的发展趋势，要紧密地跟踪世界电视的创作动态和前沿理念，使我们的电视应用理论研究保持一种鲜活的魅力，以更好地为电视创作现实服务。

（三）强化电视决策理论研究

决策理论关系电视事业的发展方向，强化决策理论对基础理论和应用理论的深入开展有重要的启示。电视决策理论从宏观到微观包括电视战略规划研究、改革法规研究和管理制度研究三个方面。电视决策理论研究以最直接的方式影响电视事业的管理，对电视事业发展进程中出现的众多现实问题给予切实解决。目前我们的电视事业正处在转型时期，正面临着一个重要突破，这个时期可能会长一些，因此，其理论研究任重道远。

在进行决策理论研究时，在方法上要坚持政策性与科学性相结合、普遍性与特殊性相结合、可操作性与可持续性相结合。在借鉴国外电视发展经验的基础上坚持中国特色的社会主义电视的发展方向。这样我们的理论才能更有科学性。

（四）重视电视史学研究

电视史学研究既是历史的经验总结，同时又能为现实借鉴服务。目前我国已有一批这样的成果，既有像台史、年鉴这样的事业发展史，又有像电视剧史、纪录片史、批评史这样的专业史，此外还有一些阶段史等。但相对其他理论研究还显滞后，这方面研究的空白点还很多。各个媒体、各个专业、各种节目类型都有它的发展过程，这些历史的梳理对今后事业的发展都有十分重要的意义，它也是电视作为一门学科十分重要而不可或缺的内容。因此，为现实服务，是史学研究的一项重要任务。

建立和完善中国电视理论体系，不仅是学科的需要，更重要的是为当下电视事业发展服务。加强中国电视理论建设，可以摆脱电视事业发展中盲目无序的状态，使我国电

视事业有一个稳固、坚实、可持续发展的理论依据。中国电视理论的健康协调发展是中国电视事业可持续发展的重要保证，这是我们共同奋斗的目标。

参考文献

[1]杨伟光主编：《中国电视论纲》，中国广播电视出版社，1998年版。

[2]欧阳宏生：《电视批评论》，中国广播电视出版社，2000年版。

[3]徐光春主编：《中华人民共和国广播电视简史》，中国广播电视出版社，2003年版。

[4]赵玉明：《中国广播电视通史》，中国传媒大学出版社，2006年版。

[5]刘习良：《中国电视史》，中国广播电视出版社，2007年版。

[6]熊国荣：《1958—1980年中国电视剧理论研究的研究》，载《现代传播》，2008年第5期。

[7]历年《广播业务》、《现代传播》、《中国广播电视学刊》、《电视研究》。

（本文是在中央电视台中国电视五十年理论高端论坛上的演讲，载《现代传播》2009年第2期）

中国电视批评的史学建构

向后看才能向前走。一个学科的成熟和完善，既需要有理论体系的建立和方法论的确定，也需要有对本学科历史的深入研究，没有对学科历史的清理，我们便无法在历史的语境中去还原和把握研究对象，也就无法去进一步推动这个学科的向前发展。[①]正是依循这样的思路，笔者以现象—系统—模式—概念为观照维度，对中国电视批评史的建构提出自己的观点和看法，期望以此推动电视批评学科的完善与建设。

为什么要建构中国电视批评史

建构中国电视批评史的原因主要有以下三点：

第一个原因是完善电视批评学科体系建设的需要。中国电视批评作为与中国电视传播同步进行的历史现象，已经走过了50年的发展历程。然而，和中国当代文学批评学科的研究比起来，中国电视批评乃至整个中国媒介批评的研究，无论是在体系的完备上，还是在理论的深度上都还鲜有可与之相提并论之处。这当然有历史延承和学科积淀所造成的先天原因，但更重要的还是长期以来电视批评理论体系自身建构意识的匮乏与缺失。尽管自2000年以来，有关电视批评理论的著作纷纷问世，但真正站在历史的高度以学术观点对电视批评进行系统梳理和史论建构的著作却没有出现。

在这批著作中，欧阳宏生的《电视批评论》(中国广播电视出版社，2000)，刘建明的《媒介批评通论》(中国人民大学出版社，2001)，王君超的《媒介批评：起源·标准·方法》(北京广播学院出版社，2001)，肖小穗的《媒介批评：揭开公开中立的面纱》(黑龙江人民出版社，2002)，李道新的《影视批评学》(北京大学出版社，2002)，曹祖龙的《影视批评学大纲》(黑龙江教育出版社，2002)，陈犀禾、吴小丽的《影视批评：理论与实践》(上海大学出版社，2003)，时统宇的《电视批评理论研究》(中国广播电视出版社，2003)，刘晔原的《电视剧批评与欣赏》(中国人民大学出版社，2004)，沈义贞的《影视批评学导论》(中国电影出版社，2004)，李岩的《媒介批评——立场范畴命题方式》(浙江大学出版社，2005)，欧阳宏生等人的《电视批评学》(四川大学出版社，2006)，张文娟的《电视文艺生态批评论》(中国传媒大学出版社，2006)，王艳玲的《在无序中探索有序：20世纪90年代中国电视文艺批评理论研究》(新华出版社，2007)，雷跃捷的《媒介批评》(北京大学出版社，2007)、刘晔原的《电视艺术批评》(中国广播电视出版社，2008) 基本代表了中国电视批评学科研究的最新状况和最高成果。这些著作以自己各有侧重的研究视域和理论成果丰富、发展了中国电视批评学科的内容和体系，但正如上文所说，真正将研究的视角放在历史发展的纵深向度上，对中国电视批评现象和理论探索过程进行系统性分析和历史性整合的著作却依然呈阙如状态（刘建明教授的《中国媒介批评史》研究工作虽已基本告竣，但其重点却在对中国媒介批评思想状况的研究而不在对具体媒介领域的分析上，其作为社会思想发展史的意义也要远远大于其作为具体媒介批评史的意义）。和中国当代文学研究领域早已拥有自己批评史的状况相比，中国电视研究领域批评史建构的严重滞后与缺失，已经让电视批评学科在现实发展面前遭遇到了严重的学术身份质疑。丧失了扎实深厚的史学生长平台，电视批评实践的辉煌也就失去了发展的镜鉴和检点的基础，理应由其承担的指导现实、瞻望未来的功能也不得不在这种状况下随之宣告失位。这已经成为制约当下和未来电视批评学科向纵深方向发展的忧心问题之一。

第二个原因是研究中国媒介通史尤其是广播电视通史的需要。中国广播电视通史的研究从 1987 年《当代中国的广播电视》出版以来，逐渐过渡到一个全新的发展阶段。1991 年，郭镇之教授出版了我国第一部专门研究电视媒体发展历史的通史著作《中国电视史》（中国人民大学出版社），首次全景式勾描了中国电视媒体自 1958 年到 1988 年 30 年间的发展历程。此后，于广华主编的《中央电视台简史》（人民出版社，1993），钟艺兵、黄望南主编的《中国电视艺术发展史》（浙江人民出版社，1994），张庆、胡星亮主编的《中国电视史》（中央广播电视大学出版社，1996），杨伟光主编的《中央电视台发展史》（北京出版社，1998），陈志昂主编的《中国电视艺术通史》（中国文联出版公司，2000），林青主编的《中国少数民族广播电视发展史》（北京广播学院出版社，2000），赵玉明主编的《中国广播电视通史》（上、下）（北京广播学院出版社，2000、2004），乔云霞主编的《中国广播电视简史》（内蒙古人民出版社，2001），徐光春主编的《中华人民共和国广播电视简史》（中国广播电视出版社，2003），刘习良主编的《中国电视史》（中国广播电视出版社，2007）等以广电通史为研究对象的著作纷纷问世。这期间，郭镇之教授的《中国电视史》也在 1997 年简编修订后由文化艺术出版社再次出版。但是，这些以“简史”或“通史”冠名的所有史学著作却无一例外地面临着专题史研究不足的尴尬境遇。正如李煜所评价的那样，中国广播电视专题史研究的匮乏与薄弱“使得大部头的‘简史’、‘通史’的内容显得先天不足”，通过对“通史”或“简史”的阅读，我们所得到的只是一些零星、片段的历史事件记录，而不能对诸如体制的变迁、制度的建设、节目形态的递进和沿革等问题有一个全面、系统的了解。[②] 也正是基于此，全面地建构电视史学研究的各个领域，尤其是基础性专题史的研究便显得十分迫切和急需。

第三个原因是出于整理现存史料的需要。作为一个有始无终的开放现象，电视批评已经完成了一段相对独立的发展历程，并积累了大量的批评史实和相关资料。依据《中国广播电视年鉴》和中国期刊网的不完全统计，仅 1998 年一年，全国出版或发表的有关电视研究的书籍、文章就有 104 部、2938 篇，2003 年这一数字达到 261 部、4419 篇，5 年内增幅达到 150.96％和 50.41％。无论是从“鉴古”的角度，还是从“知今”的角度，对留存的大量史实和资料进行爬梳、整理都已经显得十分必要和急需。其实，电视批评活动本身就是一种在时间结构的空间里进行着的历史建构活动，从这个意义上说，一部鲜活的电视批评史早已经在中国电视批评领域存在多年，只是等待着我们去发现和开掘。对这些资料进行整理和建构，同时也具有超越电视批评学术研究狭隘一隅的普泛性社会意义。

怎样建构中国电视批评史

建构中国电视批评史首先要划定它的研究对象和研究域畴。中国电视批评一向分为两个大的领域，即业务性电视批评和理论性电视批评，业务性电视批评多就业务实践中的某个具体问题而展开，理论性电视批评则多就媒体自身建设和本质问题的研究而展开。在理论性批评中，又牵涉三个方面："一是电视本质理论发展的研究；二是对电视外部关系理论的研究，包括电视同政治、经济、文化、社会、法律、科技、道德等方面的内容；三是对电视本体理论的研究。电视本体理论包括电视传播学、电视艺术学、电视语言学、电视心理学、电视美学等五个方面的内容。"[③]这些不同向度上的要素共同支撑起了电视批评业务与理论研究的多重维度，从而也成为建构中国电视批评史所必须直面相对的对象和场域。

其次，建构中国电视批评史还必须要有一个与该学科特点相适应的研究范式。研究范式的确立是建构中国电视批评史研究系统的关键所在，也是建构任何一门学科都必须重点解决的问题之一。对于中国电视批评史的建构来说，所谓的研究范式就是指赖以对电视批评活动和理论现象进行梳理、勾描和整合的学理框架，它不但包含了学科结构上的问题，也包含了学科成员所必须一同遵守的批评理念问题。电视批评的具体内容可以随着社会文化的发展而发展，随着电视传播事业的变迁而变迁，但其批评结构的框架却应该保持相对的齐整和统一。

现象—系统—模式—概念是建构任何一个学科体系都不可或缺的参照体系。对于中国电视批评史来说，所有历史现象的梳理和观照都有赖于纳入中国电视批评史—中国电视批评—中国电视实践—中国电视管理者、创作者、批评者的整体观照系统中来。在这个系统下，以基本的批评概念和理论观点为支撑，可以将电视批评标准、电视批评目的和电视批评方法三个要素吸纳融合，扣合形成电视批评目的—电视批评标准—电视批评方法这样一个具有相对独立话语体系的批评链条。电视批评史建构过程中所面对的所有的宏观研究与微观研究问题、历史描述与评价标准问题、批评整体与社会背景关系问题、批评家的理论见解与批评对象的实际发展问题及管理者、创作者、批评者（有时会重合）之间的互动关系问题等，均可由该模式统一沟通和梳理。

据此，我们可以将中国电视批评半个世纪的发展历程划分为"文化大革命"极"左"思潮及前后时期、改革开放初期的文化反思时期、20 世纪 80 年代中期以来的理论拓展时期和新世纪以来的多元化建构时期等几个阶段。在这几个阶段中，政治意识形态主导的社会批评理念、精英知识分子支配的文化批评理念、专家与大众杂语喧哗造就的多元批评理念、产业主管部门与媒体经营者联合缔造的产业批评理念又相对齐整地各自占据了相应时期的主流话语位置。这四种批评理念之间的演进与嬗变，结构起中国电视批评史发展的内在逻辑。

再次，关于研究方法与叙述立场的选择问题。任何一种历史叙述，尤其是批评史叙述，都无法回避叙述立场的选择问题。叙述立场的选择，反映在具体的建构层面，就是指学科建构过程中建构者处理历史与现实的关系时所秉持的态度问题。历史绝对主义、历史相对主义和历史唯物主义构成了这种叙述立场选择的三分视野。历史绝对主义以还原历史本真面貌为最高追求，以割裂著述者主观介入既成事实的方式追求绝对意义上的客观和真实。这一点早被批评史家所否定，“批评史不应成为一门单纯研究古籍的课题，而应该阐明和解释我们的现状”④，对于实践特色极为明显的中国电视批评史的建构来说尤其如此。与此相对，历史相对主义则走向另一个极端，它以削平历史纵深度和抹煞事物发展客观性为代价对历史现象进行随意的阐释和发挥，是任何史学建构都必须极力避免的倾向之一。

和上述两者相比，历史唯物主义则兼顾了客观性原则和逻辑性原理的统一，不但注意到了阐释主体与阐释对象之间的“透视距离”问题（即既要考虑阐释客体所处的特定时代的价值观，也要兼顾阐释客体出现以后一切时代的价值观），还要考虑经济基础与上层建筑、社会存在与社会意识的辩证关系，从而相对完整地实现了电视批评发展外部条件与内部规律的互通与融合。这也是中国电视批评史建构过程中所要采取的主要叙述立场和指导性阐释方式。

另外，由于中国电视批评史所涉及的层面和领域横跨了自然科学和社会科学的众多领域（技术的、文化的、政治的、经济的、哲学的、历史的、美学的等），再加上电视理论研究本身的细分，使得中国电视批评史的建构不可能在每一个层面、每一个领域都平均用力，这既不可取，也不现实。因此，对于中国电视批评史的建构来说，所必须考虑的问题之一就是如何“述要”而不是“述总”，研究者宜根据个人的学术背景和知识积淀而进行适当的取舍。

最后，由于电视批评史所牵涉的批评家和研究对象大都还在世，而且还有可能是自己的师友或亲好，这就无形中增加了坚持批评标准、实事求是的难度。要做到既不随意吹捧贬抑他人，又不抱私心为自己或师友谋取学术声誉，就需要建构者具有良好的史德，否则便无法真正实现建构批评史的意义。从这个角度讲，也可以说史德是建构一部优秀中国电视批评史的先决条件。

注释

①张凤铸、张斌：《对电视批评学学科建设的思考》，传播学论坛，http://www.chuanboxue.net/list.asp? Unid=2471。

②李煜：《治中国广播电视史要应对的八种关系》，载《现代传播》，2006年第1期。

③欧阳宏生：《中国电视批评的发展》，载《中国广播电视学刊》，2001年第11期。

④Rene Wellek，*A History of Morden Criticism vol*.1，Yale University Press，1995，P.V.

（载《中国广播电视学刊》2008年第11期）

论电视艺术的学理重构

一般而言，电视艺术的学科体系大致包括四个部分：电视艺术基础理论、电视艺术应用理论、电视艺术决策理论和电视艺术史学理论。本文之所以以基础理论为主要研究对象来展开论述，在于随着我国电视事业的飞速发展，电视艺术基础理论明显滞后，从学理建构层面到论据择取层面都未能很好地实现与时俱进，因此对它的反思与重构就有了必要性和紧迫性。本文试图通过回溯相关理论成果，对其学理创新提出若干建议，以实现理论的自我更迭及其与实践的和谐共舞。

由表及里的多维自省

无论任何研究，之前对其研究领域和研究议题的发展历史进行系统总结和分析都是必要的。这一基础性工作不但关系到当下研究的意义和价值，而且也为其提供了直接或间接的理论与资料借鉴。在对我国已有的与电视艺术相关的学术著作进行梳理和归纳之后，笔者有以下三方面感触：

首先，从理论架构方面而言，一个学科基础理论的扎实与厚重，将影响到应用理论、决策理论和史学理论的研究，进而影响到其实践领域的发展。中国电视艺术的持续健康发展，离不开对相关基础理论的不断开发和利用。纵观以往的相关著作，体系构建方式大致可分为三种类型：

一是按照电视节目形态划分，以《电视艺术学》（高鑫，北京师范大学出版社，1998）和《电视艺术通论》（蓝凡，学林出版社，2005）为代表，通常以“电视剧”、“电视纪录片”、“电视综艺节目”、“电视专题节目”等把电视艺术进行节目形态意义的板块分割，这是比较传统的理论建构模式；二是以学科内在关系划分，以《电视艺术基础》（高鑫，中国传媒大学出版社，2008）、《电视艺术学论纲》（王桂亭，学林出版社，2008）为代表，重点论述电视艺术的思维方式、审美特征、艺术风格、历史走向等，相较于前者，它们在体系构建上有了明显的学理性与科学性，但还远未达到尽善尽美的程度；三是把电视艺术与其他学科融合，如《影视艺术比较论》（宋家玲，北京广播学院出版社，2001）、《影视艺术概论》（周星，高等教育出版社，2007）把电视艺术与电影学结合，《电视艺术美学》（高鑫，文化艺术出版社，2005）把电视艺术与美学对接，《电视传播艺术学》（胡智锋，北京大学出版社，2004）把电视艺术与传播交融，《影视艺术哲学》（周月亮，中国广播电视出版社，2004）、《电视艺术哲学》（苗棣，北京广播学院出版社，1997）把电视艺术与哲学混合。这些虽是跨学科研究的创新尝试，但没有凸显出电视艺术作为一门独立学科的本体性。因此，显而易见，当下电视艺术基础理论的体系建设还显粗疏稚嫩，亟待理论工作者对其进行充实与重塑。

其次，从研究内容方面而言，一门学科要想保持鲜活的生命力，就要不断吸纳新观点和新论据，在理论层面和资料层面实现与时俱进。如果固守老套、缺乏新意，那么它非但不能有效地指导实践，而且必将被时代淘汰。如今的电视艺术理论便存在观点与材料陈旧的弊端，由于大部分著作的出版时间为20世纪90年代或21世纪初，因此其中的论述视点大多还停留在20世纪，如电视剧方面多以《今夜有暴风雪》、《四世同堂》、《北京人在纽约》和四大名著改编剧等为分析对象；纪录片方面多以《丝绸之路》、《话说长江》、《望长城》、《沙与海》等为解剖个案，并且，书中常常作为重点论述的“电视文学”、“电视艺术片”、“电视评书”等节目形态或经历转型，或走向式微，或彻底消亡，因此很多理论成果已经不能适应现实的需要。

21世纪以来，我国电视艺术领域涌现出大量的新现象、新形态、新问题、新争论，学术界对其还大体停留在就事论事和浅表概述上，在基础理论层面却很少予以立体观照和深入解答，这不能不说是电视艺术理论的一大缺憾。例如选秀类节目的涌现；“红色经典”的电视剧改编现象；综艺类节目的低俗、媚俗问题；关于对“电视明星学者”的争论等，这些议题都有待于被纳入基础理论的研究范围。没有在理论本源上的廓清、解析和判断，就不能使业界对自身有清醒的本体认知，也不能使其正确把握自身的发展进路，为了保证电视艺术创作的健康可持续发展，研究者需要在继承前人的基础上关注新动向，研发新理论，积极地给予实践者以内在动力和智力支持。

最后，从完善学科体系方面而言，电视艺术基础理论的重构也势在必行。这可分为两个层面来详加阐释：第一个层面是电视艺术的学科体系，如前所述，在它的四大板块中，基础理论是其他三项理论的本源和基座，没有了基础理论，应用理论、决策理论和史学理论便都成了虚无缥缈的空中楼阁，正如无源之水与无根之木不会有长久的生命力，丧失了基元的电视艺术学科同样不会有光明的前途。因此，基础理论的不断发展、完善、更新乃是电视艺术学科体系的命脉所在。当下，以《电视艺术思维》（吴秋雅，中国传媒大学出版社，2006年）、《电视声画艺术》（张凤铸，北京广播学院出版社，1997）等为代表的应用理论；以《中国电视艺术发展漫谈》（王学民，陕西人民出版社，2005）、《电视艺术的走向》（徐朝信，辽宁大学出版社，1993年版）等为代表的决策理论和以《中国电视艺术发展史》（钟艺兵、黄望南，浙江文艺出版社，1994）、《中国电视艺术通史》（陈志昂，中国文联出版社，2000）、《中国电视艺术发展史教程》（黄会林等，北京师范大学出版社，2006）等为代表的史学理论可谓齐头并进，已经蔚为大观。但毋庸讳言，它们从理论来源到体例设置，从框架构建到个案解剖都不同程度地存在种种问题，这在某种程度上与基础理论水平不高的现状直接相关。第二个层面是整个电视理论的学科体系。电视艺术学与电视传播学、电视美学、电视文化学、电视社会学、电视生态学等一道构成了电视基础理论。当前，学术界普遍存在一种“重术轻道”的不良现象，即对实用理论研究较多，对基础理论关注较少。凡是与实践直接关联的研究选题都趋之若鹜，而纯粹的学理建设却少有人问津，在此氛围下，埋首从事电视艺术基础理论研究便难能可贵。作为一门从艺术之维观照电视的基础性学科，电视艺术学的发展和完善关系到电视理论整体的独立与成熟。从“电视如何继承和推进已有的理论成果，是否是艺术”的争论到电视艺术学成为一门“显学”，电视艺术学者所作出的开创性贡献功不可没，如何承继和推进已有的理论成果，是摆在当今电视艺术理论工作者面前的时代命题。我们要站在电视理论全局的高度，以电视事业的繁荣发展为终极目标来对以往理论进行批判性继承，合理化创新。

总而言之，对电视艺术基础理论的重构有着重大的理论价值和现实价值，它是时代赋予电视艺术学者的历史重任和光荣使命。那么，如何实现它的理论重构呢？本文拟从宏观和微观两个方面来做探讨。

从内到外的学理认知

实现一门学科的学理创新，就必须要对涉及它的本源性问题再次作出明确解答，对它的框架体系作出崭新而详尽的规划。如果说前者是该学科的灵魂，那么后者便是该学科的骨架。只有两者同时具备，它才可能血肉丰满，神采奕奕。因此，对于电视艺术学的重构，本文认为在宏观上需要解决以下几个问题。

（一）本体认知与研究对象问题

建构电视艺术基础理论，首先要解决本体认知和研究对象的问题。一直以来，有不少研究者把电视文艺学、电视文化学、电视美学等与电视艺术学混为一谈，因此就出现了理论上的模糊与混沌。“名不正，则言不顺；言不顺，则事不成”，对于“电视艺术学”的科学界定关系到整体学科建构的成败，因此有必要把它和相近学科进行理性分辨。以上谈到的诸种学科都是电视理论的子学科，虽然存在一定交集，但彼此之间有着本质区别。其中，电视文艺是就电视文艺节目形态而言的，它是包括电视剧、纪录片、综艺节目等在内的文艺节目总称，电视文艺学是以电视文艺节目为主要研究对象的、应用性较强的一门学科。而另外三者则分别侧重于电视媒体的不同性征维度，从不同属性侧面来观照电视本体，从而延展出关于电视内容域畴的不同理论向度。电视美学是电视理论与美学理论相结合的产物，“是一门研究电视传播与接受中美与审美的学科”[①]。电视文化学是从文化的角度关注电视传播所产生的社会效应的学科，它“包括电视文化理念与电视文化形态、电视文化环境与电视文化责任、电视文化消费与电视文化接受、电视文化审美与电视批评等内容”[②]。

同理，电视艺术学则是用艺术的眼光打量电视，把内容庞杂的电视内容用艺术的视角给予探询和研究，使电视这一大众传媒闪耀出艺术之光。按照高鑫教授的说法：“电视艺术是以电子技术为传播手段，以声画造型为传播方式，表现客观世界，以屏幕艺术形态为研究对象的基础性学科。运用艺术的审美思维把握和通过塑造鲜明的屏幕形象，达到以情感人为目的的屏幕艺术形态。”[③]电视艺术学即以此种屏幕艺术形体为研究对象的基础性学科。

本体辨认工作基本完成以后，我们再来关注一下研究对象的问题。美国当代文艺理论家 M. H. 艾布拉姆斯（M. H. Abrams）对于艺术的研究对象曾这样论述：“每一件艺术品总要涉及四个要素，几乎所有力求周密的理论总会在大体上对这四个要素加以区辨，使人一目了然。第一个要素是作品，即艺术产品本身。由于作品是人为的产品，所以第二个要素便是生产者，即艺术家。第三，一般认为作品总得有一个直接或间接的源于现实事物的主题——总会涉及、表现、反映某种客观状态或者与此有关的东西。这第三种要素便可以认为是由人物和行动、思想和情感、物质和事件或者超越感觉的本质所构成，常常用'自然'这个通用词来表示，我们却不妨换用一个含义更广的中性词——世界。最后一个要素是欣赏者，即听众、观众、读者。作品为他们而写，或至少会引起他们的关注。"④其实，艾布拉姆斯的文艺"四要素说"基本上适用于一切艺术形态，受其启发，电视艺术基础理论的研究对象也可大致分为电视艺术作品、电视艺术创作者、电视艺术的外部世界以及电视艺术的受众，四者相辅相成，缺一不可，共同拼合成了电视艺术学的研究域畴。关于每一部分的具体内容，后面再详细说明。

（二）对外来理论的借鉴问题

学术界普遍认为，目前的电视艺术理论还存在学理性弱、总体质量不高的缺陷。这主要缘于缺乏对其他相关成熟学科的理论借鉴。其实，强调一门艺术理论的独立性，并不意味着闭门造车，对其余学科避而远之，而是应该在广泛吸收外来理论的基础上自成体系，形成有别于其他艺术形态的内在机理。对于年轻的电视艺术来说尤其如此，只有采取多维透视的研究方式，才能提高自身的理论素养，更加清晰地认识自身的内部和外部规律。依笔者看来，值得电视艺术理论去吸取营养的主要包括艺术学理论、文艺学理论、中西方文学理论、美学理论以及文化研究理论等。

分而述之，如文艺学一般以文艺作品为研究对象，分为本质论、创作论、作品论、鉴赏论和发展论；文化研究学派中的文化工业理论、霸权理论、女性主义理论、后殖民义理论等对于探求电视艺术的文化走向和文化生态有普适意义；中国古代文论中的"意境说"、"形神说"、"风骨说"、"载道说"、"自然说"、"性灵说"、"童心说"等，是重建中国电视艺术理论话语体系、坚持电视艺术批评民族化道路的不竭源泉；西方文论中"再现与表现"理论、"浪漫主义与现实主义"理论、"日神精神与酒神精神"理论，西方美学中"美即快感"、"美即完善"、"美即生活"、"美即理念的感性显现"等诸多论断都给我国电视艺术理论提供了崭新的视角。此外，对于中外哲学理论、史学理论等，我们都可吸收其有益成分为己所用。

"海纳百川，有容乃大"，一门学科的建立、发展和成熟需要在保持本体机理的基础上具有宏阔的理论视域和宽广的学术胸怀。如果仍如以往，或者以节目形态来结构电视艺术基础理论，或者仅采用一门相关学科与其简单对接，那就不免在学理层次上捉襟见肘。当然，也许有人会产生疑问：把电视艺术基础理论搞成多门学科的"大杂烩"，是否会丧失理论本体的独立性？当然不会。其实，电视艺术本身正是"多元与重构"的结合，即将"多元化的形态、多元化的语言、多元化的思维、多元化的元素、多元化的手段、多元化的时空"，重构为"完整、和谐、协调、匀称"的电视艺术作品，这丝毫不影响电视艺术成为艺术长廊中独一无二的"这一个"。电视艺术基础理论的构建也是如此，从本质上说，其多元化的理论借鉴只是"用"的问题，"拿来"之后的服务对象与整合手段才涉及"体"的问题。因此，由于其本质属性和研究对象的恒久不变，外来理论的参与也就不会改变电视艺术理论的基因与内核，使其"变质"。

（三）框架构建问题

解决了研究对象和理论参照，接着就轮到探讨构建理论框架的问题。不论是上述艾布拉姆斯的"四要素说"，还是文艺学理论惯常采用的"五分法"，对于电视艺术基础理论的框架构建都可资借鉴。综合考虑之后，笔者主张把其划分为"电视艺术本体论"、

"电视艺术生态论"、"电视艺术创作论"、"电视艺术文化论"、"电视艺术主体论"、"电视艺术受众论"、"电视艺术批评论"和"电视艺术发展论"等八个方面（见下图）：

- 电视艺术基础理论
  - 本体论
    - 电视艺术的本质
    - 电视艺术的历史
    - 电视艺术的功能
  - 生态论
    - 电视艺术的社会生态
    - 电视艺术的艺术生态
    - 电视艺术的学科生态
  - 创作论
    - 电视艺术的语言系统
    - 电视艺术的创作风格
    - 电视艺术的现实基础
  - 文化论
    - 电视艺术的审美阐释
    - 电视艺术的艺术品格
    - 电视艺术的文化立场
    - 电视艺术的符号解读
  - 主体论
    - 创作者的艺术修养
    - 创作者的美学理念
    - 创作者的形象思维
    - 创作者的责任意识
  - 受众论
    - 电视艺术的接受美学
    - 欣赏的日常性与超越性
    - 受众的主观性与被动性
  - 批评论
    - 电视艺术批判的历史与现状
    - 电视艺术批评理念
    - 电视艺术的批评方法
  - 发展论
    - 电视艺术的本土化
    - 电视艺术对国际市场的开拓
    - 电视艺术与国家软实力的关系

这八个方面分别从不同侧面对电视艺术进行了理论透视和学术伸拓，既有对历史的回溯，又有对未来的展望；既有对内部规律的探索，又有对外部规律的追寻；既有本土理论的滋养，又有外来思想的浸润；既有对国内现状的阐述，又有对海外市场的观照，彼此之间不但构成内容与视角的各自互补，而且形成相互衍生、前后递进的逻辑关系，从"共时"和"历时"两个维度全息式观照电视艺术。与以往基础理论相比，它更具学理性、完善性和科学性。当然，这只是笔者的初步设想，难免存在纰漏和谬误，希望得到方家的批评与指点。

自源至流的辩证把握

在构建一门学科的具体操作过程中，与涉及方针原则的宏观问题相比，研究者遇到

更多的是一些诸如点论据、研究方法、资料获取等微观问题，往往正是这些看似琐屑的事情促进抑或制约着研究者更好地开展工作。因此，本体认知、研究对象、理论参照和研究框架等宏观问题得到基本解答以后，在具体的研究实践上，本文主张应辩证地处理好三方面的关系。

（一）立论原则：理论性与实践性结合

18 世纪末 19 世纪初，德国哲学家黑格尔认为，人通过实践改变客观现实，然后使自我在外在事物中复现出来，成为感性的显现，这就是美。马克思、恩格斯、列宁指出，生活、实践的观点是认识论的首要的和基本的观点，也创造了美。这些对于“实践与美”的论点对艺术理论的写作大有裨益。任何艺术理论都是从艺术实践中来，最终回到艺术实践中去，对于实践性强的电视艺术而言更是这样。

电视艺术基础理论的学术价值在于促进理论的发展和创新，完善学科体系；而社会价值则在于推动电视艺术创作，促使更多优秀电视艺术作品的产生。因而，在研究操作层面，应当遵循“概念界定—理论关照—现象举析”的研究范式，使理论统领现象，现象印证理论。脱离实践的“理性主义”与漠视理论的“实用主义”在电视艺术理论的建构中都是不可取的。作为基础性学科，它首先要研究电视艺术实践，分析实践过程中出现的实际情况；其次要指导电视艺术实践，将实践引向正确的方向；最后要在关注电视艺术实践的过程中来发展和完善自身。

因此，在具体的研究中一方面要注目于实践领域的新思潮、新政策、新动向、新形态、新现象，及时予以相对客观的思考、评价和判断，以实现理论与实践的良性互动；另一方面要经常走入电视艺术创作的一线，观察创作过程，体验创作实践，采访创作人员，这才能保证理论永接“地气”，紧扣现实，避免成为空洞无物的说教和虚无缥缈的镜中花。如今的许多研究成果正是因为紧贴实践，才成就了其理论或实用价值，例如某位研究者在论述电视艺术声音语言时，以 2001 年中央电视台转播的《维也纳新年音乐会》为例：“为了能够全面表达乐队演奏过程中的每一种乐器，哪怕是音量很小的乐器在庞大的乐队中发出的声音，导演在将特写镜头切换到那里时，比如画面上出现一只铃鼓，乐手摇鼓时，人们就会听到铃鼓清脆而明亮的声音，显然是录音师将一个麦克风放置在铃鼓附近的地方（画面中我们是看不到这个麦克风的）。如果在广场演出，不借助铃鼓附近的麦克风，这声音是绝对不会传递到听众的耳里的。”⑤这样的阐述一方面彰显了作者“源于实践”的理论素养，另一方面对于电视艺术工作者具有切实的指导意义。其学术态度和研究方法值得我们推崇和效仿。

（二）研究方法：逻辑性与实证性互融

学术研究中的逻辑性源于人的逻辑思维能力，它是思维的一种高级形态。其特点是以抽象的概念、判断和推理作为思维的基本形式，以分析、综合、比较、抽象、概括和具体化作为思维的基本过程，从而揭露事物的本质特征和规律性联系。而实证性研究作为一种研究范式，倡导将自然科学实证的精神贯彻于社会现象研究之中，主张从经验入手，采用程序化、操作化和定量分析的手段，使社会现象的研究达到精细化和准确化的水平，即通过对研究对象大量的观察、实验和调查，获取客观材料，从个别到一般，归纳出事物的本质属性和发展规律。两种研究方法虽然大相径庭，但是各有千秋，能够优势互补，因此可以将二者统一于电视艺术基础理论的研究中。

当下的电视艺术研究存在显著的“重逻辑、轻实证”的倾向。诚然，作为一门人文学科，电视艺术学理应以理性思辨和逻辑推衍的研究方法为主，然而如果在逻辑思辨的基础上辅之以实证分析，无疑会增强理论的科学性和说服力。比如，我们在考察电视艺术发展进程时，可以用数据资料来概述历史全貌；在阐述电视艺术的语言系统时，可以对某一经典作品的声画语言进行定量分析；在探讨电视艺术作品的市前场景时，可以采用实证研究的方式对“市场占有率”、“市场满意度”等进行科学扫描。当然，一味的数据罗列同样不可取，实证研究最终还要通过逻辑分析上升至理论层面，从而更好、更广泛地指导实践，这便是“一般”与“特殊”的相互转换关系。如某学者在论述“电视艺术语言系统”时先这样写道：“心理学研究表明感官信息吸收率差别很大：视觉 83％，听觉 11％，味觉 1％，触觉 1.5％，嗅觉 3.5％……”[⑥]然后得出结论：视觉和听觉是人类最主要的感官信息接收方式，但“耳闻”不如“目睹”；电视是“耳闻”和“目睹”并存，因此电视形象能给人留下清晰、深刻的印象。在这里，作者一连串数据的运用使得结论的得出既水到渠成，又令人信服。这种逻辑性和实证性的有机融合，为电视艺术基础理论的重构在研究方法上带来了启示。

（三）论据选取：经典性与新鲜性兼顾

提出论点必须有根据，即必须举出足够的事实或正确的道理证明论点的正确性，用来证明论点的事实和道理叫做论据。论据，依据其本身的性质和特征，可分为道理论据和事实论据两类。这里我们专门来探讨后者，所谓“事实胜于雄辩”，事实论据是对客观事物的真实描述和概括，具有直接现实性的品格，因此是证明论点的最有说服力的言说形态，它包括有代表性的确凿的事例或史实，以及统计数字等。事实论据的选取直接关系到立论的成立与否，因此在理论构建中不容忽视。由于电视艺术品种、形态、现象、理念的纷繁芜杂和瞬息万变，电视艺术基础理论尤其要涉及大量的事实论据。笔者认为在论据选择中要避免两个极端：“一味守旧”与“一味求新”。有些电视艺术研究者在谈到电视剧时，言必称《渴望》；在谈到纪录片时，言必称《望长城》；在谈到综艺晚会时，言必称春晚，这些节目的确是电视艺术领域的经典之作，但是从另一个角度看，经典就等同于历史。如果研究者单单把目光锁定在这几种历史经典上老生常谈，而对当下现实视而不见，势必会引起受众的厌烦和责难。与之相反，还有些研究者为了求新，把一些年代稍远的精品完全抛到九霄云外，只把近两三年内自认为优秀的电视艺术节目纳入研究范畴，这同样有失偏颇。犹如“置身山中”而看不到“山之真面目”，与自身距离太近的电视艺术作品同样不易彻底看穿其优劣得失，急于对其作出绝对的价值判断很可能缺乏科学性和持久性。这一点，对于电视艺术基础理论而言要慎之又慎。

那么，什么才是可行的方法？那就是“经典性”与“新鲜性”的兼顾。如何兼顾？本文建议，在论述基本原理时多用经典文本，在阐释应用理论时多用新鲜文本；在明确价值判断时多用经典文本，在表达个性思考时多用新鲜文本。当然这也不是一概而论，需要具体情境，具体分析。在实际研究中二者应互通互融，相得益彰。

综上所述，电视艺术基础理论的研究关系到该学科的发展方向以及对创作实践的指导。随着文化产业的繁荣发展和对外交流的日益频繁，电视艺术基础理论蕴含着进一步发展的巨大潜力，它将向着成熟和完备的方向阔步前进。我国电视艺术学学科建设离体系完善还有很长的距离，任重而道远，中国的电视艺术理论工作者应有广阔的胸襟、恢

弘的气度、大家风范和严谨的精神，把我国电视艺术学科体系建设不断推向前进。希望本文所作的粗浅的探讨能够为今后我国电视艺术基础理论乃至电视艺术学科体系建设提供借鉴和参考。

注释

①胡智锋：《十年来中国电视美学的研究历程（上）》，载《现代传播》，1993 年第 5 期。

②欧阳宏生：《电视文化学》，四川大学出版社，2006 年版，第 6 页。

③高鑫：《电视艺术学》，北京师范大学出版社，1998 年版，第 12 页。

④[美]M. H. 艾布拉姆斯：《镜与灯——浪漫主义文论及批评传统》，郦雅牛译，北大学出版社，1989 年版，第 5 页。

⑤邵长波：《电视结构艺术》，中国广播电视出版社，2000 年版，第 293 页。

⑥王桂亭：《电视艺术学论纲》，学林出版社，2008 年版，第 119 页。

（在中国传媒大学电视艺术学科发展高端论坛上的演讲，载《现代传播》2010 年第 4 期）

第四编

电视纪录片的多重阐述

电视传播的优势发挥

——2000年中国电视系列片评奖综述

每年一度的中国电视节目评奖作为电视批评的一项重要手段，在引导和提升我国电视节目质量方面起着重要的作用。笔者参加2000年度中国电视社教节目评奖深有感触。本届参评节目无论题材选取的典型性，还是主题表现的深刻性，或者叙事表现的艺术性，都有较大提高，其认识价值、审美价值得以强化，社会教育作用得到了更好的发挥。这次参评的30多部作品，无论是选题、立意还是表现艺术方面都有所创新和突破。

题材选取的典型性

题材选取是一部系列片成功的关键。

2000年中国电视系列片创作的选材进入一个更大的空间。中国五千年文明史、灿烂的中华文化、民族精神的振兴、现实社会中的各种热点问题、“小事件大主题”、平民化意识等，在系列片创作中得到张扬。题材选取的广泛性给系列片创作带来勃勃生机，政治的、经济的、文化的、历史的、现实的题材从不同角度进入系列片创作者的视线，同时广泛的题材创作给选择好题材带来难度。面对创作的现实，广大电视创作人员积极从题材的典型性和普遍意义上去开掘，以此获得选题上的最大成功。

系列片题材相对其他电视纪实片，表现的视野更为广阔、主题更为重大。在创作中，无论历史题材还是现实题材，其典型性和普遍意义十分重要。历史题材是2000年系列片创作的一个亮点，且占了较大比例，精品之作甚多。百年来，中华民族由弱变强，百年风雨历程，中国人民为了自身解放同外来侵略者进行了不屈不挠的斗争。特定的背景造就了一批反映这一历史题材的作品，如《百年中国》（中央台）、《跨越时空的文明》（宁夏台）、《敦煌百年祭》（甘肃台）、《伪皇宫纪事》（长春台）、《武汉百年》（武汉台）、《风雨巾帼》（北京台）、《朱熹》（福建南平台）等，这些选题较好地体现了这一历史特点。《百年中国》是迄今为止中央电视台规模最大的历史纪录片。该片选取了百年中国影响最大的历史事实，全面回顾了中国百年风雨历程，反映了在中国共产党领导下中国人民不屈不挠的斗争历史。全片吸收了当前学术界最新成果，广泛收集了散落于世界各地的影视素材，精心制作，是20世纪中国影像历史集大成之作，无论整个题材还是具体事实都具有典型性。《跨越时空的文明》（宁夏台）题材的选择，则站在历史文化的高度，对中华五千年文明长河中一个个具有典型意义的事件，用生动的画面予以展示。比如对龙与凤的诠释，在不多的篇幅里给予了清晰的回答，知识性、教育性都比较强。这些也正是系列片创作者具体选材的高明之处。《武汉百年》（武汉台）首次大视野、全景式地叙述了武汉百年来的历史沧桑、兴衰际遇。

2000年中国电视系列片现实题材的优秀作品较好地反映了我国政治、经济、文化建设中的典型事例。《庄严的承诺》（青岛台）、《中国骄傲》（中央台）、《走进大西北》（陕西台）、《攻坚——国企改革在辽宁》（辽宁台）、《浙江精神》（浙江台）等作品，在题材选取上既有大事件的重大主题，也有小事件的深刻思想。中国共产党始终代表了广大人民群众的利益，《庄严的承诺》表现了这一深刻的主题。题材选取了青岛市委、市政府在世纪之交的历史时刻，向全市人民做出了决不把棚户区带入21世纪的庄严承诺这一重要事件，从历史的、现实的、未来的时空交叉中，全景式、多视角地表现了青岛这个百年老城在棚户区改造这一庞大工程中，领导者所肩负的历史使命和艰难选择，建设者的科学精神，棚户区居民辞旧迎新的心灵震荡和对人民政府的由衷拥戴、对新生活的无限向往。题材选取的典型性、主题的深刻性是此部系列片成功的重要因素。国企改革事关大局，《攻坚——国企改革在辽宁》选择了国有企业改革的题材，反映了辽宁三年国企改革脱困进程中理论与实践的探索。通过这部系列片使人们了解国企问题的复杂性，了解怎样才能搞好国有企业改革，增强了人们的信心。

题材选择的典型性还体现在具体材料的取舍中。中国运动员在悉尼奥运会上为祖国赢得28枚金牌。在金牌后面，可圈可点之处甚多。可是《中国骄傲》抓住了本届奥运会夺金牌的特点，从多方面进行了选材。全片使奥运辉煌瞬间凝集，虚实相间，选材得当，主题表现突出。

题材是节目质量的保证。典型的题材是前提，离开这一点，系列片创优只是一句空话。

主题表现的深刻性

新颖的创意会使作品蕴含深刻的思想性。这次获得好评的系列片无不在这方面下了工夫。

《敦煌百年祭》（甘肃台）对主题的表现是深刻的。这部历史文化系列片是为了纪念敦煌藏经洞发现暨敦煌学一百周年而精心摄制的，本片以中国文化圣地——敦煌为切入点，浓缩千年历史，重点展示了1900年发现藏经洞、外国文化强盗劫掠大量藏经洞文物，到敦煌学诞生这百年间，一批批中华民族的血性儿女、仁人志士、艺术圣徒有如不灭的火种，在死寂的大漠绝地，用热血和生活挽救了敦煌、保护了敦煌、研究了敦煌，共同谱写了一曲撼天动地的敦煌恋歌。在创作者不断深化主题、表现主题的过程中，三代敦煌学者前仆后继、薪火相传的奋斗精神催人奋进，民族精神得到弘扬，使敦煌这朵千古莲花重新绽放，在人类文明史中放射出光华，谱写了一曲爱国主义的颂歌。

主题表现的深刻性有时是在看似平平淡淡的娓娓叙事中。《山里的日子》（四川台）是20世纪末中国农村乡居生活留下的永恒纪录。该片以画家罗中立创作采风来到大巴山为线索展开的山里人的故事。对这段山里人的故事的纪录揭示了一个深刻的主题——平平淡淡是真，表现了一种真实。通过这里社会生活的现状，我们可以体察这些默默无闻的人是怎样在用自己的勤劳创造生活；透过这些社会进步的表象，深入地发掘出这些普通人处于变化中的价值观念、精神追求和道德取向；发掘出他们恒久不变的热爱生活、勇敢面对艰辛的情感；发掘他们乐观向上、积极的生命意识。这里创作者力图站在人性的角度，对偏远山区农民这一弱势群体表达出自己的关注与思考。讲述老百姓的故事、平民意识常常是社会类节目表现的主要话语，《山里的日子》在这方面所作出的成功尝试体现在主题中。作者站在社会生活的前沿，审慎思考，赋予了这部系列片深刻的思想内涵。将深刻的主题融入娓娓道来的叙事之中，给人平实、恬淡、新鲜的感觉，这是系列片追求的一种境界。正因为《山里的日子》创意新颖，在表现主题的过程中避免了就事论事，因而表现出较高的思想水准和艺术价值。

作品思想主题还必须和较高的文化内涵结合在一起，这样才能得以深化，才能真正体现出作品的认识价值、教育价值和艺术价值。朱熹是我国古代伟大的思想家、哲学家和教育家，2000 年是其逝世 800 周年。对于这样的记录历史人物的系列片，重在表现其丰富的文化内涵。《朱熹》摄制组编导们冒着酷暑和严寒，走江西、奔湖南、下杭州，跑遍了大半个中国，摄制了大量的文化遗迹，认真研究了朱熹博大的思想体系，介绍了朱熹为人类文明进步所付出的代价和所作出的贡献，其文化内涵丰富，给主题表现的深刻性增加了厚度。

叙事技巧表现的艺术性

系列片表现的技巧一直为电视人所注重，用什么样的叙事手法去结构故事，用什么样的叙事结构去感动观众？这次评奖中的一些优秀的系列片在这一方面做出了有益的探索，在规定的时空范围内，艺术地讲述了一个相对完整的故事，达到感人的效果。

《风雨巾帼》（北京台）是一部 20 集每集 30 分钟的大型系列片，它大纵深、宽视野、多角度地展示了一个世纪以来中国杰出女性在百年风云中的足迹，注释了关于理想、信念、人生价值的深刻主题。这是一个主题性的系列片，它所表现的对象是一个群体，但其故事脉络清晰。编导者把握了不同时期女性的特点，通过具体的时代背景展示女性报效社会的不同方式。作品不是用传记片方式写女性，而是选取一个具体的历史阶段中杰出女性的一段最鲜活、最闪亮的生活斗争片断展示女性的精神世界。该片在叙事方法上突破了以往英模的叙事模式，注意选取在各个领域中的女性代表，反映了同一历史时期中不同进步力量的女性代表，综合了近现代中国革命历史历程的特点。在具体的叙事中，以事说人、以事论人、以情感人、以情动人，认真把握人物的生活细节，从生活细节上展示历史。

与之不同的是，《山里的日子》在叙事方式上，画面语言以故事发展的先后为顺序。该片采取了以两条线索为结构的“复调式”表现形式，以事件为“经”，以人物为“纬”，取得了彼此呼应的形式感。使观众始终处于期待中，并跟随作品的叙事过程不断运动，较好地处理了叙事中与观众的矛盾，使作品有吸引力，耐看。

在系列片叙事结构中，《浙江精神》（浙江台）较好地运用了“虚”与“实”相间的“两极镜头”手法。在电视创作中，“两极镜头”是一种叙事手法，有时拍全景，有时拍特写，有意忽略中景，人物性格表现很有特色。

在系列片叙事技巧中，合理地处理“断”与“连”的关系是引起观众期待心理的重要艺术手段，在《伪皇宫纪事》（长春台）里，作者较好地处理了全片及每集中“断”

与“连”的关系，从而引起观众的期待。伪满洲国历史是一段独特的历史，而长春市伪皇宫是这段历史的不变见证。为了使每集之间形成一种有机联系，作者从人性的角度和溥仪的心路历程出发，把全片分为伪宫建筑、伪宫记事、后宫佳丽三集，使全片形成一个逻辑过程，且在每集开头结尾都作了呼应。在处理系列片“断”与“连”的关系时，一般用两种方法来阻断故事高潮的到来，延宕叙事过程：一种方式是每集是一个整体，有自己的高潮，不断唤起观众新的期待，以保证故事叙述下去，如《武汉百年》（武汉台）、《中国骄傲》（中央台）等。另一种方式是多重叙事链交替、两种或多种叙事线索同时进行，如《山里的日子》（四川台）、《敦煌百年祭》（甘肃台）等。每集之间各自独立又相互联系，造成观众的期待，增强了叙事的吸引力。

系列片创作的遗憾

通过这届系列片评奖活动，可以看出，尽管在重大题材的选材上有突破和创新，但系列片形式与内容的和谐统一仍然是一个值得研究的话题。《浙江精神》表现的是一个积极的主题，其叙事技巧也有一定创新。这部片子试图通过八个人物的环境、事业、历程和性格的记录，表现出一种“自强不息、坚韧不拔、勇于创新、讲求实效”的浙江精神。通过看片，大家感到这样诠释浙江精神未免牵强附会，用这样一些事实去表现其他地域也可以是“××精神”。这样，“浙江精神”就缺乏特点。

一部精品之作的系列片应该具有严谨的结构与清晰的脉络、内在的逻辑和广阔的视野，但有少数系列片仍显松散、拖沓。每集自身的内部结构、整部系列片的内部结构，故事脉络不清，缺少内在逻辑性。有的系列片缺少完整性，有的系列片所记录的多数是常人了解到的，缺乏鲜为人知的典型事件，典型情节、典型细节少，削弱了作品的感染力。有的系列片为达到拔高主题的目的，不乏空洞说教的解说词，宣传味十足，这种情况在《攻坚——国企改革在辽宁》（辽宁台）等作品中也同样存在。

“摆拍”在系列片创作中意味着一些情节、一些细节不够真实、客观。观看这次评奖作品，这些问题不同程度地存在，有的甚至带有虚构成分，即依据编导的主观意识去框定生活，组织各种场面。如《山里的日子》中一些长镜头的运用，就表现出此方面的不足，一些场面的组织痕迹较重。但由于其自身的题材价值和艺术魅力所在，并没有妨碍它成为一部好作品。《新疆禁毒》（新疆台）、《走进大西北》（陕西台）等摆拍的痕迹也是有的。系列纪录片强调行为空间的原生态面貌，但实际拍摄时要完全不影响拍摄对象也是难的。这就需要一种“发现”，镜头捕捉是编导和摄像的看家本领，只有增加这种本领，在纪录片创作中才不至于虚假。即使是补拍，也一定要符合生活的逻辑和真实。“摆拍”是一个老问题，要从根本上得到解决，编导必须提高对题材的驾驭能力，从生活的本来面貌出发，还原生活的本质。

（载《中国广播电视学刊》2001 年第 9 期）

实现纪录片创作的可持续发展

——2001年度中国广播电视新闻奖电视长纪录片评奖综述及思考

2001年度中国广播电视新闻奖电视长纪录片评奖于2002年6月在杭州举行。参评的31部作品都是中央电视台及各地方电视台精心挑选的。评委在认真看片的基础上，分析了2001年长片创作的现状，并评出3个一等奖、6个二等奖、11个三等奖。这次参评的节目在题材选择、主题表现、叙事艺术、结构形式上都有一些创新之处。评奖中，评委谈论得最多的话题是怎样实现纪录片创作的可持续发展，纪录片该记录什么，该怎样记录。

一

题材选择是纪录片创作的基础。2001年，我国纪录片创作题材较之往年有一定变化，人们较为注重从社会最关注的问题入手选择题材。3个获一等奖的长片中，有两个是环境保护题材。北京电视台的《英苏》和昆明电视台的《我们的河流》首先有了一个好的选题。

《英苏》这个片子通过塔里木河下游一个人物和一个村庄的命运，反映了这条大河的历史沿革、地理风貌、环境特征及与人类的关系，引发人们对于人与环境主题的思考。与《英苏》属同类题材的《我们的河流》，在结构、风格特点上有独具匠心的地方。《我们的河流》讲述了云南昆明东川区人与河流的兴衰史。它记录了泥石流给东川人带来的深重灾难，以及东川人防治泥石流的“东川模式”给全国5万多条泥石流治理带来的希望。对这类人与自然的关系和人与自然灾害斗争的题材，用纪录片的方式给予关注，能让人沉静下来，更为深刻地认识到环境保护的重要性，用积极的行动来弥补创伤。这两部片子的选题是很有现实意义的，充分体现了编导在题材选择上的现代意识和忧患意识。

历史文化、民族文化题材是前两年的热门题材，以反映瑶族文化为题材的作品《远山的瑶歌》给评委们留下了很好的印象。该片记录了一个独特的故事。80高龄的瑶歌歌王盘财佑，精心保存了上几代人留下的瑶歌歌本，他一生最大的愿望就是把它传下去。老人的外孙女盘琴演唱的瑶歌唱到了北京，唱到了世界，还录了光碟。为了让年轻一代更多地了解瑶歌，老人在自己80岁生日那天，办了一次瑶歌歌会，但歌会已没有往日的热闹。无奈中，老人把珍藏的歌本交给了外孙女。这个片子以平实记录的方法讲述了一个故事，在历史与现实、古老与现代、民族与世界的对话中，给人留下了诸多联想。如果说，纪录片目前最需要表达的是中国受众面对急剧变动的社会生活寻求补偿和文化抚慰的渴求，那么，《远山的瑶歌》正回应了这样一种需求。

今年参评的长片中，以涉及平常人家、讲述老百姓故事的题材居多。这些题材体现了独特性、边缘性、接近性的特征。独特性可以满足受众的好奇心理，边缘性可以更好地体现一种人文关怀，接近性可以增强作品的亲和力。获二等奖的作品《张进贤寻女记》是现实生活的平民化题材。该片记录了一个感人的故事。一个老实巴交的乡村汉子走失了一个女儿。他怀揣女儿的照片，天南海北地寻找了6年。纪录片刻画了主人公淳朴善良、执著得近乎固执、宽厚而富于同情心的性格。他虽然是一个极其普通的"小人物"，但在他身上所表现出的中华民族的传统美德使我们深受感动。这是一部故事性很强的作品，在艺术表现上也是很成功的。《拉着老母走天涯》讲述的是大兴安岭78岁的老人王一民为了报答母亲的养育之恩，让年迈的母亲开眼界，用自制的三轮车拉着98岁高龄的老母南下游览祖国大好河山的故事。《辽道背上读书声》讲述了一个民办教师默默无闻地为山区教育作贡献的故事。因为这个民办教师的存在，这里没有出现一个文盲。《父亲》讲述的是一个叫淑妮的重度聋儿的父亲办聋儿复习班的故事。《中国惠安女》以惠安女为主线，融自然风光、人文景观、传奇故事为一体，全方位、多角度地展示了善良的惠安女的楚楚风韵和优良的传统美德。《人民医学家林巧稚》以"灵巧的手"和"稚子之心"为线索记录了林巧稚伟大而又平凡的一生。

2001年度电视长纪录片在题材选择典型的基础上，在深化主题上，其认识价值、审美价值都得到了强化，立意和表现艺术都有一定的创新和突破。

二

对个性的记录是纪录片创作的一个基本原则。典型的环境、典型的语言、典型的行动、典型的细节记录是构成纪录片个性特征的重要元素。把握好记录中的个性特征是一部纪录片深化主题、实现美学理想的重要基础。

纪录片作为一种艺术创作，寻找典型环境作为故事的开端，是编导在开拍前煞费苦心的一件事。先看看《辽道背上读书声》的开头：

> 龙泉关，古时候的边关。在龙泉关正西十几华里的地方有座海拔两千多米的高山，山顶上有个叫辽道背的村庄。据说是两百多年前，两户人家为躲避战乱逃上山顶，就此落户，一代代繁衍下来便有了今天这个山村。
>
> 在村子的北边有一座学校，小学有一个老师和两个学生。

这是《辽道背上读书声》开始时环境与人物的介绍。观众看到这里时，就会被这个现实环境所吸引。这种环境的特殊性，大大地帮助了作者对人物的刻画。民办教师白凤桐为山区教育默默奉献的精神在这个特殊环境里得到初步展示。

纪录片中特殊环境的展示、人物与环境的介绍，都是为了突出特殊环境中的典型人物，是为丰富、完善主人公的性格服务。纪录片除了记录环境以外，最重要的还是体现人与环境的关系。在记录过程中，如果既拍出了环境的特殊性，又拍出了人与环境的特殊关系，那一定能拍出好的片子来。

纪录片的真正意义在于记录人物的行动过程。但这种记录必须是积极的，而不是消极的；必须是有选择的，而不是随意的；必须是有价值的，而不是无效的。如《远山的瑶歌》里表现盘财佑老人“缝书”的一系列行动过程，在幽暗的阁楼上，一双饱经沧桑的手打开古旧的红木箱。镜头推到一堆发黄的老歌本——穿针、引线、老人专注的神情——看书、裁纸，老人一针一线地缝，这一连串的动作被作者记录下来。在记录这些动作时，作者采用了侧逆光、两极景别——大全景和大特写的记录方式，加之现场同期声——蛐蛐声时断时续，使人感受到了一种古朴、宁静、神秘的氛围。这一系列动作的记录，展示了一个民族文化传承的足迹。

细节的记录被称为纪录片的“点睛之笔”。一部纪录片要注意它的闪光点，要注意记录人物细腻的情绪以及这种情绪背后丰富的内心世界。参评的长片中，许多这样的镜头给人留下了深刻的印象。《拉着老母走天涯》中，王一民离开龙港老年大学以后用山泉给母亲擦脸的细节，母亲那种舒适安详的表情，儿子那种细心的动作、敦厚朴实的神情，都被作者记录下来。一般来说，纪录片拍得感不感人，很大程度上取决于我们能否调动一切手段去表现主人公细腻的感情和鲜明的性格。

记录中，我们不仅要寻找环境，记录好完整典型的语言和行动，还要努力去寻找和表现能刻画环境、刻画人物的细腻情绪。在纪录片创作中，这几项原则是纪录片情节化、故事化的基础，是纪录片美学的高层次追求。

看完 2001 年度中国电视长纪录片评奖节目，结合近年来我国纪录片创作的状况，不难看出在纪录片创作繁荣的背后隐藏着的危机。这种危机首先表现在纪录片过于狭窄的选题上。这是制约我国纪录片创作可持续发展的重要原因。这次参评的长片主要有两类：一类是人与自然的关系，另一类是表现普通人的生存状态。这两类题材，前者是大主题，也是今年参评题材的创新之处；后者强化电视纪录片的平民意识，反映普通老百姓的故事。这些选题都没有错，也是纪录片创作中可表现的，并且其中多数具有典型性。但是，中国的纪录片有责任关注代表社会主流的更为广阔的现实生活。

应该看到，在一段时期里，我国一些在国际上获得认可的纪录片在创作方法上反映适合西方社会思想观念方面的题材较多。在反映传统农业社会向现代工业社会转型的文明冲突中，过多地表现出对田园牧歌式生活的偏爱，独特性题材、边缘性题材、接近性题材在纪录片中占了较大比例，而那些现实社会中具有政治、经济和科技、文化价值的人物和事件较少进入纪录片人的视野，但这些题材却在我国社会生活中占有重要位置。整个创作题材狭窄，视野不开阔，选题中猎奇现象严重。表现少数民族，多是奇异风俗；表现社会问题，多是艰难坎坷；在人物记录上，多是孤寡、残疾、病患。这些题材不是不可以拍，它可以满足好奇心，体现一种人文关怀。但仅仅如此，纪录片所传达的有效信息势必越来越少，那么我们将难以通过纪录片把握生活的真实本质。纪录片所承载的使命要求我们有责任关注现今主流的更为广阔的视野空间。

造成题材狭窄的原因是多方面的，这同我们一些纪录片人存在的远离现实的思想是分不开的。在创作中，他们更多考虑的是寻求在现实生活中的精神补偿和文化抚慰，幻想回归人类精神家园。这种思想也迎合了在西方经历现代大工业种种喧嚣以后逃避社会现状的精神渴求，因而十分容易引起一些国际纪录片评奖评委的共鸣。这也是我国一些边缘性题材在国际上走俏的原因之一。然而，中国的纪录片人应以开阔的胸怀、高远的视野，增强责任感，关注社会更为广阔的现实生活。

即使在国外，纪录片的创作题材也是十分广泛的。除了新闻节目以外，纪录片是向人们介绍社会的重要窗口。一位印度纪录片制片人认为，纪录片对印度的经济、文化的发展功不可没。德国一位纪录片人说，这个世界有许多问题，如人口问题、自然主义、种族仇杀、核武器问题、全球经济问题、环境问题以及人们相互理解的问题都需要交流，纪录片工作者可以很幸运地帮助人们实现。这些创作理念对于我们是很有借鉴意义的。

（载《电视研究》2002 年第 10 期）

纪录片创作如何寻求突破

——从2002年中国广播电视新闻奖电视长片评奖说起

2002年度中国广播电视新闻奖电视社教节目评奖于2003年8月结束。从获奖的作品看，总的说来，我国纪录片创作喜忧参半，仍面临突破的问题。

一

题材选取历来为纪录片人所重视。在纪录片创作的几大因素里选题成功率占近50%。

富有个性化题材的选取是纪录片创作成功的基础。获2002年度中国广播电视新闻奖电视长片一等奖的节目《爱的变奏》（中央电视台）、《追寻往事》（河北电视台）、《我的家》（山东电视台）的成功首先在于富有个性纪录的题材选取上。《爱的变奏》纪录的是分娩时两个子女错位的家庭11年后面对这一事实时所表现出来的对爱的理解。创作者选择的是一个平民化题材，反映了老百姓在一种特定情势下的生存状态，引导人们增强人与人之间的理解、宽容与尊重。《追寻往事》表现的是一个政治性题材。创作者对片中主人公长达四年的跟踪拍摄，记录了一个侵华日军的女儿探寻、证实、承认那段历史并真诚向中国人民道歉的心路历程和祈求和平的美好愿望。在表现这一题材时，创作者客观地展现了主人公的行为，着力表现人物的情感变化，并由此体现出创作者驾驭此类政治题材的能力。《我的家》记录的是一个不幸家庭中一段难忘的经历。父亲嗜赌，将弟弟抵押出去，母亲气愤之下杀死了父亲。一个小家庭破碎了，但来自社会大家庭的关爱始终围绕着这个家庭，在无数好心人的帮助下一家人终于团圆。故事题材反映出人道主义精神和博大的悲悯之心。

同上年相比，长片题材选择中平常人家故事仍是一个亮点，在参评的作品中占了一半以上。此类题材记录的是在现实生活中具有一定代表性和新鲜性的普通人，内容上并没有惊天动地的壮举，只是真实记录了主人公在特定时空的生活过程或生存状态。有一个好的故事，加上编导的独具匠心，可视性强，能感动人。

历史文化题材前几年一直是热门题材，在2002年的纪录片创作中此类题材已不多见。值得一提的是四川内江电视台的《忆长江》。这是一个特殊选题，以著名记者范长江闪光的新闻从业经历为主要内容，展示了范长江在党的教育培养下由一个热血青年成长为著名记者和我国新闻事业领导人之一的光辉历程。

与往年相比，今年的获奖作品中政治性题材增多，此类题材代表了中国主流意识形态，大都反映的是重大事件。比如中央电视台的《揭秘“东突”恐怖势力》就具有一定的现实吸引力和震撼力。环保题材的选择在近年来得以拓宽，在这次选评的节目中也受到了评委们的关注。

从参评节目中可以看出各地区纪录片创作中题材单一化的现象仍很严重。从某种意义上讲，它阻碍了我国纪录片的可持续发展。平常人家故事最适合用纪录片形式表现这无可厚非，中国电视纪录片 20 多年的发展历史证明了这一点。相当一部分具有艺术魅力的纪录片大多属于此类题材。然而，要实现纪录片创作的创新和突破就不能仅停留在这一类题材上。纪录片创作应该有更为广阔的题材，应围绕现实生活给观众讲述更多更具有新鲜性的故事。2002 年度选评节目中有这样一部长片作品，该片第一次以影视手法反映著名经济学家、发展经济学创始人张培刚教授和他 20 世纪 40 年代获得美国威尔士金奖的哈佛论文——《农业与工业化》演绎的世纪人生。应该说这个选题具有创新性。我们在纪录平常人家的同时为什么不可以将选题的目光投向一些对国家和社会发展有突出贡献的人物呢？这种题材的新鲜性可以打破长期以来中国纪录片选题单一的状态。纪录片题材的广度和深度还有待拓展，应加强对特别事件和重大活动的记录，加强对新闻事件、新闻人物的挖掘和拓展，加强对调查性纪录片的选题策划。此类题材往往选择一个典型事件作为调查对象，并通过这一事件的详尽叙述来触及重大社会问题。纪录片题材选择的突破还要面向整个世界、人类生存、宇宙变迁、科技发展等题材，使纪录片这种形式在更为广阔的空间得以展示。

二

好的纪录片题材都有一个好的故事。但是只有好的故事，创作者不会用电视语言讲述那也做不出好节目。参加 2002 年中国电视长片评奖的作品中也有这样的例子。如某台选送的作品记录的是一只非正常死亡的东北虎的故事，这是一个表现人与自然相依相伴又相互困扰的现实题材。节目若是做好了，应当是既生动又发人深省的。但由于选材不当，结果没有讲好故事，使人遗憾。

纪录片的故事性是毋庸置疑的。在一些经典纪录片中这点表现得尤为突出。《望长城》中纪实手法的运用带来纪录片创作的突破，其真实自然的风格征服了中国观众。特别是纪实手法所带来的出人预料的故事性，使纪录片随着情节的发展一步步引人入胜。情节的选择、故事的发展都成为创作者升华主题思想的结构因素。

这次《爱的变奏》获一等奖，其重要因素就是创作者对故事的讲述艺术。该片讲述了一个较为复杂的故事：开头从金子的“秘密”入手设置了一个悬念，然后再从施良飞发现女儿被抱错到苦苦调查亲生女儿下落两条线索平行叙事。观众好奇的心理欲求直到施良飞与段卫健夫妇交替出镜接受采访才得到缓解，金子就是那个被寻觅的孩子。两条平行发展的叙事主线合二为一。但这时情况发生变化，金子不愿回到生父身边。情节的一波三折使故事趣味盎然，适当的省略与铺垫、冲突与悬念也使整部作品叙事流畅、节奏紧凑，具有极强的可视性。

在现实生活中，要完整地记录一个过程是不容易的，但纪录片创作中又不能放弃对过程纪录的追求。叙述故事时要遵循故事自身的发展规律，理清事件的开头、发展、高潮、结局。这一过程承载着创作者对思想的表达与深化，并能将故事一步步推向高潮，抓住观众。《追寻往事》中创作者对片中主人公进行了长达四年的跟踪拍摄，获得了作品主人公——侵华日军女儿野田契子情感变化的过程。野田契子带着父亲肯定在中国做了不好的事情这个谜来到中国解开谜团。1999年她来到了卢沟桥，开始进入对日本侵略中国往事的追忆中……随着认识的加深，野田契子的情感也在发生变化。她体会到了中国人常说的一句话："我们可以宽恕罪恶但不能忘记历史。"她以自己的实际行动为父亲赎罪，捐款30万日元修建校舍……记住这段历史是为了和平。该片展示了野田契子思想认识变化的过程，特别是大量鲜为人知的镜头的运用给人以视觉和心灵的冲击，体现了编导驾驭重大题材结构叙事的能力。

这些经验说明，故事的讲述是纪录片取得成功的关键。纪录片的叙事结构依赖并体现了创作者对现实的洞察和理解，是一种价值观念的体现。其真实的纪录、精致的故事结构和引人入胜的故事情节是满足观众收视兴趣的重要前提。

三

纪录片留给观众印象最深的是作品的细节。最能体现人物特点和事件特色的场景和段落，是故事讲述中的闪光点。细节的捕捉是纪录片人的一项基本功。细节留给观众的印象最深刻，往往能深化作品的主题。在《爱的变奏》里有许多精彩的细节，其中有一个对话的细节：记者问当年被错抱的孩子梦娟"你希望金子来你们家吗?"梦娟说："心里说不希望。"记者问："为什么?"梦娟说："她来了，爸爸妈妈就不给我亲了，顾着她，吃饭时候夹鸡的时候就一个鸡腿给了她。"这是一组对话的细节记录，记者的采访深入到了事实本身，深入到了当事人内心深处，表现了孩子的真实情感。

应该看到故事化的叙事手法在纪录片创作中具有较强的发展潜力，而处理好在叙事中的细节纪录、个性纪录、典型纪录是纪录片达到审美层次必不可少的手段。

实现纪录片创作的突破，关键在于创作理念的创新。题材选取的狭窄是纪录片不断创新和发展的最大障碍。具体素材的选取、故事的结构、富有典型性的细节处理和纪录手法的运用等都是纪录片创作不可忽视的要素。

（载《中国广播电视学刊》2003年第12期）

中国电视专题片遵循自身创作个性

——兼评2003年度中国广播电视新闻奖专题片获奖作品

较长时间以来，一些电视制作者对纪录片与专题片的认识是模糊的。十年前，围绕专题节目的界定所带来的专题片与纪录片的讨论，其结果也是众说纷纭，莫衷一是，致使专题片和纪录片在分类、选题、评论等方面缺乏科学依据和衡量标准。因此，在国家政府奖——中国广播电视新闻奖评奖中，把长纪录片与专题片统称为“长片”，作为一种节目形态参加评奖。由于各自的创作个性在认定标准时很难达到统一，纪录片与专题片有没有区别、区别在哪里，这不仅是学术上的分歧，而且涉及两种节目形态的自身发展和提高。本文将结合专题片与纪录片的区别，谈谈专题片的创作特色。

一个应该澄清的理论

2004年5月在广州举行的2003年度中国广播电视新闻奖评奖，把纪录片和专题片分别作为两种节目形态参评，并明确界定纪录片是指以声画合一的现场实景为主体拍摄的纪实风格的节目；专题片是指以声画对位的解说词为主要表达方式的叙议结合的节目。应该说，这一定义具有科学意义，它符合我国电视专题片和纪录片的创作个性。国家政府奖中专题片和纪录片分别设奖，其导向意义有利于澄清理论上的事实，有利于两种节目形态的健康发展。

不同概念反映不同本质属性，表现出不同内涵和外延。电视专题片主要是针对屏幕上所存在“综合性”节目。它是集中对某一社会现象、某一事件、某一人物等，给予深入的专门报道。尽管同纪录片一样，都是采用纪实手法，但专题片允许创作者在作品中直接阐述对人物、事件的理解、认识和主张。专题片中强调的“纪录”，只是对客观现实的真实记录，它所强调的“表现”，则是指对客观事件的艺术表现。

从以上阐述可以看出，专题片和纪录片都有许多相似之处，即它们都是以客观现实为基础。二者都是以历史客观存在与现实客观存在为前提，强调的都是真人、真事、真景，都是以真实性为生命。二者强调事件和人物的真实性，排斥虚构。如果在报道事实上有失误，那就会失掉纪录片和专题片存在的价值。二者都强调纪实性，都运用纪实主义的创作方法。作者在创作素材的提炼中，都保留其自然形态，不做更多的艺术加工。

在2003年度中国广播电视新闻奖评奖中，同是抗“非典”题材，广东电视台的《中流砥柱》是专题片，而天津电视台的《非常日记》是纪录片。它们都是运用纪实主义的创作手法进行创作的，因此有许多相似之处。两部片子都是以2003年抗“非典”为客观报道对象，真实地反映了在抗“非典”斗争中人民群众的精神风貌。尽管专题片《中流砥

柱》在表现手段和方法上进行了较多的艺术处理，构成了审美性较强的电视艺术作品，但在抗“非典”的具体事件、人物的揭示和展现上，都是以客观事实为基础，以真实性为生命，讴歌了共产党员在抗“非典”斗争中舍生忘死、无私奉献、坚持真理的崇高精神。

专题片与纪录片存在许多相似之处，这也是较长时期以来人们对这两种节目形态界定困难的重要原因。实际上，二者之间存在明显的区别。第一，记录人物和事件的方式不同。电视专题片在反映客观事实时，有较强的主导意识，往往是通过解说词直接表达创作者对所反映客观事物的认识和主张。专题片《中流砥柱》全方位报道了广东抗“非典”斗争，当报道到他们创造了一手抓抗非典，一手促经济发展的成绩时，解说词说“我们有一个用‘三个代表’重要思想武装起来的党，我们有一个执政为民、高度负责的党……这便是奥秘的所在”。所以，有学者认为电视专题片是一种以情动人、以理服人的节目形态。电视纪录片主要是再现人物、事件的具体情境，较多地运用同期声、长镜头展现人物、事件的真实性，以具体事实说话，创作者的主观意识不直接表露。在纪录片《非常日记》里，作者节选了王泽医生在“红区”工作、生活的难忘片断，原生态地记录了发生在“非典”一线的真实故事。专题片和纪录片反映生活的不同方式构成了各自的鲜明特征。

第二，报道人物、事件组合形式的不同。电视专题片不注重展现生活的完整过程。在同一主题下，专题片大多采用横向结构形式，片断地截取同主题相关的生活画面，并对其进行一定的艺术处理。而纪录片所不同的是，它注重展现生活的完整过程，强调其原生态性，多用纵向结构，不加修饰地表现生活情状，在表现中强调生活的真实性。以反映西藏现实生活的《西藏的诱惑》和《藏北人家》为例，前者作为一部专题片，以“西藏是一种境界”为主题，通过各方面报道，调动各种艺术手段，从“横”的方面共同营造出西藏独特的美的境界；而纪录片《藏北人家》真实完整地记录了一户藏民一天的具体生活情状，从“纵”的方面展现了藏北人家艰难的生存环境和独有的文化心态。

第三，反映人物、事件的手段不同。电视专题片由于表达主体的需要，或者由于反映人物、事件的需要，往往运用渲染、比喻、象征等修辞手法，以达到深化主题的目的。有时根据专题片创作的需要，还使用情境再现、摆拍、追述等手段，来增强作品的真实性和艺术感染力。电视纪录片的纪实手法较为单一，主要以镜头记录社会生活，其艺术魅力重点体现在画面、音响、剪辑等运用上。这种特点在一些经典纪录片的创作中表现得十分突出。

通过以上分析，再结合中国广播电视学会对这两种节目形态的认定，应该说，专题片和纪录片是容易区别的。

（一）题材的广泛性与主题的专一性

当我们将专题片同纪录片作比较研究以后，再回到电视专题片的创作现实中来。从中国最早出现的电视片《收租院》开始，几十年来，中国电视专题片伴随着电视事业的发展，以其绚丽多彩的内容与形式获得人们的瞩目，只要我们打开电视机，就可以看到丰富多彩的电视专题片。其题材的选择已由刚开始时较为单纯的山水风光题材扩展到社会生活的各个领域，注重当下的现实生活，观照悠久的历史文化，这已成了当下中国电视专题片的一大创作特色。

参加2003年度中国广播电视新闻奖专题片评奖的37个节目，其题材涉及各个方面。既有现实生活题材，也有历史文化题材；既有报道典型人物的题材，也有反映重大事件的题材。2003 年发生在中国的一系列重大事件，都进入了我国电视专题片的创作视野。《敢问苍穹》反映了中国人实现航天梦的重大事件，以题材的典型性，表现主题的深刻性，赢得了观众，也赢得了评委的高度评价，获得了一等奖。这部专题片全程报道了神舟五号的飞天征程，从国家主席胡锦涛为中国航天员出征送行开始，一直到杨利伟安全出舱，举国欢庆。事件的重大典型性界定了主题表达的专一性。获一等奖的《中流砥柱》全方位展现了广东省在抗击“非典”斗争中可歌可泣的人物和事件。题材典型，事件感人，人物动人。获一等奖的人物专题片《琴键人生　钢琴家许忠》展现了钢琴家许忠锲而不舍、孜孜以求的钢琴事业奋斗过程。作为一部文艺专题片，节目选材到位，细节选择精心而富有感染力。作品主题表现深刻而专一。

被评为二等奖的专题片《打开中华汉字的大门》、《用生命挽救生命》、《“刘涌案”始末》、《科学调查》、《探索银杏杀菌之谜》、《远去的溪滩》都有其典型意义，分别从不同角度展示现实，反映历史，表现出题材的多样性。《打开中华汉字的大门》是一部历史文化题材的专题片，是迄今为止对许慎的《说文解字》最为系统全面的报道，阐释了《说文解字》的史学价值、学术价值和应用价值，其表现主题的专一性——知识介绍的特色突出。辽宁刘涌案件涉及面广、影响大，一直是媒体、法律和民众关心的焦点。创作者抓住了这一题材，紧紧围绕中国加大“严打”力度、严惩黑恶势力、实现社会治安根本好转这一主题，运用专题片形式，真实地反映了事件的始末。题材选取的广泛性和主题表现的专一性是专题片创作的个性特征，从 2003 年国家政府奖专题片评奖中可以看出这一特征的具体表现。题材选取的广泛性是指这一电视艺术形式适宜于反映广阔社会生活，其报道内容从题材上分可以分为人物类、事件类、社会类、历史类、文化类五类；从创作风格上可体现为写实性、写意性、综合性三种；从文体构成上讲，可以分为新闻型、政论型、散文型三种。专题片形式和内容的丰富性决定了题材选取的广泛性。专题片主题表现的专一性指专题片所表现的主题只有一个，全片往往是围绕某一主题内容作全面、深入、详尽的反映，强调其主题力度和专向性。在创作中，素材选取是为了表现某一主题而进行的。在获奖的专题片《“封疆大吏梦”的破灭——李真贪污受贿案件警示录》中，创作者经过近一年的准备，走访了唐山、秦皇岛、邯郸、北京、山西等地，通过对一线办案人员、李真同案犯以及专家群众的采访，全方位展示了一个领导干部在权力和金钱的诱惑下一步一步走向犯罪的过程，深刻反映了在党内加大反腐力度的重要性和必要性，这是该片深刻而专一主题的表现。围绕专一的主题进行选材，是专题片成功的基础。

（二）事件的真实性和表现的艺术性

真实性是专题片的生命，首先是指作品所报道的人物、事件等的真实性，强调其客观性。同时，由于电视自身的声像优势，又赋予这种报道以更灵活、更广阔的时空和更直观、更强烈的表现力。时空的闪回穿插、艺术渲染以及主题的升华，都是电视专题片强烈张力的体现。专题片的真实性要求创作者不能任意拔高，不能胡编乱造。在专题片创作中，那种流水账式的叙述人物、事件或者按文学创作手法任意摆布报道对象的做法都是不可取的。

专题片的真实性在于作品中所报道的事实和反映的观点都必须经过深入采访，在认真调查研究和分析事实的基础上形成。专题片《生命》将一个悲壮事件从生命的角度表

现社会、人生的深刻涵义。所记录的是衡阳“11・3”火灾事件中，英勇献身的年轻消防官兵生前平凡的故事，作品开口小、角度新、立意深。创作者通过采访，取得了大量真实可信的素材，通过追叙英烈生前爱情、友情、亲情等生活的细节，展现了一个生龙活虎、饱含激情、充满理想和抱负的青年群体。观看此片，观众无不为之动容。这一艺术效果的产生，事件、情节、细节的真实动人是前提条件。电视是迄今为止最接近生活真实的传播媒介，电视片中声画脱节、以点代面、以偏概全、张冠李戴的现象，会严重歪曲生活真实，损伤专题片的影响力。获奖专题片《脊梁》，报道的是巴楚县库尔恰克乡吐格曼贝西村党支部书记达吾提-阿西木强忍在地震中失去五位亲人的巨大悲痛，在危急中挺直脊梁，组织干部群众抗震救灾的感人事迹。当我们看到一个个真实动人的画面时，无不为创作者在地震灾区捕捉到的生动的情节和细节叫好。人物、事件的真实性铸就了专题片的影响力。

专题片是真实的，也是艺术的。其艺术性在于发现最典型、最有意义、最有趣、最鲜明的人物和事实，在于创作者采访的艺术和编辑的艺术。专题片艺术也是纪录的艺术，只有将时间的真实性与表现的艺术性结合起来，才能达到一部专题片应有的艺术境界，才能做到思想性、艺术性和观赏性的统一。

其实，专题片无论属于哪种题材、何种风格，都必须具有艺术魅力。要做到事件纪录要以趣味吸引人、抒情应以情动人、说理应以理服人，写意应以美动人。要缩短专题片报道对象中的人物和事件同观众心理之间的距离。要引起观众的思考，使之受到感染。专题片《话说运河》给人留下深刻的印象，特别是创作者把从山海关向西南延伸的万里长城看成是阳刚雄健的一撇，而把从北京向东南流向大海的京杭大运河看成是深沉的一捺，这一撇一捺正好是“人”，这是作品主题的深化，是创作者对客观事物认识和思考的结果。在这里，对比、联想等修辞手法得到了较好的运用。

要达到事件真实性和表现艺术性的完美统一，必然要调动电视的各种艺术表现手段。在《琴键人生——钢琴家许忠》中，创作者在材料的选取上，做到音乐与故事紧密穿插，情与音乐紧密结合，以音乐带动故事，制作精良，收到了很好的艺术效果。电视专题片本身存在明显的文化艺术特征，它不仅是一种纪实性作品，创作者还可以在事实真实的基础上营造出诗意，使之蕴含深沉的意念、思想和情感。《远去的溪滩》报道的是一个环境问题，创作者注重科学性，运用各种电视手段，突出了节目的美感，其中所表现出的写意美，使人进入一种艺术升华的境地。有的创作者还根据所表现内容的思想情感，运用纪实和写意相结合的创作手法，使之情景相融，使作品表现出一种崇高的美，《敢问苍穹》、《生命》、《以生命挽救生命》就是这方面的典型。

综观2003年度中国广播电视新闻奖专题片评奖，可以看出，我国专题片的发展取得了很大的成绩，特别是在反映现实生活、突出“三贴近”中涌现出大量优秀作品。但不可否认的是，一些专题片缺乏时代感，对现实生活中的热点、难点问题缩手缩脚。一些编导在创作中还没有走出图解政治、脱离生活的模式。在一些解说词的写作中，也存在言过其实、拔高主题的现象。这都同创作者不能很好地把握专题片创作艺术是分不开的。加强专题片的研究，认识其创作个性，是搞好专题片创作的前提。我们有理由期待专题片创作取得更大的突破！

（载《新闻界》2004年第3期）

社会现实与影像建构

——2004年度中国广播影视大奖专题片评奖综述

2004年度中国广播影视大奖专题片评奖综述，以“声画对位的解说词为主要表达方式的叙议结合的节目”为评奖对象。从上届评奖开始，纪录片与专题片分设奖项。这样使纪实类节目的评定更具科学性、客观性、准确性，对这两种节目形态的发展起着向导作用。这一做法得到了全国电视业界和学术界的认可。

参加2004年度评奖的作品，以多样化的题材和不同的创作风格，体现了我国电视专题片创作中的思想和艺术追求，较好地发挥了专题片在物质文明建设和精神文明建设中的作用。

从社会现实出发，注重专题片创作的题材选择

贴近实际、贴近生活、贴近群众，是2004年度专题片创作在题材选择上的显著特征。在参加本年度评奖的32部电视专题片中，现实题材占了80%，这证明关注社会现实、关注当下生活已成为专题片创作的热点。

拖欠农民工工资问题一直是今年我国新闻传媒报道的热点，但如何揭示其深层次原因？我们在《张润栓的年关》里找到了答案。正是这个典型题材的选取使我们对拖欠农民工工资问题有了新的认识。在这部专题片里，记者通过深入的调查，将一条由民工、包工头、政府、法院共同构成的债务链的深层次问题鲜明地展现出来。这一题材的选取以至深入的调查，使我们感到解决这类问题的复杂性和艰巨性。买房，对每个人来说都是一件大事，《痛感买房》将“购房人”这一群体在住房消费上的多种不同痛感集中进行了报道。它揭示了购房人的种种不同心态，提醒人们在这一消费中要警惕种种陷阱，要保持清醒的消费头脑。爱，是专题片创作题材选取的永恒主题。《爱的谎言》用纪实的手法报道了山东汉子田世国捐肾救母的全过程。田世国的母亲患了晚期尿毒症，急需进行肾移植手术。患者的儿子们都争着捐自己的肾，最后大儿子凭借自己在家里的权威性定下了把自己的肾捐给母亲。然而母亲是不会同意大儿子捐肾的。于是，家里决定长期对母亲隐瞒下去，让母亲永远生活在“爱的谎言”中。专题片的主人公也因此入选2004年“感动中国”十大人物。2004年是邓小平诞辰100周年，全国都开展了纪念活动，专题片《邓小平在吉林》以邓小平同志最后一次到吉林登临长白山时拍下的照片为线索追忆这位伟人。专题片通过对邓小平到吉林的追忆，表现了一代伟人扎实的工作作风和忘我的工作精神，反映了吉林人民对邓小平理论的伟大实践。

社会现实的广泛性，决定了题材选取的多样化。专题片《村官李家庚》、《飞天舞》、

《奥运追梦人——何振梁》、《跨出这一步》、《天下黄河第一湾——玛曲大草原》、《一门三院士》、《紧急营救——生死十小时》、《姐妹告状》等，在题材选取上都具有典型意义，都分别从不同的角度紧扣时代脉搏展示现实，反映生活。另外，如何坚持历史为现实服务，从历史事件和历史人物中发掘现实意义也是一个重大课题。《飞天舞》是为了纪念“敦煌的守护神”——常书鸿诞辰100周年所作。这部专题片通过对常书鸿一对儿女的采访，反映了一个家庭鲜为人知的一段悲欢离合的故事，展现了一个世纪的斑斓岁月，从侧面反映了一个“守护神”所付出的巨大牺牲。《红崖天书》以破解红崖绝壁上的绝世符号为主线，把一串诡异的符号——中国历史四大谜题之一的明建文帝生死之谜——生动紧密地结合起来。节目通过独具创意的天书解读方式与环环紧扣的故事情节铺叙，反映了中国悠久的历史文化。观众观赏历史性题材的专题片，不仅是为了了解历史，更重要的是通过对历史的了解，感悟更深刻的现实意义。

从受众需求出发，提倡多元化的记录风格

从电视专题片所展现的内容来看，主要表现在五个方面，即人物报道为主、事件记述为主、反映社会生活为主、表现历史事实为主、揭示文化底蕴为主。从电视专题片的构成文本来讲，主要有三种构成方式，即新闻型、政治型、散文型。题材内容的丰富性，导致了创作手法的不同，而创作者各自的创作个性又带来了不同的创作倾向。经过几十年的发展，我国专题片创作已形成三种不同的创作风格，即侧重写实手法、写意手法和既写实又写意的手法。

写实性的专题片注重真实地展现生活的状况和过程，并直接阐明作者的观点。电视专题片的真实美，首先得以事实说话，真实地展现和揭示社会生活的具体情况和生活过程。《爱的谎言》的艺术魅力主要体现在围绕患者刘玉环换肾的事件过程的记录上。《紧急营救——生死十小时》记录了浙江金华双峰硃矿“2·27”矿难营救行动。作者第一时间赶到现场，记录了事件的全过程。在后期制作过程中，使用电视手段，将现场记录与模拟现场拍摄巧妙结合，生动展示了与时间赛跑、与死神搏斗十小时的生命大营救过程。真实地展现生活状况和过程是纪实性电视专题片的重要手法，优秀专题片无不在此方面下工夫。

写实的电视专题片注重长镜头的运用，通过长镜头来记录生活情况，以增强作品的真实性。作为观众，通过长镜头目睹生活的流程感觉到了真实美。《张润栓的年关》中一个个长镜头的运用，《望大陆》中国学大师文怀沙吟诵《望大陆》时的长镜头，无不真实地体现了生活的真实现状和流程。写实性电视专题片真正感人之处在于细节。细节的捕捉和运用是电视纪实美的艺术体现。细节是专题片的血肉，有细节，事实才感人。《奥运追梦人——何振梁》对何振梁的一个特写镜头——在北京申办奥运成功那一瞬间的细节描写，反映了奥运追梦人何振梁梦想实现后的欣慰。这些专题片作者成功捕捉到了一个个感人的细节，增强了作品的真实性，表现出一种完美的意境。

写实的专题片强调充分调动一切电视手段，为反映社会现实、记录生活现状服务。而写意的电视专题片则是在生活真实的基础上，带给观众一种意蕴深刻的主题、一种丰富的情感、一种独特的审美感受、一种充满诗情画意的艺术境界。写意美是写意电视专

题片孜孜以求的。为了达到写意美的效果，许多作品注重造型语言的运用。它通过象征、比喻等屏幕造型语言，创造出一种诗情画意的意境，并赢得了观众。参加2004年度专题片评奖的作品中，《望大陆》、《千载关山》、《天下黄河第一湾——玛曲大草原》、《飞天舞》、《跨出这一步》等作品给人很深的印象。

记录是写实和写意的基础，只是记录的手法不同而已。在专题片创作中，纯写实和写意的作品并不多，只是以哪种手法为主的问题。《爱的谎言》、《红崖天书》、《村官李家庚》等都属于写实写意相结合的专题片。其特点是：写意创造诗意，在写实中穿插写意的手法，从而达到一种崇高的审美境界。

从艺术规律出发，走出电视专题片创作误区

专题片作为具有新闻价值和社会价值的人物事件的深度报道，在电视传播中占有重要地位，其题材选择十分广泛。从参评2004年度专题片评奖的作品来看，紧扣时代脉搏，反映具有影响力的重大事件的选材偏少，带有政论性的电视专题片偏少。如果从电视专题片的文体构成来讲，新闻性和散文性的专题片占绝大多数。政论性专题片“以理服人”，优秀的政论性专题片具有较强的震撼力，作为专题片的一种重要文体，在本届专题片评选中处于缺失地位，令人遗憾。

如何处理专题创作中的主观“议论”，这是常遇到的一个问题。在“政论性专题片”里，议论的语言所占成分较大，这个可以理解。而在写实性的专题片里，主观议论过多会冲淡客观记录，这是不允许的。这在少数片子里表现得很严重，即使在《痛感买房》这样的专题片中也有一些议论偏颇的地方。实况音响的运用可以进一步强调作品的真实性，而在电视专题片创作中，实况音响运用较为单一，绝大多数仅停留在采访同期声的运用上，一些实况音响比如表现环境气氛、现场实况的音响运用比较少。实况音响的运用可以起到烘托环境、表现气氛的作用。长镜头在专题片创作中具有很大的运用空间。然而在一些纪实类专题片中，一些原本表现连贯过程的长镜头被“肢解”得断断续续，反而显得虚假。在《紧急营救——生死十小时》中表现得更为突出。那种认为长镜头只能在纪录片中运用的观点限制了专题片创作的发展。笔者认为，作为一种电视手段，只要对表现事物情况有利，只要对表现作品主题有帮助，都不应该舍弃。在专题片的创作中，相当一部分是“摆拍”的，这一点批评家和创作者心里有数，有的摆拍还原生活现状，拍摄真实、自然、流畅，没有给人以虚假的感觉，没有将生活中其人其事拍成“演员”的表现，于是业界和学术界都给予默认。然而，“摆拍”一旦显露出痕迹来，那就虚假了。此外，电视纪录片的感人之处往往在于细节的运用，细节可以加深对人物的塑造，可以提升作品的文化品位，可以深化作品的思想主题。但是，一些创作者却忽略了细节的运用，在一些生活情状的运用中，对于明明可以捕捉的细节，创作者的镜头却一扫就过去了。在写实和写意的专题片里，如何不失时机地调动电视技术和艺术手段，描述情状，创造意境，抒发情感，对于创作者来说是一种把握艺术手法的考验，处理不好就会出现顾此失彼，不能协调地使用两种艺术手法的现象。在《春天的印象》中，写意是一种缺憾。《云南映像》本身就充满诗情画意，是一部较为完美的艺术作品，但作品造型语言的运用缺失较多，致使在意境营造上的美学价值大打折扣。

电视艺术永远是一门遗憾的艺术。一部作品中出现了这样那样的问题也在所难免，但无论怎么说，遵循每门艺术自身的创作规律，是确定其思想艺术坐标的重要途径。多样化的题材选择和多元化的创作风格，为专题片创作提供了广阔的空间。

（载《电视研究》2005 年第 12 期）

纪录片多重价值的实现

——2004年度中国广播影视大奖纪录片参评作品综述

2004年度中国广播影视大奖电视社教节目评选工作于今年8月在湖北武汉落下帷幕。纪录片作为电视社教节目的一个类别参加评选。纪录片是“以声画合一的现场实景为拍摄主体的纪实风格”的节目，它区别于“以声画对位和解说词为主要表达方式的叙议结合”的专题片节目。参加2004年度评奖的纪录片共有66部，反映了现实背景下纪录片多元化的创作理念，表现了纪录片人对中国政治、经济、文化发展所应承载的历史责任。笔者拟从以下三个方面评述参评本届大奖的纪录片。

社会价值决定作品的影响力

电视纪录片经过较长时间的发展，形成题材日益广泛、类型多样、表现手法以纪实为主的多元共生格局。纪录片反映生活、记录历史、传播知识以及它的引导功能，都表明纪录片创作的价值取向是多样性的。可是一段时期以来，纪录片的社会功能没有很好地发挥出来，创作中偏离当下社会现实，一味追求边缘化，人们难以在纪录片中看到当今社会方方面面变化的轨迹。

如何真实记录当下社会生活，实现纪录片创作的社会价值取向？笔者认为，创作者要破除思想障碍，以新的人文理念取代狭隘的人文理念，加强社会责任感，关注社会现实，实现观念创新，才能增强作品的社会影响力。

纪录片创作的社会价值离不开对现实人物和事件的关注。《嵩山丰碑》以人民的好卫士任长霞为题材，用细节讲述她打黑除恶、除暴安良、嘘寒问暖、扶危济民的恨与爱。任长霞牺牲后，登封百姓十里长街相送，挽幛如云。《嵩山丰碑》真实地展示了任长霞在登封工作的全过程，完整地体现了一个共产党员立党为公、执政为民的光辉形象，反映了深邃的思想内容，具有较强的社会影响力。以新闻事件为题材的纪录片《神舟追记》，记录了中国载人航天工程成功背后的故事，体现了中华民族自立于世界之林的英雄气概和最有时代特征的科学精神。纪录片一方面忠实地记录社会的方方面面，成为历史的档案、社会之镜，发挥着特殊的社会功能；另一方面，社会的需要推动着纪录片在观念、内容、形式上的发展变化。在不同的历史阶段，对纪录片的社会价值有着不同的评价标准。本届参评作品《百年名琴的深圳传奇》的社会价值在于通过一架钢琴与一座城市的传奇故事，反映出文化发展与经济发展的内在联系。《我和君君一家》记录了一家人同时感染艾滋病及发病、治疗的遭遇。当面对一个个震撼人心的镜头时，“我”感到宣传预防艾滋病是新闻工作者责无旁贷的责任，应给艾滋病病人以人性的关怀，使

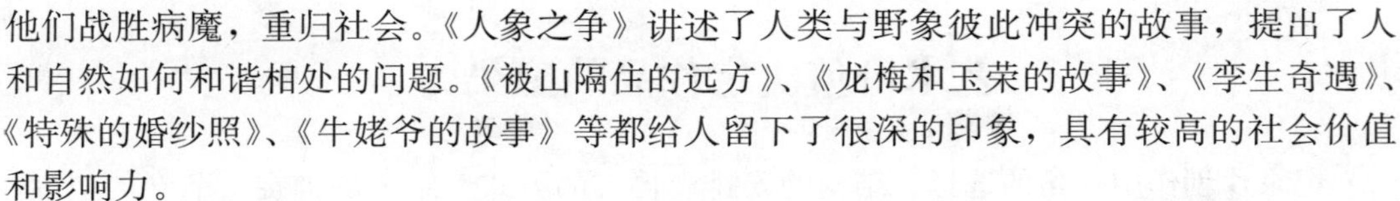

他们战胜病魔，重归社会。《人象之争》讲述了人类与野象彼此冲突的故事，提出了人和自然如何和谐相处的问题。《被山隔住的远方》、《龙梅和玉荣的故事》、《孪生奇遇》、《特殊的婚纱照》、《牛姥爷的故事》等都给人留下了很深的印象，具有较高的社会价值和影响力。

社会价值是一部纪录片的意义所在，也是作品的影响力所在。纪录片的社会价值往往同选题有关，尤其是关注现实社会生活的选题，思想性愈深刻社会价值就愈大。纪录片作为一种意识形态的载体，创作者应该以高度的责任感和历史使命感，站在时代的前列，创作出更多具有影响力的作品来。

文化价值决定作品的生命力

纪录片是最具文化品格的电视作品。看纪录片对于观众来说是在享受一种文化。当电视业被视为文化工业时，纪录片仍然强调创作者的独立制作、个人诠释和细细打磨，守护的是一种文化品格。《一百年的歌声》以音乐文化为主要记录对象，将大众喜闻乐见的流行音乐有机地植入到广阔的社会历史文化背景中，运用口述史学方法和视觉再现手段，建构了一种融娱乐元素和知识性思维于一体的历史书写电视文本。该片向人们展示了一种音乐文化精神，从黎锦晖、周旋、严华、王人美、龚秋霞等几代音乐人对流行音乐的执著追求可以品味到，今天其实很多人并不一定了解流行音乐的历史及流变过程。该片以丰富的历史资料及知识性、文献性特点，表现出很大的文化价值。

纪录片的文化价值表现在立足于民族历史与民族文化全局的大文化视野。创作者应以中华民族五千年厚重的历史文化积淀展现纪录片的迷人魅力，充分表现出作品的生命力。那些原汁原味历史资料的运用，在纪录片创作中最大的作用就是保持了事件的原生态。那些用影像形态对历史遗迹、文物、器皿、文化景观的记录和表达，折射出当代人对民族历史和文化的深刻认识、体验与反思，具有明显的文化意味。

《唐代丝绸复原记》记录了出土文物唐代古丝绸在中外科学家联手攻关下恢复原丝的故事，从一个侧面表现了中国悠久的物质文化。《寻找丹丹乌里克》记录了科考队寻找一座沉睡千年的古城丹丹乌里克的故事，挖掘这座古城里的民族文化。《水车悠悠》以大量的历史资料记录了刘三姐的故乡拉光寨的原生态，体现了作品丰厚的民族文化价值。这些原汁原味的记录并不因时代的流变失去光华，相反，时代的久远更显其珍贵。这里一切都是原生态的展现，表现了纪录片的魅力。

中华民族历史悠久，对历史文化进行透视，为民族文化发展提供多维视角，是纪录片独具魅力的文化价值。

纪录片的文化价值还体现在传播知识上。《人造头骨》、《降服雷电》、《脑部手术真的能戒毒吗?》等纪录片，引领观众了解新的科学技术，在历史的传承中具有较高的社会价值和较强的生命力。纪录片的知识传播越来越引起纪录片人的重视。

纪录片的生命力由作品的文化价值所决定，不仅体现为历史文化与现实文化的传播，更重要的是体现为文化意义的传播。深刻的文化意蕴是纪录片文化价值的最高追求。通过记录文化现象，深入发掘文化内涵、挖掘文化意义，体现出作品强盛的生命力。

艺术价值决定作品的感染力

纪录片创作中视角的选择、结构的安排、再现的方式、细节的捕捉、节奏的把握、意境的创造等都体现在创作者对人物和事件的叙述中。故事性、戏剧性是评价纪录片重要的艺术标准，是增强作品感染力的重要手段。

纪录片创作靠什么吸引观众？当然是作品中的故事性和戏剧性。《船工》通过“造船”、“刻碑文”两条线索进行故事叙述。三峡人从小与船打交道，所以创作者选择了“造船”作为情节主线。另一叙事线索为“刻碑文”，谭邦武老人给去世的老伴立碑，这条感情线恰恰是对主线情感体现不充分的补充。

纪录片要靠时间的延续、空间的扩展、信息的刺激、情节的曲折和人物命运的变迁来吸引观众。因此，重视时空性、把握好叙事结构、讲究叙事技巧是纪录片创作的重要原则。这次送评的部分作品在时空艺术处理上作出了有益的探索与突破。在一些短纪录片的创作中，这一特征特别明显。如《我是谁》记录了一对孪生双胞胎分别50年再相识的故事，全片叙事流畅、结构严谨、节奏得当。《生命的颜色》、《黄山情缘》、《牛姥爷的故事》等都没有超过15分钟，在有限的时空里讲述了一个完整的故事。时空的自由化、个性化、具象化特征为纪录片的创作提供了广阔的天地。时空的自由化是指打破时空顺序，通过镜头画面来扩展或浓缩时空；时空的个性化指超越历史的单一概念，将其浓缩在一个人或者一件事上，将时空进行个性化处理，时空的具象化指将时空具象为一个物体，通过它来表现时空的延续和进展。《百年名琴的深圳传奇》就是通过一部百年名琴的沉浮来表现时代变化，将历史时空与现实时空紧紧结合起来，这时名琴就成了历史时空的标志与化身。

如果说纪录片艺术是一种时空艺术，时间元素处理得好，可以以短见长，截取历史的一段，展现漫长的时间；空间元素处理得好，可以显示星空的浩渺，那么，对创作者来讲，就是要善于把握、运用、组织、创造时空，在有限的时间和空间里展现丰富的生活与历史内容。

作品的艺术价值还体现为具体的电视手段的运用。镜头语言、声音语言等都是增强纪录片艺术价值的重要元素。电视纪实艺术不仅用镜头完成对人和物的记录，而且还要善于用镜头完成意境的创造，完成情感的抒发和内心的揭示，只有这样才是真正的艺术。《特殊的婚纱照》用了一系列纪实镜头来表现盲人夫妻的恩爱。《龙梅和玉荣的故事》中大量的同期声采访，使人们感受到这两位昔日英雄的平常心态。同期拍摄中的音响语言具有传达信息、交代环境、表达情感的作用。音乐语言在一些纪录片里都得到了较好的运用，增强了作品的艺术感染力。但音乐语言能不用应尽量不用，音乐抒发常带有创作者的主观意识，而纪录片更强调的是客观、真实、可信。

综观本届纪录片评奖，佳作不少，但也存在一些问题：一是内容与形式问题，一个选题究竟用哪种形式来记录，要根据内容来确定。二是补拍、摆拍的痕迹重。三是追求“煽情”。四是拔高主人公，解说词言过其实。

（载《电视研究》2005年第11期）

辉煌历程与当世社会的影像纪实

——2009年中国电视纪录片创作年度报告

迎来新中国60岁生日的2009年，处处洋溢着欢欣鼓舞的节庆气氛。这一年中，回顾民族独立、国家发展的电视纪录片可谓数量众多，异彩纷呈，成为荧屏主流。

此外，众多创作者从文化视角关注历史人文，从民生视角注目社会生活，从人类视角体察自然环境，诞生了不少质量上乘之作。

国庆特献类：梳理史实　展现成就

此类作品是2009年纪录片的重头戏，在数量、质量和影响力上都远超其他作品。多数作品都以回首总结发展道路为基础，从各个角度彰显新中国的沧桑巨变与伟大成就，在客观记录的前提下表达观点，引导舆论，抒发情感。

（一）选题多元共生

首先是宏观类。它一般站在全局角度对共和国的发展历程进行回顾，主流意识形态贯穿其中，政论色彩浓厚，如中央电视台的《辉煌六十年》运用翔实的历史资料和珍贵镜头，全面反映了新中国成立60年的伟大历程和取得的辉煌成就，被誉为新中国全景影像史。此外，《人间正道》、《中国1979—2008》、《情系民生》等分别从不同历史阶段出发，波澜壮阔地描绘了共和国建立与发展的历史画卷。其次是中观类。它以地方性创作为主，通常展示某一区域在新中国成立以来的重大历史变迁和社会进步，如湖南电视台的《湘江》、河北电视台的《跨越：河北1949—2009》、福建电视台的《飞跃海西》等。最后是微观类。此类作品惯常采用“小切口，大背景”的叙述方法，以某些小细节、小事件、小人物为线索，串联起时代巨变，折射出社会发展。北京电视台的《我爱你，中国》和《影像家国六十年》便属此类，前者通过对大时代背景下的普通中国人的关注，还原60年来不同代际的典型人生记忆；后者通过照片这一独特的叙事载体，使得大到国际风云，小到市井悲欢，都被定格在图像的方寸之间。

（二）风格浑厚典雅

整体而言，国庆献礼类纪录片呈现出浑厚大气、庄重典雅的艺术风格。在《辉煌六十年》中，无论是片头以四代领导人为线索对历史大事件的影像勾勒，还是作品背景音乐的大气磅礴；无论是幕后同期解说的铿锵有力，还是领袖原影原声的复现，都平添了纪录片的厚重感和史诗性。如果说《辉煌六十年》是浑厚风格的杰出代表，那么《我爱你，中国》则是典雅风格的典型例证。其叙述中运用了老式收音机、旧钟表、钢琴伴奏等一些声画符号，画面处理上注重诗意与意境的表达，将往昔岁月“润物细无声”般娓娓道来，向观众奉上一席典雅悠远的视听盛宴。此外，它对一些文化艺术界名人的采访，一方面提升了作品的文化品位，另一方面得以使其用“口述历史”的方式使观众重温了往事。这些都让作品增添了优美典雅的艺术格调，令人如沐春风，回味悠长。其他如《与祖国同行》、《人间正道》、《情系民生》等作品或雄浑豪迈，或雅致精到，为共和国的建立和发展铸造出影像史诗。

（三）手法客观娴熟

一部纪录片能否吸引观众的眼球，为受众所喜闻乐见，在某种程度上取决于它的创作手法。手法成熟、创新，作品则兴味盎然；反之，作品则味同嚼蜡。以纪录片《人间正道》为例，作品首先采用了“故事化”的叙事手段，在创作中通过对矛盾冲突、悬念伏笔等的设置，把解放战争时期的重大历史事件巧妙地串起，引人入胜。其次，它运用的“倒叙”与“对比”手法也值得称道，片头以“南京解放”作为由头，回首从抗战胜利到三年内战，再到筹备建国、改革开放的伟大历程，叙述中多处采用原始影像、人物访谈分别对国共双方、大陆与台湾、历史与现实等两两之间进行鲜明对比，达到史料确凿、情理交融的艺术效果。从而让观众在享受视听快感的同时，更加自然、深刻地认识到中国共产党在国家的诞生、成长中所发挥的不可替代的重大作用，使人们经受了一次爱国主义的教育与洗礼。此外，《影像家国六十年》、《中国 1979—2008》等在创作手法上也都有不同程度的创新之处，可圈可点之处很多。

人文社会类：彰显文化　呼应时代

人文社会纪录片是纪录片的重要类型。2009 年，电视荧屏上关于人物传记、建筑遗迹和历史事件等人文题材的作品在数量和质量上都有了明显提升，而且社会民生类作品在创作理念、创作视角和创作形式方面都有了长足发展。

（一）创作类型：多维书写历史

首先是建筑遗迹类作品。2009 年相继出现了《台北故宫》、《人民大会堂五十年》、《大三峡》等佳作，其一是展现出优秀的民族历史文化，如《台北故宫》通过呈现和深度解读藏于台北故宫的珍贵文物，展现了中国上下五千年来人类文明的发展。其他如《望长安》、《法门寺》、《问道武当》等同类纪录片也都具有自身特色，产生了较好的社会效益。其二是见证了新中国的建设成就，《人民大会堂五十年》把大会堂这一新中国最重要的建筑模拟为一个特殊的旁观者，折射出共和国的风雨历程和辉煌成就；《大三峡》则首度全方位披露了三峡工程的兴建始末。其三是“情景再现”手法的普遍运用，如在纪录片《望长安》中，创作者不但利用了电脑合成技术，而且运用“角色演绎”的方式再现了远古的历史情境。其次是历史事件类作品。北京卫视制作的大型电视文化纪事片《百花》便是其中之一。该片淡化了文学、影视、歌舞等文艺体裁的界限与跨度，将以上几类文艺作品自然融入历史讲述中，它以国人的公共记忆为主线，以文艺作品的传播为依托，不仅对经典文艺作品进行温习，更完成了一次立足当下、重新解读旧作的精神观照。另外，创作者呼应时代精神，先后推出《西藏今昔》、《跨越》、《西藏民主改革 50 年》、《西藏农奴的故事》等一批以西藏史实为题材的作品，它们通过对西藏过去与当下的比较，全景式展现了 50 年来西藏的沧桑巨变，讲述了西藏融入中华民族大家

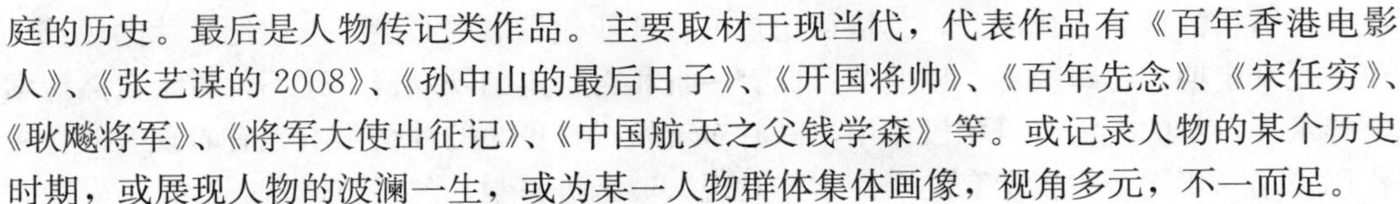

庭的历史。最后是人物传记类作品。主要取材于现当代，代表作品有《百年香港电影人》、《张艺谋的2008》、《孙中山的最后日子》、《开国将帅》、《百年先念》、《宋任穷》、《耿飚将军》、《将军大使出征记》、《中国航天之父钱学森》等。或记录人物的某个历史时期，或展现人物的波澜一生，或为某一人物群体集体画像，视角多元，不一而足。

（二）创作理念：紧跟时代步伐

创作者的理念从根本上决定着一部作品的思想深浅与品质高低。2009年的纪录片人继续秉持着紧跟时代、深入社会的创作理念，从而诞生出一批具有鲜明时代特色与时代精神的优秀作品。其中有两类题材表现突出：一是国庆阅兵类纪录片，二是抗震救灾类纪录片。前者如《盛典》、《大阅兵2009》、《受阅背后的故事》等，它们或是细腻、详尽地纪录大阅兵背后的那些不为人知的人与事，或是全方位展现受阅官兵的吃苦精神和阳刚之美，或是通过国庆阅兵、群众游行和天安门广场联欢，全面展示新中国诞生60年来的风雨历程、巨大成就与崭新风貌；后者如《感天动地》、《人民至上》、《崛起》等，采用点面结合的叙述方法，不但全景式真实展现了在汶川特大地震中，党和政府以及全国人民万众一心，奋起抗震救灾的全过程，而且对救灾过程中的感人事迹、动人场景进行了深度特写，成为反照时代精神、映射社会百态的影像镜鉴。一部优秀的纪录片应该具有现实性，这要求首先要在题材选取上实现其现实性，审视当代社会，把握精神内核，贴近当代生活，关注现实问题；其次要抓住当代社会随时代流动和演进的特性，通过它所记录的事实彰显出当下新的价值观念。

（三）创作视点：贴近大众生活

随着大众社会的深入发展和人本思想的日益渗透，贴近社会、关注民生越来越成为我国电视纪录片创作的重要取向。2009年，纪录片的创作视点更加贴近百姓，体察生活，产生了一批为底层受众喜闻乐见的优秀作品。央视十套的几档栏目《讲述》、《人与社会》、《见证影像志》等分别为此类纪录片提供了传播平台。

其中，《人与社会》推出的DV原创民众影像征集先后推出了“暑期大学生DV作品展播”、“‘我们的故事’系列节目”等。这些DV原创民众影像使普通“拍客”成为电视纪录片的制作者，他们关注大众生活的点滴变化，展示大众视角下的社会变迁，引领大众文化，倡导社会新风，在广大观众中引起很大反响。《讲述》也同样聚焦普通人的日常生活，纪录普通人的生存状态，它推出的《摇滚宝贝》、《农夫与鸭》、《村里来了洋媳妇》、《阅兵村的故事》、《老杨的一天》、《父子之争》等节目充分表现出平视社会人生、尊重草根百姓的创作态度，使得普通人成为被记录的荧屏主角。另外，地方电视台的民生类纪录片同样发展迅猛，在各自的区域取得了不俗的成绩，受到当地受众的热烈欢迎。

自然探索类：依托栏目　品质提升

自然探索类纪录片作为纪录片纷繁类型中的重要组成部分，与往年相比，2009年我国自然探索类纪录片在创作理念、艺术追求、视听效果等方面都有了显著进步。

（一）生存方式的栏目化

就目前而言，自然类电视纪录片还是主要以栏目为平台定期播出。电视纪录片作为电视台节目的重要组成部分，其栏目化是电视产业化发展的必然，电视纪录片的规范化便于受众定期、定时收看，以使节目拥有一批相对稳定的观众群。这不仅对于自然探索类纪录片自身的发展有着积极作用，同时对于发挥其更大的社会影响也有着现实的积极作用。这一年间，央视十套的《探索与发现》、《走进科学》、《科技博览》、《见证发现之旅》、《百科探秘》、《科学世界》等栏目仍然代表着国内此类纪录片的最高水平。它们在各自的节目定位之下兼具科学性、知识性、探索性与娱乐性，吸引了一支庞大的受众群体。由于这些栏目的设立，众多自然探索类纪录片作品拥有了属于自己的家园和平台，大大拓展了作品传播的时空范围。当然，栏目化的纪录片也遇到了一些困惑，如纪录片创作的长周期不适应电视台栏目的频繁播出；栏目的有限时间不能充分发挥创作者的艺术构思等。创作人如何突破栏目的束缚，增强可视性，提高收视率仍是要不断解决的问题。在电视纪录片创作人员的不断创新下，栏目化背景下电视纪录片的发展趋势将更加美好。

（二）叙述手段的故事化

近年来，随着电视受众的日益成熟，节目竞争的日趋激烈，只有那些精彩的、用故事吸引人的纪录片才可以让观众坚持在电视前坐几十分钟去持续关注并看完作品。在《见证发现之旅》的“孤岛叶猴”一期节目中，创作者记录了珍稀动物——白头叶猴与黑叶猴谜一般的孤岛生活。如何展示拥挤的生存空间与严酷的竞争对手对其造成的威胁？拍摄者运用了比较成熟的故事化叙述方法吸引观众注目。该片从“风雨中一只受伤的小猴与其年迈的守护者接受生死攸关考验”作为切入点来展开故事。作品使用了拟人化的表现手法，叙述中彰显出强烈的人文关怀。而《地心之火》一期节目则聚焦能源问题，片头便以一段发人深省的开场白引人注意：“也许有一天人类将一无所有？谁会想到我们明天的生活将是怎样？煤荒、油荒、电荒？”对于人类如何找到新能源这一悬念性话题，该片自然地引出“寻找地心之火产物”的设想，并层层剥笋，步步展开，因此收到了很好的收视效果。其他如《蛇口脱险》、《古石龙迷阵》、《长白山下林蛙传奇》、《海螺沟红石之谜》、《救助大蟒》等作品都不同程度地采用了故事化结构方式，为作品本身提升了吸引力与满意度。

（三）声画语言的精致化

随着创作观念的变革和技术手段的更新，纪录片语言系统的发展从最初的“无声状态”到单一的“画面+解说”，再到如今画面、同期声、画外音、字幕等多种语言形态并存的时代。纪录片所要表现的事物、表达的情感越来越丰富，所依托的技术手段越来越先进，这就必然导致纪录片的语言系统日趋多元化与精致化。自然探索类纪录片在注重叙述的同时，其声画语言也越来越受到重视，日益变得精致考究。许多此类作品在镜头、声音、光线、色彩、影调等方面的运用和处理上显得成熟完备，接近世界先进水平。如揭秘珍稀动物标本制作过程的《走近科学·非常动物总动员》中，对各种动物的远景拍摄与特写镜头，或是美轮美奂，或是充满诗意，令人大饱眼福；再如《探索·发现》之《秘境追踪：UFO猎手》中，作者根据内容设置的紧张刺激的音乐，使作品达到了神秘莫测、扣人心弦的效果。随着理念的创新与科技的进步，自然探索类纪录片将会在声画语言上更加精益求精。

2009年的电视纪录片创作选题丰富各异、类型多元建构、手法精巧创新。虽然还存在一些问题，如献礼类作品的雷同现象、社会类作品的“伪人文化”现象、自然类作品的风格单一现象等，但瑕不掩瑜。创作者只要拥有广阔的胸襟、恢宏的气度、高超的技能和严谨的精神，我国电视纪录片就一定能实现自己的光荣与梦想。

（载《中国广播电视学刊》2010 年第 2 期）

全球视野与民族审美的多元融合

——2010年电视中国纪录片创作年度报告

2010年中国电视纪录片在理念、题材和审美等方面呈现出与国际接轨的态势。无论是国际化题材作品还是民族历史题材作品，都力图在全球和本土之间找到一个契合点，创作出了一些既有民族特色又有国际视野的优秀作品，在忠实纪录时代与社会的同时，不断在题材、艺术上走向多元。

国际化题材纪录片：独辟蹊径，成年度亮点

今年中国纪录片创作者不断更新创作理念，扩大创作视角，突破题材狭窄、手法单调的局限，表现中外文化呈现出题材新颖、视角独特、手法多样的特点，成为年度亮点。

（一）在题材选择和内容发掘上独具创意和新颖性

本年度涌现出了大量以国际化题材为内容的电视纪录片，选取一些具有重大人文历史价值又与我们社会生活息息相关的内容进行创作。我国第一部用电视的方式表现世界公司的纪录片《公司的力量》，第一次触及以往被纪录片忽略的公司题材，关注“公司”这一存在于过去、现在，也必将走向未来的经济组织形式，对世界范围内的“公司”的起源、发展、演变、创新做了前所未有的梳理。采取开放的文化心态，巧妙结合企业成功人士的创业经历，融进时尚、励志主题，增加了内容的新鲜感，引起观众极大的关注。我国第一部涉及金融领域题材的《华尔街》，以2008年金融危机为契机，以主宰世界经济命运的华尔街为创作着眼点，立足本国实际，放眼国际资本市场，探讨世界经济的发展走向，关注现实，是一部具有真正意义的电视金融纪录片。我国第一部触及国外战争题材的中国纪录片《阿富汗战地之旅》，揭秘了阿富汗战地风云。此外还有《可口可乐成长记》、《科学启示录》等。

（二）在叙事切入角度上不断拓展国际化多样视角

本年度有关世博的献礼片采取国际化视角，对本土题材作了国际呈现。《上海2010》、《飞越大上海》、《世博之光》等立足上海本土，《为世博而设计》立足于各国的“本土”，以宏大的国际化视角展现本土文化，表现对世界文明的传承；首次将移动延时技术运用到纪录片创作中的《2010上海世博记忆》，则采用了未来世界的叙述视角，通过对上海世博园全方位的观察，预言未来的人类世界，其独特的未来视角带来超现实主义式的梦幻感；将视线投放到国酒茅台的《百年茅台》，以酒文化献礼世博；还有将视角聚焦在世博人物的《盛宣怀》，以民族文化为切入点的《西湖》等。

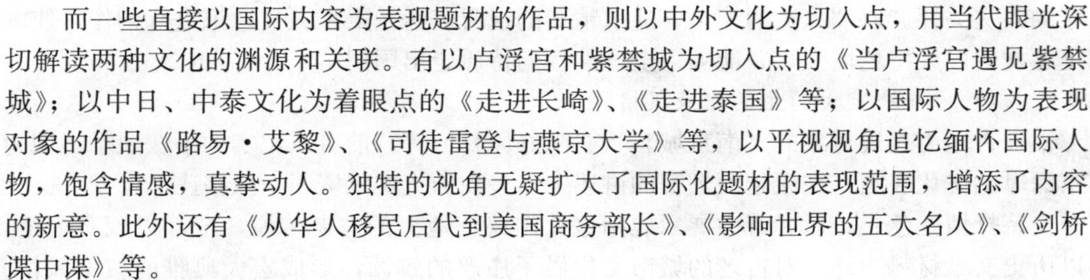

而一些直接以国际内容为表现题材的作品，则以中外文化为切入点，用当代眼光深切解读两种文化的渊源和关联。有以卢浮宫和紫禁城为切入点的《当卢浮宫遇见紫禁城》；以中日、中泰文化为着眼点的《走进长崎》、《走进泰国》等；以国际人物为表现对象的作品《路易·艾黎》、《司徒雷登与燕京大学》等，以平视视角追忆缅怀国际人物，饱含情感，真挚动人。独特的视角无疑扩大了国际化题材的表现范围，增添了内容的新意。此外还有《从华人移民后代到美国商务部长》、《影响世界的五大名人》、《剑桥课中课》等。

（三）在表现方式上运用精致的视听语言融合故事化手法

2010年，国际化题材的作品在电视语言的运用上更加娴熟精到，采用故事化的手法讲述国际化内容，使原本很难讲故事的题材得以故事化的方式呈现，具有创新性和趣味性。《公司的力量》采用三维动画、电脑特技等形式真实再现历史场景，运用视听元素、分镜头、组合镜头等多种方式表现历史和现实情境，时代感强。该片在艺术上最富有特色的地方在于其对故事化手法的灵活运用。如在讲述洛克菲勒的创业历程时，画面突然切入绚丽的舞会场面，由一件特别的生日礼物引入悬念，接下来引入了优秀企业家卡内基的创业故事，讲述了商场如战场的企业竞争，以及企业领袖之间如何既合作又竞争，解读他们的人生理念和创业理念，这样环环相扣、自然深入地引领观众走入下一篇章。该片还在讲述中巧妙引用企业广告，增加了时尚感和新鲜度；采取快速剪辑的方式，总体节奏较快，以庄重严肃的背景音乐为主，也配合情节运用舒缓优美的音乐，表现出张弛有度的叙事节奏。《华尔街》以现代眼光讲述金融历史故事，借鉴了文学、影视的故事结构手法，重视情节、段落、细节的组织编排，使电视画面语言生动活泼，专业性和表现力很强。讲述中国现代化发展道路的国际版纪录片《外滩》，采用类似故事片的结构和形式，以外滩建筑物为叙事起点，以人的情感、命运为叙事核心，镜头从上海切换延伸至中国乃至整个世界，打破了传统的时空结构，表现出较强的戏剧性和故事感。

民族文化题材纪录片：秉承人文理念，成年度热点

反映民族历史文化的作品敏锐地以人文意识作为主题支撑，叙事风格坚持以宏大叙事为主，市场意识增强，开发后续衍生品，使得历史文化题材纪录片呈现出繁荣发展的良好态势。

（一）以“人”为小切口表现民族大题材

今年春节播出的《敦煌》历经6年的制作，全面介绍敦煌文明，反映以人为中心的敦煌人居生活。“家住敦煌”一集用真实再现的手法，表现了一千多年前敦煌百姓的日常生活和喜怒哀乐，以“人”为支点再现辉煌历史，是对民族历史文化的独特表现。《庐山：人文圣山》、《江山如画》关注人和国家、社会、历史的关系，在自然风光和历史文物中渗入深厚的人文意识。还有以诗人杜甫为主线，表现成都杜甫草堂文化的《发现·中国——杜甫草堂》。介绍景德镇陶瓷文化的作品很多，但从人文角度，以人为叙事线索讲述陶瓷文化的作品却不多，纪录片《珠山八友》就通过讲述瓷都珠山八个人物的故事介绍景德镇文化。《长河星辰·中国西部少数民族》是人类学纪录片，表达了深

厚的人文关怀。以“人”为切口，追求精美的视听表达，秉承人文意识进行创作，使本土题材的民族特色增强，并能够以全球共性的特质走出国门。

（二）以庄严宏大为主的纪录风格

以古城为表现对象的《南京城》、《襄阳好风日》等，前者以纪实的手法展示古城南京深厚的文化底蕴，在激越而理智的讲述中，呈现历史文献资料，风格庄严厚重，又具有史诗抒情性色彩；后者着力展示襄阳这片神秘土地上的古老传说，全片以现实为经，以历史文献材料为纬，对古老的城市文化做了庄严的解读，形成宏大典雅的叙事风格。表现建筑遗迹的《人民大会堂》以实景拍摄为主，运用历史文献资料，展示共和国的辉煌成长历程；表现云南自然风景和民族风情的《云岭和声》，以宏大的场面真实再现历史场景，使历史人物和现实生活交相辉映，气势恢宏，大气磅礴。以宏大风格表现民族文化的作品，让观众在辉煌的声像感染下增加了民族自信心和自豪感。而以诙谐幽默风格见长的《嵩山秘笈》，首次运用皮影动画加豫剧的形式演绎中国文化，表现了鲜明的民族个性和河南地方特色，是对民族文化表现方式的多元创造。

（三）以衍生品开发增大纪录片的市场价值

今年的电视纪录片较往年在市场意识上有所增强，注意开发衍生品市场。《重返1976》是先有书籍出版引起读者好评后打造而成的电视纪录片，表现出对市场的反应较为迅速。今年热播的国际题材纪录片《公司的力量》、《华尔街》，人文历史纪录片《西湖》、《南京城》，人物传记片《钱学森》等都在电视播出后有相应的音响、图书制品出版发行。为了提升草堂在国内外的知名度而拍摄的《发现·中国——杜甫草堂》就是为了开拓成都旅游市场。大型人文历史纪录片《敦煌》在央视荧屏上再次掀起了一股“敦煌热”后，在国内多家电视台播出，同时也走出国门，在日本和泰国等地播映，在本土之外实现了其市场价值。而更为引人注目的是，正如2009年大型电视纪录片《台北故宫》在央视播出后带动了大陆游客赴台旅游产业的繁荣，《敦煌》播出后也带火了甘肃的旅游事业和文化产业，今年春节期间就有大量国内外游客到甘肃观光旅游。该片也同时推出了同名书籍，全面开发衍生品，使纪录片的市场价值得以增大。

主旋律题材纪录片：历史与现实共鸣，体现当代价值

与2009年国庆60周年献礼片相比，今年反映重大历史事件题材的纪录片数量有所下降，但在创作上承续了主流意识形态，对历史事件和人物的看法更多地融入了当代民族审美价值观，反映现实生活题材的作品在贴近生活和观众心理方面继续发展。

（一）围绕重大历史事件和人物对历史文本作当代阐释

重大历史事件作品承续时代旋律与主流意识，体现国家意识形态和社会责任感。缅怀革命先烈、宣传革命精神的《日出琼崖》，旨在激励人们投身现代化建设事业；表现人民军队忠实于党的《忠诚》，着力于构建当代军人的核心价值观；还有表现中国人民抗日战争和世界反法西斯战争的《勿忘九一八》、《抗战经典战例》；有表现中国作为一个负责任的大国对世界和平所作贡献的《新中国援外60年》；反映红色革命故事的教育片《渣滓洞看守所纪事》、《中国红　英雄志》等作品；另外今年崔永元的《我的抗战》，以口述历史的方式回顾重大革命历史事件，在网络上受到关注。反映重要历史人物题材

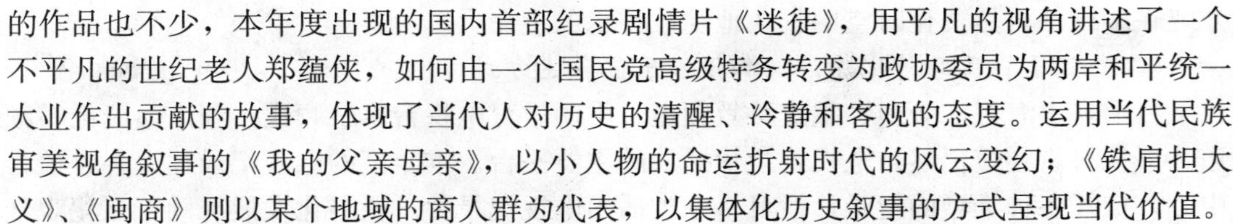

的作品也不少，本年度出现的国内首部纪录剧情片《迷徒》，用平凡的视角讲述了一个不平凡的世纪老人郑蕴侠，如何由一个国民党高级特务转变为政协委员为两岸和平统一大业作出贡献的故事，体现了当代人对历史的清醒、冷静和客观的态度。运用当代民族审美视角叙事的《我的父亲母亲》，以小人物的命运折射时代的风云变幻；《铁肩担大义》、《闽商》则以某个地域的商人群为代表，以集体化历史叙事的方式呈现当代价值。

（二）围绕当代社会现实，贴近观众心理，表现多样生活

现实题材作品突出表现在新闻纪录片、现实人物传记片和军旅纪录片三个方面。新闻纪录片及时追踪社会热点，满足观众的心理需求。有表现地震及震后赈灾工作的纪录片《守望玉树》、《生者又一年》等；有表现洪涝灾害的纪录片《直击南方抗洪行动》等。现实人物传记片很好地贴近日常生活，《我的济南老家——季羡林》一片充分展示了一代大师的生平经历和思想轨迹，还原其作为普通人的一面，极具真实感和亲切感。《铁笔龙心——李铁夫》讲述“东亚画坛巨擘”李铁夫先生平凡而伟大的一生。现实军旅纪录片以细节打动人心，武警部队纪录片《亲情的呼唤》表现现代军人的生活故事和精神风貌，选取 4 名武警战士在武警总队开展亲情教育过程中如何转变的故事，以人性为基点，营造爱的氛围，生活感很强，在央视播出后获得观众好评。另外还有一些表现边缘人物的纪录作品如《硬骨头》，展现了摇滚艺人的生活，对现实百态做了全方位的记录。

自然探索题材纪录片：与国际接轨，沿袭娱乐化方式

自然探索类纪录片继续沿袭娱乐化方式，加强品牌栏目的建设，在视听语言的运用上更加精致化，努力与国际接轨，在数量和质量上都有所提升。

（一）持续关注人与自然的和谐平衡，灌注人文精神

纵观本年度自然类电视纪录片，在表现自然世界的同时与人和社会联系起来，展示“它”世界的玄妙，关注“它”者的生存，灌注人文精神，从而使自然类纪录片呈现出寓意深刻、受众面广的特点。《熊猫宝宝成长日记》通过对震后熊猫宝宝“平平”、“安安”的成长经历的展示，表现了卧龙熊猫人对大熊猫的关爱，该片获得“2010 第三届中国雅安国际熊猫、动物与自然电影节”绿色希望奖。《熊猫列传》表现人对濒临灭绝的野生动物的关注。《狮群的生活》讲述狮群为了生存而进行的残酷斗争，展示了动物界严酷的生存法则，暗示了人类社会的一些生存现状，引人深思。《动物档案》记录了动物世界的奇妙多彩，展示了人与动物的和谐相处。《物种的秘密》揭示物种在进化过程中的变化与分类。此外还有《哺乳动物的奥秘》、《鸟类的生活》、《生存之道》、《扬子鳄》、《探秘非洲狮》、《超级狮群》、《恐龙灭绝之谜》、《奇妙的小虫网络》、《鳄口逃生》、《大自然的角斗士》、《动物的秘密武器》等作品，在表现动物世界丰富多彩的同时，暗藏人文关怀。

自然和人文其实并不是截然分开的，自然类纪录片若无人文精神的灌注，只能沦为一种毫无意义的影像奇观，谈不上任何艺术价值。自然探索类纪录片主要通过观念、心理，象征等屏幕造型手段，以富有镜头感的影像，传达纪录者的人文关怀。因此，纪录片创作者要在客观纪实的基础上，努力以丰富、真挚的情感表达自己独特的文化思考，

才能在多维的自然文化时空中长久地绽放艺术的生命力。

（二）注重栏目品牌化建设，加强娱乐化表述方式

目前，上海纪实频道、重庆科教频道、中国教育电视台第三频道、湖南金鹰纪实频道、央视科教频道仍然是电视纪录片播放的主要平台。本年度的电视纪录片以各频道为中心，依托各种类型的纪录片栏目，分类播出电视纪录片。栏目化发展有助于强化观众收视某类节目的约会意识，也为纪录片工作者提供了一个了解同类作品规律的窗口，根据不同的风格和题材整合创立品牌栏目。云南卫视的《自然密码》栏目荣获本年度高校影视学会第十三届年会暨第六届“中国影视高层论坛”年度栏目大奖，是品牌化建设能力提升的表现。此外，央视十套的《探索发现》、《百科探秘》、《绿色空间》、《科学世界》栏目，央视一套的《天下大观》栏目等，以探寻自然界的神奇奥秘，表现“适者生存”的自然传奇，构建人与自然的生态平衡为旨归，播出了大量自然探索类纪录片。这些自然类品牌栏目大多以主题化方式运作，适应各类型化制作机构和独立制作机构选题、生产、播出的需要，重视观众的娱乐收视心理，使得自然探索类纪录片更加具有时尚化的特征，叙事节奏加快、故事性增强，受到广大观众和业内人士的广泛关注。但一味强调以娱乐化方式制作播出节目，栏目类型化发展也容易导致纪录片创作者个性特征的消解，无法实现纪录片的“原创性”。

总之，2010 年电视纪录片立足本土，放眼国际，创作出了大量优秀的电视纪录片。但也存在一些问题，如过分注重技术手段而对主题的深度挖掘不够；纪录片产业政策不清晰，创作者缺乏资金支持，整体创作上仍比较零散；以娱乐为主导而丧失自己的格调；纪录片受众还不稳定和成型等。尽管仍有种种问题，但今年年底“中国纪录片研究中心”的正式成立，以及一批优秀电视纪录片表现出的生机和活力，让我们有信心期待电视纪录片繁荣发展的春天。

（载《中国广播电视学刊》2011 年第 1 期）

西部纪录片：光荣、迷茫与梦想

考察我国的纪录片创作，可以明显地看到北京、上海和西部这三个区域的创作群体在实践中已形成了不同的纪录片创作风格，出现了京派纪录片、海派纪录片和西部纪录片三足鼎立的局面。如果说“京派”和“海派”南北对峙有着深厚的文化渊源的话，西部纪录片的异峰突起则是一种耐人寻味的文化现象。它是时代要求、纪录片精神以及区域文化共同的结晶。当前，处于创作理念和创作机制都剧烈变动的大环境中，曾经辉煌的西部纪录片也面临着发展的困惑，其前进的步伐不免颠踬。本文对西部纪录片的特征与现状进行了梳理和解读，以便在此基础上深层次地探寻其未来走向。

关于西部纪录片

我们所指的西部纪录片，从内涵上说，是植根于西部的人文自然、具有浓郁的地域特色并进而形成了鲜明流派特征的作品，从外延上主要指的是西部纪录片人编导的作品。

20 世纪 80 年代末 90 年代初以来，青海、宁夏、四川等西部电视台相继出现了一批优秀的纪录片创作者，他们组成了独具特色的西部创作群体。其作品以质朴的情感、富于哲理的思考和高艺术水准引起了国内外同行和学者的关注。大批作品相继荣获国际国内各种大奖，在我国纪录片领域竖起了一面旗帜，为中国电视纪录片开拓国际市场立下了卓越功勋。在 2002 年“纪录片论坛——中国电视纪录片 20 年回顾展”中，西部纪录片约占展映作品的四成，其引人瞩目的力量由此可见一斑。

西部纪录片的探索和实践，对新时期我国纪录片的题材拓展、观念演进和手法更新都起到了不可忽视的作用。在题材上，其建构在独特的民族资源和人类学视野基础上的纪录片，为我国人类学纪录片的发展作出了特殊贡献；其社会人文类纪录片的人文精神和高艺术制作水准使大量西部纪录片成为精英纪录片的代表；而《峨眉藏猕猴》、《袁扁的鹭鸶》等片的创新，丰富了我国相对薄弱的自然环境类纪录片创作。在创作观念上，西部纪录片不囿于地域局限，表现出了与国际接轨的自觉性。综观西部纪录片创作，可以发现客观纪实、主观纪实、娱乐纪实等诸种创作观念在历时性上是不断演进的，在共时性上是多样并存的。在创作手法上，西部纪录片的大胆尝试在很大程度上启发了中国纪录片的创作。

风格即文化：异丽其表厚重其里

西部纪录片不同于京派、海派纪录片之处在于它不是城市文化的纪录，而是植根于广袤的西部热土上，滋养于绚烂多彩的民族文化中。西部特有的自然景观、人民的生存方式和生存状态为其创造了独特的表现范畴和空间。西部深厚悠久的历史文化，孕育出了西部纪录片人独特的审美规范和文化视野。凡此种种，使西部纪录片虽异彩纷呈，但也表现出了一些共同的风格。有学者将其特征归纳为四点，在此略作延展：

其一，偏好边缘题材。西部纪录片特别擅长于表现西部所特有的“异常美”，钟情于人类学题材和自然环境类题材。这主要是由于西部多民族的构成和丰富多样的自然物种条件为西部纪录片提供了得天独厚的资源。从文化人类学角度去观照少数民族的民风民俗和生存状况，展现原生态的、个性化的边缘文化——这不仅是西部纪录片所热衷、所擅长的题材领域，也是其成绩骄人的领域。从较早的《藏北人家》一直到新世纪的《拖觉的节日》，新制不断，佳作迭出。

其二，强烈的思辨色彩。西部纪录片注意从哲学的高度和深度把握和挖掘真实。这种思辨色彩并不是抽象的概念贯注，而表现为观照视角的深广，表现为对事实层面的超越。正是这种思辨色彩，使西部纪录片往往能把平凡的生活拍得很厚重。这在王海兵、康健宁等人的创作中表现得尤为突出。生命意识、历史意识是如此之深地烙印在他们的片子里，使我们从少数民族、偏远地区的生活中也能“感觉到千年不变的中国的一些东西就在那儿”。

其三，丰富的文化内涵。西部纪录片没有辜负自己得天独厚的文化资源，其作品对观念文化、宗教文化、器皿文化、风俗文化等都给予了深刻的揭示。除了对文化内容的反映外，西部纪录片还自觉地从文化角度去切入历史和现实。在《沙与海》、《阴阳》、《三节草》等一系列片子中，创作者没有停留在表面的事件和人物上，而是有意识地突出了其后的文化背景、其间的文化冲突，引发出多层次的文化读解，产生了深厚的文化意蕴。

其四，独特的审美表现。西部创作群体深受中国传统艺术精神的影响，比较重视意境，讲究和谐美，沉静中见诗意、蕴哲理。在具体的美学表现形式上，西部纪录片普遍倾向于精致和唯美。镜头语言流畅，画面沉着洗练。这在刘郎、王海兵等人的创作中表现得尤其突出。

凡此种种，形成了西部纪录片奇异鲜丽与平实厚重相结合的独特风格和不可抗拒的纪录魅力。俗话说，风格即人。对于西部纪录片而言，风格即文化，不可替代的西部文化成就了它不可复制的风格。

问题：普遍的还是西部的？

目前，面对纪录片发展的低迷状态，学界、业界纷纷从各个方面对我国纪录片创作中存在的问题进行解读和探讨，归纳起来不外乎三点：创作理念的狭隘、创作题材的狭窄、创作手法的僵化。所有这些问题，西部纪录片也都不同程度地存在，有的还格外严

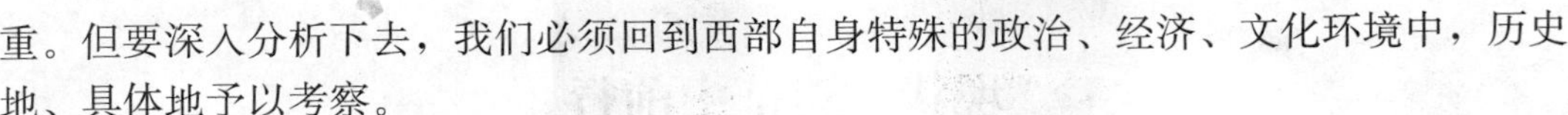

重。但要深入分析下去，我们必须回到西部自身特殊的政治、经济、文化环境中，历史地、具体地予以考察。

（一）观念问题

纪实理念在我国已逐渐僵化为一种纪实模式，显著地表现在京派和海派的普通人纪录片中，大量个体的生活形态图解充斥荧屏，主题渐趋轻薄和琐细。在这一点上，纪实理念对西部纪录片创作的绳缚反倒并不严重。原因有二：一是向各种国际国内大奖冲击以及对外输出电视纪录片的经济要求，是西部电视纪录片的突破点和生长点，二者决定了西部纪录片必须主动寻求与国际纪录片创作理念和创作模式同步和接轨；二是西部纪录片一直没有成气候地形成栏目化的创作，偏重个体的创作和探索，使西部纪录片有可能对表现形式和纪录角度保持足够的敏感和独立思考。

然而，创作思维的封闭单调在西部纪录片却以另一种形式严重地存在。人文尺度在西部纪录片中正在走向简单化和狭隘化。一方面，西部纪录片主要关注的是人类学意义上个体以及种族的“人”的生存实境和文化构成。而“社会人”、“心理人”、“哲学人”都很少或没有得到反映。这使得对于人的关注和纪录往往不能深入，有时甚至是浮光掠影猎奇式的。另一方面，有些纪录片将人文仅仅理解成封闭的内容本身，以为关注人就是人文，而没有将人文理解成观察的视角、透视事物的立场。这一误区造成了西部纪录片视野不够开阔，想像力不够，以至于非艰难坎坷、非穷困落后不足以显其同情关怀。

（二）题材问题

目前我国纪录片创作中最为人诟病的就是不能深度卷入现实，缺少对当今社会主流的关注成为纪录片的时弊。这一问题的主要表现就是“老少边穷”选题的泛滥。有人批评西部纪录片此风尤甚。笔者认为，这种不加分析的笼统意见对于西部纪录片来说，不仅无助于改善，反倒可能将其引入歧途。

由于“老少边穷”正是西部广大地区不容讳饰的社会现状，西部纪录片有责任、有义务对其“浓墨重彩”，脱离这些题材反倒是对自身纪录责任的逃避。也许，对于京派和海派来说，主要反映农村生活、少数民族、弱势地区，不免有避重就轻、颠倒主次之嫌，对于西部纪录片来说，则恰恰是其题中应有之义。但从另一个角度看，对于西部纪录片过于边缘化的批评其实不无道理。西部纪录片关注的大多是处于文化和地理双重边缘地带的人和事，这本无可厚非，关键在于很多西部纪录片处理这些题材时，缺乏社会学意义的探讨，失掉社会批判的功能，就会对老少边穷的生活、生存流于猎奇或牧歌化。事实上，西部是我国传统与现代、希望与麻木冲突最强烈之处，纪录片一旦逃避这一社会现实，难免向边缘退缩，守据偏僻一角。

（三）手法问题

目前，在纪录片创作手法上，既有老问题，又有新问题。新问题是在表现上拘泥于纪实，缺少“法无定法”的纵横大气。老问题就是中国纪录片普遍偏重于静态的非故事化的纪录手法。至于西部纪录片，老问题较其他地区的表现更为突出一些。由于传统文化的影响深厚，东方式思维烙印深刻，西部纪录片既有内涵丰富、立意高远的优点，但也带来了节奏缓慢、镜头信息量少等弊病。

综观西部纪录片我们发现，结构片子的往往是画面的表意性，而不是悬念、惊诧构成的叙事期待，以至于时常导致思想和形式大于内容，缺乏故事性。

现状：迷茫中前行

当前，纪录片的栏目化生存、故事化生存和DV化生存喧声一片，在媒介市场化改革中陷入困境的纪录片寻找着自己的突围之路，而其焦点则是商业语境下的市场化转轨。纪录片生存环境和市场要求的转变，给西部纪录片的发展造成的影响可能远甚于其他地区。

考察西部纪录片的发展现状，我们发现有三点显著的变化：

一是创作机制的变化。西部纪录片自始以来基本上是以电视台为中心的体制内创作，定位于艺术而不以市场为旨归。在整个20世纪90年代，纪录片创作在资金、人员和设备上都受到各台的重点扶持。但近年来，伴随着纪录片热潮的消退以及电视台的市场化改革，纪录片在体制内的生存岌岌可危。西部各台由于经济原因，很难像央视和北京、上海等地的电视台一样给纪录片以实质性的保护，纪录片在西部的生存较东部更为艰难。

二是创作范式的变化。2003年央视提出娱乐性纪实片概念并将之付诸实践，东方卫视于2004年推出“东方全纪录”栏目，提出要做“市场化的、好看的”纪录片，一批纪录片栏目在这两年悄然变脸。纪录片的创作范式从艺术和教育转向了娱乐，在节目制作和编辑上强调可视性、娱乐性和大众性，而与之相对的精英性、艺术性被刻意回避，最为引人注目的是创作范式变化依托的都是强势电视媒体。与之相比较，西部各台由于资金、收视市场、创作人员上均处于劣势，纪录片商业化的潮流激荡，一时还不能推动它急转弯。尽管有一些制作人已经开始强调市场，但是有着个性书写传统的西部纪录片怎样才能被纳入大众传播的商业机器中来，这其间，还有重重矛盾需要克服，有漫长的道路要走。

三是创作群体的变化。西部纪录片一直以来走的是精英路线，依靠各台的扶持，在新的形势下，创作者受到的冲击就更为严重一些。一些台解散了原来的创作队伍，一部分人主动放弃了纪录片，一些走上领导岗位的著名编导离开了纪录片创作，而仍然坚守者则夹在精英价值和市场价值两种坐标系中摇摆，思想的混乱直接导致了创作中普遍存在的浮躁之气和急功近利倾向。与此同时，由于西部比较闭塞、封闭，反而又带来好的一面，让一部分纪录片人心无旁骛，依然沉潜于生活的底层，坚持着其可贵的沉静厚重。

未来：梦想与坚持

曾经有学者撰文指出，西部电视产业的增长极之一就在于电视纪录片的生产和销售。依托中国最悠久、最独特、最丰富的历史文化、山水文化以及民俗文化资源，西部纪录片完全有可能对内继续以独特魅力与京派、海派纪录片分庭抗礼，对外以高市场附加值打入国际电视节目市场，并因此形成自身的规模化、专业化和市场化，带动西部电视产业的整体发展。

这是西部纪录片的梦想，这一梦想并不是空中楼阁、无稽之谈。

当然，考察西部纪录片创作中的问题和不容乐观的发展现状，可知通往梦想的道路并不是坦途。

笔者在以上分析的基础上，认为西部纪录片应扬长避短，在不断变化的纪录片大环境中坚持三点不变：

一是安身立命的根不变。西部的人文地理为纪录片提供了源源不断的取材资源，厚重风骨与旖旎奇绝兼具的西部风情使纪录片呈现出独具一格的风貌，硬朗扎实、力与美糅合的文化沉淀使西部编导以别样的视角反映出别样的境界。西部的自然文化是西部纪录片安身立命的根，是它魅力和生命力的源泉。现在纪录片界弥漫着一股浮躁之气，既有把西部文化当成某种消费外衣的倾向，又有媚俗趋时、伪饰西部文化的做法。取之无道，行之不远。无论创作观念和手法如何变化，西部纪录片应坚持立足于本区域，以西部的方式、西部的语言真诚地讲述西部的故事。

二是突破与生长点不变。虽地处偏远，西部纪录片却能在视野上不囿于地域，观念上不限于本土，这在西部电视业上不能不说是一个异数。考其原委，这与它自起步伊始就面向对外宣传和交流，进而冲击国际大奖、面向国际市场交易有极大的关系。要想在当前市场环境下的媒体商业运作中重新获得复兴，应该继续保持开放的姿态和视野，积极面对竞争，争取在这一波潮流中实现从策划、筹资、制作、包装，到市场发行和推广的专业化、规模化、市场化。自觉地与国际接轨，面向国际市场，这是它赖以发展、实现跨越的生长和突破点。

三是创作特点不变。西部是少数民族聚居地，比较完整地保存了原生态的、个性化的多民族文化，这为人类学纪录片的繁荣提供了不可多得的条件；同时，人类学纪录片是所有纪录片类型中最具有国际性、最能为不同民族的人共同欣赏和理解的，西部纪录片可借此走向世界、走向市场。主客观条件的配合使人类学纪录片创作成为西部纪录片创作的主流和强项。目前，在体制内争取创作资金变得困难的情况下，以人类学纪录为突破口，争取国际基金的支持和在市场上筹资，就成为西部纪录片最具可行性的发展道路之一。

（载《当代电视》2005 年第 3 期）

中西纪录片审美范型比较研究

中国现有的纪录片样式是自西方拿来并加以改造，而被赋予了新的内涵和外延的。综观西方纪录片史，“画面加解说”的格里尔逊模式、“让主体自己说话”的真实电影模式及“情景再现”的新纪录电影模式影响最大、流传最广。它们所树立的审美范型，相继被引入我国并成为各个时期居于主流的纪录片审美样式。笔者对中西纪录片审美范型进行了比较研究。

格里尔逊模式与我国的传统纪录片审美范型

格里尔逊模式起源于20世纪30年代的英国纪录片运动，其美学观念的核心是纪录片涉足社会，不以个性的艺术创作为目的，而是以社会教育为出发点。功利性主导下的审美形成了这一模式的典型表现形式：主题先行，画面加解说。其审美价值主要在于社会美，形式仅是其包裹事件的手段，通过声光影形的塑造，软化和消隐居高临下式的见证和宣告。

在西方，格里尔逊模式作为创作思潮早已式微，但其美学内核却沉淀下来，成为西方纪录片的传统。这种美学内核就是其社会性——立足于当下，处理现实素材，同时对现实中的人和事负有责任。这一模式中的创作者既扮演公众的代言人角色，又充当公众的启蒙者，尽管其视角是居高临下的，但却是以公众舆论出现的正义力量，从而延续了西方新闻的传统，使纪录片成为知识分子的又一公共领域，开辟了西方知识分子以镜头介入现实，进行社会参与的道路。

格里尔逊模式的功能被放大和加强，“形象化的文献”演变为“形象化的政论”。我国纪录片创作接受的正是作为形象化政论的格里尔逊范型。起初的中国纪录片基本上移植了这种模式的美学观念和表现手法，至20世纪80年代，《让历史告诉未来》、《话说长江》、《话说运河》等纪录片的出现标志着这一模式已完成了它的中国化。强烈的宣传意识、浓郁的争论色彩、鲜明的主体意识辅以完整的叙事结构、优美的画面构图和观点鲜明感情丰富的解说词，成就了我国传统纪录片模式的典型美学风格，而这些特征无不传承了格里尔逊模式。可以说，我国传统纪录片以格里尔逊模式俄日范本奠定了它的美学基础。

但是，在这一拿来和改造的过程中，我国的传统纪录片强化了其中的“上帝之声”与“宣传员”特征，而公共立场和社会探讨的努力却在很大程度上被忽视了，根据政治要求确定审视对象的角度和把握对象的方式成为纪录片创作的准绳。意识形态叙事进一步僵化为意识形态图解。曾经“在我们的日常现象里表现情节，在我们的问题里表现诗意”[①]，负载有全部艺术特点又具有高度社会责任感的纪录片范型，其艺术已贫困化到

徒有其表。

在这种情况下，自 20 世纪 80 年代至今，中国为数众多的纪录片，也就是传达国家意识形态声音的纪录片，一直致力于对这一模式进行改进，主要反映在艺术努力上。其一，采取新颖的叙述视角和叙述方式。从《话说长江》引入主持人开始，就在尝试突破或柔化一元视界和全知叙述，评述和采访、解说和字母交叉使用，引入焦点叙述和复调叙述。原本就镜头转换快、信息量密集、负载理性论述的格里尔逊模式，其框架因此更富于弹性，现实的生动性和多义性得到了更多的表现。其二，尽力把外在事物还原到个人、还原到心灵，赋予意识形态以感性和流动感，如在《毛泽东》、《邓小平》等一系列政治文献片中，有意识地通过细节展现伟人的人情味、事件的情感面。在《村民的选择》、《龙脊》等片子中，通过普通人反映社会思想，这些努力在很大程度上使格里尔逊模式在中国获得了新的生命力。

真实（直接）电影模式与我国新纪录片运动审美范型

真实（直接）电影模式出现于 20 世纪 60 年代的欧美国家，时值世界经济高速增长期，在相对稳定的社会环境下，纪录片从意识形态领域返回到社会文化领域，文化角度成为最重要的观察和记录角度，不为政治、经济功利所拘泥的客观真实记录就成为这一模式的追求。

“让主体说话”，极力追求客观真实效果，是这一模式最鲜明的特点，是对由解说词牵着观众看的反拨。与之相伴随的是，创作者由直接疗方的说教者转化为中立客观的报道者。在美学取向上，极力淡化政治功利色彩，不对所拍摄的、所观察到的现实赋予意识形态框架；在审美范型上，大量运用同期声、跟拍、长镜头等纪实手法，以结构的开放性、叙述的过程化、内容的多义性来最大限度地表现物质现实，不停留在画面、音乐等浅表介质层的艺术美。真实（直接）电影模式自觉地追求深层的美学内涵——真实的含混感和自发性，以及由此而来的生活本身出人意料的戏剧性和亲切自然之感。

兴起于 20 世纪 90 年代的中国新纪录片运动主要模仿和追随的就是这一模式。当时的中国正在转向市场经济。伦理价值和文化观念也会出现重大转移，社会心态渴求真实的表达、多元化的表达。如何最大限度地展现真实、超越制度层面去观照人，就成为纪录片创作的中心问题。产生于社会语境下的真实（直接）电影模式，在合适的时间为我们提供了合适的观念和手法。我国纪录片创作者段锦川、蒋樾、吴文光等人都是从观摩怀斯曼、小川绅介的作品开始其创作的。《生活空间》、《纪录片编辑室》、《纪录片》、《纪事》等栏目都信守这一模式的许多美学原则。可以说，这一模式重写了我们对纪录片美学形态的认识。它对于迄今的纪录片审美产生的影响可以概括为三点：一是原生态、过程化等客观再现生活的纪实美学原则；二是超越意识形态的、开放的文化观照视角；三是“远离上帝的声音，载着自己的理想去航行”的个人诠释和理性态度。这三点不可小视，它们促生了中国新纪录片运动，并把我国纪录片现代化进程向前大大地推进了一步，在某种意义上说，这三点也是我国纪录片的主要特征。

在具有我国特色的国家意识形态下，表现世俗生活的新写实文学，以个体生命为对象的生命美学与纪实浪潮共同作用，出现了一些独具特色的纪录片类型：普通人纪录片。这类纪录片标举平民化的美学观念，以对小人物的关怀为发端，真实描述人们生活的原生态。《德兴坊》、《毛毛告状》、《舟舟的世界》、《芝麻酱还得慢慢调》等一批片子，把纪录片的观众扩大到市井民间。这一类型虽然在表现手法上主要采取的是直接电影模式，宏大叙事转换成个体叙事，体现出真实、朴素、亲切的直接电影特征，但却高度注重情节性和情感性。它与真实（直接）电影的缺乏背景交代、意义高度内敛的精英传播不同，也与后来实行末位淘汰制的栏目化商业纪录片不同，准确地说，它把精英文化与大众文化相结合，形成了一种新景观。

值得注意的是，真实（直接）电影模式与我国的新纪录片运动的产生都是基于对政治实用主义的反拨。但纪实模式淡化了政治色彩，并不意味着放弃纪录片的功利性，它们继续格里尔逊开辟的切入社会现实的纪录片传统，启发观众对社会、政治问题的思索和关注，只不过以个人视角、文化取向、审美观照取代了“上帝之声”。比如美国的直接电影就是从新闻领域获得直接动力，而我国20世纪90年代追随这一模式的大部分纪录片创作，却在反抗“上帝之声”的同时，走向了另一极，规避主流生活和公共领域，讳言创作的目的性、工具性，唯恐因此而失去文化艺术性。

新纪录电影模式与我国娱乐纪实片审美范型

新纪录片电影模式是作为直接电影的对立面在20世纪90年代流行于欧美国家的。事实上，早在20世纪80年代出现的反射式纪录片中，已预示了纪录片创作的某种转变，而在新纪录电影中，创作者完成了从一个中立的报道者向一个主动制造意义和进行电影化表述的参与者的角色转变。

（一）新纪录电影模式的特征

这一模式最大的特征就是“破戒”。它反省和挑战以前认为神圣不可侵犯的非虚构原则，认为“纪录片不是故事片，也不应该混同于故事片，但纪录片可以而且应该采取一切虚构手法与策略以揭示真实”[②]。搬演和电脑成像等“情景再现”是流行的做法。反映在美学形式中，就是试图把精彩的故事情节、鲜明的主人公和丰富的戏剧因素与内涵的多义性、结构的开放性联结起来，同时把长镜头、同期声、最低限度剪辑等基本的纪实手法与流畅的剪辑、动感的节奏、富于视觉冲击力的画面相融合，从而实现对真实的严肃追求。

西方的新纪录电影模式不过是纪录片适应时代的一种选择。它所倡导的理念，很快就被商业所利用，演化为娱乐纪实片，今天蔚为大观的“探索频道”式纪录片就是其代表。

（二）进入新世纪我国的纪录片

进入新世纪后，我国纪录片的创作开始向商业化倾斜。2003年，纪录片栏目化生存已经成为一个事实。在这种背景下，新纪录电影模式似乎成为复兴我国纪录片的一条可行之路。它以先锋的美学姿态，形成对我国当前主流纪录片的挑战，呈现出诸多美学可能。

综观2000年以来的中国纪录片业界，新纪录片电影模式逐渐得到认可和接受。至2004年，一批纪录片栏目悄然变脸，新的创作范式以新纪录电影理论为依据，情景再现、故事片手法、观看效果得到了前所未有的重视。中央电视台、东方卫视、北京电视台等强势媒体均开始尝试以娱乐纪实模式指导纪录片的栏目化创作。大批栏目跟进的娱乐纪实片操作初显成效，观众人数大幅回流。《北洋水师》、《梯田边的哈尼族孩子》的收视率都直逼电视剧。

这一类型的纪录片大量采用娱乐的手法、电视剧的手法、游戏的手法，包括戏剧场景再现、慢速摄影、音乐及能够复原过去的计算机图形接口技术（CGI）。这些表现形式和手法，从最初仅是新纪录电影追问真实的实验，到被娱乐纪实片拿来，淡化了时间背后的真相、故事背后的心灵，使观众直接置身于戏剧性和强烈的视觉冲击中，好奇心、窥视欲和感官享受被不同程度地满足。

回溯新纪录电影模式的理论及其代表作品，它们在风格和样式上的追求，目的仍在于探索更深层的真实，虚构是用来揭示"生活是如何成为这样子"的手法。当关于真实的悬念成为比真实还要重要的东西时，美国探索频道亚洲区总裁罗先生承认，"我们拍的不是纪录片，而是纪实娱乐节目"。

在我国正兴起的"市场化的、好看"的纪录片在靠近故事片、增加表现性的同时，存在刻意回避精英性、艺术性的问题。娱乐纪实片使我们处于审美追求与商业诉求的尴尬境地。当娱乐大众而不是探求真实成为选择信息的首要标准时，纪录片面临失去存在意义的危险。

（三）对各种审美范型融会贯通，为我所用

在描绘了西方主要的三种纪录片审美范型在我国的流演轮廓后，可以看出两点：一是中国纪录片对西方审美范型的拿来从静态看是有所选择、有所取舍的，符合我国当时的社会需要和观众的审美情趣；从动态看这种拿来不是机械的，其审美因素与我国社会文化相互作用和渗透后，最终都演绎出了中国特色。而是在拿来的过程中，西方纪录片审美精神的重要一维——社会性，在我国传统纪录片中被变形，在纪实纪录片中流于表面化，在纪实娱乐片中失落，始终没有真正形成推动纪录片前进发展的本原力量。

追问这种拿来和改造的流演，使我们获得了新的理论观点，用来探讨目前纪录片的审美现状，对宏观把握纪录片的创作态势及美学建设不无裨益。一方面，产生于西方不同社会时代、文化背景下的审美范式，直接拿来就是无法多层次、多视角地反映我国经济转型时期的复杂现实的纪录片。这就需要我国的纪录片业界保持清醒，要具有高度的自省精神，对各种审美范型融会贯通，为我所用，创造出能书写当代我国社会的纪录片审美形态。新的审美形态产生的前提是立足于中国社会，跟随矛盾复杂的现实脉动。另一方面，正是由于我国纪录片审美范型中社会性的缺失，大量的纪录片缺乏厚重的主题，缺乏尖锐的思维品格，缺乏对民生问题的真正关怀，造成了我国纪录片的根本困境。直接从新闻领域取材，在公共立场上发言，参与到世界基本的事件中去，是我们应该从西方继续拿来的审美精神内核，经过改造，它将从根本上保证纪录片具有生命力。

注释

①［美］林达·威廉姆斯：《没有记忆的镜子——真实、历史与新纪录电影》，转引自《多元文化视阈中的纪实影片》，学林出版社，2002年版，第285页。

②［英］保尔罗萨：《纪录电影》，Faber Limitied，伦敦，1936年版，第5页。

（载《电视研究》2006年第12期）

用人物的力量展现时间的重量

为庆祝澳门回归祖国十周年，2009年12月11日至18日，中央电视台新闻频道在每晚黄金时段推出了由中央电视台和澳门特别行政区政府联合摄制的八集高清纪录片《澳门十年》。《澳门十年》的创作团队延续了《香港十年》的创作经验，“以真实为灵魂，以人物为主角，以故事为载体，以情感为核心”，将“有力量的人物”作为载体，对“十年”这一值得回顾的标志性时段进行有序梳理，使之显示出澳门回归祖国十年来的“变与不变”，展现了十年来“一国两制、澳人治澳、高度自治”的成功实践，“时间的重量”因此显得厚重可感。

《澳门十年》：用十年的个人史来呈现澳门十年的社会史

作为一部献礼片，《澳门十年》实质上要承担一个恢弘的、高度抽象的主题的阐释，即通过电视纪录片的方式呈现“一国两制、澳人治澳、高度自治”的基本国策在澳门回归祖国十年间所发挥的重要作用，真实呈现澳门特别行政区全方位的繁荣稳定和澳门民众对中华人民共和国中央政府的高度认同与情感归属。

按照传统的纪录片创作观念，《澳门十年》完全可以选用宏大的政论框架、重大的事件综述、知名人物的访谈等来建构回归祖国十年来澳门的社会全景。但《澳门十年》却反其道而行之，几乎每一集都从微小的视角切入。在其徐徐展开的全片中，代表各个社会阶层、来自不同文化族群、坚持不同宗教信仰的澳门人以不同的方式出场，以点带面，呈现出澳门社会全方位、具有时间纵深感的特殊景致。正是通过展现这些最普通、最具典型性的个人史，折射出由个人史组成的澳门社会的十年发展史。从实质上说，这种用个人史巧妙承载社会史的方式不仅体现了“个体与群体、小人物与大背景、必然与偶然、宏观与微观、历史与当代”的辩证统一思想，而且最大限度地发挥了电视纪录片的传播特性——将抽象的主题置换成鲜活立体、真实可感的个人，给予观众独特的感受。

通过选取有代表性的澳门民众十年来的生活原生态，进而审视当代澳门的现实生活成为《澳门十年》独有的建构方式。因此，当观众从电视纪录片中看到那个当年因演唱《七子之歌》而名扬四海的容韵琳，已经成长为19岁的澳门大学的学生，听到回归当天策划了游行并在队伍中高举“回归啦”牌匾的劳工子弟学校校长唐志坚的深情回忆，看到毅然加入中国国籍并成为全国政协委员的土生葡人大律师欧安利时，其“人心所向”的主题自然显露出来。而当观众们看到驾驶着新型渔船下海的澳门第四代渔民陈明金、骑着三轮车带着外国游客浏览澳门风光的徐锦波、在新年时向员工派发利是的海湾餐厅老板土生葡人飞曼华时，澳门的渔业、旅游业、餐饮业等各行各业“守望和谐”的主题也自然呈现了。当观众看到从闽粤移居澳门的何佩芬一家在春节时到妈阁庙上香祭祀、修社老人长达半个世纪进行普通话推广、澳门菜农子弟学校校长林显富夫妇很早就以《人民画报》等内地出版物作为教育资料、自1995年以来就举行升旗仪式的天主教学校校长苏映璇、澳门培道中学学生进行普通话朗诵比赛等故事时，中国文化一脉相承与“薪火相传”的主题也就更加具体可感了。当观众看到珠海湾仔村的花农曾笑容长年往返于珠澳两地、来自新疆的澳门莲花卫视台台长李自松现已成为澳门人、从澳门回归祖国那天起就长住在广东中山的澳门人黄江厦、向汶川地震灾区捐赠6000澳元的86岁的澳门老人梁惠珍、曾率领澳门医疗救治队和红十字会赴汶川地震灾区救援的澳门卫生局局长李展润、澳门大学校长美籍华人赵伟举办中秋学生联谊会时，内地与澳门之间“命运相连”的主题也就水到渠成地显示出来了。为了说明《潮起濠江》的主题，编导们选取了澳门保安部队高等学校培养的年轻警员、澳门中学生军事夏令营的孩子们将自己的未来和祖国的命运维系在一起、青少年机器人大赛上夺冠的张少强展示澳门年轻人无限的创造力……

在这些生动的澳门人物群像中，既有政府官员，也有普通劳动者；既有澳门的土著居民，也有土生葡人和外地人；既有坚定继承中国本土文化的中国人，也有信仰其他宗教的外地移民。这些多元共生、互相包容的澳门个人史的交融，构成了《澳门十年》的核心主题：爱国爱澳、繁荣和谐。也正因为如此，这些或是根在澳门、或是生在澳门、或是长在澳门、或是为了澳门的发展而奋斗的澳门人才显得格外具有震撼人心的说服力，也才能典型地反映澳门社会十年来的发展脉络。

《澳门十年》：用普通澳门人十年来经历的曲折故事呈现澳门十年的社会发展全景和轨迹

有学者认为，电视纪录片是最能体现电视特征的一种样式，它融信息传播、记录与艺术表现功能于一身。对于“生活真实感”的大体上的认同与统一，至少基于以下两个条件：一是电视纪录片创作者与电视观众对于“生活原生形态的真实”取得某种默契和共识；二是电视纪录片创作者与电视观众对于媒介语言（创造手段的假定）有着某种共同的理解和熟悉。

《澳门十年》的创作团队都承认“人物的力量”对于重大现实题材纪录片的作用。越是政治色彩浓厚的纪录片，普通人身上的力量越是极具魅力。因此，在创作中，他们选取了那些具有故事性的人物作为符号与观众进行有效传播和沟通。选择人物的标准，就是具有特殊经历、具有故事性的个体，他们曲折起伏的命运与澳门回归祖国十年的历史进程相吻合。这一标准的基本出发点在于，只有用故事化的表现方式来架构个人史，才能适应电视的传播特性。

比如，在《同舟共济》一集中，导演选取了诗乐眼镜店店长黄耀球的故事。就像一滴水可以映出太阳的光辉一样，黄耀球个人的曲折经历可以折射出澳门十年来的发展轨迹：开始艰辛创业，后来生意兴隆，金融风暴中破产，澳门回归祖国后重新起步，再创辉煌。诗乐眼镜店就像澳门各个产业的一个缩影，黄耀球身上体现的是澳门人独有的隐忍低调、从容坚守、自强不息的典型性格。由于单个个体的生活真实感可以传递到观众的感性认知中，因此，观众自然而然会通过黄耀球理解澳门的社会发展。

这种将具有故事性的个人作为记录载体的例子在《澳门十年》中比比皆是，如编导并没有选取矩记手信店老板梁灿光直抒胸臆、感谢政府的话语，而是选取了具有故事性的视觉化的表达方式：将其准备制作的一块直径1米的世界上最大的杏仁饼上“矩记手信”改刻为“矩记·感恩”。这种镜头语言更有具体可感性，更能将祖国是强力支撑的宏大主题传达出来。

《澳门十年》：用纪录片叙事语言阐述典型澳门人的故事，展现澳门各方面取得的辉煌成就

纪录片的叙事语言是指承担叙事功能的镜头及镜头间的衔接，具体包括空间叙事语言、时间叙事语言、衔接叙事语言等方面。时间和空间是运动着的物质的存在形式和基本属性，一方面体现物质运动的顺序性、持续性，另一方面体现物质存在的伸展性、广延性。由于影视符号与现实世界符号外形上的类同，会导致观众产生“眼见为实”的理解认识错觉。但纪录片文本中的时空与现实时空并不等同，其叙事时空语言是编导以影视符码为工具，采用一定叙事方式将现实时空经过裁、剪、粘后形成的主观时空。从信息量角度看，叙事时空远远不如现实时空那样丰富延展、多义复杂；从审美角度看，叙事时空是经过主观认识后提炼的某一时空的局部，具有强烈的文化意味。

《澳门十年》注重挖掘具有故事性人物的叙事因素，在每一个小的段落中通过叙事的起承转合形成一个又一个的小高潮，吸引观众的注意力。如《同舟共济》一集中对澳门葡籍大律师华年达的表述：编导先是通过概述性叙事语言展示华年达家中悬挂的一幅画，引出2001年初轰动澳门和内地的“华年达被绑架案”，以叙事语言表现华年达与解救他的澳门保安司司长张国华之间深厚的友谊，展现当下家庭和睦、事业发达的祥和现状，继而以延长性叙事语言同时并列数个采访对象回顾当年的惊险过程——华年达的女儿回忆当时自己的担忧、澳门普通民众回忆当时的混乱治安、澳门保安司司长张国华回忆当时历时五天的解救过程。此外，还通过蒙太奇镜头组接的方式插入了一些当时的新闻镜头。

通过将叙事时间与底本时间相区别、顺叙与倒叙方式相结合、特写镜头与全景镜头有序衔接、时空叙事与镜头衔接的恰当组合等独特的电视话语，“华年达被绑架案”的叙事张力就显得格外饱满，有效地改变了中国电视纪录片传统线性叙事中对情节和故事性的忽视，牢牢地抓住观众的注意力。

《澳门十年》创作的局限性

细致梳理中国纪录片的创作史，我们可以发现，长期以政治宣传价值为创作主导思想的中国纪录片，直到21世纪初才开始真正关注纪录片的收视情况，并逐渐认识到在创作环节中应该考虑播出环节中目标观众的欣赏口味和观看需求。换一个角度看，纪录片的市场机制观念体现了创作者对观众的信任和尊重。因此，在创作中，他们不再试图

将自己带有倾向性的结论以定论的方式糅合在作品中，而是尽可能采用含蓄性结论、模糊性表达，将复杂的社会问题有选择地呈现在观众面前，通过营造作品事实本身的张力调动观众参与解读的自主意识。应该说，《澳门十年》最终呈现的这种个人史、故事化、叙事性记录方式是与此背景有一定相关性的。

但同时也应该注意到，这种记录方式是有其相应的局限性的。

首先，个人史尤其是普通个人的历史过于琐碎，无法形成系统的、清晰的社会全景，相反还可能由于人物众多而淡化某一主题，不易深入开掘主题。《澳门十年》每集时长大概40多分钟，每集要表现的个体在8位左右，也就是说，一个个体的叙事时长平均只有5分钟。要在5分钟内表述一个人的历史何其难，因此创作者除了选取非常有代表性的镜头语言，配合解说词与同期声外，很难开拓也很难呈现这个个体的深层内涵。

其次，故事化的选择标准过于迎合观众的猎奇心理，不能展现澳门社会平常的一面，有顾此失彼之憾。通篇来看，《澳门十年》过于关注对有故事性的人物和事件的选择，而忽视了对澳门本身的常规性介绍，这也许是较为遗憾的事。

再次，叙事性的表述方式在突出观赏性的同时也湮没了更需深入探究的实质内容。由于篇幅容量有限与人物众多的矛盾，碎片式、频繁的场景切换和人物转场就成了《澳门十年》的主要特点。观众在走马观花式的观赏中，虽然看到的景致多样，但很难找到一条叙事主线，在不同的集中甚至还有重叠或者交叉叙述的情况。同时，创作者过于关注镜头的观赏性，比如作品中许多叙事语言的衔接是通过高速摄影机拍摄的某一建筑物或某一场景在光影变化、昼夜交替、流云飞渡中的空镜头构成的，造成了一些资源浪费和审美疲劳。

（载《当代电视》2003年第3期）

走出电视纪录片创作低谷

近年来，中国纪录片创作不容乐观，如何走出困境，实现中国纪录片创作的可持续发展，是纪录片人面临的一个重要课题。

一

尽管我国电视纪录片创作的数量逐年递增，但有个性、高水准的纪录片并不多见。创作题材雷同、主体模糊、记录手法大同小异的情况普遍存在。中国纪录片在国际上虽时有获奖，但题材狭窄，主要局限在人文类、环境与自然类，不少种类在国际大奖中尚处于缺席状态。2000 年 10 月底举行的“北京国际科教纪录片展评研讨会”聚集了近 200 部来自各国的科学纪录片，但没有一部中国纪录片。2001 年在第 14 届阿姆斯特丹国际纪录片电影节上，中国纪录片处于“缺席”的尴尬境地。电影节主席阿里说，作为一个大规模的电影节，中国是被“漏掉了”的一块。为了满足国内电视纪录片播放需求，不少电视台根据市场需求转而购进国外优秀纪录片。全国纪录片无论从创作还是从市场看，都处于不容乐观的状态。集中体现在以下两个方面：

第一，创作理念局限，难以突破纪实观念的束缚。受格里尔逊思想的影响，我国纪录片曾经在很长一段时间里只是作为宣传工具而忽略了纪实本体。《望长城》掀起纪实热潮，我国纪录片随即走上了本体回归之路。一些创作者唯恐重蹈覆辙，矫枉过正，将纪录简单地等同于纪实，视纪实风格为纪录片的唯一风格，反而作茧自缚。纪实之外，是否还能有多种多样的纪录片风格呢？如何突破既有的记录手段对被摄对象进行更加深入的记录与思考呢？这是创作者们所要思考的问题。

在纪实观念的束缚下，纪录片的整体风格难以脱离纪实的窠臼。编导们追求纪实风格，采用一种完全的纪实手法，在创作中尽可能不干涉拍摄对象，注重捕捉人物活动的真实细节，以活生生的细节感染人，从而启发人们体会事物表象所包含的哲理和意义。不少人甚至将纪实创作模式化为大量的长镜头、同期声、无技巧剪辑、无解说词等。有人就曾用“画面加解说词”概括 20 世纪 80 年代的纪录手法，而用“同期声加长镜头”来概括 90 年代至今的纪录手法。

在这种纪实理念的局限下，拍摄对象多限于普通百姓，拍摄视野难以越出平民的视线。但这种以普通百姓作为拍摄对象的纪录片也有局限性。它将其他层面的人们的生活排除在视线外，将复杂、多义的现实生活简单化、平面化，导致了思维方式的单调和封闭。

在纪实观念的指导下，我国创作者积极汲取西方的创作理念。这本无可厚非，但一些创作者把纪实理念无限延伸，步入自然主义的误区，反而作茧自缚。我国纪录片理念受到弗拉哈迪《北方的纳努克》的影响，受到吉加·维尔托夫的“电影眼睛”、让·鲁什的“真实电影”理论的影响，注重再现生活的原生态，强调纪实性。纪实理念无可厚非，但是不少创作者将自己局限于狭隘的纪实观念中，大量罗列自然生活流程，使记录过于琐细与平面化，反而忽略了对生活全面、深刻和立体的探求。“纪实理念”在无形中被异化了，进而演变为自然主义观念。纪录片创作也因此暴露出许多问题。比如将摄像机交给观众、不惜代价摄取客体生活最隐秘的部分等，引发了业内人士的讨论：记录的界限到底在哪里？

第二，纪录片题材狭窄。整体上讲，大部分纪录片是人文类、社会类、自然环境类题材，通过展示人的生存形态和各种本真的情感来引起观众的共鸣。经济类、时事政治类、科学类题材相对少见。

从局部看，首先在人文类纪录片中就存在选题狭窄的问题。有两类题材所占比例最大：一类是边缘群体，另一类是弱势群体。其次，在科技类纪录片中，所选题材局限于熊猫、猿猴、鸟类等动物。

题材的狭窄束缚了纪录片的手法、视角，也限制了它的风格。久而久之，大量雷同的题材、模式化的拍摄方式和单调的思维方式便令人乏味和厌倦。狭窄的题材使纪录片与现实生活越来越远，失去了题材本身所应具有的重要的社会价值与现实意义。

人文关怀理念的泛滥表现为许多纪录片无论题材如何，都从人文视角切入，以人文关怀贯穿始终。大多以平民百姓的日常生活状态为基点，抓取生活细节，以其源自生命深处的温暖与魅力震撼人心。这种人文关怀的视角局限在对人类的本体关怀中，这种关注相对于整个社会而言，是对人作为个体的存在进行关注，但相对忽视了人所生存的环境——社会的现实状况的关注，是一种狭隘的人文关怀。

这种状况有着特定的社会和心理原因。我国纪录片创作起步晚、起点低、制作力量单薄，与西方纪录片有一定差距，不少创作者存在“接轨心态”，加之各种急功近利的趋向，就导致了这种情况的产生。以下对此进行详细分析。

我国纪录片创作者来源较杂，水平参差不齐，文化知识结构不够合理，整体力量较为薄弱。除去各台或民间专业创作人员，很少邀请、培养各行业专家、学者制作相应领域的纪录片，纪录片的社会制作力量也十分贫乏。

20世纪八九十年代以来的很长一段时间内，创作者们有着明显的“接轨心态”：认为西方的都是先进的，于是将拿来主义用于创作中，比如格里尔逊的信条——“我们首先是宣传员，其次才是影片摄制者”曾为一代纪录片人所迷信；比如弗拉哈迪在拍摄《北方的纳努克》时采用让主人公表演的手法，即“真实电影”的拍摄手法，不少人竞相模仿。

急功近利的趋向也是导致狭隘人文关怀的重要原因。它主要表现在两个方面：其一，不少创作者抱着讨巧的心理，以获大奖为目的，迎合西方国家的偏好。但作为现代化的中国，那种纪录片记录的传统生存方式必将成为历史，这决定了此种题材的生命力必定是脆弱而短暂的。而那种落后的、行将淘汰的生存方式与一个国家的发展方向是背道而驰的。因此这种迎合西方社会的价值取向而放弃反映本国发展的实际状况的做法是弊大于利的。其二，避重就轻、投机取巧的心理导致创作者选取边缘群体、弱势群体的生活进行拍摄。在这种思想的指导下，创作者对生活的体验往往是浮光掠影而不是深入透彻的，对生活的纪录也就流于表象而难以深入实质，那种附庸风雅的人文式感喟也就显得无病呻吟、苍白无力。

从以上对中国当代纪录片创作中存在的一些主要问题及其分析中不难发现，这一系列问题的原因可以归结到“狭隘的人文关怀的理念”泛滥。要解决这些问题当从根本上更新观念。

二

纪录片要走出创作低谷，必须以新的人文理念取代狭隘的人文理念，拓宽题材，关注社会现实，记录当下社会现实。

一是用新的人文理念取代狭隘的人文理念。过去的纪录片创作多重在寻找人类共同的心灵结构。无可否认，纪录片关注的核心是人，是人的生存状态。但生存状况其实只是一种结果，导致这种结果的原因是多方面的、不断变化的，它们涉及经济、科技、政治、文化等各个领域，是生活的内在动力。寻找人类的本质离不开对这些因素的探究，由此将人的生存发展过程挖掘出来，供人思考，这样的人文关怀才是真正意义上的人文关怀。

所谓新的人文理念，就是从人和文化的协调发展，特别是从人的生存、发展、自由和解放这个高度来理解和把握人文概念。以往的人文观念往往局限在把人上升到抽象的人，把对人的生活的关注局限在文化生活或精神生活的范围内，甚至离开现实社会抽象地谈论人的精神生活。这种人文观念是狭隘、肤浅而片面的。新的人文观念将人看做唯物史观意义上的现实的人，其所关注的人的生存，是通过人的物质生产、劳动能力和社会交往的全面发展获得的。

二是记录当下社会现实。在纪录性纪录片中，真实的细节以其特有的细腻和感染力备受创作者喜爱，但这种由若干细节连缀而成的生活流程事实上只是一种单点展示，它所反映的并非生活全貌，更难以深入生活内部。纪录片是一个历史时期的真实记录，而任何一段历史都具有历时性和共时性，既有横的、面上的扩展，也有纵的、点的延伸，因此，纪录片的记录就不应只是对生活某个侧面的单点式的展示，而应该是基于生活的整体的记录；不应只是对生活表象的平面的记录，而应该是对生活多角度、多层次的立体式记录。

当前我们所处的正是一个社会大变革的时代，纪录片题材的选取有着广阔的拓展空间。我们应该拓宽思路，积极地从以下几个方面开拓：

一是具有政治价值的题材，主要指关系国家发展的重大政治事件、重要政治人物及其相关活动等。这类题材在纪录片初创时期反映得较多，主要是报道型的，与新闻报道分野不清晰，还不具备严格意义上的纪录片本体特征。年代政论性纪录片历经高潮，但因其主观意向过于突出、政治寓意的不恰当表达终于引起争议而消退。进入新世纪，世界政治格局尚不稳定，政治冲突时有发生，中国与他国的外交活动不断有新的进展，国内时常举行有重大政治意义的活动，这些都应该在纪录片中得到反映。

二是反映国家经济建设、人民经济生活的题材。国内创作者往往先入为主，认为大

量的媒体报道已经使西方世界对我国发生的重大变化有所了解，纪录片如果再选取这些题材就不会吸引他们的注意。事实上，西方人非常关注中国的经济建设和现代化进程，而现有的纪录片偏重于表现悠久的历史文化、展现优美的山水风光或者探寻处于现代文明边缘的少数民族文化，这些纪录片给他们带来的更多的是审美享受，其信息含量远远满足不了他们的需求。

在我国经济变革过程中，部门、企业改制碰到了各种各样的难题，在各行业市场化过程中，业内竞争不断加剧，再加上国外同类企业大量登陆中国市场，即便是一度辉煌的同业巨头也逐渐举步维艰。越来越多的企业面临着更加激烈的竞争和更小利润的巨大压力，也有不少企业很快意识到传统的经营模式已不能再适应新的市场环境，而以全新的角度审视自己的市场定位和经营手段。这样，在整个经济变革过程中，既有带普遍性的经济领域的难题，也有领先潮流的佼佼者的典型事例。纪录片如果能够深入其中，摸准经济建设的脉搏，抓取其中典型的、有深远意义的事例或人物，必会成为一定时期较有分量的作品。

三是与经济密切相关的科技文化方面的题材。当前我国数量有限的科技类选题，多侧重于从人类学角度表现自然现象，或者纪录大熊猫与人的和谐关系，或者以拟人化的方式表现动物的生活，如《袁扁的鹭鸶》、《峨眉藏猕猴》等，对科学知识的探求很少，缺乏科学性与趣味性。放眼国外纪录片创作，科技类题材已经出现专业化的发展趋势：生物学、社会学、环境生态学、民俗学等，而且各专业纪录片创作往往有专家协助，通过纪录片表达对各自研究领域的深刻思考。

四是历史性题材。当前历史性纪录片多为人物纪录片，纪录典型、重要的历史人物，如《孙中山》、《刘少奇》、《百年恩来》等，也有关于历史事件的纪录片，如《辛亥革命与上海》、《孙子兵法》等。这类题材的纪录片在量上并不缺乏，薄弱的是质。它们面临的主要问题是如何打破时空鸿沟的限制，更好地再现历史。

五是人类学题材。社会主流人群的主流生活在一个国家的发展中占有举足轻重的地位。主流人群在社会的方方面面往往把握着主要话语权，社会发展的方向在很大程度上与他们有关，百姓生活的改变也与他们的思想观念、生活方式、社会行为有着密切的关系。但事实上纪录片对主流人群及其生存状况极少有所表现，更缺乏这方面的优秀之作。

我国纪录片创作如果能够以全新的人文理念关注社会、政治、经济、文化的发展，必将取得实质性的突破。

（载《新闻界》2003 年第 4 期）

第五编

节目个案研究与理论阐释

论江苏电视台新闻节目的核心竞争力

新闻节目一直以来是我国电视媒体的发展重心，曾一度成为电视媒体的立台之本，在今天更是成为拉动电视收视率的三驾马车之一。中央电视台新闻频道的风声四起就足以体现新闻节目的魅力，地方电视台民生新闻节目的遍地开花也足见新闻节目的影响。不过遗憾的是，处于二者之间的省级电视台却似乎先天性面临“上不能顶天、下没法着地”的地缘尴尬，新闻节目往往成了它们欲罢还羞的软肋。有些省级台为了寻求市场发展甚至将视线从新闻节目移开而另辟其他路径（如打造独播剧场或发展综艺节目）。可贵的是，面对现实困局的江苏电视台依然对新闻节目保持一份坚守，并积极采用“组合拳”战略，注重对时政新闻、民生新闻和公共新闻的合力打造，运用民生化、公共化和情感化策略对其精心包装，硬是将新闻节目打造成助其腾飞的翅膀，取得了社会效应和经济效应的双赢，引起了政府和观众的共振，在全国电视新闻市场中产生了强烈的示范效应。

时政新闻：民生化策略——《江苏新时空》

时政新闻一直以来是电视新闻节目的重要内容，时政新闻的一直“在场”是电视媒体的特殊使命使然，也是电视媒体为保持其主流地位所需，更是我国特殊历史国情所致。事实上，时政新闻的成功相比其他新闻节目甚至其他非新闻节目更能给电视台带来社会影响力，并进一步转化为经济回报率。因此，无论历史如何演进，对于中国背景下的电视新闻来说，时政新闻永远是一道绕不过的坎。不过，历史终究是向前发展的，时政新闻需要注重与时俱进的革新，尤其在观众越来越具有选择权的当下，在社会效率和经济效益的天平的共同考量中，时政新闻更需要以一种适合观众接收习惯和接收兴趣的方式进行呈现，而不能再如过去那样为显示自身的严肃庄重和主流而以过分呆板、强势和武断的官僚形式“我行我素”，尤其是省级电视台的时政新闻更不能跟着中央电视台一个模式地“高高在上”（事实上，它既没有实力而也没有必要）。而从另一方面来讲，如果以传达国家方针政策为己任的时政新闻节目没有观众，这不仅是讲求经济效益的电视媒体所极力避免的尴尬期待，更是政府最不愿看到的糟糕局面，因为这有碍于国家政策的贯彻执行和社会建设的全面推进。

而在政府和人民都在极力追求双向认同的大背景下，时政新闻要想有效地获得观众的认同，民生化策略是最佳途径。让时政新闻充满平凡的色彩，以民生的内容来体现国家方针政策的传达情况，以民生的状态来展现政府的人性姿态，这是最符合当下我国的发展大局的。因为我国正在进行和谐社会建设，尤其是党的十七大的召开，进一步明确了民生是国家关注的重点和焦点，政府也在积极向“民生政府”转变，希望赢得百姓的信赖，如国家领导人在“5・12”大地震后多次深入灾区，尤其是温家宝总理在地震发生短短两个小时后就亲身深入到灾区一线就是政府民生姿态的最好体现。政府的低姿态展示的是一个人性化政府，深得百姓由衷的认同；为其代言的时政新闻的低姿态出场，也必然赢得观众的支持。因此时政新闻的民生化取向可谓是一举三得，既展现了电视媒体的人性化，也展现了媒体所代表的政府的人性化，更能获得观众的认同感和市场回报率。江苏电视台正是明白时政新闻在电视媒体中的重要地位和当今民生建设背景下的社会作用，积极注重对时政新闻的维护和打造，大力进行民生化策略的运用和探索，使时政新闻通过民生化的包装之后从而在权威和大众之间、在公信力和亲和力之间找到了一个平衡点，最终使时政新闻在有效传达政府方针政策的同时，赢得了观众的认同和支持，避免了很多时政新闻节目常常面临的“观众只是领导”的尴尬局面，真正形成了江苏电视台新闻节目品牌系列中的重要一极。关于时政新闻民生化的成功实践，《江苏新时空》就是一个重要典范。作为江苏电视台的“新闻联播”，《江苏新时空》栏目名字本身就显得十分亲切和时尚，一个“新”字也意味着栏目创新的品质追求。更为重要的是，栏目在牢牢把握“权威发布、资讯管家、意见领袖”的市场定位的同时，在内容方面无论是主题报道、调查报道还是组合报道，都淡化了过多的会议新闻和领导新闻，而是直接通过民众生活状态来生动展现国家政府有关方针政策的执行情况（同时也检验了方针政策的有效性），诸如“和谐发展、春满江苏”（2005年5月推出）、“新农村之路”（2005年12月推出）、“全面小康社会建设看昆山”（2006年1月推出）等大型报道，而这带来的直接效果就是整个报道平民化、个性化和故事化，让观众在富有生活气息的故事和画面中深切感受到国家关于“构建和谐社会、建设新农村、建设小康社会”等精神的正确性。

而今年5月19日“情系灾区”的抗震救灾系列报道更是将民生化策略运用得驾轻就熟。该报道既有江苏省党政部门的积极倡导（如“共产党员：请交一份特殊的党费”），也有民政部门的积极参与（如“江苏积极组织抗灾物资生产调运”），还有教育部门的积极介入（如“江苏高校对灾区学子临时启动困难补助”）。这些多方面的报道既体现了江苏省对国家抗震救灾号召的积极贯彻，也展现了省内各部门对江苏省委省政府积极援助兄弟省的相关政策的积极响应。而节目无论是对于前者的表现还是后者的反应，都没有仅仅通过会议新闻或领导新闻来简单传达和呈现，而是通过党员干部捐钱的细节、领导干部深夜奋战在物资拖运现场的画面以及高校学生备受关注的生活情节来生动地展现和表达。即使单篇报道，也特别注重通过民生内容来生动地阐释政府方针政策的贯彻执行情况，如5月11日节目中一则名为《措施有力，我省科普工作取得突出进展》的报道，其一开始的镜头就展示科普馆的内部陈设，以及孩子们在科普馆里探索科技奥秘的欢乐场景。随后就是采访学生以及家长，让他们谈科普馆的吸引力，由此才引出江苏省在科普工作方面的投入和创新，其孕育的民生情怀浓郁而出，江苏省的有关科普政策也得到了展现，但观众并不觉得生硬和严肃，反而会激发他们对科普的浓厚兴趣，并进一步强化了科普政策的推广。

民生新闻：公共化策略——《石头会说话》、《南京零距离》

如果说时政新闻主要代表政府的话，那么民生新闻代表的就是大众了。因为民生新闻作为电视新闻的一种新型样态，其不仅关注民生、反映民情，还要表达民意；不仅具有平民视角，而且彰显平民情怀，让观众从来没有感觉到如此亲切、随和与感性。这种从内容到形式、从话语到视角的全新转变，是对过去时政新闻高高在上的精英思维传统的一次分道扬镳，因而才有学者认为，民生新闻的问世可谓是中国电视新闻史上的第三次革命。而作为民生新闻发起者的《南京零距离》，2002 年一经问世就引发了全国民生新闻浪潮，《南京零距离》经过短短一年时间就获得由福布斯和史坦国际联合评为"中国最具投资价值媒体"的美誉，这既体现了江苏电视台本身具有的开拓创新实力，也说明了民生新闻具有的社会影响。而 6 年后的今天，民生新闻已经呈现泛滥趋势，尤其是各地方电视台都以民生新闻为主打，形成全国范围内的同质化竞争。而竞争的混乱和无序，媒体对观众低品味的虚拟化想象以及观众本身存在的喜新厌旧心理，导致更多民生新闻滑向以感官效果和轰动效应为追求目标的社会新闻怪圈。这虽然在短期内的确能为电视媒体获得可观的眼球效应，但如此取向的民生新闻在中国背景下是很难进入新闻的主流，以如此样态的民生新闻为重要取向的电视媒体也很难进入主流媒体的行列，更难得到注重社会效应的政府的认同，最终也很难得到观众持久性的支持（低劣的好奇毕竟是短暂的）以及广告商的青睐，毕竟谁也不想让自己与品质低劣有所关联。但在变化极为迅速的今天，民生新闻如果始终在关注民生、反映民情和表达民意中打转也是不够的，这不仅仅是由于观众的喜新厌旧，更在于中国现实环境的整个转型带来的利益主体分层、利益矛盾多样乃至思想意识多元的社会问题要求民生新闻要有更加开阔的视野和理念，无论是出于为大众请命，还是源于为社会守望甚至为政府传言，民生新闻在促进利益的协调、问题的解决和思想意识的认识方面被赋予很大期望。这意味着民生新闻要借鉴公共新闻的理念，不仅报道问题，还要努力解决问题；不仅报道新闻，更要说出意义。这种对公共新闻理念的适当借鉴，可称为民生新闻公共化，这种公共化的民生新闻能为大众解决一些实际问题，比一般的民生新闻更具有现实意义，因而更能获得观众内心的认同，进而更具有市场竞争力。当然，这种公共化的民生新闻与公共新闻还是具有极大区别的，最明显的一点就是民生新闻是促使问题解决和利益协调的主力，而观众由于地位和学识的局限处于被救助的地位，而公共新闻把观众视为有独立思考能力和对话能力的主体，公共新闻主要是为观众提供解决问题和协调利益的场所。

江苏电视台抓住民生新闻的先机，一直在全国新闻竞争中处于民生新闻的制高点。但在今天民生新闻几乎有点泛滥成灾并被观众和学者诟病的大背景下，江苏电视台仍然一如既往甚至把民生新闻盘子做得更大，如城市频道 2007 年组建了三大民生新闻栏目——维权类报道《石头会说话》、事件类报道《绝对现场》和深度报道《南京零距离》——足以体现一种执著和勇气，而三档节目产生的较高收视率也证明了民生新闻公共化策略的有效市场竞争力。如《石头会说话》作为 2007 年 7 月才创办的民生新闻，直接提出以维权为其节目诉求，立足解决市民生活中的烦恼，处理市民在消费过程中遇到的麻烦，强调所有的报道必须给市民一个说法，努力给市民一个满意的结果。这种诉求跟一般民生新闻仅仅表达民意、反映民情显著不同，因为这为大众带来的是实质性的生活帮助，而不是一般民生新闻那样仅仅满足大众生活的自我表达和呈现，更远远甚于打着民生新闻旗号却追逐家长里短甚至血腥暴力的社会新闻。所以，《石头会说话》节目开播不到一年，就在观众中形成了一定的影响力和公信力，并带动其后的《绝对现场》的收视率提升了一倍（由原来的1.0升至现在的2.0）。即使运作十分成熟的《南京零距离》也在不断改进，在最初展现民生、达民意、反映民情的基础上，注重运用公共化策略，加大对社会问题乃至公共性事件的关注，尽量给观众实质性的信息内容。如今年5月21日节目中关于“假募捐真诈骗的犯罪团伙落网了”的报道，主持人孟非在评论中就某些人“利用赈灾进行违法犯罪活动”的问题，就积极建议国家不能像平常那样对待，而是非常时期非常处理、严厉惩治；在关于“梅园中学接纳周瑞莉上学”的报道中，周瑞莉的上学问题就是《南京零距离》促成解决的；读报头条，孟非选取的就是关于“灾区人们的心理治疗”的专家建议，这一系列公共化取向都有助于解决大众生活难题、提升大众知识含量以及应对问题能力，所达到的社会效果和实际作用远非一般民生新闻所能企及，所产生的市场竞争力也是一般新闻所无法相比的。这种公共化的民生新闻在未来一段时间仍然有很大的发展空间，更不会被公共新闻所取代，因为大众知识水平和社会地位始终无法整齐划一，知识分层和社会分层注定民生新闻会和公共新闻一起成为电视新闻节目的菜单。

公共新闻：情感化策略——《1860新闻眼》

公共新闻是江苏电视台新闻节目积极打造的又一重要品牌，它跟民生新闻一样都是由江苏电视台率先提出的，这自然给江苏电视台带来了极大的声誉，尽管当初有人认为有炒概念之嫌（其实炒概念也是一种很好的竞争策略）。而事实上，在中国这样的特殊背景下，进行公共新闻的尝试本身就需要勇气和智慧，因而江苏电视台积极提出这一概念自然使其在全国电视新闻市场中取得又一制高点，并与之前提出的民生新闻形成“双峰”效应。而事实上，对于公共新闻的具体而出色的运作，也的确彰显了公共新闻的魅力和实力。《1860新闻眼》作为江苏卫视积极打造的公共新闻栏目，其就“一男子骑马上人行道结果遭阻拦”这一事件提出“马究竟能不能上马路”的疑问，引发了一场万余观众争相参与的大讨论，随后立法部门也开始研讨并最后写入法规，这种连锁反应急剧提升了栏目的社会影响力和公信力。而对于江苏省厅级干部公推公选的多次现场直播，更是提升了栏目在观众心目中的美誉度和忠诚度，铸就了其在南京新闻市场竞争中的影响力乃至全国新闻市场中的知名度。由此也可看出，公共新闻之所以能获得观众的认可，不仅在于其把观众视作平等交流的主体，更在于其可以引发观众积极参与、共同促使社会问题解决，公共新闻既是交流的平台也是舆论引导和问题解决的主体。而且相对民生新闻，公共新闻似乎更显得大气和理性，更具有争议性和开放度。不过，在矛盾逐渐多元复杂的当下，过于争议和开放会有碍和谐社会的顺利建设，进而对节目自身带来杀伤力。但如果减弱一点锋芒而又不采取一些其他策略，自然难以最终获得观众的认同。如此语境下，《1860新闻眼》的情感化策略运用就是一个明智之举。而在价值多元的今天，更多精神迷失的人们更需要心灵上的抚慰，这也有利于维护社会稳定，促进和

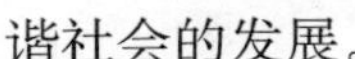

谐社会的发展。

事实上，《1860 新闻眼》在情感化策略运用方面进行积极探索，尽量在理性和感性之间、在社会责任和情感诉求之间找到一个平衡点，在努力给人温暖和希望的同时又能促进社会的改进和向善，进而提升节目的美誉度和观众的认同感，最终演化为节目无形的市场竞争力。《1860 新闻眼》最值得一提的经典案例就是对于“云南一群孩子每天借助滑索飞跃怒江上学”的报道，尤其是节目与《南方周末》等全国 30 多家媒体一起发起向这些孩子捐款修桥的活动——“用爱，架起希望之桥”，并多次对捐款活动进行追踪报道。对于节目来说，对省外公共事件的选择，本身就体现了节目的开阔视野，而对于“孩子求学”事件的感人报道并积极倡导观众捐款更体现了节目的社会责任和温暖情怀，而报道与活动相结合使节目将理性大气和感性温情很好地融为一体，进而使观众纷纷为“希望之桥”捐款，最终达到了公共新闻解决社会问题的根本诉求。而最近关于四川汶川抗震救灾的报道，节目更是将情感化策略进行了精细化操作。无论是“情感援助”，还是“情感访谈”，甚至是特别报道都非常细腻感人。如 5 月 24 日的“情感援助走进四川”特别节目“儿啊，让我知道你还活着!”的寻亲报道和对情感志愿者培训报道（而志愿者就是由本节目招募培训），观众既能体察到节目积极服务社会的责任，又能感受到一种心灵抚慰，最终深深打动观众的心。5 月 18 日“抗震救灾”特别报道的感染力尤其突出，该报道选取了三个感人故事：一位老人为了救废墟下的儿子只好痛苦切断压在儿子身上但已经去世的妻子的身体，可结果儿子还是去世了；一个母亲为了保护只有几个月的女儿而将其牢牢抱在怀里蜷缩在一个角落，女儿获救时还吮吸着母乳，但母亲去世了；一个为了能给去世妻子死后的尊严，而毅然把妻子与自己捆绑在一起，亲自骑车送妻子去太平间。这三个故事在音乐的巧妙陪衬下通过主持人的深情讲述，十分打动人心，并唤起了观众对不幸者的同情和对无私者的敬重。而事实上，正是对于可贵情感的真实展现和对于故事的真挚表达，使公共新闻多了一丝感性色彩，这是中国式公共新闻所应具有的情感温度，十分符合以仁爱为核心的中国文化传统和在此传统下生活的电视观众的收视习惯。当然，情感色彩再浓郁，也是由理性所主导的，这是公共新闻所根本决定的。所以，对于有人认为“《1860 新闻眼》是情感新闻尤其是民生新闻”的说法，本人暂持保留态度。

［在江苏电视台节目研讨会上的演讲，载《中国传媒经济理论三十年（南京）峰会论文集》，2008 年 5 月］

论重庆电视台品牌核心价值体系建设

是否拥有一支重视理论创新的电视系统、技术、经营、管理队伍，是衡量一个媒体成熟与否的标志。重庆广电集团重视理论研究，重视理论创新，不仅拥有全国理论学术平台的期刊，还有紧密结合自身传媒实践的研发队伍，出版了一系列紧密结合广播电视实践的学术专著。

多年来，重庆电视台一贯以创新的理念引领着媒体的可持续发展，并走出了一条品牌化的战略路子，形成了一批有竞争力的频道群体，其品牌的核心价值体系正逐步完善。如何认识重庆广电集团，特别是重庆电视台的核心价值体系的建设，如何打造其核心竞争力，是重庆电视台面临的问题。

重庆电视台品牌战略的演化路径与核心价值基本构架

近年来，重庆电视台品牌战略经过这样一个演化路径。2007 年，重庆卫视在 35 城市全天收视排名中位居全国卫视第三，稳定进入全国省级卫视第一集团军，成为全国强势频道，进而全面提升了重庆电视媒体的整体品牌形象。过去三年，重庆卫视接连经历了三个全新的发展阶段——2005 年加速，2006 年跨越，2007 年稳固上升。以上成绩的取得，是与重庆电视台一直奉行的“品牌战略”密切相关的。

早在 2004 年，重庆电视台便提出“麻辣行天下，尽在情理中，做中国最具公信特色的频道”，并以此作为其频道推广语。在随后的 2005 年中，重庆电视台进入了加速成长期，依靠“突出剧情化栏目特色，重金押宝首轮剧，打造中国电视版故事会”的核心竞争力，在既有“拍案说法+拍案剧场”板块的基础上，推出“自制方言剧+《生活麻辣烫》”板块和“雾都剧场+雾都夜话”板块，将频道定位于“麻辣中国，红色浪潮”，凸显出全国化的市场定位导向。

步入 2006 年，重庆电视台从市场氛围、题材特征、价值理念等多个角度进一步探索，最先提出“故事中国，人文天下”的频道定位，其代表性栏目《雾都夜话》以故事的形态来表现栏目剧，成就了其在全国栏目剧中的鼻祖地位。2007 年，重庆电视台延续“故事中国”的频道定位，在更广阔的全国平台上，对频道定位进行全面深化，继而以“民生的力量”作为频道的表述内容和叙事方向。

2008 年，重庆电视台在继续坚持“故事中国，人文天下”的总体定位的基础上，提出“民生、公益”的概念，将“开放整合、品牌提升、产业突进”作为发展主题词。2008 年，重庆电视台力求依托大主题设计大活动，依靠大制作营造大声势，形成舆论强势，同时赋予品牌丰富、厚重的文化内涵，进而彰显频道品牌的权威性和公信力。

品牌的精髓是核心价值，它是一个品牌区别于另外一个品牌最为显著的特征，是品牌的终极目标，也是考验品牌强势程度的重要标志。发掘并利用好品牌的核心价值，是电视媒体建设强势品牌的关键一步。媒体的价值尺度、时代高度、文化厚度、思想深度和创新力度，决定了媒体品牌的核心价值。

重庆电视台在品牌核心价值探索中经过了一个不断尝试、不断思考、不断积累的过程，摸索出一条以卫视为重点，集中兵力，拓展全国空间，以地面频道专业化细分本地受众市场，以内容为依托提升生产规模和效应的路子。

“故事中国，人文天下”的理念是重庆电视人对中国电视传播市场理性思考的结果。“故事化”的节目制作方式符合大众“故事化思维”的天性，容易吸引大众的注意力。在此基础上，重庆广电采用“编播季”的制作模式将各类故事加以整合，使得整体编排思路清晰明了，故事有了主题与核心，节目内容与时事紧密结合，各项资源又得以围绕主题进行调配。“中国”是市场受众定位，以中等文化程度、中等经济收入的受众作为主要的收视群体，这样的定位具有巨大的市场张力。由上可以看出，从《雾都夜话》、《生活麻辣烫》的剧情演绎，到《拍案说法》的说书方式；从《龙门阵》的演播室聊天，到《巴渝人家》的纪实再现，重庆电视台致力于用电视的各种形态为观众提供喜闻乐见的故事。这些栏目资源，再加上电视里的“故事片”——电视剧，重庆卫视开讲“中国电视版故事会”，办得有声有色，五味俱全。

由此，重庆电视台的品牌核心价值可概括为：以平民视角演绎中国故事，以“人文”理念作为终极价值追求，以大台的眼光和负责任的态度实现社会效益，以时尚、动感、活力塑造麻辣的频道风格，以巴渝文化为内涵增添文化厚度，以传递的人文内涵和人文精神体现思想深度，以强化编播特色、整合资源、改版老牌节目体现创新力度。

品牌核心价值一般有三层：理性价值层、感性价值层和象征性价值层。其中理性价值层主要是电视媒体给予受众的使用价值，是受众品牌体验的最初层面；感性价值层是通过品牌体验的积累，电视媒体给予受众心理上的信任感、荣誉感和满足感，是受众品牌体验的中间层面；象征价值层是通过持续的品牌消费，电视媒体的价值观念和受众价值观念产生共鸣，是受众品牌体验的最高层面。强势品牌常常兼具这三层价值主题。

从理性层面看，重庆电视台通过情感访谈、法制专题、民生栏目剧和大型纪录片等反映生活，传达人文精神，满足观众的各种情感需求以及理性需要，在民生、法制、文化领域发挥着积极作用。从感性价值层面看，通过理性价值体验的积累，受众在心中对重庆电视台的信任感、荣誉感和满足感得到提升，重庆电视品牌的知名度、忠诚度、美誉度得到提高，广泛的社会公信力使重庆电视台的心理和情感凝聚力大大增强，从而起到凝聚社会力量的作用。从象征性价值来看，随着理性价值和感性价值的进一步强化，重庆电视台形成了以开放、亲民、情义、公益为主题的象征符号，获得受众认可。

最近，重庆电视台又提出了打造原创性的、独有的、排他的媒体品牌，让重庆电视台更具有固定针对性的凝聚力、吸引力和可持续忠诚度。以重庆卫视为重点，主要把媒体的品牌分解为三个层面的品牌，第一，充分开发媒体的政治属性，打造新闻品牌。第二，充分开发媒体的社会属性，打造公益品牌，卫星节目将以今年投资四千多万独家打造的日播节目《大爱中华行》作为主打栏目，并将《大爱中华行》的品牌延伸、放大、渗透到整个卫视频道以及频道群，形成独有的品牌。第三，充分开发媒体的经营属性，打造市场品牌，卫星节目在全国的覆盖和收视的排位必须保五争三。重庆电视台核心价值体系将进一步发展完善。

重庆电视台核心价值体系的完善与核心竞争力的提升

中央电视台品牌战略的实施大概要经历四个不同的发展阶段：第一阶段是品牌战略的生成阶段，也就是实施“节目精品化、栏目个性化、频道专业化”的精品战略阶段。第二阶段是“专业频道品牌化”阶段，这是央视品牌战略的丰富完善阶段。第三阶段是“绿色收视率”阶段，这是品牌战略的深化阶段。第四阶段是“最终实现整体品牌”阶段，这一阶段是品牌战略的奋斗目标。中央电视台的品牌发展战略的演进，也就是品牌核心价值的完善和核心竞争力提升的重要过程。这对许多电视台都有借鉴和启示作用。下面从几个方面阐述重庆电视台是如何实现自身核心价值，提升核心竞争力的。

第一，形象推广与塑造：稳固品牌形象，突出整体包装。

重庆电视台通过文字、图片、视频、音乐等方式，始终用最鲜明的品牌形象吸引观众、打动观众，从而促使观众能够持久地记住媒体形象，形成稳定的品牌“约会”，进而扩大收视规模，提升重庆电视台的品牌形象和号召力。

稳固品牌形象，应突出整体包装。频道整体包装由各栏目片头、频道形象片、栏目形象片、节目预告、新片预告、相对统一的色调、频道标识等组成。重庆电视台品牌整体包装应形式鲜明，重点突出，注重人文理念的传达和演绎，频道节目内容有机统一，从而营造良好的频道氛围，突出频道节目特点和深厚的文化底蕴。

栏目包装要体现人性化，即在了解受众心理和需求的基础上，让受众喜欢和容易接受。尊重受众的爱好和收视习惯，顺应受众的收视心理，包装中体现人情味、文化味、公益性。

频道包装以及良好的品牌推广可以产生广告效应，提高频道的知名度。在频道包装和推广时必须注意电视媒体并非孤立存在，它存在于一个巨大的“传媒生态圈”中。除了可以利用自家平台进行自我宣传之外，电视机构还可以广泛地与其他平面媒体、电视媒体、网络媒体进行良好的互动，利用新媒体的通道和技术来打造自己的影响力，宣传自己、推销自己。通过整合传播的策略实现自身价值的最大化。在整合多种媒体优势、构建立体化传播网络的同时应与企业充分合作，共同打造和推广强势品牌以及整合营销品牌，注重品牌衍生产品的开发。

第二，内容生产与播出：根据频道定位，做强内容产业。

媒体品牌的实现，是通过电视媒体拥有的品牌节（栏）目和品牌频道这些有形的视听“产品”以及因这些产品产生的社会效益和经济效益来体现的。品牌节（栏）目的生产对电视媒体品牌核心价值体系的构建具有重要的支撑作用。从品牌经营角度分析，栏目品牌是整个媒体品牌经营的基础。受众往往由关注一个栏目进而关注一个频道，首先记住一个品牌栏目而认知一个广电媒体。一个品牌频道往往拥有一批品牌栏目。当然，品牌频道和品牌媒体对打造品牌栏目也具有重要作用。重庆电视媒体品牌塑造体现在内容生产方面应该是从品牌节（栏）目到品牌频道再到传媒品牌价值的层层缔造。具体来讲，应该在推进频道品牌的总方向下，根据频道定位，做强内容产业。

准确理解频道定位是打造品牌栏目的前提。重庆卫视是重庆电视品牌特色的代表。其“故事中国，人文天下”的定位体现了重庆电视台品牌核心资源和价值追求。“故事中国，人文天下”的频道定位与湖南卫视的“娱乐”、江苏卫视的“情感”、东方卫视的“海派·时尚化”的定位迥异，也与西部地区的卫视频道定位有所不同。比如，同样提出“人文天下”的理念，山西卫视偏重于以秦川文化为依托的中国传统文化，有很浓的地域文化味。重庆卫视则构建以巴渝文化为依托的开放式文化，强调文化包容性。同样定位为中国故事，四川卫视的故事以编播电视剧加上情感类节目展示世间百态；重庆卫视的故事会则强调题材的故事性和叙事化的表达方式，并且注重故事与观众的渗透。利用参与故事演绎、选择故事结局、编写故事评论等方式，真正走进观众的生活中。

重庆电视台的品牌内涵应包括：平民性——节目内容偏重于平民化，讲通俗故事；公益性——大台的眼光和负责任的态度追求社会效益；麻辣味——时尚、动感、活力的频道风格；文化性——蕴涵巴渝文化特色。符合重庆卫视频道特质的品牌栏目应该汇聚简明通俗的叙事风格、心怀天下的人文观照，是带有公益色彩的亲民类品牌栏目。

在具体操作中应该以品牌栏目为着力点支撑频道品牌。只有那些特色鲜明、定位准确、贴近群众、贴近实际、贴近生活的品牌栏目、精品节目，才能在激烈的市场竞争中占得一席之地。

通过创新改版打造具有核心竞争力的精品节目是充实品牌内涵、提升品牌影响力的又一途径。精品节目有强大的生命力，能随着电视观众欣赏口味的变化而不断提升，随着电视节目自身发展的客观需要推陈出新。一档高品质的电视节目一定是形式与内涵的完美结合体，二者缺一不可。目前，重庆各电视台的节目生产与频道定位紧密结合，打造品牌节（栏）目和品牌频道来支撑频道定位。重庆卫视已经形成了一批名牌栏目，《拍案说法》、《雾都夜话》、《情感龙门阵》等具有一定影响力。但是，若要打造成为频道标识栏目还需要进一步挖掘其内涵。比如在品牌发展中注入公益性。因为在目前社会发展的大格局下，谁能构建公共话语高质量的分享平台，谁就能够成为当今的媒体英雄。

第三，文化体系构建与深化：深挖本地资源，拓展文化底蕴。

重庆电视台在现代传媒理念指导下既延续了特色鲜明的巴渝根脉，也体现了海纳百川的文化包容性。在节目创新、节目引进方面体现了极强的文化张力。目前，重庆电视台还应在文化底蕴和内涵的加强、文化氛围的拓展上下工夫，最终形成以重庆卫视为旗舰频道、以精品节目为基石、以权威栏目为支撑、以专业频道为后盾、以特色主持人为形象标志的文化系统。积极传播先进电视文化，努力提高人民群众的思想文化素质，以明确的价值观念指导品牌建设的开展。

在当前形式下，电视频道间的竞争，除了人力、财力的竞争之外，最为显著的就是资源的竞争。谁能找准自身定位，将本地优势资源转换为战略资源就能抢占先机。在挖掘品牌的文化内涵方面，重庆电视台可依靠优势资源，彰显本土特色。

挖掘政治资源。独特的城市定位给重庆电视品牌的发展提供了土壤。重庆具有得天独厚的区域优势，作为直辖市将有望成为西部地区的重要增长极和长江上游地区的经济中心。

重庆直辖十周年特别节目《走过十年》所获得的高收视率就证明，“直辖市”包含着丰富的政治和经济信息，是开掘高端节目、进行活动策划的上等资源。

挖掘历史资源。挖掘历史人文资源增加重庆电视品牌的文化厚度无疑是正确的思路。比如在新时代背景下提倡“红岩精神”。红岩精神的基本内涵包括崇高的思想境界、坚定的理想信念、巨大的人格力量和浩然的革命正气四个方面，符合当今中国的主流思潮。作为高瞻远瞩、有气魄的大台，可以充分利用这些资源以提升品牌档次。此外，在重庆的历史上，涌现出了一批彪炳史册的著名人物。这些人物的事迹已经融入重庆文化之中，如果能挖掘这一类资源让经过历史沉淀后形成的精神力量渗透至重庆电视台的节目之中，将会使重庆电视台的节目具有更鲜明的特色，走出电视文化传播中的差异化之路。

挖掘人文资源。名扬四海的巴渝好儿女也可以作为节目开掘的资源。这些人喝着嘉陵江的水长大，骨子里有重庆人坚韧忠勇、正直好义、勤劳朴实、豪爽刚烈的秉性。如果划出一块阵地讲述他们的故事，这样的节目既切合了时代的奋斗史，又宣传了重庆精神，还符合重庆电视台的品牌特征。

挖掘热点资源。电视媒体前瞻性的眼光体现在能否于时代流变的长河中即时抓住当下的热点、焦点。比如2008年，重庆卫视可以借“奥运”契机做一些原创性的专题节目，或是百姓与奥运的故事，以实现对奥运资源的充分利用。

第四，运行管理与评估：制度化管理，量化评估。

规范的管理，高效的服务，为品牌运行提供有力保障。重庆电视台不断推动管理体制机制创新，推动管理工作由“管理型向服务型，粗放型向精细化”转变，促使管理更加规范，服务更加高效。之前重庆广播电视集团探索出的媒体和网络同步整合的新模式，被业界誉为“重庆模式”，它的出台和推进为重庆广电集团积淀了深厚内涵。到2008年，重庆广电集团迎来经营管理体制上的重大变革。重庆广电在保持原有风格不变的情况下，尝试走精品化路线、明星制路线，从节目、活动到主持人的竞争力实现逐一提高，寻求整体实力的提升。目前，总体思路是实行“统一规划、统一编播、统一审查、统一广告协调”条件下的频道运营责任制，也就是业内通常所言的频道制与中心制的一种杂交与“混搭”。

运用科学有效的量化手段和办法，同时借助市场的开拓和新型组织形式，使传统电视媒体品牌影响力进一步延伸，使新的品牌理念融入品牌战略的实施，增强品牌的核心竞争力十分重要。然而构建电视媒体品牌竞争力的考量体系，需要在明晰考量的重点层次后，重点针对电视频道品牌价值核心要素，剖析影响电视频道品牌价值核心要素的诸多维度，通过对电视媒体品牌竞争力的综合量化分析，实现“无形”的品牌价值“有形化”。

目前，重庆电视台应积极吸纳优秀人才，增加技术装备投入，并建立一定的绩效考核制度，搭建起更广阔的全国传播和运营平台，对“故事中国”进行全面深化，通过新年编播季的实施对内整合推广、编排和销售，对外进行创新型营销推广及跨媒体立体合作。

第五，品牌的维护与开发：

（1）注意广告客户的开发与维护。一是与客户深度接触，为客户提供最科学的广告营销策略。产品成长时期不同，其广告需求的侧重点不同。只有满足客户需求的广告才

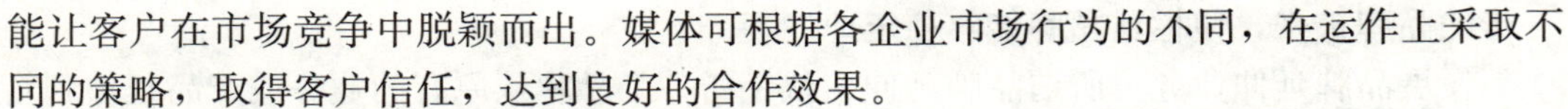

能让客户在市场竞争中脱颖而出。媒体可根据各企业市场行为的不同，在运作上采取不同的策略，取得客户信任，达到良好的合作效果。

二是建立专业的客户管理与维护系统。电视媒体不仅提供信息发布的平台，创造出广告的新增长点，还要积极培育客户的市场成长空间。广告经营者要善于关注各种产业的发展趋势，善于分析和识别新兴产业发展的主导动向，不断培养和创造出广告的经济增长点。合作期间，频道长期关注市场上的各类信息反馈，一旦消费者和客户的需求发生变化，频道就要迅速调整营销策略，制定相应的对策，以适应市场的变化。此外，为客户提供一整套的服务，打造高品质的平台。地面频道注意贴近性和针对性，注意广告包装与本频道气质相符合。

三是利用频道的品牌效应和品牌影响力提升客户形象。核心竞争力必须对客户所重视的价值有关键性的贡献，如收视率、覆盖率等。

（2）确立整合营销传播的理念。整合营销的核心是要求全面整合最有效的品牌传播途径，以达到最大化的品牌传播效应。节目不仅要依靠栏目自身的影响力，还要通过栏目整体营销推广体系，采取诸如广告、公关、新闻、附属产品开发等一系列推广手段，利用各种媒体进行宣传，使受众获得众多的该品牌的信息刺激点，提高受众对节目的关注度和忠诚度，树立品牌形象。

在观众满意的节目源上，建立有效的营销策略。一方面应整合多种媒体优势，构建立体化传播网络；另一方面应寻找自我优势，强调品牌自身特色。此外，还应与企业充分合作，共同打造和推广强势品牌以及整合营销品牌，注重品牌衍生产品的开发。

（3）在活动规划与营销方面。重庆电视台在2007年采用了全新的活动营销模式——摒弃近两年传统选秀“娱乐化”的空壳，注入全新的故事内核，使活动变成有血有肉有故事的价值载体，并以超强获益手段、成本领先优势、资源整合能力、强大的眼球吸附力、紧密的品牌融入度等超越传统的五大优势作为服务客户的实效营销模式，用专业的服务理念搭建媒体、客户、观众的“三赢”平台，实现高到达率、高收视率、高回报率的三高型有效传播。

（4）根据品牌市场周期进行管理和维护。重庆电视台应根据品牌市场周期进行管理和维护。品牌管理和维护要建立在高品质节目的基础上。品牌化过程也会有四个阶段的市场周期，即初创期、成长期、成熟期、衰退期。在节目品牌进入成熟期后，其边际投入产出曲线已经趋于平缓，单纯通过栏目改版、更换主持人、更新表现形式等手段并不能改变栏目走下坡路的命运。高品质的节目内容则不同，它无法被简单复制，它是整个节目团队智慧和气质底蕴的体现，只要保证节目内容的高质量，节目就不会因为一两个人物的缺失而遭到重创。当然，对内容进行不断创新是高品质节目的保障，也是形成核心竞争力与维护节目品牌的关键。

要根据不同发展阶段采取不同的管理和维护手段。在创办期和成长期，品牌管理和维护的重点应当以提高品牌知名度、扩大栏目社会影响力为主，尽可能赢得最大范围目标受众的关注，建立栏目的品牌形象。而当栏目品牌基本确立，受众群体基本稳定，品牌步入成熟期后，栏目品牌管理和维护的侧重点则要转入对栏目品牌进行巩固和维护上来，要通过各种有效的方式使栏目始终保持对目标受众的吸引力，进一步提高观众对栏目的忠诚度，保证比较稳定的栏目收视率。同时要善于利用已取得的品牌资源进行更进一步的品牌扩张，使栏目品牌能够稳定地发展。

发展品牌延伸业务。所谓品牌延伸，就是指一个品牌从原有的业务或产品延伸到新业务或产品上，多项业务或产品共享同一品牌。节目不能单纯依靠某一种战略取胜，而是要根据竞争形势综合运用多种竞争战略，并且在不同的竞争阶段侧重点也应有所不同。

第六，观众锁定与互动：细分市场，提高观众忠诚度。

重庆电视台采取了在市场调查的基础上，根据频道定位，对受众进行细分并有所取舍的策略。重庆卫视主攻对外扩张，利用高质量的自办栏目吸引全国观众；重庆电视台的地面频道则走贴近性和专业化的路子，牢牢把持本地市场，拓展生存空间。

在此方面，重庆卫视是电视剧营销活动中“互动”环节的领先者，其在电视剧播放中有效地运用了互动性，加强了品牌的贴近性，使观众有一个较为明确的锁定目标。互动作为重庆电视台的特色符合时代发展的潮流，应该得到极大的发扬。下一步可以开设观众点评的栏目，打造出一系列的“观众评节目”的新型电视节目互动类型，积极拉近频道与观众的距离。

在策略上要做到有的放矢，采用目标聚集策略。首先，依靠节目本身的个性特色来培养忠实受众，开发影响力资源。其次，满足目标受众多样化和不断变化的需求。节目要机敏地观察到这些需求的变化，并针对这些变化调整节目的内容、节奏以及风格，以便更能贴近目标受众的生活，给他们带来满意的精神食粮。再次，重视开掘潜在的观众群。所谓潜在观众群是指对某一类节目的收视心理有潜在意愿的观众群体，即有可能成为目标受众的观众。潜在受众是对栏目锁定的目标市场进行纵深延展的基础。

第七，目标明确：制定明确的品牌战略目标和阶段性目标。

为明确品牌建设方向，加快品牌建设步伐，重庆电视台应根据国内外媒体竞争环境和自身情况，制定明确的品牌战略阶段性和总体目标，指导品牌建设不断前进。

按照公益性和经营性电视事业并行发展的宏观思路，2008年，重庆电视台提出“品牌提升，产业突进”的八字方针，以此统筹品牌建设的全局发展情况。要完成这个任务就必须做到开放整合。要面对国际市场、国内市场、重庆本地市场，全方位地开放，消除生产要素流动过程中的所有壁垒和障碍，特别是面向三大技术市场：模拟、数字、新媒体市场；面向三大空间市场：国际、国内、本地全方位地开放。另外就是整合，要通过无形资产和现有的资本积累，在全球的大环境中整合优势的人才资本、技术资本、智慧资本，全方位整合形成新的竞争优势。

[在重庆电视台节目创新高端论坛上的演讲，载《中国传媒经济理论三十年（重庆）峰会论文集》2008年3月]

品牌意识：时效性·贴近性·规模效应

——从安徽电视台《第一时间》说起

安徽电视台推出的大型新闻资讯服务类栏目《第一时间》，自开播以来凭借其及时性、贴近性、服务性的特色在收视排行榜上居高不下，备受观众的喜爱和业界关注。

针对城市电视新闻普遍存在的题材雷同化现象，创新是必然也是必需的。《第一时间》的创新机制体现在题材内容和播出形式两个方面。

首先在题材内容上：一方面是题材的获取，由于这一类节目的报道范围局限在一个城市之内，新闻题材有限，如果按照以往的题材获取方式选择题材，那么本身就为数不多的题材更会显得雷同和单一。《第一时间》打破了这种常规的题材获取方式，主动出击，与市民、与社会实现"零距离接触"。每天，《第一时间》派出十几部采访车穿梭于都市的大街小巷，近50名记者、摄像，工作在街头，采访在社区，活跃在人群中，流动在夜色里，从而大大拓宽了题材获取的渠道和题材的范围。另一方面，在题材的挖掘上，《第一时间》要求记者树立"人无我有，人有我新"的新闻产品观念，对同一题材通过不同的视角和细节的展示来挖掘出其更多层面的价值空间，这就对记者的专业能力有相当高的要求。

其次在播出形式上：题材上的不足在某种程度上会由于播出的及时和形式的新颖而得到弥补。一方面，《第一时间》采用最能体现时效性的直播方式，将演播厅与新闻现场结合起来，随时插入最新的重大新闻和突发事件报道，并在演播室现场开通热线电话、手机短信和网络热线三个互动通道，随时回复观众提供的信息。另一方面，在节目的编排上采用一种无模式化编排，时下的新闻编排大多是固定的、板块式的，而《第一时间》不强调板块，但强调时段，把最精彩的内容放在观众意想不到的地方。这样的安排还原了百姓生活的原生态经验，可能有点所谓的"乱"，但可以让观众有一种不可预知性和期待性，营造出新的收视刺激点和亮点，从而力求从整体收视上留住观众。

在坚持时效性、贴近性的基础上求深度

业界普遍认为新闻做得越短、越快、越近，就越没有深度，但是通过《第一时间》，我们看到在保证新闻贴近性和时效性的基础上，对其深度的挖掘仍存在很大的空间。这类以第一时间平民化的社会新闻报道为特色的节目同样可以做得有内涵、有意义，既在市民阶层中有良好的口碑，又在高层次观众中占有一席之地，进而获得较大的社会影响力，占领更多的广告市场份额。在这一点上，《第一时间》一方面是加强新闻策划，另一方面是体现一种人文关怀和社会责任感的编辑思想。

要做到既及时又有深度，把一些好的新闻题材报道到位，新闻策划就必不可少。针对这类社会新闻的策划可以有两种途径：一是将具体的事件和整体的事件联系起来。将局部的新闻事件与社会的整体发展紧密联系起来的新闻，相对于孤立地报道某一事件的新闻，更有深度、广度和冲击力，观众的欢迎度也要高得多。编导依据某个时期国家或当地政府的工作重点和重大活动安排，预计它可能会涉及的社会生活的方方面面以及百姓关心的重点，进而查阅相关的全局性的资料形成总体的报道意识，在一出现类似新闻后，便将对它的报道与整体形势结合起来，既及时又不乏深度和广度。另一种途径是将可能发生的新闻与日常工作联系起来。一切事物的发生发展都有其规律，包括很多偶发的新闻事件都是可以预测的。作为记者来讲，要经常主动观察与分析社会生活中的各个领域，并预测事件的发展走势，提前做好报道准备，遇到突发事件便可以在第一时间报道出一则有思想、有深度的新闻来。

除了加强新闻策划之外，《第一时间》在对任何一件小事的报道上，都体现出自身的编辑思想。主持人不仅要播新闻、告诉观众发生了什么，还要在播后有更多的评判、分析。这些观点渗透着强烈的社会责任感，饱含深厚的人文关怀。这也正是使一档栏目具有高收视率和高美誉度的有效途径。

建构规模效应，树立品牌意识

《第一时间》建构了一个60分钟时长的大规模新闻平台。应该说，60分钟不仅仅是时间长短的问题，更具有从量变到质变的形态学尺度意义。形成了节目的规模效应，也就具备了形成其重要地位的基础。有些电视台里也有一些类似的新闻资讯类节目，但没有引起大的反响，也没有得到足够的重视，很大程度上是由于单个栏目的体量和同类栏目的数量还没有达到一定的规模。这个规模是形态学上的一个尺度，过了这个尺度，事物就发生了质变。在规模效应的基础上，《第一时间》启用已经具有一定影响力的主持人，从而在短期内迅速提升了《第一时间》的知名度，同时重视栏目包装，推出“紧随第一时间，生活天天新鲜”的栏目广告语，将栏目的包装交由一家有实力的制作公司进行制作等。利用多种传媒和手段来树立栏目品牌，以品牌来带动整个节目内容，进而提升整个栏目的知名度和社会影响力，从而使新闻资讯类节目在强大的规模效应和品牌影响力之下，在电视台一步步建立起自身的重要地位，进而承担起“新闻立台”的重大使命。

总的来说，城市新闻资讯类节目在题材类型上具有很大的可持续发展的空间，尽管在发展过程中不可避免地会出现一些问题和矛盾，但是有一大批类似《第一时间》的栏目在不断地创新和探索中为我们摸索出一系列的经验与教训，并引发我们对这一类节目的发展战略进行思考。相信不久之后，城市新闻资讯类节目的发展将日趋成熟和完善，使电视新闻能真正发挥主力和龙头作用，在我国的电视新闻领地开拓出一片常青的绿洲！

（载《当代电视》2004年第5期）

平视与透视：《新闻参考》的媒介观

在第十九届中国新闻奖电视专栏类中，吉林电视台的午间新闻节目《新闻参考》凭借个性化的编排模式以及突出的内容优势，脱颖而出荣获一等奖。其值得同行借鉴之处，主要有以下几点。

播报形式：轻松地交流，深刻地评点

《新闻参考》栏目采用男女双主播形式，更具交流感和亲和力。两位主持人坐在演播室里，用寻常百姓的语言、语态与观众交流，并在播报新闻时饱含对民生的关怀。从内在的思想、情感，到外在的语言服饰和行为举止，主持人都平民化，和观众打成一片。轻松的氛围和讲述方式带给观众如同在朋友家聊天的感觉。

除了形式贴近外，栏目还引发观众对“切身利益”和“生存状态”的深刻思考。在获奖的这档节目中，有一条“政府向低保户发放免费电视，却被村干部从中收费”的报道，主持人在最后作出点评：“好事”要办好，不但要有办“好事”的那颗心，还要有办“好事”的制度。一语中的，深层次地挖掘了问题的实质，利用媒体的话语权为民生呼唤一种成熟的社会体制。

编排模式：横向联排，纵向落点

《新闻参考》栏目在新闻制作上采用独特的模式，将具有互证、反证或参考价值的几条新闻组合编排，力图开掘新闻事件的深度，给观众以不同角度的分析和判断。

新闻的组合编排能够为每一期节目构造逻辑主干，串联各个新闻事件的深层价值。以获奖作品为例，头条“长春病危产妇尹文娇得到社会各界救助”中所挖掘的“人间真爱”作为情感主线，串联起新闻事件“吉林省政府为困难家庭户赠送的电视机，却被村委领导从中收取运费”中的现实追问和“农户不慎将五千块的人民币放入粉碎机，化为一堆碎片，大量热心市民自愿为他拼接碎片”中的人情温暖。纵深的新闻链，真实地诠释了人间冷暖，各条节目衔接自然，首尾呼应，浑然一体。

新闻落点的逐次渐入，能够为观众提供多元化的视角和丰富的细节。该栏目多采用体验式报道，运用比较、类比手法采编民生新闻。通过寻找事件的第二、第三落点，呈现丰富的细节和完整的过程，展现事件的全貌和社会的真实场景。

在这期获奖作品中，报道了农民在“订单农业”中遭遇单方毁约而蒙受损失的事情，提醒农民注意相关事项。记者采访了甜菜订单企业，了解实际情况；走访了相关领域的法律专家，寻找解决途径；并同向比较“养殖订单难履行”的新闻，调查这一现象产生的原因，提醒农民朋友弄清合同内容，慎选合作单位，明确纠纷解决方式，注意风险防范。

从纵向角度看，栏目对长春病危产妇尹文娇的救治情况进行了跟踪报道，实时关注，及时播发最新动态，并派出记者前往哈尔滨，对参与跨省救治病危产妇的社会各界进行采访。全方位的展示，让观众从多角度了解了新闻事件，更深刻地体会到了人间真爱。

定位原则：深入浅出，差异化竞争

在观众同城化、内容同质化的竞争格局中，《新闻参考》栏目凭借差异化定位，探索到更为广阔的发展空间。

（一）面缘亲和，人气旺盛，培养立体级深的受众忠诚

该栏目以其极具特色的编排模式，展现出一个“好邻居”的面缘，平易随和；用内容优势和真情关怀汇聚人气，用服务性和感染力打动观众，以此赢得观众的收视忠诚。

获奖作品中对城市噪音扰民的报道，采用了跟踪报道模式，也对噪音的常识进行了拓展，用现场试验等浅显易懂的方式普及噪音危害的常识；在报道市民得了打嗝不止的怪病时，请相关医学专家进行诊断、释疑，以期通过通俗易懂的话语解释复杂的病情，并为主人公寻找到可行的治疗方案，而不是单纯的猎奇。

（二）规避时段竞争风险，深度开发次黄金时段的优势

该栏目在吉林卫视的首播时间是周一至周五中午的 12：30，正是午餐和休息时间，不少办公室、公共场所及家庭中都开着电视，此时，社会新闻往往能吸引大家的关注，激起广泛的讨论。更为关键的是，这个时段民生新闻的密集度不高，比起晚高峰，受众的选择忠诚度更高。中午时段不是传统意义上的黄金时段，但随着生活节奏的加快，其含金量正在逐渐提高。通过深度开发次黄金时段，该栏目全国收视份额超过 1 个百分点，长春本地份额平均超过 20 个百分点。

（三）亲近民生问题，深入公共政策

在对“订单农业的风险”和“免费电视不免费”的报道上，该栏目都直指公共政策层面，不仅敢于言说政策层面对农民利益保护不够，农民承担的风险过大，缺失沟通和解决渠道，还通过采访相关法律专家，研究如何利用法律手段规避风险和保护农民利益。在“免费电视不免费”的批评报道中，勇于承担媒体的社会责任，对政府部门施加舆论压力，引起上级部门的重视，敦促事情的解决。

民生新闻在经历了被推崇和质疑的过程后，正在开启理性的发展道路。对于转型期的中国社会，民生新闻仍然是民生之所需，但百姓需要的是真正的民生关怀，而不是把民生端放在秀场上，以供观赏和猎奇。

《新闻参考》栏目既秉持了民生的基本价值理念，在报道角度上也做到有高度的“平视”和有深度的“透视”，彰显了公共新闻的媒介理想。需要改进的地方是话语方式的运用。作为一档民生节目，选择大众民生话语方式的定位是非常准确的，也起到了很好的效果，但“大众民生”话语方式不等同于“戏说”，不能一味地把百姓的亲身经历故事化，把握好轻松的度是非常重要的。

（载《视听界》2009 年第 11 期）

主流与多元　辉映与互补

——2004年中国电视剧创作报告

2004年度的中国电视剧创作又迎来了一个丰收之年。在年初的全国电视剧题材规划会上，与会领导指出电视剧创作应该遵循以“三个代表”为指导，以“三贴近”为途径，以“三个面向”为方向，以“三性统一”为标准，进一步繁荣和发展电视剧艺术的原则。[①]在这一原则指导下，2004年的中国电视剧创作持续繁荣发展，各制片公司向广电总局申报并获批准立项的电视剧目达到2120部55328集[②]，与前两年的两万多集相比，数量上大为增加。在题材上，这一年的荧屏不再是武打言情剧的天下，红色经典、军旅题材、家庭伦理剧成为亮点。

主旋律是电视剧创作的主流，在题材选择和创作理念上均有所创新。本年度的电视剧创作，对先进文化的弘扬更加自觉，主旋律电视剧再创辉煌，无论是数量还是质量都呈现出蓬勃发展的态势。

第一，革命历史题材电视剧创作在注重思想性的同时，艺术性和观赏性也大为提高。2004年是邓小平诞辰100周年、新中国成立55周年以及红军长征胜利70周年，一批重大革命历史题材电视剧作为献礼剧走上荧屏，包括《邓小平》、《邓小平在重庆》、《邓小平在会昌》、《童年邓小平》、《林海雪原》、《小兵张嘎》、《烈火金刚》、《苍茫天山》、《强渡嘉陵江》等，其中不乏亮点，对“红色经典”的改编和重拍便是今年最引人注目的领域之一。一批曾在全国引起较大反响的革命历史题材文学名著，经过新的解读和诠释，重新登上了荧屏。从《林海雪原》到《小兵张嘎》，从《烈火金刚》到《红旗谱》，“红色经典”的重拍引起了广大观众和学者专家们的广泛关注。《小兵张嘎》无疑是此类电视剧的代表作品。对于重拍一部曾经承载了民族共同记忆、具有浓厚时代特色的作品，《小兵张嘎》忠实于原著的主题立意，保留并强化原作的时代背景，恰到好处地唤起了人们的民族认同感和怀旧情结，同时在叙事方式上又注入现代气息，在把握原作核心审美价值的基础上，从叙事节奏、叙事视点、叙事语言上进行了现代化、多样化的扩充，成功地实现了思想性、艺术性和观赏性的三性统一。除了“红色经典”剧目的改编外，在2004年度的革命历史题材电视剧中，原创作品同样引人注目。为纪念邓小平诞辰100周年而推出的一系列电视剧从各个角度、各个视点全面而真实地展现了伟人的生活与追求。此外，还有反映新疆和平解放后我军平息匪徒叛乱的《苍茫天山》、反映解放战争历史事件的《强渡嘉陵江》等剧。

第二，军旅题材作品的创作数量颇具规模，并显示出一些创作理念上的新突破，选材内容丰富，体裁、叙事风格也呈现多样化态势。（1）大批军旅电视剧涵盖了军旅生活的各个领域，从不同角度书写军人的风采。《长空铸剑》作为第一部反映空军新装备部队的作品，场面气势恢弘。《历史的天空》直面抗日战争后长达40年的历史，将历史的抒写与个人化叙事相结合，充满人性化色彩。《军人机密》在着力表现战争场面的恢弘和残酷的同时，也注重描写战斗英雄在和平年代的生活转变。《追日》叙述了两位小战士成长为国际知名科学家的传奇人生，蕴涵着对生活、历史、人生意义的深刻认识。讲述中国最后一支骑兵部队的《最后的骑兵》、描写侦察兵生活的《侦察兵的荣誉》等，也都将思想性和艺术性较好地结合起来，赢得了观众的赞赏。这一系列电视剧深刻地体现出军旅作品在创作理念上的提升，具体来看，体现在作品选材的多角度：既有展现当代新型部队建设的《长空铸剑》、第一部反映军事医学专家成长的剧作《追日》，又有将镜头对准已经退出历史舞台的骑兵部队的《最后的骑兵》等片，涵盖了我军各个领域。(2) 在创作理念上贯注着现实主义精神。本年度的军旅题材电视剧充分关注时代语境，将我军的建设发展与当代的现实语境紧密联系，使得故事情节、人物个性都映射出鲜明的时代特征。《长空铸剑》一剧以空军转型建设和跨越式发展为背景，浓墨重彩地讲述了一系列惊心动魄的故事，塑造了一批具有时代特质的军人，体现出现代军人与时俱进的精神品格和职业观念。(3) 表现形式的多样化。叙事风格上既有凝重宏大的正剧，如《军人机密》等，又有诙谐幽默的轻喜剧，如《炊事班的故事》。叙事体裁上既有戏剧性与诗意相结合、带有传奇色彩的长篇剧《追日》，又有抒情散文式的短剧。

第三，以爱国主义为主题的古典和近代历史题材电视剧在深度和广度上显示了突破性的进展。几部关于台湾题材的电视剧《大英雄郑成功》、《台湾首任巡抚刘铭传》、《沧海百年》相继亮相荧屏，以集体出击的姿态吸引了观众眼球。这几部电视剧坚持正剧道路，集中表现台湾大陆血脉相连的爱国主题。《台湾首任巡抚刘铭传》是一部纪实风格很强的凝重的历史正剧，以台湾保卫战为背景，多角度、多层面地展示了台湾历史上一段风云变幻的岁月。《沧海百年》首次将台湾本土历史和垦民生活纳入表现范畴，通过雾峰林家家族命运的发展史，折射出垦民的垦荒史、创业史和爱国史，历史跨度长达一百余年，在深度和广度上都较以往作品有了拓展。除台湾题材以外，其他一些以爱国主义为主旨的历史题材电视剧也颇有值得称道之处。《国宝》以20世纪30年代日寇侵华为背景，通过文物南迁的故事展现出中华文明的博大精深，彰显出中华民族的不屈精神，艺术表现手法也十分细腻精致，音乐设计采取民族音乐和西洋音乐相结合的方式，细致婉约又大气磅礴，灯光设计上充分利用光的变换表现文物的厚重神秘以及沉重压抑的气氛。《记忆的证明》揭秘第二次世界大战末期中国劳工在日的悲痛史，从今天的视角探索非正义战争对人性的扭曲和泯灭，艺术构思可圈可点。首部反映澳门人民在殖民侵略下如何生活、如何反抗的电视剧《铁血莲花》，则表现了强烈的爱国情怀和民族气节。

第四，农村题材电视剧在体裁和深度上有所突破。本年度的农村题材电视剧数量并没有很大的突破，有《当家的女人》、《种啥得啥》、《欢乐农家》、《马大帅》、《天高地厚》、《商镇风流》等，但在创作体裁和思想深度上对传统题材有新的突破。其中央视大力打造的“农村题材精品剧三部曲”——《当家的女人》、《种啥得啥》、《欢乐农家》均取得较高的收视率，在艺术手法上也有所创新。《当家的女人》体现出编导创作意识上的明显转换，即不是以题材或主题为中心，而是以人为中心，通过对人物内心世界的展现，深刻提示了农村改革中遇到的一系列社会问题，并从文化观念、文化心理、文化价值的角度作出了回答。《种啥得啥》和《欢乐农家》则都是以喜剧形式表现东北黑土地文化的农村题材剧，通过一系列风趣幽默的故事，呈现当代农村生活中孕育的深层观念改革，深刻的内涵和轻松的表现形式体现出一种奇异的和谐。《天高地厚》则是一部极有深度的史诗巨片，以三个农民家庭 30 年来的恩恩怨怨，从历史角度写出中国农村、农民走过的发展道路和思想观念、生活的巨变。另外，《脚下天堂》通过三个青年志愿者在大西北工作、生活、学习的故事，《城市的星空》通过关注从农村涌入城市的新一代"打工族"，以更广阔的视角从各个角度展现了农村的现实与发展。总体来看，这些农村题材剧都具有较强的现实针对性，让人思索新时代的党群关系、干群关系，思索如何让更多的农民尽快富起来，思索进城农民工给城市带来的诸多问题。从内容上看，涉猎了"三农问题"、农村反腐倡廉、农村党群关系、干群关系、脱贫致富、计划生育、农村教育、新型农业经济、农村两个文明建设等方方面面，避免了过去内容的雷同情况。

第五，现实题材电视剧亦有视点独特、取材大胆的佳作涌现。在本年度的电视剧创作中，现实题材作品不容忽视，无论从艺术手法还是表现深度上都有值得称道之处。首先是体裁更为丰富，例如讲述矿难事故的《凤凰岭》，就是用戏曲电视剧的独特方式关注当前社会热点，呼应现实生活中焦点问题的好剧。而反映青年志愿者主题的《请让我来帮助你》则采用幽默平实的轻喜剧风格来表现中国青年志愿者服务精神这一崇高主题，试图在轻松与幽默间让观众品味主旋律题材，带给观众一种全新的感觉。其次，题材选取也有一些较为独特的视角。《女子监狱》用"弱情节叙事"的方式，"不靠离奇曲折的情节，也不靠那种迭起的悬念，它靠的是细节的真实和情感的细腻，而且，这种真实和细腻都充满了人性化关爱"，获得了成功。《英雄时代》诠释了新时代英雄的概念，展示了以史天雄为代表的"信仰英雄"的风采，在金钱、权力、信仰和爱情的纠葛背后，隐含耐人寻味的深意，引发对人生价值的思考。《生命烈火》在平实中蕴含着巨大的艺术张力与感染力，凸现出一群在特殊时期特别能战斗的人民警察队伍和医疗队伍，谱写出一曲青春无悔的壮丽诗篇。

电视剧创作彰显多样化态势，以"三贴近"的原则实现了"三个代表"的指导思想。"三贴近"是实现"三个代表"的重要途径，也是广大人民群众的迫切要求。本年度的电视剧创作顺应这种要求，在贴近生活，探究人性的深度，表现民生、民情、民趣的广度上，均较去年有所提高，实现了电视剧创作的多样化。

第一，家庭伦理题材的电视剧实现了创作导向上对传统道德的回归，同时在内涵的发掘上有所升华。今年央视推出的《浪漫的事》、《大姐》、《婆婆》、《我的兄弟姐妹》、《中国式离婚》、《海棠依旧》、《香樟树》等家庭生活剧、亲情剧，注重文化立场上的平民化，高度关注当代中国普通市民的生存状态，具有明显的人本主义色彩，以其真实鲜活的特色形成与宏大叙事的有益互补。与 2003 年同题材电视剧相比，本年度的平民电视剧在主题和题材上有所拓展和升华，表现角度也越发新颖和多样化，具体表现在：(1) 主题与时代精神同步，题材超越家庭的小圈子，有所拓展。对下一代教育问题进行探索和思考的《婆婆》；着力表现目前社会转型时期人们普遍关注而又焦虑的日常道德伦理层面的《肇事者》；通过一对夫妇婚后十年的成长和变迁，折射出 20 世纪最后十年中人们的情感思维模式的《结婚十年》，用题材各异的内容，表现了时代的变迁和发展。

(2) 作品的品位有所提升。《中国式离婚》与以往强调第三者插足导致婚姻解体的电视剧不同，提出一个崭新而深刻的命题：很多婚姻的解体不是因为第三者，而是因为它自身的问题。同时通过剧中离了婚的单身母亲肖莉的存在证明，无论何种生活方式，其关键在于个人的努力和把握。(3) 作品的视角和表现形式更加新颖。《浪漫的事》捕捉平凡生活中的浪漫，用精美的画面语言在通俗叙事的模式里把一个世俗的故事讲得有相当的艺术感染力；《婆婆》大胆尝试用新的手法表现世纪中国老人们的黄昏恋，塑造了新时代的中国老人形象；《肇事者》则以一种较为娱乐化的方式，探讨了一个极其严肃的社会问题。

第二，一般历史题材的古装剧在对历史名人进行多样化阐释的同时，也关注历史上普通老百姓的生活。今年热播的《卧薪尝胆》、《秦始皇》、《成吉思汗》、《至尊红颜》、《末代皇妃》、《神探狄仁杰》、《风流少年唐伯虎》、《皇太子秘史》、《江山风雨情》、《大汉巾帼》、《骊姬传奇》等作品对历史著名人物进行了新颖的多样化阐释。《卧薪尝胆》颠覆了以往我们对于勾践这一人物的特定评断，揭示隐藏在人物扭曲心理背后的某种历史必然性，通过人物性格中弥漫的悲剧性征服观众。《秦始皇》与过去一些一味歌颂皇恩浩荡的作品不同，具有深刻的历史批判价值，用一种鲜明的现代意识，赋予历史以"人学"化、性格化的潜在底蕴，将历史与人性互为穿透、互为交融，打造出史诗剧的悲壮风格。《至尊红颜》将正史的知识性和野史的趣味性融为一体，将现代意识的人性主题和古典式的英雄美人主题融为一体，以轻松搞笑的喜剧风格，架构出一段历史传奇。《荆轲传奇》通过讲述荆轲如何从儿女情长的少年变成冷酷杀手的过程，着力刻画人性的蜕变，是历史情感戏中的佳作。除了这一批讲述历史风云人物的电视剧外，今年的历史题材作品也注重反映历史上普通老百姓的生活，如《大栅栏》、《大马帮》、《厨子当官》、《汗血宝马》、《百姓秀才官》、《龙票》、《白银谷》等，呈现出百花齐放的审美风格。《大栅栏》以冷峻的现实主义手法，反映了清朝时老北京们的艰难生存状态，揭露了腐败羸弱的大清朝；《厨子当官》以清朝两个御厨上任知县为主线讲述民间传奇，贯注当代意识，剧情幽默诙谐；《天一生水》以一种唯美的风格，讲述了江南第一藏书大家族三代人的命运；《大清徽商》以大篇幅、大视角、大容量、大手笔，全方位地展现出一部浓缩的晚清商业市井图。

第三，青春偶像剧在立足本土资源的基础上，充分借鉴各国经验或直接与国外合作，取得一定进展。《情定爱琴海》、《红色地毯黑色梦》、《夏天的味道》、《摇摆女郎》、《向左走，向右走》、《悄然走进你的世界》、《一米阳光》等国产青春偶像剧，以其绚丽夺目的视觉效果，偶像加盟的明星效应和诙谐幽默、充满生活情趣的娱乐风格，得到越来越多的观众的喜爱。本年度青春偶像剧与以前相比，具有两个明显特点：一是摒弃以往照搬照抄日韩剧的做法，洋为中用，在借鉴和合作中走出了一条新路。《好想好想谈恋爱》翻版自美国热门电视剧《欲望城市》，剧中四个大龄女青年每天都在三里屯酒吧神聊，风格大胆敏感；被称为内地版《天桥风云》的《女才男貌》描述了一个光怪陆离的模特圈以及色彩斑斓的利益世界，构图拍摄十分精美，时尚色彩极浓；《北京，我的爱》中，中韩两国演员不同的表演风格形成强烈反差，具有鲜明的特色；改编自漫画的《双响炮》，沿用《粉红女郎》的强大班底，讲述一个窝囊男人受老婆和丈母娘夹板气的故事，是一出轻松诙谐、笑料十足的喜剧；《一米阳光》风格唯美，在人物刻画的丰富性和深刻度上有重大进展。本年度青春偶像剧创作的另一特色，是突破以往比较狭隘的情感纠葛，主题进一步深化。《星梦缘》以“我年轻、我快乐、我做梦、我奋斗”为主题，显示出健康时尚、积极向上的基调；《平淡生活》的叙事主线虽然是感情纠葛，但却有了更为厚重的现实感，展现了人们在金钱、物质、利益之间的挣扎中显示出的复杂人性等；《北京，我的爱》不以情感纠葛为卖点，通过讲述四个性格、身世背景各异的中、韩年轻人打拼奋斗的历程和他们的爱情故事，突出中、韩两国年轻人的拼搏精神和在时尚外表里面的奋斗精神。

第四，少儿电视剧创作题材的范围和表现形式都有所拓宽。《青春抛物线》、《高中女生》、《快乐星球》、《一路花香》、《五彩戏娃》等电视剧更加注重贴近和理解少年儿童，成人化倾向得到改善。校园剧《青春抛物线》处处以孩子的视角来观察校园生活和成人世界，在歌颂老师奉献精神的同时，突出了全新的教学思想和新的教学方式，这在以往的校园剧中很少看到。同时，少儿电视剧也将目光更多地投向以往比较忽视的农村，如《高中女生》描写了一群身处偏远地区的学生们五彩斑斓的高中生活。在表现形式上，有写实性的《青春抛物线》、《高中女生》等，也有充满幻想色彩的《快乐星球》。《家有儿女》则第一次将情景喜剧的形式与少儿题材相结合，以一个重组家庭作为故事平台，反映了当前人们对于未成年人教育的不同观念，倡导对未成年人采取科学、启发式的教育方法，幽默、诙谐中充满童真童趣，改变了有些情景喜剧只是甩包袱、逗逗乐，甚至品位低俗的状况，做到了寓教于乐。

在总体繁荣的态势下，我们更应该直面隐藏的问题与缺陷，努力将中国电视剧的创作提升到一个新境界。中国的电视剧在进入世纪后，呈现出空前的繁荣，同时也面临着前所未有的挑战。在面对西方文化咄咄逼人的进攻时，中国电视剧如何保持自己的文化身份，以在世界市场中赢得生存之境，占领电视文化的制高点，是每一个有责任心的电视工作者必须面对和回答的问题。综观本年度的电视剧，我们看到，可喜的是，主旋律作品注重作品本体的艺术规律，注重美学品位，注重宣教性与娱乐性、大众性的结合，产生了一批叫好又叫座的优秀作品。同时，电视剧的多样化也有着比较充分的体现，以现实主义的创作手法为主导，融入了浪漫主义的元素，各种题材、各种形式的电视剧作品在荧屏上竞相争艳，反映现实生活的复杂样态，给不同层面的受众带来丰富多彩的审美享受。

然而，我们也必须看到，本年度的电视剧创作依然存在不少问题。首先，农村题材依然是电视剧创作的薄弱环节，表现在具体创作上，一是有些人物形象不够鲜活丰满，有的人物一味追求“土味”，带有庸俗化、脸谱化色彩。二是多数作品取材于北方，地域化倾向明显。三是作品中的人文性不够，未能全面、深刻地反映农民的真实生活，直面农村中存在的问题。另外，“红色经典”改编所带来的争议也是一个值得关注的问题。如《林海雪原》对原著的大幅度改动导致许多观众反感，以致引发了各种争议和质疑。从世纪文化多元化的层面来看，对红色经典的改编是具有现实和历史意义的，然而，这种改编只有尊重原作的时代背景，遵循几十年形成的文化积淀和美学规则，才能在改编时不至游离于原著的核心审美价值和精神价值之外，才能真正做到尊重观众的审美心理，赢得观众认可。广电总局为此专门向有关制作单位发出了《关于“红色经典”改编电视剧审查管理的通知》，要求有关影视制作单位在改编“红色经典”时，必须尊重原著的核心精神，尊重人民群众已经形成的认知定位和心理期待，绝不允许低俗描写、杜撰亵渎，确保“红色经典”电视剧创作生产的健康发展。三是创作中还要注意内涵和品位的提升。如一些情景喜剧品质不高，故事流于表面而不深刻，光是在形式上变来变去，局限在娱乐的表现形式上，而没有真正触及城市文化的深刻内涵，缺乏有表现力的文化冲突。同时，一些粗制滥造、不够健康、缺乏美学品格的东西在荧屏上并未绝迹。四是改革现实题材的电视剧创作力度应该进一步加大。在世纪之交的中国，波澜壮阔的改革现实为我们的电视剧创作提供了太多的创作源泉，作为与每个人生活息息相关的焦点，现实题材的电视剧创作理应成为我们电视剧创作的主流。然而，荧屏上过多地充斥着古装戏，而反映我们现实生活的电视剧反而湮没在一片古装剧中，这种现象理应得到改变。电视剧作为一种文化产品，只有代表先进文化的方向，符合文明的进步，符合受众的审美文化心理，体现最广大人民的意志和发展的潮流，才能给广大受众带来精神的享受，这也正是“三个代表”和“三贴近”的思想在电视剧创作领域的本质体现。随着创作和市场运作体制的完善，中国的电视剧创作一定会在“三贴近”的道路上更加稳健地前行，真正实现思想性、艺术性、观赏性的三性统一，得到进一步的繁荣发展。

注释

①徐光春：《在年全国电视剧题材规划会上的讲话》，载《中国电视》，2004 年第 4 期。

②该数据采自国家广播电影电视总局网站，根据 2004 年度四次审批数据统计得出。

（载《中国电视》2005 年第 4 期）

电视剧艺术的多元化景观

——2005年中国电视剧发展报告

2005年的中国电视剧创作呈现出多姿多彩、多元创新的宏大气象。据统计，全国各地报送申请立项的剧目共2977部89402集，其中批准立项的剧目2128部57629集，与前一年相比，申报的数量有所增加。2005年中国电视剧创作质量有较大提高，创作理念和手法有明显的突破与创新。在内容题材方面，在进一步弘扬主旋律、挖掘现实题材的主要构架之下，题材的选择及创作亦呈现出多样化，表现领域大大拓宽。反法西斯及抗战题材电视剧占了相当大的部分，成为今年电视荧屏上的重头戏，农村题材电视剧创作热度增加，军旅题材、家庭生活与伦理剧创作持续繁荣，公安涉案、历史、古装武打题材的作品大幅减少，但创作理念有新的变化。各类题材电视剧相互延伸补充，构成了一个生动活泼、丰富多元的电视剧荧屏世界。

第一，反法西斯和抗日战争是今年电视剧创作的主要选题之一，创作质量普遍较高，人物塑造突破成规，在叙事风格、表现手段与理念等方面有较强的创新意识，充分体现了“三性”统一和“三贴近”原则。

2005年是中国人民抗日战争暨世界反法西斯战争胜利60周年。为了纪念这一重大历史事件，一大批以反法西斯战争及抗日战争为主要内容，质量较高，表现方式生动、新颖，富有思想性、艺术性和观赏性的电视剧走向荧屏。重大题材的《八路军》，个人传记的《冼星海》、《抗日名将左权》、《杨靖宇将军》，少数民族题材的《茶马古道》，从名著改编的《吕梁英雄传》、《敌后武工队》、《亮剑》等制作水平普遍较高的剧作先后在黄金时间播出，受到观众广泛好评，其影响和收视在电视剧《亮剑》播出后达到了高峰。它们均以历史的真实性、思想的深刻性、艺术的丰富性、情节的生动性和叙事风格的新颖、多样性，充分展示了反法西斯及全民抗战的历史画卷。尤其是艺术形式和人物塑造观念上的大胆突破深深地吸引和感染了广大观众，成为近年来革命历史题材电视剧创作的重要收获。《八路军》是一部反响强烈的主旋律作品。它第一次真实全面地反映了中国共产党领导的八路军抗战全过程，讲述了五位八路军战士英勇杀敌以及“五颗算盘珠子”的故事，塑造了众多各具特色的抗日将领，对国共关系的把握分寸得当、有新意，并为重大题材找到了引人入胜的故事外壳。《冼星海》是为纪念抗日战争胜利60周年及冼星海诞辰100周年精心打造的主旋律电视剧，该片艺术形式新颖，境界深远，内涵厚重，气势恢弘，音乐特色鲜明，人物典型丰满，制作大气精美，是近年来难得的一部反映主旋律的精品力作。《亮剑》依托原著的文学基础，成功地塑造了李云龙这样一位有血有肉、不完美却个性鲜明、真实可信的我军高级将领形象，让观众耳目一新。该剧讲究的制作和巧妙的叙事策略提升了电视剧战争戏的水平。《吕梁英雄传》讲述抗日战争时期全民皆兵的“吕梁英雄”们举着锄头、铁镐、红缨枪对抗机枪、大炮，同鬼子、汉奸游击作战的故事。故事的发生地山西吕梁，350万百姓“全城”空巷看电视，再现当年《渴望》的壮观奇迹。反法西斯题材电视剧《这里的黎明静悄悄》题材独特，该剧抛开了大规模战场上正面冲突打仗的场面戏，从女兵的命运来表现战争给美好生活带来的摧残，从而更加凸显作品中所要表达的强烈的反战主题和对人性的关怀。2005年“红色经典”改编的题材多与反法西斯和抗战有关。《一江春水向东流》、《红色娘子军》、《沙家浜》、《野火春风斗古城》、《苦菜花》等摒弃了前一时期红色经典改编中“颠覆”原著的偏向。创作者在忠实原著精神、还原历史真实的同时，融入现代元素挖掘新鲜故事，并以今天的视角对历史进行了重新开掘。

第二，军旅题材电视剧创作仍保持良好的势头，在创作理念和表现手法上体现了创新和探索意识。人物塑造越来越真实、生动，越来越“生活化”。该类题材作品亦是今年电视荧屏上一道亮丽的风景线。

《水兵俱乐部》、《幸福像花儿一样》等从不同角度和侧面表现了军人的生活面貌。作为新中国成立以来首部军事题材的长篇电视轻喜剧《水兵俱乐部》从小切口入手，以军港码头俱乐部的工作、生活为平台，以俱乐部主任、文化干事等小人物的喜怒哀乐为线索，展现了海军舰艇码头文化、甲板文化、岛礁文化等全景式的海军生活图。它采用系列剧的形式，以轻喜剧的表现手法和语言风格、强烈的现实主义精神，出色地刻画了一个个生动鲜活的人物形象。其美术、音乐、音响的精心创作为当前电视轻喜剧创作做出了有益的尝试。该剧内在精神上承袭了主题的严肃性，表现了当代军人的理想与奉献，但在叙事手法上却避开了军旅题材一贯的定势，采用轻松活泼、细小诙谐的叙事风格以及拆解宏大叙事、散点汇聚的结构方式，产生了很强的“陌生化”效果。这种对军事题材的叙事文体的探索与创新，使当下军旅题材影视作品的创作观走向多元开放，对军旅作品的发展繁荣至关重要。根据新疆军区第十八医院三十里营房医疗站的模范事迹改编创作的电视剧《昆仑女神》，描述了5位昆仑女兵的生活和情感历程。《红领章》讲述20世纪七八十年代一群优秀青年在部队这个大熔炉里锻炼成长的故事。它以真实生动的情节、个性鲜明的人物塑造和对崇高理想信念的热情讴歌，为青春作了形象的注脚，弥补了当前表现轰轰烈烈的大场面。展现高科技装备、现代化军队建设的作品较多，而直接表现基层部队生活的作品却显得相对薄弱的不足，对军旅题材电视剧的表现领域作了积极的拓展。

第三，农村题材、家庭婚姻、伦理等一般现实生活题材电视剧创作持续繁荣，成为电视荧屏的新宠。

农村题材电视剧创作数量和热度增加，题材表现领域扩大，叙事视角和手段有所创新。以《圣水湖畔》为代表的农村题材电视剧引发了新的收视热潮。该剧实现了农村题材电视剧从边缘到中心，从乡土文学、村俗小品的边缘向电视文化的主流媒体和文学审美话语的跨越与转变。随着《湖上人家》、《黑土苍天》、《深情的土地》等反映南方农村生活作品的推出，以往以东北和西北农村戏为代表的北方农村戏垄断市场的格局被打破。《民工》、《菊花的新生活》、《马大帅》、《庄稼院的故事》等剧轻松幽默、地域特点突出，多侧面地反映了当下农村的生活。《美丽的田野》直面“三农”问题，深刻反映了农村生活现状及农民的生存状态，展示了21世纪初中国农村美丽的生活画卷，反映

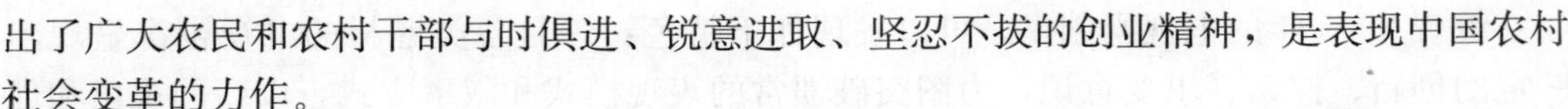

出了广大农民和农村干部与时俱进、锐意进取、坚忍不拔的创业精神，是表现中国农村社会变革的力作。

家庭题材电视剧对家庭伦理的内涵挖掘与理性思考更加深入，叙事视角有了新的变化。人物刻画趋向细腻、真实和立体化。《当婚姻走到尽头》创出了家庭伦理剧新模式。它用客观的表现手法真正深入地探讨伦理与情感的冲突。除了从常人的角度挖掘婚姻的实质外，该剧还首次引入孩子的视角透视家庭伦理。《家有九凤》讲述的是母亲和9个女儿从1976年粉碎“四人帮”一直到今天20多年坎坷生活的故事。通过表现个人命运与时代的冲突，展现了中国改革开几十年来时代变迁的缩影，是一部既好看又深刻的精品之作。《我们的父亲》讲述了一段发生在乡下父亲与城里儿子之间的情感纠葛，演绎了一出发人深省、意味深长的社会主义家庭伦理剧。《母亲》塑造了一位含辛茹苦、善良、宽厚，为了把孩子抚养成人而付出一生心血的平凡而伟大的母亲形象，表现了改革开放政策如何具体并彻底改变了一个普通家庭的生活状态和精神面貌。

第四，少儿电视剧创作数量比前一年有较大增加，题材选择和表现角度有所突破，成人化倾向有所改变。

《我们都是好朋友》涉及未成年人教育和农民工这一当前社会热点问题，讲述了五个随父母进城务工的农村孩子转学到城市读书，与城市孩子从陌生、抵触到沟通理解，最终成为好朋友的故事。该剧把学校与社会结合起来，在儿童题材的思想性、艺术性、观赏性方面进行了有益的探索，是一部有经典意义的儿童电视剧。中国首部大型科幻少儿电视剧《快乐星球》作为一部当代中国儿童的现代都市童话，讲述了一个10岁少年寻找快乐童年的故事。通过独特的儿童视角展示了一个个引人入胜的故事。《小留学生》以近年来出国留学潮为背景，真实深刻地讲述了一群中国大陆青少年在异国文化冲击下的人生经历，让国人第一次全方位地了解了小留学生的学习和生活状况。该剧对少儿题材的表现领域作了新的开拓。

第五，一般历史题材电视剧、古装、公安、涉案等剧创作数量减少，但创作视角有新的变化。

今年较有影响的历史题材、古装、武打、涉案剧有《汉武大帝》、《岭南药侠》、《江山风雨情》等。开年大戏《汉武大帝》以其大题材、大制作、大容量吸引了不少观众，也引发了不少讨论。《岭南药侠》以民间流传的历史故事为线索，艺术形式独特，内容新颖，是一部穿着古代服装的历史剧。该剧努力适应市场化、娱乐化的要求，又不放弃艺术作品应有的文化内涵，被评论界看做是电视剧的一种新现象而予以关注。古装涉案剧《大宋提刑官》的平民化定位使之与众不同。悬念迭起的剧情、主人公超凡的聪明才智以及较大的时空距离所产生的神秘感和史诗性，成为“古装断案剧”不同于当代刑侦剧的重要“看点”。现实涉案、改革剧跟以往同类题材相比创作理念有所改变，没有了过度的负面渲染，更多的是正面表现。较有影响的有打黑力作《反黑使命》、公安题材大戏《阳光像花一样绽放》、主旋律涉案剧《任长霞》。《任长霞》是在任长霞同志先进事迹的基础上改编而成的，艺术地再现了任长霞为民、亲民、以民为本、公正执法的光辉形象和她崇高的精神品质，在创作理念上实现了新的突破。科幻悬疑片《绝对计划》运用了实景拍摄与3D计算机动画技术相结合的录制方式，以科学取代魔法，创造出现代中国的新世纪武侠风貌。

综观2005年的电视剧创作，可以发现如下特色：一是各类题材的电视剧都呈现出一定的创新、探索、求变意识，力图突破惯常的表现模式和叙事方式，以新的视角和理念去表现对象。更加注重人性的深度挖掘和情感表达，在人物刻画上尽量摒弃以往概念化、抽象化、模式化，人物形象塑造得更加血肉丰满、真实可信。如《亮剑》中的李云龙，《家有九凤》不完美却令人感动的立体、多面、真实的母亲形象。在表现风格和叙事技巧上体现了多样化的尝试与创新，如《水兵俱乐部》"陌生化"叙事风格的创新、《血色浪漫》的"正剧谐说"、《冼星海》在音乐片创作上的突破等。二是以小见大，表现当代中国人的现实生活，弘扬中华民族优秀美德与高尚伦理道德情操，充分体现了本年度的创作指导思想。三是重古轻今，重风花雪月、武打功夫，轻视严肃题材的戏说风得到了遏制。题材选择与过去相比更加多元化、多样化。四是农村题材电视剧的热播体现了"主旋律"题材创作的突破和创新。它是"三贴近"的审美价值和美学品格的生动体现。总之，今年的电视剧创作无论是表现历史还是关注现实生活，都有一种平民视角的回归。在历史与现实的和谐中着力表现中华民族的精神风貌、美好情感和高尚品质，为构建和谐社会营造了良好的文化氛围。

尽管今年的电视剧创作取得了可喜的成果，但在数量与质量的总体繁荣之下，仍然存在一些有待改进的问题。

一些作品尽管选题具有现实意义，但由于创作者缺乏对基层生活的深入体验和感悟，导致作品脱离了艺术和生活的真实。一些表现农村生活和农民情感的作品总是浮于表面。比如《民工》的真实性问题就引起了争议。同时，当下农村题材电视剧存在使用地域方言和口语而不能有效与观众沟通的问题，专业演员与非专业演员结合出现的风格不统一问题，以及为了追求真实出现的语言庸俗化、表演虚假化的问题。少儿题材电视剧创作数量虽有所增加，但精品很少，质量仍然有待提高。

在电视剧市场上，"重内轻外"的倾向改变较小，大部分影视创作仍然主要考虑国内市场，外销的影视产品不多，缺乏对境外市场的调研和有目的的策划以及对我国丰富的文化和多元化题材的挖掘，不能在更高的基准点上找寻具有普适价值的人性情感基础。因而，面对韩剧在中国的热播和激烈的国际竞争，有必要总结经验教训。在向优秀的国外电视剧学习借鉴的同时，既配合主旋律又根据市场需求来选择题材，要深度挖掘我国传统文化中的精髓，并把握电视剧质量，逐步拓宽我国电视剧的海外市场，使今后的电视剧创作在走出国门创造直接经济效益的同时，创造出更大的文化、社会效益。

（载《中国广播电视学刊》2006年第2期）

多样化的题材·多元化的风格

——2006 年中国电视剧创作报告

电视剧产业是我国文化产业中市场化程度最高、发展最为强势的门类之一，并在构建社会主义和谐社会中发挥着难以替代的独特作用。2006 年，广电总局出台多项措施，对题材的引导取得了积极效果：电视剧的产品结构整体呈现均衡态势，现实题材作品大放异彩，历史题材戏说杜撰、低俗庸俗的创作倾向得到进一步纠正，电视剧创作充分体现了“三符合”，即符合先进文化的前进方向，符合当前社会的主流价值，符合人民群众的根本利益和审美习惯。

2006 年的电视剧题材丰富、风格多样，涵盖了农村题材、历史题材、军旅题材、家庭伦理题材、少儿题材等创作领域，在此各择其要加以介绍，以飨读者。

第一，农村题材电视剧扣准时代脉搏，自觉拓宽思路，佳作频出，可圈可点，东北题材农村剧表现尤为突出。

继《圣水湖畔》、《一村之长》、《美丽的田野》等之后，东北农村题材电视剧在 2006 年热潮不减，仍是农村题材电视剧创作的主流。《别拿豆包不当干粮》、《乡村爱情》和《插树岭》三部电视剧内容各异，但同样以强烈的时代感、轻松的喜剧风格和浓郁的东北风情引人注目。《别拿豆包不当干粮》讲述了一个另类村主任带领村民致富的故事。《插树岭》表现了进城打工的农民在党的富民政策鼓舞下，带着新思想、新文化、新技术回归土地的心迹变化。《乡村爱情》多角度地展现了一幅当代农村青年的爱情生活画卷，把握住了时代审美气息，风格清新，被誉为“一部阳光灿烂的农村青春偶像剧”。此外，《都市外乡人》、《农民代表》、《天高地厚》等也是农村题材中的优秀剧作。这些作品塑造了全新的农民形象，展现了社会主义新农村风貌，赢得了城乡观众的共同喜爱。

第二，历史题材电视剧类型多样，内容丰富，历史正剧成为主流，红军题材引人瞩目。

2006 年历史剧创作呈现两大特点：古代历史剧“戏说”之风明显减弱，近现代历史剧中红军题材成为热点。《乔家大院》将历代晋商具有代表性的故事集中在乔致庸身上，进行了戏剧化的浓缩与展示，成功塑造了一个把“修身，齐家，治国，平天下”思想运用到商场上，极具特色的中国商业精神的象征性人物，突破了历史大剧必须是帝王戏的创作模式。《大敦煌》是我国第一部全面反映敦煌文化千年沧桑史的电视剧，它以“藏宝、夺宝、护宝”三个颇具神秘传奇色彩的故事搭建了独特的三部曲结构，是“一部带有传奇色彩的历史正剧”。《施琅大将军》以清朝康熙皇帝收复台湾的史实为背景，艺术地再现了施琅将军为实现国家统一贡献毕生精力的英雄壮举。另外，《范府大院》、

《玉碎》、《德龄公主》、《传奇皇帝朱元璋》、《宫廷画师郎世宁》、《大清风云》和《昭君出塞》也都是分别从不同角度演绎历史传奇的优秀剧目。

今年是建党85周年和长征胜利70周年，围绕相关主题的革命历史题材电视剧自然成为热点。《陈赓大将》、《雄关漫道》、《诺尔曼·白求恩》、《乌蒙磅礴》、《那时花开》等在高昂的主旋律旗帜下，兼顾了现代观众的审美趣味，实现了思想性、艺术性和观赏性的结合。《陈赓大将》以引人入胜的传奇故事、感人至深的红色恋情、波澜壮阔的历史画卷吸引了大批观众。《雄关漫道》再现了红军第二、六军团在时间和路线上不同于中央红军的长征历程，在题材开掘上填补了以往反映长征内容影视作品的空白。《诺尔曼·白求恩》第一次以电视剧艺术形式描述伟大的国际主义战士白求恩49年的人生历程，生动演绎了“白求恩精神”的深刻内涵，具有深刻的历史意义和强烈的现实针对性。

第三，军旅题材电视剧继续保持旺盛的生命力，在走向市场的同时，保持不变的灵魂——永远的英雄主义和爱国主义。

军旅题材电视剧创作进入品牌化的成熟阶段，但如何突破模式化创作套路，避免观众产生欣赏疲劳，值得思考。本年度，《沙场点兵》、《垂直打击》、《砺剑》、《热带风暴》分别从陆军、空军、海军、武警这几个角度描述了激情澎湃的军旅生活。导弹工程兵题材作品《石破天惊》和讲述军队文工团舞蹈兵成长故事的《军中红舞鞋》，又从不同角度拓展了军旅题材电视剧创作的领域，是一种有益的尝试。电视剧创作中的这股“军旅热”，不仅是借了“红军长征胜利七十周年”的东风，还因为当前国内一批军队电视剧制作单位的支撑。军旅题材的电视剧以明快的节奏、新鲜的题材，为屏幕带来清新之风，受到相当大一部分观众的喜爱。

第四，经济建设、改革题材创作中进一步解决了主旋律剧普遍艺术性和可视性弱的难题，令人耳目一新。

在电视剧创作持续繁荣的今天，反映经济建设和改革内容的现实题材作品数量相对偏少。讲述新中国第一代石油人创业故事的《西圣地》和第一部全面反映改革开放近30年光辉历程的鸿篇巨制《海之门》，是2006年此类题材的两部佳作。《西圣地》是一部从艰苦创业岁月中发掘出悲怆崇高之美，充满阳刚之气的主旋律作品。该剧突出描写人物命运以及他们的性格冲突、人格冲突和情感冲突，与以往的同类题材相比，在思想深度、主题开掘和人物形象方面都有突破。45集的《海之门》是目前国内改革现实题材电视剧中集数最长的一部，它以台州改革开放历程为背景，反映了我国由计划经济向市场经济转型过程中改革的阵痛和创业的艰辛。该剧气势恢弘，情节跌宕，又兼收并蓄了喜剧、悬疑、冷幽默等艺术元素，大雅大俗。著名评论家李准称之为“改革题材作品一次令人惊喜的开拓和超越”。

第五，家庭伦理、情感类电视剧展现出强烈的写实风格，情节编织、人物设置更为精巧。

家庭伦理、情感类电视剧在2006年仍然保持了旺盛的创作态势，代表作有《麻辣婆媳》、《老娘泪》、《风雨远山》、《瞧这一家子》、《美女也愁嫁》、《十月怀胎》等。《麻辣婆媳》细致入微地刻画了同一屋檐下三代婆媳的微妙关系和心态，对“饮食男女”中价值观念、情感方式和伦理道德的嬗变进行探索。《老娘泪》从一个家庭和一个母亲的

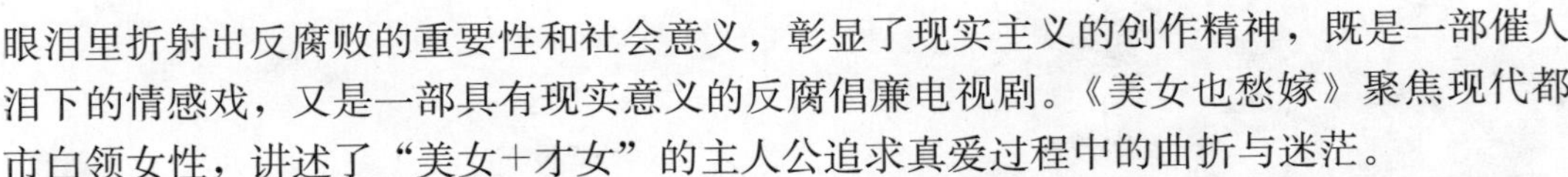

眼泪里折射出反腐败的重要性和社会意义，彰显了现实主义的创作精神，既是一部催人泪下的情感戏，又是一部具有现实意义的反腐倡廉电视剧。《美女也愁嫁》聚焦现代都市白领女性，讲述了“美女+才女”的主人公追求真爱过程中的曲折与迷茫。

第六，少儿题材在卡通化和成人化的两种偏向中逐步摆正位置，注重关注儿童的心理特点，在创作上更加贴近少年儿童的审美心理。

少儿题材的电视剧创作因种种原因，长期让位于其他高利润的商业题材电视剧，不仅数量有限，而且精品剧目更是屈指可数。为此，广电总局专门出台扶持政策，并得到了初步响应，部分电视剧在创作形式上已经有所创新和突破。《快乐星球 2》针对少年儿童欣赏的特殊需求，用科幻的形式来演绎孩子的生活故事。情景喜剧《家有儿女》以一个重组家庭作为故事平台，演绎出不同血缘、不同年龄、不同出生地、不同性格的三个孩子和父母之间的故事，蕴藏着诸多的喜剧因素和戏剧冲突。此外，《小小的我》、《炫年华》、《卡丁车手的荣誉》、《我们的眼睛》、《小鬼晓晓》、《科技馆的故事》等也是值得关注的优秀少儿剧目。

综观 2006 年电视剧创作，有以下几方面的问题不容忽视：

一是家庭伦理剧创作的“婚外恋”瓶颈。这类题材的很多作品创作视野过窄，且伦理与价值取向模糊，内容在整体上与现实生活脱节。

二是创作原则上的“有限的现实主义”。不少作品对于现实主义的真实性、整体性、超越性、象征性、批判性等品格有意回避或漠不关心，现实主义因此被置换为“有限的现实主义”和经验现实主义。这种没有触及现实生活中的客观矛盾的作品要想获得观众的认同、引发观众的共鸣是难以想象的。

三是跟风现象。2006 年，都市情感剧、谍报剧等题材的重复率依旧有居高不下的趋势。跟风、缺少创新是当前电视剧创作数量与质量不成比例的一大原因。

电视剧是我国电视产业最繁荣的一个部分，在量已经足够大的情况下，只有提高自身的质量，才能守住我们自己的阵地，才能走出去。实践证明，作家、艺术家只有深入实际、深入生活、深入群众，继承民族文化的优良传统，汲取外来文化的有益成分，才能创作出更多能使人们看清生活主流、给人们带来精神指向的好作品。

（载《中国广播电视学刊》2007 年第 1 期）

日常生活叙事的范式

——电视剧本体的回归与审美嬗变

2008年是中国电视和电视剧诞生50周年。回眸电视剧半个世纪的发展历程，从最初的政治和道德教化工具，到精英话语年代的艺术品，再到大众文化时代艺术与商品并置，电视剧媒介属性已发生了根本的改变。从以戏剧美学为支撑点的“电视小戏”，到以电影美学为主要支撑点的“电视单本剧”，再到以“电视美学”为支撑点的电视连续剧，电视剧的本体特征、话语系统和价值诉求都发生了巨大转变。尤其是20世纪90年代以来，随着媒介重心的转移和视觉文化的强势崛起，电视剧逐渐摆脱了对小说等文学作品的依附，获得了强势的话语权和独立主体的地位，成为当今最广泛和重要的叙事艺术之一，反过来影响、挤压着文字艺术和电影的生存空间，其社会文化地位已是今非昔比。上述诸多层面和社会文化语境的改变直接导致了电视剧在创作理念、叙事模式、艺术风格、审美诉求与文化趣味等方面的历时性嬗变。20世纪90年代以来，以日常生活为叙事对象的电视日益显示出其强大的生命力和艺术感染力。尤其是近年来，日常生活叙事逐渐占据电视剧叙事的主流格局和受众的文化与审美感知空间，并逐渐走向成熟，成为时下最具影响力、负载社会文化意义最多的艺术样态。电视剧审美诉求的嬗变为人们留下了许多值得言说的话题和理论探讨的空间。

日常生活叙事的界定及其本体论意义

“日常生活”是相对于社会活动，特别是相对于工作而言的。在人们的约定思维中，日常生活在空间上主要指向家庭，时间上指向工作以外的时光。匈牙利学者阿格妮丝·赫勒说（Agnes Heuer）：“如果个体要再生产出社会，他们就必须再生产出作为个体的自身。我们可以把‘日常生活’界定为那些同时使社会再生产成为可能的个体再生产要素的集合。”[①]家庭是个体再生产要素的主要集中地，因而，家庭生活构成了日常生活的主要内容。它包括生育儿女、扶养老人、婚丧嫁娶，甚至买菜做饭等活动，其目的在于满足人们衣、食、住、行、依存、爱恋、性等的基本需要。日常生活作为人类最基本、最普泛的存在，与我们每个人的生存息息相关。它是人类历史的基础，是个人社会性存在的一种必备条件，亦是人类一切活动的起点与终点，因此，日常生活具有本体论的地位与意义。然而，日常生活因其重复性和惯性又往往让人们习焉不察，常被视作理所当然的给定性存在而较少引起人们的反思与理性探究。在西方哲学传统中，宗教、启蒙等非日常生活话语长期占据主导地位，人们多崇尚抽象思辨的精神生活以及谨守谨言慎行、自我约束的清教主义的生活观念，认为这种生活具有先天的真理性，而与形而上的哲学思辨和崇高精神相对立的日常物质生活因其形而下的世俗性而难登大雅之堂。因此，与之相应，在文化艺术表现与生产领域，人们也多侧重理性批判、人性挖掘、道德反思等精英主义话题，致力于非日常生活层面的精神升华，而相对忽视甚至遗弃了日常生活层面的物质内容。中国虽然奉行“民以食为天”、“食色，性也”的生活理念，然而日常生活在非日常生活的哲学、文学与艺术表现领域里同样是被遮蔽的对象，从未获得过像今天这样的本体性地位。

随着人们对日常生活重视程度的加大，根源于日常生活的情感和需求如物质生活、凡俗生活得到了充分的肯定，世俗情欲、世俗幸福和生理快乐也得以张扬。丹尼尔·贝尔说：“革命的设想依然使某些人为之迷醉，但真正的问题都出现在‘革命的第二天’。那时，世俗世界将重新侵犯人的意识。人们将发现道德理想无法革除倔强的物质欲望和特权的遗传。”[②]他的这一论断可谓精辟之至。尤其是随着人类社会由生产社会向消费社会的转型，以“革命的第二天”身份出现的日常生活越来越凸显出重要性，甚至成为非日常生活得以存在和流传的主要支柱。日常生活在当代社会中的核心地位带来意识形态结构的变化，那就是注重现世意义、当下利益、物质消费的平民意识占据了主动地位。约翰·菲斯克认为人们是“在日常生活和文化工业产品消费的交接部位创造了大众文化”。[③]因而，和日常生活相关性越大的文化文本，流行的可能性就越大。同时，根源于日常生活并以日常生活为主要表述对象的大众文化，要比那些致力于抽象思维的精英文化更能展现人类历史的真实面貌，为人们进入人类历史进程、了解人类历史进程提供了一条更为直接的途径。尤其是以影视为代表的视觉文化对日常生活难以替代的繁复叙写与逼真再现，更能清楚地记录一个民族生活的变迁和生活形态的更替，为后世的研究提供了鲜活的资料与佐证。是故，别林斯基指出：“每个民族都有两种哲理：一类是学究式的、书本的、郑重其事的、节庆才有的；另一类是日常的、家庭的、习见的，这两种哲理通常在某种程度上彼此接近，只要谁想描写一个社会，他就必须认识这两种哲理，尤其是必须研究后一种。”[④]可见，从存在论的意义上看，大众文化与精英文化、日常生活与非日常生活具有平等的社会地位和同等重要的价值与意义。以“日常生活”为源泉的大众文化和精英文化、主流文化一样，是构建和谐社会、促进社会发展的重要元素，甚至在某种程度上深刻影响精英文化的存在形态。随着全球化的深入、国际文化交流的增加，以及国内社会语境的变化，日常生活以及日常生活的审美化也逐渐成为中国哲学、文艺理论研究以及影视艺术关注与表现的重要对象。

日常生活叙事：电视剧本体的回归与审美嬗变

所谓日常生活叙事就是以日常生活为核心，围绕日常生活进行文本构建、意义阐释和审美表达，在这里，琐碎的、人们习焉不察的日常生活事件与生活空间成为叙事、审美、价值观以及意识形态体现与挖掘的对象。日常生活叙事最显著的特征是以写实的方式，不厌其烦地展示日常经验和日常琐事，将日常生活提升为电视剧叙事的主要对象和审美范畴。因此，日常生活作为叙事和艺术表现对象，一旦进入艺术文本的话语空间，就不再是一个原生态的、粗鄙的生存空间，而是包含了独特的审美韵味和丰厚的文化底蕴，并成为沟通作品与受众、艺术家精神探索与大众日常经验的有效中介，显示出一种强大、自由的话语力量。

日常生活和电视剧叙事艺术之间有一种天然的默契关系，至今没有哪一门艺术能像电视剧这样与日常生活有如此亲密的接触与关联。作为家庭传播媒介，电视是以其日常性、平常性以及对生活的贴近性而获得自己的定位的，电视剧开放的家庭观看方式和审美特征，使电视剧叙事往往以日常经验为主体内容，以家庭故事为主要题材，以生活化戏剧为叙事特征。在某种程度上可以说，日常生活的"生活流"，构成了屏幕上电视剧叙事的"叙事流"，它构成了对电视剧叙事本体的一种支撑。任何一种艺术都不可能像电视剧那样生动、逼真地"复原"、"复活"现实的日常生活及生活中的诸种细节。

然而，电视剧这种强烈的日常生活叙事特征和审美表达是在20世纪90年代以后随着社会文化语境的变迁才凸显出来的。从电视剧诞生至20世纪80年代末，由于特定的政治环境和传统文化的缘故，以再现国家、民族历史为核心内容的宏大叙事一直处于核心和主流地位，私人生活、情感话题鲜有作为公共话语出现在电视之中。20世纪80年代尽管也涌现出《凡人小事》、《蹉跎岁月》、《篱笆女人和狗》等探索"通俗化"之路的优秀电视剧，但电视剧的日常叙事、通俗美学品格并未获得普遍承认，仍偏重于政治化叙事或精英独白式反思，《希波克拉底誓言》、《新星》、《寻找回来的世界》等就是这样的代表。90年代之前具有崇高、悲壮、英雄主义的现代社会意识以及精英化的宏大叙事策略，与具有惯性、经验性、惰性的日常生活及平实化的日常叙事呈现出强烈的不相容性。无所不在的政治意识形态粉碎了日常生活的意义和价值，具有个人性的日常生活在高度一体化和社会化的语境下因缺乏超越精神而难以获得认可，"个人的"、"原生的"、"物质的"日常生活逐渐被"集体的"、"典型的"、"精神的"本质生活所遮蔽。日常生活如果要获得意义，则必须完全服从某种超验的价值准则和社会发展目标。

20世纪90年代，随着社会、经济和文化的转型，过去政治与精英话语框架下人们长期追逐的宏伟场景、深度模式与神圣意义纷纷瓦解。人们关注的核心从社会政治领域转移到个人生活领域，从社会政治的宏大话语转移到日常生活的细节观照，从历史、现在与未来的有机叙事转移到零碎的现实瞬间的固定。叙事向日常生活世界回归，成为20世纪90年代以来电视剧创作与审美追求的一个突出特征。在现代性的宏伟叙事中被忽略和压抑的日常生活趣味，变成了90年代各种叙事文本与文化的中心，被赋予了不同寻常的价值和意义。电视剧日常生活叙事立场的确立带来了价值立场与审美理念的逆转，电视剧卸下了沉重的政治和教化功能，回到日常生活世界，以平民本位的立场关怀现世，并通过对于日常生活与家长里短的描写表征自我的存在和价值。

1990年播出的电视剧《渴望》使电视剧的日常生活叙事初露端倪。自此以后，日常生活、家庭伦理逐渐成为电视剧创作的主要源泉。对大众"世俗生活"、"世俗幸福"的影像描写与细致展现，对普通百姓喜怒哀乐的及时关注，对人正常的物欲情欲和人伦、天伦之乐的肯定成为这个时期电视剧创作最重要的审美特征。也就是说，日常叙事、欲望叙事与伦理叙事成为20世纪90年代以来电视剧的重要叙事策略，世俗化、日常化、伦理化的影像书写代替了80年代的崇高、庄严、深刻以及具有精英特征的诗化、浪漫化表达。而80年代以前电视剧叙事中教条主义式的说教、形式主义的虚伪和高高在上的、凌驾于日常生活之上的空洞的政治意识形态，在多元文化和务实的商品经济社会完全丧失了受众，丧失了存在的土壤与合理性。与过去日常生活必须附丽于政治方可获得意义相反，这一时期，政治与精英意识不得不以隐蔽的、润物细无声的方式通过日常生活的叙事予以表达。最终，“平民意识形态”取代“政治意识形态”和“精英意识形态”成为当代中国电视剧中的一种文化立场和价值取向。它以“讲述老百姓自己的故事”作为认知世界的出发点，表达对时代、对现实、对生活的理解与认知，并将一种“平民意志”渗透在电视剧的艺术样态、审美风格等方面。因此 90 年代以来，无论是现实题材的家庭伦理剧，还是革命历史以及现代军旅题材的电视剧，甚至描写帝王将相的电视剧都显示出了一个共同的倾向，即不再采用空洞的宏大叙事，而更注重日常生活的展现、欲望与伦理的表达，叙事上体现了鲜明的日常化、平实化特征。比如，20 世纪的《过把瘾》、《来来往往》、《牵手》和 21 世纪的《空镜子》、《不要和陌生人说话》、《贫嘴张大民的幸福生活》、《浪漫的事》、《结婚十年》、《中国式离婚》、《亲情树》、《亲兄热弟》以及去年播出的热门电视剧《金婚》等，都是从平民视角表现凡人琐事，表现当代人的情感以及爱情婚姻伦理，关注普通百姓的生存状态与喜怒哀乐。即便是《激情燃烧的岁月》、《军人机密》、《军歌嘹亮》、《和平年代》、《将门风云》等军旅题材电视剧也只把战争作为背景，创作者的关注视角也不在战争本身，而是在反应军人的家庭，以及家庭成员之间、两代军人之间在生活、观念、信仰等方面的冲突与差异。

从人物塑造上来看，一直以来由于我国的传统文化推崇的是“圣人”、“鸿儒”、“君子”、“侠士”、“英雄”等，人们往往以圣贤人格、精英人格作为自己的人格追求。因此，20 世纪 90 年代以前这类人物往往是作家刻画的艺术典型和理想的审美对象。作为最直观化的艺术，电视剧在着力刻画这类“高大全”式的类型化人物方面显得更为突出。但世纪之交以来，普通平民百姓形象的刻画成为电视剧人物塑造的主流。电视剧《贫嘴张大民的幸福生活》就成功地刻画了张大民这一世俗、“渺小”却极具文化与审美张力的平民艺术形象，虽然某些固守精英意识的人认为这一形象的刻画是在鼓吹庸人哲学、犬儒主义，对塑造现代化的理想人格有害无益，但这并不会抹杀这一人物的时代内涵与文化艺术价值。正是从当代的社会语境出发，对城市平民的日常生活真实、生动、细腻的描写，以及人物刻画的成功和艺术表现的成熟使这部电视剧赢得了广泛的市场和受众的强烈共鸣，并且使日常生活电视剧叙事的审美品格达到了前所未有的高度。其次，在对日常生活的描写和平凡人物刻画方面，《空镜子》、《浪漫的事》、《亲兄热弟》、《继父》等不一而足。而去年被广泛认可的电视剧《金婚》无疑是电视剧日常生活叙事的集大成者。它不仅使婚姻题材电视剧的表现趋于完美，标志着电视剧对当代婚姻的探索与审视进入到了一种更深刻的层次，更在于它具有创新性的编年体式的一年一集故事内容，50 年共 50 集的叙事流，恰如缓缓的生活流，无论是家庭婚姻生活题材、平凡人物形象塑造，还是叙事风格等，都淋漓尽致地体现了电视剧日常生活叙事的审美特征。综观 90 年代以来数量庞大的电视剧创作，内容、题材、主题选择对世俗日常生活世界的贴近，创作视角上的平民意识和强烈的现实主义再现风格是这类电视剧叙事的突出特征。至此，电视剧叙事和审美价值均发生了变化，日常生活叙事电视剧的艺术表现也日渐成熟并获得受众、市场和主流意识形态等多方认可。近两年家庭伦理剧已经取代古装剧和涉案剧，成为当下电视剧市场的“金字招牌”。日常生活叙事电视剧不仅在数量上而且在质量上均有巨大的提升。

电视剧日常生活叙事的社会文化价值

电视剧的日常生活叙事将社会的公共空间缩小到一个家庭，用家的氛围和家人的故事让观众回到家庭生活中。电视剧中的故事成了与观众家庭生活相关的故事，屏幕上的家庭与屏幕下的家庭共同构成一种心理的互动空间。观众往往能从电视剧的日常生活叙事中看到自己的影子。电视剧为观众提供的不仅仅是故事，而且提供了对家庭、对生活的态度的参照，并且不知不觉参与了价值观的认知与构建。在中国传统伦理中，个体、家庭、社会处于同一因果链条之上。日常生活是人性展开和社会发展的一个重要领域，因此，日常生活作为电视剧的叙事对象，在表现社会人生方面的价值并不低，电视剧日常生活叙事的深层文化和审美价值就不得不予以重视。由于电视剧影像媒介叙事的直观性、形象性和现实性以及电视剧接受传播方式的便捷性和普及性，电视剧对整个社会生活方式、理念和社会风尚的影响，超过了纸质媒介的文学作品。可以说，被布尔迪厄称为“象征性实践”的电视剧话语生产和话语实践，不但可以建构人们的爱恨善恶以及家庭伦理道德观念，而且可以建构人们的生活模式、价值观念、知识和信仰体系。同时，在投射群体心理幻象、培养受众的文化审美品位方面最重要的载体非电视剧莫属。由于“在后现代的文化里，电视并不是社会的反映，恰好相反，社会是电视的反映”、“媒介的再现支配了真实的生活”[⑥]，介于电视剧独特的媒介塑造力量，以及日常生活叙事电视剧跟生活的密切互动，这类电视剧在创作中的价值取向、审美趣味与艺术追求同样值得深入的探讨与把握。

日常生活叙事充满了世俗的人情味。但是，不可否认，日常生活毕竟也充满了琐碎、平庸与重复，作为叙事和审美的对象，若对散漫流淌的日常生活过分认同与媚俗，电视剧作品必然会失去精神向度。马克思说：“吃、喝、生殖等，固然也是真正的人的机能。但是，如果加以抽象，使这些机能脱离人的其他活动领域并成为最后的和唯一的终极目的，那它们就是动物机能。”[⑦]人除了满足基本的生活和生理需求而外，毕竟还有更高层次的精神与审美诉求，因此，日常生活的“自在性”进入电视剧叙事能否形成对人性、意义、审美的深度发掘，是这类电视剧必须考虑的问题和成功与否的关键。只有在日常生活的琐碎、重复、人性需求和社会文化的深广场景之间达成有效的沟通与超越，电视剧才具有审美与艺术张力，并负载起相应的社会文化价值，而不至于在零距离地对生活的描摹和对世俗生活的认同中，在所谓“原生态”反映生活的借口下，将人的精神矮化、零度化，把“贴近生活”下降到了与低度世俗生活感受的同格化。正如罗伯特·麦基所说：“故事衰落的终极原因是深层的。价值观、人生观的是非曲直，是艺术的灵魂。价值观的腐蚀便会带来与之相应的故事的腐蚀。我们必须首先深入地挖掘生活，找出新的见解、新的价值和意义，然后创造出一个故事载体，向一个越来越不可知的世界来表达我们的理解。”[⑧]换言之，作为艺术对象的日常生活并不等于日常生活本身，它仍然需要超越与提炼，对日常生活的肯定并不意味着对精神向度的抛弃。电视剧日常生活叙事应当避免从一个极端走到另一个极端。

注释

①［匈］阿格妮丝·赫勒：《日常生活》，衣俊卿译，重庆出版社，1990 年版，第 3 页。

②［美］丹尼尔·贝尔：《资本主义文化矛盾》，赵一凡译，生活·读书·新知三联书店，1989 年版，第 75 页。

③［美］约翰·菲斯克：《解读大众文化》，杨全强译，南京大学出版社，2001 年版，第 6 页。

④转引自赵津晶：《当代电视节目平民化探讨》，载《新闻前哨》，2003 年 5 月 10 日。

⑤［英］特伦·斯霍克斯：《结构主义和符号学》，瞿铁鹏译，上海译文出版社，1987 年版，第 54 页。

⑥［英］汤林森：《文化帝国主义》，冯建三译，上海人民出版社，1999 年版，第 116、122 页。

⑦［德］马克思：《1844 年经济学哲学手稿》，人民出版社，2000 年版，第 56 页。

⑧［美］罗伯特·麦基：《故事——材质、结构、风格和银幕创作的原理》，罗铁东译，中国电影出版社，2001 年版，第 21 页。

（载《中国电视》2009 年第 2 期）

快乐有度，过犹不及

——对当前“电视娱乐化”问题的再思考

有人说中国电视已经进入“娱乐时代”，并认为这是在向平民化回归的重要表征；但也有人因此表现出担忧，认为过度娱乐已经给中国电视带来了媚俗、低俗乃至恶俗等弊端，理应尽早遏制。学界与业界对此问题也进行了不少相关的实践、探讨与论争，并且至今仍是圈内关注的热门话题。对于电视娱乐而言，保证其适度究竟应采取哪些路径？本文特作以下探讨。

一

20世纪90年代以来，随着整个社会的市场化转型，大众文化思潮异军突起。中国的电视文化也经历着从宣教文化向娱乐文化的转型，特别是在90年代末期，由于电视消费群体娱乐需求的增加，导致电视的娱乐化倾向越来越明显。此外，因为电视传媒是作为一种真正意义上的“大众传媒”或者“泛大众传媒”而存在，因此它必须充分照顾到大多数人的接受习惯和接受能力。从一定意义上说，其传播特质决定了娱乐化的特色。

就我国电视媒体的现状而言，所谓电视娱乐化实际上包括两个向度：一是综艺娱乐类节目本身的勃兴；二是娱乐化向其他类型节目蔓延。例如在电视剧领域，除了革命战争、英雄人物、反腐倡廉等主旋律外，帝王将相、才子佳人、功夫侠士等古装戏充斥荧屏，展示俊男美女和名车豪宅的“青春偶像剧”热潮更是一浪高过一浪；在电视新闻领域，节目追求娱乐消遣的效果，用极具戏剧化的夸张手法组编故事，政治和娱乐合于一体，导致了各种意识形态和文化形式之间界限的消解；在电视纪录片领域，编导们具有强烈的讲故事意识，并调动所有的“娱乐”手段，把纪录片做得像故事片，吸引观众眼球；在法制节目领域，为了达到感官刺激而赤裸裸地展示暴力、情色、隐私等，偏离了“坚持正确导向，社会效益第一”的基本原则。面对这些泛娱乐现象，我们如何来理性评判呢？

应当说，娱乐是电视的重要功能之一，对于大众而言它发挥着抚慰与减压的作用。但是，泛娱乐化或娱乐主义，其弊端就显而易见了。一方面，泛娱乐化的电视传媒环境一定程度上消解了公众的独立思考和批判的能力，降低了他们对公共事务保持热切关注的态度，不利于成熟的市民群体的形成；另一方面，泛娱乐化的发展势必超出娱乐节目的范畴，加剧新闻等节目娱乐化的趋势，过多地挤占了对公共事务进行报道和评论的时间与空间，这些都会极大地阻碍传媒公共领域的建设，延缓社会文明的进程，乃至降低社会文明的发展程度。

二

电视娱乐的理想状态到底是怎样的？笔者认为电视娱乐若要保持适度，对受众和社会起到积极作用，应该做到以下几点。

（一）娱乐要有“尺度”

电视娱乐从早期的追求轻松休闲到后来的媚俗迎合，在这个发展过程中，经济利益的侵入和商业逻辑的运作模式越来越多地取代了原来的审美形态和节目概念，使以电视综艺节目为代表的电视节目越来越成为一种经济狂欢和“秀”场游戏。2005 年 8 月 26 日，在广电总局召开的全国文艺娱乐节目主持人研讨培训班开班仪式上，广电总局相关负责人首次公开指出了弥漫在中国电视综艺节目中的低俗化发展形势，对电视综艺节目中出现的主持人素质不高、审美格调低俗、语态和定位把握不当等问题进行了批评，并公开申明“抵制低俗化是一项长期的任务”的观点。2007 年，广电总局和相关部门又联合采取行动，对电视节目低俗化现象进行了历时最长、规模最大的一次整顿活动。在这期间，《快乐男声》、《第一次心动》、《超级情感对对碰》、《美丽梦工场》、《美莱美丽新约》等电视栏目和涉性类电视广告等，或限令整改，或禁止播出。这次行动获得了社会公众 96％以上的支持率，从一个侧面反映了社会公众在娱乐化浪潮席卷下，对其中所涌现出的不和谐音的冷静反思与理性追问。对于中国电视综艺节目和整个电视传播环境的成长与净化来说，这种声音和意见的出现，不仅是对电视综艺节目娱乐化发展趋势的必要矫正，同时也是打造整个电视传播良性语境的必需进程。因而，电视娱乐在发展过程中必须讲求适度原则，切不可超越某些底线，走向歧途。

（二）娱乐要有“界域”

2006 年 9 月 3 日，中央电视台著名节目主持人白岩松在“中国电视节目主持人 25 年论坛”上一针见血地指出：“现在的娱乐正在突破道德的底线”，“所有的节目都在娱乐，连新闻都要娱乐，我们已经疯了。”的确，一些新闻节目在娱乐的道路上已经走向歧途和异化，如某频道“全新”推出一档新闻栏目，为拉抬收视率，连续一个多月的内容让人惊讶侧目：先是以“鸭子”开道，后以“婊子”雷人，其间还穿插凶杀、色情、婚外恋等题材，许多社会丑恶现象被“原生态”式地搬上荧屏，细细展示。再如某城市频道民生类新闻栏目，一些有损市民与城市形象、伤害感情的社会纠纷被不加取舍地现场直播。

综观上述所谓的社会新闻，其趣味低下庸俗，渲染过度夸张，叙述琐屑无聊，把娱乐手段发挥到了一种扭曲的程度，把媒体的娱乐功能异化到令人无法容忍的荒唐地步，践踏了媒体的社会责任和道德底线。在这个多元化的时代，电视节目应遵循多样化发展的理念，但倘若把严肃、理性、正义等都用娱乐来取代，中国电视则难以健康持续地发展。

（三）娱乐要有“文化”

市场通常以创造最大的利润为目的，如果电视传媒过分地屈从于市场，过分地依靠收视率这一指挥棒跳舞，终究会把电视文化以及大众推向平庸。电视文化理应是一种既要满足大众，又要提高大众精神素质的文化。单纯迎合性的娱乐是没有思想蕴含的，它只是简单地诉诸人们的感官，给观众带来的只是感官刺激而不是审美享受。电视媒体应该走向观众、贴近观众，但这决不是一味地取悦、讨好。即使是娱乐节目，也并不意味着简单的流行和内容的肤浅，它同样可以制作得有文化品味，做到通俗而不庸俗、用情而不滥情、娱乐而不愚乐，从而给予观众的是审美式的愉悦、欣赏式的休闲，在润物细无声中逐渐提高观众的审美趣味与审美能力。

（四）娱乐要有“精神”

电视娱乐除了要在文化层面有相应追求外，还应具有一种特色化、人文化、崇高化的内在精神与品质。例如，2008年央视推出了娱乐节目《咏乐汇》，集谈话节目、娱乐节目、真人秀节目于一身，在名人访谈中，注重生活气息，坚持互动原则，除与现场观众互动外，还与场外观众互动。这些创意实现了节目的独特个性，且格调高雅，娱乐适度。《咏乐汇》的一个亮点就是在娱乐之中渗透公益性，嘉宾捐献礼品给栏目，然后由栏目义拍，将善款捐赠灾区。这让人感到了一种担当与温情。可以说，《咏乐汇》体现了媒体的社会责任，体现了对社会弱势群体的人文关怀，促进了社会的和谐发展。在电视媒体娱乐化的大环境下，主流媒体坚持自己的社会良知，就显得越发重要了。因而，媒体在娱乐大众时，要有格调，积极向上，健康阳光。

三

在明确了电视娱乐的理想形态之后，我们再来探讨其可行性实现路径。以下从从业者、管理者、批评者和受众四个维度来分析各自的中心任务。

（一）从业者：从盲目照搬转向理性创新

电视娱乐类节目与政治环境、文化传统和社会背景等息息相关。但我国的相关节目创作者存在比较严重的照抄照搬国外同类节目的现象，对其不加改造地盲目复制，从而造成一些“水土不服”的现象。其实对于现阶段的娱乐节目编创者而言，理应不断自主创新，实施立体化、本土化的传播策略。国内电视娱乐节目的最大问题还在于缺乏新意、内容贫乏、形式单一。“立体化”、“本土化”是节目创新的比较可行的传播策略。所谓“立体化传播”，即电视媒介联合纸质媒介和网络媒介，并积极利用手机等现代传播工具，整合相关媒体资源，形成多媒体、大规模的立体传播。所谓“本土化传播”，即制作适合于中国文化理念、社会状况、受众水平的娱乐节目。只有这样，才能正当愉悦，寓教于乐。

（二）管理者：从行政命令转向制定法规

面对一些电视低俗化现象，政府大多采用硬性行政命令的方式来对其进行整顿或勒令禁止。为了从根本上解决问题，政府应更加合理地发挥监管作用，积极推进政府机构改革与政府职能的转换，以合理高效地服务与监管，防范电视传播过度娱乐化现象的出现。尤其在电视媒体面对西方文化冲击时，更要制订出合乎我国实际、符合国际惯例的法律、法规来防范过度娱乐化的出现。同时，在中观层面，应加强传媒行业组织的建设和完善，加强电视媒体自身的道德自律。只有杜绝各种错误思想，提高电视人的道德素质，才能担负起我们应承担的道德责任，既把电视传媒产业做好做强，又弘扬积极向上

的时代精神，最大限度地满足人们日益增长的精神文化需要。

（三）批评家：从偏激空泛转向理智灼见

作为电视媒体发展的守望者，电视批评发挥着独特而重要的作用。因此对于广大电视批评者来说，其肩负的责任十分重大。21 世纪以来，对于各种娱乐化现象，批评者从传播学、经济学、社会学、文艺学等视角进行了批评。许多批评者在“实然”的层面讨论了娱乐现象作为一个客观事实存在的合理性；在“应然”的层面上，对其进行价值判断的声音却不尽相同，比如对泛滥于电视荧屏的“戏说风”、“豪华风”等，不同批评者持有不同观点。但是从总体而言，批评的水平仍然有待提高，其现状主要表现为内容梳理多，具体对策少；空洞议论多，真知灼见少；偏激观点多，理性分析少；表层探讨多，深入挖掘少；夸饰赞美多，客观批判少等。因此，批评者要时刻保持清醒理智的态度，努力提升理论研究水平，争取在引导中国电视娱乐的健康持续发展方面发挥好作用。

（四）受众：从被动接受转向取舍批判

随着大众传播事业的繁荣和技术的进步，受众不仅可以比较自由地选择媒介，还能在相当程度上影响着媒介传播的内容和形式。受众已不再是被动的接受信息者，在传播过程中，他们的主动性和参与性日渐凸显。现阶段，我国电视娱乐化是以所谓的“受众本位”为运作机制的，但却并不是像有些研究者讲的那样是“一切为了受众的利益”、“一切从观众需求出发”，把电视娱乐化的责任归结到为满足受众的休闲娱乐需求之上。归根究底，电视娱乐化是传者意识的结果，趋利的媒介为了争夺受众的绝对数量而有意识地迎合大众趣味，而不管这种趣味是否真正对大众有利。这就要求广大受众面对鱼龙混杂的电视娱乐类节目时擦亮双眼，保持清醒的头脑，用理性判断对其加以取舍，取其精华，弃其糟粕。并且，对于不良节目或现象应大胆指出与批评，从而达到净化荧屏的目的。

（载《当代电视》2010 年第 2 期）

第六编

对话、交流与学术碰撞

理论探索：电视事业发展的风向标

——访全国“十佳”广播电视理论工作者、四川大学欧阳宏生教授

今年7月，在由广电总局、中国广播电视学会举办的评选10名最佳广播电视理论工作者和100名优秀广播电视理论工作者的评选活动中，四川大学广播电视研究所所长欧阳宏生教授荣获“十佳”称号。从1984年开始，欧阳宏生（下称欧阳）致力于新闻理论尤其是广播电视新闻理论的探索和研究，个人著述200多万字，取得了大量的富于创造性和建设性的研究成果。近日，记者采访了这位著名的学者。

记者：首先，祝贺欧阳教授获得全国“十佳”广播电视理论工作者称号，这是对您长期在广播电视理论领域内进行的大量富于探索性和建设性的研究工作及取得的丰硕成果的充分肯定。您能谈谈您主要的研究课题和成果吗?

欧阳：1996年5月至1998年8月，我与十几位电视学术界著名学者参与了国家“九五”哲学社会科学规划重点项目——中国特色社会主义电视理论课题研究工作，并担任该成果——《中国电视论纲》总撰稿。该书是我国第一部全面系统地论述中国特色社会主义电视理论的著作。1999年我与多位专家学者一道参与了中国电视产业与经营的课题研究。1999年到2000年5月，进行了对社会主义电视批评理论的课题研究，出版了著作《电视批评论》。它是2000年我国“新世纪电视理论文库”推出的第一部著作。现在我正同中国广播电视学会有关领导一起对国家“十五”哲学社会科学规划重点项目——“中国社会主义电视发展史”课题进行研究。

记者：您作为《中国电视论纲》的总撰稿和《电视批评论》的作者，前一本书总结了中国电视发展的状况，形成了中国电视的理论体系，后一本书则是国内第一部研究电视批评的理论专著，开拓了一门新的学科，填补了一项空白。从您的研究来看，创新是其中最为突出的特点，您对此是如何认识的?

欧阳：创新对于任何一个学科来说都是极其重要的，是每一个理论研究者应具备的基本素质。我们所要做的是在前人走过的路上，寻找一个合适的、可行的出发点，迈出新的一步。理论的发展往往就在这一步之间，我们总是在不断总结前人的理论中，寻找理论的缺陷并进行完善，创新也就在这一步中了。我们希望理论的发展不是披上温情的面纱进行一些不痛不痒的修补。对陈旧的、落后的、不合时宜的理论，我们所做的是大胆的质疑、坚决的否定，只有否定之后的重建才能在本质上促使理论前进。就像《电视批评论》这本书一样，当我发觉电视批评已在中国出现并有所发展之后，特别是到了20世纪90年代，我国电视批评的争鸣意识和科学意识增强，除形成多样化和规模化外，以电视手段研究电视，以互联网为媒介开展电视批评，已表现出批评的日益现代化趋势，但我却没有看到一本关于讨论电视批评的专著。这时我意识到我不能再用以前的

理论去描述或解释这一新事物，必须要与那些旧的理论决裂，去开拓属于电视批评这一新的领域的理论。开拓创新需要离经叛道的精神，需要大胆的怀疑，敢于打破传统框架的束缚。不要忘了“反常合道”之说，学术要靠创新来推动，它直接关系到这一学科体系的发展和进步。

记者：电视作为大众文化的主要传媒之一，在实践中，受众的需要是其主要的出发点。受众对电视节目的形式、内容都有巨大的影响，因而在当前电视业中重实践轻理论的倾向是普遍存在的。在这种情况下，您如何理解理论探索与实践发展的关系？

欧阳：无论在什么情况下，理论都具有本质上的指导性。理论关注的是现在和当下，思考的是发展与未来。理论以其思想性体现一个学科动态，勾勒出一个领域的蓝图。电视作为大众文化不可或缺的一个重要组成部分，必然要以受众为出发点。在商业经济的今天，受众不仅仅是电视的接受者，同时也成为电视节目的决定者。受众的思想影响电视节目是显而易见的，但受众也许正是只基于实用、基于满意的程度，而拒绝考虑未来和发展，当下的感受成为其判断事物的标准。而电视作为一个学科，它当然要发展。发展就是提供新的模式或方式让受众去评判。这一任务就落到了电视工作者的肩上。我们希望受众是满意的，所以我们要创新，创新是需要理论支持的，没有理论的创新大都会陷入一种徒劳无获的尴尬境地。我们需要发展，理论在此时就成了我们前进的风向标。在实践中因为条件所限，探索多少有些缩手缩脚；在理论上我们则可以更加大胆。在不懈的追求之中，才会摸索出前进之路。中国的电视事业从初创到现在只有短短几十年的时间，真正蓬勃发展还是近20年的事情。所以我们面临的困难和问题还很多，在理论研究上还有许多不足之处，这就更需要加快电视理论研究。其实只要仔细观察一下中国电视事业的每一次进步，都会发现在其背后所隐藏的理论基础。有许多人以为理论的东西只是发表在学术期刊上有意义但无用处的文字。其实不是这样，它不仅仅有意义，而且大有用处，关键是要把其运用到实践中，与电视实践挂钩。而且现在，电视实践有了飞速的发展，理论在某些方面明显滞后，已经不能对实践进行有力的指导。当前，加快电视理论的发展是每一个电视理论工作者的责任，对此我们责无旁贷。

记者：在全国“十佳”理论工作者中，大多数来自广电系统的国家级单位和东部地区，西部只有两名专家入选，您作为一位西部的电视工作者，能谈谈您对西部广电事业发展的认识吗？

欧阳：正如经济上的差异一样，东部的电视事业的发展要明显高于西部，这种格局由来已久。东部的电视行业凭借地域上的经济优势和人员素质已经走到了中国电视事业的前列。东强西弱是一个大体的格局，但西部的电视发展潜力很大，作为中国文化发源地的西部，几千年的人文积淀形成了与东部迥异的独特文化。丰富的人文地理、历史资源成了推动作为文化传播媒介的电视发展的极其重要的条件，只要看看当前中国较为出色的纪录片，就会发现这样一个事实，他们的题材大多来自西部，像四川电视人王海兵拍摄的“三家”，就取材于四川独特的民风民情。宁夏电视人康健宁的《沙与海》挖掘了宁夏特殊的生活。他们都获得了成功，拍出了震撼人心的优秀纪录片。当然东部电视人也曾挖掘过西部的题材，但从文化差异的角度讲，西部只有在西部人的视点中才能得到更真切、更质朴的呈现。西部电视的发展，必须经过电视的西部大开发。这种开发是多方面的，西部广电业所面临的问题之一是理论素质的匮乏。在这次“十佳”理论工作者中，只有两位是来自西部的。理论研究的薄弱势必造成电视节目整体质量下降、电视从业者素质不高、缺乏创新意识等问题。节目普遍克隆，形式过于单调，视野不开阔，特别是在谈话和娱乐节目中成了一种通病。西部电视多关注历史、关注时政、关注人文，而少关注经济动态，而且在节目创作上大部分流于肤浅，制作手法相对落后。正是认识到这些困难与现状，同时也看到西部大开发的机遇和西部发展的广阔前景，我认为对西部电视的研究必将促进西部电视事业的发展，西部电视的发展必然会有力地促进中国广播电视事业的发展。现在中国广播电视学会与四川大学正在共同筹建西部广播电视中心，相信此举能大大加快西部广播电视理论研究水平的提高。总之，西部电视的发展要靠西部人自己的努力。眼界要开阔，要敢于创新，加强交流合作，吸收东部地区发展电视产业的经验，找出自己的不足之处，探索新型的管理和运作机制。西部的电视产业要从现在的规模化、粗放型向效益化、集约型过渡，这与整个西部经济发展的方向是一致的。同时，要充分发挥本地区优势，积极开发适合本地区的特色节目，展示西部自身特色。并且，我们不能仅仅局限在“西部”这个区域，应该有一种全局的眼光，以西部为基础，向全国，乃至全球发展。(《新闻界》记者：沈淮)

(载《新闻界》2001 年第 10 期)

注：记者为《新闻界》杂志社记者。

影视教育：现状、问题与出路

——中国高校影视学会副会长、四川大学欧阳宏生教授访谈

在传媒类型多样、竞争空前激烈的今天，电视、电影仍然是影响力最大的传媒形态之一。影视的发展离不开人才，人才的培养离不开教育，面对文化体制的深入变革和文化产业的兴旺繁荣，面对广播影视不断发展、持续进步的新形势，我们必须充分认识到高校影视教育在这个影像时代的重要性。四川大学欧阳宏生教授近些年在从事影视教学研究的过程中，培养了一批影视人才，在影视教育方面有着深入而独到的思考，先后一百多次应邀到全国高校、媒体进行讲学。日前笔者就我国影视教育的现状、弊端和路径等问题采访了欧阳教授。

闫伟（以下简称闫）：欧阳教授您好！我们知道您坚持工作在影视教育的第一线，培养了大批高级影视人才，有些已经在学界、业界具有了一定的影响力。作为我国传媒教育的布道者与践行者，先请您谈谈我国高校影视教育的现状。

欧阳宏生（以下简称欧阳）：好的。影视教育是20世纪90年代后半期迅猛发展起来的新兴专业，它的昌盛和时代发展、文化潮流与社会经济进步都有不可分割的关系。高水准的影视艺术作品不仅对开拓广泛的文化产业市场有益，而且代表着一个民族的思想文化水平，对提高该民族在国际社会中的整体形象，具有不可替代的巨大作用。为加强影视人才队伍建设，近年广电总局专门印发了《关于进一步加强广播影视人才工作的意见》，明确提出要把人才资源作为广播影视改革和发展的第一推动力，树立科学的人才观，全面推动广播影视人才的协调发展。据不完全统计，我国现在有800多所普通高校开设有影视方面的课程，分为影视文化、影视艺术、影视鉴赏以及影视制作等几个主要方面。高校中设立的相关影视传媒的专业涵盖了新闻学、传播学、电影学、广播电视艺术学等学科。目前的影视类在校学生在6万人以上。总体而言，随着影视传媒的影响与日俱增，当前影视教育有着更为广阔的市场。但是，我国影视教育在繁荣的背后，也潜藏着一些问题与隐忧。

闫：是的。近些年我们注意到，伴随着教育规模的高速扩容，影视人才培养与传媒业界人才需求衔接中存在较为明显的脱节现象，相当一部分影视专业毕业生无法获得相应专业的职位。作为全国知名的影视学者，您在观察和思考中发现了当前影视教育的一些弊病，能跟我们具体谈谈吗？

欧阳：我认为，从目前我国影视教育的现状考察，人才培养上有几大弊端值得警惕。

一是研究型模式成主导。自从美国卡耐基教学促进基金会1994年提出“研究型大学”概念后，很快在我国高等教育界引起了强烈反响。近年来，不论是否具备办学条

件，众多高校均投入极大力气争创研究型大学。影视专业的学科特色是应用性强、技术性强，既重“学”也重“术”，既培养研究型人才也培养应用型人才，并以实践型人才为主。但在目前的影视教育中，由于过分强调师资构成中具有博士学位的教师所占的比重、学生构成中研究生所占的比重等，导致研究型教育模式成为主导，本科教育相当程度上被边缘化。研究型人才和应用型人才的要求大相径庭，用适宜前者的方式来培养后者，人才的实践技能欠缺，相对于其他专业的学生而言并不具备明显的专业优势，竞争力自然大打折扣。

二是人才培养定位模糊。目前，不仅综合类、理工类、财经类、民族类、师范类、政法类等院校广泛开设影视专业，一些地级城市院校也迎头赶上。依靠现实的办学条件，学生毕业后应该成为哪种规格的人才——影视实务者、媒体研究者还是高校教师？人才培养规格不同，课程设置和教学、教学活动的组织将有很大的差异。培养目标越明确，人才的竞争力才有可能越强。但当下的状况是，从横的层面看，综合类院校和其他类院校学生的专业特色区分度并不明显；从纵的层面看，本科和研究生阶段的层次分界也不够清晰。不同办学条件、不同办学层次的“产品”大同小异，很难满足业界多种多样的人才需求。

三是教育观念还存在偏差。当中国进入信息化、数字化、网络化时代时，仅仅把影视教育作为艺术教育来看，视野还是狭窄了。新的思维形态、新的文化观念、新的信息获取方式等促使“大影视”、“新影视”概念的出现，高校对待影视教育的观念和态度也亟待更新。有些高校没有正确看待影视教育在信息社会对学生全面发展的价值，影视教育课流于形式，这对提高学生的视听思维极为不利，无益于学生素质的全面开发和对现代社会的适应。

闫：您的分析可谓准确精到，道破了我国影视教育在现实发展中的种种问题。究其根本原因，可能“教育与现实的脱节”是其中之一。那么，您能否谈一谈当今社会急需什么类型的影视人才呢？

欧阳：我国的影视发展正呈现出强劲的产业化趋势，这对人力资源提出了更高的要求。传统的影视人才主要指狭义上的媒体采编、制作人员，但影视发展的市场化进程已经在相当程度上拓展了这一观念。要充分发挥高校在影视人才培养上的作用，我们首先应该对变化中的传媒人才需求有一个清晰的了解。

其一是对策划经营人才的需求。由“事业单位”时代过渡到产业化动作时代，精通媒体经营、融资投资、市场营销等领域的经营管理人才的短缺问题很快暴露出来。在2004年5月北京举办的首届传播人才招聘会上，几乎80%的参展机构设立了招聘媒介主管、媒体经营主管的职位。

其二是对文化创意人才的需求。从20世纪90年代开始，在数字技术的推动下，文化产业在全世界蓬勃发展。在我国，党的十六大第一次把文化产业列入了国家产业。大文化产业包括报刊、广播、影视以及广告业、游戏业、娱乐业、旅游业、体育业等，它在国民经济中的地位越来越重要。创意产业能够为传统产业的产品升值提供新机会，这一点在影视动画业表现得最为明显。2006年4月26日，国务院办公厅转发了由财政部等10部委起草的《关于推动我国动漫产业发展的若干意见》，提出了发展动漫产业的28条措施，还列出专项特别强调人才培养问题，对我国高等影视教育提出了全面培育创意人才的时代要求。

其三是对“数媒”人才的需求。数字化促进了广播影视、通信、计算机行业的融合，数字媒体产业发展急需既具有影视艺术基础知识又掌握数字影视技术的专业复合型人才。目前，全国两千多家电视频道、五千多家影视制作公司和近万家网站都急需大量的数字影视制作人员。另外，很多国际影视制作公司也纷纷向中国转移其外销业务，也就加大了此类人才的需求量。据业内人士初步估计，目前数字影视制作行业人才缺口将近200万人。

闫：这三种人才类型的提出，一定会使今后高校的影视教育更加有的放矢。面对社会的人才需求和学生的就业压力，高校在影视人才培养方面也应该做出相应的反思和整改了，恐怕这才是影视教育实现健康可持续发展的关键环节。

欧阳：你讲得不错。影视人才的需求是多元化的，高校人才培养也应该与此对应，形成分工合理、各具特色、各有所长的人才培养体系。从人才供需的现实条件出发，高校影视人才培养的规格要求可分为三个层次。

一是本科生层次，也就是实用型人才。目前本科层次的教育注重的是学生的文化知识储备和基本理论素养，而影视机构对学生的专业技能和实践能力的要求却很高。这是明显的供需不对等。因此，本科层次的目标就是培养基础扎实、动手能力强、具有职业精神和独立学习能力、招之能用的实用人才。在这方面，许多高校已经开始了尝试。比如清华大学新闻与传播学院从2004年起，大幅调整了本科生教学方案，确立了以社会科学知识为基础，以新闻专业为核心，国际性、实践性、基础性相结合的教育思路，取得了不错的效果。本科阶段应注重强调培养学生独立学习的能力，让他们掌握“可转换技能”，增强对社会和新知识的适应性和转换能力，使影视专业本科毕业生在和其他专业学生竞争媒体职位时具备比较优势。

二是硕士生层次，也就是连接实务界与学界的专业型人才。对国内大多数新闻媒体来说，一般的记者和编辑等实务人员需求已趋于饱和，现在最需要的是不仅拥有影视专业知识，还掌握另外一门学科基本知识的复合型、专家型人才。这种对高层次实务人才的需求有可能持续增长。因此，从影视发展的需求来看，硕士生应定位于有较强业务能力和科研能力的专业型实务、策划和管理人才。这一层次应注重培养学生独立的学术思维、开阔的眼界和对某一专业领域的深入了解，强调实践能力的培养，以弥补业界巨大的人才缺口。

三是博士生层次，也就是学者型人才。博士生层次是以科研为主要特征的更高层次的专业教育，主要培养目标是影视科研人员和高校教师。作为独立的研究者，博士生教育应与实践保持一定的距离，以保持视野的开阔性和研究的客观性，但仍须坚持其实践导向，在导师指导下从事一定的实践课题及相关的理论研究。这一层次的人才将是21世纪中国传媒产业发展的主导者。他们将决定21世纪中国传媒发展的面貌。

闫：四川大学是我国西部影视教育的重镇，您对西部影视教育的现状和发展有何看法？

欧阳：与我国东部地区相比，西部在各个方面存在较大的差距，其中影视教育也不例外，其总体发展水平远远滞后。从硬件来说，除个别高校外，总体而言，专业设置单一，办学结构较松散，专业教学缺乏特色和优势。据统计，在所有承担影视教育的西部高校中，50%以上的高校仅开设有一个相关专业。个别高校不具备开办影视专业必需的经费、实验室及仪器设备、图书资料、实习场所等基本办学条件，增设影视专业后导致办学层次低、师资匮乏、教学质量差、人才培养素质低。从软件来说，部分高校存在“重理轻文”的思想，部分教师存在“重学轻术”的思想，结果影响了影视人才的综合素质。在今后西部地区的影视教育发展中，我认为首先要培养和引进一支高素质的师资队伍，这支师资队伍应该是德才兼备的，其首要的基础是要有正确的政治方向和坚定的信念、良好的道德品质、尽职尽责的敬业精神、严谨认真的治学态度、诲人不倦的师者情怀，同时也要有厚实的专业知识，精通本行业务，并不断充实、更新知识，掌握多种影视实践（特别是有关的高新科技）技能技巧，以紧跟不断发展变化的时代步伐。其次要确立适合于西部的多层次人才培养目标。最后要善于利用当地的历史文化资源、媒体资源等，不但可以鼓励学生到相关影视单位参与实践，而且高校可以组织拍摄具有地域特色的影视作品，举办全国性乃至全球性的影视研讨会等，利用好“近水楼台”的条件。总之，西部高校只有具备比较先进的师资水平和教育理念，并依托地域文化、发挥地缘优势、整合区域资源，才能在影视教育中走出一条特色化、高水平之路。

（载《当代传播》2010 年第 7 期）

注：闫伟现为广电总局收听收看中心编辑、文学博士。

2008：中国电视新闻的突破

——访中国广播影视大奖、中国新闻奖评委欧阳宏生教授

欧阳宏生教授是我国较早致力于媒介批评研究的著名学者，在国内最早提出媒介批评科学化、现代化的理念。新闻评奖既是对新闻价值的认定，也是媒介批评的重要形式。欧阳教授多年来担任中国广播电视新闻奖、中国广播影视大奖和中国新闻奖的评委，是我国新闻传播的见证者和价值的判断者。时值2008年度中国广播影视大奖电视新闻奖和第十九届中国新闻奖的评选落下帷幕，盘点2008年中国电视新闻的一个个精彩瞬间，总结其在传播理念、报道方式和职业素养等方面的开掘与突破，对于我国电视新闻及整个新闻传播事业有着重大而深远的意义。那么，中国广播影视大奖和中国新闻奖在2008年这个新闻大年中筛选出来的电视新闻佳作与往年相比有什么不同？又能给我们什么样的启示？为此，我们专访了四川大学新闻传播研究所所长、博士生导师、中国广播影视大奖和中国新闻奖评委欧阳宏生教授。

杨璐（以下简称杨）：欧阳教授您好，我们看到，您所参与评选的中国广播影视大奖和中国新闻奖等奖项，都是广播电视和新闻领域的国家级奖项，是导向中的导向。而近日落幕的中国新闻奖和中国广播影视大奖刚刚完成了对2008年电视新闻实践的全面检阅。您从事评委多年，就您看来，2008年中国新闻奖的参评作品和往年相比有什么样的特点呢？

欧阳宏生（以下简称欧阳）：是的，中国广播影视大奖是一项政府奖，也是中国广播电影电视领域的最高奖项；而作为全国综合性的新闻最高奖，中国新闻奖的评奖范围涵盖了报纸、广播、电视、网络等领域。中国广播影视大奖和中国新闻奖都是中国电视新闻事业发展与进步标杆性的奖项，也是我国新闻工作者成就和荣誉的象征。在这两奖中所评选出的电视新闻佳作大都具有较高的代表性和示范价值。而2008年，无论对于中国电视新闻工作者还是电视传媒研究的学者来说，都是非常重要的一年，这一年电视荧幕内外涌现出了很多值得关注和研究的现象。可以说，对于年届50、当知天命的中国电视新闻而言，时代的机缘在这一年际会，给出了一份厚重的考卷。你看，2008年每一起重大事件，如南方冰雪灾害、汶川大地震、北京奥运会等许多事件哪一个不是百年一遇？所幸，中国电视新闻界不仅经受住了时代的考验，还交出了一份令人满意的答卷。

刚刚结束的这两项评奖是对2008年我国电视新闻传播的成果的检阅。参评的电视新闻作品（长、短消息，连续、系列报道）大体反映了过去一年中我国电视新闻报道的风貌，多为精品之作。同之前的电视新闻评奖相比，无论题材选择、思想挖掘，还是报

道视角、手法创新等方面都有很大变化。如果用四个字来总结 2008 年中国新闻奖的参评作品的总体特征，我把它归纳为“三大三小”。

杨：“三大三小”，具体怎么理解呢?

欧阳：“三大”是指大事件、大手笔和大情怀。具体来说，是指电视新闻报道主题的重大，制作篇幅的宏大及眼界立意的博大。而“三小”则是指小落点、小角度和小人物，指的是在具体的节目表现手法上，主题焦点小而精，切入角度小而巧，人物选取小而活。面对 2008 年度频发的重大事件，中国电视新闻工作者们将开阔的立意和深厚的人文关怀熔铸于报道中，通过精当落点、精巧角度的选择和典型人物的选取，锤炼出了蓬勃大气的新闻作品。

杨：您的点评也是大处着眼，小处着墨，清晰地勾勒出了 2008 年中国新闻奖中电视新闻参评作品的全景图谱与要点。我们可不可以这样理解，在您所总结的“三大三小”中，那些急、难、险、重的大事件和题材是最根本的诱发因素?

欧阳：谢谢，你说得很对。新闻的本源正是广阔天地中人民群众鲜活的实践，因此现实世界本身的变动乃是新闻报道的基石。中国新闻奖和中国广播影视大奖等奖项之所以受到巨大的关注，其中一个重要的原因正在于它是对过去一年发生的大事的历史性记载。而激扬的时代进程与变革反映在电视新闻上，就是报道内容与主题的不断拓展。

杨：那么今年的参评作品在报道题材上，有什么显著的拓展呢?

欧阳：在今年“两奖”参评作品的题材方面，我们看到最引人注目的变化是突发性重大事件对电视新闻报道领域的拓展。这种拓展又体现在两大方面：一个是对“现场”的凸显；另一个是对“矛盾”的正视。

首先是对“现场”的凸显，这主要反映在对突发性灾难的报道中。相对于成熟的预知性重大事件，我国电视新闻界对于突发性危机事件的报道一直处于滞后状态，尤其是“现场”这个最为关键的要素，在中国的电视新闻报道中常常是稀少，甚至是缺席的。但在 2008 年，我们不仅发现了现场，更突出了现场。应该说，“现场”的回归是从 2008 年初央视新闻频道对南方罕见的雨雪冰冻灾害天气的大型直播节目《迎战暴风雪》开始的。在这之后的 5 月 12 日，中央电视台一套、新闻频道等对于四川汶川大地震的报道更为“现场”的复兴写下了浓墨重彩的一笔。央视新闻频道在地震发生后 32 分钟便首发新闻，52 分钟后即推出直播特别节目《关注汶川地震》和《抗震救灾众志成城》。地方卫视也形成快速反应机制，结合当地的情况，与央视一起协同作战，点面结合，全景式展现了这场抗震救灾伟大斗争的“现场”。其中值得称道的一部作品是陕西电视台选送的电视新闻连续报道——《抗震救灾特别报道——决战“109”》。宝成铁路 109 隧道是救灾物资的运输要道，其抢险情况牵动着全国乃至全世界的目光。为向外界传递 109 隧道抢险的最新进展，陕西电视台采用现场报道和纪实手法，充分展现了抢险过程中遇到的各种危险困难和感人事迹。在报道中，抢险队员遇到的困难让观众紧张窒息、扣人心弦，而他们想尽办法战胜困难、勇往直前的精神更让观众感动不已。每天大量及时的直播和连续报道吸引了全国观众的密切关注，为 109 隧道早日贯通作出了突出贡献，赢得了国务院新闻办、中宣部、铁道部、广电总局、中央电视台、陕西省委省政府、省委宣传部、省广电局等方面的高度评价。

央视的《抗震救灾众志成城》和陕西卫视的《决战“109”》等节目的表率作用是巨

大的。在其带动下，当2008年11月15日，浙江杭州地铁1号线萧山风情大道湘湖站工地突然发生塌陷，酿成国内地铁史上伤亡最为严重的事故时，浙江卫视也毫不犹豫地以整个频道为单位，出动卫星直播车，及时全面地展开现场连线报道，形成了《杭州"11·15"地铁工地塌陷事故直播》这样关注个体生命、彰显社会责任的佳作。

其次是对"矛盾"的正视，这主要表现在国际报道和公共事件的报道上。中国和平崛起、重回世界强国之林的道路，必不可少地会遇到阻力，而中国自身的经济、政治、社会改革也逐步迈入深水区。因此，国际矛盾和国内矛盾将会在较长一段时间以一种比较显著的状态存在，是一个客观事实。只有直面矛盾，不卑不亢，有理有节地用事实说话，才是促使矛盾走向和解的最佳方案。

在这次评奖过程中，我们看到中央电视台制作的《拉萨3·14打砸抢烧暴力事件纪实》，通过大量第一手资料和独家采访，客观讲述了"3·14"事件的发生过程，展现了暴力事件的破坏程度，揭露了事实真相，从而有力地驳斥了西方媒体的不实报道和达赖集团的宣传，在引导舆论、澄清事实上发挥了巨大的作用。同样，在北京电视台《点燃激情传递梦想：用身躯捍卫圣火的尊严》中，"藏独"分子的凶残和金晶用残弱的身体捍卫圣火尊严的画面形成强烈对比，成为整个奥运圣火境外传递过程中最惊心动魄的瞬间，确凿的报道促使全球范围内掀起了谴责"藏独"分子暴力行径、主张火炬和平传递的强大社会舆论。而中国电视在汶川地震报道中更是做到了不迟报、不瞒报、不夸大，牢牢把握了新闻报道和舆论引导的主动权，与西方媒体站在同一时间段上平等对话，不让谣言与歪曲报道跑到真相的前面，最终使西方媒体彻底失去了想象和挑剔的空间。

在涉及国内矛盾的公共事件报道上，获奖作品对主题的开掘也值得借鉴。汶川地震发生后的第二天，有关成都上游的紫坪铺水库可能因地震溃坝、成都市饮用水源被污染等谣言满天飞，造成了极大的恐慌。成都电视台新闻综合频道及时针对这一事件进行了连续两天的《应对水危机》系列报道。通过第一时间采访自来水公司等权威部门，直播政府新闻发言人电视讲话等方式，使各方面的权威声音很好地得到传达，迅速稳定了市民的情绪，使成都有史以来出现的因谣言导致的最严峻水危机得以化解。另一个具有里程碑意义的获奖作品是当重庆主城区发生出租车大规模罢运事件后，重庆电视台进行的两个半小时的《市委书记薄熙来与出租车和市民代表座谈》电视直播。在这场正视矛盾的直播中，通过薄熙来书记与出租车和市民代表对话全过程的直观展现，首开国内公共危机应对先河，完善了利益均衡机制并畅通了表达渠道，不仅使得电视办公成为疏导民意、集聚民智的好尝试，更为中国的民主化进程书写了浓重的一笔。

杨：的确，今日之新闻往往是明日之历史。题材的重大性与创新性确实是成就一个好新闻的重要基础。2008年的突发性事件报道为电视新闻在报道领域开疆拓土，注入了新的活力，具有很大的示范效应。但重大题材可遇不可求，对于电视屏幕上大量日常性事件的报道来说，更为重要的或许是处理题材的方式与技巧。那么就您看来，今年的获奖新闻作品在报道方式和报道技巧上都有什么突破呢？

欧阳：不错，事实的选择是电视新闻成功的基础，而表现好新闻事实则是新闻传播达到最佳效果的关键。要表现好新闻事实，必须在新闻报道方式和报道技巧每一个环节下足工夫。

在这次的获奖作品中，我们看到在报道方式上有两方面变化特别明显：

一方面是直播常态化。央视新闻频道早在 2006 年就提出“直播常态化”的概念，并把直播作为新闻频道最主要的报道手段和报道方式之一。而在 2008 年，“常态化的直播”才真正得到了落实。直播不仅被用于奥运、“两会”等预知性重大事件的报道和抗冰雪灾害报道以及抗震救灾等突发性重大危机事件的报道上，还被用到了时政领域，如重庆《市委书记薄熙来与出租车和市民代表座谈》，经济领域，如 CCTV－2 推出的大型直播特别报道《直击华尔街风暴》，更被广泛运用到科技新闻报道领域，如新疆电视台的《直击日全食——21 世纪首次日全食观测直播》等。

另一方面是媒介融合化。媒介融合包括组织融合、技术融合和业务融合等方面。具体来说，组织上的融合使电视新闻传播的举国体制呼之欲出。无论是在抗冰雪灾害报道期间，在奥运火炬境内传递时，还是在抗震救灾报道中，正是基于全国电视一盘棋的思路，中央电视台与几十家地方电视台通力合作，使对重大事件的报道形成了强大声势，增强了快速反应和协同作战能力。技术上的融合促使网络播报员与手机观察员的诞生，特别是在奥运期间，这一特殊的报道群体以其互动、参与的姿态和原生态的报道内容，改变了传统电视媒体的报道方式。而业务融合则触发了台网互动模式，使电视新闻实现了真正意义上的整合传播。总之，媒介融合化从不同层面丰富了电视新闻的报道方式与内涵。

而报道技巧的变化，则主要体现在以下几个方面：

第一，时政报道民生化。为改变时政报道领导活动多、会议报道多的现象，增强可视性，成功地塑造好党和政府的亲民形象，“时政报道民生化”是一个有效的策略。它要求记者在考虑选题时，从受众的需求出发，追求最大新闻价值，在突出重要性、时效性的同时加强新颖性、贴近性。例如电视消息《胡锦涛在四川地震灾区什邡市看望慰问受灾群众和救援人员》，就是践行时政新闻民生化的一个范例。在这条新闻中，既有总书记振臂一呼，向全国人民庄严宣誓“我坚信，任何困难都难不倒英雄的中国人民!”的经典画面；也有总书记盘腿坐下，耐心抚慰痛失亲人的群众的动情镜头；还有对青年志愿者的坚定鼓励。整则新闻立体丰富且真实全面地展现了总书记深入地震灾区所做的大量细致的工作，激励了全国人民万众一心、众志成城，勇敢地战胜地震灾害。在这个方面，陕西卫视也做得非常不错。在中国广播影视大奖广播电视节目奖的评奖过程中，我们看到其选送的一则电视新闻专题《寻人启事周末版：寻访西安承包国营餐厅第一人》就是践行“时政报道民生化”理念的佳作。这期节目以轻松新颖的报道形式，巧妙利用 22 年前的新闻资料，反映出改革开放 30 年来的巨大变化。节目播出后不仅取得了很好的宣传效果，还取得了相当高的收视率，实现了社会价值和经济价值的双赢。

第二，经济报道通俗化。经济新闻报道一直是获奖作品中的重头戏，在我国经济改革与建设中，此类题材的报道对促进经济改革的步伐、探索经济建设的思路、规范经济建设的发展等都有着重要的导向性作用。但是因为经济领域问题的专业性和复杂性，使普通百姓在接受和理解上都存在一定难度，因此，经济报道的通俗化策略就显得非常重要。此次中国新闻奖和中国广播影视大奖的经济类获奖作品，都或多或少地体现了这一特征。例如在山东电视台制作的电视消息《冲破六年封关——山东禽肉产品重返欧盟市场》中，为了展现在 2008 年金融危机席卷全球、外贸出口日益严峻和食品安全事件频发的国内外大背景下，山东禽肉出口企业以高于欧盟的标准艰辛打破其长达六年的封关的来之不易，作品运用了一个很形象的比喻来表现欧盟标准检测的严苛——“1公斤的产品中含有一亿分之一甚至十亿分之一的药物都可以检测出来，也就是说，在一个标准游泳池里滴进一滴硝基呋喃药物，我们都可以检测出来。”怎样的努力才能达到这样的标准呢？这就引出对六年来山东企业在食品安全控制方面采取的措施进行的深入挖掘，使整篇报道通俗易懂。这一特点在安徽电视台选送的《安徽沿江屠龙记》体现得更为明显。这篇电视长消息对安徽沿江经济带环境治理的报道，从各地烟囱明显减少的变化入手，形象地把各地冒着黄烟、白烟、黑烟、喷出火舌的烟囱比喻为“黄龙”、“白龙”、“乌龙”和“火龙”。对其治理，借用了金庸小说的提法，便有了沿江“屠龙记”。报道中，地图与动画的运用，不仅直观、形象地揭示出安徽沿江经济带的各个地市“屠龙”的屠宰要害，还富有趣味性，亲切易读。浙江卫视选送的电视评论《没有迈不过去的坎》也是如此。在金融风暴席卷世界时，如何鼓舞信心，应对危机，是我国经济面临的重大课题。创作者们以小见大，从浙江经济在这场危机中的表现入手，结合浙江30年越坎升级的发展历程，有理有据的论述，表达出强烈的战胜这次金融危机的信心和决心。既有鲜活的当下事件的演进历程，又有珍贵的历史资料，现实与历史交融是这篇电视评论的独到之处。不仅如此，该作品视角独特，构思巧妙，在主题反映上举重若轻、拿捏得当，段落转承流畅，结构一气呵成。虽然评述的对象是浙商和浙江民企，呈现的是浙江30年越坎升级的经验，但凸显的却是金融危机面前提振信心和经济转型升级的大主题。

第三，人物报道平实化。典型人物通常具有突出的新闻性，他们的故事往往代表着时代发展方向，能感动观众。毫无疑问，对于这类典型人物的报道应该“以人帅事”、“以事显人”。但在充分展现典型人物的典型事迹的同时，更应想方设法凸显人物的个性，反映人物内心多彩多姿的情感，彰显人物的精神境界，使之可感、可亲、可信。我们看到今年获奖的作品对人物报道几乎都呈现出平实化的取向，令人认同。例如，在江苏广播电视总台选送的《陈光标：我是志愿者!》这篇电视新闻专题中，通过对陈光标童年经历和心路历程的自诉，塑造了一个出身贫苦、机智大义、行事高调、“有良知、有责任感”（温家宝语）的“中国首善”形象。平实、质朴的语言让这位资产上亿的民间志愿者、抗震英雄少了些炫目的光环，多了些人性朴素的光芒。齐鲁频道的新闻访谈类节目《走近“史上最牛的救援队”》在对人物的表现上也采取了同样的策略。对于这支在汶川地震发生的第二天，就驾驶一辆简易农用三轮车，带着100斤煎饼，经历四天三夜，行程3000多公里，奔赴四川地震灾区参加抗震救灾的“史上最牛的救援队”的报道，其题材本身就蕴含着很大的平民性和趣味性。而节目组顺应了内在主题的需要，在录制形式上没有采用惯常的演播室访谈的形式，而是创造性地选择了这支农民志愿者的家乡——山东日照市莒县东皂湖村一处开放式农家场院前进行访谈。现场的布置也保留了原生态的农村风格，唯一称得上道具的东西就是他们当时去四川时乘坐的农用三轮车。在这个开放的现场，村民们可以自由地观看、参与节目，甚至连村里的一只大黄狗都大摇大摆走到场地中间，抢起了镜头。然而正是这种看似简单粗糙的现场带给了观众亲切自然又真实动人的感受，成为这场访谈的鲜明特色。在熟悉的乡村环境中，无论是第一次参加电视访谈的10位农民志愿者，还是围坐在现场的村民，都表现得十分真实自然。观众在他们质朴的语言和表情中，不仅看到了这10位农民志愿者的淳朴与善良、

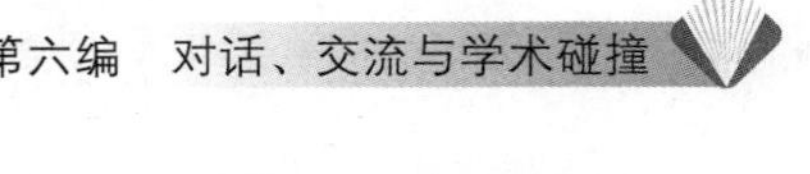

勇敢与坚韧，更看到了他们身后中国农民可爱又可敬的群体形象。值得一提的，还有新疆电视台和乌鲁木齐电视台选送的《姐弟情深》。通过对无偿为非亲非故的维吾尔族少年毛兰江捐肾使他获得新生的汉族姑娘王燕娜平实化的白描，使得新疆首例非亲属、汉族人民为维吾尔族人民无偿进行活体肾移植的感人故事显得真实可信，很好地表达了新疆各民族之间相互依存的民族亲情。

杨：对于电视新闻获奖作品报道方式和技巧的精当分析，往往会给业界实践以很大的启发。但在很多时候，报道方式和技巧的更新还需要电视技术的配合才能得以实现。您认为在此次电视新闻获奖作品中，有哪些技术革新是值得关注的呢？

欧阳：不错，电视工作属于知识和技术密集型行业。大胆采用新的先进电视技术来改进电视新闻表现方式、提升报道的感染力，已成为2008年电视新闻报道的一个非常突出的重要特点。首先，是直播技术的不断进步。2008年是一个高潮迭起、波澜壮阔的电视直播年，众多可预知或不可预知的重大事件，对中国电视直播技术进行了全面的检阅。然而不管在何种情况下，电视工作者始终能够反应迅速、周密部署，将最具说服力与震撼力的现场画面传递给观众，这说明中国电视直播技术的日臻成熟。特别是新疆电视台的《直击日全食——21世纪首次日全食观测直播》是我国首次与国外媒体合作对日全食这一自然奇观进行电视、网络同步直播。要拍摄太阳这一天体，需要许多天文望远镜等科研器材和专业设备。正是因为技术手段的到位，报道组采用红光、白光拍摄清晰地展现了日冕、日珥、贝利珠等壮观现象，促成了首次日全食观测直播的完美成功。其次，是地理信息系统技术的使用。在中央电视台《抗震救灾众志成城》大型直播节目中首次运用于新闻媒体报道的地理信息系统技术，为电视机前的观众提供了大量反映地震灾区地形地貌、道路、村庄、河流、地名等信息的立体三维地图。在地震灾区通信、交通被严重破坏的情况下，这种卫星遥感和航空遥感技术成为快速获取灾情的最佳途径。再次，是航拍技术的运用。无论是采用直升机、三角翼还是滑翔伞，在2008年年初雪灾、汶川大地震和北京奥运会等中国电视大型新闻报道中，全景式的电视航拍画面都给观众留下了深刻印象，极具震撼人心的力量。最后，是电视包装技术的精进。电视新闻的字幕条不仅能用于提供信息，还是电视包装的重要组成部分，其形状、大小、颜色和花纹等都统一于频道的整体形象塑造中。在北京奥运会期间，央视新闻频道出现的“L”屏成为众多电视屏幕中的一个亮点。通过多行字幕、多视窗的技术手段的运用，“L”屏把整个电视屏幕划分为两大区域，主窗口播出“一起看奥运”大型直播特别节目，剩下的区域则以字幕版或字幕条的形式实时传递奥运赛事预告、最新比赛结果、各国奖牌榜以及天气资讯服务等内容，使大量信息在第一时间得到有效传播，深受观众喜爱。可见，在很大程度上电视新闻理念的实现取决于技术的进步。不过，值得注意的是，我们又不能简单地采取技术决定论的观点。事实上，技术必须在人的因素作用下才能发挥最大的功效。

杨：是的，人的能动性是更重要的决定性力量。我们看到在2008年的新闻实践中，新闻从业人员尤其是电视新闻从业人员，体现出了相当高的敬业精神和专业素养。正如李长春同志在看望慰问抗震救灾新闻工作者时所说：“实践证明，广大新闻工作者经受了考验，没有辜负党和人民的期望和重托，是一支政治强、业务精、纪律严、作风硬，党和人民完全可以信赖的队伍。”但另一方面，一些记者或主持人在报道时的情感流露也受到了一定的质疑。不知道您对此次两奖评选中所反映出来的“人”的因素如何评价呢？

欧阳：你说得很对。应该说，“人”才是最关键的因素，所有技术的进步、理念的更新以及操作的实施都是需要以“人”作为出发点和归宿的。在2008年的电视新闻领域，广大新闻工作者，尤其是奋战在抗震救灾第一线的新闻工作者用自己的亲身行动为这个群体赢得了尊敬。他们不畏艰险、不怕牺牲，哪里有险情，哪里就有他们的身影，涌现了许许多多可歌可泣的感人事迹。在今年的评奖中，这一点给我们的感受非常明显。特别是在有关汶川地震的报道中，在信号中断、余震不断、自然条件极为恶劣、险象环生的环境里，冒着生命危险进行报道、为我们传递出第一手抗震资讯的记者们，和我们的救援人员一样，都是抗震救灾前线最可爱的人。就刚才你提到的，一些记者或主持人被救援和互助的画面感染，而在报道时的真情流露、流泪，甚至泣不成声的状况，我个人认为，这正是我们的电视新闻工作者具有的大情怀的表现之一。当然，是真情还是假意，我相信观众们还是有自己的评判的。

而此次的获奖作品也充分反映了这一特点，央视一套和新闻频道等的作品《抗震救灾众志成城》所体现出的优秀新闻工作者群像自不待言，值得记住的还有陕西电视台《抗震救灾特别报道——决战“109”》的记者们。在全国抗震救灾中，救灾物资运输通道宝成铁路109隧道抢险也是全国上下高度关注的重点。冒着余震不断、12节油罐车随时爆炸的危险，作为全国首发报道的媒体，也是唯一一个通过卫星直播的电视媒体，陕西台记者在仅有单边信号的情况下，12天时间里与央视、凤凰、东方等多家媒体完成近百次直播和连续报道，向全世界传递109隧道抢险的最新进展。报道组和一线战士一起冒着爆炸的危险进入隧道，顶着塌方爬上山体，即使设备被砸坏、身体受伤，都全部坚持下来，历时12天，及时、准确、生动地报道了109隧道抢通的全过程。在成都电视台新闻综合频道的《应对水危机》报道中，记者以高度的新闻敏感和社会责任感，最大限度地发挥媒介作用，帮助党和政府稳定了社会秩序，危急时刻充分发挥了主流媒体的正面引导作用。甘肃省广播电影电视总台的《祸起三鹿奶粉》也凸显了记者敏锐的新闻嗅觉，和事关生命安全时的责任感。毫不夸张地说，三鹿奶粉事件之所以能如此快地水落石出，新闻媒体的监督功不可没。同时，也为消费者立刻停止使用有毒奶粉并及时接受检查治疗提供了帮助。即便是诸如《安徽沿江屠龙记》这样的日常性报道，创作者在寒冬时节进行了深入、细致、艰苦的调查，行程辗转千里，在采访中几改方案，挖掘了大量新闻事实之后的背景材料，在后期制作时，八易其稿，精心编辑，最终使作品具有了强的说服力和感染力，清晰而生动地说明了安徽沿江经济带的各个地市“屠龙”的要害。

总的来说，电视新闻中人的能动因素在今年很多的获奖作品中或多或少都有表现。它们体现了中国的电视新闻工作者在大事频发的2008年以国家利益为重，以人民利益为先，不辱使命、勇于奉献的高贵品质；顾全大局、精湛扎实的专业素养和深厚大气的人文情怀。

杨：应该说我们的电视新闻工作者有这样的品质和表现，实乃党和人民之大幸事，为我们监测环境、传承文化提供了重要保障。但反过来，也正是今日之媒介制度及其引发的媒介环境和生态的变化，给予了这些新闻工作者更大的舞台和更宽容的环境，从而使他们的报道理念和才能得到更好的发挥。欧阳教授，就您的观察，媒介规制的变化与新闻精品的创作有着什么样的联系？

欧阳：你提的这一点非常好。今年的电视新闻舞台会如此靓丽多姿，是和国家政治民主化进程下走向信息公开的大背景息息相关的，而在这样的环境下诞生的新闻精品又会反过来强化政府和公众对新闻媒体的信心，从而给予其更为广阔和宽容的报道空间，促使其进一步发展，从而形成媒介规制改进与新闻精品创作之间的良性互动。

2008 年 5 月 1 日，《中华人民共和国政府信息公开条例》（以下简称《条例》）正式实施，明确指出政府应该通过大众媒介主动地公开危机信息，为新闻媒体进行政府信息报道提供了有效的法律保障。我们看到，《条例》颁布 10 天后，“5·12”汶川地震发生，灾区信息透明公开的程度与全国积极响应救灾的行动前所未有。中央电视台和地方卫视对地震第一时间的直播报道满足了观众的信息需求，对地震的流言及时辟谣，稳定了人心。国务院抗震救灾总指挥部、国务院新闻办以及四川省政府也定时主动积极地发布权威信息，使谣言止于信息公开，流言止于信息通畅，人心得到安定，社会生产生活秩序也很快井然有序。在公开透明的舆论氛围中，电视媒体对灾区进行的原生态、全景式、透明化报道，对于弘扬民族精神、鼓舞斗志起到了关键作用。信息公开也强化了中国政府开放而负责任的形象。开放的中国迎来了开放的新闻传播心态，而信息公开非但没有带来人们所担忧的社会混乱，反而促使危机得到化解，满足了受众的知情权，更保障了舆论监督权，这既是对以人为本和谐发展观的最好诠释，也是中国电视走向成熟的一个标志。

中国新闻奖和中国广播影视大奖的评奖宗旨在于全面检阅我国新闻工作的年度业绩，展示新闻战线“三项学习教育活动”取得的成果，发挥示范引导作用，推动新闻媒体与新闻工作者坚持正确舆论导向，落实“三贴近”要求，提高作品质量；鼓励新闻媒体建设一支政治强、业务精、纪律严、作风正的新闻队伍，多出精品，多出人才，推进新闻事业更好地为人民服务、为社会主义服务、为全党全国工作大局服务。2008 年，恰逢中国电视 50 华诞，在这一年，中国电视人以高度的责任感和使命感始终坚守新闻现场，弘扬职业理念，通过一次次高质量的新闻报道，凸显了自身的职业价值，检验了电视媒介在面对重大事件，尤其是突发事件时的应对能力，同时也为今后中国电视新闻的理念传播提供了一个参考范本。我们有理由相信，在全球化、数字化和产业化的浪潮中，在媒介生态越发宽容、媒介技术日益进步、媒介理念越发成熟的条件下，中国电视会不断走向完善，并对中国社会主义文化的建设发挥更加积极的作用。

（载《西南民族大学学报》2009 年第 11 期）

注：杨璐现为昆明理工大学讲师、文学博士。

中国电视批评：审思与前瞻

——与著名电视批评学者欧阳宏生教授的对话

吴丰军（以下简称吴）：近年学术界开始强力关注电视批并将其作为一门学科加以研究，不但关于电视批评的学术论文常出现在电视专业刊物上，而且还出现了一些研究电视批的专著，其中您的《电视批评论》作为我国第一部把电视批评作为一门学科并进行系统研究的理论著作，填补了我国电视研究领域的空白，引起了业界的广泛关注。欧阳教授，您认为在新世纪初出现电视批评研究热的动因是什么？

欧阳宏生（以下简称欧阳）：主要是研究电视批评的重要性来越为人们所认识。加强电视批评研究是电视实践和电视理论研究的共同需要。从实践层面来说，中国电视事业发展到今天，急需电视批评为其可持续发展端正和指引方向。比如说，今年以来对伊拉克战争的报道、关于“非典”的报道和新闻频道的开播等一系列事件使中国电视好戏连台，这一系列事件既蕴涵着我国电视媒体在新闻理念、报道形态、技术手段上的重大突破，也凸显了中国电视因袭的传播机制和陈旧理念中的一些积弊。许多电视学者和电视从业人员纷纷就上述案例展开了研究，对我国电视的新闻理念、报道形态、技术手段以及宏观的电视传播机制的成败得失进行了深刻反思，总结成功的经验和失败的教训并将之升华为理念。一时间，出现了蔚为大观的电视批评热潮。这一现象有力地证明了电视实践离不开电视批评，只有在科学的电视批评的指引下，电视传播实践才能少走弯路，迅速发展。此外，电视批评对电视理论和电视史的研究具有十分重要的意义，是电视学理论建设的一个重要方面。虽然自从电视诞生便有了电视批评，而且作为电视理论建设的一个重要方面，电视批评历来为人们所关注，但作为一门独立完整的科学研究，的确是近几年才开始的。

吴：我注意到您在有关著述中将电视批评界定为“电视批评是以电视节目的欣赏为基础，以电视理论为指导，以各种具体的电视节目以及同节目相关的电视现象、电视思潮、电视受众、电视创作者等为对象的一种科学研究活动，其主要任务是对电视节目进行分析、判断和评价，指明作品在内容和形式方面的思想和艺术价值”。我注意到，您把电视批评定位为不仅仅是一般意义上的文本批评，而是宏观批评和微观批评相结合，即电视文化批评和电视文本批评相结合。您是基于怎样的考虑？

欧阳：这样定位有两个好处：第一，它有利于电视批评学的学科架构。电视批评学作为一门独立的学科，应该具有宏阔的理论视野。将电视批评的对象作狭隘的理解显然不利于电视批评学的学科建设。第二，它有利于充分发挥电视批评的指导作用。电视是整个社会文化系统中的一个有机组成部分，电视现象、电视思潮已日益成为一种引人注目的文化现象。因此电视批评不能仅仅囿于微观的、孤立的文本批评，同时也应该从文化学的高度观照一个民族、一个国家、一个时代的电视节目和电视创作，正是在这个层面上，电视批评履行着文化选择的功能，引领着电视文化的前进方向。所以电视文化批评和文本批评应该交相辉映、相得益彰，共同推动电视文化和电视创作的健康发展。

吴：近年来，您在《中国广播电视学刊》、《电视研究》和《现代传播》上发表了一系列关于电视批评的学术论文，探讨了我国电视批评研究的现状与存在的问题。电视批评的一个突出特征就是具有较强的时效性和现实针对性，所以从理论对现实的指导作用考虑，为电视批评的现实提供一种当下的声音、为当下的电视批评进行理性的回应是电视批评研究的一项重要使命。欧阳教授，您对当前的电视批评如何评价？

欧阳：电视文化批评是我近年来的研究重点，所以在全方位、系统地研究电视批评的同时，我对电视批评的现状也保持了持续关注和深入思考。从历史的纵向来看，以及从中国电视批评的未来发展来看，我们对中国电视批评除了要具有批判性眼光以外，还应该有一种开放乐观的态度。既要直面问题和困难，又要看到成就和希望。这种辩证的立场可以使对电视批评的研究更具建设性，更有利于电视批评的改进和可持续发展。最近，电视批评成为电视理论研究的一个学术亮点，在《电视研究》、《中国广播电视学刊》、《新闻记者》等一些学术刊物和网站上刊发了大量的电视批评文章，许多电视学者和电视实践人员就伊拉克战争报道和“非典”报道中电视媒体的表现进行了理性思索，多角度地分析了电视媒体在报道战争、疫情等对人类社会具有重大影响的事件中所取得的突破和尚存的局限，从微观和宏观上探讨了电视媒体在重大事件报道中应该采取的传播策略。比如学者王甫认为央视伊拉克战争报道是多年来电视新闻改革的又一重大突破。突如其来的“非典”打破了中国媒体和谐完美的表象，它尖锐地暴露了传统的传播机制和媒体因袭的惯性思维的积弊。从集体失语到连篇累牍，当一切都已成为过去，以电视为首的中国媒体有太多的成败得失需要总结。《南方周末》曾经在头版刊登了专题文章——《中国媒体：责任与方向》，较早地对媒体面对危害公共利益的突发事件的失语症进行了反思。随后在各级新闻传播学术刊物上刊登了大量的研究“非典”传播的文章，对电视媒体应对重大突发事件的策略进行了多层次的研究。新闻频道的开播更是引来了众多学者为其建设和发展建言献策。2003 年对于世界和中国来说，是一个多事之年，中国电视媒体也在这一过程中接受了考验和洗礼，经历风雨才见彩虹，在空前活跃的电视批评的指引下，中国电视事业将日渐成熟。当然，围绕伊拉克战争、“非典”报道进行的电视批评还显得零散，不够系统和深入，更多的还具有对传播实践经验的总结和点评的性质，还缺乏理论的提升。但是瑕不掩瑜，在此次电视批评热潮中，电视批评具有了空前的现实针对性和对于电视实践的服务意识，电视批评也将因此而赢得作为电视实践的引领者的地位。

吴：目前互联网上的电视批评相当活跃，可以说，电视批评与网络传播的媒介优势的结合给电视批评带来了一些革命性的变化。这种变化的意义主要不在于网络拓宽了传统的电视批评的阵地，而在于一大批网上论坛甚至专门的影视批评网站的出现，极大地提高了电视批评的时效性、互动性、社会参与性和电视批评的社会开放度。电视批评因为网络而得以真正从精英话语的垄断中彻底解放出来，大众话语在电视批评中找到了自己应有的位置。而且，网上电视批评对于传统的电视批评往往具有很强的颠覆性。

欧阳：我基本同意你这种说法。正是在这个意义上，我把通过网络进行电视批评看成是电视批评现代化的标志之一。比如说，央视国际网站的论坛《电视批判》每期都邀请知名学者与网友真诚平等地交流，真正实现了精英话语和大众意见的对话。

吴：不可回避的是，当下的电视批评还存在种种缺憾，您能简单地谈一谈吗？

欧阳：应该说，电视批评中的确存在种种遗憾，可以把它们概括为“七多七少”，即：赞扬多，批评少；叙述多，分析少；思想批评多，艺术批评少；直观感悟多，逻辑推理少；微观批评多，宏观批评少；模糊描述多，准确定位少；既定理论运用多，基本理论创新少。上述现象已经渐成风气，成为当下电视批评的通病。但是，这些毕竟只是一些纷繁复杂的表象，要改变电视批评的现状，还需要深入探究产生这些问题的深层原因。首先，批评理念与方法陈旧是一个迫切的现实问题。电视批评领域由于种种原因，思路受到限制，难以展开。其主要表现之一是电视批评始终以一贯制的形象出现在公众面前。墨守成规的批评意识、批评方法使电视批评没有发挥到应有的地步。其次，电视批评在理念和方法上的问题还表现在：对西方批评理论的简单移植和教条式运用。一些电视批评文章借助于西方当代哲学社会科学的理论和方法，对电视媒介以及电视作品在当代社会中的角色、作用、意义作了反思性的分析、解读、阐释和批评。应该说这样的批评文章体现了作者拓展批评理念、探索电视批评新方法的可贵努力。但是任何理论都不具有绝对的普适性，其正确性必须依赖特定的生存土壤，即特定的时代条件和文化背景。所以在引进电视批评的西方思想资源的时候，对其进行必要的中国化改造是一个毋庸置疑的现实问题。有的批评家在观照中国电视文化时明显缺乏中国意识和中国视角。我们应该从西方批评理论中寻找灵感和启示，以创建具有原创性的本土批评理论，而不是简单地移植和嫁接。再次，市场的冲击是电视批评面临的一个现实困惑。所谓的“红包批评”、“夸评”、“广告化的批评”的出现不是偶然的，而有着深层的经济、社会原因。随着市场经济和市民社会的兴起，电视节目的生产和发行播出被推向了市场。电视批评也因此受到了市场大潮的冲击。在当前各种利益交织、各种矛盾突出、物欲横流的情况下，电视批评也常常被人收买。实际上，在一些浅薄、平庸甚至黑白不分的批评文字里，除了缺乏学理性的分析外，就是利益所致的缺乏艺术水准的干巴巴的说教。批评家的道德因此被亵渎，电视批评的学理性和权威性受到挑战。电视批评界应该对电视批评广告化的危害保持高度的警觉和清醒：电视批评完全被金钱收买之时，就是电视批评彻底被社会抛弃之时，即电视批评的终结之时。电视批评应该旗帜鲜明地拒绝市场化，电视批评作者应该洁身自好，坚持学术操守，沉潜于自己的专业领域，心无旁骛，立足于作品实际，写出扎实的、有分量的批评文章来。总之，当下的电视批评应该拒绝庸俗吹捧、拒绝空疏浮论、拒绝无知谩骂，倡导平等讨论、倡导严谨治学、倡导务实求是的批评之风。

吴：展望未来，您认为中国电视批评今后应该朝着什么样的理想形态发展？

欧阳：概括地说，电视批评将朝着科学化、现代化的方向发展。科学化是指批评意识与方法的科学化，现代化是指批评手段的现代化。前进中的中国电视批评应该具有顺应世界潮流但又保持自我个性的批评风度。今后的电视批评将以更积极务实而有效的实践精神，在吸收各种批评理论精华的基础上，逐渐形成自己鲜明独特的民族批评风格。电视批评应该建立在电视创作实践的基础上，从富有特色的电视实践中，提炼、加工、选择、升华为富有创新意义的电视批评理论。只有以这种务实的精神，并在此基础上，注意吸收西方各种批评流派中有用的东西，才能解决电视实践中面临的许多新的电视问题。目前西方结构主义、存在主义、后现代主义、比较主义等批评理论对我国批评的影响越来越大，有的已经进入电视批评领域，并取得了很好的批评成果，今后这种借鉴与吸收还将更进一步走向深入。同时，电视批评还将继承我国传统文化中的批评理论。应该看到，中国几千年积淀、传承下来的辉煌、灿烂的传统文化，与现代富于革命性内涵的新文化的交融中的批评理论，是具有民族特色的弥足珍贵的精神食粮。电视批评在认真学习、领会的基础上，吸取其特有的思想内涵、思维方式、逻辑范畴、审美眼光并将其融会贯通，以运用于电视实践，使中国电视批评更具有先进的理论价值，其批评意识与方法更加科学化。正是由于有了借鉴与继承，电视批评已经明显呈现出审美意识的复杂化和多层次化。手段和形式的现代化是电视批评发展的必然趋向，这同电视创作实践密不可分，同新的批评方法和理念的引入紧密相连。手段和形式的现代化的一个重要趋向就是电视批评已不再局限于单一纸质媒介的批评，而是包括电子媒介和“第四媒介”。在这一进程中，发挥电视的特有优势，以电视手段研究电视受到人们的欢迎，从目前的批评实践看，已经呈现出良好的发展态势。它扩大了电视批评的参与性，它使人们通过生动形象的画面、主创人员的解释、嘉宾的分析，进一步认识和理解电视作品所表现的思想性和艺术性，从而有力地引导了观众的收视行为，提高了观众的审美鉴赏能力。网络批评则使电视批评的手段上了一个更高的层次，这主要表现在三个方面：首先，这意味着扩大了电视批评的阵地，不但可以通过网上论坛进行电视批评，而且在传统媒介上刊登的有关电视批评的文字也可以通过互联网传播给受众，提高了传播效果；其次，它极大地提高了电视批评的时效性，网上电视批评几乎能够与电视剧的播出同步进行；最后，电视批评与网络的结合提高了电视批评的社会开放度，因而在一定程度上实现了电视批评话语权的再分配，由此产生的多向度的批评声音必将消除电视批评庸俗吹捧这一时弊。网上电视批评使观众意见和民间声音获得了传播的渠道，它使媒介能够及时获得受众反馈，进而总结经验教训并改进自己的传播行为。这对于媒体真正贯彻“以受众为中心的传播理念”具有重要的意义，因此，通过网络进行的电视批评值得进一步关注和研究。

（载《电视研究》2003 年第 12 期）

注：吴丰军现为浙江大学国际文化传播学院副教授、文学博士。

建立有中国特色的电视批评理论体系

——访四川大学新闻传播研究所所长、博士生导师欧阳宏生教授

2006年，欧阳宏生教授的《电视批评学》正式出版，被有关学者认为是“电视批评学”学科诞生的标志。其实，欧阳教授对于传媒理论特别是电视研究的学术创新早在20世纪80年代就初现端倪。80年代中期，他在我国较早地将心理学、社会学等学科成果应用于新闻传播研究，拓宽了新闻学研究的路径；90年代，以他担任总撰稿的《中国电视论纲》创建了一套具有中国特色的社会主义电视理论，为中国电视理论建设作出了开拓性贡献。十几年来，欧阳教授先后主持了两项国家社科课题、十几项部省级课题，出版了《新闻学论集》、《新闻写作学概论》、《广播电视学导论》、《纪录片概论》、《电视文化学》等一系列著作，主编了两部国家规划重点教材，发表论文190多篇，著述300多万字，多项成果填补了学科空白，多次获得国家、四川省人民政府社科奖励，2001年获“全国首届‘十佳’广播电视理论工作者”称号。在广泛涉猎新闻传播诸学科的基础上，欧阳教授近年来尤其致力于电视批评的理论研究和学科建设，大力倡导并身体力行建立电视批评学这一新的学科，同时还卓有成效地进行着电视文化理论研究。基于此，本刊对欧阳教授进行了专题访谈。

孔令顺（以下简称孔）：您的《电视批评学》系统论述了电视批评的性质、作用和方法等基本范畴，是我国第一部把电视批评作为一门成型的学科并系统进行研究的学术理论著作，被有关学者认为是这门新学科诞生的标志。那么就您来看，电视批评学作为一门独立学科的标志又是什么呢？

欧阳宏生（以下简称欧阳）：电视批评理论作为理论与实践的中介性研究，具有研究对象交叉复杂、研究领域和研究方法丰富多样、既重学理性又重应用性等特点。说到电视批评学作为一门独立的学科体系这个话题，我想，其实作为任何一个学科体系，要想最终成立的话，都是必须具备以下几个要素的：首先，要有自己明确的学科研究对象；其次，要有清晰的学科研究思路和逻辑方法；最后，要形成自己的学术研究团队和出现该学科的代表性人物。换句话说，标志一个学科开始独立的重要特征，就是考察其是否具有了相对于其他学科的学理完整性、对象自足性和人员普泛性。

孔：我们知道，其实早在2000年您就出版了《电视批评论》。由“论”而“学”，这又是一个怎样的发展过程？

欧阳：《电视批评学》立足于现时的电视批评，努力拓宽研究视野，在我原来《电视批评论》的基础上，理论框架进行了大的调整，并在研究的深度上进一步下工夫。它从研究电视批评的性质、作用入手，考察了中国电视批评发展的历史、现状与趋势；通过梳理西方电视批评的主要流派及研究状况，在探究西方电视批评理论的思想资源在对

电视批评学这一学科理念阐释的基础上，探寻了电视批评的美学思想特征，以及电视批评者的主体意识。在批评方法的具体论述中，该书运用社会学方法、比较研究方法、结构主义、心理学、系统论、控制论、信息论等社会与自然学科的研究成果，分析并阐述了电视文本、电视现象、电视思潮、电视节目形态以及电视创作主体的评判研究方法和不同批评文本的类型和特征。此外还从选题入手，具体描述了电视批评的评析过程和基本类型，论述了中国特色社会主义电视批评原则。作为一部电视批评学科的著作，具有较强的系统性、理论性，较为全面地反映了该学科发展的新知识、新动向和新成果。

孔：似乎从20世纪90年代，您就开始为建立有中国特色的电视批评理论而努力。那时的中国电视批评现状可以用“散”和“乱”来概括，理论建设几乎更是一片空白。当时您是出于什么样的考虑呢？

欧阳：电视是当今公认的第一传媒，在现代生活中，看电视已经成为我们日常生活中的一个重要组成部分。我们通过电视去了解大千世界和新事物，同时，电视也在潜移默化地不断影响和建构我们对社会生活及人际关系的基本观念。因此，对电视这种现代生活媒介进行价值判断、指陈得失的电视批评在电视事业的发展过程中就显得至关重要。普通观众对所看节目的评价往往是随感性的、即兴式的褒贬，这些只言片语的评论是出于对电视的直觉和个人爱好，但一些专业人士出于谋求电视商业利润的考虑，以收视率、市场占有率等数据材料来评判电视传播内容的优劣，这实际上是由经济目的决定的商业经营行为。不管是观众的随兴式评价还是市场经营公司对电视的评论，都不是真正意义上的电视批评。随着中国电视事业的发展以及电视文化的多样性，建设有中国特色的电视批评理论体系势在必行。

孔：以一人之力，创建一门学科，难度可想而知。但任何一门学科的建立，都离不开对相关学科门类理论资源的借鉴和吸收。没有借鉴和吸收，新学科就成了空穴来风；而完全是借鉴和吸收，新学科的独特性和针对性又会受到影响。您是如何来解决这一难题的呢？

欧阳：这里面其实涉及了一个很长时间以来都争论不清的问题，就是“体”和“用”的问题。原则上讲，无论是什么研究方法，也不管它是哪个学科体系的，只要适用于“电视批评学”的建构，我们都是可以借鉴的。比如，我上面曾经提到的社会学方法、比较研究方法等，当然，也包括了我和我的学生们所能接触到的一些更新的理论方法，如女性主义、阐释学、生态批评理论等。问题的关键不在于借鉴的是多还是少，而在于这些方法所用来分析和服务的对象是谁，只要坚持一个底线，那就是电视批评基本对象不变，那么这个学科体系的独立性就不会受到多大的影响。学科的交叉和融合是现在理论研究的一个发展趋势，要想在这样的情势下，完全保持一个纯而又纯的学科体系，我认为可能性不大。除非，一是固步自封、抱残守缺；二是闭门造车、自说自话。但这样一来，离这个学科的衰亡也就不远了。没有了新鲜和充盈的血液来补充，对任何一个学科的发展来说，都是可怕的，也是悲哀的。

孔：我们最终的目的是要建立有中国特色的电视批评理论体系。这个“中国特色”应该如何来理解？

欧阳：电视批评与某种知识传统、教育体系及文化共识相关并为它们所界定。电视批评在研究方法和思维方式上的广泛借鉴与更新必须与本土的电视实践及文化传统相适应，才能发挥其应有的作用。新世纪以来，西方电视理论取得了巨大成就，一批有影响的电视理论著作被翻译介绍到中国来，这对中国电视理论的建设具有重要意义。因此我们有必要将其放在相应的参照系中，由此更加凸显出其独异性。但是，这些理论毕竟是西方文化的产物，不能完全适应中国电视事业的发展。我们力图通过考察中西方电视的不同步发展和迥异的电视语境，把研究置于我国转型期社会文化特定的背景与视野之中，并对伴随着文化转型的美学转型和批评转型本身进行深入剖析。同时对发展变化着的批评文本和经验作细致严谨的文化分析和文本分析，在立足于本国国情的基础上，科学地借鉴西方的理论资源，建构出有效应用于中国现实的电视批评理论，避免了盲目照搬西方理论和西方标准的批评研究误区。中国的电视文化是中国本土的产物，随着中国电视的发展壮大，建设有中国特色的电视批评学就显得日益重要。中国电视文化必须要用中国的理论，而不能不顾国情地照搬国外理论，这里面也有一个费孝通先生所说的“文化自觉”的问题。我们只有也必须立足于自身，才可能使电视批评拥有长久的和良性的发展，否则很可能在国际舞台上出现中国电视理论研究永远“失语”的状态。

孔：2008年，中国电视迎来50华诞。作为一个电视批评学者，您是如何看待中国这50年来的电视批评的？

欧阳：最近，我们在做中国电视批评史的研究工作，这也是很早就想做的一个工作。电视批评学科体系的成熟和完善，既需要有理论体系的建立和方法论的确定，也需要有对本学科历史的深入研究，没有对学科历史的清理，我们便无法在历史的语境中去还原和把握研究对象，也就无法去进一步推动这个学科向前发展。在收集整理中国电视批评半个世纪以来资料的基础上，我们认为可以将中国电视批评50年来的发展，划分为1978年以前的萌芽初创时期、1979至1985年的起步发展时期、1986至1992年的拓展建构时期、1993至1999年的理论自觉时期和新世纪以来的多元化建构时期等五个阶段。在这五个发展阶段中，政治意识形态主导的社会批评理念、精英文化意识主导的历史审美批评理念、本体建构意识主导的学术批评理念、民族意识与西方理论杂语喧哗织就的文化批评理念、产业主管部门与媒体经营者联合缔造的产业批评理念，又以相对齐整的姿态占据了各自相应时期的主流话语位置。五个阶段、五种批评理念之间的演进与嬗变架构勾描出中国电视批评不断向前发展的内在逻辑和历史轨迹。

孔：其实，电视批评与电视实践可谓如影随形。可能从电视诞生的那一天起，电视批评就已经存在了，只是还处在一种自为的状态，缺乏一种自觉的意识，没有形成一门独立的学科。

欧阳：不是可能，是确实。电视批评和电视实践是同步的，但这不是说在理论研究上也是同步的。最初的电视批评，可能只是对于某个技术问题，或者是某个细节的关注，可能只是几句话、几百字的即兴式点评，但你不能不承认它也是一种批评。在理论上，这个时候的电视批评的确还不能说是自觉的，“即兴”就很好地说明了这一点，是自发而缺少系统性的，理论审视远远逊色于实践操作。

孔：电视批评对全面客观地解析电视的本质起着至关重要的作用。孔子云“五十知天命”，中国电视批评似乎也到了一个应该认真进行清产核资的节点。那么，50年来，中国电视批评在理论和实践方面都取得了哪些成就？

欧阳：近年来我国的电视批评跨过发展阶段进入了自觉阶段，其表现为电视批评形式多样化、规模化，电视批评争鸣意识、创新意识增强，基础理论加强，电视批评更加科学化。尤其是进入 21 世纪以来，电视批评已经成为媒介批评中的一门显学，吸引了大量学者和研究人员。举例来说，我招了六届博士生，报考电视文化方向的数量每年都在增加，而且地域也更为广泛，从东北、华北地区，到浙江、安徽、福建等东南、华中地区都有。我对 2008 年报考我的 40 多个博士生做了调查，有 40％的考生希望能在电视批评这一领域有所建树，可见电视批评已成为一代学人的学术追求。这是我所希望看到的局面，也是电视批评学科发展所应该具备的基本人员条件。一方面，这印证着电视批评学术影响力的不断提升；另一方面，也是在表明电视批评下一代研究人员的胸襟和视野可能更为开阔。海纳百川，有容乃大，电视批评正向着这个目标发展。

孔：但毋庸讳言，目前还确实存在诸多问题。

欧阳：是的，诚如不少学者指出的那样，虽然目前我国电视批评繁荣兴旺并逐步走向科学化，但在批评实践中仍存在商业化炒作、追逐学术时尚或简单回应电视政策的种种偏颇，同时大量存在止于印象、偏重随感及时评式批评，缺乏学理深度和专业标准等问题。这些都是急需我们解决的。另外，也需要我们的研究人员有更为开阔的视野和更为扎实的理论基础，这也是我寄语我的学生和广大学子的一个心愿吧。

孔：从某种意义上来讲，发现了问题，也就明确了出路。那么具体来看，这些问题应当如何来解决？

欧阳：我是这样看的，有些问题可以速效解决，有些则不行，需要慢慢来。中国电视批评的问题在于一个是声音杂乱，一个是学术根基薄弱。对批评者及研究者自身而言，我还是要强调一个视野和胸襟的问题，目光放远一点，视野开阔一点，学术认真一点，研究勤苦一点。有了自己的学术立场和研究视角，不要轻易放弃，或许你会有更好更新的发现。学术批评和理论研究，最根本的目的是致用，实践性是其始终都不能放弃的归宿和奋斗目标。刚才所谈到的商业化炒作、追逐学术时尚、简单回应或图解电视政策等，就是由于没有处理好这个“致用”问题而导致的。我们说致用，不是说就要立竿见影，而是说怎样在长远的意义上对电视实践有所助益。中国有“授之以鱼，不如授之以渔”的古训，在电视批评中，我们与其对电视实践作出一个结论性的评述，“捧杀”或“骂杀”，反而不如给实践者以一个切实可行的反思与审视逻辑，帮助他们学会自审，真正让电视创作者“明辨”而“笃行”起来。

孔：电视批评的基本构成是不是可以简单地理解为包括批评的主体、批评的客体和批评的方法？

欧阳：是这样的，这也是任何一个学科研究的基本逻辑和范式，电视批评也不例外。

孔：那么电视批评，谁来批评，即批评主体应该是谁？

欧阳：这是一个发展的概念。中国电视批评诞生之初，电视批评的主体主要是电视实践领域的从业人员。早期的广播电视刊物《广播业务》上的电视批评文章，如《足球和足球比赛中的实况转播》、《电视广播宣传中的几种方式方法》、《电视报道的人物选择和刻画》等，几乎都是创作者和一线操作人员的经验总结。此外，当时的电视批评主体还包括一些著名的文化人。目前，如果从学术性批评方面考察的话，电视批评的主体，其身份和角色主要包括以下四类人群：广播电视学者、人文社科学者、电视业界从业人员以及屏幕前的电视观众。他们由于身份和视角的不同，在批评方式、批评内容、批评理论、批评视角和批评目的等方面也都有着明显的不同。

孔：都有何不同，能不能具体地讲一讲？

欧阳：电视学界的学者和科研人员是从事电视批评的主体也是中坚力量，他们的批评文章占据了相关刊物批评文章总量的50%以上。他们长期从事电视理论研究，拥有比较扎实的理论知识积淀，其批评也较通常的业界批评更为系统、全面和深刻。学者型电视批评在形式上以学术论文为主，在整个电视批评中具有“形而上”的性质，对于电视批评的建设和发展有根本性的意义。在这方面，《现代传播》是最重要的承载媒体和文论阵地。此外，还有以《电视研究》为主要发表阵地的业界批评，主体人员包括电视机构管理者和节目创作者，这两部分人群也构成了中国电视批评的重要力量。他们丰富的实践经验是进行批评的最大优势，批评成果也一般集中于这些方面，如体制研究、经验总结、业务探讨、创作杂谈等，具有强烈的实用价值和可操作性。但也存在理论性不足、深刻性不够、视野狭窄等问题。人文社科学者是电视批评中的重要力量，他们的批评学理性强，很有深度。这其中还要特别强调一下来自政府管理层的批评。他们是电视观众群体中的“特殊受众”，因为他们的批评会更大程度地影响到电视政策的制定和调整。随着受众整体文化素质的提高，他们自身的批评意识与发言欲望也很强烈，对于这部分群体，需要注意一个引导和规范的问题，尤其是网络电视批评。

孔：接下来的问题是，电视批评到底批评什么？

欧阳：应该这样说，广义的电视批评是包括电视评论的，我刚才所谈到的实际上已经涉及了这个问题，关键区别在于理论广度和深度的差异，或者说是更“形而上”一些，还是更“形而下”一些。说到批评什么，实际就是电视批评的对象、空间与内容究竟如何界定的问题。我在《电视批评学》中，曾明确地将电视理念批评、电视现象批评、电视节目形态批评和电视创作主体批评作为其主要的内容与对象。限于篇幅问题，这里就不再详细阐述了。

孔：其实，批判的武器和武器的批判同等重要。那么我们批判的武器又是什么？也就是说，我们如何来批评，应当运用什么样的批评方法？

欧阳：这个问题，我们刚才的谈话中已经有所涉及，在批评方法的具体论述中，我一向主张多元并用。最近，我还在考虑是否用阐释学、文化研究和量化方法相结合的方式来进行研究。我所指导的博士研究生已经开始采用这些方法来分析阐述电视文本、电视现象、电视思潮、电视节目形态以及电视创作主体等内容。当然，这些方法和具体的批评模式可能还不是那么成熟，但我希望我们的探索精神会进一步为电视批评的理论视野拓宽一条更新的道路。这些理论既是对电视批评方法的论述，也是对电视批评研究所采用的方法的梳理和应用。除此之外，我们同时还借鉴西方20世纪以来的符号学和叙事学的文本研究方法以及大众传媒研究的诸种思想资源，吸收中国古典文论中的美学养分与批评精神，从而以开阔的研究视野，探索并深化电视批评模式与方法。

孔：我们注意到，近年来，四川大学举行了一系列电视研讨活动。首届中国电视批评高端论坛于2006年年底也在那里举行。这次论坛的主题是“电视批评的现代化和科学化”。那么，何谓电视批评的现代化和科学化，又如何才能实现电视批评的现代化和科学化呢？

欧阳：我调至四川大学已快7年。此间，我们先后举办了十几次全国性广播电视学术活动，首届电视批评高端论坛是其中一次。对于这个问题，首先，要从学科建设的理念上进行校正和整合，要把研究置于我国社会转型时期特定的社会文化背景与视野之中来考察。而且必须强调的一点是，改革开放30年来，电视批评和很多其他学术与实践领域一样，都是取得了很大发展的。但是在可持续发展和贯彻和谐理念上，却还是出现了不少问题，这一点是应该引起我们极大警醒的。在立足国情的基础上，如何科学地借鉴西方的理论资源，建构出有效应用于中国现实的电视批评理论，避免盲目照搬西方理论和西方标准的批评研究误区，也是我们面临的问题之一。其次，在具体的批评实践上，还是应该提倡“百花齐放、百家争鸣”的方针。虽然这个看法早就有，但我认为它什么时候都不会过时，我们一个学科，尤其是像电视批评这样的交叉性和新兴学科，更需要我们去提倡并切实践行这一基本的指导理念。在此基础上，进行综合、多元、开放的理论整合，电视批评研究才能取众家所长，也才能有助于实现批评理论与批评实践的内在贯通，有益于引导电视实践，促进电视创作和电视欣赏的良性发展。同时，电视批评要实现自己的科学化和现代化转型，还要注意一个实证归纳与逻辑推理相结合的问题，要把宏观和微观层面结合起来分析。以往我们偏重于宏观论述，这样容易脱离操作实际，反过来，也不能太过微观，这样又容易陷入琐屑的泥潭。我最近在给学生们开电视研究方法的课程，很多同学都提出了自己的研究思路，我觉得很好。有年轻的学子接力，我相信电视批评学这个学科一定会一步步走向学术高端。真如此的话，现代化和科学化的问题也就迎刃而解了。

孔：我们不禁有点担心，电视批评一旦有了一个明确的衡量标准和具体的操作规范，会不会扼杀了本应千姿百态的鲜明个性呢?

欧阳：这个不会，哪行哪业都有一个自己的标准，但它们并不会妨碍该行业的多样化发展。何况，在刚才的谈话中，我多次谈到过这个话题，只要我们有海纳百川的气魄，有开拓进取的决心，标准和规范就只会有助于我们的学术整合和繁荣，而不会让其变得死气一片。话说回来，学术规范也是我们一个学科获得承认必须首先要遵守的惯例。标准嘛也不是一成不变的，时代在变，批评主体和批评对象也都在变，它们都在发展，自然我们的批评也会与之俱进。

孔：我们知道，您先后从事新闻采编、管理与研究工作。在电视媒体开展具体的操作性工作的时候，您就特别重视并进行了卓有成效的理论研究。后来从事教学，您对电视理论的研究投入了更多的精力。另外，你还担任中国广播电视协会学术委员、中国高校影视学会副会长等重要学术职务，多年担任中国广播电视新闻奖、中国广播影视大奖、国际金熊猫纪录片奖等评委。虽经过多种身份的变换，肩挑多种工作，却始终能够密切关注电视实践的最前沿，保持旺盛的理论热情，实属难能可贵。

欧阳：谢谢。其实我的很多同行也都是这样。我觉得要研究一个事物、一个现象，没有对对象的激情和热爱是很难做出成绩来的。不管你这种激情和热爱持续多久、达到多深的程度，但一定是要有的，它是你研究的动力和源泉。

孔：一个学者，如果与电视走得太近，很容易被种种非学术的因素所收买；而一个电视学者，如果与电视走得太远，又往往缺乏研究的锐度与精度，这个分寸非常难以拿捏。您如何处理与电视业界的关系呢?

欧阳：你说得很对，搞电视研究，尤其是批评理论研究，断然不能说和实践分开，就像搞文学批评，你不可能不接触作家和作品一样。对于电视批评来说，我一直注意和一线实践相联系，我是很希望自己的理论研究能够影响到社会实践的，能真正带给观众和决策者以参考的。这也是作为一个有责任感的学者所自然而然就有的想法。在处理两者之间的关系上，我觉得与业界最恰当的关系是既保持业务联系，又保持学者的独立性。这个问题说来简单，其实做起来并不轻松，不迎合、不图解，有创见、有新意，是我处理这个关系时的一个准则。我们和业界交往，是基于研究本身的需要，有些数据、有些资料我们需要，但我们没有，业界有，这个时候就需要我们去沟通、去协调、去借用，不打交道是不行的。另外一方面，我们毕竟不是业界，不会过多地受制于他们的观点和看法，只要能够保持我们作为研究者的独立性，有理有据地陈述我们的看法，就不会出现分寸失当的问题。我们愿意成为业界的智囊和咨询机构，但却绝不是附庸于他们。如此，你说的问题也就不存在了。

孔：北大学者陈平原先生也认为，当客卿而不是雇员，保持若即若离的态度，可能是知识分子介入大众媒介时应采取的姿态。您应当也注意到，近两年来，电视知识分子的话题被频频提起。电视知识分子这一概念是由法国社会学家布尔迪厄提出的，并对这一群体提出了严厉的批判，比如：自主性的丧失、快思手、媒介常客、互搭梯子等。但充满戏剧性的是，为其带来巨大声誉的《关于电视》一书，就是根据他在巴黎电视一台所做的两次电视演讲修改而成的。您是如何来看待电视知识分子这一现象的？

欧阳：毋庸置疑，电视知识分子群体的出现和壮大在资源的优化配置上是有意义的。整体上来看，目前知识分子与电视媒介的关系体现为以下四类：第一类知识分子仅借助电视媒介传播思想理念和科研成果。他们把电视视为与报纸杂志一样的传播媒介，因而能够恪守知识分子的学术品格。第二类知识分子常以专家学者的身份，对某领域的知识做电视化的改造，使其适应电视节目的需要。这就难免在某些情况下做出让步和妥协，以达到电视和学者的双赢。第三类就是所谓的“媒介常客”和“快思手”，在电视所能带来的巨大名利财富的诱惑下，他们几乎丧失了自己的品格和原则，只是假借一个学者的头衔，一切言行根据电视节目的需要进行表演。当然此类毕竟只是少数。第四类知识分子始终深居象牙塔内，基本不与电视媒介发生关系。在我看来，知识分子介入电视应该注重对受众的引导，普及科学知识，提高民众素养，而不是哗众取宠地迎合受众，博得暂时的廉价掌声。知识分子介入电视首先要站在群众的角度进行传播，时刻明确“让百姓能更多地了解信息”的目的，逐渐把受众引导到正确的方向和提升到更高的水平上。当然在这个过程中，学者要谨慎处理，不要被电视所同化。

孔：坦率地讲，您所在的四川大学地处西部，对于电视研究来说，可能相对比较边缘，而您却能带出一个视野宽广、开拓性强的团队，并做出全国性的学术成果，其中有什么秘诀？

欧阳：也谈不上什么秘诀。川大虽然偏居祖国西部，但是已有110多年的历史积淀，人文底蕴深厚。特别是在人文社科领域的研究，拥有自己的学术特色和优良传统。这些都为一个学术研究团队的形成和发展提供了非常好的条件。具体到广播电视，早在20世纪80年代初就开始了这方面的教学与研究，发展到今天，从事广播电视研究的已有20多位专职人员，并且已经形成了从本科、硕士到博士的人才培养体系。有3个广

播电视方向的博士点，培养了一批专门从事电视研究的高级人才，这说明了川大在广播电视领域所拥有的教学实力。在科研方面，我们先后主持了 6 项国家社科课题，20 多项省部级课题，出版了 30 多部著作，在核心以上刊物先后发表了 200 多篇学术论文，并完成了一系列全国性的优秀成果。另外，在强调教学和科研的同时，我们还十分重视与电视传播管理机构、行业组织和实践单位的合作，得到广电总局、中国广播电视协会、中央电视台等的支持和帮助，还同辽宁电视台、云南广电局、重庆电视台、贵州电视台、陕西电视台等单位以及部分主流学术刊物开展了深度合作，建立了四川大学广播电视学科的全国性学术平台。这不仅给我们带来了学术资源，同时也促使我们的学术成果在更大范围得到传播。今天的川大在广播电视研究领域已经拥有自己的话语中心和影响场域。其研究团队就是在这种集中精力搞教学、踏踏实实做学问的精神鞭策下逐渐发展、壮大起来的。在全球化、数字化和产业化等宏阔的时代语境之下，年轻的中国电视虽然已经告别了青涩和懵懂，但仍然迫切需要负责任的电视批评为其望、闻、问、切，指明航程。电视业界和学界深情呼唤有中国特色的电视批评理论和方法的出现。

十几年来，欧阳宏生先生在建设有中国特色电视批评理论的道路上辛勤耕耘着，收获是沉甸甸的。他已不再孤单，但他显然看得更远："建立科学的电视批评理论体系，坚持可持续发展，才能使电视批评在健康有序的发展道路上不断完善自身，使之对中国电视事业乃至中国社会主义文化的建设发挥更加积极的作用。"

（载《现代传播》2008 年第 2 期）

注：孔令顺现为山东大学文学与新闻学院副教授、文学博士。

媒介融合：广播电视产业创新的路径

——与中国传媒经济与管理研究会副会长欧阳宏生教授的对话

媒介融合是近年学术界研究的热点。媒介融合将给中国广播电视产业的发展带来什么样的影响？笔者就此采访了四川大学新闻传播研究所所长、博士生导师欧阳宏生教授。欧阳宏生教授长期从事广播电视研究，出版了多部理论专著，发表论文190多篇，著述300多万字，2001年获"全国首届'十佳'广播电视理论工作者"称号。欧阳宏生教授早在20世纪90年代便主持了国家社科基金重点课题"中国特色社会主义电视理论"和"中国电视发展研究"、省部级课题"中国电视产业与经营"，在课题研究中就十分关注新技术对广播电视业发展的影响。欧阳宏生教授还曾在地方、中央电视媒体担任记者、编辑，新闻部、总编室主任，局（台）领导，研究员，有比较丰富的广播电视业务和管理实践经验。

姚志文（以下简称姚）：您长期从事广播电视业务、管理和研究工作，怎样看待数字技术、网络技术等对中国广播电视发展的影响？

欧阳宏生（以下简称欧阳）：数字技术、网络技术等新媒体技术的发展，确实给包括广播电视在内的传统媒体带来了挑战，新技术出现的一个重要影响是媒介融合时代的到来。"媒介融合"是美国马萨诸塞州理工大学教授I. 浦尔提出的，指各种媒介呈现出多功能体化的趋势。媒介融合包括技术融合、产品融合、业务融合、市场融合、组织融合等方面。具体来说，在技术上，数字化、网络化使文字、图像、视频、音频等形态的媒介内容都可以转化为数字形式来传输和存储，并依托互联网在同一个平台上呈现，从而模糊了不同介质之间的物理界限，成为某数字终端的"融合媒介"；在媒介产品形态上，多媒体产品成为主流；在媒体业务上，产生了"融合新闻"生产模式；在市场上，媒介融合使原来分立的媒体之间、广播电视与电信业之间呈现市场边界消融、日益一体化的趋势，媒介集中化趋势加剧；在组织上，媒介融合导致媒介内部组织流程再造和组织重构。媒介融合，说到底，就是技术数字化、网络化，产品多媒体化，业务融合化，市场体化，组织整合化，最终体现出来的是媒介产业融合。

媒介融合导致"融合媒介"的出现，比如互联网、手机媒体、IPTV等。这些融合媒介我们通常称为新媒体。新媒体不仅分流了传统广播电视最具购买力和成长性的受众，而且瓜分了相当一部分的广告市场，给传统广播电视的生存与发展埋下了危机与隐患。但媒介的技术融合、产品融合、业务融合、市场融合、组织融合趋势，无疑也为长期困扰于产业化之途的中国广播电视带来了产业创新的重要契机。

姚：目前学术界更多关注的是媒介融合给中国广播电视带来的挑战。您却认为媒介融合对中国广播电视产业创新是次重要机遇，您说的机遇有哪些方面呢？

欧阳：我认为媒介融合将给中国广播电视带来市场定位、组织机构、生产模式、营销模式、竞争模式等方面的创新。

从市场定位创新来看，中国广播电视需要转变市场角色，实现从传播渠道的垄断者到媒介内容集成商的转变。数字技术出现之前的广播电视业处于“渠道制胜”的时代，谁掌握了渠道，谁就掌握了产业链中最有价值的部分，可以轻易地获取市场利益中的大部分。但是随着数字技术、网络技术等新媒体技术的出现，渠道资源变得极其丰富，广播电视价值链中的利益分配日益朝着有利于内容生产者的方向转移，广播电视竞争进入了“内容为王”的时代。媒介融合时代的生产者不仅包括各种专业生产机构，也包括普通大众，新闻、知识、娱乐信息海量呈现，受众面临信息泛滥的时代，急需专业机构和专业人员提供内容整合、信息解读的专业服务，而这正是专业广播电视机构的优势所在。广播电视机构发挥自身作为专业机构的公信力、权威性和专业能力，由渠道垄断者转向做媒介内容整合和信息解读的内容集成商，以向分众市场提供精确营销服务为己任，这才是其在媒介融合时代的核心竞争力所在。

从组织机构创新来看，中国广播电视需要实现从新闻宣传机构到舆论与信息管理者的转变，进行组织流程再造。我国广播电视自诞生之日起就被定位为党和政府的喉舌，在很长时间承担着“宣传政治”、“传播知识”、“充实群众文化生活”等宣传教化职能。改革开放后，广播电视的新闻传播、信息服务、产业经济、娱乐休闲功能也逐渐被发现和重视，但新闻宣传始终是我国广播电视的核心功能，党和政府为确保广播电视的宣传功能，始终将广播电视定位为宣传事业单位，内部组织建设围绕宣传业务进行，机构建制比照政府职能部门，归口管理、守土有责。在媒介融合时代，这种组织机构已无法适应传受角色模糊、信息海量即时的新传播环境，唯有转变观念、重构组织流程才能胜任新时代的宣传舆论工作。媒介融合时代的广播电视组织机构设置应从舆论与信息管理者的角色出发，着眼建构数字信息平台、舆论互动平台、公共服务平台、个性化订制服务平台等几大服务平台，充分尊重受众信息消费和传播主权，在服务中实现议程设置和舆论引导。

从生产模式创新来看，中国广播电视需要实现从垄断内容生产全民创造的微内容聚合服务的转变。中国广播电视一直实行的是制播一体的生产模式，广播电视台按照一定时期的新闻宣传任务，组织专业人员进行节目制作播出。近年来，中国广播电视业开始试行制播分离，试图引入社会专业制作力量来解决渠道过剩后的内容缺乏问题。随着媒介融合时代的到来，特别是进入WEB2.0时代后，随着手机、数码相机、DV等的日益普及，音视频内容的制作与传播越来越掌握在普通网民的手里，信息生产呈现全民化、草根化的趋势，全民生产将是媒介融合时代的主流内容生产模式，民众生产、社会专业机构生产、广播电视专业机构生产相结合，将使媒介内容呈现碎片化、巨量化的状态，广播电视机构将从内容生产中更多地解放出来，发挥自身专业特长，集中做好全民生产的微内容的聚合服务。

从营销模式创新来看，中国广播电视需要实现从频道专业化到“站式”服务理念的转变。目前我国广播电视尚处在从大众化传播向频道专业化转型的过程中，为大众市场提供专业服务逐渐成为主流的营销模式。但随着媒介融合时代的到来，一方面是信息资源的海量化，另一方面是受众需求的个性化、定制化，营销模式将从原来的大众化集中营销，转向一对一适位营销和定制服务。这种定制服务将不是来自不同的专业服务商，而是来自同一数字平台的专业分类服务。立体式、匀动式、个性化、海量化的站式服务模式将取代过去那些简单化、单向式、规模化、容量有限的大众或专业服务模式。

从竞争模式创新来看，中国广播电视需要实现从同质市场的差异竞争到创新市场的“蓝海”竞争的转变。在前媒介融合时代，广播电视产业是建立在大众传播和广告经营的基础上的。向具有购买力的主流人群提供信息、娱乐服务和向主要广告客户提供广告服务是广播电视业的生存之道，以 80%的资源做好 20%的高端受众和 20%的大广告客户的服务，并从中获取 80%的广告经营收入，这就是所谓的“二八法则”。对于同类广播电视来说，核心受众市场是同质化的，在同质市场中进行差异竞争，是制胜之道。然而中国广播电视由于种种体制原因，限制了创新活力。“二八法则”之下的竞争更多的是同质市场的同质化竞争，并最终陷入低俗化的怪圈不能自拔。在媒介融合时代，融合新媒介及其服务层出不穷，渠道终端极大丰富，一方面它产生了对媒介内容的极度渴求，另一方面它也为业务创新、市场创新提供了无限的机会。而数字技术、网络技术的发展使信息的存储、传递、营销成本极其低廉，这使得针对小众市场，乃至适位营销也变得有利可图，做别人都不肯做的那 80%的市场，尽管它是零散的、微利的，但聚沙成塔，却能产生巨大的利润，这就是媒介融合时代的“长尾理论”。“长尾理论”颠覆了“二八法则”，意味着媒介融合时代的胜利者将是那些能避开别人聚集的市场和业务，开辟新业务和新市场，提供新的经营模式、新的内容形态的竞争者，是能善用“蓝海战略”者。

姚：那么从中国广播电视产业的现状来看，您认为广播电视产业的融合创新目前走到了哪一步呢？

欧阳：为应对媒介融合带来的新媒体竞争，广播电视或主动或被动地走上了产业融合之路。大致来说，中国广播电视的产业融合创新之路可分为 3 个阶（这 3 个阶段在时间上有交叉）：一是广播电视与其他传媒之间的联盟，如湖南卫视与报纸、商业网站、手机运营商联合推广的“超级女声”节目等；二是广播电视创办其他媒体，如创办广播电视报、杂志或网站，发展新媒体业务，如上海文广、央视试行手机电视、IPTV 业务；三是由广播电视集团迈向跨媒介集团，如牡丹江新闻传媒集团、成都传媒集团、佛山传媒集团的成立。总体来看，中国广播电视产业融合还处于前两个阶段，即技术融合、业务融合的初级阶段，主要表现为广播电视与其他媒体间在技术上联盟、分享利益或者广播电视向其他传媒业务领域扩张，创办其他媒体或发展新媒体业务，并表现出某些“融合新闻”的倾向，如利用其他媒介推介广播电视节目、在电视上呈现其他媒介内容（如电视读报节目）、相互交换新闻线索等。但从发展方向上看，广播电视产业融合必然朝着市场一体化、组织整合化的深度融合阶段演进。目前国内广播电视集团向跨媒介集团的转化就代表着这种方向。

姚：目前国内跨媒介集团有哪些模式？它们的出现对中国广播电视产业融合创新有什么意义？

欧阳：国内跨媒介集团大体分为两类：一是牡丹江模式的跨媒介产业集团，二是成都、佛山模式的跨媒介事业集团。牡丹江新闻传媒集团成立于 2004 年 5 月，是国内第一家真正按企业模式运营的跨媒介产业集团。牡丹江新闻传媒集团在工商局按企业法人登记注册，集团承接了广电系统行政以外的事业资产和报业集团的所有事业资产，作为国有独资企业经营这些国有资产。为保障宣传导向、经营方向和国有资产的保值、增值，集团建立党委会负责宣传、舆论导向和干部管理，董事会负责集团产业运营，监事会是国资委负责国资运营和财务监督的独特的法人治理结构和内部权力制衡机制，“三会”彼此间不得有人员交叉兼职。

成都传媒集团成立于2006年，实行“事业集团，企业化管理”，集团成立党委会和董事会，党委会成员与董事会成员完全覆盖，以党委为中心，设立集团编委会和集团经委会，分别负责采编和经营工作。集团组建了媒体融合工作室，统一调配采访、报道力量，融合了报纸、广播、电视、网络4种媒体形态，在内部打造“资源情报超市”。在人员管理上，集团依据“老人老办法、新人新机制”的原则。

牡丹江模式与成都模式的区别主要在3个方面：一是集团性质与市场地位。牡丹江模式将集团定性为国有独资企业，以独立市场主体运营；成都模式将集团定性为事业单位，“事业单位、企业化运作”。二是组织机构设置。牡丹江模式实行宣传与经营分离，党委会、董事会、监事会严格分离，党委会管宣传、董事会管经营、监事会监督国有资产保值增值；成都模式由党委会统一管理宣传与经营，党委会与董事会成员完全重合覆盖。三是人员身份。牡丹江模式经营人员从管理层到普通员工全面实行聘任制和代理制，由公务员、事业编制转为企业编制；成都模式实行“老人老办法、新人新机制”，管理层和资深员工仍然保留公务员、事业编制，只对新进人员实行企业编制。从中国广播电视“摸着石头过河”的渐近式改革历史经验来看，牡丹江模式代表着广播电视产业创新的方向，成都模式则是中国广播电视产业渐进式改革的典型模式，更具现实操作性。

虽然中国广播电视走向跨媒介集团的产业融合之路有两种不同的路径，但从牡丹江和成都/佛山两种模式中我们可以总结出以下几点经验：第一，中国广播电视走向跨媒介产业融合不但不会冲击其作为党和政府的宣传喉舌的角色，而且会增强喉舌功能，提升宣传质量。牡丹江新闻传媒集团是按照有利于坚持和强化党的喉舌功能，有利于合理开发、配置和利用现有广播电视资源，有利于构建和培育广播电视产业，有利于形成与市场经济相适应的工作机制、用人机制和分配机制等“四个有利于”的原则组建的。传媒集团成立后，不仅产业运营良好，而且宣传业务过硬。拿《牡丹江日报》来说，改制前，宣传事故年年有，改制后至2004年年末，宣传事故为零，得到市委、市政府的高度肯定。成都传媒集团坚持“政治上不削弱，经济上不滑坡”的原则，喉舌功能非但没有削弱，还随着集团综合优势的发挥而得到增强。

第二，中国广播电视走向跨媒介产业融合，遵循了广播电视的经济规律和传播规律，能充分发挥传媒业的规模经济、范围经济特性，增强经济效益，提升传媒竞争力。广播电视业是高技术、重装备、大投入、大产出的行业，随着经营规模和经营范围的扩大，其专业设备、专业人员均能得到充分利用，从而获得节省成本、提高效益的规模经济、范围经济效应。当广播电视业走向跨媒介产业融合时，信息资源在不同媒介间的多重利用和多点销售，降低了成本，也提升了效益。牡丹江新闻传媒集团组建后，两年中广播电视收听收视率平均提高5～7个百分点，《牡丹江日报》和《牡丹江晨报》销量年均增长15%，集团收入增长3.7%。成都传媒集团组建后，年广告收入同比增长20%，其中电视广告收入增幅最大，达到33%。

第三，中国广播电视走向跨媒介融合的主要障碍来自体制因素。从国外发达国家的经验来看，媒介产业融合需要技术储备、人才培养、理念革新、业务流程改造、组织重构以及经营模式创新等方面的准备，但就中国的现实而言，最关键的还是要排除来自体制方面的阻碍。成都传媒集团成立前，成都日报报业集团曾试图与广播电视媒体进行深度合作，但却受到政策阻碍。牡丹江传媒集团的改革也遭遇与现行体制格格不入的种种困扰。

姚：看来媒介融合背景下的中国广播电视产业创新，首先需要的是政府管理制度的创新。您认为中国广播电视产业融合创新需要哪些方面的制度支持呢？

欧阳：一是要清晰界定广播电视的产业属性。现行广播电视体制一方面将广播电视界定为事业属性，一方面要求其进行企业化运作。而事业单位与企业单位的角色是根本冲突的，“事业单位、企业运作”的后果是，国有广播电视借政府权力垄断市场，破坏市场公平竞争秩序，广播电视的资源配置以行政配置为主，无法使市场效率达到最优。媒介融合包括技术、业务、市场等多方面的融合，从本质上说要求按市场规律来进行资源整合，产业化是必由之路。目前体制改革的主要障碍在于政府管理层长期有个担忧，就是广播电视产业化可能会削弱其宣传喉舌功能的履行，进而危及党的领导。其实，中国广播电视业产业化改革的艰难历程向我们昭示，广播电视的市场化、产业化，不仅没有弱化宣传喉舌功能，反而在更好地满足受众需求的同时，强化了宣传效果。从西方发达国家的情况来看，广播电视产业化、商业化也没有影响其“公共服务责任”等基本社会职能的履行。20 世纪八九十年代，为适应媒介融合的需要，西方各国普遍进行了以放松产业规制为特征的广电规制变革，这就引发了公众对广播电视将背离其公共服务责任的担忧。对此，西方国家通过在内容规制等社会性规制上的强化，有效地防止了经济规制放松可能带来的传媒公共服务责任的弱化。如英国 2005 年广播电视节目管理条例明确规定公共媒体与商业媒体节目实行统一的质量管理标准，承担相同的公共服务责任。西方的经验说明，只要进行合理的制度设计，产业化并不会削弱广播电视对其基本职能的履行。二是要打破新闻出版、广播电视、电信的管理界限，建立统一的大传媒管理机构。为适应媒介融合的趋势，西方国家普遍成立了兼管广播电视、电信的独立规制机构，如英国通信办公室、美国 FCC 等。我国传媒业壁垒森严、多头管理的问题非常严重，不同管理部分之间权责不清、互相扯皮，给跨媒介融合制造了很大的障碍。党的十七大提出了大部制改革的构想，将来也可以考虑整合新闻出版、电信、广播影视等管理机构，组成统一的大传媒管理委员会，为广播电视与其他传媒及电信的产业融合开辟道路。三是要真正实行管办分离、政企分开。我国现行广播电视管理体制普遍存在管办一体、政企不分的情况，宣传与经营不分，政府既行使管理权，又直接参与经营；既当裁判又当运动员，严重扰乱了市场秩序，也使广播电视内部无法形成科学的公司治理结构。牡丹江传媒集团的内部管理机构很值得借鉴，党委会管宣传、董事会管经营、监事会监管国有资产保值增值，职能、人员完全分离，既保证了宣传任务，又防止了国有资产流失，同时又不影响传媒按市场规律和传播规律自主运营，不失为我国广播电视实行管办分离、政企分开的典型样式。

（载《当代传播》2008 年第 11 期）

注：姚志文现为佛山学院讲师、文学博士。

坚持西部特色媒体经营之路

——欧阳宏生教授与王广群台长的对话

日前，陕西电视台台长王广群与四川大学新闻传播研究所所长欧阳宏生就走西部特色媒体经营之路、实施电视品牌营销、启动新机制等问题展开了一番对话。

认清形势 找准定位

欧阳宏生（以下简称欧阳）：在一般人的印象中，陕西省属于经济欠发达地区，人均GDP还不到某些沿海大省的1/6，而且陕西电视台还是国内省级卫视中最后一批上星的。在就任台长伊始，你是如何定位当时的陕西电视台的？

王广群（以下简称王）：陕西省属于经济欠发达地区，具体到传媒行业，全省的年广告总盘子只有10亿多一点，只是上海、北京、广东等地的零头，而且人们的观念也相对滞后。在眼球经济时代，商家依然缺少对媒体传播功能的认识，这对一个地方电视台的生存发展有着很大的制约。但我们也同时看到，西部却有着得天独厚的历史文化资源优势。步入陕西犹如步入历史丛林。中国封建社会上升时期，大部分朝代的国都是在这里，留下了丰厚的历史人文积淀。加上延安的红色文化资源，在全国省市区中风光独具。陕西的科教资源居全国第三位，陕西的军工企业居全国龙头老大地位。这些地域性资源优势是独家的，无法克隆，不可再生。

欧阳：我认同你的观点。“人无远虑，必有近忧。”找准自身的定位是实现下一步跨越式发展的基本前提。但问题是，大家都在发展，而且由于起点不同，你进一步也许别人已经前进了好几步，陕西电视台在发展过程中可能会遇到比其他优势媒体更多的问题，不知道你是如何看这个问题的。

王：是的，全国的电视频道发展到现在已经有2785个，播出机构也从几十个发展到今天的1969个。在这样的电视媒体环境中，陕西台既没有东部电视台雄厚的资金优势，可以使之成为富人俱乐部的成员，可以邀标落地，可以动辄用上亿的巨资购买一轮电视剧；也没有足够的政策优势，像凤凰卫视那样全新的体制和大话语空间，同时也没有像湖南台那样首先从资本市场上完成原始积累，更没有央视君临天下的高地优势。而且，陕西台又是最后一批上星台，受观念影响，落地时已先输一筹，虽然近几年打拼回来一部分，但还是没有达到应有的覆盖。省内的媒体环境也危机重重。在占到全省90%广告份额的西安市区，西安电视台已经占去了半壁江山，加上《华商报》以体制优势和资金优势所从事的跨媒体竞争，也极大地弱化了电视作为第一媒体的优势。

总体来说，陕西台一无资金优势，二无政策优势，三无平台优势，生存空间被挤压得非常狭小。大家都知道电视事业是用钱来打造的事业，高投入高产出，低投入负产出。陕西台在窘迫的经济条件下，硬件暂时很难硬起来，所以我们只能在软件上下工夫，从改革入手，战略不可失误也失误不起。陕西台的改革就发端于这样的生存背景之下。

资源整合　打文化牌

欧阳：2001年在全国各省市无线有线合并的大潮中，许多电视台由于对两方资源的整合和协调不力导致出现资源浪费、人才闲置或流失等现象，陕西电视台对两方资源的整合效果似乎不错，我想这其中应该有其他台可以学习和借鉴的地方。

王：我们是从陕西电视的实际情况出发来实施合并的。请注意，这个合并并不是1+1=2的合并，而是一个有着新物质生成的化学合并，实现了1+1>2的目标。通过细分受众、细化服务，形成以卫视频道和陕西一套、二套为主频道，其他专业频道拱卫之势。2004年，我们又根据实际执行力主办有影响的栏目，将原来的53个栏目精减掉12个，分为精品栏目、重点栏目和常态栏目分层管理。用不同的薪酬和政策倾斜使之产生激励机制，三个层次的节目均是动态的，根据综合评估可上可下，以机制激活栏目的创新争优意识。应该说，一个拥有八个频道1400多人的职工队伍的省级电视台，自己开办53个栏目并不算多。况且在计划时代因人设事的巨大惯性下，砍栏目的难度极其艰巨，何况一次性拿下12个栏目，占全台自办栏目的20%，这要端掉多少人的饭碗？但是我们坚定不移地执行了。我们反复地不厌其烦地告诫自己，告诫各频道、各部门的领导，告诫全体职工，就我们的实力而言，只有有所不为，才能有所作为。这是实践教给我们的金科玉律。

欧阳：是啊，改革势必要触及许多职工的切身利益，肯定要得罪人。但另一方面，有能力的优秀人才才能够脱颖而出。正是有了随后进行的干部人事制度改革和职工全员双向选择，真正实现了能者上、平者让、庸者下的用人新机制，才让陕西电视台在竞争当中有了一席之地啊。

王：我们目前主打西安市场的节目已经取得了不小的成绩，形成了以《都市快报》为领军栏目的轻骑兵团队。根据央视索福瑞调查，《都市快报》在西安市的收视率已经达到12.8%，为西安地区收视最高值。被收视评估机构选入全国收视百佳栏目，是西北地区唯一入选的栏目。新闻评论栏目《今日点击》创办伊始便受到百姓的广泛关注和好评，甚至被省内百姓称为“陕西的《焦点访谈》”。全国开办最早的戏曲栏目《秦之声》是我们主打陕西省以及西北地区的主要栏目，有着深厚的文化根基和深厚的群众基础，几十年来收视表现顽强。该栏目似乎不时尚、不前卫、不够娱乐搞笑，但在陕西乃至大西北表现出极强的生命力，已连续八届荣获全国电视文艺最高奖星光奖的优秀栏目奖，最近又被中国广播电视协会授予“兰花奖”。人文谈话节目《开坛》则是进军全国的主要栏目，虽然高雅、严肃，但却是建构在文化精英与老百姓之间的一个话语平台，是社会热点话题的人文解读和专家评说。它指向的收视人群既非时尚人群又非家庭主妇，因而收视率并不算高，但收视人群的含金量高，而且这批人拥有一定的社会影响力和话语权，存在二次传播的巨大潜力和高美誉度，按流行的人际传播影响算也在20倍。

因而，在《中国电视权力排行榜》上，拥有3星级的影响力。

我们看重新近这样一个评价电视媒体竞争力的观点："影响力"决定电视媒体竞争的胜负。这篇文章认为，电视媒体传播价值评估体系发展经历了三个阶段，即"覆盖面"评估体系阶段、"收视率"评估体系阶段、"媒体品质"评估体系阶段。前两个阶段执行的是量化标准，第三个阶段更多执行的是质化标准。今天的电视媒体竞争的品牌战和淘汰赛已经打响。而我们的主打栏目也已经进入了这场优胜劣汰的影响力的品牌战。在目标责任明确、战场清晰的第一轮竞争中，我们可以说是局部胜出。

欧阳：我注意到，从2003年以来，陕西电视台几乎每年都有大动作：如2003年的《金庸华山论剑》、2004的《中华大祭祖》、2005年的《风追司马》和今年的《玄奘西行》等。所有这些活动都高举文化大牌，与时下流行的娱乐浪潮有些格格不入，似乎更注重社会效应和美誉度。

王：诚然，这些大型媒体行动不仅为我们陕西电视台在国内外业界树立了良好的口碑和品牌形象，其实也取得了不错的经济效益。

我们将这一系列活动称为"大型媒体行动"。其原因是因为这几大行动集合的电视形态之多、形态之复杂、整合范围之广，用常规电视节目形态无法准确地定义它。

我自己对这样的大型媒体行动有以下几点体会：

首先，充分地依托了我们陕西本地独一无二的人文资源，如华山、黄帝陵、司马祠，并以这些资源为支点，以现代媒体为杠杆，最大限度地撬动华人圈。这种对本地资源的紧密依托，使这些活动都无法为任何强势媒体所克隆，将区域电视台的区域资源使用到最大值。

其次，充分地张扬了电视媒体作为第一媒体的整合功能，使历史文化资源与现代媒体双向激活，以多赢的平台最大限度地整合媒体资源。这三次大型媒体行动结盟了六大类现代传媒（电视、广播、网络、报纸、杂志、短信），台港澳及内地近150家平面媒体来到了节目现场，参与报道的华语媒体最多。媒体的规模性卷入，又促动了对其他社会资源的整合，如行政资源、旅游资源、文化资源、学界资源、教育界资源等。如《风追司马》，有人就说，中国有多少个行政级别，这个节目就有多少层次的参与者，我们还将三个大洲（美、欧、亚）的外国友人整合进来了。而节目主体的复体结构带动的是观众的复式结构，使各界的诉求在此平台上得以放大，皆大欢喜。

再次，是复合式媒体行动。前期有近40天的多种媒体炒作，在观众期待值炒到高点时，推出由电视、网络、广播同步直播的电视节目。节目播出之后，我们继续组织媒体评论。"炒"、"播"、"评"三个阶段是这个媒体行动的全部过程。这个过程中的电视台仅仅是一个策划者、组织者，大部分的传播功能是其他各类媒体完成的。我认为电视作为第一传播手段的龙头位置在这三次媒体行动中体现得最为充分，第一媒体不仅是影响力最大的媒体，更应该是具有牵动功能、组织功能、引导功能的媒体老大。同时在这几次大的媒体行动中，我们依然坚持导向优先、市场制胜的原则，除了取得观众的喜爱、业内的赞同（《金庸华山论剑》获得全国广播电视节目一等奖，中国电视金鹰奖两项大奖）外也取得了良好的经济收益。

欧阳：看来陕西电视台还会继续把文化这张牌打下去，而且还要打得更有特色、更有活力。在电视媒体竞争白热化的今天，有一些具有极大的惯性，却无任何影响力、竞争力，社会效益与经济效益双歉收的电视行为，最为突出的就是省级电视台每年一度的春节文艺晚会。春晚往往是上级主管部门衡量电视台工作的一把标尺。但是，我注意到，在你的任期之内，你把陕西台的春晚取消了。

王：是这样的。对于省级台尤其是西部台的穷弟兄来说，办春晚劳民伤财，很不合算。突出表现在：一是收视率低；二是克隆严重，几乎都是歌舞＋小品＋相声＋戏曲＋杂技＋花絮，千篇一律，无任何创新意义，导致受众的排斥；三是创作资源匮乏；四是产生巨大的社会资产的浪费，根本没有二次售卖的可能。

我们这个领导团队是在统一了认识后断然决定：终结春晚，打开枷锁，解放自己。但问题接踵而来，终结一个旧模式需要勇气和魄力，但建构一个新模式则需要创新与智慧，总不可能终结春节吧。

2004 年新春，我们推出了《朝阳行动 2004》春节特别节目，在陕西 2003 年特大水灾背景下，我们台拿出 20 万元资金，在灾区遴选出 4 户最困难的灾民，为他们盖房。以此为结构线索，设计“温暖大棚”、“欢乐广场”、“朝阳叙事”三个现场，三地七点互动直播，获得了巨大成功，社会反响强烈。从节目内容到节目形态都是一个创新。

2005 年春节，我们又将探索的视角指向一个新领域，在圣地延安进行“中国年庆狂欢盘点”。我们与联动媒体发布诸如“最具动态的年庆狂欢形式”、“参与性最强的年庆狂欢形式”、“最可能流行的年庆狂欢节目”等 8 个主榜和若干副榜的全国性大征集，然后在延安表演并隆重揭榜，纵横古今狂欢，汇集全国各地狂欢，又在狂欢中将其融为一体。

我们知道创新的艰难，探索的辛苦，但我们还将继续探索下去。也许很难找到一个完美的模式，但每一次尝试，我们都感到了收获的喜悦和探索的成就。

欧阳：进入今年下半年以来，陕西电视台正在全力推动新机制的运行，并且还提出了五年后经营收入上 10 亿的目标。提出这个目标的依据是什么？凭借什么来实现？

王：我们当然是经过了相对严谨而科学的计算和推测。对我们来说，这样一个目标的实现需要在今后的五年中保持每年 10％以上的增长速度，而保持这样一种增长速度凭借什么？当然是体制和机制的创新。我们为什么要搞机制创新，新机制的目的到底是什么？我觉得概括起来讲就是：激发人的活力、潜能，最大限度地调动干部职工的积极性和创造性，加快陕西电视台的发展，实现未来的发展目标。为此，我们在贯彻国家文化体制改革精神的同时，要努力实现三个转型。一是由单一的公益宣传主体向公益性事业、经营性产业双重功能主体转型；二是从单一行政管理模式向行政手段管理事业部分、市场手段管理产业部分转型；三是从单一的经营模式向一业为主多元经营转型。这也是年初提出来的，我们今年做的许多大事，比如卫视改革、机制创新、购物频道的开播、西部网的开通等，应该说都体现了这样的精神。

欧阳：当前在电视业界，提出新机制创新的不在少数。那么陕西电视台的新机制“新”在哪里？与其他台相比有什么不同之处呢？

王：一是直接参与市场竞争的宣传、节目和经营部门这些“前沿部门”的责任落实了，权力到位了，和利益也挂起了钩。这次我们提出责、权、利相统一，对提高前沿部门的活力和竞争力很有好处；二是前沿部门的考核体系建立起来了；三是解决了节目与经营“两张皮”的问题；四是考核利润使成本控制成为可能；五是改变了分配格局、分

配结构，使分配更加符合按劳分配原则。全台的分配以“前沿部门”的收入为坐标。改变分配结构，过去的效益工资改为岗位工资，然后又增加了效益奖，半年预算一次，年终决算一次效益奖，贯彻按劳分配原则。

欧阳：从事媒体经营管理，尤其是从事西部地方电视媒体的经营管理，你个人有什么体会可以跟我们分享？

王：我结合陕西电视台的发展特点来谈一下我的体会。

其一，我们的实践证明，地方电视台的发展战略必须符合区域实际，依托区域资源，并使用到最大值。它决定了地方电视台发展道路的独特性，避免了被强势台淹没的危机。这也就是陕西台的大型节目不敢涉足现代娱乐的根本原因。不是不愿意，是缺少资源与土壤，是无法保证其独特的视角与空间，是时刻有被强势台淹没的危险。比如早在1996年我们曾经首家办起一个速配爱情栏目，但后来全国产生了不下20个同样的栏目，以其强势淹没了我们这个首创者。因此，一切从实际出发，实事求是，是我们立台的永远的根本的思想方法。

其二，办台一定要有大胸襟、大气魄和大视野。电视台无非就是一个影像传播平台，功能就是装载和传播。因此，胸襟的开放与否显得特别重要。陕西台虽然偏居西北，但我们以人文为视角，以整个华人圈为视野，而且强化了社会办台的理念，不断地打造多接口平台，让社会各界的声音有机地融汇，多向度、多维度地组织资源，以一个西部小台负荷天下之重。说白了，就是将媒体真正还原为媒体，让天下人说话，为天下人说话。

其三，谈谈我对电视文化产业的看法。我认为，没有离开媒体影响力的电视产业，也没有离开媒体品牌的媒体影响力。品牌运营已经成为电视产业运营的一个根本。因此，我们的电视产业之路的根本出发点是从打造品牌出发。陕西电视台的品牌打造将实事求是地依托区域资源，而这种区域的人文历史资源却具有普适性的审美价值。小心谨慎地走差异化战略，避强势台之实，打产业夹缝之虚，走一条具有西部特色的、切合陕西实际的、自己独有的产业化之路。

（载《中国广播电视学刊》2006年12期）

注：负责整理本文的魏伟现为成都体育学院新闻系老师、文学博士。

附　录

附录一：史实的融汇与贯通 学理的思辨与整合

——欧阳宏生教授《中国电视批评史》出版座谈研究综述

北京大学出版社主持的欧阳宏生教授《中国电视批评史》出版座谈会于2010年11月20日在西安召开。国内20多位知名专家学者胡智锋、周星、彭吉象、陈旭光、黄式宪、孟建、王甫、李亦中、时统宇、李幸、黄匡宇、白贵、郝扑宁等以及北京大学出版社领导、编辑参加了座谈会。会议首先由欧阳宏生教授对《中国电视批评史》的研究过程作了全面的说明，对中国电视批评50多年电视批评理论和实践的发展状况作了简要介绍。与会专家从整体上对《中国电视批评史》的学术价值和现实意义给予了充分肯定，并从不同层面和视角对中国电视理论的建构和学科发展进行了充分讨论，会上呈现了热烈的学术氛围。

学者们就《中国电视批评史》的理论价值和研究意义进行了总体评说。中国传媒大学胡智锋教授认为，该著作具有"史料性、全面性、系统性、学术性"特征，是国内第一部系统梳理中国电视理论研究发展的史学著作，也是欧阳宏生教授继2000年以来研究出版的《电视批评论》、《电视批评学》之后赓续和完善中国电视批评学科研究的一部史学专著，具有填补学科领域理论空白的重要意义。北京师范大学周星教授认为，这是一本关于中国电视批评史述的开拓性著作，开拓的意义就在于筚路蓝缕、开启山林。在中国电视蓬勃发展的当下，历史描绘已经比较困难，但欧阳宏生先生和研究团队却从中更有难度地展开了电视批评的历史梳理，《中国电视批评史》也的确为电视理论批评的观照做了开拓性的努力和极其有意义的工作。北京大学彭吉象教授认为：作为中国广播电视专题史的重要组成部分，电视批评史的研究则填补了国内相关领域的学术空白，使得读者对于我国电视行业体制的变迁、制度的建设、节目形态的递进和沿革等问题有一个全面、系统的了解，是一部从宏观意义上认识电视批评的历史发展和学术形态的专著。华南理工大学李幸教授对此也有这样的认识：该著作的特点可以从与此前的电视史著作的比较看出。以往的电视史，要么是电视人自说自话，基本上缺乏与当时社会、美学、文化思潮的联系；要么是生硬地使用一般的文学艺术术语解读电视现象，往往给人隔靴搔痒之感。欧阳先生以他数十年深厚的电视与文化修养，终于把电视拉扯到与文学和其他艺术差不多可以比肩的地位，电视从此或可走向"神坛"？

会上的专家学者对著者的学术素养和学术能力给予了高度评价，并在该著资料的完备性和历史的系统性方面进行了评论。北京电影学院黄式宪教授认为，著作的可贵之处在于在当下文化偏于浮躁的语境下，高扬文化批判旗帜。他还从写史的艰难性给出这样的评价：大凡涉史的学术著作，都是一块硬骨头，没有一定毅力和韧性的人，是不适合轻易涉足的。有了毅力和韧性，却没有深邃通透的见识与运筹帷幄的能力，也很难在“纵”与“横”的坐标上，找准历史评述的位置与空间。一般著史尚且如此，何况面貌更加复杂、体系更加复杂多元的电视批评史呢？而《中国电视批评史》编写资料丰富、视野广阔、贯通史实、脉络清晰、论证有力，从中既可以获知半个世纪以来电视学术水平和技术的发展，也可以探知社会和时代的变迁。北京大学陈旭光教授将电视与美术、音乐、戏剧、舞蹈这些经典艺术门类相比较也深有感触。他认为：在文学界，20 世纪 80 年代电视理论界就有过电视是不是艺术的论争，电视有更多媒介的成分，电视批评史似乎无法写或不值得写。但看到了《中国电视批评史》，甚为震动，电视批评并非不可以写史！关键在于撰述主体的批评理论视野和批评史意识。这本电视批评史，以翔实的史料证明：不仅当代可以写史，甚至电视、电视批评也可以写史。而且这本专著对复杂多元的电视节目或形态构成的各种批评进行了整合，颇见作者在一个极为庞杂、难度极大的“大电视媒体”的范畴中极力突围的成功努力。而且，对应于电视之属性、功能、形态的多元复杂，以及相应的电视批评涉及面极广的特点，著作对电视批评的概括评析颇有多学科、跨学科的特点。编著者却以多学科的视野实施了“批评的突围或整合”。上海交通大学李亦中教授对此也深表赞同，他认为第一手文献资料的梳理剔抉，凸显了本书的学术含量。中国电视的历史尽管不长，但搜集挖掘前尘往事也非轻而易举。他将该书形象地比喻为是一幢分类合理、内容丰富、资料全面的中国电视批评历史博物馆。读者按参观路线由底层陈列厅登堂入室，途经按电视剧、电视新闻、电视专题节目、电视综艺、电视广告等横向铺开的专室，随后拾阶而上，纵向检阅按历时性布展的萌芽期、起步期、拓展期、自觉期、多元期等五个楼层，巡视中国电视批评版图，包括港台澳景观。周星教授也深深感受到：面对庞大的电视创作呈现，历史记载的琐碎和梳理的难度显而易见。历史需要积淀，但积淀对象潮起潮落带来的把握也自然不易分辨。而批评的多样驳杂把控显然更带来在汗牛充栋形象中挑拣的压力。所以，研究《中国电视批评史》本身的难度和撰述的勇气实在令人佩服，这里的工作困难和观念判断的重压都需要高手才能破解，而欧阳宏生先生完成而呈现为严谨厚重的一本论述，令人叹服。中央电视台高级编辑王甫则从中国电视业及其批评实践的发展来看，认为电视不仅深深烙印着文化体制改革的痕迹，同时也体现、折射着同一历史时期，中国政治、经济社会领域的变革与发展。市场化、产业化、娱乐化交互，商品性、政治性、人文性错杂，各种理念与思潮相互博弈、消长，如此众多的内容集中在一起，不能不说是一件极考验人能力和水平的事，但编著者却都能够在有限的篇幅内，将其各安其位，予以观照与表现，充分体现了编著者的学术视野与知识储备，以及剔选史实的史识、魄力与技巧。复旦大学孟建教授认为在中国电视批评史上，研究面对的对象其实复杂多样，不同时期的性质差异明显，而随着时代变迁，评判的含义与内容都发生着复杂的变化。如何看待和如何剖析显然需要学术的把握。本书中研究的构架显而易见，理性的学理研究的意识在章节设置中表现，更在论述中凸显而出。

此外，《中国电视批评史》的研究思路和体例安排也得到学者们的赞许，对本书的学术特色也纷纷发表了自己的深刻见解。白贵教授指出该著作具有精巧的结构设计和灵活的叙事策略。他统观《中国电视批评史》，全著以英国历史学家阿诺德·汤因比（Arnold Joseph Toynbee）的"挑战—回应式"分析模式为逻辑框架，将中国电视批评作为整体对象置于"现象—系统—模式—概念"的研究范式之下，深入探究了中国电视批评发生、发展的动力机制与运作背景。除此之外，全著还以此为基点，有侧重地分析了中国电视批评的未来走向与理论发展路径。在此过程中，为避免见木不见林的弊端，全书还以贝塔朗菲（L. Von Bertalanffy）和帕森思（T. Parsons）的生态学理论为指导思想和方法论基础，还原了中国电视批评在社会文化系统中的位置，将其作为一个"追求平衡目标的'开放系统'"来认识，从生态学的功能依存关系和动态平衡关系细究中国电视批评的发展脉络与演进轨迹。而且《中国电视批评史》叙述了从1958年到2010年中国电视批评的发展历程。编著者没有采用封闭方式，而是采取了开放式的叙述策略。这一方面体现在评述时间的开放上，21世纪的电视批评尚在发展、进行中，因此编著者并没有将叙述的时间框死，而是留下了一个留待补缺的位置；另一方面也体现在批评内容与批评对象的开放上，电视本身就是一个异常多元化的百科全书式的空间，尤其是伴随着新媒体传播技术与传统电视媒介融合步伐的加快，这道"围墙"的架设与寻找变得更加艰难和模糊。与之对应，电视批评实践本身纵横交错，疆域也十分宏大。而《中国电视批评史》不但在电视研究领域开创了一个新的著史传统——时间开放、空间开放，同时，也使得这一传统将极有可能在同类型批评史著中得以相沿，成长为新的传统和叙述模式。对此，郝扑宁教授认为这部电视批评专著将电视批评"放在史的向度和论的构架里来考察"，的确做到了在多样复杂的电视批评现象中，找到了得以看清发展脉络的一种途径。论著将中国电视批评概略划分为5个阶段，而十分重要的是每一个阶段的批评理念的分析依据和由此展开的内容，让人们便捷地观照每一个历史阶段的特点。在切合时代历史发展上，是颇有见识和概括独特的认识。专家们纷纷表示这种结构架设很有借鉴意义，该著作史实兼备、鉴往知来、史论交融的学术特色也得到了与会者的普遍赞同。中国社科院时统宇研究员认为，将中国电视批评作为整体对象置于"现象—系统—模式—概念"的研究范式，在产业、文化和艺术三个层面将所有史料纳入批评标准、批评目的、批评范式、批评机制和批评理论的总体目标框架下，杂而不乱，形神不散，强骨丰肌。本书不是简单的历史再现，而在写作上兼具了历史与论评的双重内容。在史述中注重结合电视发展重要的现象、批评的理论迁变、不同时期的重要批评理论家和观念意识等，使得史书的复合色彩相当明显。

历史是对各个时期、领域人们重要作为的史实的记载，"史记"唯实否，人的选择为首要。与会专家们对此深信不疑，李幸教授说，我们见证了欧阳宏生教授在架构起电视批评研究领域比较扎实的理论地基之后，对中国电视批评实践活动的系统梳理和整合建构，从电视理论、电视批评实践与理论，再到电视批评史，迈着一步一个足印的坚实步履，一步步地切进电视学建构的广厦。写关于电视学的历史，需要长期致力于电视整体发展的热切关注、冷静审视、砥砺以求的研究和学术信仰的忠诚热情，王甫高度赞扬了欧阳宏生教授和他的团队。他说，正是这种坚定的学术精神、高度的学术自爱、求实存真的学术追求，才得以拿下了这个难题。作为电视批评这一学科的开拓者，将中国电视批评研究的学术传统薪火相传，体现其提携后辈学子、培养学术新人的可贵精神与情怀。正是这种学术品格才得以让电视批评学科有了自己的疆土，让电视批评历史见诸于世，并推动中国电视批评研究沿着良性、科学、创新的方向发展。对此，华南理工大学黄匡宇教授用“三个实在”给予了精辟的评价。在中国首一面世的《中国电视批评史》以其独到的慧眼记录、梳理、述评了中国电视发展历程五十年间名家与新人的贡献，对其冠以“修史续志，贵在求实”的赞誉，实在恰当！《中国电视批评史》注重对批评家的选择，它“确定了早期批评家见诸报刊的文字不少于10篇，晚近期批评家出版的专著不少于4部”和“某一时期或特定阶段影响特别重大或意义特别深远的批评者”这一既有数量制约又不失柔性择优的人文科学标准，从而保证了“既不随意吹捧或贬抑他人，又不抱私心为自己或师友谋取声誉”的学术良心的显现和学术品格的构建。北京大学陈旭光教授认为，不私不党，是当今学术发展历程中“著述立说”不可或缺的道德诉求。《中国电视批评史》近60万字的字里行间践行了这一道德诉求，实在可嘉！《中国电视批评史》在梳理史实的同时，未止于事态的基本呈述，而是“恰入其分”地据史展开述评，使得史实从被观照的视角延拓出新的理论意义，为后人的电视实践提点出有益的历史参照与前瞻启迪，史论交融，实在难得！

对于一部拓荒性的专门史著作来讲，难免存在不足之处和遗珠之憾。与会专家对该著也提出了一些意见和建议。一是为避免片面性和主观性，资料还需要尽可能收集一些来自业界、学界的一手调研访谈资料，并尽可能多地占有；二是对电视动画、科教节目这两个板块缺乏必要的关注。最后，北京大学出版社领导和《中国电视批评史》编写组对与会的领导和专家学者在这次会上给予的指导和支持表示感谢！对他们的意见和建议表示虚心接受，并表示当戮力在再版或修订时将予以补足完善。（谢娟　谭燕）

（载《现代传播》2011年第2期）

附录二：欧阳宏生主要著作年表

著作名称	出版社	出版时间
新闻学论集	四川人民出版社	1989 年 6 月
新闻写作学概论	中国国际广播出版社	1992 年 6 月
电视批评论	中国广播电视出版社	2000 年 6 月
广播电视学导论	四川大学出版社	2002 年 6 月
纪录片概论	四川大学出版社	2004 年 6 月
电视批评学	四川大学出版社	2005 年 12 月
电视文化学	四川大学出版社	2006 年 6 月
电视传播核心价值论	北京大学出版社	2009 年 12 月
中国电视批评史	北京大学出版社	2010 年 5 月
电视艺术学	北京大学出版社	2011 年 6 月

（另有其他著作 5 部）

附录三：欧阳宏生主要论文年表

（2001 年 5 月—2011 年 5 月）

对中国电视批评的批评	电视研究	2001 年第 9 期
电视传播优势的发挥	中国广播电视学刊	2001 年第 9 期
中国电视批评的发展	中国广播电视学刊	2001 年第 11 期
中国电视批评的四个阶段	现代传播	2002 年第 1 期，人大复印资料全文转载
论中国电视批评的正确方向	当代电视	2002 年第 5 期
用创新理念关注现实与未来	电视研究	2002 年第 5 期
论中国电视批评的性质与任务	电视研究	2002 年第 7 期
论中国电视先进文化	当代电视	2002 年第 9 期
实现纪录片创作的可持续发展	电视研究	2002 年第 10 期
论中国电视批评的科学立场	当代电视	2002 年第 11 期
传播先进文化是中国电视的责任	中国广播电视学刊	2001 年第 12 期
树立鲜明的人民群众利益观	电视研究	2002 年第 12 期
2002 年中国电视理论研究述评	电视研究	2003 年第 3 期
电视批评：影响比较研究	现代传播	2003 年第 3 期
中国电视批评：审思与前瞻	电视研究	2003 年第 12 期
走出电视纪录片创作的低谷	新闻界	2003 年第 6 期
由电视大国向电视强国迈进	电视研究	2003 年特刊
纪录片创作如何寻求突破	中国广播电视学刊	2003 年第 12 期
电视批评：端正和指引方向	新闻传播	2003 年第 11 期
逐步走向成熟的中国电视批评	电视研究	2003 年第 11 期
电视批评：社会学研究方法	新闻传播研究	2003 年第 1 期
我国报业研究的一项可喜成果	新闻战线	2003 年第 7 期
2003 年中国电视理论研究年度报告	电视研究	2004 年第 2 期，人大复印资料转载
电视民营制作的必然性和可能性	中国广播电视学刊	2004 年第 5 期
中国电视专题片：遵循个性创作	新闻界	2004 年第 3 期
邓小平与中国电视新闻传播	电视研究	2004 年第 8 期
坚持中国电视的科学发展观	电视研究	2004 年第 9 期
邓小平与中国电视改革	电视研究	2004 年专辑

传媒经济的再发展之路	当代传播	2004 年第 1 期，人大复印资料转载
坚持中国电视批评的诚信原则	中国艺术报	2004 年第 4 期（理论版）
说故事：在现象和现实之间	中国电视	2005 年第 1 期
社会制作发展探微	中国广播电视学刊	2005 年第 2 期
2004 年中国电视理论研究年度报告	电视研究	2005 年第 2 期
西部纪录片：光荣、迷茫与梦想	当代电视	2005 年第 3 期
混合与重构：媒介文化“球土化”	现代传播	2005 年第 2 期
市场细分应三位一体	中国广播影视	2005 年第 6 期
中国传媒市场的细分化运作	当代传播	2005 年第 2 期
和谐社会建构与中国电视	西南民族大学学报	2005 年第 6 期
论电视文本的比较研究	成都大学学报	2005 年第 4 期
纪录片多重价值的实现	电视研究	2005 年第 11 期
多样化的题材多元化的风格	电视研究	2005 年第 12 期
2005 年中国电视理论研究年度报告	电视研究	2006 年第 2 期
2005 年中国电视剧创作年度报告	中国广播电视学刊	2006 年第 2 期
2005 年中国动画片创作年度报告	中国广播电视学刊	2006 年第 2 期
充分发挥东西部电视区域传播优势	现代传播	2006 年第 1 期
中国电视文化多元化的文化建构	现代传播	2006 年第 2 期
论中国电视批评可持续发展	今传媒	2006 年第 5 期
中国电视发展的必然之路	市场观察	2006 年第 5 期
论《新闻调查》的媒介品质	中国广播电视学刊	2006 年第 7 期
制播分离分三步走	媒介方法	2006 年第 4 期
中西纪录片审美范型研究	电视研究	2006 年第 11 期
打造电视频道文化品牌	中国广播电视学刊	2006 年第 12 期
在求实创新中不断探索	电视研究	2007 年第 2 期
社会与时代的全方位纪录	电视研究	2007 年第 2 期
多样化的题材・多元化的风格	中国广播电视学刊	2007 年第 1 期
理性追求・深度追问	中国广播电视学刊	2007 年第 1 期
论中国电视批评理论体系的建立	现代传播	2007 年第 2 期
电视文化：一种大众的消费文化	西南民族大学学报	2007 年第 3 期
传媒操守・公信标杆・传播秩序	中国广播影视	2007 年第 5 期
认知与认同：中国电视文化身份	国际新闻界	2007 年第 7 期
坚持中国广播产业的可持续发展	中国广播	2007 年第 8 期
21 世纪中国电视批评发展现状研究	中国广播电视学刊	2007 年第 10 期
坚持西部广播电视的持续协调发展	中国广播电视学刊	2007 年第 12 期
2007 年中国电视理论研究年度报告	电视研究	2008 年第 3 期
建设有中国特色的电视理论体系	现代传播	2008 年第 2 期

中国电视批评五十年	电视研究	2008 年第 9 期
媒介融合与中国广播电视产业创新	当代传播	2008 年第 6 期
中国电视批评的史学建构	中国广播电视学刊	2008 年第 11 期
西方电视传播构建社会核心价值的实践	国际新闻界	2008 年第 11 期
中国电视文化的多种视角	广西师范大学学报	2008 年第 8 期
中国电视理论研究五十年发展历程	现代传播	2009 年第 2 期
从“七·五事件”报道看媒体舆论引导	当代传播	2009 年第 5 期
民生新闻的可持续发展	电视研究	2009 年第 10 期
立足节目本体创新成就未来	中国广播	2009 年第 12 期
2008：中国电视新闻报告	西南民族大学学报	2009 年第 11 期
大手笔、大情怀、大制作	新闻战线	2009 年第 11 期
对当前“电视娱乐化”问题的再思考	当代电视	2010 年第 2 期
论电视文化理论体系的建立和完善	西南民族大学学报	2010 年第 3 期
论电视艺术的学理重构	现代传播	2010 年第 4 期
核心价值建构中电视的责任担当与境遇	中国广播电视学刊	2010 年第 5 期
电视纪录片：辉煌历程与当代影像记录	中国广播电视学刊	2010 年第 1 期
开拓视野，推动电视理论研究的多元创新	电视研究	2010 年第 1 期
用人物的力量展现时间的力量	电视研究	2010 年第 3 期
21 世纪以来中国电视批评的若干思考	现代传播	2010 年第 8 期
打造世博报道的完美记忆	中国广播	2010 年第 7 期
影视教育：现状、问题与出路	当代传播	2010 年第 4 期
2010 年电视关键词解读	电视研究	2011 年第 2 期
全球视野与民族审美的多元融合	中国广播电视学刊	2011 年第 1 期
电视偶像建构 30 年	现代传播	2011 年第 5 期
我国重大电视报道的若干反思	深圳大学学报	2011 年第 1 期
我国电视新闻的人文困境及其出路	媒介时代	2011 年第 4 期

（另外其他一般期刊论文 40 余篇）

附录四：欧阳宏生承担的主要科研项目年表

有中国特色的社会主义电视理论　国家社科基金“九五”重点课题　负责人　成果《中国电视论纲》　总撰稿（1998年）

中国电视产业与经营　部级课题　负责人（1999年）

电视文化批评研究　中央电视台重点课题　负责人（2000年）

中国电视发展研究　国家社科基金“十五”课题　统稿人之一（2001年）

区域电视传播研究　部级课题　负责人（2001年）

中国广播发展现状研究　部级课题　负责人（2001年）

大型文献纪录片《邓小平与四川》　中央文献研究室　总策划人（2002—2003年）

SARS与传播导向　四川省人民政府社科子课题　负责人（2003年）

中国纪录片发展现状研究　部级课题　负责人（2003年）

地方卫视节目研究　部级课题　负责人（2004年）

中国电视批评理论建设　部级课题　负责人（2005年）

全球化背景下的中国电视文化研究　部级课题　负责人（2006年）

电视批评学　国家“十一五”重点规划教材　负责人（2006年）

纪录片概论　国家“十一五”重点规划教材　负责人（2006年）

中国特色社会主义广播电视核心理论　广电总局部级重大课题　负责人之一（2007年）

中国电视节目评估研究　部级课题　负责人（2007年）

电视传播与社会主义核心价值的实现　国家社会科学基金项目　负责人（2007年）

中央电视台品牌战略研究　国家“十一五”重点社科项目　总撰稿之一（2008年）

中国电视五十年发展研究　广电总局部级课题　负责人（2009年）

（另有其他横向课题12项）

后 记

本书选编的是21世纪以来，也就是我调入四川大学10年间发表的部分学术论文和访谈文章。此10年间，我一共发表了130多篇文章，其中选编了65篇，收编时个别地方做了调整。内容包括6个部分：电视本体与电视文化的探索，电视批评的开拓与现代建构，电视理论研究与学科建设，电视纪录片的多重阐述，节目个案研究与理论阐释，对话、交流与学术碰撞。10年来，我的学术生涯基本循着这一规律，结合我国电视理论建设状况，大多做的是电视文化的建构工作。编选论文大多是受编辑部约稿而作，因而具有较强的现实意义。其中部分论文是我和我的学生共同完成的。

该书出版之时，感谢10年来给予我关心和支持的各位领导、学术同仁及业界朋友。正是他们的一如既往，才使我深深体味到学术的含量与深刻意义，才使这10年成为我人生中最美好的时光。这部书从2008年开始策划，我的博士生王安中、闫伟、刘川郁、晏青、李城同学为该著作的出版，在整体策划、资料收集、编辑整理等方面做了不少工作。四川大学出版社为该书的出版进行了专门研究，并决定给予支持，编室主任徐燕及责任编辑徐凯做了大量精细的编辑工作，在此一并感谢！

欧阳宏生

2011年5月4日于川大花园寓所